# 国际贸易术语解释通则
# Incoterms 2020
# 深度解读与案例分析

## （汉、英）

于 强 主编

团结出版社

图书在版编目（CIP）数据

国际贸易术语解释通则 Incoterms 2020 深度解读与案例分析：汉、英 / 于强主编. —— 北京：团结出版社，2021.4

ISBN 978－7－5126－8003－6

Ⅰ. ①国… Ⅱ. ①于… Ⅲ. ①国际贸易－名词术语－汉、英 Ⅳ. ①F74－61

中国版本图书馆 CIP 数据核字（2020）第 107161 号

**国际贸易术语解释通则 Incoterms 2020 深度解读与案例分析（汉、英）**

于　强　主编

出　　　版：团结出版社

　　　　　　（北京市东城区东皇城根南街 84 号　邮编：100006）

责任编辑：郑　纪

电　　话：(010)65228880

发　　行：(010)51393396

网　　址：http://www.tjpress.com

E－mail:65244790@163.com

经　　销：全国新华书店

印　　刷：三河市华东印刷有限公司

开　　本：185×260　1/16

印　　张：39

字　　数：712 千字

版　　次：2021 年 4 月第 1 版

印　　次：2021 年 4 月第 1 次印刷

书　　号：ISBN 978－7－5126－8003－6

定　　价：480.00 元

# 序 言

84 年前，为了便利全球贸易活动，明确国际贸易各当事方的义务、费用和风险责任的划分，减少法律纠纷风险，国际商会（ICC）于 1936 年制订了《国际贸易术语解释通则》（Incoterms）。半个多世纪以来，历经数次补充和修订，现已成为国际贸易领域应用最为广泛的贸易术语解释通则。

为适应国际贸易的快速发展和国际贸易实践领域发生的新变化，ICC 于 2016 年 9 月正式启动了 Incoterms2020 的起草工作，并在全球进行了广泛的意见征询，与来自各国家和地区的法律、保险、银行、进出口、海关等行业专家开展了研讨。2018 年 10 月，ICC 商法与惯例委员会秋季会议审议并讨论通过 Incoterms2020 终稿。2019 年 9 月 10 日，ICC 正式向全球发布了 Incoterms2020。该规则已于 2020 年 1 月 1 日生效。

关于 Incoterms 2020 与此前的 Incoterms 2010 之间的主要区别，正如国际商会秘书长约翰·丹顿先生所讲："Incoterms2020 规则考虑到了对货物运输中的安全问题的日益关注、根据货物的性质和运输灵活安排保险的需要，以及 FCA 规则下银行在特定货物销售融资中对已装船提单的要求。Incoterms2020 还以更加简明的方式呈现所有的规则，包括对语言的修改、对引言和解释的扩充以及对条款顺序的重新编排，以更好地反映销售交易的逻辑。Incoterms2020 也是国际商会 Incoterms 规则第一个包含"横向"展示的版本，即，将所有类似条款集中在一起，使用户清楚地看到 11 个 Incoterms 规则在处理特定问题上的差异。"显然，Incoterms 2020 与此前的 Incoterms 2010 相比，在文字表述的方式和规则内容上都有所变化，但贸易术语的数目仍然保持不变，仍是 11 个。具体而言，国际商会在 Incoterms2020 规则中做出的对 Incoterms2010 规则的改变主要包括以下七个方面：

[a]已装船批注提单和 FCA Incoterms 规则

[b]费用（如列出）

[c]CIF 和 CIP 中保险险别的不同级别

[d]在 FCA、DAP、DPU、DDP 中使用卖方或买方自己的运输工具安排运输

[e]将 DAT 的三个首字母的缩写改为 DPU

[f]在运输义务和费用中加入与安全有关的要求

[g]用户解释说明

在贸易术语分类的方法上，Incoterms2020 仍沿用了 Incoterms 2010 的做法，即根据货物运输方式的不同进行如下分类——

●适用于任一或多种运输方式的规则

EXW │ Ex Works（工厂交货）

FCA │ Free Carrier（货交承运人）

CPT │ Carriage Paid To（运费付至）

CIP │ Carriage and Insurance Paid To（运费和保险费付至）

DAP │ Delivered at Place（目的地交货）

DPU │ Delivered at Place Unloaded（目的地卸货后交货）

DDP │ Delivered Duty Paid（完税后交货）

●适用于海运和内河水运的规则

FAS │ Free Alongside Ship（船边交货）

FOB │ Free On Board（船上交货）

CFR │ Cost and Freight（成本加运费）

CIF │ Cost Insurance and Freight（成本、保险费加运费）

毫无疑问，Incoterms 2020 的发布和实施将对全球国际贸易领域产生广泛而深刻的影响。然而，相比较而言，国内外贸行业的业内人士对于

Incoterms 2020 的关注度和重视度,远远比不上对国际商会发布和实施的《跟单信用证统一惯例》(UCP600)。想当年,全国各类机构举办的各种 UCP600 培训班、研讨会可谓是群情踊跃,盛况空前,一位商业培训机构的负责人抑制不住内心的喜悦问道:"国际商会什么时候开始制订 UCP700 啊?"。

那么,国内的外贸从业人员真的对 Incoterms 能够做到"运用之妙,存乎一心"了吗? 我们只要稍稍关注一下《国际商报》等媒体的相关报道,再看看中国出口信用保险公司编印的贸易纠纷案例汇编,就会发现国内外贸企业因为不能正确使用贸易术语而导致的纠纷和遭受损失的案例比比皆是。这里试举两例:

例一:有一份 FOB 合同,甲公司出口卡车 500 辆,该批货物装于舱面,其中 40 辆是卖给某国乙公司的。货物抵运目的港后由承运人负责分拨,船行途中遇到恶劣天气,有 50 辆卡车被冲进海中。事后甲公司宣布出售给乙公司的 40 辆卡车已在运输途中全部损失。乙公司认为甲公司未履行交货义务,要求赔偿损失,甲公司认为货物已经完成装载,风险已转移,无须赔偿。那么究竟孰是孰非? 答案是:风险的转移需要具备"特定化"条件,本案中没有对装载货物进行特定化,所以风险不转移,卖方要承担损失,即卖方需要另外交货。

例二:某年 5 月,美国某贸易公司(进口方)与我国江西某进出口公司(出口方)签订合同购买一批日用陶瓷,合同价格条件为 CIF Los Angeles,支付条件为不可撤销的跟单信用证。出口方随后与宁波某运输公司(承运人)签订运输合同,并向保险公司投保。8 月初,出口方将货物备妥并装上承运人派来的货车。运输途中由于驾驶员的过失发生了车祸,出现货损。得到发生车祸的通知后,出口方向保险公司索赔,但保险公司拒绝赔付。那么究竟孰是孰非? 答案是:保险公司有权拒绝赔偿。因为当时的 Incoterms 2000 规定,CIF 价格条件下,风险责任的划分是以"货物在指定的装运港越过船舷"为界限,因而保险公司并不承担赔偿责任。可见,内陆地区出口企业使用 CIF 术语存在着较大的风险隐患。

上述两例说明，国内的一些外贸从业人员对于 Incoterms 的理解和应用还停留在"知其然，而不知其所以然"的一知半解状态，工作中往往凭经验办事，或者机械地沿用以往的传统习惯做法，比如错误地将 CIF 贸易术语称为"到岸价"，而不是在深入理解 Incoterms 的基础上，对以往错误的习惯做法提出质疑："从来如此，便对吗？"因此，正是出于帮助国内外贸企业从业人员深入理解和正确应用 Incoterms 2020 条款，我们编写了本书。

在编写过程中，我们尽量兼顾了内容的全面性（涉及银行、货运、保险、海关、商检）、实用性（与最新外贸实务相结合）和新颖性（通过大量案例解读 Incoterms 实务应用），希望本书能成为广大外贸相关从业人员实际工作中的"良师益友"。

在编写本书的过程中，我们参考了许多专家学者和业内人士的专业意见，由于资料来源广泛，不能一一例举，在此一并表示衷心的感谢。由于编写时间仓促，错误在所难免，恳请广大读者提出批评、指正和提出建议。

编　者

2021 年 3 月

**特别说明：**

本书所引用的国际贸易术语 11 个 Incoterms　术语的用户解释说明及全部中文条款，即 EXW、FCA、CPT、CIP、DAP、DPU、DDP、FAS、FOB、CFR、CIF 11 个 Incoterms　术语下的用户解释说明及所有十个 A/B 条款。

经国际商会中国国家委员会同意后，从对外经济贸易大学出版社出版的《国际贸易术语解释通则 2020》书中引用。

# 目　　录

# 第一章 贸易术语基础

## 第一节 贸易术语的含义、产生及其作用

### 一、贸易术语的含义

贸易术语是构成国际贸易商品单价的重要组成部分。在国际货物买卖过程中，有关交易双方责任和义务的划分是一个十分重要的问题。为了明确交易双方在货物交接过程中有关责任、风险和费用的划分，交易双方在洽商交易和订立合同时通常都要商定采用何种贸易术语。贸易术语是国际货物买卖合同中不可缺少的重要内容，是价格条款的组成部分。因此，从事国际贸易以及运输、保险、商检、海关、银行等相关行业的从业人员，必须了解和掌握各种贸易术语及其有关的国际贸易惯例，以便正确选择和使用各种贸易术语。从国际商会制定，并于 2020 年 1 月 1 日起开始生效的《国际贸易术语解释通则 2020》（简称 Incoterms 2020）引言中可以看到，国际贸易术语解释通则（Incoterms）[①]是一套由三个字母组成的、反映货物买卖合同中商业实务的贸易术语。国际贸易术语解释通则主要描述了货物由卖方交付给买方过程中所涉及的工作、成本和风险。

### 二、贸易术语的产生

贸易术语是国际贸易发展到一定历史阶段的产物。在国际贸易中，交易的商品从一国运到另一国往往要经过长途运输，多次转运、装卸和存储，期间还要办理各种手续，如洽租运输工具、办理货运保险、报验、报关、申领进出口许可证等；并需支付各种费用，如运费、保险费、装卸费、仓储费及其他有关费用；此外，货物在

---

① "Incoterms"是国际商会注册商标。

运输、装卸过程中，还可能遭遇到自然灾害、意外事故和各种外来风险。有关这些事项由谁办理，费用由谁支付，风险由谁承担；还有卖方在什么地方，以什么方式办理交货，买卖双方需要交接哪些有关单据，这些都是买卖双方在磋商交易和订立合同时必须解决的问题。如果每笔交易都要求买卖双方对上述事项逐一磋商势必将耗费大量的时间和费用，并将影响交易的达成。贸易术语就是在国际贸易的长期实践中为解决上述问题而逐渐产生和发展起来的。

贸易术语具有两重性：一方面它可以用来确定交货条件，说明买卖双方在交接货物方面彼此承担的责任、费用和风险划分；另一方面，贸易术语也可用来表示成交商品的价格构成因素；鉴于此，贸易术语又被称为"价格术语（Price Terms）"。实际上贸易术语并不等于价格，它只是价格的一个组成部分。不同的贸易术语表明买卖双方各自承担不同的责任、费用和风险；而责任、费用和风险的大小又影响成交商品的价格。在国际贸易中，采用不同的贸易术语，如 FOB 或 CIF，就使该贸易合同具有了与采用其他贸易术语不同的特点，因此该合同又可称之为"FOB 合同"或"CIF 合同"等。

综上所述，贸易术语（Trade Terms）是指用一个简短的概念或英文缩写字母来表明商品的价格构成和买卖双方各自承担的责任、费用和风险的专门术语。

### 三、贸易术语的作用

贸易术语在国际贸易中起着积极的作用，主要表现在以下几个方面：

1. 有利于买卖双方洽商交易和订立合同。由于每种贸易术语都有其特定的含义；因此，买卖双方只要商定按何种贸易术语成交，即可明确彼此在交接货物方面所应承担的责任、费用和风险。这就简化了交易手续，缩短了洽商交易的时间，从而有利于买卖双方迅速达成交易和订立合同。

2. 有利于买卖双方核算价格和成本。由于贸易术语表明了价格构成因素，所以，买卖双方确定成交价格时，必然要考虑采用的贸易术语中包含哪些从属费用，如运费、保险费、装卸费等。这就有利于买卖双方进行比价和加强成本核算。

3. 有利于解决履约中的争议。买卖双方商订合同时，如对合同条款考虑欠妥,使某些事项规定不明确或不完备,致使履约当中产生的争议不能依据合同规定解决时,可以援引有关贸易术语的一般解释来处理。因为贸易术语的一般解释有的已成为被大家广泛采用的国际惯例。

4. 有利于其他有关机构开展业务。国际贸易活动中离不开船公司、保险公司和银行等机构,而贸易术语及有关解释贸易术语的国际惯例的相继出现,便为这些机构开展业务活动和处理业务实践中出现的问题提供了客观依据。

## 第二节　贸易术语的性质

贸易术语在国际贸易中的运用可以追溯到一百多年前,但是在相当长的时间内国际上并没有形成对各种贸易术语的统一解释。为了解决这一问题,国际商会、国际法协会等国际组织以及美国一些著名商业团体经过长期的努力,分别制定了解释国际贸易术语的规则,这些规则在国际上被广泛采用,因而形成为一般的国际贸易惯例。可见,国际贸易惯例是在长期的国际贸易实践中形成的并被广泛采用的习惯做法,如经国际组织加以编纂与解释就成为国际贸易惯例。

国际贸易惯例的适用是以当事人的意思自治为基础的,因为,惯例本身不是法律,它对贸易双方不具有强制性,故买卖双方有权在合同中作出与某项惯例不符的规定。但是,国际贸易惯例对贸易实践仍具有重要的指导作用。这体现在,一方面,如果双方都同意采用某种惯例来约束该项交易,并在合同中做出明确规定时,那么这项约定的惯例就具有了强制性;另一方面,如果双方对某一问题没有作出明确规定,也未注明该合同适用某项惯例,在合同执行中发生争议时,受理该争议案的司法和仲裁机构也往往会引用某一国际贸易惯例进行判决或裁决。所以,国际贸易惯例虽然不具有强制性,但它对国际贸易实践的指导作用却不容忽视。不少贸易惯例被广泛采纳、沿用,说明它们是行之有效的。在对外贸易和国际结算中,在平等互利的前提下,适当采用这些惯例,有利于业务的开展,而且,通过学习掌握有关国际贸易惯例的知识,可以避免或减少贸易争端和纠纷。即使在发生争议时,也可以引用某项惯例,争取有利地位,减少不必要的损失。

# 第三节 有关贸易术语的国际贸易惯例

早在 19 世纪,在国际贸易中就有贸易术语的使用,但因各国法律制度、贸易惯例和习惯做法不同,因此,国际上对各种贸易术语的理解与运作互有差异,容易引起贸易纠纷。为了消除分歧、避免争议,有些国际组织和商业团体试图统一对贸易术语的解释。这些解释虽然不是强制性的法律规定,除非当事人明确引用,对买卖双方不具有强制约束力,但有些解释已被国际贸易界所承认或采纳,并成为国际贸易惯例。

目前,在国际上影响较大的与贸易术语有关的国际贸易惯例主要有以下三种:即国际法协会制定的《1932 年华沙-牛津规则》;美国一些商业团体制定的《1941 年美国对外贸易定义修订本》;国际商会制定的《国际贸易术语解释通则》。

（一）《1932 年华沙-牛津规则》(Warsaw-Oxford Rules 1932)

该规则是国际法协会(International Law Association)专门为解释 CIF 而制定的。为了对 CIF 合同双方的权利和义务做出统一的规定和解释,国际法协会于 1928 年在华沙制定了 CIF 买卖合同的统一规则,共 22 条,称为《1928 年华沙规则》。此后,在 1930 年纽约会议,1931 年巴黎会议和 1932 年牛津会议上将该规则修订为 21 条,称之为《1932 年华沙——牛津规则》。它对 CIF 合同的性质、特点及买卖双方所承担的责任、费用和风险及货物所有权转移等都作了比较详细的解释,至今仍有较大的权威性,它对 CIF 贸易术语确定的性质被后来的国际商会制定的国际贸易术语解释通则所采用。其中它对货物所有权转移问题进行了规定是其一大特点,而其他国际贸易惯例和《公约》都对所有权转移问题未做具体规定。

关于《1932 年华沙——牛津规则》所具有的权威性和持久生命力,可以通过以下的实例得到验证。长期以来,国际商会制定的《国际贸易术语解释通则》(IN-COTERMS)对于海运及内河水运方式下买卖双方风险责任的划分是以货物"越过船舷"(Cross the rail)为界。由于在航运实务中船舷往往只是一条人们头脑中想象出来的垂直线,因而引发了颇多争议。为了避免今后出现上述情况,国际商会在《国际贸易术语解释通则 2010》(INCOTERMS 2010)中规定,将风险责任的划分从原来的以货物"越过船舷"(Cross the Rail)为界,变更为"货物装载上船"(On board the vessel),因为"这样的规定不仅更符合当今商业贸易的现实,而且能避免那种将风险悬挂在一条假想的垂直线上摇来晃去的陈旧观念。"事实上,早在八十多年前,《1932 年华沙——牛津规则》就对此做出了明确的规定:"风险应依照第二条规定从货物装到船上(Goods are loaded on board the vessel)时起转由买方承担。"①

(二)《1941 年美国对外贸易定义修订本》(Revised American Foreign Trade Definition 1941)

1919 年,美国九大商业团体在纽约制定了《美国出口报价及缩写条例》(The US Export Quotation and Abbreviation),后来于 1941 年在美国第 27 届全国对外贸易会议上对该条例做了修订,命名为《1941 年美国对外贸易定义修订本》。

《美国对外贸易定义修订本》中所解释的贸易术语共有六种,分别为:

Ex (Point of Origin,产地交货);

FOB (Free on Board,在运输工具上交货);

FAS (Free Along Side,在运输工具旁边交货);

C&F (Cost and Freight,成本加运费);

CIF (Cost,Insurance and Freight,成本加保险费、运费);

Ex Dock (Named Port of Importation,目的港码头交货)。

FOB 术语又分为六种类型,其中只有第五种,即装运港船上交货(FOB Vessel⋯Named Port of Shipment),才同《国际贸易术语解释通则 2020》中的 FOB 含义大体相同,但该术语规定出口报关的责任在买方而不在卖方。

《1941 年美国对外贸易定义修订本》是国际贸易中具有一定影响的国际贸易

---

① 　见《1932 年华沙-牛津规则》(Warsaw—Oxford Rules 1932)第五条。

惯例,它不仅在美国使用,而且也为加拿大和一些拉丁美洲国家所采用。但由于它对 FAS 和 FOB 术语解释与国际商会制定的《国际贸易术语解释通则》有明显的差异,所以在同以上国家进行交易时应加以注意。解决问题的方法有两个:一是在商务合同中约定采用国际通行的《国际贸易术语解释通则 2020》(INCO-TERMS 2020);二是在采用《1941 年美国对外贸易定义修订本》时对价格术语进行必要的约定,例如我国在与美国、加拿大等国家洽谈进口贸易使用 FOB 方式成交时,除在 FOB 后注明 Vessel 外,还应明确由对方(卖方)负责办理出口结关手续。

(三)《国际贸易术语解释通则》(Incoterms)

在国际贸易中,由于合同双方当事人之间互不了解对方国家的贸易习惯的情况时常出现,这就容易引起误解、争议和诉讼,从而浪费时间和费用。为了解决这些问题,国际商会(International Chamber of Commerce,ICC)于 1936 年首次公布了一套解释贸易术语的国际规则——《国际贸易术语解释通则》(International Rules for the Interpretation of Trade Terms),名为 Incoterms 1936,后来历经数次补充和修订,现已成为国际贸易领域应用最为广泛的贸易术语解释通则。

为适应国际贸易的快速发展和国际贸易实践领域发生的新变化,国际商会先后于1953 年、1967 年、1976 年、1980 年、1990 年、2000 年、2010 年、2020 年,对 Incoterms 进行过多次修订和补充,当前适用的版本是国际商会于 2020 年 9 月 10 日发布,并于 2020 年1 月 1 日起生效的《国际贸易术语解释通则2020》,简称 Incoterms 2020。本书将重点解读 Incoterms 2020。

编者注:这一规则是国际法协会专门为解释 CIF 贸易条件而制定的。该协会于

1928 年在波兰华沙举行会议,制定了关于 CIF 买卖合同的统一规则,共 22 条,称为《1928 年华沙规则》;后又于 1932 年在英国牛津召开会议,将该规则修订为 21 条,定名为《1932 年华沙－牛津规则》。这一规则对 CIF 合同的性质、买卖双方的责任、费用、风险的划分以及所有权转移的方式问题作了比较详尽的解释,至今仍在沿用。

# 序言

本规则是为了对那些愿按 CIF 条款进行货物买卖但目前缺乏标准合同格式或共同交易条件的人们提供的一套可在 CIF 合同中易于使用的统一规则。

如果没有明示依照下述方式采用本规则,那么,按照 CIF 条款进行买卖的当事人,其权利和义务不受本规则的约束。

**第一条　总则**

本规则称为《华沙－牛津规则》,如在合同中采用本规则,就肯定说明合同当事人意欲订立一个 CIF 合同。

在 CIF 合同中,本规则的任何一条都可以变更、修改或增添其他条款,但这样的变更、修改或增添必须经合同当事人明示地协议才能成立。如无上述明示的协议,则一切涉及全部或部分海上运输货物的买卖,凡明示采用《华沙－牛津规则》者,合同当事人的权利和义务均应援用本规则的规定办理。

如本规则与合同发生矛盾时,应以合同为准。凡合同没有规定的事项,应按照本规则的规定办理。

本规则所使用的"特定行业惯例",是指在特定行业中已形成的普遍通用的习惯,从而可以认为合同当事人已共知这一习惯的存在,并且在签订合同时参照了这一习惯。

**第二条　关于卖方装船的责任**

(Ⅰ)除依照下节和第七条第(Ⅲ)款、第(Ⅳ)款的规定外,卖方必须备妥合同规定的货物,并且依照装船港口的习惯方式,将货物装到该港口的船上。

（Ⅱ）如成交时订售的是海上路货，或按照第七条第（Ⅲ）款和第（Ⅳ）款规定的方式已经交给承运人保管，或者为履行合同起见，卖方有权按合同规格买进海上路货时，卖方只需将该货划拨到买卖合同项下。这种划拨不需在单据提交买方以前办理，提交单据即意味着该货划拨到买卖合同项下。

**第三条** 装船时间和日期证明

（Ⅰ）订售货物的全部数量必须依照买卖合同规定的时间或期限装船，或交给承运人保管。如合同没有规定时间或期限，则应在合理的时期内装船或交给承运人保管。

（Ⅱ）有效提供的作为运输合同证明的提单或其他单证，其所载明的装船日期或交给承运人保管的日期就是在该日实际装船或实际交付的表面证据，但并不因此使买方丧失提出反证的权利。

**第四条** 例外

由于不可抗力、任何特殊原因、事故，或者由于不论何种或何处发生的阻碍，或由此而产生的结果，为当时卖方所不能预见或避免，以致卖方延迟或未能装运全部或部分订售货物或者延迟或未能将全部或部分订售货物，交给承运人保管，卖方对此将不负责任。

如果上述原因、事故或障碍，阻止、妨碍或耽误了全部或部分订售货物的生产、制造、交给卖方或装船，或者全部或部分船只的租赁，卖方应将有关情况通知买方，此项通知一经发出，装船时间或交给承运人保管的时间应展延到上述原因、事故或障碍解除时为止。但是上述那些原因、事故或障碍，如延续超过买卖合同规定的装船或交给承运人保管的日期或截止期限十四天（如果合同没有规定此项装船或交给承运人保管的日期或截止期限，则按第三条规定预计合理的期限截止时计算），全部或部分合同是否仍由卖方履行，可由买卖当事人的任何一方选择决定，对此，任何一方都可在上述十四天后的七天内进行抉择并通知对方。此项通知发出后，任何一方将无权由于此项抉择而对另一方提出索赔要求。

**第五条** 风险

风险应依照第二条规定从货物装到船上时起转由买方承担;如果卖方按照第七条第(Ⅲ)款、第(Ⅳ)款规定有权将货物交给承运人保管,以代替装船,则从实际交给承运人之时起,风险转由买方承担。

**第六条**　所有权

除依照第二十条第(Ⅱ)款的规定外,货物所有权的转让时间,就是卖方将有关单据交到买方掌握的时刻。

**第七条**　卖方对提单的责任

(Ⅰ)卖方有责任由自己承担费用订妥运输合同。该项合同从货物的性质、预订航线或特定行业的现用条款来看,应该是合理的。除依照其中载有的惯常的例外以外,上述运输合同必须订明在买卖合同所规定的目的地交货。此外,除下述另有规定者外,上述运输合同必须用"已装船"提单作为证明,此项提单应当符合良好的商业要求,由船公司或它的正式代理人签发,或者依照租船合同的规定签发,注明日期,并注明船名。

(Ⅱ)如果买卖合同或特定行业惯例许可,除依照下述规定和限制外,运输合同可以用"备运"提单或类似单据(视情况而定)作为证明,此项提单或单据应当符合良好的商业要求,由船公司或它的正式代理人签发,或者依照租船合同的规定签发;在这种情况下,这样的"备运"提单或类似单据,就各方面讲,应当认为是有效提单,并可由卖方提供对方。再者,如果这样的单据已经恰当地注明船名和装船日期,它就应被认为在一切方面相当于"已装船"提单。

(Ⅲ)如果卖方有权提供"备运"提单,除依照第二条第(Ⅲ)款的规定外,卖方必须将合同规定的货物备妥,并有效地交给装船港口的承运人保管,以便尽快发运给买方。

(Ⅳ)如果卖方依照买卖合同的条款或特定行业惯例有权提供"联运"提单,而此项提单涉及部分陆运和部分海运,签发"联运"提单的运输机构又是陆运承运人,则卖方除依照第二条第(Ⅱ)款的规定外,必须备妥合同规定的货物,并有效地交给该承运人保管,以便尽快发运给买方。

除非卖方依照买卖合同的条款或特定行业惯例有权利用内河运输方式，否则货物不得经由内河运输。

如果买卖合同规定只用海运，卖方无权提供部分陆运、部分海运的"联运"提单。

（Ⅴ）如果货物用"联运"提单运输，此项单据必须规定自风险转由买方承担之时（按第五条的规定）起的全部运程中，对买方的完全和连续的保障，买方有权对参加运输该货物到目的地的每一个或任何一个承运人要求合法的补救。

（Ⅵ）如果买卖合同规定了特定路线，则有效地提交作为运输合同证明的提单或其他单据，必须规定货物由该条运输路线运输，如果买卖合同没有规定路线，则由特定行业惯例所采取的路线运输。

（Ⅶ）作为运输合同的证明，有效提供的提单或其他单据应当并且只限用于处理合同中所订售的货物。

（Ⅷ）卖方无权使用提货单或船货放行单来代替提单，除非买卖合同有这样的规定。

**第八条　特定的船只——船只的种类**

（Ⅰ）在买卖合同规定由特定船只装运，或者一般地应由卖方租赁全部或部分船只，并承担将货物装船的情况下，非经买方同意，卖方不得随意改用其他船只代替，买方也不应不合理地拒绝同意。

（Ⅱ）如果买卖合同规定用蒸汽船装运（未指定船名），卖方在其他条件相同的情况下，可用蒸汽船或内燃机船运给买方。

（Ⅲ）如果买卖合同未规定装运船只的种类，或者合同内使用"船只"这样笼统名词，除依照特定行业惯例外，卖方有权使用通常在此路线上装运类似货物的船只来装运。

**第九条　运费在目的地支付**

货物运达最终卸货地点交给买方时，买方有责任支付可能未付承运人的任何运费。如果卖方未曾在提供的发票内将此项未付的运费作相应的扣除，买方有权从合同货款内扣去。

如果因单据无可避免地在货物运达后才能提供以致卖方必须支付可能未付承运人的运费,那么,卖方可向买方索还这笔款项。

除依照第十条规定外,关于未付的运费,不论在任何情况下,不能要求买方支付大于合同货款的金额。

**第十条  进口税等**

货物的关税和费用开支,或者货物在运输过程中或到达目的港后所发生的费用,除这种开支应当包括在运费内的以外,卖方一概不承担责任。如果由于单据无可避免地在货物到达后才能提供,以致卖方必须支付这种关税、费用开支和/或其他不包括在运费内的任何开支,那么,卖方可以向买方索还这笔款项。

**第十一条  卖方对货物状况的责任**

(Ⅰ)买卖合同货物应在这样的状况下装船或交给承运人保管:即在正常的航行后并在正常的情况下运到合同规定的目的地时能保持可商销状态。由于货物固有的变质、漏泄、体积或重量的损耗(不是由于货物在装船或交付承运人保管时已有的缺陷造成的,也不是由于装船或运输发生的),不在此限。适当参照特殊行业惯例,容许通常的变质、漏泄、体积或重量的自然损耗。

(Ⅱ)如果在成交时,订售的是海上路货,或已经交给承运人保管;或者,如果卖方为履行合同起见,有权买进合同规格的海上路货,那么,可以认为买卖合同中含有这样的默示条件,即货物已经依照前款规定装船或交给承运人保管。

(Ⅲ)如果在装船或交给承运人保管时,对有关货物的状况发生争议,又没有依照买卖合同的条款、特定行业惯例或本规则第十五条规定所签发的任何证明书,那么,货物的品质、规格、状态和/或重量或数量,应当依照当时装到船上时的状况来决定。如果卖方是依照第七条第(Ⅲ)款、第(Ⅳ)款的规定,把货物交给承运人保管,以代替装船者,就按照确实交给时的状况决定。

**第十二条  卖方对保险的责任**

(Ⅰ)卖方有责任承担费用向信誉良好的保险商或保险公司投保,取得海运保险单,作为有效和确实存在的保险合同的证明。此项保险单是为维护买方的利益,承保了买卖合同规定的全部运程中的货物(包括习惯上的转船)。除依照本款第二段和买卖合同的特别规定外,此项保险单,对于货物在装船或交给承运人保管时,按照特定行业惯例或在规定航线上应投保的一切风险,必须向保险单持有人提供完全和延续的合同保障。

除符合下述情况之一者外,卖方不负投保"战争险"的责任:(a)买卖合同有投保"战争险"的特别规定者;(b)货物装船或交给承运人保管前,卖方接到买方的通知,要求投保"战争险"者。同时,除买卖合同另有特殊规定外,投保"战争险"的费用应由买方负担。

(Ⅱ)如果在提供单据时,未取到保险单,买方应接受信誉良好的保险商或保险公司(照上述保险单的规定)所签发的保险凭证以代替保险单,并作为承保海洋险的依据和代表本规则意义内的保险单。对于原应在保险单上载明的有关提单和发票项内货物的主要条款和条件,该保险凭证应转载清楚,并将保险单内的一切权利转让给持有人(持证人)。在这种情况下,卖方有责任保证在买方要求时,尽快提出或取得凭证中所指明的保险单。

(Ⅲ)除非特定行业惯例可以由卖方向买方提供保险经纪人的承保书以代替保险单,这种承保书不应作为代表本规定意义内的保险单。

(Ⅳ)投保货物的保险金额,应当依照特定行业惯例来定;如果没有此项惯例,保险金额应当是运交买方货物的 CIF 发票价,减去货到时应付的运费(如果有的话),再加 CIF 发票价(减去货到时应付的运费——如果有的话)的百分之十利润。

**第十三条　装船通知**

为使买方便于自行增加投保本规则第十二条第Ⅰ款规定范围以外的风险,或增加投保"保险金额",卖方应当通知买方,说明货物业已装船或交给承运人保管,如有可能应列明船名,并说明唛头和全部细节,通知的费用由买方负担。

如果不曾收到这种通知,或因疏忽没有通知,买方不得因此而拒绝接受卖方提供的单据。

**第十四条**　进出口许可证、产地证明书等

（Ⅰ）如果合同规定的货物需要有出口许可证才能装船，卖方有责任承担费用，申请许可证，并竭力获得这种许可证的批准。

（Ⅱ）除下列情况外，本规则不赋予买方要求卖方提供有关订售货物的产地证明或领事发票的权利：(a)特定行业惯例规定需取得这两种单据或其中任何一种者；(b)货物装船或交给承运人保管前，卖方接获买方明确指示需要取得此种证明书和/或此种领事发票者。取得这种单据的费用应由买方负担。

如果合同规定的货物，目的港所在国需要进口许可证，买方应负责自行承担费用，取得这种许可证，并在货物装船前通知卖方，说明这种许可证已经取得。

**第十五条**　品质证明书等

如果买卖合同规定卖方应提供品质证明书和/或重量或数量证明书，但并未指明签发此项证明书的个人或团体，或者如果特定行业惯例向有此规定，那么，卖方应提供由有关当局（如果有的话）或有资格的独立检验人所签发的证明书，说明装船或交给承运人保管时的货物品质、规格、状态和/或重量或数量。取得这种证明书的费用（包括签证手续费——如果这种手续是必要的），应当依照特定行业惯例来负担；如没有惯例，则由买卖双方平均负担。这种证明书，在买卖双方之间，应当作为依照合同交给的货物，在证书签发时的品质、规格和状态和/或重量或数量的表面证据。

**第十六条**　单据的提供

（Ⅰ）卖方应竭尽全力发送各种单据，并有责任尽快提交给买方。除买卖合同有规定外，单据不用航空寄递。

"单据"一词是指提单、发票、保险单或依照本规则用以代替这些单据的其他单据，以及根据买卖合同条款，卖方有责任取得并提交买方的其它单据（如有的话）。货物如分批发运，除末批外，每批发运的发票可以是形式发票。

（Ⅱ）提供买方的单据，提供时必须完整、有效和有用的，并依本规则规定开给，如果提单或用以代替提单的其他单据是整套开给，并且以买方、他的代理人或

代表为收货人,卖方只需提供一份。在任何其他情况下,提单或代替提单的其他单据必须提交一整套。但卖方对于未提供的提单或其他单据,如备有信誉良好银行签发的并为买方所满意的保证书时,不在此限。

(Ⅲ)如果卖方必须取得并提交买方的任何单据,有些实质性项目与买卖合同条款不符时,买方有权拒绝单据的提交。

**第十七条　装船后货物灭失或损坏**

如果合同规定的货物已经装船,或已经交给承运人保管,并取得正式单据,卖方可以有效地提供这些单据,即使在提供单据时,货物已经灭失或损坏。但是,签订买卖合同时,如卖方已知货物灭失或损坏,则不在此限。

**第十八条　关于买方支付货款的义务**

(Ⅰ)当正当的单据被提供时,买方有责任接受此种单据,并按买卖合同条款支付货款。买方有权要求检查单据的合理机会和进行检查的合理时间。

(Ⅱ)在上述单据提供后,买方不应以没有机会检查货物为借口,拒绝接受这种单据,或者拒绝按买卖合同条款支付货款。

**第十九条　关于买方检查货物的权利**

除依照第十五条、第十八条规定和特定行业惯例外,如果买方没有被给予检查货物的合理机会和进行这种检查的合理时间,那么不应认为买方已经接受了这项货物。这种检查是在货物到达买卖合同规定的目的地进行,还是在装船前进行,可由买方自行决定。在完成此项检查后的三日内(即使在买卖双方联合检查情况下),买方应将他所认为不符合买卖合同的情事通知卖方。如果提不出这种通知,买方便丧失其拒绝接受该货物的权利。凡因货物的潜在缺陷,或内在质量毛病而引起的灭失、损坏、买方应当享有补救的权利,不受本条规定的影响。

**第二十条　买卖合同中的权利和补救**

(Ⅰ)除依照买卖合同中按本规则第一条所作的变更、修改或增添其他条款外,当事人在已经履行本规则规定的职责后,本规则所规定的当事人应负的责任即告终结。

（Ⅱ）卖方依据法律对订售货物所享有的留置权、保留权或中止交货权，不受本规则的影响。

（Ⅲ）如果发生违约情事，尽管当事人有权取得其他补救，受害方有权将货物出售或买进，并责成对方负担由于出售或买进而遭受的损失。

（Ⅳ）本规则的任何规定不得影响买方或卖方由于违反合同而有权提出的补救，以及由于买卖合同中产生的其它索赔。

如果在货到目的地后的十二个月内（货物如未到达，按通常可以到达之日起计算的十二个月内），没有正式申请把争议提交仲裁或提起诉讼，则卖方或买方应当分别解除对方关于违约和/或因买卖合同引起的其他要求索赔的全部责任。

**第二十一条**　通知

依照本规则的规定，由当事人的任何一方向对方或授权向对方发出的通知，应当以电报费付讫的有线电报、无线电报或海底电报发往最近知悉的对方营业所；如果挂号信在通常情况下能于投交邮局后二十四小时内送达收件人，此项通知也可用邮费付讫的挂号信寄发。

# 第二章 与时俱进的《国际贸易术语解释通则》(Incoterms)

## 第一节 《国际贸易术语解释通则》(Incoterms) 的宗旨和适用范围

《国际贸易术语解释通则》(以下称 Incoterms)的宗旨是为国际贸易中最普遍使用的贸易术语提供一套解释的国际规则,以避免因各国不同解释而出现的不确定性,或至少在相当程度上减少这种不确定性。或者说,Incoterms 的宗旨就是促进国际贸易的便利化。

传统上,Incoterms 的适用范围为国际货物买卖合同中当事人的权利、义务中与交货有关的事项。其货物是指"有形的"货物,不包括"无形的"货物,如计算机软件等。Incoterms 只涉及与交货和交单有关的事项,如货物的进出口清关、货物的包装、买方受领货物的义务以及提供履行各项义务的凭证等,不涉及货物所有权和其他产权的转移,也不涉及违约、违约行为的后果以及某些情况的免责等。有关违约的后果或免责事项,可通过买卖合同中其他条款和适用的法律来解决。

需要强调的是,Incoterms 无意取代那些完整的买卖合同所需订入的标准条款或商定条款。Incoterms 主要用于需要跨越国境交付货物的交易;但在实践中,有时也将 Incoterms 引入国内贸易中,只是各术语中有关办理进出口通关手续或许可手续及相应的费用条款,以及任何与进出口有关的条款就不需要了。国际贸易术语传统上用于货物跨越国界的国际货物买卖合同。但是,在世界许多地区,像欧盟一样的贸易同盟已使不同成员国间的边界形式显得不再重要。因此,国际贸易术语解释通则正式确认这些术语对国际和国内货物买卖合同均可适用。因而,《国际贸易术语解释通则 2020》在多处明确说明,只有在适用时,才产生遵守进出口手续要求的义务。之所以如此,是因为有两种发展趋势让国际商会认识到 Incoterms 应及时向此方向演变:第一,贸易方常在纯国内买卖合同中使用国际贸易术语;第二,美国国内贸易更情愿以 Incoterms 取代传统使用的《美国统一商法典》中的运输和交货术语。

## 第二节　Incoterms 2020 的修订背景及其过程

如前所述,自从国际商会于 1936 年公布第一版 Incoterms 以来,已历经了八次修订。连续修订 Incoterms 的主要原因是为了使其适应当代商业的发展实践,做到"与时俱进"。例如,1980 年修订本引入了货交承运人(现在为 FCA)术语,其目的是为了适应在海上运输中经常出现的情况,即交货点不再是传统的 FOB 点(货物越过船舷),而是在将货物装船之前运到陆地上的某一点,在那里将货物装入集装箱,以便经由海运或其他运输方式(即所谓的联合或多式运输)继续运输;又如,在 1990 年的修订本中,涉及卖方提供交货凭证义务的条款在当事方同意使用电子方式通信时,允许用电子数据交换(EDI)信息替代纸面单据;再如,在 2000 年的修订本中,考虑了无关税区的广泛发展、交易中使用电子信息的增多以及运输方式的变化。

与以往的历次修订一样,为适应国际贸易实务的最新发展,做到"与时俱进",ICC 于 2016 年 9 月正式启动了 Incoterms ® 2020 的起草工作,并在全球进行了广泛的意见征询,与来自各国家和地区的法律、保险、银行、进出口、海关等行业专家开展了研讨。2018 年 10 月,ICC 商法与惯例委员会秋季会议审议并讨论通过 Incoterms2020 终稿。2019 年 9 月 10 日,ICC 正式向全球发布了 Incoterms2020。该规则已于 2020 年 1 月 1 日生效。

## 第三节　Incoterms 2020 术语分类的依据与意图

在结构和内容的编排方面,Incoterms 2020 沿用了 Incoterms 2010 的作法,即

按照运输方式的不同对贸易术语进行分类,将修订后的 11 种贸易术语划分为以下两大类:

**一、适用于任一或多种运输方式的规则**

EXW ｜ Ex Works(工厂交货)

FCA ｜ Free Carrier（货交承运人）

CPT ｜ Carriage Paid To（运费付至）

CIP ｜ Carriage and Insurance Paid To(运费和保险费付至)

DAP ｜ Delivered at Place（目的地交货）

DPU ｜ Delivered at Place Unloaded（目的地卸货后交货）

DDP ｜ Delivered Duty Paid（完税后交货）

**二、适用于海运和内河水运的规则**

FAS ｜ Free Alongside Ship（船边交货）

FOB ｜ Free On Board(船上交货)

CFR ｜ Cost and Freight（成本加运费）

CIF ｜ Cost Insurance and Freight（成本、保险费加运费）

国际商会依据运输方式的不同对贸易术语进行分类的主要意图是便于买卖双方的外贸实务操作,一旦双方在商务合同中确定了货物运输方式,即可按图索骥地在 Incoterms 2020 中查找到买卖双方各自在相关贸易术语项下承担的责任、费用和风险。与 Incoterms 2010 相同的一点是,Incoterms 2020 两大类贸易术语也是按照卖方承担的责任、费用和风险由小到大的顺序排列。

# 第四节　Incoterms 2020 与 Incoterms 2010 的主要区别

针对 Incoterms2010,Incoterms2020 主要做出以下几个方面的修订:

**一、对 FCA 规则增加签发装船提单选项**

FCA(货交承运人)是指卖方在卖方所在地或其他指定地点将货物交给买方

指定的承运人或其他人。在货物海运销售中,货物在卖方运输工具上备妥待卸并置于承运人或买方指定的其他人控制之时,交货即告完成。

FOB(船上交货)是指卖方以在指定装运港将货物装上买方指定的船舶或通过取得已交付至船上货物的交货方式。货物灭失或损坏的风险在货物交到船上时转移,同时买方承担自那时起的一切费用。

FOB可能不适合于货物在上船前已经交给承运人的情况。例如用集装箱运输的货物通常是在集装箱码头交货,货物被储藏在集装箱码头等待船只到达并装船,而不是实际将货物装到船上。该集装箱码头常常由买方的海运承运人指定。因为若集装箱在集装箱码头中损坏,即使卖方与集装箱码头经营者没有任何合同关系,损失仍由卖方承担。此时应当使用FCA术语,因为在FCA规则下,卖方将集装箱交给承运人而无需等待集装箱装船即完成了对买方的交货。

在以上情形中,卖方会坚持使用FCA术语,但同时卖方又希望使用信用证这一付款方式,而信用证通常要求出示提单;根据运输合同,承运人只可能在货物实际装船后才会签发装船提单;而在FCA规则下,卖方的交货义务在货物装船前已经完成,因此,卖方交货时无法从承运人处获得装船提单。

为解决以上问题,Incoterms2020中FCA术语A6/B6中增加了一个附加选项。即:买卖双方可以约定买方指示其承运人在货物装运后向卖方签发装船提单,卖方随后方有义务向买方(通常通过银行)提交提单。尽管国际商会意识到装船提单和FCA项下的交货存在矛盾,但这符合用户需求。值得注意的是,即使采用该附加选项,卖方并不因此受买方签署的运输合同条款的约束。

## 二、费用划分条款的调整

在Incoterms2020规则的条款排序中,费用划分条款列在各术语的A9/B9(Incoterms2010列在A6/B6)。除了序号的改变,在Incoterms2020中,A9/B9统一罗列了原Incoterms2010中散见于各不同条款中对应的费用项目,如在Incoterms2010的FOB贸易术语中,与获得交货凭证相关的费用仅出现在A8"交货凭证",而非A6"费用划分"。因而Incoterms2020中的A9/B9较Incoterms2010中的 A6/B6 篇幅更长。

对费用划分条款的修订目的在于提供给用户一站式费用列表,使买方或卖方得以在一个条款中找到其选择的 Incoterms 术语所对应的所有费用。这使得卖方和买方之间费用的分摊得到了改进和明确。

同时,原散见于各条款的费用项目仍然保留:如 FOB 术语中获取凭证对应的费用同时出现在 A6/B6 及 A9/B9,方便用户在想了解某一特定事项的费用划分时可直接翻阅相关特定条款而非总括条款。

### 三、CIP 保险条款调整为必须符合《协会货物保险条款》条款(A)的承保范围

在 Incoterms2010 规则中,CIF(成本、保险费加运费)和 CIP(运费和保险费付至)规定了卖方必须自付费用取得货物保险的责任。该保险至少应当符合《协会货物保险条款》(Institute Cargo Clauses,LMA/IUA)"条款(C)"(Clauses C)或类似条款的最低险别。

《协会货物保险条款》条款(C)规定了承保"除外责任"各条款规定以外列明的风险,它只承保"重大意外事故",而不承保"自然灾害及非重大意外事故"。其具体承保的风险有:①火灾、爆炸;②船舶或驳船触礁、搁浅、沉没或倾覆;③陆上运输工具倾覆或出轨;④在避难港卸货;⑤共同海损牺牲;⑥抛货。

在 Incoterms2020 规则中,对保险义务,CIF 规则维持现状,即默认条款(C),但当事人可以协商选择更高级别的承保范围;而对于 CIP 规则,卖方必须取得符合《协会货物保险条款》条款(A)承保范围的保险,但当事人可以协商选择更低级别的承保范围。

《协会货物保险条款》条款(A)采用"一切风险减除外责任"的办法,即除了"除外责任"项下所列风险保险人不予负责外,其他风险均予负责。条款(A)承保的风险比条款(C)要大得多,这有利于买方,也导致卖方额外的保费。

这一修订的原因在于 CIF 更多地用于海上大宗商品贸易,CIP 作为多式联运术语更多地用于制成品。

### 四、FCA、DAP、DPU 及 DDP 允许卖方/买方使用自己的运输工具

Incoterms2010 中假定卖方和买方之间的货物运输将由第三方承运人进行，未考虑到由卖方或买方自行负责运输的情况。

Incoterms2020 中则考虑到卖方和买方之间的货物运输不涉及第三方承运人的情形。因此，在 D 组规则 DAP(目的地交货)、DPU(目的地交货并卸货)及 DDP(完税后交货)中，允许卖方使用自己的运输工具。同样，在 FCA(货交承运人)中，买方也可以使用自己的运输工具收货并运输至买方场所。

### 五、DAT 更改为 DPU

Incoterms2010 中，DAT(DELIVERED AT TERMINAL 运输终端交货)与 DAP(DELIVERED AT PLACE 目的地交货)唯一的区别是在 DAT 中卖方将货物从抵达的运输工具上卸下至"运输终端"即完成交付；而在 DAP 中卖方将货物置于抵达的运输工具上且做好卸载货物的准备由买方处置无需卸货即完成交付。

Incoterms2010 DAT 术语的"使用说明"中将"运输终端"广泛地定义为"任何地点，而不论该地点是否有遮盖，例如码头、仓库集装箱堆积场或公路、铁路、空运货站。"

国际商会对 DAT 和 DAP 做了两项修订。首先，Incoterms2020 中两个术语的排列位置改变了，交货发生在卸货前的 DAP 现在列在 DAT 前。其次，DAT 更改为 DPU(DELIVERED AT PLACE UNLOADED 目的地交货并卸货)，更强调目的地可以是任何地方而不仅仅是"运输终端"使其更加笼统，符合用户需求，即用户可能想在运输终端以外的场所交付货物(虽然实质内容并无其他改变)。但若目的地不是运输终端，卖方需确保其交货地点可以卸载货物。

### 六、在运输责任及费用划分条款中增加安保要求

Incoterms2010 各规则的 A2/B2 及 A10/B10 中简单提及了安保要求。随着运输安全(例如对集装箱进行强制性检查)要求越来越普遍，Incoterms2020 将与

之相关的安保要求明确规定在了各个术语的 A4"运输合同"及 A7"出口清关"中，因安保要求增加的成本，也在 A9/B9 费用划分条款中作了更明确的规定。

### 七、升级"使用说明"为"用户注释"

Incoterms2020 升级了 Incoterms2010 中各规则首部的"使用说明"为"用户注释"。用户注释阐明了 Incoterms2020 中各术语的基本原则，如何时适用，风险何时转移及费用在买卖双方间的划分；旨在（1）帮助用户有效及准确地选择适合其特殊交易的术语；及（2）就受 Incoterms ® 2020 制约的合同或争议提供部分需要解释问题的指引。

# 第五节　Incoterms 2020 与电子商务

本着促进贸易便利化的服务宗旨，国际商会一直以来对电子商务采取了积极的支持态度。早在 Incoterms 1990 版本的引言中，国际商会即明确表示，"出版 1990 年 Incoterms 修订本的主要原因是希望使贸易术语与电子数据交换系统（EDI）使用的日益增加相适应"。

在 Incoterms 2000 版本的引言中，国际商会就曾进一步明确，"1990 年的修订本中，涉及卖方提供交货凭证义务的条款在当事方同意使用电子方式通信时，允许用电子数据交换（EDI）信息替代纸面单据。毫无疑问，为了使 Incoterms 更利于实务操作，其草拟和表述一直都在改进"，并就提单和电子商务的关系做出了以下阐述："尽管提单具有特定的法律性质，但预计在不远的将来将会被电子方式替代。Incoterms 1990 充分估计了这种可以预期的发展。根据 A8 条款，若当事方同意以电子方式通信，则可以用具有同等作用的电子信息取代纸面运输单据。这些电子信息可以被直接或经由提供增值服务的第三方传送至有关当事人——一种第三方可以提供的有用的服务是登记提单的一系列持有人。提供这种服务的系统,如 BOLERO(提单电子登记组织)①的服务,或许需要得到如《国际海运委员会电子提单 1990 年规则》第 16 条、17 条和《1996 年 UNCITRAL 电子商务示范法》那样的法律规范和原则的进一步支持。"

在 Incoterms 2010 版本的引言中,国际商会对于支持电子商务做出了承前启后的表态,"Incoterms 以往的版本曾经规定诸多文件可用电子数据信息替代。Incoterms 2010 的 A1 和 B1 条款则在各方约定或符合惯例的情况下,赋予电子信息与纸质信息同等效力。这种表述使 Incoterms 2010 在其有效期内,便利新电子程序的发展。"或许是为了表明对全球众多第三方电子商务服务商的一视同仁,国际商会在 Incoterms 2010 中取消了 Incoterms 2000 中对于英国 BOLERO 电子商务公司的特别关照。

或许是由于电子商务技术已经日益普遍地应用于贸易中的各个环节,国际商会在 Incoterms 2020 的引言中并未像以往那样对于支持电子商务进行专门的表态,但在 11 个贸易术语的 A1 和 B1 条款中,均无一例外地表明,买卖双方提供的任何单据,根据双方约定可以是纸质或电子形式,如果没有约定,则按照惯常做法提供。

## 【参考资料】电子商务——国际贸易发展的新机遇

### 一、电子商务的概念及分类

#### (一)电子商务的概念

所谓"电子商务",(Electronic Commerce,EC)具体而言就是通过电子信息技术、网络互联技术和现代通信技术,使得交易涉及的各方当事人借助电子方式联系,而无需依靠纸面文件、单据的传输,从而实现整个交易过程的电子化。

---

① BOLERO 是一家致力于为国际贸易各当事方提供服务的第三方电子商务公司,总部位于英国,公司网址为 http://www.bolero.net/company/overview.aspx。

## (二)电子商务的分类

根据不同商务活动群体的业务性质分成以下几类:

### 1.商业机构对商业机构的电子商务

商业机构对商业机构(Business－to－Business,B2B)的电子商务指的是企业与企业之间进行的电子商务活动。例如,工商企业利用计算机网络向它的供应商进行采购,或利用计算机网络进行付款等。

### 2.商业机构对消费者的电子商务

商业机构对消费者(Business－to－Consumer,B2C)的电子商务指的是企业与消费者之间进行的电子商务活动。这类电子商务主要是借助于国际互联网所开展的在线式销售活动。例如,在国际互联网上目前已出现许多大型超级市场,所出售的产品一应俱全,从食品、饮料到电脑、汽车等,几乎包括了所有的消费品。

### 3.商业机构对行政机构的电子商务

商业机构对行政机构(Business－to－Administrations,B2A)的电子商务指的是企业与政府机构之间进行的电子商务活动。例如,政府将采购的细节在国际互联网络上公布,通过网上竞价方式进行招标,企业也要通过电子的方式进行投标。

政府在推动电子商务发展方面起到重要的作用。我国的金关工程就是要通过商业机构对行政机构的电子商务,如发放进出口许可证、办理出口退税、电子报关等,建立我国以外贸为龙头的电子商务框架,并促进我国各类电子商务活动的开展。

### 4.消费者对行政机构的电子商务

消费者对行政机构(Consumer－to－Administrations,C2A)的电子商务指的是政府对个人的电子商务活动。随着商业机构对消费者、商业机构对行政机构的电子商务的发展,政府将会对社会的个人实施电子方式的服务。例如,社会福利金的支付、征收个人所得税等。

## 二、电子商务的特点与发展

### (一)电子商务的特点

**1.电子商务是以现代信息技术服务作为支撑体系**

现今社会对信息技术的依赖程度越来越高,现代信息技术服务已经成为电子商务的技术支撑体系。现代信息技术服务主要指与计算机以及相关通信手段有关的服务体系。它包括计算机软件程序设计、信息处理和传输服务、计算机系统及其网络的建立和维护等。

**2.以电子虚拟市场为运作空间,使贸易呈现虚拟化的特点**

电子虚拟市场指的是商务活动中的生产者、中间商和消费者在某种程度上以数字方式进行交互式商业活动的市场。电子虚拟市场是传统实物市场的虚拟形态。所谓"数字化经济"指的就是在电子虚拟市场上所从事的经济活动的总称。电子虚拟市场,从广义上来讲就是电子商务的运作空间。电子虚拟市场与传统实物市场相比不同之处在于,电子虚拟市场上经营活动的全部或部分的实现形式演变成电子化或数字化或虚拟化,或实现了某种程度的在线式经营,等等。

**3.全球市场是电子商务的市场范围**

电子商务的开展使企业面对全球市场。因为电子商务的主要媒体——国际互联网从本质上讲就是全球性的。无论在哪个国家你只要能够接入国际互联网络,就可以方便地使用国际互联网所提供的各种服务,共享国际互联网上庞大的全球信息源。电子商务不受地域或国界的限制,而是受到计算机网络覆盖面的限制,只要是在国际互联网络覆盖到的地区,任何国家的机构或个人都可以浏览到该企业的网址,并随时可以进行信息的沟通,开展全球范围的商务活动。

### (二)电子商务的发展

1969年9月2日,国际互联网的前身美国阿帕网(Arpanet)诞生。20世纪80年代末,美国的企业为了提高效率,内部出现了为连接各个部门而特别设置的局域网络(LANs,local area networks),实现了内部数据、程序、打印机、电子邮件等信息的共享。在超文本传输协议（http）与超文本语言（html）得到开发，浏览器软件得到应用与普及，起源于美国国防部阿帕网的国际互联网技术日趋成熟后，电子商务才以此为依托出现了较大规模的发展。

今天，尽管电子商务的支付、结算和安全性等方面仍存有问题，但是人们对于电子商务的未来发展却充满了信心，相信这一全新的商业模式，必将根本改变人们的经济生活，甚至改变生产方式，形成真正的数字经济时代。

## 三、国际电子商务发展现状和存在的问题

### （一）国际电子商务发展现状

国际电子商务是指企业通过利用电子商务运作的各种手段所从事的国际贸易活动。它所反映的是现代信息技术所带来的国际贸易过程的电子化。它在缩短贸易流程、节约交易成本、提高贸易效率、增加贸易机会方面具有传统贸易方式无法比拟的优势，其发展十分迅速。据《硅谷时报》的报道，在 21 世纪的头 10 年全球企业间的网上贸易总金额已达到 3000 亿美元。网络贸易主要集中在第三产业，特别是金融业、旅游业、电脑软件、音像制品和信息咨询等行业。

### （二）国际电子商务存在的问题

国际互联网络的普及和网络通信技术的成熟为国际电子商务提供了迅速发展的机会。但是，电子商务发展同时也给政府和企业带来了许多新问题。

#### 1. 电子商务的支付问题

电子商务的支付问题，一直困扰并制约着电子商务的发展，尤其是在发展中国家，这一问题的解决更是迫在眉睫。目前在发达国家已经存在的电子商务付款协议采用的都是收取一定数额的固定费用，再加上交易金额的一定百分比的方法。除此之外，用信用卡支付是简单而可靠的方法。但消费者不愿意将信用卡号码提供给自己不熟悉的销售商，这不利于刚刚起步的在线服务的发展。但是，我国由于在过去的几十年间，从来没有建立过个人的信用记录，因此更增加了这方面的困难。另外，企业与企业之间的信用支付问题也在困扰着银行和其他金融机

构,中国的信用机制建立不起来,电子商务的发展必然要受到制约。

2.知识产权的保护

"知识产权保护"也会由于贸易的无形化和便捷化而变得更加困难。软件、CD、报刊文章、新闻广播、股市行情、机票信息以及保险都是无形的产品与服务。知识产权的所有者,担心通过互联网进行的数字拷贝和传递有可能导致侵犯版权和隐私。尽管互联网为数字产品的传播和销售提供了成本低廉、迅速方便的手段,但是知识产权的所有者担心他们的产品能否得到保护,这不利于无形商品的电子商务发展。在电子商务活动中的知识产权问题并不仅限于域名的所有权问题,Internet 网络上存在的大量电子书籍的任意下载,侵犯了原著作者的版权,也侵犯了网上电子书店的利益。我国在知识产权保护方面存在的盗版、翻印等问题,也严重地制约着我国电子商务的发展。

3.网络本身的安全问题

目前,阻碍电子商务广泛应用的首要的也是最大的问题就是安全问题。由于网络是高科技的产物,较易受到所谓"黑客"的攻击,从而使得电子商务过程中断。2000 年 2 月,美国的雅虎和其他网站受到黑客的攻击,造成的损失以数十亿美元计,中国的一些网站也遭到了黑客的攻击,因此给客户造成了巨大的损失。

4.尚未健全的物流配送系统

缺乏良好的物流配送系统,将增加电子商务的流通成本,这是目前影响许多国家电子商务发展的主要障碍所在。由于缺乏大型流通企业为依托,许多电子商务公司只好各自与一些速递公司签约,或独自组织配送队伍,为客户运送货物。为此,许多国家有关部门鼓励组建大型流通企业,推进电子商务公司与已有配送系统如邮政投递网络的结合,协调相关部门并配合优惠政策,健全物流配送系统。

## 四、电子商务对国际贸易的影响及发展前景

### (一)国际贸易中的电子商务

电子商务近年来在国际贸易领域越来越显示出它的作用。全球涉足于国际

市场的生产、销售等企业纷纷积极开发和利用电子商务方式开展全球业务。它们采用电子数据交换(EDI)、电子邮件(E-mail)、电子公告牌、电子转账、安全认证等多种技术方式努力实现国际贸易过程的电子化。利用电子商务方式所进行的国际贸易活动(这里被称为国际电子商务)既区别于一般意义的电子商务,又区别于传统的国际贸易方式。

**(二)国际电子商务与传统国际贸易实务的区别**

国际电子商务的发展使国际贸易的运作方式发生了很大的变化。电子商务使得传统的国际贸易实务过程的效率大大提高了。下面从国际贸易的交易过程的两个方面来比较一下国际电子商务与传统国际贸易的区别。

**1.交易前的准备**

交易前的准备过程主要是指买卖双方在交易合同签订之前的准备活动,就是供需双方如何能够宣传或者获取有效的商品信息的过程。

在这一阶段,传统的做法是:买方根据自己打算购买的商品,通过广告、商品交易会、博览会等媒介了解需购商品的信息。由于是跨国交易,需要花费大量的精力来调研有关国家的情况,有关商品国际市场的生产、销售、价格等情况。接着是在前期调研的基础上,制定进口商品经营方案等。卖方一般是根据自己的实力,选择寄送经营商品目录、实物样品、图片说明书、广告赠品以及参加各种交易会、博览会等方式介绍出口商品。

而在国际电子商务系统中,买方主要通过上网来获取信息,可以随时上网查询自己所需要商品的相关信息。卖方则主要利用因特网和各种贸易网络发布商品广告,积极地上网推出自己商品的信息资源,寻找贸易伙伴和交易机会。这种信息的沟通方式无论从效率提高上还是时间节省上都是传统方式无法比拟的。

**2.贸易磋商和签订合同**

在商品买卖双方都了解到有关商品的供需信息后,就开始具体的商品交易磋商过程。交易磋商和签订合同主要是指买卖双方对所有交易细节进行谈判,将双方磋商的结果以书面文件也就是合同的形式签订下来。

　　传统的交易磋商一般要经过询盘、发盘、还盘和接受几个过程。交易磋商的内容包括：合同的标的；合同的价格；卖方的义务（货物的交付、交单等）；买方的义务（货款的支付、接货）；预防争议与争议的处理（商品检验责任、索赔期限、免责条件和仲裁协议等）。双方取得一致意见后，就签订合同。

　　实际上，贸易磋商过程主要的工作之一是传递贸易信息。以前通常采用邮寄、电话或传真等手段，但是它们各有缺陷。邮寄费时费力；电话虽然能较方便地解决磋商问题，但不能解决单证的传递；传真的安全和保密性不足。重要贸易文件传递的唯一途径是邮寄。但是，通过邮寄单证来进行贸易磋商既费时又费力，尤其是国际邮资很昂贵，如果贸易磋商的回合较多，对交易双方来说，在时间和经济上都是一种负担。

　　而现在，以国际电子商务为基础的交易磋商就完全不同于传统的磋商方式。整个磋商过程可以在网络和系统的支持下完成。原来的贸易磋商中的单证交换过程，在国际电子商务中演变成为记录、文件和报文在网络中的传递过程。各种各样的电子商务系统和专用的数据交换协议自动保证了网络信息传递过程的准确性和安全可靠性。

　　综上所述，国际电子商务与传统国际贸易实务中相比有以下的优点：使得交易环节大大减少，大大节约了时间和金钱，有利于从事国际贸易业务的企业在当今激烈的国际市场上对客户做出迅速反应，从而增强国际竞争力。

### （三）电子商务在国际贸易业务运作中的作用

　　电子数据交换 EDI(Electronic Data Interchange)是电子商务在国际贸易领域的最新运用。其最大特点是可以将商业文件标准化，使商业文件能够在瞬间传递并由计算机进行自动处理，对原材料采购、产品制造、产品的市场需求与销售、银行的结算业务、保险公司的保险业务、运输公司的运输业务、海关，商检及政府许可部门的业务等进行计算机连通，并对电子信息进行自动分析和处理，使商业活动过程减少人工操作的时间，提高效率，减少错误，降低成本。

　　在实际业务中，一笔交易除涉及贸易伙伴之间的订单、发票、合同等的传送，还要涉及海关、商检、银行、保险公司、交通运输等诸多部门,必须把这些部门联在一个 EDI 网络之内。各单位都通过网络接收业务往来信息,利用计算机生成有关的贸易信息,并转换成约定格式的报文,再通过计算机网络直接送到对方的计算机中。

可以看出,在国际贸易中使用电子商务,可以使企业增加贸易机会,获得竞争优势,取得巨大的经济效益和社会效益,并促进国际贸易的发展。

### (四)电子商务的发展前景

随着因特网的日益普及和安全性日益提高,电子商务在日常生活和工作中的应用将呈指数级增长;在网络业发达的国家,电子商务的发展将尤为显著。企业对企业电子商务将在 5 年内成为在线企业交易的主要形式。今后 10 年内,发达国家的几乎所有人都将以因特网相联。10 年内电子商务安全将达到令人放心的程度,消费者在传统交易手段和在线交易手段之间作选择时将只考虑方便和价格这两个因素。技术仍将是实质性、长期和全球范围内的经济增长的关键;软件盗版将继续成为信息产业发展的阻力,仍将是影响软件产业以及软件业为全球经济做出贡献的头号障碍。

随着全球化数字经济的发展,信息技术的革新掀起新时代的数字革命,特别是互联网和电子商务的兴起,不仅将彻底改变经济增长方式,重写经济学中的一些核心概念,也将改变世界经济格局和贸易体制。以 EC 为标志的新经济时代的到来,必将深刻而长远地影响人类社会的发展。

# 第六节　Incoterms 2020 实施后应注意的问题

## 一、如何正确使用 Incoterms 2020

首先必须明确的是,虽然 Incoterms 2020 已于 2020 年 1 月 1 日正式生效,但是 Incoterms2020 实施之后并非意味着此前的 Incoterms 2010 版本就自动废止。因为国际贸易惯例本身不是法律,对国际贸易当事人并不产生必然的强制性约束力。国际贸易惯例在适用的时间效力上并不存在"新法取代旧法"的作法,当事人在订立贸易合同时仍然可以选择适用 Incoterms 2010 甚至 Incoterms 2000。

关于如何正确使用 Incoterms 2020,Incoterms 2020 的引言部分从以下十个方面为使用者提供了指南,对于正确理解和使用贸易术语非常有用。

(一)INCOTERMS 规则规定什么

Incoterms 规则解释了一套最常用的由 3 个字母组成的 11 个贸易术语,如 CIF 和 DAP 等,反映了企业之间货物买卖合同的实务。

Incoterms 规则描述了:

▶义务:卖方和买方之间各需履行哪些义务,如谁来组织货物的运输或者保险,谁来获取装运单据和进出口许可证;

▶风险:卖方于何地何时"交付"货物,换言之,风险在何地从卖方转移给买方;

▶费用:买卖双方各自承担哪些费用,如运输、包装或装卸费用,以及货物查验或与安全有关的费用。

Incoterms 规则在一套 10 个条款中规定了这些领域,按照 A1/B1 等排序,A 条款代表卖方的义务,B 条款代表买方的义务。

(二)INCOTERMS 规则不规定什么

Incoterms 规则本身不是一份销售合同,因此不能作为销售合同的替代。Incoterms 规则的设计目的在于反映任何种类货物的贸易实务,而非特定货物的贸易实务,其既可以适用于散装铁矿石交易,也可以适用于 5 个集装箱的电子设备或 10 个托盘的空运鲜花交易。

Incoterms 规则不处理下列事项:

▶销售合同究竟是否存在;

▶出售的货物的规格;

▶价款支付的时间、地点、方式或币种;

▶可供寻求的销售合同的违约救济;

▶迟延或其他违反合同履行义务所导致的绝大多数后果；

▶制裁的影响；

▶征收关税；

▶进出口禁令；

▶不可抗力或艰难情形；

▶知识产权；或

▶违约情况下纠纷解决的方式、地点或法律。

也许，最为重要的是，必须强调 Incoterms 规则不涉及所售货物的财产/权利/所有权的转移问题。

当事人需要在他们的销售合同中对这些事项做出具体约定，否则，如果日后产生履约或违约纠纷时就容易产生问题。从本质上讲，Incoterms 规则本身并不妨碍销售合同：它们只有在被并入一份已经存在的合同后才成为合同的一部分。Incoterms 规则也不提供合同适用的法律。适用于合同的法律制度或许是国际法，如《联合国国际货物销售合同公约》，或许是诸如与健康和安全或环保有关的国内的强制性法律。

（三）如何将 INCOTERMS 规则最佳地并入合同

如果当事人希望 Incoterms2020 规则适用于他们的合同，确保实现这一希望的最安全做法就是在他们的合同中通过诸如这样的措辞明确其意图：

"［所选择的 Incoterms 规则］［指定的港口、地方或点］Incoterms2020。"

具体并入方式如：

CIF Shanghai Incoterms2020，或者

DAP No 123，ABC Street，Importland Incoterms2020。

遗漏年份将可能带来难以解决的问题。当事人、法官或仲裁员需要能够确定合同适用的是 Incoterms 规则的哪个版本。

跟在选定的 Incoterms 规则后面的指明地点更为重要：

▶在所有的 Incoterms 规则中，除 C 组规则外，指明地点表明了货物"交付"完

成的地点,即风险从卖方转移给买方的地点;

▶在 D 组规则中,指明地点为交货地,也是目的地,卖方必须组织运输至该目的地;

▶在 C 组规则中,该指明地点表明卖方必须组织货物运输并支付运费到该目的地,但该地点并非交货地或交货港。

因此,对装运港产生疑问的 FOB 合同,会使买卖双方就买方必须向何处派船以便卖方装船和运输货物,以及卖方必须在何处的船上交货并将货物的风险从卖方转移给买方,难以确定。同样,对指定目的地不清楚的 CPT 合同,会使买卖双方就卖方必须签订货物运输合同并支付运费到何地产生疑问。

为避免此类问题,在选定的 Incoterms 规则中,最好根据具体情况尽可能地指明港口、地方或地点的具体地理位置。

将特定的 Incoterms2020 规则并入销售合同时,不需要使用商标标志。有关商标和版权的进一步指引,请参见 https://iccwbo.org/incoterms-copyright/。

（四）INCOTERMS2020 规则中的交货、风险与费用

三个字母后附带的指明地点或港口,例如 CIP 拉斯维加斯或 CIF 洛杉矶,对 Incoterms2020 规则发挥作用至关重要。依据所选择的 Incoterms2020 规则,该地点将用以确定:被视为卖方已经完成将货物"交付"买方的地方或港口,即"交货"地,或者卖方必须组织货物运输到达的地点或港口,即目的地;或者,D 组规则下的交货地和目的地。

在所有的 Incoterms2020 规则中,A2 将定义"交货"地或港,该地或港在 EXW 和 FCA(卖方所在地)中离卖方最近,而在 DAP、DPU 和 DDP 中离买方最近。

A2 中确定的交货地或港对风险和费用的划分至关重要。

A2 中的交货地或港标明 A3 中风险从卖方转移给买方的地方。正是在这个地方或港口,卖方履行了其在 A1 中的合同项下的交货义务,这样在货物越过该点后发生的灭失或损坏,买方不能向卖方追偿。

A2 中的交货地或港也标明 A9 中买卖双方费用划分的核心点。广义而言,

A9 将交货地点前发生的费用划归卖方承担,其后的费用由买方承担。

交货点

**两个极端和介于极端之间:四个传统 Incoterms 规则的分组**

传统上,2010 年之前的 Incoterms 规则的版本将其分为四组,即 E 组、F 组、C 组和 D 组。就交货点而言,E 组和 D 组处于相对的两个极端,而 F 组和 C 组则位于中间。虽然 Incoterms 规则自 2010 年以来已按运输方式进行分组,但以往的分组方式仍然有助于理解交货地点。因而,EXW 规则中的交货点是约定的买方收货地点,不论买方打算将货物运往什么目的地。在另一个极端的 DAP、DPU 及 DDP 规则中,交货地点与卖方或其承运人将货物运至的目的地是同一个地点。在第一组 EXW 规则中,风险甚至在运输过程开始之前就已经发生了转移;在第二组 D 组规则中,风险在运输过程的大后端转移。再次说明,在第一组 EXW 规则中以及同样的 FCA(卖方所在地)规则中,无论货物是否实际到达目的地,卖方均履行了其交货义务。在第二组规则中,只有货物实际到达了目的地,卖方才履行了其交货义务。

Incoterms 规则中两端的两个规则分别是 FXW 和 DDP。不过,贸易商应对其国际合同考虑这两个规则的替代规则,因为在采用 EXW 交易时,卖方仅需将货物交由买方处置,这可能在装货和出口清关方面给买卖双方各自带来问题。建议卖方最好采用 FCA 规则销售。同样,在采用 DDP 交易时,卖方对买方承担的某些义务,例如获取进口清关,只能在买方所在国才能得到履行。卖方要在买方国家履行这些义务,可能会有实务或法律方面的困难。因此,在这种情况下销售货物,建议卖方最好采用 DAP 或者 DPU 规则。

位于 E 组和 D 组规则两端中间的是三个 F 组规则(FCA、FAS 与 FOB)和四个 C 组规则(CPT、CIP、CFR 与 CIF)。

在全部七个 F 组和 C 组规则中,交货地均在预期运输的卖方一侧;因此使用这些 Incoterms 规则的销售通常被称为"装运"销售。例如,交货在下列情形完成:

a)在 CFR、CIF 和 FOB 规则中,当货物在装货港被装到船上之后;或

b)在 CPT 和 CIP 规则中,当货物交承运人后;或

c)在 FCA 规则中,当货物装上买方提供的运输工具,或交由买方指定的承运人处置时。

在 F 组和 C 组规则中,风险在卖方端货交主承运人时转移,而不论货物是否最终到达目的地,卖方都已履行其交货义务。不论是适用于海运的 Incoterms 规则,还是意在适用于任何运输方式的 Incoterms 规则,装运销售中的交货发生在运输环节的早期的卖方端是 F 组和 C 组规则的普遍特征。

不过,是由卖方还是买方签订交货地或交货港之外的运输合同或安排货物运输,F 组规则和 C 组规则确实有区别。在 F 组规则中,除非双方另有约定,由买方做出此类安排。在 C 组规则中,该义务由卖方承担。

鉴于卖方在任一 C 组规则下均需签订交货点之外的货物运输合同或安排运输,当事人需要知悉必须安排运输的目的地,而该目的地就是 Incoterms 规则名称后附带的地点,例如,"CIF 大连港"或者"CIP 内陆城市沈阳"。无论这个指明的目的地如何,该地点均不是并且永不会成为交货地。风险已在货物装船或者移交时的交货地转移,但卖方必须签订将货物运至指明的目的地之运输合同。因此,在 C 组规则中,交货地和目的地必然不是同一地点。

(五)INCOTERMS2020 规则与承运人

在 F 组和 C 组规则中,例如,将货物装上船,或将货物送交承运人,或将货物交由承运人处置,都标志着卖方在这一地点将货物"交付"买方。因此,风险就从该地点由卖方转移至买方。

鉴于这两项后果如此严重,在存在多个承运人、每个承运人承担不同的运输行程的情况下,如公路、铁路、空运或海运运输时,承运人身份的识别就变成了核心问题。当然,在卖方采取更为谨慎的方式、仅与一个负责整个运输链的承运人签订一个运输合同即所谓的"联运"合同时,就不会发生问题。但是,如果没有订立"联运"合同,货物可能被交付(在使用 CIP 或 CPT 规则的情况下)公路货运公司或铁路公司,并被转交海运承运人。在全部海运的情况下可能发生同样情况,

如货物先被交给内河或短途支线海运承运人,再被转交远洋承运人。

在这些情况下,卖方何时完成向买方的"交货":是卖方交货给第一承运人、第二承运人还是第三承运人之时?

在我们回答该问题之前,先看一个初步观点。尽管在多数情况下,承运人会是一个由卖方或者买方(取决于双方选择一个 C 组还是 F 组的 Incoterms 规则)在运输合同下雇佣的独立第三方,但在某些情况下根本没有雇佣独立的第三方承运人,因为卖方或买方会自行运输销售货物。这种情况在 D 组规则(DAP、DPU和 DDP)下尤其可能发生,卖方此时可以使用其自有运输工具将货物送给交货目的地的买方。因此,在 Incoterms2020 规则中规定,D 组规则的卖方既可以签订运输合同,也可以安排货物运输,即使用其自有运输工具:见 A4。

上述问题并不是一个单纯的"运输"问题:这是一个重要的"销售"问题。这不是卖方或买方在运输合同下就运输途中受损货物能够起诉哪个承运人的问题。这个"销售"问题是:在从卖方到买方的货物运输过程中,如涉及一个以上的承运人,在运输链的哪个地点发生的货物移交标志为交货地点和买卖双方之间的风险转移点?

这个问题需要一个简单的答案,因为所使用的多个承运人之间,以及卖方及/或买方与这些承运人之间的关系将是复杂的,而这取决于这些承运人根据数个相互独立的运输合同条款所承担的工作。因此,例如,在任何这样的运输合同链中,一个如实际承担公路段运输的承运人,可能作为卖方的代理人与海运承运人签订运输合同。

在当事人以 FCA 签约时,Incoterms2020 规则对此问题给出了清晰的答案。在 FCA 销售中,相关的承运人是由买方指定、卖方在销售合同的约定地方或地点将货物交付的承运人。因此,即便卖方安排公路货运公司将货物运往约定的交货地点,风险的转移也不是发生在卖方将货物交给其所指定的公路货运公司的地点和时间,而是发生在货物交付买方雇佣的承运人处置的地方和时间。这就是为什么在 FCA 销售中尽可能精准地指明交货地方或交货地点是如此重要。同样情况可能发生在 FOB 销售中,如果卖方安排支线船或驳船将货物运交付买方雇佣的船舶。Incoterms2020 规则提供了类似的答案:交货发生于货物装上买方指定的运输工具之时。

在 C 组规则下,该情况更为复杂,很可能在不同的法律体系下得到不同的解决方案。在 CPT 和 CIP 规则下,至少在某些法域,相关承运人可能会被认为是卖方按照 A2 条款转交货物的第一承运人(除非当事人约定了交货地点)。对于卖方与第一个承运人或后续承运人之间的合同安排,或甚至第一承运人和后续承运人之间的安排,买方一无所知。然而,买方所知道的是货物是运送给他或他的"运输"途中,而且就买方所知,"运输"始于货物被卖方交付第一承运人之手之时。后果是风险于"交货"给第一承运人之初就从卖方转移给了买方。如果卖方雇佣支线船舶或驳船到约定装运港(如有)提取货物,那么同样情形也会出现在 CFR 和 CIF 规则下。在某些法律体系下提及的答案类似:交货发生于约定装运港(如有)将货物装上船之时。

如这样的结论被采纳,可能看起来对买家比较严厉。在 CPT 和 CIP 规则中,当货物移交给第一承运人时,风险即从卖方转移给了买方。买方不知道哪个阶段按照相关运输合同,第一承运人是否对货物的灭失或损坏承担责任。买方不是该合同的当事人,对其无控制权,不了解其条款。然而,尽管如此,买方最终会承担自货物移交的最初时刻起的风险,可能还无法从该第一承运人处进行追偿。

尽管买方最终会承担在运输链条初始阶段货物灭失或损坏的风险,然而从这一观点来看,也是有针对卖方的救济方法的。A2/A3 并非在真空中运作:根据 A4 的规定,卖方必须订立"自交货地的约定交货点(如有)运往指定目的地,或者(如有约定)该地方内的任何地点"的货物运输合同。即使按照 A2/A3 的规定,风险已于货物移交给第一承运人时转移给了买方,但如果第一承运人未按照运输合同履行货物全程运往指定目的地的责任,以此观点来看卖方仍然负有在 A4 条款下对买方的责任。实质上,卖方应该订立将货物运往销售合同项下指定的目的地的运输合同。

(六)针对销售合同的规则及其与其他合同之间的关系

在 C 和 F 组 Incoterms 规则中涉及卖方与买方之间在交货中的关于承运人

职责的讨论提出了如下问题：在运输合同中，或甚至在通常围绕出口合同的任何其他合同中，例如保险合同或信用证，Incoterms 规则起到了什么作用？

简短的回答是，Incoterms 规则并不构成那些其他合同的一部分：如这些合同中加入 Incoterms 规则，该规则适用并仅令管辖销售合同的特定方面。

但是，这并不等同于说，Incoterms 规则对这些其他合同没有任何影响。货物的出口和进口通常是通过一系列合同进行的，在理想世界中，这些合同彼此之间应相互匹配。因此，销售合同，例如会要求提交由承运人在运输合同下向卖方/托运人出具的运输单据，并且，卖方/托运人/受益人可能希望凭此运输单据在信用证项下获得付款。如果这三个合同彼此匹配，那就会进展顺利；如果不匹配，则很快会产生问题。

Incoterms 规则所规定的内容，例如，关于运输或运输单据（在 A4/B4 和 A6/B6 条款中），或者关于保险范围（A5/B5），并不约束承运人或保险人，或者任何所涉及的银行。因此，承运人仅受其与另一当事人签订的运输合同之约束出具运输单据：承运人无需出具符合 Incoterms 规则的运输单据。同理，保险人需要出具与保险购买人约定的保险层级和条款的保险单，而非符合 Incoterms 规则的保险单。最后，银行只看信用证（如有）的单据要求，而非销售合同的要求。

不过，确保与承运人或保险人约定的运输或保险条款、或者信用证条款，均符合销售合同有关所需要签订的附属合同或取得或提交的单据的描述，非常符合这一系列不同合同中所有当事人的利益。该项任务不会落在承运人、保险人或银行身上，他们不是销售合同的当事人，因而不是 Incoterms2020 规则的当事人，也不受该规则制约。但是，尽量确保这一系列合同的不同部分彼此匹配是符合卖方和买方利益的，因起始点是销售合同，因此在适用 Incoterms2020 规则的情况下，与其匹配。

（七）11 个 Incoterms2020 规则——"海运和内河水运"与"任何运输方式"：正确选用

Incoterms2010 规则中引入的以适用于任一或多种运输方式的规则［包括

EXW、FCA、CPT、CIP、DAP]之间的区别被保留下来。

四个所谓适用于"海运"的 Incoterms 规则意在用于卖方在海港或内河港口将货物装到船上(或在 FAS 下的船边交货),即卖方在此地点向买方交货。使用这些规则时,货物灭失或损坏的风险从该港口起由买方承担。

另一方面,七个适用于任一或多种运输方式的 Incoterms 规则(所谓"多式联运")则意在用于没有装上船(或在 FAS 下的船边交货)的地点:

a)卖方在该地点将货物移交给承运人或交由承运人处置;或者

b)承运人在该地点将货物移交给买方或者在该地点交由买方处置;或者

c)上述(a)和(b)。

在这七个 Incoterms 规则的任一规则中,交货和风险转移何时发生取决于使用的特定规则。例如,在 CPT 规则中,交货发生于卖方端,即当货物移交给卖方签约的承运人时。而在 DAP 规则中,交货发生于货物被放置在指定目的地或者点交由买方处置时。

正如已提及的,Incoterms2010 规则所呈现的顺序基本上保留在 Incoterms ® 2020 规则中,并且重要的是要强调这两个 Incoterms 规则家族的区别,以便依据采用的运输方式使用对销售合同来说正确的规则。

在使用 Incoterms 规则中,最常见问题之一就是就特定类型的合同选择了错误的规则。

因此,比如规定 FOB 后为内陆地点(如机场或者仓库)的销售合同就没什么道理:买方得订立何种类型的运输合同呢? 买方是否承担对卖方订立运输合同的义务,且承运人必须据此在指定的内陆地点或在离该地点最近的港口接收货物?

再比如,当买方期待货物运至买方国家的内陆地点时,签订一份指定海港的 CIF 销售合同也没什么道理:卖方是否必须取得运输合同和保险至当事人意想中的最终内陆目的地,还是到销售合同中指定的海港?

漏洞、重叠以及不必要的成本可能会产生,而所有这一切都是因为对特定的合同选择了错误的 Incoterms 规则。造成"错误的"不匹配的原因是未对

Incoterms 规则的两个最重要的特征给予充分关注。两个特征互为镜像,即交货和风险转移的港口、地方或地点。

频繁误用不正确的 Incoterms 规则的原因是 Incoterms 规则时常被认为专指价格指标;这个或者那个是 EXW、FOB 或者 DAP 价格。Incoterms 规则中使用的首字母无疑是用来计算价格的公式之方便缩写,但 Incoterms 规则并不是专门甚至并非主要是价格指标。它们是公认的销售合同形式下卖方和买方相互承担的一般义务的清单——其中的主要任务之一就是要指明风险转移的交货港口、地方或者地点。

(八)Incoterms2020 规则中的排序

每个 Incoterms 规则中的所有十个 A/B 条款都很重要,但是有些比其他的更重要。

对各 Incoterms 规则中的十个条款的内部顺序确实做了重大调整。在 Incoterms2020 规则中,各 Incoterms 规则的内部顺序现排列如下:

A1/B1　一般义务

A2/B2　交货/提货

A3/B3　风险转移

A4/B4　运输

A5/B5　保险

A6/B6　交货/运输单据

A7/B7　出口/进口清关

A8/B8　查验/包装/标记

A9/B9　费用划分

A10/B10　通知

大家会注意到,关于 Incoterms2020 规则,在 A1/B1 中记载了各当事人的基本的货物/付款义务后,交货和风险转移被移至更显著的位置,即分别移至 A2 和 A3。

此后的大致顺序是：

▶附属合同(A4/B4 和 A5/B5,运输和保险)；

▶运输单据(A6/B6)；

▶出口/进口清关(A7/B7)；

▶包装(A8/B8)；

▶费用(A9/B9)；及

▶通知(A10/B10)。

A/B 条款顺序的变化需要一些时间和成本去熟悉。现在将交货和风险放在更显著的位置,我们是希望贸易商将会更易于识别不同的 Incoterms 规则之间的差异,即卖方将货物"交付"给买方的时间和地点的不同点,而风险即在那个时间和地点转移给了买方。

Incoterms 规则首次同时以下述格式出版：列出 11 个 Incoterms 规则的传统格式,以及在每个标题下列出每条 Incoterms 规则的十个条款的"横向"格式,先卖方后买方。因此,现在贸易商能够更易于看到例如 FCA 的交货地与 DAP 的交货地之间的区别,或者 CIF 由买方承担的费用项目与 CFR 由买方承担的费用项目之间的区别。我们希望 Incoterms2020 规则这种"横向"展现方式将可以进一步帮助贸易商选择最适合他们商业需求的 Incoterms 规则。

(九)INCOTERMS2010 与 INCOTERMS2020 之间的区别

Incoterms2020 规则背后最重要的举措就是聚焦在如何改善呈现方式,以便引导用户针对他们的合同正确地选择 Incoterms 规则。因此：

a)在本引言中更加强调了如何正确地选择；

b)更加清晰地解释了销售合同与附属合同之间的区分与联系；

c)针对每个 Incoterms 规则,将使用说明升级为现在的解释说明；以及

d)重新对 Incoterms 规则排序,更加突出了交货和风险。

尽管所有这一切变化看起来都是表面的,但是实际上它是国际商会实质性的尝试,旨在帮助国际贸易群体更顺利地进行出口/进口交易。

但是,除了这些一般变化之外,相比 Incoterms2010 规则,Incoterms2020 规则还是有一些其他的实质性变化。在我们介绍这些变化之前,必须特别提及的是,在 2010 年之后,贸易实践中有了一个特别的发展,即核实的集装箱总重;而国际商会决定,这一发展不应该导致 Incoterms2020 规则的变化。

对核实的集装箱总重(VGM)的注释:自 2016 年 7 月 1 日起,根据《国际海上人命安全公约》(简称 SOLAS)第二条的规定,在集装箱运输的情况下,托运人负有义务,要么使用经过校准和认证的设备对已包装的集装箱进行称重,要么对集装箱的内容物进行称重,再加上空集装箱的重量。在二者中的任一情况下,承运人都应记录核实的集装箱总重(VGM)。如违反要求,根据《国际海上人命安全公约》的规定将受到制裁,即集装箱"不得装船"(参见 2014 年 6 月 9 日的 MSCl/Circ.1475 第 4.2 段)。

这些称重的操作显然会产生费用,未遵守的话,则可能导致装货延误。由于这是 2010 年之后发生的,在商讨中有一些压力也不足为奇了,即 Incoterms2020 规则是否应该清楚规定买方和卖方之间到底由谁来承担该项义务。

起草小组感到,有关核实集装箱总重相关的义务和费用过于具体及复杂,无法保证在 Incoterms2020 规则中清楚提及。

回头再看国际商会在 Incoterms ® 2020 规则中做出的对 Incoterms ® 2010 规则的改变。这些改变包括:

[a]已装船批注提单和 FCA Incoterms 规则

[b]费用(如列出)

[c]CIF 和 CIP 中保险险别的不同级别

[d]在 FCA、DAP、DPU、DDP 中使用卖方或买方自己的运输工具安排运输

[e]将 DAT 的三个首字母的缩写改为 DPU

[f]在运输义务和费用中加入与安全有关的要求

[g]用户解释说明

### [a]已装船批注提单和 FCA Incoterms 规则

如货物以 FCA 术语销售经由海运方式运输,卖方或买方(或者更可能是他们的银行,如使用信用证)可能需要已装船批注提单。

然而,FCA 术语下的交货在货物装船之前已经完成,无法确定卖方是否能够从承运人处获取已装船提单。根据运输合同,只有在货物实际装船后,承运人才可能有义务并有权签发已装船提单。

为满足这种情形,Incoterms2020 规则 FCA 中的 A6/B6 现在提供了一个附加选项。买方和卖方可以约定,买方将指示其承运人在货物装船后向卖方签发已装船提单,然后卖方有义务,通常通过银行,向买方提交该提单。国际商会认识到,尽管已装船提单和 FCA 交货之间的结合有些不恰当,但这迎合了市场中显而易见的需求。最后,应该强调的是,即使采用了这种可选机制,卖方对买方也不承担运输合同条款的义务。

如果卖方在装船前通过将集装箱货物移交给承运人来交货给买方的话,建议卖方最好以 FCA 而不是以 FOB 条款销售,这仍然正确吗? 这个问题的答案是肯定的。但是,Incoterms2020 规则做了改变,即,如果此时卖方仍然希望或需要已装船批注提单,FCA 术语 A6/B6 中的新的附加选项对该种单据做出了规定。

### [b]费用(如列出)

在 Incoterms2020 规则条款的新排序中,费用现显示在每条 Incoterms 规则的 A9/B9 中。但是,除此重新排序外,另一个变化将对早期用户来说显而易见。Incoterms 规则中不同术语中各条款划分的各种费用传统上出现在 Incoterms 规则中每个术语的不同部分。因此,例如,FOB 2010 是在标题为"交货单据"的 A8 条款中提及与获取交货单据有关的费用,而不是在标题为"费用划分"的 A6 条款中。

但是,在 Incoterm2020 规则中,相当于 A6/B6 的条款,即 A9/B9 现在列出了由 Incoterms 规则每一特定术语划分的所有费用。因而,Incoterms2020 规则中的 A9/B9 比 Incoterms2010 规则中的 A6/B6 篇幅更长。

目的是向用户提供一站式费用清单,以便卖方或买方可以在一个地方找到其在 Incoterms 规则特定术语下将负责的所有费用。各费用项目也在其本身条款中提到：因而，例如，FOB 中与获取单据有关的费用仍然出现在 A6/B6 及 A9/B9 中。此处的思考是，有兴趣寻找单据费用具体划分的用户可能更倾向于查找涉及交货单据的特定条款，而不是列出所有费用的一般性条款。

**[c]CIF 和 CIP 中保险险别的不同层级**

在 Incoterms2010 规则中，CIF 和 CIP 的 A3 条款均强制规定卖方有义务"自付费用取得货物保险，该保险需至少符合《协会货物保险条款》（Institute Cargo Clauses，LMA/IUA，劳合社市场协会/伦敦国际承保人协会）条款（C）或类似的最低险别的条款"。《协会货物保险条款》条款（C）承保分项除外责任之外列明的风险；而《协会货物保险条款》（A）款则承保"一切险"，但同样排除分项除外责任。在 Incoterms2020 规则商谈期间，曾有人提出把《协会货物保险条款》条款（C）转为《协会货物保险条款》（A）款的建议，从而提高卖方为买方利益所取得的险别。当然，这涉及额外的保险费。相反，即继续维持《协会货物保险条款》（C）款的建议同样强烈，尤其是那些参与大宗商品海运贸易的人。在起草小组内外进行了大量讨论之后，我们决定在 CIF Incoterms 规则和 CIP Incoterms 规则中规定不同的最低险别。前者更可能用于海运大宗商品贸易，但维持《协会货物保险条款》条款（C）作为默示立场的现状，当然双方当事人仍可以自由商定较高的保险险别。在后者中，即 CIP Incoterms 术语，卖方现在必须取得符合《协会货物保险条款》条款（A）的保险险别，尽管双方当事人仍可以自由商定较低的保险险别。

**[d]FCA、DAP、DPU、DDP 中使用卖方或买方自己的运输工具安排运输**

在 Incoterms2010 规则中始终设定，在货物由卖方运往买方的情况下，货物将依据具体使用的 Incoterms 规则，由卖方或买方为此目的而雇佣的第三方承运人运输。

然而，在制订 Incoterms2020 规则的详细讨论中，我们清楚地认识到，在某些情况下，虽然货物要从卖方运往买方，但仍然可以在根本不雇佣任何第三方承运人的情况下进行运输。因此，例如，并不能阻止 D 组术语下的卖方在不将运输外

包给第三方的情况下安排这种运输,即使用卖方自己的运输工具。同样,对于
FCA 术语下的采购,也不能阻止买方使用自己的运输工具来收取货物并运往买方
所在地。

Incoterms2010 规则看起来没有考虑到这些可能性,而现在的 Incoterms2020
规则考虑到了这些可能性,不仅明确允许订立运输合同,而且也允许仅安排必要
的运输。

### [e]将 DAT 三个首字母缩写改为 DPU

在 Incoterms ® 2010 规则中,DAT 与 DAP 之间的唯一区别在于,在 DAT 术
语下,当货物从到达的运输工具卸载到"运输终端"时,卖方即完成交货;而在 DAP
术语下,当到达的运输工具上可供卸载的货物交由买方处置时,卖方即完成交货。
我们也可以回顾 Incoterms ® 2010 规则中的 DAT 使用说明,将"运输终端"一词
宽泛地定义为包括"任何地点,而不论该地点是否有遮盖……"

国际商会决定对 DAT 和 DAP 做出两项修改。首先,这两个 Incoterms ®
2020 规则呈现的顺序被颠倒过来,交货发生在卸载之前的 DAP 现在出现在 DAT
之前;其次,DAT 规则的名称已被改为 DPU(Delivered at Place Unloaded),强调
了目的地可以是任何地方,而不仅仅是"运输终端"的现实。但是,如果该地点不
在运输终端,卖方应确保其打算交付货物的地点是能够卸货的地点。

### [f]在运输义务和费用中加入与安全有关的要求

可以回顾,与安全有关的要求是通过每个贸易术语规则中的 A2/B2 和 A10/
B10 低调地进入 Incoterms2010 规则中的。在 21 世纪初与安全相关的问题变得
如此普遍之后,Incoterms2010 规则是 Incoterms 规则生效后的第一个修订本。这
些问题以及随之创建的相关装运实务,现在已经更多了。由于与运输要求相关,
与安全相关的义务的明确划分现已添加到每个 Incoterms 规则的 A4 和 A7 中。
这些要求产生的费用现在在费用条款中,即 A9/B9,也占有更为突出的地位。

### [g]用户解释说明

在 2010 年版本中,每个 Incoterms 规则开头处出现的"使用说明"现在作为

"用户解释说明"出现。这些说明解释了每个 Incoterms2020 规则的基本原理,例如应该何时使用、风险何时转移和卖方与买方之间如何划分费用。解释说明的意图是:(a)帮助用户在特定交易中更准确、高效地选择合适的 Incoterms 规则;(b)为那些为 Incoterms2020 调整的争议或合同提供解决方案或者咨询者就可能需要的解释事项提供指南。对于更普遍涉及 Incoterms2020 规则的更基本问题的指引,当然也可以参考本引言的内容。

（十）对 INCOTERMS 规则变形的提示

有时当事人希望修改 Incoterms 规则。Incoterms2020 规则并不禁止此类改变,但这样做是有危险的。为了避免任何不受欢迎的意外,当事人需要在他们的合同中非常清晰地明确此类修改意欲达到的效果。例如,如果合同修改了 Incoterms2020 规则中的费用分摊,那么各当事人也应清楚地表明他们是否同时希望改变交货和风险转移至买方的点。

最后需要明确的是,国际贸易术语并没有提供一个完整的买卖合同。国际贸易术语确实规定了买卖合同中哪方有安排运输、保险的义务,卖方何时向买方交货以及各方应当支付的什么费用。但国际贸易术语没有说明应付价格或支付方式。它也没有涉及货物所有权的转让或违约后果。这些问题通常依据买卖合同的明确约定或合同的适用法处理。合同各方应当清楚强制适用的本地法可能推翻买卖合同的任何条款,包括所选择的国际贸易术语在内。

## 二、Incoterms 2010 能否应用于国内贸易

Incoterms 能否应用于国内贸易？这曾经是一个长期困扰业界的一个现实问题。Incoterms 2010 引言中对此给予了肯定的答复:"Incoterms 传统上用于货物跨越国界的国际货物买卖合同。但是,在世界许多地区,像欧盟一样的贸易同盟已使不同成员国间的边界形式显得不再重要。因此,Incoterms 2010 的副标题正式确认这些术语对国际和国内货物买卖合同均可适用。因而,Incoterms 2010 在多处明确说明,只有在适用时,才产生遵守进/出口手续要求的义务。有两种发展

情形使得国际商会认识到应及时向此方向演进。第一,贸易方常在纯国内买卖合同中使用 Incoterms;第二,美国国内贸易更情愿以 Incoterms 取代传统使用的《美国统一商法典》中的运输和交货术语。"

然而,国内贸易毕竟与国际贸易存在着很大的不同,因此,国内贸易实务中的当事方有时需要在采用 Incoterms 的同时,又对其进行必要的变通。国际商会在 Incoterms 2020 引言中对此作法做出如下忠告:"有时当事人希望修改 Incoterms 规则。Incoterms2020 规则并不禁止此类改变,但这样做是有危险的。为了避免任何不受欢迎的意外,当事人需要在他们的合同中非常清晰地明确此类修改意欲达到的效果。例如,如果合同修改了 Incoterms2020 规则中的费用分摊,那么各当事人也应清楚地表明他们是否同时希望改变交货和风险转移至买方的点。"

### 三、Incoterms 2020 各项贸易术语使用说明及其作用

在学习和使用 Incoterms 2020 的过程中,除了需要掌握相关贸易术语明确规定的买卖双方各自义务以外,还需要关注以下三点:

1. Incoterms 2020 引言(Introduction)。Incoterms 2020 引言中包含了大量非常有价值的信息,例如解释 Incoterms2020 规则规定什么、不规定什么,以及如何将其以最佳方式并入合同中;阐明 Incoterms 规则几项重要基本事项:卖方和买方的基本角色和责任、交货、风险,以及 Incoterms 规则与围绕一个典型的进出口销售合同(以及适用时的国内销售合同)的各个合同之间的关系;解释如何以最佳方式为特定的销售合同选择正确的 Incoterms 规则,以及阐明 Incoterms2010 与 Incoterms2020 之间的核心变化。

2. Incoterms2020 升级了 Incoterms2010 中各规则首部的"使用说明"为"用户解释说明"(EXPLANATORY NOTES FOR USERS)。用户解释说明阐明了 Incoterms2020 中各术语的基本原则,如何时适用,风险何时转移及费用在买卖双方间的划分;旨在(1)帮助用户有效及准确地选择适合其特殊交易的术语;及(2)就受 Incoterms2020 制约的合同或争议提供部分需要解释问题的指引。例如,Incoterms 2020 对 CIF 术语的用户解释说明进行了这样的描述:

用户解释说明：

(1)交货与风险——"成本,保险费加运费"是指卖方通过以下方式向买方完成交货：

▶将货物装上船

▶或者取得已经如此交付的货物。

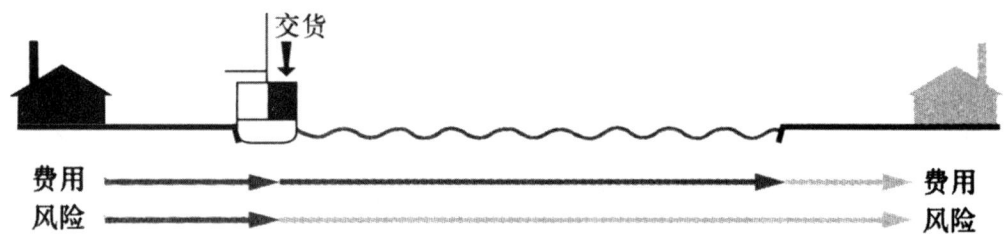

货物灭失或损坏的风险在货物交到船上时发生转移,这样卖方即被视为已履行了交货义务,而无论货物是否实际以良好的状态、约定的数量或是否确实到达目的地。

(2)运输方式——本规则仅适用于海运或内河水运运输方式。如果使用多种运输方式(常见于货物在集装箱终端交给承运人的情形),则适合使用的规则是CIP,而非 CIF。

(3)"或取得已经如此交付的货物"——此处的"取得"一词适用于交易链中的多层销售(链式销售),在大宗商品贸易中尤其常见。

(4)交货港与目的港——在 CIF 中,两个港口很重要:货物交到船上的港口和约定为目的港的港口。当货物在装运港装上船或者以取得已经如此交付的货物的方式交付给买方时,风险即从卖方转移到买方。但是,卖方必须签订将货物从交货地运送往约定目的地的运输合同。因此,例如,货物在上海(港口)装船、运往南安普顿(也是港口)。货物在上海装到船上时交付,风险于此时即转移给买方;而卖方必须签订从上海到南安普敦的运输合同。

(5)必须指定装运港吗?——尽管合同中总会约定一个目的港,但却未必会指定装运港,而装运港是风险转移给买方的地方。如果装运港对买方具有特殊意义,例如,买方也许希望借以确定货物价格中的运费构成是否合理,那么特别建议双方在合同中尽可能清楚地指定装运港。

(6)确定卸货港的终点——特别建议双方尽可能精准地指定目的港的特定地点,因为卖方需承担将货物运往该地点的费用。卖方必须签订涵盖货物运输的一份或多份合同,包括从货物交付到运至指定港或销售合同中已约定的该港口范围内约定地点。

(7)多个承运人——海运运输的不同航段可能由不同的承运人负责,例如,货物先由承运人驾驶支线船舶从香港运到上海,再由远洋船舶从上海运到南安普顿。此时产生的问题在于,风险是在香港还是上海从卖方转移到买方:交货发生在哪里?买卖双方很可能已在销售合同本身中进行了约定。但是,如果无此约定,则默认的立场是风险在货物交付给第一个承运人时发生了转移,即香港,因此这延长了买方承担灭失或损坏风险的时间。如双方希望风险晚些转移的话(此例的上海),则他们需要在销售合同中予以明确。

(8)保险合同——卖方还必须签订保险合同,以对由买方承担的从装运港至少到目的港过程中货物灭失或损坏的风险投保。如目的地国家要求在本地购买保险,则可能会造成困难:在此种情况下,双方应考虑使用 CFR。买方还应注意,在 CIF Incoterms2020 规则下,卖方需要投保符合《伦敦保险协会货物保险条款》(C)款或其他类似条款下的有限的险别,而不是《伦敦保险协会货物保险条款》(A)款下的较高险别。但是,双方仍然可以约定较高的险别。

(9)卸货费用——如果卖方根据运输合同产生了在目的港内指定地点与卸货相关的费用,除非双方另有约定,卖方无权另行向买方追偿该项费用。

(10)出口/进口清关——如适用,CIF 要求卖方办理货物出口清关。但是,卖

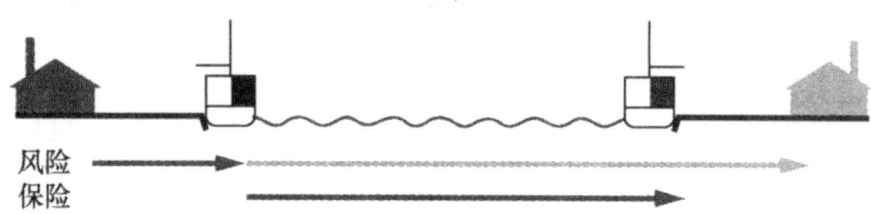

方没有义务办理货物进口清关或经由第三国过境的清关、支付任何进口税或办理任何进口海关手续。

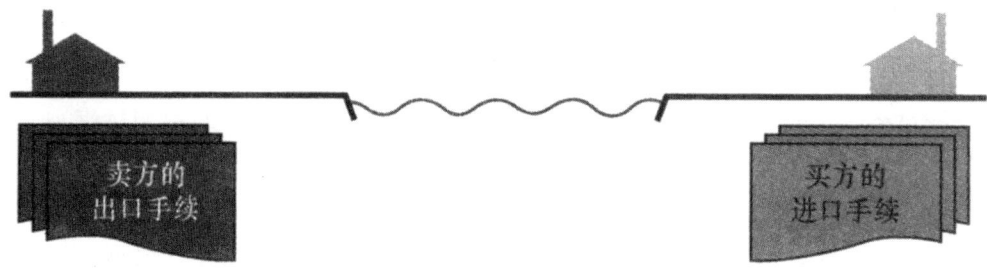

上述这样的用户解释说明对于正确理解和运用 Incoterms 2020 无疑是大有裨益的。

3. Incoterms 2020 新的编排方式。Incoterms 2020 仍沿用了 Incoterms 2010 按照运输方式的不同对贸易术语进行分类的作法,将 11 种贸易术语划分为"适用于任何运输方式或多种运输方式的术语"(RULES FOR ANY MODE OR MODES OF TRANSPORT)和"适用于海运及内河水运的术语"(RULES FOR SEA AND INLAND WATERWAY TRANSPORT)两大类。

此外,Incoterms 2020 继续沿用了 Incoterms 2010 的"菜单对照模式"(check list),分别从十个项目规定买卖双方义务,令买卖双方一目了然,能够按部就班地确定其各自的义务,不易遗漏,更便于阅读和运用。与 Incoterms 2010 所不同的是,因为 Incoterms 2020 每个 Incoterms 规则中的所有十个 A/B 条款都很重要,但是有些比其他的更重要,因而 Incoterms 2020 对各 Incoterms 规则中的十个条款的内部顺序做了重大调整。在 Incoterms2020 规则中,各 Incoterms 规则的内部顺序现做排列如下:

A1/B1　　　　一般义务

A2/B2　　　　交货/提货

A3/B3　　　　风险转移

A4/B4　　　　运输

A5/B5　　　　保险

A6/B6　　　　交货/运输单据

A7/B7　　　　出口/进口清关

A8/B8　　　　查验/包装/标记

A9/B9　　　　费用划分

A10/B10　　　通知

由上可见,与 Incoterms2010 相比,Incoterms2020 规则对买卖双方十项义务的排列顺序发生了变化,在 A1/B1 中记载了各当事人的基本的货物/付款义务后,交货和风险转移被移至更显著的位置,即分别移至 A2 和 A3。此后的大致顺序是:

▶附属合同(A4/B4 和 A5/B5,运输和保险)

▶运输单据(A6/B6)

▶出口/进口清关(A7/B7)

▶包装(A8/B8)

▶费用(A9/B9)

▶通知(A10/B10)

正如 Incoterms2020 引言中所说,"A/B 条款顺序的变化需要一些时间和成本去熟悉。现在将交货和风险放在更显著的位置,我们是希望贸易商将会更易于识别不同的 Incoterms 规则之间的差异,即卖方将货物交付给买方的时间和地点的不同点,而风险即在那个时间和地点转移给了买方。"

此外,Incoterms2020 规则首次同时以下述格式出版:列出 11 个 Incoterms 规则的传统格式,以及在上述每个标题下列出每条 Incoterms 规则的十个条款的"横向"格式,先卖方后买方。因此,现在贸易商能够更易于看到例如 FCA 的交货地与 DAP 的交货地之间的区别,或者 CIF 由买方承担的费用项目与 CFR 由买方承担的费用项目之间的区别。国际商会希望 Incoterms2020 规则这种"横向"展现方式将可以进一步帮助贸易商选择最适合他们商业需求的 Incoterms 规则。

### 四、Incoterms 2020 对电子信息效力的规定

正如本章第五节中所述,本着促进贸易便利化的服务宗旨,国际商会一直以来对电子商务采取了积极的支持态度。早在十年前,在 Incoterms 2010 版本的引言中,国际商会对于支持电子商务做出了承前启后的表态,"Incoterms 以往的版本曾经规定诸多文件可用电子数据信息替代。Incoterms 2010 的 A1 和 B1 条款则在各方约定或符合惯例的情况下,赋予电子信息与纸质信息同等效力。这种表述使 Incoterms 2010 在其有效期内,便利新电子程序的发展。"

此外,Incoterms 2010 对电子记录或程序做出了如下定义:

"电子记录或程序由一条或多条电子信息组成的整套信息,同时如适用时与对应的纸质凭证具有同等效力。"

可见,Incoterms 2010 的上述规定进一步为国际贸易领域中的单据电子化以及无纸化传送铺平了道路。近年来,已经有越来越多的国家和地区开始积极推动国际电子商务的发展,中国政府于 2001 年正式启动的"金关"工程即是其中一例[①]。

---

① 1993 年,国务院提出实施金关工程,金关工程就是要推动海关报关业务的电子化,取代传统的报关方式以节省单据传送的时间和成本。2001 年,"金关"工程正式启动。金关的核心有两块,一是海关内部的通关系统;二是外部口岸电子执法系统。基于海关内部的联通基础上,由海关总署等 12 个部委牵头建立电子口岸中心(又称"口岸电子执法系统",利用现代信息技术,借助国家电信公网,将外经贸、海关、工商、税务、外汇、运输等部门分别掌握的进出口业务信息流、资金流、货物流的电子底账数据,集中存放在一个公共数据中心,各行政管理机关可以进行跨部门、跨行业的联网数据核查,企业可以上网办理出口退税、报关、进出口结售汇核销、转关运输等多种进出口手续)。除了逐渐将电子口岸中心打造成面向公众服务的独立运营机构外,海关总署还将用 3—5 年的时间,建立以"三网一库"为基本架构的海关系统政务信息化的枢纽框架(连接全国各海关并与全国政府系统办公业务资源网互联、与国际互联网物理隔离的海关系统政务信息网,各海关单位内部的政务信息网,以互联网为依托的中国海关公众信息网,各级海关单位共建、共享的电子信息资源库)。

其实,早在二十年前,国际商会即在 Incoterms 2000 引言中针对提单和电子商务进行过以下专门的论述,其观点至今仍具有非常重要的借鉴意义。

"根据传统做法,在 CFR 和 CIF 术语下,装船提单是卖方应提供的唯一可接受的单据,提单起到了三个重要的作用,即:

●将货物交付至船上的证明;

●运输合同的证明;

●一种通过将纸面单据(paper document)交给另一方而将在途货物的权利转移给另一方的方式。

除提单外的其他运输单据可以完成上述三项作用的前两项,但它们却无法控制货物在目的地交货或使买方能够通过将纸面单据交付给其买方而卖出在途货物。而其他运输单据则将指明在目的地有权接受货物的当事方的名字。为了保证在目的地能够向承运人提取货物,拥有提单是必要的,这就使得电子通信方式取代提单变得尤其困难。

另外,习惯上签发数份正本提单,这时,买方或按其指示向卖方付款的银行,确信所有正本都已由卖方提交(所谓"全套")至关重要。这也是 ICC 有关跟单信用证的规则(即《跟单信用证统一规则》,在 Incoterms 2000 出版时其版本为 UCP500)的要求。

运输单据不仅必须证明货物已经交付承运人,而且要证明在承运人能够确定的范围内货物被收到时状况良好。在运输单据中任何表示货物并非呈良好状况的批注将会使该单据成为"不清洁"单据,这样的单据根据 UCP 将无法接受。

尽管提单具有特定的法律性质,但预计在不远的将来将会被电子方式替代。Incoterms 1990 已充分估计了这种可以预期的发展。根据 A8 条款,若当事方同意以电子方式通信,则可以用具有同等作用的电子信息取代纸面运输单据。这些电子信息可以被直接或经由提供增值服务的第三方传送至有关当事人。一种第三方可以提供的有用的服务是登记提单的一系列持有人。提供这种服务的系统，如 BOLERO（提单电子登记组织）的服务，或许需要得到像《国际海运委员会电子提单 1990 年规则》第 16 条、17 条和《1996 年 UNCITRAL 电子商务示范法》那样的法律规范和原则的进一步支持。"

Incoterms2020 尽管没有像以往那样专门论述电子商务的应用，但却在每一个贸易术语的买卖双方一般义务中，明确规定了"卖方（买方）提供的任何单据，根据双方约定可以是纸质或电子形式，如果没有约定，则按照惯常做法提供。"

### 五、Incoterms 2020 对保险承保范围的规定

在世界海上保险业务中，英国是一个具有悠久历史的国家，它所制定的保险规章制度，特别是保险单和保险条款对世界保险业影响颇大。目前世界上有很多国家和地区在海上保险业务中直接采用英国伦敦保险协会所制定的"协会货物条款"（Institute cargo clauses, ICC），还有许多国家在制定本国保险条款时参考或采用了该条款的内容。我国中国人民保险公司现行的海洋货物运输保险条款，就是参照伦敦保险协会的 ICC（1963 年）制定的。

"协会货物条款"最早制定于 1912 年。长期以来，对它进行过多次补充和修订，最近一次补充和修订完成于 1981 年，并于 1982 年 1 月 1 日开始实施。

如前所述，Incoterms 2020 对各 Incoterms 规则中的十个条款的内部顺序做了较大调整，其中对保险条款的规定由 Incoterms 2010 的 A3/B3（运输合同与保险合同）调整为 A5/B5（保险）。为方便对照学习，兹将 Incoterms 2010 与 Incoterms 2020 对于保险合同的相关规定整理如下（表 2-1）。

表 2-1　Incoterms 2010 与 Incoterms 2020 保险合同规定对照

| Incoterms 2010 规定(以 CIF 术语为例) | Incoterms 2020 规定(以 CIF 术语为例) |
| --- | --- |
| A3 运输合同与保险合同<br>a)运输合同 V 卖方必须签订或取得运输合同,将货物自交货地内的约定交货点(如有的话)运送至指定目的港或该目的港的交付点(如有约定)。必须按照通常条件订立合同,由卖方支付费用,经由通常航线,由通常用来运输该类商品的船舶运输<br>b)保险合同<br>卖方必须自付费用取得货物保险。该保险需至少符合《协会货物保险条款》(Institute Cargo Clauses,LMA/IUA)"条款(C)"(Cluases C)或类似条款的最低险别。保险应与信誉良好的承保人或保险公司订立。应使买方或其他对货物有可保利益者有权直接向保险人索赔<br>当买方要求且能够提供卖方所需的信息时,卖方应办理任何附加险别,由买方承担费用,如果能够办理,诸如《协会货物保险条款》(Institute Cargo Clauses,LMA/IUA)"条款(A)或(B)"(Clauses A or B)或类似条款的险别,也可同时或单独办理((协会战争险条款》(Institute War Clauses)和/或《协会罢工险条款》(Institute Strikes Clauses)或其他类似条款的险别<br>保险最低金额是合同规定价格另加 10%(即110%),并采用合同货币 | A5 保险<br>除非另有约定或特定贸易中的习惯做法,卖家须自付费用取得货物保险。该保险需符合《协会货物保险条款》(Institute Cargo Clauses,LMA/IUA)条款(C)或任何适于货物运输方式的类似条款。保险应与信誉良好的承保人或保险公司订立,并应使买方或任何其他对货物具有可保利益的人有权直接向保险人索赔<br>当买方要求且能够提供给卖方任何所需的信息时,卖方必须提供任何附加险,由买方承担费用,如果能够办理,诸如符合《协会战争险条款》(Institute War Clauses),及/或《协会罢工险条款》(Institute Strikes Clauses,LMA/IUA)或任何其他类似条款相符合的险别(除非该险别已经包括在前款所述的货物保险中)<br>最低保险金额应是合同规定价格另加 10%(即110%),并采用合同货币<br>保险范围应从货物自 A2 规定的交货点起,至少至指定的目的港止<br>卖方必须提供给买方保险单或保险证明或其他投保证据<br>此外,在应买方要求并由其承担风险和费用的情况下,卖方必须向买方提供买方取得任何额外保险所需信息 |
| B3 运输合同与保险合同<br>a)运输合同<br>买方对卖方无订立运输合同的义务<br>b)保险合同<br>买方对卖方无订立保险合同的义务。但应卖方要求,买方必须向卖方提供投保附加险的信息,该附加险是买方按照 A3 b)向卖方要求的。<br>保险期间应从货物自 A4 和 A5 规定的交货点起,至少到指定地点目的地止<br>卖方应向买方提供保单或其他保险证据。此外,应买方要求并由买方承担风险和费用(如有的话),卖方必须向买方提供后者取得附加险所需信息 | B5 保险<br>买方对卖方没有订立保险合同的义务。但是,应卖方要求,买方必须向卖方提供卖方按照 A5 要求的投保任何附加险所需的信息 |

## 六、Incoterms 2020 对安检通关的规定

自 Incoterms2010 开始,规定了运输清关安检信息(security-related information)的提供。例如,术语标准格式 A10(协助提供信息及相关费用)项下规定:"如

适用时,应买方要求并由其承担风险和费用,卖方必须及时向买方提供或协助其取得相关货物进口和/或将货物运输到最终目的地所需要的任何单证和信息,包括安检相关信息。卖方必须偿付买方按照 B10 提供或协助取得单证和信息时所发生的所有花销和费用。"Incoterms2010 之所以做出如此规定,与促进贸易便利化与保障贸易安全化的问题有关。自 2001 年美国 9.11 事件以来,美国、欧盟、日本、中国台湾等国家和地区日益关注贸易安全化问题,对 AEO(authorized economic partnership)均已有所规范,国际商会遂有此调整,这也正是 Incoterms "与时俱进"的具体体现。对此,Incoterms2010 引言中做出了如下说明:"安检通关及其通关所需信息——现在人们对货物移动时的安全问题日益关注,要求确保除了其内在特性外,货物对人的生命和财产不得构成威胁。因此,《国际贸易术语解释通则 2010》在各术语的 A2/B2 和 A10/B10 条款中,明确了买卖各方为完成或协助完成安检通关的义务,比如产销监管链信息。"

Incoterms 2020 仍沿用了 Incoterms 2010 的理念,但在文字表述上不再刻意强调提供"安全相关信息"(见表 2-2)。

表 2-2　Incoterms 2020 与买卖各方完成或协助完成安检通关的义务

| A 卖方义务(以 DDP 术语为例) | B 买方义务(以 DDP 术语为例) |
| --- | --- |
| A7 出口/进口清关<br>如适用,卖方必须办理出口国、过境国和进口国要求的所有出口/过境/进口清关手续,并支付费用,诸如:<br>▶ 出口/过境/进口许可证<br>▶ 出口/过境/进口安检清关<br>▶ 装运前检验<br>▶ 任何其他官方授权 | B7 出口/进口清关<br>如适用,卖方要求并由其承担风险和费用,买方必须协助卖方办理出口国/过境国/进口国需要的所有与出口/过境/进口清关手续有关的单据及/或信息,诸如:<br>▶ 出口/过境/进口许可证<br>▶ 出口/运输/进口安检清关<br>▶ 装运前检验<br>▶ 任何其他官方授权 |
| A10 通知<br>卖方必须向买方发出买方收取货物所需的任何通知 | B10 通知<br>无论何时根据约定,当买方有权决定约定期限内的时间及/或指定目的地的提货点时,买方必须给予卖方充分通知 |

### 七、Incoterms 2020 对码头作业费承担方式的规定

码头作业费的承担方式是一个极易在外贸实务中引发纠纷和争议的问题,为

此，Incoterms 2010 曾在引言中做出了如下说明：

"按照国际贸易术语解释通则 CPT、CIP、CFR、CIF、DAT、DAP 和 DDP 术语，卖方必须安排货物运输至指定目的地。运费虽由卖方支付，但买方为实际支付方，因为通常运费已由买方包含在货物总价之中。运输费用有时会包括在港口或集装箱码头设施内处理和移动货物的费用，而承运人或港口运营人很可能向接收货物的买方索要这些费用。在这种情况下，买方会希望避免为同一服务支付两次费用：一次是在货物总价中向卖方支付，另一次是单独向承运人或港口运营人支付。为了避免此类问题发生，国际贸易术语解释通则 2010 相关术语的 A6 和 B6 条款中明确了此类费用的分摊。"

Incoterms 2020 仍沿用了 Incoterms 2010 的理念，但在文字表述上将费用划分的排序从 A6/B6 调整为 A9/B9（见表 2-3）。

表 2-3　Incoterms 2020 对码头作业费承担方式的规定

| A 卖方义务（以 CFR 术语为例） | B 买方义务（以 CFR 术语为例） |
| --- | --- |
| A9 费用划分<br>卖方必须支付：<br>a)按照 A2 完成交货之前与货物相关的所有费用，按照 B9 应由买方支付的费用除外<br>b)按照 A4 所发生的运费和所有其他费用，包括货物船费及与运输相关的安全费用<br>c)根据运输合同规定应由卖方承担的在约定卸货港产生的任何卸货费用<br>d)根据运输合同应由卖方承担的过境费用<br>e)按照 A6 向买方提供已经交货的通常证据的费用<br>f)如适用，按照 A7(a)办理出口清关有关的关税、税款和任何其他费用<br>g)买方为按照 B7(a)提供协助获取单据及信息相关的所有费用和开支 | B9 费用划分<br>买方必须支付：<br>a)按照 A2 完成交货之时起与货物相关的所有费用，按照 A9 应由卖方支付的费用除外<br>b)过境费用，除非根据运输合同该项费用应由卖方承担<br>c)包括驳运费和码头费在内的卸货费用，除非根据运输合同该项费用应由卖方承担<br>d)卖方为按照 A5 及 A7(b)提供协助获取单据及信息相关的所有款项和费用<br>e)如适用，按照 B7(b)办理过境或进口清关有关的关税、税款和任何其他费用<br>f)由于未按照 B10 发出通知而产生的自约定交货日期或自约定交货期限届满之时起的任何额外费用，但以该货物已清楚地确定为合同项下货物为前提条件 |

## 八、Incoterms 2010 对链式销售(String Sale)卖方责任的规定

在大宗货物如石油、谷物、铁矿石等的国际贸易中，普遍存在着货物在运输途

中的再转售即链式销售的(String sale)①的做法,货物在抵达目的港的时候,很可能货物已经数易其手。那么应当如何确认卖方履行了其"装运"义务呢?Incoterms 2010 曾在导言中进行了如下说明:

"与特定产品的销售不同,在商品销售中,货物在运送至销售链终端的过程中常常被多次转卖。出现此种情况时,在销售链中端的卖方实际上不运送货物,因为处于销售链始端的卖方已经安排了运输。因此,处在销售链中间的卖方不是以运送货物的方式,而是以"取得"货物的方式,履行对其买方的义务。为了澄清此问题,国际贸易术语解释通则 2010 术语中包括"取得运输中货物"的义务,并以其作为在相关术语中运输货物义务的替代义务。"

上述译文为中国国际商会《国际贸易术语解释通则 2010》的官方译文,与英文原版内容相对照②,有的专家认为有个别地方翻译得欠妥,例如 commodities, manufactured goods,"down a string",the first seller in the string,"procure goods shipped"。相比之下,国际商会中国台湾总会编译的《国贸条规 2010》中对此段的翻译更为准确,更易于理解。见下文:

"货物在运送途中的再转售——连环买卖(String sale)

相对于制成品的买卖,在大宗物资的交易中,货物往往在运送途中'顺线而下'转售多次。此事发生时,线中间的卖方并未'装运货物',因为该货物已经由此线上的第一位卖方装运。因此,线中间的卖方向他的买方履行的义务不是装运货物,而是'购买'已经装运的货物。为厘清事实,国贸条规 2010 在相关的规则中纳入'购买已装运货物'的义务,作为装运货物的义务之一种替代条件。"

---

① 我国台湾地区将 String Sale 译为"连环买卖"。

② 原文:String sales In the sale of commodities,as opposed to the sale of manufactured goods, cargo is frequently sold several times during transit"down a string"。When this happens,a seller in the middle of the string does not"ship"the goods because these have already been shipped by the first seller in the string.The seller in the middle of the string therefore performs its obligations towards its buyer not by shipping the goods,but by"procuring"goods that have been shipped.For clarification purposes.Incoterms 2010 rules include the obligation to"procure goods shipped"as an alternative to the obligation to ship goods in the relevant Incoterms rules.Variants of Incoterms rulesSometimes the parties want to alter an Incoterms.

中国国际商会《国际贸易术语解释通则 2020》的官方译文仍沿用了"链式销售"的译法,在对相关贸易术语中"或取得已经如此交付的货物"中"取得"一词的解释是:此处的"取得"一词适用于交易链中的多层销售(链式销售),在大宗商品贸易中尤其常见。

### 九、Incoterms 2020 的变通使用与注意事项

在贸易实务特别是在国内贸易实务中,有时会出现变通使用 Incoterms 的情况。正如同国际商会制定的《跟单信用证统一惯例》(UCP600)并不禁止信用证当事人在信用证中对 UCP600 条款进行修订与排除一样,国际商会也并不禁止贸易实务中的当事人变通使用 Incoterms 2020。例如,实际业务中,CIF 术语常见的变形有以下几种:

(1)CIF Liner Terms(CIF 班轮条件)。这是指卸货费按班轮办法处理,即货物在目的港码头的卸货费由卖方负担。

(2)CIF Landed(CIF 卸到岸上)。这是指由卖方负担将货物卸到目的港岸上为止的卸货费,包括码头费和驳运费(Wharfage and Lighterage)。

(3)CIF Ex Tackle(CIF 吊钩下交货)。这是指由卖方负责将货物从船舱吊起卸到船舶吊钩所及之处(码头上或驳船上)的费用,在船舶不能靠岸的情况下,租用驳船的费用和货物从驳船卸到岸上的费用,由买方负担。

关于贸易术语的变通使用,我们将在第三章加以详细介绍。然而,国际商会还是对此种做法给予了警告并提出了善意的提醒:

"有时当事人希望修改 Incoterms 规则。Incoterms2020 规则并不禁止此类改变,但这样做是有危险的。为了避免任何不受欢迎的意外,当事人需要在他们的合同中非常清晰地明确此类修改意欲达到的效果。例如,如果合同修改了 Incoterms2020 规则中的费用分摊,那么各当事人也应清楚地表明他们是否同时希望改变交货和风险转移至买方的点。"

### 十、Incoterms2020 贸易术语的选用

自从国际商会于 1936 年首次发布 Incoterms 以来,历经半个多世纪的不断修

订和完善,业已成为国际贸易领域最为权威的术语规则。即使在美国,虽然其本国对某些贸易术语下了定义,但美国商会、美国进口商协会、全国对外贸易协会等7个商业团体也向美国对外贸易界推荐采用国际商会的 Incoterms,以取代美国的《1941 年美国对外贸易定义修订本》。

然而,在外贸实务中,因误用贸易术语而引发争议乃至诉讼的事件还是屡见不鲜,因此,在实务中正确选用 Incoterms 贸易术语非常重要。

在国际货物买卖合同中,贸易术语一般在价格条款中表示出来。选用不同的贸易术语,买卖双方承担的责任、费用和风险各不相同,商品的价格构成也不同。买卖双方选用贸易术语时,都希望做到既有利于达成交易,又避免因承担过大的风险而造成意外的损失。在实际业务中,买卖合同的双方当事人选用何种贸易术语,不仅决定了合同价格的高低,而且还关系到合同的性质,甚至还会影响到贸易纠纷的处理和解决。因此,贸易术语的选择和运用是直接关系到买卖双方经济效益的重要问题。

（一）贸易术语分类

Incoterms 2020 解释了 11 种贸易术语,为方便介绍,我们将所有贸易术语分成 E、F、C、D 四组。下面对这四组进行归纳分析。

1.E 组术语(启运术语,Departure)。E 组仅包括 EXW 一种贸易术语。按照 EXW 术语达成的交易在性质上类似于国内贸易。因为卖方在其所在地或其他指定的地点(如工厂、工场或仓库等)将货物交给买方处置时,即完成交货。卖方承担的风险、责任和费用也都局限于出口国内,卖方不必过问货物出境、入境及运输、保险等事项,由买方自己安排车辆或其他运输工具到约定的交货地点接运货物;所以,在卖方与买方达成的契约中可不涉及运输和保险的问题。而且,除非合同中另有规定,卖方一般不负责将货物装上买方安排的运输工具。EXW 术语是卖方承担责任最小的术语,以 EXW 术语成交的价格也最低。从交货性质分析,EXW 术语属于实际交货。

由于在 EXW 条件下,买方要承担过重的义务,所以对外成交时,买方不能仅仅考虑价格低廉,还应认真考虑可能遇到的各种风险以及运输环节等问题,要权衡利弊,注意核算经济效益。另外,如果买方不能直接或间接地办理出口和进口手续,则不应采用 EXW 术语成交。

2.F 组术语(主运费未付术语,Main Carriage Unpaid)。F 组包括 FCA、FAS和 FOB 三种贸易术语。它们在交货地点、风险划分界限及适用的运输方式等方面并不完全相同,但它们也有一些共同点。如按这些术语成交,卖方要负责将货物按约定时间运到双方约定的交货地点,并按约定的方式完成交货。从交货地点到目的地的运输事项由买方安排,运费由买方负担。卖方承担的费用在交货地点随着风险的转移而相应地转移给买方。另外卖方都需要负责货物出口清关的手续和费用,买方负责货物进口清关的手续和费用。

对于 F 组术语,特别需要做好船货衔接工作。因为卖方负责在交货地点提交货物,而由买方安排运输工具到交货地点接运货物。为避免因货等船或船等货而造成当事人的损失,卖方和买方要加强联系,将备货和派船的情况及时通知对方,遇到问题加强协商,妥善解决。

3.C 组术语(主运费已付术语,Main Carriage Paid)。C 组包括 CFR、CIF、CPT 和 CIP 四种贸易术语。按 C 组术语成交,卖方都必须订立从装运港(地)到目的港(地)的运输合同,并支付运费。其中的 CFR 和 CIF 都是在装运港交货,风险划分都是以货物装载上船为界,适用于水上运输;CPT 和 CIP 则是在出口国的约定地点向承运人交货,风险划分以货交第一承运人为界,适用于包括多式联运在内的各种运输方式。CIF 和 CIP 术语下,卖方还要负责办理货运保险,并承担保险费用。这种保险都是为了买方利益进行的,属于代办性质。

C 组术语下风险划分与费用划分是两个不同的概念,风险划分在装运港(地),费用划分在目的港(地)。也就是说,卖方虽然承担从交货地到目的地的运输责任,并支付运费,办理保险并支付保险费;但卖方并不承担从交货地到目的地的运输途中货物发生灭失或损坏的风险。所以,不应把它们看作是到货合同。

按 C 组和 F 组贸易术语成交,卖方都是在出口国或装运国完成交货义务。卖方只负责装运,而不负责货物到达,货物在运输途中的风险由买方承担,卖方对货物能否到达或何时到达目的港或目的地概不负责。因此,按 F 组和 C 组贸易术语签订的合同属于"装运合同"。

4.D 组术语(到达术语,Arrival)。D 组包括 DAP、DPU 和 DDP 三种贸易术语。使用 DAP 时,货物由买方处置,但需由其准备卸货。使用 DAT 时,货物已从到达的运输工具卸下,由买方处置。

按 D 组术语订立的买卖合同属于到达合同。到达合同是与装运合同相对而言的。按 F 组和 C 组贸易术语签订的合同属于"装运合同",它强调的是按时完成装货,无须保证按时到货;而到货合同强调的是按时到货,至于何时装货无须关注。采用 D 组术语,卖方应负责将货物安全及时地运至边境或目的港(Port)或进口国内约定目的地(Place)或地点(Point),实际交给买方处置,才算完成交货,卖方要承担货物运至该地点以前的全部风险和费用。从交货性质看,D 组术语属于实际交货。

D 组术语中,除 DPU 下卖方负责卸货外,其余的术语 DAP、DDP 下卖方均不负责卸货。

D 组术语下,卖方所承担的风险要大于前面各组,特别是按照 DDP 术语成交时,卖方负责将货物交到进口国内的约定地点,承担在此之前的一切风险、责任和费用,其中包括办理货物出口和进口的手续以及相关费用。所以,作为卖方在对外成交时,一定要认真考虑该项业务中可能会遇到的各种风险以及可以采取的防范措施。

下面将 11 种贸易术语列表作归纳对比(见表 2-4)。

表 2-4　Incoterms 2010 十一种贸易术语比较一览表

| 国际电码 | 交货地点 | 风险转移界限 | 出口报关责任、费用由谁负担 | 进口报关责任、费用由谁负担 | 适用的运输方式 |
|---|---|---|---|---|---|
| EXW | 商品产地、所在地 | 货交买方处置时起 | 买方 | 买方 | 任何方式 |
| FCA | 出口国内地、港口 | 货交承运人处置时起 | 卖方 | 买方 | 任何方式 |
| FAS | 装运港口 | 货交船边后 | 卖方 | 买方 | 水上运输 |
| FOB | 装运港口 | 货物交到船上时 | 卖方 | 买方 | 水上运检 |
| CFR | 装运港口 | 货物交到船上时 | 卖方 | 买方 | 水上运输 |
| CIF | 装运港口 | 货物交到船上时 | 卖方 | 买方 | 水上运输 |
| CPT | 出口国内地、港口 | 货交承运人处置时起 | 卖方 | 买方 | 任何方式 |
| CIP | 出口国内地、港口 | 货交承运人处置时起 | 买方 | 买方 | 任何方式 |
| DAT | 指定港口或目的地的指定运输终端 | 货交买方处置时起 | 卖方 | 买方 | 任何方式 |
| DAP | 指定目的地 | 可供卸载的货物交由买方处置时起 | 卖方 | 买方 | 任何方式 |
| DDP | 进口国内 | 在指定目的地将货交买方处置时起 | 卖方 | 卖方 | 任何方式 |

**(二)选用贸易术语应考虑的因素**

在国际贸易中,贸易术语是确定合同性质、决定交货条件的重要因素,选定适当的贸易术语对促进合同订立和履行,提高企业经济效益具有重要意义。对贸易术语的选用主要考虑以下因素:

1.**体现平等互利和双方自愿的原则。**选择贸易术语时,买卖双方应本着平等互利原则,从方便贸易和促进成交出发,在双方自愿基础上商定。如大多数客户习惯上按 FOB、CFR 或 CIF 这三种传统的贸易术语成交,则我们应尊重客户的贸易习惯。另外,有些国家为了支持本国保险事业的发展,规定在进口时,须由本国办理保险,我方为表示与其合作的意向,出口可采用 FOB 或 CFR 术语。

又如,我方在出口大宗商品时,国外买方为了争取到运费和保险费的优惠,要求自行办理租船订舱和保险,为了发展双方贸易,可采用 FOB 术语。

2.**有利于我国远洋运输业和保险业的发展,增收减支。**从宏观经济利益考虑,出口业务应为我国增加外汇收入,而进口业务要为我国节省外汇支出。同时也为了扶持和促进我国与贸易相关行业,如国际运输业、保险业的发展。在可能的条件下,我国企业在进口贸易中,尽量采用 FOB 或 FCA 等术语;在出口贸易中,则争取按 CFR、CFT、CIF 或 CIP 条件成交。

3.**考虑运输条件和运费因素。**Incoterms 2010 对每种贸易术语所适用的运输方式都做出了规定,例如,FOB、CFR 和 CIF 术语只适用海洋运输和内河运输,如买卖双方拟使用空运、铁路和公路运输,则应选用 FCA、CPT 和 CIP 术语。即使是海洋运输,随着集装箱运输和多式联运方式的不断扩大和发展,作为出口方应尽量采用 FCA、CFT 和 CIP 术语。此类贸易术语有利于出口方提早转移风险,提前取得运输单据,早日收汇,加快资金周转。

此外,买卖双方还应考虑本身的运输能力或安排运输方面有无困难。在本身有足够运输能力或安排运输无困难情况下,可争取由自身安排运输条件成交(如按 CFR、CPT、CIF 或 CIP 条件出口,以 FCA、FOB 或 FAS 条件进口);否则,应酌情争取按由对方安排运输的条件成交(如按 CFR、CPT、CIF 或 CIP 条件进口,以 FCA、FOB 或 FAS 条件出口)。

4.**考虑货物的特性和成交量的大小。**在国际贸易中,进出口货物的品种繁多,不同类别的货物具有不同的特点,对运输方面的要求各不相同,运费开支的大小也有差异。有些货物价值较低,但运费占货价的比重较大,对这类货物,应选用由对方安排运输的术语,如选用 F 组术语出口,C 组术语进口。此外,成交量的大小,也涉及运输安排的难易和经济核算的问题。当成交量太小,又无班轮通航的情况下,负责安排运输的一方势必会增加运输成本,因此选用贸易术语时应予以考虑。

5.考虑办理进出口货物的清关手续有无困难。在国际贸易中,关于进出口货物的清关手续,有些国家规定只能由清关所在国的当事人安排或代为办理,有些国家则无此项限制。因此,当某出口国政府当局规定,买方不能直接或间接办理出口清关手续,则不宜按 EXW 条件成交,而应选用 FCA 术语等成交。当某进口国政府当局规定,卖方不能直接或间接办理进口清关手续,此时不宜按 DDP 条件成交,而应选用其他术语成交。

6.重视规避风险。一是考虑运输途中的风险。在国际贸易中,交易的商品一般需要通过长途运输,货物在运输过程中可能遇到各种自然灾害、意外事故等风险,特别是当遇到战争或正常的国际贸易遭到人为障碍与破坏的时期和地区,运输途中的风险更大。因此,买卖双方洽商交易时,必须根据不同时期、不同地区、不同运输路线和运输方式的风险情况,并结合购销意图来选用适当的贸易术语。

二是考虑贸易欺诈风险。实际业务中,我国企业出口采用 FOB 时尤其会遇到贸易欺诈行为,使我国企业蒙受巨大损失。外商坚持按 FOB 条件进口,可能出于以下考虑,有的是想从协助承运人揽货中获取较低的运费优惠,有的想在尚未付款取得提单前得到先行在目的地向承运人提取货物的便利;更有甚者与承运人勾结,采用承运人先无单放货,后宣告破产的方法骗取我方货物。因此,除非外商资信良好,承运人声誉上乘,一般不宜按 FOB 条件订立出口合同。当然,我方进口大宗货物需以租船方式装运时,原则上应争取采用 FOB 方式,由我方自行租船、投保,以避免卖方与船方勾结,利用租船提单,骗取货款。

综上所述,在贸易术语的运用方面,不仅要正确理解和处理好贸易术语与买卖合同的关系,而且还要充分考虑影响贸易术语选用的各种有利害关系的因素。只有这样,才能选择好适当的贸易术语,并有利于合同的订立和履行,从而有效地提高对外贸易经济效益。

# 第三章　Incoterms 2020 贸易术语条款解读

## 第一节　Incoterms 2020 版本中的名词解释

为便于理解和运用 Incoterms 2020,我们首先需要掌握 Incoterms 2020 的几个专业术语,Incoterms 2010 的引言中曾对这些专业术语进行了专门的解释,Incoterms 2020 取消了这部分内容,但"温故而知新",重温一下国际商会对这些专业术语的解释对于正确地理解和应用 Incoterms 2020 无疑是十分有益的。

**国际贸易术语解释通则 2010 术语专用词的解释:**

如同国际贸易术语解释通则 2000 一样,买卖双方的义务是对照列出的,分别反映在规定卖方义务的 A 栏和买方义务的 B 栏。这些义务可由卖方或买方亲自承担,但有时根据合同条款或适用的法律,也可通过第三方中介,如承运人、货运代理人,以及由卖方或买方指定的其他人来承担。

国际贸易术语解释通则 2010 术语文字意在不言自明。但为了便利使用者,以下部分将对几个专用词在本通则中的特定涵义做出指导性说明。

【承运人】:在国际贸易术语解释通则 2010 术语中,承运人是签订运输合同的一方。

【海关手续】:指为遵守任何适用的海关规定所需满足的要求,并可包括各类单证、安全、信息或实物检验的义务。

【交货】:在贸易法律与实务中,这个概念有多种涵义。但在国际贸易术语解释通则 2010 术语中,它用来指明是在这里货物灭失或损坏的风险从卖方转移至买方。

【交货凭证】:此词现为 A8 的标题。它是指证明已交货的凭证。在国际贸易术语解释通则 2010 许多术语中,交货凭证是运输凭证或对应的电子记录。但是,在使用 EXW、FCA、FAS 和 FOB 时,交货凭证可能仅仅是一张收据。交货凭证也会有其他作用,比如作为支付机制的构成部分。

【电子记录或程序】:由一条或多条电子信息组成的整套信息,同时如适用时与对应的纸质凭证具有同等效力。

【包装】:此词可用于不同目的:

1.为满足买卖合同的要求对货物进行包装。

2.为适应运输需要对货物进行包装。

3.在集装箱或其他运载工具中装载包装好的货物。

在国际贸易术语解释通则 2010 术语中,包装所指的是以上第一种和第二种情况。国际贸易术语解释通则 2010 中的术语不涉及各方在集装箱内的装载义务,因此,如适用时,各方应在买卖合同中作出约定。"

除了 Incoterms 2010 引言中的上述几个专业术语的定义外,以下几个来自于 Incoterms 2000 版本中的几个专业术语的定义也很重要,对于我们学习和理解 Incoterms 2020 很有帮助。

【托运人】(shipper)在一些情况下,需要用同一个词表示两个不同的意思,这只是由于无法找到合适的替代词的缘故。商人们在销售合同和运输合同中经常遇到这种困难。例如,"托运人"一词既表示将货物交付运输的人,又表示与承运人订立合同的人,而这两个"托运人"可能是不同的人,如在 FOB 合同中,卖方将货物交付运输,而买方则与承运人订立运输合同。

【交货】(delivery)需要特别注意的是,"交货"这个词在 Incoterms 中有两种不同含义。首先,"交货"一词被用来判断卖方何时完成了其交货义务,这规定在所有 Incoterms 的 A4 条款中。其次,"交货"也被用于买方受领或接受货物的义务,这规定在所有Incoterms的B4条款中。用于这第二种含义时,"交货"首先意味着买方"接受"卖方在将货物交运时即完成其义务的规则;其次,"交货"一词还意味着买方有受领货物的义务。为避免因买方提取货物前支付不必要的贮藏费,这后一种义务是很重要的。例如,在 CFR 和 CIF 术语的合同中,买方有义务接受货物并从承运人处领取货物,若买方未履行该义务,就可能对与承运人订立运输合同的卖方损失承担赔偿责任,或者向承运人支付货物滞期费以使承运人放货。在这方面,说买方必须"受领货物"并不表示买方将其作为符合销售合同而接受货物,而只是指买方接受这一事实,即卖方按 C 组术语 A3a)款订立运输合同,完成了将货物交付运输的义务。如果买方在目的地收到货物后,发现货物与销售合同规定不符,买方可使用销售合同和适用的法律给予的任何一种补救办法向卖方寻求补偿。如前所述,此项事宜已完全超出 Incoterms 的适用范围。

当货物在某一特定地点可交给买方时,Incoterms2000 在适当之处使用了"将货物交给买方处置"的表述。这种表述与《联合国国际货物销售合同公约》中"将货物交与"的表述含义相同。

【通常】(usual)"通常"一词在很多术语中出现,如在 EXW 术语中表示交货时间的条款(A4)中,在 C 组术语下关于卖方必须提供的单据和必须订立的运输合同的条款中(A8、A3)。当然,说清楚"通常"的含义并非易事,然而在很多情况下,是有可能认定该行业内人士通常是如何行事的,这种行事惯例即可作为参照。在此意义上,"通常"这个词比"合理的"一词更有帮助。"合理的"要求的不是根据日常实践的评估,而是根据更难界定的善意和公平交易原则的评估。在一些情况下,可能还是需要判断什么是"合理的"。尽管如此,由于上述原因,在 Incoterms 中,一般使用"通常"一词而不使用"合理的"一词。

【费用】(charges)在涉及办理货物进口手续的义务时,判断货物进口时要支付的"费用"包括哪些内容是很重要的。在 Incoterms1990 中,DDP 术语 A6 使用的是"在出口和进口中所需交纳的官方费用"。而在 Incoterms2000 中,删去了"官方"一词,其原因是当决定某项收费是否"官方"收费时,"官方"一词会造成某些不确定性。虽然删去了"官方"一词,但本意并非改变这一条款的实质意义。必须支付的"费用"仅涉及进口必然发生并按适用的进口管理规定必须支付的费用。其他任何由私人机构在货物进口时收取的费用不应包括在"费用"中,如与清关义务无关的储存费。然而,若承担义务的一方非亲自履行该义务时,则履行此项义务可能发生付给海关经纪人或运输行(freight forwarders)的一些费用。

【港口、地点、点和所在地】(port/place/point/premise)

在交货地点的问题上,Incoterms 中使用了不同的表达方法。只适用于海运的术语,如 FAS、FOB、CFR、CIF,使用了"装运港"和"目的港"两种表述。在所有其他的术语中使用的是"地点"(place)一词。在某些场合,有必要指明在"港口"和"地点"(place)内的某"点"(point),因为卖方不仅需要知道他要把货物交至一个特定地区,例如某个城市,而且也要知道在该地区的什么点将货物交给买方处置。销售合同经常缺少这一方面的信息,于是,Incoterms 规定如果在指定地点没有约定交货点,并且有几个点可以选择,卖方可选择对其最有利的点交货(见 FCA 术语中的 A4 条款)。当交货点是卖方的"地点"时,则使用了"卖方所在地"(FCA 术语中的 A4 条款)。

【船只】(ship 和 vessel)在适用海上运输货物的术语中,"ship"和"vessel"被当作同义词使用。无需说明,当"ship"作为贸易术语的组成部分时,如"船边交货(FAS)",必然要使用"ship"一词。

【查对和检验】(checking/inspection)在 Incoterms 中,A9 和 B9 条款分别使用"查对、包装和标记"和"货物检验"作为条款标题。尽管"checking"和"inspection"是同义词,但是人们认为这样来区别使用比较合适:在涉及卖方按 A4 交货的义务时使用查对(checking),而后者则用于一些特殊情况,即进行"装运前检验",因为在通常情况下只有当买方或货物出口或进口国当局希望在货物装运前保证货物符合合同或官方规定时才要求进行"检验"。

# 第二节　适用于任何单一运输方式或多种运输方式的术语

## 一、EXW(工厂交货)

**EXW ｜ Ex Works**

工厂交货

EXW(填入指定交货地点)Incoterms ® 2020

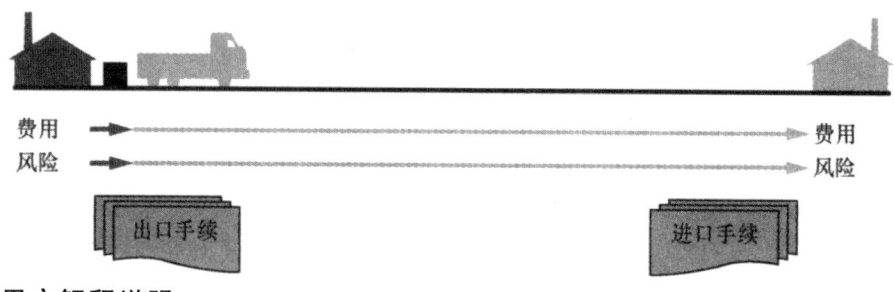

**用户解释说明**

**1.交货与风险**——"工厂交货"是指卖方通过以下方式向买方完成交货:

▶在指定地点(如工厂或仓库)将货物交由买方处置时,并且

▶该指定地点可以是卖方所在地,也可以不是卖方所在地。

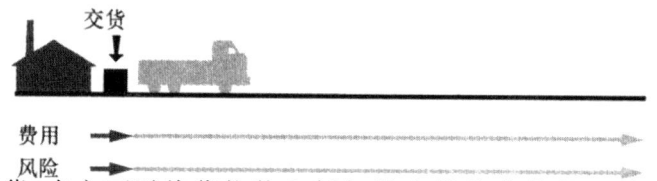

　　为完成交货,卖方不需将货物装上任何前来接收货物的运输工具,需要清关时,卖方也无需办理出口清关手续。

　　**2.运输方式**——本条规则可适用于所选择的任　或多种运输方式(如有)。

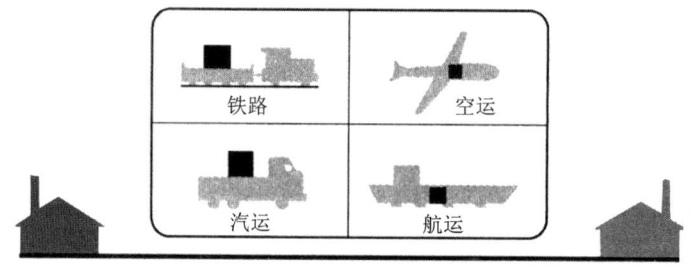

　　**3.交货地或精准的交货点**——买卖双方仅需指定交货地。但是,特别建议双方还应尽可能清楚地指明交货地范围内的精确交货点。精确交货点会让双方均可清楚货物交付的时间和风险转移至买方的时间;该精确交货点还标志着买方承担费用的地点。如果双方不指定交货点,则视为留待由卖方选择"最适合卖方目的"的交货点。这意味着,卖方可能会选择某个点作为交货点,而货物恰好在该点之前发生了灭失或损坏,从而可能使买方承担风险。因此,买方最好选择将要交货地范围内的精确地点。

**4.对买方的提示**——EXW 是对卖方规定的义务最少的 Incoterm® 规则。因此,从买方的角度而言,基于以下不同原因,应谨慎使用该规则。

**5.装载风险**——当货物置于交货地、尚未装载、由买方处置时,交货已完成,且风险随之转移。但是,货物装载很可能是由卖方操作,装载操作中发生的货物灭失或损坏的风险很可能由没有实际参与货物装载的买方承担。考虑到这种可能性,建议在由卖方装载货物时,双方预先约定由哪方承担货物在装载中发生的灭失或损坏的风险。这种情形颇为常见,因为卖方更有可能在其场所拥有必要的装载设备,或由于相关的安全规则禁止未经授权人员进入卖方场所。如买方希望规避在卖方场所装载货物期间的风险,则应当考虑选择 FCA 规则(在 FCA 规则下,如货物系在卖方场所交付,则卖方对买方负有装载货物的义务并承担货物在由卖方实施装载作业中发生灭失或损坏的风险)。

**6.出口清关**——若以将货物交由买方处置的方式进行的交货发生在卖方场所或另一典型的卖方所在国司法管辖区或同一关税同盟区的指定地点时,卖方没有义务办理出口清关或货物经由第三国过境的清关。实际上,**EXW**可能更适合于完全无意出口货物的国内贸易。在出口清关中,卖方的参与内容限于协助获取诸如买方要求的用于办理货物出口的单据或信息。如买方希望出口货物而又预计办理出口清关会有困难时,建议买方最好选择 **FCA** 规则。在 **FCA** 规则下,办理出口清关的义务和费用由卖方承担。

**A 卖方的义务**

**A1 一般义务**

卖方必须提供符合销售合同约定的货物和商业发票，以及合同可能要求的其他与合同相符的证据。

卖方提供的任何单据，根据双方约定可以是纸质或电子形式，如果没有约定，则按照惯常做法提供。

**A2 交货**

卖方必须在指定交货地或位于该地的约定点（如有），将未装载到任何接收货物的运输工具上的货物交由买方处置的方式交货。若在指定交货地未约定特定点，且在该地有多个地点可用，则卖方可选择最适合其目的之交货点。卖方必须在约定日期或约定交货期限内交货。

**A3 风险转移**

除 B3 规定的灭失或损坏情况外，卖方承担按照 A2 完成交货前货物灭失或损坏的一切风险。

**A4 运输**

卖方对买方没有订立运输合同的义务。

**B 买方的义务**

**B1 一般义务**

买方必须按照销售合同约定支付货物价款。

买方提供的任何单据，根据双方约定可以是纸质或电子形式，如果没有约定，则按照惯常做法提供。

**B2 提货**

当卖方已按照 A2 完成交货，并按照 A10 发出通知时，买方必须提取货物。

**B3 风险转移**

买方承担按照 A2 交货时起货物灭失或损坏的一切风险。

如果买方未按照 B10 发出通知，则买方承担自约定的交货日期起或交货期限届满之时起的货物灭失或损坏的一切风险，但以该货物已被清楚地确定为合同项下货物为前提条件。

**B4 运输**

应由买方负责自费签订运输合同或安排自指定交货地起的货物运输。

但是,在应买方要求并由其承担风险和费用的情况下,卖方必须向买方提供卖方拥有的买方安排运输所需的任何信息,包括与运输有关的安全要求。

**A5 保险**

卖方对买方没有订立保险合同的义务。但是,在应买方要求并由其承担风险和费用的情况下,卖方必须向买方提供卖方所拥有的买方取得保险所需的信息。

**A6 交货/运输单据**

卖方对买方没有义务。

**A7 出口/进口清关**

如适用,在应买方要求并由其承担风险和费用的情况下,卖方必须协助买方获取出口国/过境国/进口国要求的与所有出口/过境/进口清关手续有关的任何单据及/或信息,诸如:

▶出口/过境/进口许可证;

▶出口/过境/进口安检清关;

▶装运前检验;及

▶任何其他官方授权。

**A8 查验/包装/标记**

卖方必须支付为了按照 **A2** 交货所需的查验操作费用(如查验品质、丈量、计重、点数的费用)。

**B5 保险**

买方对卖方没有订立保险合同的义务。

**B6 交货证据**

买方必须向卖方提供其已提取货物的适当证据。

**B7 出口/进口清关**

如适用,应由买方办理出口国/过境国/进口国所要求的所有出口/过境/进口清关手续,并支付该类费用,诸如:

▶出口/过境/进口许可证;

▶出口/过境/进口安检清关;

▶装运前检验;以及

▶任何其他官方授权。

**B8 查验/包装/标记**

买方对卖方没有义务。

卖方必须自付费用包装货物,除非该特定贸易运输的所售货物通常无需包装。除非双方已经约定好具体的包装或标记要求,否则,卖方必须以适合该货物运输的方式对货物进行包装和标记。

**A9 费用划分**

卖方必须支付按照 **A2** 完成交货前与货物相关的所有费用,按照 **B9** 应由买方支付的费用除外。

**B9 费用划分**

买方必须:

a)支付按照 **A2** 完成交货之时起与货物有关的所有费用;

b)偿付卖方为按照 **A4**、**A5**,或 **A7** 提供协助或信息而产生的所有费用和开支;

c)如适用,支付货物出口应缴纳的所有关税、税款和其他费用,以及办理出口清关手续而产生的费用;

d)支付因买方未提取已交由其处置的货物或未按照 **B10** 发出适当通知而产生的额外费用,但以该货物已被清楚地确定为合同项下货物为前提条件。

**A10 通知**

卖方必须向买方发出为买方提取货物所需的任何通知。

**B10 通知**

无论何时根据约定,当买方有权决定在约定交货期限内的时间及/或在指定地点的提货点时,买方必须给予卖方充分通知。

**【解读】**

（一）适用范围

该术语可适用于任何运输方式，也可适用于多种运输方式。该条款不但适用于国际贸易，也适用于国内贸易。

（二）定义

"工厂交货"是指当卖方在其所在地或其他指定地点（如工厂、车间或仓库等）将货物交给买方处置时，即完成交货。卖方不需将货物装上任何前来接收货物的运输工具，需要清关时，卖方也无需办理出口清关手续。

（三）注意事项

"工厂交货"是指当卖方在其所在地或其他指定的地点（如工场、工厂或仓库）将货物交给买方处置时，即完成交货，卖方不办理出口清关手续或将货物装上任何运输工具。该术语是卖方承担责任最小的术语。买方负担自卖方所在处所提取货物至目的地所需的一切费用和风险。

EXW 术语代表了在商品的产地或所在地交货的条件，类似于国内交货。EXW 术语适用于各种运输方式。

EXW 术语下需要注意的问题有以下几点：

1.关于货物的装运问题。由买方自备运输工具到交货地点接运货物，一般情况下，卖方不承担将货物装上运输工具的责任和费用，其实这是为保留 EXW 下卖方义务最小的原则。但是，若双方希望在起运时卖方负责装载货物并承担装载货物的全部费用和风险时，则须在销售合同中明确写明，如：EXW Loaded。

2.关于货物的交接问题。卖方必须按照合同约定的日期或期限，在指定的地点将未置于任何运输车辆上的货物交给买方处置。从交货性质看，EXW 术语属于实际交货。若在指定的地点内未约定具体交货点，或有若干个交货点可使用，则卖方可在交货地点中选择最适合其目的的交货点。为了做好货物的交接，买卖双方在订约时，一般要对交货时间和地点作出规定。

3.关于风险的划分界限。卖方在其所在地或其他指定的地点将货物交给买方处置时,风险实现转移。如果买方没有能够在规定时间、地点受领货物,或者在买方有权确定交货的时间和地点时,没有能够及时给予适当通知,只要货物已被特定化为本合同项下的货物,买方要承担由此引起的费用和风险,即风险可能提前转移。

4.关于移交有关单据的义务。与其他术语相比,只有 EXW 下,对于卖方交单的规定为"无义务",因为卖方是在其国内处所或其指定的地点把货物交给买方处置,所以无义务提供交货证明。相反,买方需要向卖方提供收取货物的证明。当然,Incoterms 的所有贸易术语(包括 EXW 在内)规定:卖方必须提供符合销售合同规定的货物和商业发票或有同等作用的电子信息,以及合同可能要求的、证明货物符合合同规定的其他任何凭证。

5.关于办理出口手续的问题。EXW 是 11 种术语中唯一一个需要买方办理出口清关手续的术语,尽管有时买方可要求卖方代办,但货物被禁止出口的风险还是由买方承担。因此,在成交之前,买方应了解出口国政府的有关规定,如是否允许在该国无常驻机构的当事人在该国办理出口清关手续。若买方无法直接或间接办理货物的出境手续时,则不应采用 EXW 术语,可采用 FCA 术语。

6.关于货物的包装和检验费用问题。国际贸易中的大多数商品需要包装,为达到保护商品作用,避免日后发生争议,Incoterms 2020 在每种贸易术语的卖方义务的 A8(查对、包装、标记)中都规定,"卖方必须自付费用提供按照卖方在订立合同前已知的有关该货物运输(如运输方式、目的地)所要求的包装(除非按照相关行业惯例,合同所指货物通常无须包装)。包装应作适当标记。"这一规定只适用于卖方在订立合同前已知道有关运输的情况。

关于货物的检验,Incoterms 2020 规定,"买方必须支付任何装船前检验(preshipment Inspection,PSI)的费用。"装船前检验既可能是进口国有关当局建议的,也可能是出口国当局强制的。一方面,在某些国家,当需要申领进口许可证或申请外汇以购买进口产品时,政府当局有时会要求在装船前检验,以确保货物与合同相符,一般由政府当局指定的检验公司组织检验。检验的费用一般由政府当局垫付,然后向买方要求偿还。因为这是进口国当局要求的,而且是为了买方的利益而进行的检验,所以买方应承担由此产生的检验费用。

另一方面,出口国当局从本国的利益和相关法律规定要求出发,也可能会要求对出口货物予以强制检验,由此产生的费用一般应由卖方承担。但 Incoterms 2020 规定,在 EXW 术语下,仍由买方承担这部分检验费用,而在其他术语下,则由卖方承担。

总之,采用 **EXW** 成交,卖方承担的风险、责任及费用都是最小的。**EXW** 术语不是国际贸易中的常用术语,当买方在出口国有分支机构、代理人等时可使用该术语,否则买方难以处理在出口国的提货、清关、办理出口许可证等事宜。由于按 **EXW** 术语成交的价格是最低的,所以对买方具有一定的吸引力,我国广东向港澳出口的货物很多就是按 **EXW** 条件成交的。

## 二、FCA(货交承运人)

**FCA** │ **Free Carrier**

**货交承运人**

**FCA(填入指定交货地点)Incoterms ® 2020**

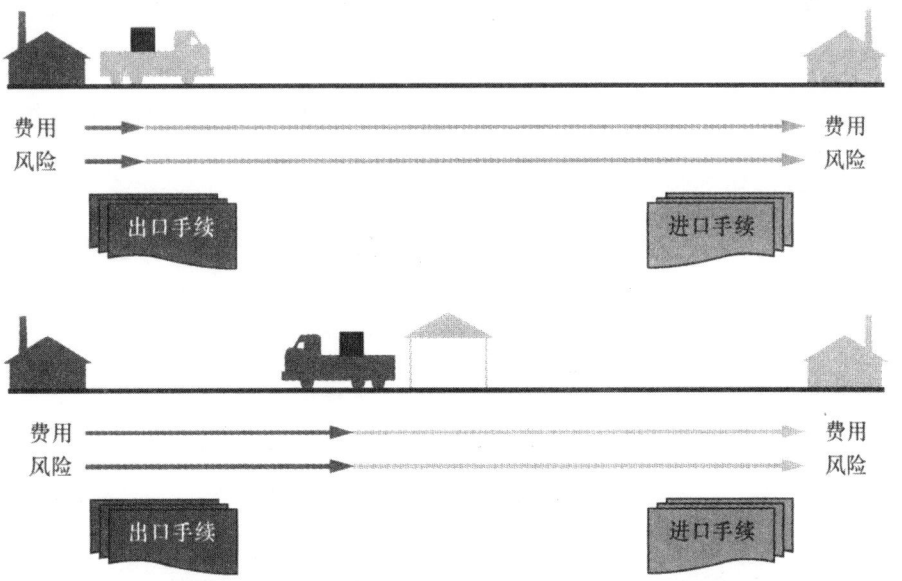

用户解释说明

**1.交货与风险**——"货交承运人（指定地点）"是指卖方通过以下两种方式之一向买方完成交货：

▶首先，如指定地点是卖方所在地，则货物完成交付是

• 当货物装上了买方的运输工具之时。

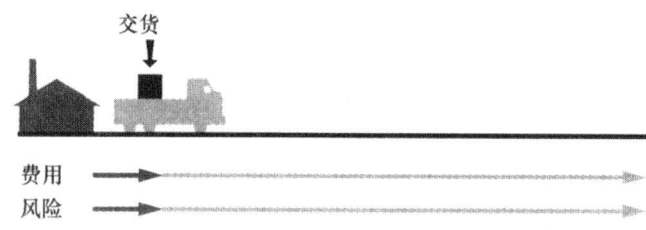

▶其次，如指定地点是另一地点，则货物完成交付是

• 当货物已装上了卖方的运输工具，

• 货物已抵达该指定的另一地点，并且

• 已做好从卖方的运输工具上卸载的准备，并且

• 交由买方指定的承运人或其他人处置之时。

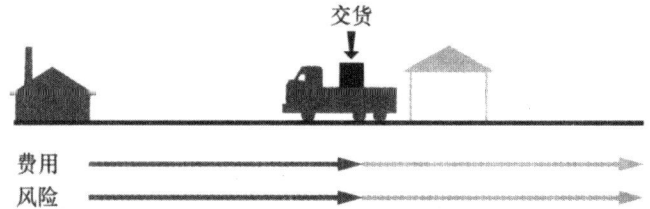

无论选择了二者之中的哪一个地点作为交货地点，该地点即是确定风险转移给买方且买方开始承担费用的地点。

**2.运输方式**——本条规则可适用于所选择的任何运输方式，也可适用于使用多种运输方式的情形。

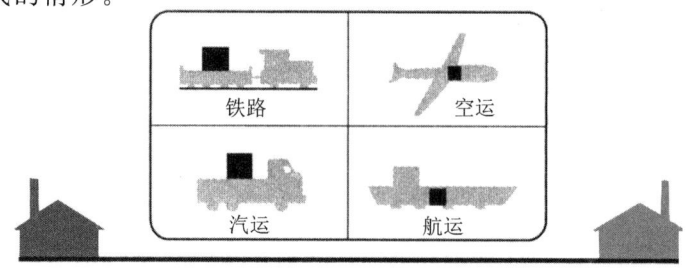

**3.交货地或交货点**——以 FCA 进行的货物销售可以仅指定交货地在卖方所在地或其他地方,而不具体说明在该指定地点内的详细交货点。但是,特别建议双方还应尽可能清楚地指明指定地方范围内的详细交货点。详细的交货点会让双方均可清楚货物交付的时间和风险转移至买方的时间;该详细交货点还标志了买方承担费用的地点。然而,如果详细的交货点未予以指明,则可能给买方造成问题。在此情况下,卖方有权选择"最适合卖方目的"的地点:该地点即成为交货点,风险和费用从该地点开始转移至买方。如果合同中未指定详细的交货点,则视为留待由卖方选择"最适合卖方目的"的交货点。这意味着,卖方可能会选择某个点作为交货点、而货物恰好在该交货点之前发生了灭失或损坏,从而可能使买方承担风险。因此,买方最好选择将要交货地范围内的详细交货点。

**4."或取得已经如此交付的货物"**——此处的"取得"一词适合于交易链中的多层销售(链式销售),在大宗商品贸易中尤为常见,尽管并非仅限于大宗商品贸易。

**5.出口/进口清关**——如适用,FCA 要求卖方办理货物出口清关。但是,卖方没有义务办理货物进口清关或经由第三国过境的清关、支付任何进口关税或办理任何进口海关手续。

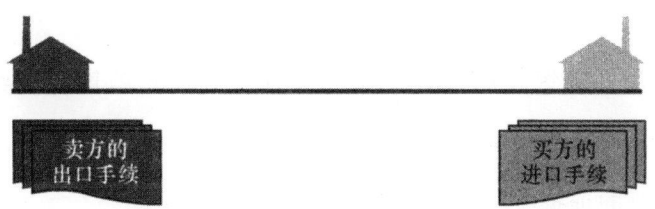

**6.FCA 销售方式下已装船批注提单**——我们已看到 FCA 意为用于使用单一或多种运输方式。现在如果货物是在拉斯维加斯由买方的公路运输车接载,那么期待由承运人出具在拉斯维加斯装运的已装船批注提单相当不常见,因为拉斯维加斯不是港口,船舶无法抵达该地装运货物。但是,卖方用"FCA 拉斯维加斯"销售货物时,有时确实发现他们需要含有已装船批注的提单的情况(通常由于银行托收或信用证的要求),尽管该提单有必要说明货物在洛杉矶已装船的同时说明货物在拉斯维加斯收妥待运。为满足卖方用 FCA 术语销售时对已装船批注提单的可能需求，FCA Incoterms ® 2020 首次提供了以下可选机制。如果双方在合同中如此约定，则买方必须指示承运人出具已装船批注提单给卖方。当然，承运人可能同意或不同意买方的请求，鉴于一旦货物在洛杉矶装船，承运人才有义务并且有权出具该提单。但是，如果并且在买方承担费用与风险情况下，承运人已经向卖方出具了提单，卖方必须将该单据提供给买方，以便买方用该提单从承运人处提取货物。当然，如果双方已约定卖方将提交给买方一份仅声明货物已收妥待运而非已装船的提单，则不需要选择该方案。此外，应强调的是，即使采用该可选机制，卖方对买方也不承担运输合同条款下的义务。最后，如采用该可选机制，内陆交货及装船的日期将可能不同，这将可能对信用证下的卖方造成困难。

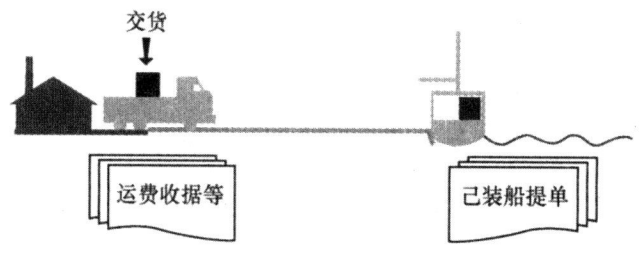

**A 卖方的义务**

**A1 一般义务**

卖方必须提供符合销售合同约定的货物和商业发票，以及合同可能要求的其他与合同相符的证据。

卖方提供的任何单据，根据双方约定可以是纸质或电子形式，如果没有约定，则按照惯常做法提供。

**A2 交货**

**B 买方的义务**

**B1 一般义务**

买方必须按照销售合同约定支付货物价款。

买方提供的任何单据，根据双方约定可以是纸质或电子形式，如果没有约定，则按照惯常做法提供。

**B2 提货**

卖方必须在指定地或指定点（如有），向买方指定的承运人（或其他人）交付货物，或以取得已经如此交付货物的方式交货。

卖方必须按照下述要求交货：

**1.** 在约定日期；或

**2.** 在买方按照 **B10**（**b**）所通知的约定期间内的交货时间；或

**3.** 如果未通知上述时间，则在约定期限届满之时。以下情形，交货完成：

**a**）若指定交货地在卖方所在地，则当货物被装上买方提供的运输工具时；或者

**b**）在任何其他情况下，当货物在卖方的运输工具上做好卸载准备，并交由买方指定的承运人（或其他人）处置时。

如果买方未按照 **B10**（**d**）通知在指定交货地内的特定交货点，且有数个交货点可用，则卖方可以选择最符合其目的之交货点。

**A3 风险转移**

除 **B3** 规定的灭失或损坏情况外，卖方承担按照 **A2** 完成交货前货物灭失或损坏的一切风险。

当卖方已按照 **A2** 完成交货时，买方必须提取货物。

**B3 风险转移**

买方承担按照 **A2** 交货时起货物灭失或损坏的一切风险。

如果：

**a**）买方未按照 **A2** 指定承运人（或其他人）或未按照 **B10** 发出通知；或者

b)买方按照 **B10**（a）指定的承运人（或其他人）未接管货物；

则买方承担货物灭失或损坏的所有风险：

（i）自约定日期起；如无约定的日期，则

（ii）自买方根据 **B10**（b）选择的时间起；或者，如未通知该时间，则

（iii）从任何约定交交货期限届满之日起。

但以该货物已被清楚地确定为合同项下货物为前提条件。

## A4 运输

卖方对买方没有订立运输合同的义务。但是，在应买方要求并由其承担风险和费用的情况下，卖方必须向买方提供卖方拥有的买方安排运输所需的任何信息，包括与运输有关的安全要求。如已约定，卖方必须按照惯常条款订立运输合同，由买方承担风险和费用。

卖方必须在完成交货之前遵守任何与运输有关的安全要求。

## A5 保险

卖方对买方没有订立保险合同的义务。但是，应买方要求并由其承担风险和费用，卖方必须向买方提供卖方所拥有的买方获取保险所需的信息。

## A6 交货/运输单据

## B4 运输

除非卖方根据 **A4** 订立运输合同，否则，买方必须自付费用订立运输合同或安排从指定交货地开始的货物运输。

## B5 保险

买方对卖方没有订立保险合同的义务。

## B6 交货/运输单据

卖方必须自付费用向买方提供已按照 **A2** 交货的通常证明。

在应买方要求并由其承担风险和费用的情况下，卖方必须协助买方取得运输单据。

若买方指示承运人向卖方出具 **B6** 项下的运输单据，则卖方必须向买方提交承运人出具的这一单据。

### A7 出口/进口清关
**a)** 出口清关

如适用，卖方必须办理和支付出口国要求的所有出口清关手续，诸如：

▶ 出口许可证；

▶ 出口安检清关；

▶ 装运前检验；及

▶ 任何其他官方授权。

**b)** 协助进口清关

如适用，应买方要求并由其承担风险和费用，卖方必须协助买方获取任何过境国或进口国需要的与所有过境/进口清关手续有关的任何单据及/或信息，包括安全要求和装运前的检验。

### A8 查验/包装/标记

买方必须接受已按照 **A2** 完成交货的证据。

如果双方已如此约定，买方必须自担费用及风险，指示承运人向卖方出具载明货物已经装载的运输单据（如已装船提单）。

### B7 出口/进口清关
**a)** 协助出口清关

如适用，应卖方要求并由其承担风险和费用，买方必须协助卖方获取出口国需要的与所有出口清关手续有关的任何单据及/或信息，包括安全要求和装运前检验。

**b)** 进口清关

如适用，买方必须办理和支付过境国和进口国要求的所有手续，诸如：

▶ 进口许可证及过境所需的任何许可证；

▶ 进口及任何过境安检清关；

▶ 装运前检验；及

▶ 任何其他官方授权。

### B8 查验/包装/标记

卖方必须支付为了按照 **A2** 交货所需要进行的查验费用（如查验品质、丈量、计重、点数的费用）。买方对卖方没有义务。

卖方必须自付费用包装货物，除非该特定贸易的运输的所售货物通常无需包装。除非双方已经约定好具体的包装或标记要求，否则，卖方必须以适合该货物运输的方式对货物进行包装和标记。

买方对卖方没有义务。

**A9 费用划分**

卖方必须支付：

a）按照 **A2** 完成交货前与货物相关的所有费用，按照 **B9** 应由买方支付的费用除外；

b）按照 **A6** 向买方提供已经交货的惯常证据的费用；

c）如适用，按照 **A7（a）**办理出口清关有关的关税、税款和任何其他费用；以及

d）买方为按照 **B7（a）**提供协助获取单据及信息相关的所有成本和收费。

**B9 费用划分**

买方必须支付：

a）按照 **A2** 完成交货之时起与货物有关的所有费用，按照 **A9** 应由卖方支付的费用除外；

b）卖方为按照 **A4**、**A5**、**A6** 及 **A7（b）**提供协助获取单据及信息相关的所有成本和收费；

c）如适用，按照 **B7（b）**办理过境或进口清关有关的关税、税款和任何其他费用；以及

d）由于以下原因之一产生的任何额外费用：

（i）买方未按照 **B10** 指定承运人或其他人；或

（ii）按照 **B10** 由买方指定的承运人或其他人未接管货物。

但以该货物已被清楚地确定为合同项下货物为前提条件。

**A10 通知**

卖方必须就其已按照 **A2** 完成交货或买方指定的承运人或其他人未在约定期限内提货的情况给予买方充分通知。

**B10 通知**

买方必须通知卖方：

**a)** 指定的承运人或其他人的名称，该通知应留出充分时间，以便卖方能按照 **A2** 完成交货；

**b)** 在约定交货期限内所选择的由指定的承运人或其他人收取货物的时间（如有）；

**c)** 指定的承运人或其他人使用的运输方式，包括任何与运输有关的安全要求；以及

**d)** 在指定交货地的收货点。

**【解读】**

（一）适用范围

该术语可适用于任何运输方式，也可适用于多种运输方式。

（二）定义

"货交承运人"是指卖方在卖方所在地或其他指定地点将货物交给买方指定的承运人或其他人。"货交承运人"是指卖方只要将货物在指定的地点交给买方指定的承运人，并办理了出口清关手续，即完成交货。若买方指定承运人以外的人领取货物，则当卖方将货物交给此人时，即视为已履行了交货义务。该术语可用于各种运输方式，包括多式联运，又叫全能术语。

（三）注意事项

1.关于承运人。承运人（Carrier）指在运输合同中，承诺通过铁路、公路、航空、海洋、内河运输或上述运输的联合方式履行运输义务或由他人履行运输义务的任何人。该承运人实际上包含两类：一类是契约承运人（Contracting Carrier）；

另一类是实际承运人（Actual Carrier），其定义、范畴基本与《1980 年国际货物多式联运公约》及我国《海商法》对承运人的相关规定一致。

所谓契约承运人是指与托运人订立各类运输合同的人；所谓实际承运人是指接受托运人委托，实际运送货物的人。二者可以是同一个人，也可以是不同的人。

2.关于交货地点及卖方的交付义务。FCA 术语后标明的地点是卖方完成交货的地点。该地点可以是铁路终点站、启运机场、货运站、集装箱码头或堆场、多用途货运终点站或类似的收货点。如承运人将装货的集装箱送至卖方所在处所收取货物，则交货地点将在卖方所在处所——工厂或仓库的门口。

FCA 术语下卖方对交货地点的选择，会影响在该地点装货和卸货的义务。若卖方在其所在地交货，则卖方应负责把货物装上买方指定的承运人提供的运输工具上；若卖方在任何其他地点交货，卖方只要将货物交给买方指定的承运人或其他人支配即可，既不负责将货物从自己的运输工具上卸下，也不负责装上承运人的运输工具。如果在约定地点没有明确具体的交货点，或有几个交货点可供选择，卖方可从中选择他认为完成交货义务最适宜的交货点。

若买方没有明确指示，则卖方可以根据运输方式和/或货物的数量和/或性质将货物交付运输。

3.FCA 术语下风险转移问题。采用 FCA 术语成交时，卖方只要将货物在指定的地点交给买方指定的承运人，即完成交货。而风险转移与货物交付密切联系，所以买卖双方的风险划分界限也是以货交承运人为界的。这与 FOB、CFR、CIF 术语相比，对卖方而言，风险可提前由卖方转移给买方，即卖方承担的风险范围缩小。从风险划分角度来说，卖方采用 FCA 术语比采用 FOB 术语相对有利。

FCA 术语下，通常由买方负责订立运输合同，并将承运人名称及有关事项通知卖方，卖方才能如约完成交货，并实现风险的转移。但如果买方未能及时给予卖方上述通知，或他指定的承运人在约定的时间未能接受货物，则风险何时转移？Incoterms 2020 的解释是，自规定交付货物的约定日期或期限届满之日起，由买方承担货物灭失或损坏的风险，但以货物已被划归本合同项下为前提条件。

4.关于买方安排运输事宜。FCA 术语下,买方必须自负费用订立自指定地运输货物的合同。这种运输事宜比 FOB 术语下仅涉及海洋运输要复杂得多,因为 FCA 术语可适用于各种运输方式,包括多式联运。但是,如果买方提出请求,或如果按照商业惯例,在与承运人订立运输合同时(如在铁路或航空运输的情况下),需要卖方提供协助的话,卖方可代为安排运输,但有关费用和风险由买方负担。反之,如卖方不愿意协助订立运输合同,应立即通知买方,以便买方另行安排。

【案例 3-1】我国 A 公司与澳大利亚 B 公司订立 FCA 合同,购买某商品 500 公吨,合同约定提货地为 B 公司所在地。7 月 3 日,A 公司派代理人到 B 公司所在地提货,B 公司已将货物装箱完毕并放置在临时敞篷中,A 公司代理人由于人手不够,要求 B 公司帮助装货,B 公司认为依国际惯例,货物已交 A 公司代理人照管,自己已履行完应尽的合同项下的义务,故拒绝帮助装货。A 公司代理人无奈返回,3 日后 A 公司再次组织人手到 B 公司所在地提走货物。但是,在货物堆放的 3 天里,因遇湿热台风天气,货物部分受损,造成 10% 的脏包。问:该损失应由哪一方承担?[①]

### 三、CPT(运费付至目的地)

**CPT ｜ Carriage Paid To**

运费付至

CPT(填入指定目的地)Incoterms ® 2020

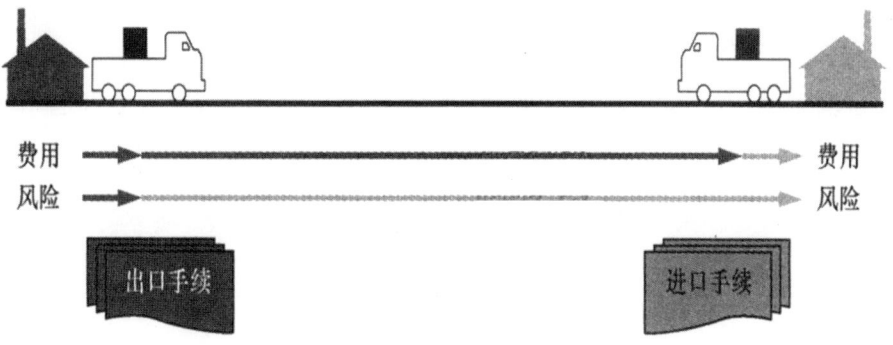

---

① 　参考答案:该损失应该由 B 公司承担。因为交货地点在卖方所在地,则卖方需负责装货,否则就视同未完成交货义务,风险没有转移。

**用户解释说明**

**1.交货与风险**——"运费付至"是指卖方通过以下方式向买方完成交货及风险转移：

▶将货物交付给承运人

▶该承运人已与卖方签约

▶或者取得已经如此交付的货物。

▶卖方为此可根据所使用的运输工具之合适方式和地方让承运人实际占有货物。

一旦货物以此种方式交付给买方，卖方并不保证货物将以良好的状态、约定的数量或是否确实到达目的地。这是因为在将货物移交给承运人完成对买方的交货时，风险即从卖方转移到了买方；尽管如此，卖方必须签订从交货地运往约定目的地的货物运输合同。因而，例如，货物在拉斯维加斯（不是港口）被移交给承运人运输至南汉普顿（港口）或者温切斯特（不是港口）。在这两种情况下，将风险转移给买方的货物交付发生在拉斯维加斯，而卖方必须签订运往南汉普顿或者温切斯特的运输合同。

**2.运输方式**——本条规则可适用于所选择的任何运输方式，也可适用于使用多种运输方式的情形。

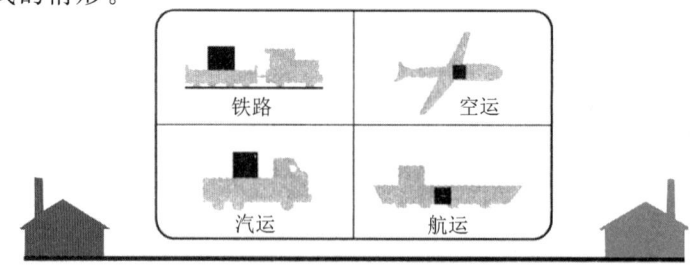

**3.交货地(或交货点)和目的地(或目的点)**——在 **CPT** 规则中,两个地点很重要:货物的交货地或交货点(如有)(用于确定风险转移),以及约定为货物终点的目的地或目的点(作为卖方承诺签订运输合同运至的地点)。

**4.精准确定交货地或交货点**——特别建议双方在销售合同中尽可能精准地确定交货地和目的地,或交货地和目的地内的具体地点。对于多个承运人各自负责自交货地到目的地之间不同运输路程的常见情形,尽可能精准地确定交货地或交货点(如有)对于满足上述情形的需要尤为重要。在这种情形下,若双方没有约定具体的交货地或交货点,则默认的立场是当卖方在某个完全由其选择且买方不能控制的地点将货物交付给第一个承运人时,风险即发生转移。如双方希望风险的转移发生在稍晚阶段(例如,在某海港、河港或者机场),或者甚至发生在稍早阶段(例如,在某个与海港或河港有一段距离的内陆地点),则需要在销售合同中明确约定,并谨慎考虑在货物灭失或损坏时如此做法的后果。

**5.尽可能精准确定目的地**——同样,特别建议双方在销售合同中尽可能精准地确定约定目的地内的具体地点,因为该地点是卖方必须签订运输合同运至的地点,并且是卖方承担运费直到该地点为止的地点。

**6."或取得已经如此交付的货物"**——此处的"取得"一词适合于交易链中的多层销售(链式销售),在大宗商品贸易中尤其常见。

**7.目的地卸货费用**——如果卖方在其运输合同项下承担了在指定目的地的相关卸货费用,除非双方另有约定,卖方无权另行向买方追偿该费用。

**8.出口/进口清关**——如适用,**CPT** 要求卖方办理货物出口清关。但是,卖方没有义务办理货物进口清关或经由第三国过境的清关,或支付任何进口关税或办理任何进口海关手续。

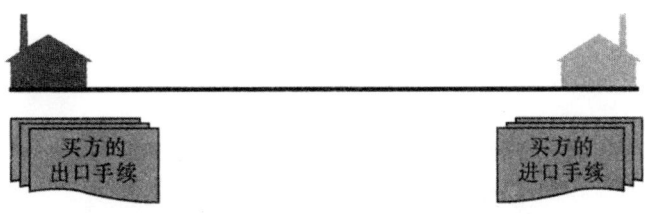

**A 卖方的义务**

**A1 一般义务**

卖方必须提供符合销售合同约定的货物和商业发票，以及合同可能要求的其他与合同相符的证据。

卖方提供的任何单据，根据双方约定可以是纸质或

电子形式，如果没有约定，则按照惯常做法提供。

**A2 交货**

卖方必须以将货物交给按照 **A4** 订立合同的承运人或以取得已经如此交付的货物的方式交货。在这两种情形下，卖方均必须在约定日期或约定期限内交货。

**A3 风险转移**

除按照 **B3** 的灭失或损坏情况外，卖方承担按照 **A2** 完成交货前货物灭失或损坏的一切风险。

**A4 运输**

**B 买方的义务**

**B1 一般义务**

买方必须按照销售合同约定支付货物价款。

买方提供的任何单据，根据双方约定可以是纸质或电子形式，如果没有约定，则按照惯常做法提供。

**B2 提货**

当卖方按照 **A2** 交货时，买方必须提取货物，并在指定目的地或在该地方内约定地点自承运人处收取货物。

**B3 风险转移**

买方承担按照 **A2** 交货时起货物灭失或损坏的一切风险。

如买方未按照 **B10** 发出通知，则买方承担自约定的交货日期起或约定交货期限届满之时起的货物灭失或损坏的一切风险，但以该货物已清楚地确定为合同项下货物为前提条件。

**B4 运输**

卖方必须签订或取得运输合同,将货物自交货地内的约定交货点(如有),运送至指定目的地,或位于该目的地的任何交货点(如已约定)。运输合同必须按照惯常条款订立,由卖方承担费用,经由通常路径,按照所售货物类型的惯常运输方式运送货物。如果该具体地点未经约定,也未根据实务确定,则卖方可以选择最符合其目的之交货点和位于指定目的地内的交货点。

卖方必须遵守运至目的地过程中任何与运输有关的安全要求。

买方对卖方没有订立运输合同的义务。

### A5 保险

卖方对买方无订立保险合同的义务。但是,在应买方要求并由其承担风险和费用的情况下,卖方必须向买方提供卖方所拥有的买方取得保险所需的信息。

### B5 保险

买方对卖方没有订立保险合同的义务。

### A6 交货/运输单据

依惯例或应买方要求,卖方必须承担费用,向买方提供其按照 **A4** 订立的运输合同项下的通常运输单据。

### B6 交货/运输单据

如果运输单据与合同相符,买方必须接受按照 **A6** 提供的运输单据。

该运输单据必须载明合同项下货物，且其签发日期应在约定的运输期限内。如已凭约定或依惯例，该运输单据还必须能使买方在指定目的地向承运人索取货物，并能使买方通过向其下家买方转让该单据或通过通知承运人来转卖在途货物。当该运输单据以可转让方式签发且有数份正本时，全套正本必须向买方提交。

**A7 出口/进口清关**

**a）出口清关**

如适用，卖方必须办理出口国要求的所有出口清关手续并支付费用，诸如：

▶出口许可证；

▶出口安检清关；

▶装运前检验；及

▶任何其他官方授权。

**b）协助进口清关**

如适用，应买方要求并由其承担风险和费用，卖方必须协助买方获取任何过境国或进口国需要的与所有过境/进口清关手续有关的任何单据及/或信息，包括安全要求和装运前检验。

**B7 出口/进口清关**

**a）协助出口清关**

如适用，应卖方要求并由其承担风险和费用，买方必须协助卖方获取出口国需要的与所有出口清关手续有关的任何单据及/或信息，包括安全要求和装运前检验。

**b）进口清关**

如适用，买方必须办理任何过境国和进口国要求的所有手续并支付费用，诸如：

▶进口许可证及过境所需的任何许可证；

▶进口及任何过境安检清关；

▶装运前检验；及

▶任何其他官方授权。

**A8 查验/包装/标记**

卖方必须支付为了按照 **A2** 交货所需要进行的查验费用（如查验品质、丈量、计重、点数的费用）。

**B8 查验/包装/标记**

买方对卖方没有义务。

卖方必须自付费用包装货物,除非该特定贸易运输的所售货物通常无需包装。除非双方已经约定好具体的包装或标记要求,卖方必须以适合该货物运输的方式对货物进行包装和标记。

**A9 费用划分**

卖方必须支付:

a)按照 **A2** 完成交货前与货物相关的所有费用,按照 **B9** 应由买方支付的费用除外;

b)按照 **A4** 所发生的运费和所有其他费用,包括装货费用及与运输有关的安全费用;

c)卸货费用,除非根据运输合同该项费用应由卖方承担;

**B9 费用划分**

买方必须支付:

a)按照 **A2** 完成交货之时起与货物有关的所有费用,按照 **A9** 应由卖方支付的费用除外;

b)过境费用,除非根据运输合同该项费用应由卖方承担;

c)在约定目的地产生的任何卸货费用,但仅以运输合同规定应由卖方承担此类费用为条件;

d)卖方为按照 **A5** 和 **A7(b)** 提供协助获取单据及信息相关的所有费用和开支;

e)如适用,按照 **B7(b)** 办理过境或进口清关有关的关税、税款和任何其他费用;以及

f)由于未按照 **B10** 发出通知而产生的自约定交货日期或自约定交货期限届满之时起的任何额外费用,但以该货物已清楚地确定为合同项下货物为前提条件。

**A10 通知**

卖方必须向买方发出已按照 **A2** 完成交货的通知。卖方必须向买方发出任何所需通知以便买方收取货物。

**B10 通知**

无论何时根据约定,当买方有权决定发货时间及/或指定目的地的收货点时,买方必须给予卖方充分通知。

**【解读】**

（一）适用范围

该术语可适用于任何运输方式，也可适用于多种运输方式。

（二）定义

"运费付至"是指卖方将货物在双方约定地点（如果双方已经约定了地点）交给卖方指定的承运人或其他人。

（三）注意事项

在 CPT 术语下，卖方自负费用订立将货物运往目的地指定地点的运输契约，并负责按合同规定的时间，将货物交给约定地点的承运人处置之下，即完成交货义务。在货物交给指定承运人处置时，货物灭失的风险由卖方转移至买方。如果需要使用后续承运人将货物运至约定目的地，则风险自货物交给第一承运人时转移。CPT 术语要求卖方办理出口清关手续。该术语可适用于各种运输方式，包括多式联运。

CPT 术语与 FCA 术语相比较，卖方增加办理运输并支付有关运费的义务，买方的义务相应减少，其他买卖双方的责任义务类似。

贸易实践中采用 CPT 术语时应注意以下问题：

1.责任和费用划分问题。采用 CPT 术语，卖方必须自付费用，按照通常条件订立运输合同，依通常路线及惯常方式，将货物运至指定目的地的约定点。如未约定或按照惯例也无法确定具体交货点，则卖方可在指定的目的地选择最适合其目的的交货点。

按 CPT 术语成交，卖方只是承担从交货地点到指定目的地的正常运费，但卖方承担的风险并没有延伸到目的地。正常运费之外，由于发生意外事件产生的其他任何费用由买方负担。

2.卖方及时发出装运通知问题。采用 CFT 术语时，卖方负责安排运输，而买方自行办理货物运输保险。为了避免二者脱节，造成货物装运（货交承运人接受监管)后,买方失去对货物必要的保险保障,卖方应及时向买方发出装运通知。关于这一问题的重要性及处理方法,可参阅下文 **CFR** 术语解读部分,不再赘述。

### 四、CIP(运费和保险费付至目的地)

**CIP │ Carriage and Insurance Paid To**

运费和保险费付至

**CIP(填入指定目的地)Incoterms ® 2020**

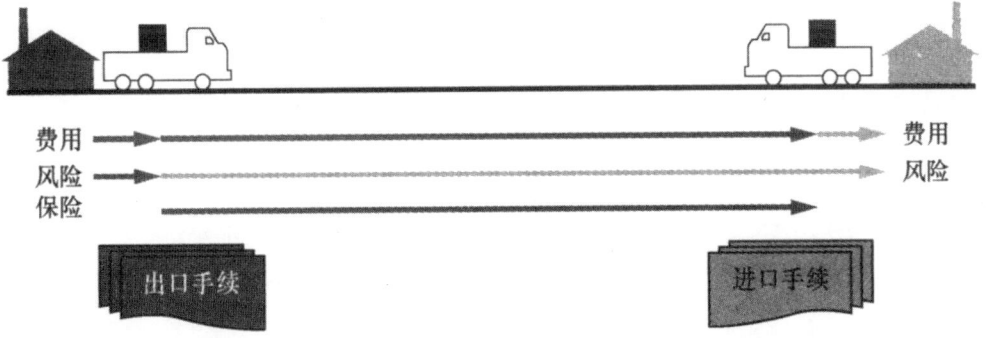

**用户解释说明**

**1.交货与风险**——"运费付至"是指卖方通过以下方式向买方完成交货及风险转移:

▶将货物交付给承运人

▶该承运人已与卖方签约

▶或者取得已经如此交付的货物。

▶卖方为此可根据所采用的运输工具之合适的方式和地方让承运人实际占有货物。

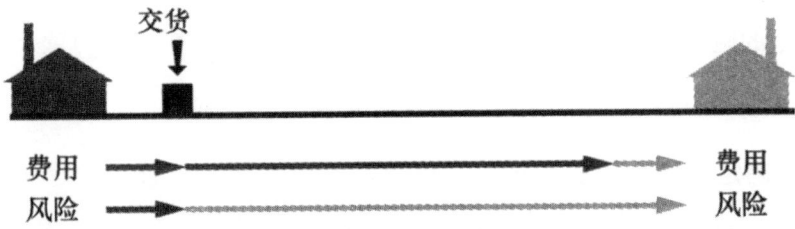

一旦货物以此种方式交付给买方,卖方并不保证货物将以良好的状态、约定的数量或是否确实到达目的地。这是因为在货物移交给承运人完成对买方的交货时,风险即从卖方转移到了买方;尽管如此,卖方必须签订从交货地运往约定目的地的货物运输合同。因而,例如,货物在拉斯维加斯(不是港口)被移交给承运人运输至南汉普顿(港口)或者温切斯特(不是港口)。在这两种情况下,将风险转移给买方的货物交付发生在拉斯维加斯,而卖方必须签订运往南汉普顿或者温切斯特的运输合同。

**2.运输方式**——本条规则可适用于所选择的任何运输方式,也可适用于使用多种运输方式的情形。

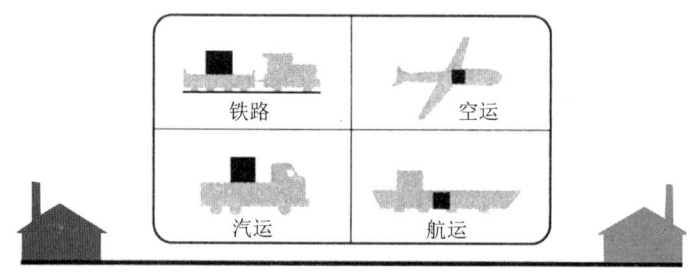

**3.交货地(或交货点)和目的地(或目的点)**　　在 CIP 规则中,两个地点很重要:货物的交货地或交货点(如有)(用于确定风险转移),以及约定为货物终点的目的地或目的点(作为卖方承诺签订运输合同运至的地点)。

**4.保险**——卖方还必须为买方签订从交货点起至少到目的点买方的货物灭失或损坏的保险合同。如目的地国家要求在本地购买保险,则可能会造成困难:在此种情况下,双方应考虑使用 **CPT**。买方还应注意,在**CIP Incoterms ® 2020** 规则下,卖方需要投保符合《伦敦保险协会货物保险条款》(A)款或其他类似条款下的范围广泛的险别,而不是符合《伦敦保险协会货物保险条款》(C)款下的范围较为有限的险别。但是,双方仍然可以自行约定更低的险别。

**5.精准确定交货地或交货点**——特别建议双方在销售合同中尽可能精准地确定交货地和目的地,或交货地和目的地内的具体地点。对于多个承运人各自负责交货地到目的地之间不同运输路程的常见情形,尽可能精准地确定交货地或交货点(如有)对于满足上述情形的需要尤为重要。在这种情形下,若双方没有约定具体的交货地或交货点,则默认的立场是当卖方在某个完全由其选择且买方不能控制的地点将货物交付给第一个承运人时,风险即发生转移。如双方希望风险的转移发生在稍晚阶段(例如,在某海港、河港或者机场),或者甚至发生在稍早阶段(例如,在某个与海港或河港有一段距离的内陆地点),则需要在其销售合同中明确约定,并谨慎考虑在货物灭失或损坏时这种做法的后果。

**6.尽可能精准标明目的地**——同样,特别建议双方在销售合同中尽可能精准地确定约定目的地内的地点,因为该地点是卖方必须签订运输合同运至的目的地点及签订保险合同投保覆盖的地点,也是卖方承担运费和保险费直到该地点为止的地点。

**7."或取得已经如此交付的货物"**——此处的"取得"一词适合于交易链中的多层销售(链式销售),在大宗商品贸易中尤其常见。

**8.目的地卸货费用**——如果卖方在其运输合同项下承担了在指定目的地的相关卸货费用,除非双方另有约定,卖方无权另行向买方追偿该费用。

**9.出口/进口清关**——如适用,**CIP** 要求卖方办理货物出口清关。但是,卖方没有义务办理货物进口清关或经由第三国过境的清关,或支付任何进口关税或办理任何进口海关手续。

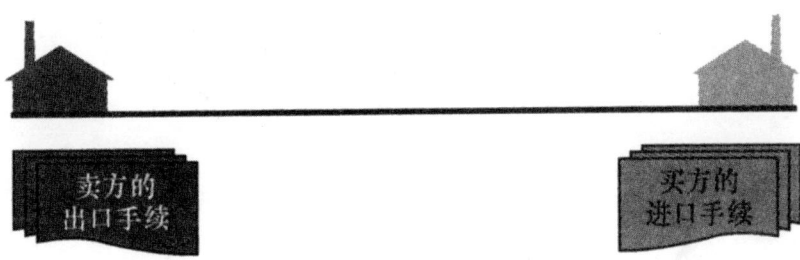

**A 卖方的义务**

**A1 一般义务**

卖方必须提供符合销售合同约定的货物和商业发票，以及合同可能要求的其他与合同相符的证据。

卖方提供的任何单据，根据双方约定可以是纸质或电子形式，如果没有约定，则按照惯常做法提供。

**A2 交货**

卖方必须以将货物交给按照 A4 订立合同的承运人或以取得已经如此交付的货物的方式交货。在这两种情形下，卖方均必须在约定交货日期或约定交货期限内交货。

**A3 风险转移**

除 B3 的灭失或损坏情况外，卖方承担按照 A2 完成交货前货物灭失或损坏的一切风险。

**A4 运输**

**B 买方的义务**

**B1 一般义务**

买方必须按照销售合同约定支付货物价款。

买方提供的任何单据，根据双方约定可以是纸质或电子形式，如果没有约定，则按照惯常做法提供。

**B2 提货**

当卖方按照 A2 交货时，买方必须提取货物，并在指定目的地或在该地方内约定地点自承运人处收取货物。

**B3 风险转移**

买方承担按照 A2 交货时起货物灭失或损坏的一切风险。

如买方未按照 B10 发出通知，则买方承担自约定的交货日期或约定交货期限届满之时起的货物灭失或损坏的一切风险，但以该货物已清楚地确定为合同项下货物为前提条件。

**B4 运输**

卖方必须签订或取得运输合同,将货物自交货地内的约定交货点(如有),运送至指定目的地,或位于该目的地的任何交货点(如已约定)。运输合同必须按照惯常条款订立,由卖方承担费用,经由通常路径,按照所售货物类型的惯常运输方式运送货物。如果该具体地点未经约定,也未根据实务确定,则卖方可以选择最符合其目的之交货点和位于指定目的地内的交货点。

卖方必须遵守运至目的地过程中任何与运输有关的安全要求。

**A5 保险**

除非另有约定或在特定贸易中的习惯做法,卖家须自付费用取得货物保险。该保险需符合《协会货物保险条款》(Institute Cargo Clauses,LMA/IuA)条款(A)或任何适于货物运输方式的类似条款。保险应与信誉良好的承保人或保险公司订立,并应使买方或任何其他对货物具有可保利益的人有权直接向保险人索赔。

买方对卖方没有订立运输合同的义务。

**B5 保险**

买方对卖方没有订立保险合同的义务。但是,应卖方要求,买方必须向卖方提供卖方按照 A5 要求的投保任何附加险所需信息。

当买方要求且能够提供给卖方任何所需的信息时,卖方必须提供任何附加险,由买方承担费用,如果能够办理,诸如符合《协会战争险条款》(Institute War Clauses)及/或《协会罢工险条款》(Institute Strikes Clauses,TMA/UA)或任何其他类似条款的险别(除非该险别已经包括在前款所述的货物保险中)。

最低保险金额应是合同规定价格另加10%(即110%),并应采用合同货币。

保险范围应从货物自 **A2** 规定的交货点起,至少至指定的目的地止。

卖方必须提供给买方保险单或保险证明或任何其他保险投保证据。

此外,应买方要求并由其承担风险和费用,卖方必须向买方提供买方取得任何附加险所需信息。

### A6 交货/运输单据

依惯例或应买方要求,卖方必须承担费用,向买方提供其按照 **A4** 订立的运输合同项下的通常运输单据。

### B6 交货/运输单据

如果运输单据与合同相符,买方必须接受按照 **A6** 提供的运输单据。

该运输单据必须载明合同项下货物，且其签发日期必须在约定的运输期限内。如已凭约定或按照惯例，该运输单据还必须能使买方在指定目的地向承运人索取货物，并能使买方通过向其下家买方转让该单据或通过通知承运人来转卖在途货物。

当该运输单据以可转让方式签发并且有数份正本时，全套正本必须向买方提交。

### A7 出口/进口清关

#### a)出口清关

如适用，卖方必须办理出口国要求的所有出口清关手续并支付费用，诸如：

▶出口许可证；

▶出口安检清关；

▶装运前检验；及

▶任何其他官方授权。

#### b)协助进口清关

如适用，应买方要求并由其承担风险和费用，卖方必须协助买方获取任何过境国或进口国需要的与所有过境/进口清关手续有关的任何单据及/或信息，包括安全要求和装运前检验。

### B7 出口/进口清关

#### a)协助出口清关

如适用，应卖方要求并由其承担风险和费用，买方必须协助卖方获取出口国需要的与所有出口清关手续有关的任何单据及/或信息，包括安全要求和装运

#### b)进口清关

如适用，买方必须办理任何过境国和进口国要求的所有手续并支付费用，诸如：

▶进口许可证及过境所需的任何许可证；

▶进口及任何过境安检清关；

▶装运前检验；及

任何其他官方授权。

**A8 查验/包装/标记**

卖方必须支付为了按照 **A2** 交货所需要进行的查验费用（如查验品质、丈量、计重、点数的费用）。

卖方必须自付费用包装货物，除非该特定贸易运输的所售货物通常无需包装。除非双方已经约定好具体的包装或标记要求，否则，卖方必须以适合该货物运输的方式对货物进行包装和标记。

**A9 费用划分**

卖方必须支付：

a）按照 **A2** 完成交货前与货物相关的所有费用，按照 **B9** 应由买方支付的费用除外；

b）按照 **A4** 所发生的运费和所有其他费用，包括装货费用及与运输有关的安全费用；

c）在约定目的地产生的任何卸货费用，但仅以运输合同规定应由卖方承担此类费用为条件；

**B8 查验/包装/标记**

买方对卖方没有义务。

**B9 费用划分**

买方必须支付：

a）按照 **A2** 完成交货之时起与货物有关的所有费用，按照 **A9** 应由卖方支付的费用除外；

b）过境费用，除非根据运输合同该项费用应由卖方承担；

c）卸货费用，除非根据运输合同该项费用应由卖方承担；

d) 根据运输合同应由卖方承担的过境费用；

e) 按照 **A6** 向买方提供已经交货的通常证据的费用；

f) 按照 **A5** 产生的保险费用；

g) 如适用，按照 **A7(a)** 办理出口清关有关的关税、税款和任何其他费用；

以及 h) 买方为按照 **B7(a)** 提供协助获取单据及信息相关的所有费用和开支。

d) 买方要求，按照 **A5** 和 **B5** 投保附加险所发生的费用；

e) 卖方为按照 **A5** 和 **A7(b)** 提供协助获取单据及信息相关的所有费用和开支；

f) 如适用，按照 **B7(b)** 办理过境或进口清关有关的关税、税款和任何其他费用；以及

g) 由于未按照 **B10** 发出通知而产生的自约定交货日期或自约定交货期限届满之时起的任何额外费用，但以该货物已清楚地确定为合同项下货物为前提条件。

**A10 通知**

卖方必须向买方发出已按照 **A2** 完成交货的通知。卖方必须向买方发出任何所需通知以便买方收取货物。

**B10 通知**

无论何时根据约定，买方有权决定发货时间及/或指定目的地的收货点时，买方必须给予卖方充分通知。

**【解读】**

（一）适用范围

该术语可适用于任何运输方式，也可适用于多种运输方式。

（二）定义

"运费和保险费付至"是指卖方将货物在双方约定地点（如双方已经约定了地点）交给其指定的承运人或其他人。

（三）注意事项

在 CIP 术语下，卖方自负费用和风险订立将货物运往目的地指定地点的运输契约，投保货物的运输保险并支付保险费。卖方在合同规定的装运期，将货物交

给约定地点的承运人或第一承运人处置之下,即完成交货义务。双方风险责任的划分以货物交给指定承运人处置时为界。CIP 术语要求卖方办理出口清关手续。

该术语可适用于各种运输方式,包括多式联运。

CIP 术语与 CPT 术语相比较,卖方增加了办理货物运输保险并支付保险费的义务,卖方提交的单据中增加了保险单据;买方的义务相应减少,其他买卖双方的义务类似。

Incoterms 2020 的 11 种贸易术语中,只有 CIF 和 CIP 这两种术语涉及保险问题。CIP 术语下,卖方必须按照合同规定,自付费用办理货物运输保险,并向买方提供保险单或其他保险证据。有关保险的规定与下文 CIF 大致相同,在此不再赘述。

FCA、CPT、CIP 三种术语是分别从 FOB、CFR、CIF 三种传统术语中发展起来的,这六种术语都是在出口国交货,术语的性质都属于象征性交货,以每个术语订立的合同都属于装运合同,但它们也有区别。以下分成两组进行比较,即 FCA、CPT 和 CIP 作为一组(以下简称 FCA 一组),FOB、CFR 和 CIF 作为一组(以下简称 FOB 一组)。

1.适用的运输方式不同。FOB 一组只适用于水上运输,其承运人一般是船公司;而 FCA 一组适用于各种运输方式,包括海洋、内河、铁路、航空、公路等,也适用多式联运,其承运人可以是船公司、铁路局、航空公司,也可以是安排多式联运的联合运输经营人。

2.交货地点和风险转移地点不同。FOB 一组的交货地点均为装运港,风险均以"在装运港将货物装运上船"(placing the goods on board)或者"取得已如此交付的货物"(procuring the goods so delivered)时从卖方转移至买方。而 FCA 一组的交货地点,需视不同的运输方式和不同的约定而定,它可以是在卖方处所由承运人提供的运输工具上,也可以是在铁路、公路、航空、内河、海洋运输承运人或多式联运承运人的运输站或其他收货点。风险则于卖方将货物交由承运人或其他人保管时,即由卖方转移至买方。

3.装卸费用负担不同。按 FOB 一组术语成交,卖方承担货物在"在装运港将货物装运上船"或者"取得已如此交付的货物"为止的一切费用。但由于货物装船是一个连续作业,各港口的习惯做法又不尽一致;所以,在使用程租船运输的 FOB 合同中,应明确装船费由何方负担,在 CFR 和 CIF 合同中,则应明确卸货费由何方负担,所以使用了贸易术语的变形。而在 FCA 一组术语下,如涉及海洋运输,并使用程租船装运,卖方将货物交给承运人时所支付的运费(CPT、CIP 术语),或由买方支付的运费(FCA 术语),已包含了承运人接管货物后在装运港的装船费和目的港的卸货费。这样,在 FCA 合同中的装货费的负担和在 CFT、CIP 合同中的卸货费的负担问题均已明确。

4.卖方提交的运输单据的种类、性质及出单时间不同。在 FOB 一组术语下,卖方一般应向买方提交已装船清洁提单,如果抬头做成指示性的,它就是物权凭证,可以背书转让。而在 FCA 一组术语下,卖方提交的运输单据则视不同的运输方式而定。如在海运和内河运输方式下,卖方应提供可转让的提单,有时也可提供不可转让的海运单和内河运单;如在铁路、公路、航空运输或多式联运方式下,则应分别提供铁路运单、公路运单、航空运单或多式联运单据。

就运输单据出单时间来说,在 FOB 一组术语下,卖方一般在货物装船后才得到运输单据;而在 FCA 一组术语下,卖方只需将货物交付给承运人,就可从承运人处得到运输单据,所以出单时间缩短,有利于卖方的资金周转。

总之,从卖方角度考虑,采用 FCA 一组术语成交比采用 FOB 一组术语有以下好处:可以提前转移风险;可以提早交单结汇,提高资金的周转率;可以减少卖方的责任费用。尤其对于内陆地区的企业来讲,出口采用 FCA 一组术语成交更有利。

### 五、DAP(目的地交货)

**DAP** | **Delivered at Place**

目的地交货

DAP(填入指定目的地)Incoterms ® 2020

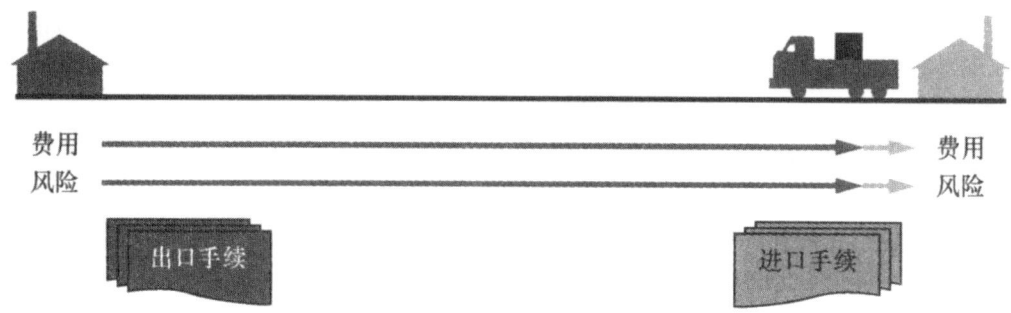

用户解释说明

**1.交货与风险**——"目的地交货"是指卖方通过以下方式向买方完成交货及风险转移：

▶当货物已交由买方处置，

▶处于抵达的运输工具上已做好卸载准备，

▶在指定目的地，或者

▶在该指定目的地内的约定交货点，如已约定该交货点。

卖方承担将货物运送到指定目的地或该指定目的地内的约定交货点的一切风险。因此，在本条 Incoterms ® 规则中，交货和到货的目的地是相同的。

**2.运输方式**——本条规则可适用于所选择的任何运输方式，也可适用于使用多种运输方式的情形。

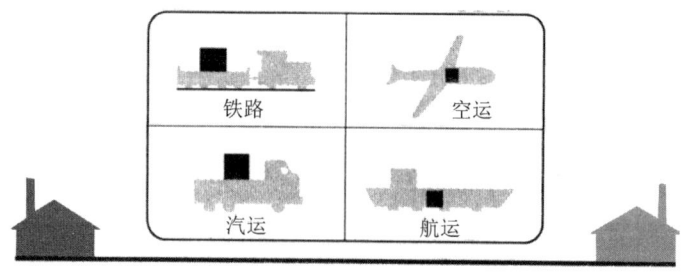

**3.精准确定交货地或交货点/目的地或目的点**——特别建议双方尽可能清楚地约定目的地或目的点。这基于几个原因：第一，货物灭失或损坏的风险在交货点/目的点转移至买方，因此买卖双方应清楚地知晓该关键转移发生的地点；第二，该交货地或交货点/目的地或目的点之前的费用由卖方承担，该地方或地点之后的费用则由买方承担；第三，卖方必须签订运输合同或安排货物运输到约定的交货地或交货点/目的地或目的点。如果卖方未履行此义务，卖方即违反了 Incoterms ® **DAP** 规则中的义务，并将对买方任何随之产生的损失承担责任。因此，例如，卖方将负责承担承运人因额外的续运向买方收取的任何额外费用。

**4."或取得已经如此交付的货物"**——此处的"取得"一词适合于交易链中的多层销售（链式销售），在大宗商品贸易中尤其常见。

**5.卸货费用**——卖方不需要将货物从抵达的运输工具上卸载。但是，如果卖方按照运输合同在交货地/目的地发生了卸货相关的费用，除非双方另有约定，卖方无权另行向买方追偿该费用。

**6.出口/进口清关**——如适用，**DAP** 要求卖方办理出口清关。但是，卖方没有义务办理进口清关或交货后经由第三国过境的清关、支付任何进口关税或办理任何进口海关手续。因此，如果买方没有安排进口清关，货物将被滞留在目的地国家的港口或内陆运输终端。谁来承担货物因此被滞留在目的地国家的入境港时可能发生损失的风险？答案是买方：交付还没完成，**B3（a）**条确保在货物重新起运至指定内陆地点之前，货物灭失或损坏的风险由买方承担。如果想要避免此种情况，双方希望卖方办理货物进口清关、支付任何进口关税或税款，并办理任何进口海关手续，双方可以考虑使用 DDP。

**A　卖方的义务**

**A1　一般义务**

卖方必须提供符合销售合同约定的货物和商业发票,以及合同可能要求的其他与合同相符的证据。

卖方提供的任何单据,根据双方约定可以是纸质或电子形式,如果没有约定,则按照惯常做法提供。

**A2　交货**

卖方必须在约定目的地的约定地点(如有),以将放置在抵达的运输工具上并做好卸货准备的货物交由买方处置,或以取得已经如此交付的货物的方式交货。在这两种情况下,卖方必须在约定日期或约定期限内交货。

**A3　风险转移**

除按照 **B3** 的灭失或损坏情况外,卖方承担按照 **A2** 完成交货前货物灭失或损坏的一切风险。

**A4　运输**

**B　买方的义务**

**B1　一般义务**

买方必须按照销售合同约定支付货物价款。

买方提供的任何单据,根据双方约定可以是纸质或电子形式,如果没有约定,则按照惯常做法提供。

**B2　提货**

当卖方按照 **A2**　交货时,买方必须提取货物。

**B3　风险转移**

买方承担按照 **A2** 交货时起货物灭失或损坏的一切风险。如果:

a)买方未按照 **B7** 履行义务,则承担因此造成的货物灭失或损坏的一切风险;或

b)买方未按照 **B10** 发出通知,则自约定交货日期起或交货期限届满之时起,买方承担货物灭失或损坏的一切风险。但以该货物已清楚地确定为合同项下货物为前提条件。

**B4　运输**

卖方必须自付费用签订运输合同或安排运输,将货物运至指定目的地或者指定目的地内的约定交货点(如有)。如果该具体地点未经约定具体,也未根据实务确定,则卖方可以选择最符合其目的之指定目的地内的交货点。

卖方必须遵守运至目的地过程中任何与运输有关的安全要求。

买方对卖方没有订立运输合同的义务。

### A5　保险

卖方对买方没有订立保险合同的义务。

### B5　保险

买方对卖方无订立保险合同的义务。但是,应卖方要求并由其承担风险和费用,买方必须向卖方提供卖方取得保险所需的信息。

### A6　交货/运输单据

卖方必须自付费用向买方提交所要求的任何单据,以便买方能够接管货物。

### B6　交货/运输单据

买方必须接受按照 **A6** 提交的单据。

### A7　出口/进口清关

a)出口和过境清关如适用,卖方必须办理出口国和任何过境国(除了进口国之外)要求的所有出口和过境清关手续,并支付费用,诸如:

▶出口/过境许可证;

▶出口/过境安检清关;

▶装运前检验;及

▶任何其他官方授权。

b)协助进口清关

### B7　出口/进口清关

a)协助出口和过境清关如适用,应卖方要求并由其承担风险和费用,买方必须协助卖方获取出口国和任何过境国(除了进口国之外)需要的与所有出口/过境清关手续相关的任何单据及/或信息,包括安全要求和装运前检验。

b)进口清关

如适用,应买方要求并由其承担风险和费用,卖方必须协助买方获取进口国所需的所有与进口清关手续相关的任何单据及/或信息,包括安全要求和装运前检验。

如适用,买方必须办理进口国要求的所有手续并支付费用,诸如:

▶进口许可证;

▶进口安检清关;

▶装运前检验;及

▶任何其他官方授权。

**A8　查验,包装/标记**

卖方必须支付为了按照 **A2** 交货所需要进行的查验费用(如查验品质、丈量、计重、点数的费用)。

卖方必须自付费用包装货物,除非该特定贸易运输的所售货物通常无需包装。除非双方已经约定好具体的包装或者标记要求,否则,卖方必须以适合该货物运输的方式对货物进行包装和标记。

**B8　查验/包装/标记**

买方对卖方没有义务。

**A9　费用划分**

卖方必须支付:

a)按照 **A2** 完成交货前与货物及其运输相关的所有费用,按照 **B9** 应由买方支付的费用除外;

b)在目的地产生的任何卸货费用,但仅以运输合同规定应由卖方承担此类费用为条件;

c)按照 **A6** 提供交货/运输单据的费用;

**B9　费用划分**

买方必须支付:

a)按照 **A2** 完成交货之时起与货物相关的所有费用;

b)在指定目的地从抵达运输工具上提取货物所必需的所有卸货费用,除非根据运输合同该费用应由卖方承担;

c)卖方为按照 **A7(b)** 提供协助获取单据及信息相关的所有费用和开支;

**d)** 如适用,按照 **A7(a)** 办理出口和任何过境清关有关的关税、税款和其他费用;以及

**e)** 买方为按照 **B5** 和 **B7(a)** 提供协助获取单据及信息相关的所有成本和收费。

**A10　通知**

卖方必须向买方发出买方收取货物所需的任何通知。

**d)** 如适用,按照 **B7(b)** 办理进口清关有关的关税、税款和任何其他费用;以及

**e)** 如买方未按照 **B7** 履行义务或未按照 **B10** 发出通知,导致卖方发生的任何额外费用,但以该货物已清楚地确定为合同项下货物为前提条件。

**B10　通知**

无论何时根据约定,当买方有权决定约定期限内的时间及/或指定目的地的提货点时,买方必须给予卖方充分通知。

**【解读】**

(一)适用范围

该术语可适用于任何运输方式,也可适用于多种运输方式。

(二)定义

"目的地交货"是指当卖方在指定目的地将还在运抵运输工具上可供卸载的货物交由买方处置时,即为交货。卖方承担将货物运送到指定地点的一切风险。

(三)注意事项

**DAP**(目的地交货)可适用于任何运输模式。使用 **DAP** 时,货物由买方处置,但需由卖方准备好卸货。

由于 **DAP** 中的运输工具很可能是船只,因而指定地点也很可能是港口。**DAP** 和 Incoterms2020 的新增术语 DPU 一样,是"交货"型,由卖方承担将货物交至指定目的地的所有费用(除与进口清关相关的费用外,如有的话)和风险。

由于卖方承担在特定地点交货前的风险,特别建议双方尽可能清楚地订明指定的目的地内的交货点。建议卖方订立的运输合同应能与所做选择确切吻合。

如果卖方按照运输合同在目的地发生了卸货费用,除非双方另有约定,卖方无权向买方要求偿付。

如适用时,**DAP** 要求卖方办理出口清关手续。但是卖方无义务办理进口清关、支付任何进口税或办理任何进口海关手续。如果双方希望卖方办理进口清关、支付所有进口关税,并办理所有进口海关手续,则应当使用 **DDP** 术语。

### 六、DPU(目的地卸货后交货)

**DPU │ Delivered at Place Unloaded**

目的地卸货后交货

DPU(填入指定目的地)Incoterms ® 2020

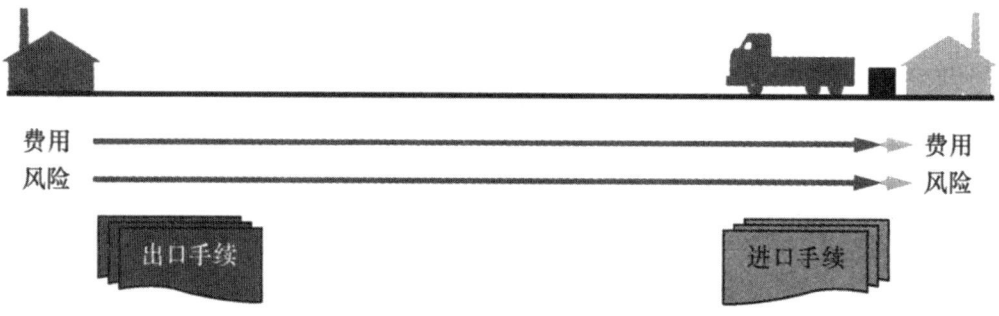

**用户解释说明**

**1.交货与风险**——"目的地卸货后交货"是指卖方通过以下方式向买方完成交货及风险转移:

▶当货物已从抵达的运输工具上卸载,

▶已交由买方处置,

▶在指定目的地,或者

▶在该指定目的地内的约定交货点,如已约定该交货点。

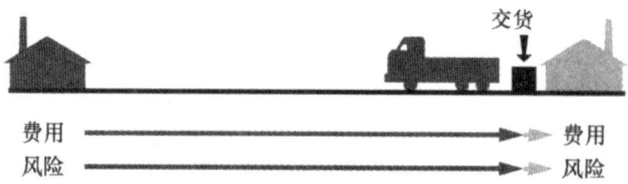

卖方承担将货物运送到指定目的地以及卸载货物的一切风险。因此在本 Incoterms ® 规则中,交货和到达的目的地是相同的。**DPU** 是唯一要求卖方在目的地卸货的Incoterms ® 规则。因此,卖方应当确保其可以在指定地组织卸货。如果双方不希望卖方承担卸货的风险和费用,则不应使用 **DPU** 规则,而应使用 **DAP** 规则。

**2.运输方式**——本条规则可适用于所选择的任何运输方式,也可适用于使用多种运输方式的情形。

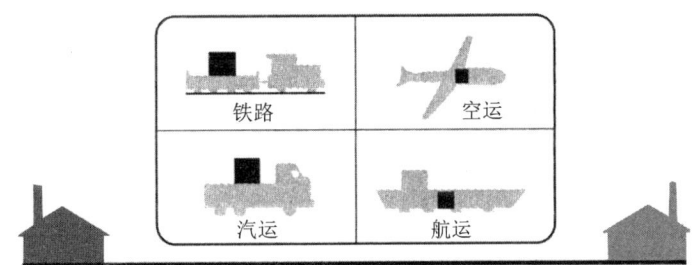

**3.精准确定交货地或交货点/目的地或目的点**——特别建议双方尽可能清楚地约定目的地或目的点。这基于几个原因:第一,货物灭失或损坏的风险在交货点/目的点转移至买方,因此买卖双方应清楚地知晓该关键转移发生的地点;第二,该交货地或交货点/目的地或目的点之前的费用由卖方承担,该地方或地点之后的费用则由买方承担;第三,卖方必须签订运输合同或安排货物运输到约定交货地或交货点/目的地或目的点。如果卖方未履行此义务,卖方即违反了其在本规则下的义务,并将对买方随之产生的任何损失承担责任。例如,卖方将负责承担承运人因额外的续运而向买方收取的任何额外费用。

**4.“或取得已经如此交付的货物”**——此处的“取得”一词适合于交易链中的多层销售(链式销售),在大宗商品贸易中尤其常见。

**5.出口/进口清关**——如适用,**DPU** 要求卖方办理出口清关。但是,卖方没有义务办理进口清关或交货后经由第三国过境的清关、支付任何进口关税或办理任何进口海关手续。因此,如果买方没有安排进口清关,货物将被滞留在目的地国家的港口或内陆运输终端。谁来承担货物因此被滞留在目的地国家的入境港时可能发生的损失的风险? 答案是买方:因为交付还没完成,**B3(a)**条确保,在货物重新起运至指定内陆地点之前,货物坏损灭失的风险由买方承担。如果想要避免此种情况,双方希望卖方办理货物进口清关、支付任何进口关税或税款并办理任何进口海关手续,双方可以考虑使用 **DDP**。

| **A 卖方的义务** | **B 买方的义务** |
|---|---|

**A1 一般义务**

卖方必须提供符合销售合同约定的货物和商业发票,以及合同可能要求的其他与合同相符的证据。

卖方提供的任何单据,根据双方约定可以是纸质或电子形式,如果没有约定,则按照惯常做法提供。

**A2 交货**

卖方必须在指定目的地的约定地点(如有),以将货物从抵达的运输工具上卸下并交由买方处置,或以取得已经如此交付的货物的方式交货。在这两种情况下,卖方必须在约定日期或约定期限内交货。

**A3 风险转移**

**B1 一般义务**

买方必须按照销售合同约定支付货物价款。

买方提供的任何单据,根据双方约定可以是纸质或电子形式,如果没有约定,则按照惯常做法提供。

**B2 提货**

当卖方按照 **A2** 交货时,买方必须提取货物。

**B3 风险转移**

除按照 **B3** 的灭失或损坏情况外,卖方承担按照 **A2** 完成交货前货物灭失或损坏的一切风险。

买方承担按照 **A2** 交货时起货物灭失或损坏的一切风险。

如果:

**a)** 买方未按照 **B7** 履行义务,则承担因此造成的货物灭失或损坏的一切风险;或

**b)** 买方未按照 **B10** 发出通知,则自约定交货日期起,或自约定交货期限届满之时起的货物灭失或损坏的一切风险。但以该货物已被清楚地标明为合同项下货物为前提条件。

**A4　运输**

卖方必须自付费用签订运输合同或安排运输,将货物运至指定目的地或者指定目的地内的约定交货点(如有)。如果该具体地点未经约定,也未根据实务确定,卖方可以选择最符合其目的之指定目的地内的交货点。

卖方必须遵守运至目的地过程中任何与运输有关的安全要求。

**B4　运输**

买方对卖方没有订立运输合同的义务。

**A5　保险**

卖方对买方没有订立保险合同的义务。

**B5　保险**

买方对卖方无订立保险合同的义务。但是,应卖方要求并由其承担风险和费用,买方必须向卖方提供卖方取得保险所需的信息。

**A6　交货/运输单据**

**B6　交货/运输单据**

卖方必须自付费用向买方提交所要求的任何单据,以便买方能够接管货物。

**A7　出口/进口清关**

a)出口和过境清关

如适用,卖方必须办理出口国和任何过境国(除了进口国之外)要求的所有出口和过境清关手续,并支付费用,诸如:

▶出口/过境许可证;

▶出口/过境安检清关;

▶装运前检验;及

▶任何其他官方授权。

b)协助进口清关如适用,应买方要求并由其承担风险和费用,卖方必须协助买方获取进口国所需的所有与进口国清关手续相关的任何单据及/或信息,包括安全要求和装运前检验。

**A8　验/包装/标记**

卖方必须支付为了按照 **A2** 交货所需要进行的查验费用(如查验品质、丈量、计重、点数的费用)。

买方必须接受按照 A6 提交的单据。

**B7　出口/进口清关**

a)协助出口和过境清关如适用,应卖方要求并由其承担风险和费用,买方必须协助卖方获取出口国和任何过境国(除了进口国之外)需要的与所有出口/过境清关手续相关的任何单据及/或信息,包括安全要求和装运前检验。

b)进口清关如适用,买方必须办理进口国要求的所有手续并支付手续费,诸如:

▶进口许可证:

▶进口安检清关;

▶装运前检验;及

▶任何其他官方授权。

**B8　查验/包装/标记**

买方对卖方没有义务。

卖方必须自付费用包装货物,除非该特定贸易运输的所售货物通常无需包装。除非双方已经约定好具体的包装或标记要求,否则,卖方必须以适合该货物运输的方式对货物进行包装和标记。

## A9　费用划分

卖方必须支付:

a)按照 **A2** 完成交货前与货物及其运输相关的所有费用,按照 **B9** 应由买方支付的费用除外;

b)按照 **A6** 提供交货/运输单据的费用;

c)如适用,按照 **A7(a)**办理出口和任何过境清关有关的关税、税款和任何其他费用;以及

d)买方为按照 **B5** 和 **B7(a)**提供协助获取单据及信息相关的所有费用和开支。

## A10　通知

卖方必须向买方发出买方收取货物所需的任何通知。

## B9 费用划分

买方必须支付:

a)按照 **A2** 完成交货之时起与货物相关的所有费用;

b)卖方为按照 **A7(b)**提供协助获取单据及信息相关的所有费用和开支;

c)如适用,按照 **B7(b)**办理进口清关有关的关税、税款和任何其他费用;以及

d)如买方未按照 **B7** 履行合同义务或未按照 **B10** 发出通知,导致卖方发生的任何额外费用,但以该货物已清楚地确定为合同项下货物为前提条件。

## B10　通知

无论何时根据约定,买方有权决定约定交货期限内的时间及/或指定目的地的提货点,买方必须给予卖方充分通知。

**【解读】**

（一）适用范围

该术语由 Incoterms2010 中的 DAT 术语转化而来，可适用于任何运输方式，也可适用于多种运输方式。

（二）定义

"目的地卸货后交货"是指当卖方在指定港口或目的地的指定地点将货物从抵达的载货运输工具上卸下，交给买方处置时，即为交货。

（三）注意事项

DPU 贸易术语可适用于任何运输模式。使用 DPU 时，货物已从到达的运输工具卸下，由买方处置。

在 DPU 术语下，交货在指定目的地发生。DPU 术语是"交货"型术语，由卖方承担将货物交至指定目的地的所有费用（除与进口清关相关的费用外，如有的话）和风险。

DPU 术语要求买方办理进口清关手续并支付相关的费用、关税、税款和其他费用。如果当事方希望卖方负担全部或部分进口时交纳的费用，应在销售合同中明确写明。

Incoterms 2020 引言中特别提示："国际商会决定对 DAT 和 DAP 做出两项修改。首先，这两个Incoterms ®2020 规则呈现的顺序被颠倒过来，交货发生在卸载之前的 DAP 现在出现在 DAT 之前；其次，DAT 规则的名称已被改为 DPU（Delivered at Place Unloaded），强调了目的地可以是任何地方，而不仅仅是"运输终端"的现实。但是，如果该地点不在运输终端，卖方应确保其打算交付货物的地点是能够卸货的地点。"

## 七、DDP（完税后交货）

**DDP │ Delivered Duty Paid**

完税后交货

DDP(填入指定目的地)Incoterms ® 2020

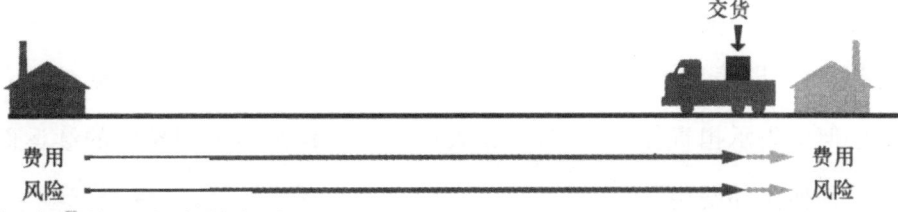

用户解释说明

**1.交货与风险——"完税后交货"**是指卖方通过以下方式向买方完成交货:

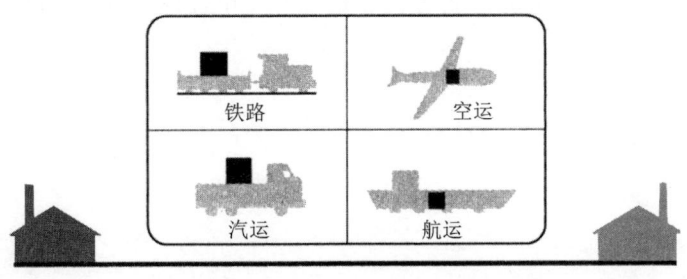

▶当货物已交由买方处置,

▶已办理进口清关,

▶处于抵达的运输工具上,

▶已做好卸载准备,

▶在指定目的地或该指定目的地内的约定交货点,如已约定该交货点。

卖方承担将货物运送到指定目的地或指定目的地内约定交货点的一切风险。因此,在此Incoterms ® 规则下,交货和到货目的地是相同的。

**2.运输方式**——本条规则可适用于所选择的任何运输方式,也可适用于使用多种运输方式的情形。

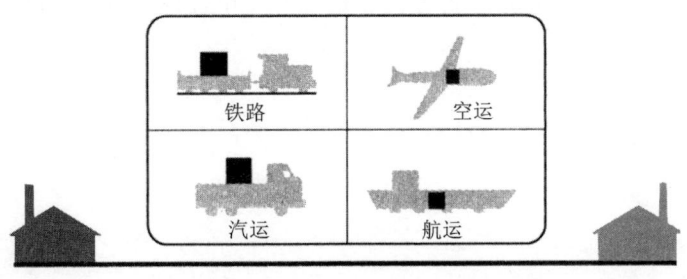

**3.对卖方的提示:最大责任——DDP** 是全部 11 个Incoterms ® 规则中加诸于卖方最大义务的Incoterms ® 规则。在该规则下,交货发生在目的地并且卖方负责支付进口关税和其他应纳的税款。因此,从卖方角度而言,由于下述第 7 段所列的不同的原因,应谨慎使用该规则。

**4.精准确定交货地或交货点/目的地或目的点**——特别建议双方尽可能清楚地约定目的地或目的点。这基于几个原因:第一,货物灭失或损坏的风险在交货点/目的点转移至买方,因此买卖双方最好清楚该关键转移发生的地点;第二,该交货地或交货点/目的点之前的费用(包括进口清关费用)由卖方承担,该地方或地点之后的费用(进口以外的费用)则由买方承担;第三,卖方必须签订货物运输合同或安排货物运输到约定的交货地或交货点/目的地或目的点。如果卖方未履行此义务,卖方即违反了其在 Incoterms ® 规则 DDP 下的义务,并将对买方随之产生的任何损失承担责任。例如,承运人将负责承担承运人因额外的续运而向买方收取的任何额外费用。

**5.“或取得已经如此交付的货物”**——此处的“取得”一词适合于交易链中的多层销售(链式销售),在大宗商品贸易中尤其常见。

**6.卸货费用**——如果卖方按照运输合同在交货地/目的地发生了卸货相关的费用,除非双方另有约定,卖方无权单独向买方追偿该项费用。

**7.出口/进口清关**——正如第 3 段所述,如适用,**DDP** 要求卖方办理货物的出口清关以及进口清关,并支付任何进口关税或办理任何海关手续。因此,如果卖方无法办理进口清关,而是更希望将这些事项交由进口国的买方负责,那么,卖方应考虑选择 **DAP** 或 **DPU**。在 **DAP** 或 **DPU** 规则下,交货仍发生在目的地,但进口清关则留给买方负责。这里可能有税收的影响,并且此种税款可能无法向买方追偿:参见 A9(d)条。

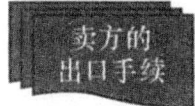

**A　卖方的义务**

**A1　一般义务**

卖方必须提供符合销售合同约定的货物和商业发票，以及合同可能要求的其他与合同相符的证据。

卖方提供的任何单据，根据双方约定可以是纸质或电子形式，如果没有约定，则按照惯常做法提供。

**A2　交货**

卖方必须在指定目的地的约定地点（如有），以将放置在抵达的运输工具上做好卸货准备的货物交由买方处置，或以购得已经如此交付的货物的方式交货。在这两种情况下，卖方必须在约定日期或约定期限内交货。

**A3　风险转移**

**B　买方的义务**

**B1　一般义务**

买方必须按照销售合同约定支付货物价款。

买方提供的任何单据，根据双方约定可以是纸质或电子形式，如果没有约定，则按照惯常做法提供。

**B2　提货**

当卖方按照 **A2** 交货时，买方必须提取货物。

**B3　风险转移**

除按照 **B3** 的灭失或损坏情况外,卖方承担按照 **A2** 完成交货前货物灭失或损坏的一切风险。

买方承担按照 **A2** 交货时起货物灭失或损坏的一切风险。

如果:

a)买方未按照 **B7** 履行义务,则承担因此造成的货物灭失或损坏的一切风险;或

b)买方未按照 **B10** 发出通知,则自约定交货日期起或交货期限届满之时起,买方承担货物灭失或损坏的一切风险。但以该货物已清楚地确定为合同项下货物为前提条件。

### A4　运输

卖方必须自付费用签订运输合同或安排运输,将货物运至指定目的地或者指定目的地内的约定交货点(如有)。如果该具体地点未经约定,也未根据实务确定交货点,卖方可以选择最符合其目的之指定目的地内的交货点。卖方必须遵守运至目的地过程中任何与运输有关的安全要求。

### B4　运输

买方对卖方没有订立运输合同的义务。

### A5　保险

卖方对买方没有订立保险合同的义务。

### B5　保险

买方对卖方没有订立保险合同的义务。但是,应卖方要求并由其承担风险和费用,买方必须向卖方提供卖方取得保险所需的信息。

**A6 交货/运输单据**

卖方必须自付费用向买方提交所要求的任何单据,以便买方能够接管货物。

**A7 出口/进口清关**

如适用,卖方必须办理出口国、过境国和进口国要求的所有出口/过境/进口清关手续,并支付费用,诸如:

▶出口/过境/进口许可证;

▶出口/过境/进口安检清关;

▶装运前检验;及

▶任何其他官方授权。

**A8 查验/包装/标记**

卖方必须支付为了按照 **A2** 交货所需要进行的查验费用(如查验品质、丈量、计重、点数的费用)。

卖方必须自付费用包装货物,除非该特定贸易运输的所售货物通常无需包装。除非双方已经约定好具体的包装或者标记要求,否则,卖方必须以适合该货物运输的方式对货物进行包装和标记。

**A9 费用划分**

**B6 交货/运输单据**

买方必须接受按照 **A6** 提交的单据。

**B7 出口/进口清关**

如适用,卖方要求并由其承担风险和费用,买方必须协助卖方办理出口国/过境国/进口国需要的所有与出口/过境/进口清关手续有关的单据及/或信息,诸如:

▶出口/过境/进口许可证;

▶出口/运输/进口安检清关;

▶装运前检验;及

▶任何其他官方授权。

**B8 查验/包装/标记**

买方对卖方没有义务。

**B9 费用划分**

卖方必须支付：

a）按照 **A2** 完成交货前与货物及其运输相关的所有费用，按照 **B9** 应由买方支付的费用除外；

b）在目的地产生的任何卸货费用，但仅以运输合同规定应由卖方承担此类费用为条件；

c）按照 **A6** 提供交货/运输单据的费用；

d）如适用，按照 **A7** 办理出口/过境及进口清关有关的关税、税款和其他费用；以及

c）买方为按照 **B5** 和 **B7** 提供协助获取单据及信息相关的所有款项和费用。

**A10　通知**

卖方必须向买方发出买方收取货物所需的任何通知。

买方必须支付：

a）按照 **A2** 完成交货之时起与货物相关的所有费用；

b）在指定目的地从抵达运输工具上提取货物所必需的所有卸货费用，除非根据运输合同该费用应由卖方承担；以及

c）如买方未按照 **B7** 履行义务或未按照 **B10** 发出通知，导致卖方发生的任何额外费用，但以该货物已清楚地确定为合同项下货物为前提条件。

**B10　通知**

论何时根据约定，当买方有权决定约定期限内的时间及/或指定目的地的提货点时，买方必须给予卖方充分通知。

【解读】

（一）适用范围

该术语可适用于任何运输方式，也可适用于多种运输方式。

（二）定义

"完税后交货"是指当卖方在指定目的地将仍处于抵达的运输工具上，但已完

成进口清关,且可供卸载的货物交由买方处置时,即为交货。卖方承担将货物运至目的地的一切风险和费用,并且有义务完成货物出口和进口清关,支付所有出口和进口的关税和办理所有海关手续。

（三）注意事项

按照 Incoterms 2020 的解释,"完税后交货"是指卖方在指定的目的地,办理完进口清关手续,将在交货运输工具上尚未卸下的货物交给买方,即完成交货。卖方必须承担将货物运至指定目的地的一切风险和费用,包括在需要办理海关手续时在目的地应交纳的任何"税费"（包括办理海关手续的责任和风险,以及交纳手续费、关税、税款和其他费用）。但是,如当事方希望将任何进口时所要支付的一切费用（如增值税）从卖方的义务中排除,则应在销售合同中明确写明。

DDP 代表卖方的最大责任。在 DDP 术语下,办理进口清关的风险、责任和费用都由卖方承担。DDP 术语是唯一一个需要卖方办理进口清关手续的术语。若卖方不能直接或间接地办理进口清关手续或取得进口许可证,则不应使用此术语。若当事方希望买方承担进口的风险和费用,则应使用 DAP 术语。

该术语适用于各种运输方式,但当货物在目的港船上或码头交货时,应使用 DPU 或 DAP 术语。

由于 DDP 术语下买卖双方承担的义务过于失衡,即卖方承担义务过重,因此,对于从事国际贸易的卖方来说应谨慎使用该术语,尤其是中国的企业出口时不宜使用 DDP 术语。

由于卖方承担在特定地点交货前的风险和费用,特别建议双方尽可能清楚地订明在指定目的地内的交货点。建议卖方订立的运输合同应能与所做选择确切吻合。如果按照运输合同卖方在目的地发生了卸货费用,除非双方另有约定,卖方无权向买方索要。

# 第三节 适用于海运和内河水运的术语

**一、FAS(船边交货)**

**FAS │ Free Alongside Ship**

船边交货

FAS(填入指定装运港)Incoterms $^{®}$ 2020

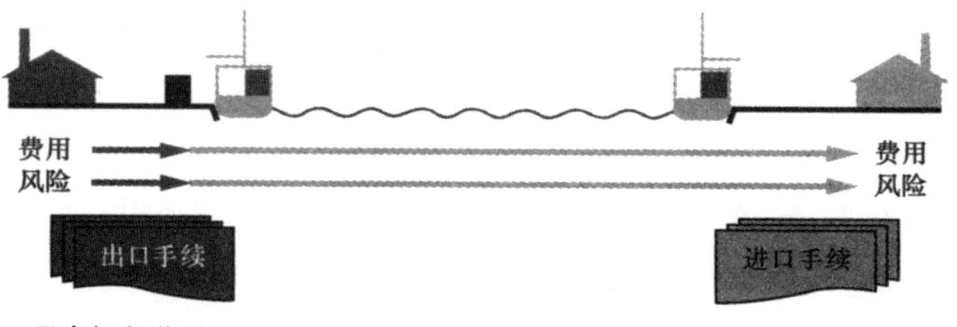

**用户解释说明**

**1.交货与风险**——"船边交货"是指卖方通过以下方式向买方完成交货:

▶当货物被交到船边(例如,置丁码头或驳船上)

▶该船舶由买方指定

▶在指定的装运港

▶或者当卖方取得已经如此交付的货物时。

货物灭失或损坏的风险在货物交到船边时发生转移,同时,买方承担自那时起的一切费用。

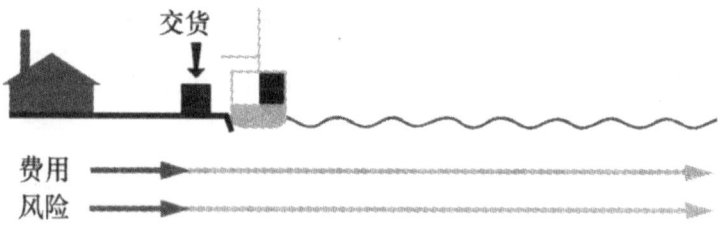

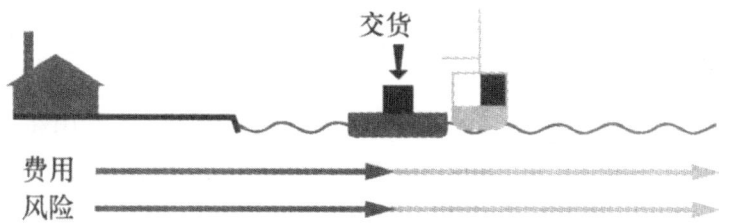

**2.运输方式**——本规则仅适用于海运或内河水运运输方式下买卖双方意在将货物交到船边即完成交货的情形。因此,FAS 规则不适合于货物在交到船边之前已经移交给承运人的情形,如货物在集装箱终端交给承运人。在此种情况下,双方应当考虑使用 FCA 规则,而非 FAS 规则。

**3.精准确定装货点**——由于卖方承担在特定地点交货前的费用和风险,而且这些费用和相关作业费可能因各港口惯例的不同而发生变化,特别建议买卖双方尽可能清楚地约定指定装运港内的装货点,货物将在此装货点从码头或驳船装上船舶。

**4.“或取得已经如此交付的货物”**——卖方应将货物交到船边或取得已经如此交付运输的货物。此处的“取得”一词适用于交易链中的多层销售(链式销售),在大宗商品贸易中尤其常见。

**5.出口/进口清关**——如适用,FAS 要求卖方办理货物出口清关。但是,卖方没有义务办理货物进口清关或经由第三国过境的清关、支付任何进口关税或办理任何进口海关手续。

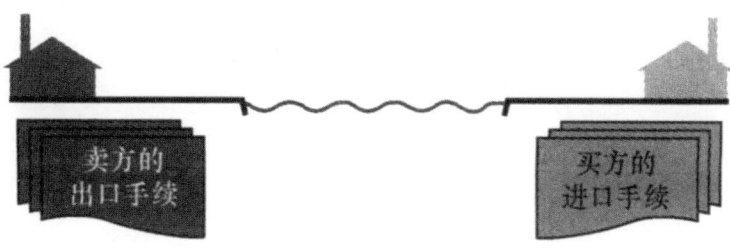

**A　卖方的义务**

**A1　一般义务**

卖方必须提供符合销售合同约定的货物和商业发票，以及合同可能要求的其他与合同相符的证据。

卖方提供的任何单据，根据双方约定可以是纸质或电子形式，如果没有约定，则按照惯常做法提供。

**A2　交货**

卖方必须在买方指定的装运港内的装货点（如有），以将货物置于买方指定的船舶旁边，或以购得已经如此交付的货物的方式交货。

卖方必须按照下述要求交货：

1.在约定日期；或

2.在买方按照 **B10** 所通知的约定期限内的交货时间，或

3.如果未通知上述时间，则在约定期限届满之时：以及

4.按照该港口的习惯方式。

如果买方未指定具体的装货点，卖方则可以在指定的装运港内选择最符合其目的之装货点。

**A3　风险转移**

**B　买方的义务**

**B1　一般义务**

买方必须按照销售合同约定支付货物价款。

买方提供的任何单据，根据双方约定可以是纸质或电子形式，如果没有约定，则按照惯常做法提供。

**B2　提货**

当卖方按照 **A2** 完成交货时，买方必须提取货物。

**B3　风险转移**

除根据 **B3** 的灭失或损坏情况外，卖方承担按照 **A2** 完成交货前货物灭失或损坏的一切风险。

买方承担按照 **A2** 交货时起货物灭失或损坏的一切风险。

如果：

a) 买方未按照 **B10** 发出通知；或

b) 买方指定的船舶未准时到达，致使卖方未能遵循 **A2** 的规定、未接收货物，或早于 **B10** 通知的时间停止装货；

则：

(i) 自约定日期，或在未约定日期的情况下；

(ii) 自买方根据 **B10** 所选择的日期，或，如未通知该日期；

(iii) 自任何约定期限届满之时起，买方承担货物灭失或损坏的一切风险。

但以该货物已清楚地确定为合同项下货物为前提条件。

## A4　运输

卖方对买方没有订立运输合同的义务。但是，应买方要求并由其承担风险和费用，卖方必须向买方提供卖方所拥有的买方安排运输所需的任何信息，包括与运输有关的安全要求。如已约定，卖方必须按照通常条款订立运输合同，由买方承担风险和费用。

卖方必须在完成交货之前遵守任何与运输有关的安全要求。

## A5　保险

## B4　运输

除非卖方按照 **A4** 的规定订立了运输合同，否则，买方必须自付费用订立自指定装运港起的货物运输合同。

## B5　保险

卖方对买方没有订立保险合同的义务。但是,应买方要求并由其承担风险和费用,卖方必须向买方提供卖方所拥有的买方获取保险所需的信息。

### A6　交货/运输单据

卖方必须自付费用向买方提供已按照 **A2** 交货的通常证明。

除非上述证明是运输单据,否则,应买方要求并由其承担风险和费用,卖方必须协助买方获取运输单据。

### A7　出口/进口清关

a)出口清关

如适用,卖方必须办理出口国要求的所有出口清关手续并支付费用,例如:

▶出口许可证;

▶出口安检清关;

▶装运前检验;及

▶任何其他官方授权。

b)协助进口清关

如适用,应买方要求并由其承担风险和费用,卖方必须协助买方取得与所有过境/进口清关手续有关的任何单据及/或信息,包括任何过境国或进口国需要的安全要求和装运前检验。

### A8　查验/包装/标记

### B6　交货/运输单据

买方必须接受按照 **A6** 提供的交货证明。

### B7　出口/进口清关

a)协助出口清关如适用,应卖方要求并由其承担风险和费用,买方必须协助卖方获取与所有出口清关手续有关的任何单据及/或信息,包括出口国需要的安全要求和装运前检验。

b)进口清关

如适用,买方必须办理任何过境国和进口国要求的所有手续并支付费用,例如:

▶进口许可证及过境所需的任何许可;

▶进口及任何过境安检清关;

▶装运前检验;及

▶任何其他官方授权。

### B8　查验/包装/标记

卖方必须支付为了按照 **A2** 交货所需要进行的查验费用（如查验品质、丈量、计重、点数的费用）。

卖方必须自付费用包装货物，除非该特定贸易运输的所售货物通常无需包装。除非双方已经约定好具体的包装或标记要求，否则，卖方必须以适合该货物运输的方式对货物进行包装和标记。

**A9 费用划分**
卖方必须支付：

a)按照 **A2** 完成交货之前与货物相关的所有费用，按照 **B9** 应由买方支付的费用除外；

b)按照 **A6** 向买方提供已经交货的通常证据的费用；

c)如适用，按照 **A7(a)** 办理出口清关有关的关税、税款和任何其他费用；以及

d)买方为按照 **B7(a)** 提供协助获取单据及信息相关的所有费用和开支。

---

买方对卖方没有义务。

**B9 费用划分**
买方必须支付：

a)按照 **A2** 完成交货之时起与货物相关的所有费用，按照 **A9** 应由卖方支付的费用除外；

b)卖方为按照 **A4**、**A5**、**A6** 和 **A7(b)** 提供协助获取单据及信息相关的所有款项和费用；

c)如适用，按照 **B7(b)** 办理过境或进口清关有关的关税、税款和任何其他费用；以及

d)由于以下原因之一发生的任何额外费用：

(i)买方未按照 **B10** 发出通知；或

(ii)买方按照 **B10** 指定的船舶未准时到达、未提取货物或早于 **B10** 通知的时间停止装货。

但以该货物已清楚地确定为合同项下货物为前提条件。

**A10  通知**

卖方必须就其已按照 **A2** 完成交货或船舶未在约定时间内提货给予买方充分通知。

**B10  通知**

买方必须就任何运输相关的安全要求、船舶名称、装货点以及约定期限内所选择的交货时间（如有）给予卖方充分通知。

【解读】

（一）适用范围

该术语仅用于海运或内河水运。

（二）定义

"船边交货"是指当卖方在指定的装运港将货物交到买方指定的船边（例如，置于码头或驳船上）时，即为交货。货物灭失或损坏的风险在货物交到船边时发生转移，同时买方承担自那时起的一切费用。

（三）注意事项

在 FAS 术语下，卖方在合同规定的装运期内，卖方应将货物运至船边或取得（procuring）已经这样交运的货物。此处使用的"取得"一词适用于商品贸易中常见的交易链中的多层销售（链式销售）。买方必须自该时刻起承担一切费用及货物灭失或损坏的一切风险。双方风险费用的划分以船边为界。

FAS 术语要求卖方办理出口清关手续。该术语仅适用于海运或内河运输。

按照 FAS 术语成交时，买卖双方的风险和费用的划分以船边为界。所谓"船边"通常是指船舶装卸设备的吊货机或岸上装卸索具可触及的范围。如果买方所派的船只不能靠岸，卖方则要负责用驳船将货物运到船边，仍在船边交货，装船的责任和费用由买方负责办理。如前面术语所述，FAS 术语下，如买方未尽到其应尽义务，风险也会提前转移。

根据 Incoterms 2020 解释，FAS 术语只适用于水上运输，交货地点只能是装运港。但是,按照《1941 年美国对外贸易定义修订本》的解释,FAS 是 Free Along Side 的缩写,即交到运输工具旁边,含义较广。因此,在同美洲国家的交易中使用 FAS 术语时要注意,应在 FAS 后面加上"Vessel"字样,才表示"船边交货"。

当货物装在集装箱里时,卖方通常将货物在集装箱码头移交给承运人,而非交到船边。这时,FAS 术语不适合,而应当使用 FCA 术语。

## 二、FOB(船上交货)

**FOB ｜ Free On Board**

船上交货

**FOB(填入指定装运港)Incoterms ® 2020**

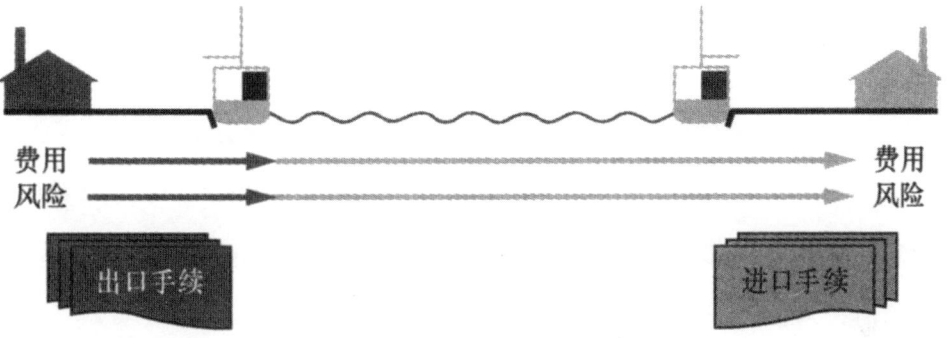

**用户解释说明**

**1.交货与风险**——"船上交货"是指卖方通过以下方式向买方完成交货:

▶将货物装上船

▶该船舶由买方指定

▶在指定装运港

▶或者取得已经如此交付的货物。

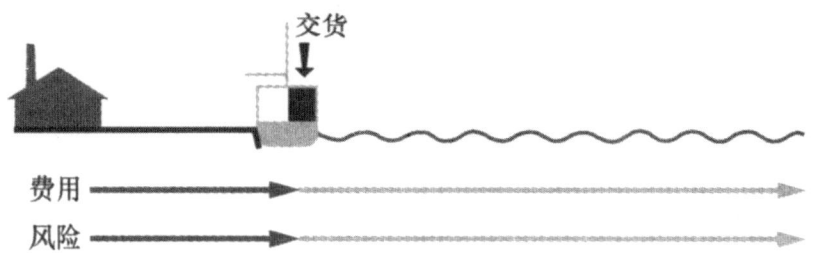

货物灭失或损坏的风险在货物交到船上时发生转移,同时,买方承担自那时起的一切费用。

**2.运输方式**——本规则仅适用于用海运或内河水运运输方式下双方意在将货物交到船上即完成交货的情形。因此,FOB 规则不适合于货物在交到船上之前已经移交给承运人的情形,如在集装箱终端被交给承运人。在此种情况下,双方应当考虑使用 FCA 规则,而非 FOB 规则。

**3."或取得已经如此交付的货物"**——卖方应将货物在船上交付或者取得已经如此交付运输的货物完成交货。此处的"取得"一词适用于交易链中的多层销售(链式销售),在大宗商品贸易中尤其常见。

**4.进口/出口清关**——如适用,FOB 要求卖方办理货物出口清关。但是,卖方没有义务办理货物进口清关或经由第三国过境的清关,或支付任何进口关税或办理任何进口海关手续。

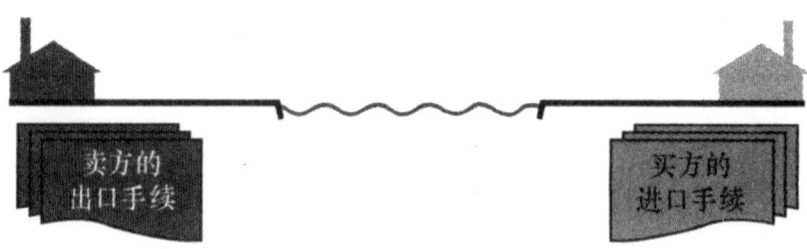

| A　卖方的义务 | B　买方的义务 |
|---|---|

**A1　一般义务**

卖方必须提供符合销售合同约定的货物和商业发票,以及合同可能要求的其他与合同相符的证据。

卖方提供的任何单据,根据双方约定可以是纸质或电子形式,如果没有约定,则按照惯常做法提供。

**A2　交货**

卖方必须在买方指定的装运港内的装货点(如有),以将货物置于买方指定的船上,或以取得已经如此交付的货物的方式交货。

卖方必须按照下述要求交货:

1.在约定日期;或

2.在买方按照 **B10** 所通知的约定期限内的交货时间;或

3.如果未通知上述时间,则在约定期限届满之时;以及

4.按照该港口的习惯方式。如果买方未指定具体的装货点,卖方则可以在指定的装运港内选择最符合其目的之装货点。

**A3　风险转移**

**B1　一般义务**

买方必须按照销售合同约定支付货物价款。

买方提供的任何单据,根据双方约定可以是纸质或电子形式,如果没有约定,则按照惯常做法提供。

**B2　提货**

当卖方按照 **A2** 完成交货时,买方必须提取货物。

**B3　风险转移**

除根据 **B3** 的灭失或损坏情况外，卖方承担按照 **A2** 完成交货前货物灭失或损坏的一切风险。

买方承担按照 **A2** 交货时起货物灭失或损坏的一切风险。

如果：

a）买方未按照 **B10** 发出通知；或

b）买方指定的船舶未准时到达，致使卖方未能遵循 **A2** 的规定、未接收货物，或早于 **B10** 通知的时间停止装货；则：

（i）自约定的日期起，或在未约定日期的情况下；

（ii）自买方根据 **B10** 所选择的日期起，或，如未通知该日期；

（iii）自任何约定期限届满之时起，买方承担货物灭失或损坏的一切风险。

但以该货物已清楚地确定为合同项下货物为前提条件。

**A4　运输**

卖方对买方没有订立运输合同的义务。但是，应买方要求并由其承担风险和费用，卖方必须向买方提供卖方所拥有的买方安排运输所需的任何信息，包括与运输有关的安全要求。如已约定，卖方必须按照惯常条款订立运输合同，由买方承担风险和费用。

**A5　保险**

**B4　运输**

除非卖方按照 **A4** 的规定订立了运输合同，否则，买方必须自付费用订立自指定装运港起的货物运输合同。卖方必须在完成交货之前遵守任何与运输有关的安全要求。

**B5　保险**

卖方对买方没有订立保险合同的义务。但是,应买方要求并由其承担风险和费用,卖方必须向买方提供卖方所拥有的买方获取保险所需的信息。

买方对卖方没有订立保险合同的义务。

**A6　交货/运输单据**

卖方必须自付费用向买方提供已按照**A2**交货的通常证明。

除非上述证明是运输单据,否则,应买方要求并由其承担风险和费用,卖方必须协助买方获取运输单据。

**B6　交货/运输单据**

买方必须接受按照**A6**提供的交货证明。

**A7　出口/进口清关**

a)出口清关

如适用,卖方必须办理出口国要求的所有出口清关手续并支付费用,例如:

▶出口许可证;

▶出口安检清关;

▶装运前检验;及

▶任何其他官方授权。

b)协助进口清关

如适用,应买方要求并由其承担风险和费用,卖方必须协助买方获取任何过境国或进口国需要的与所有过境/进口清关手续有关的任何单据及/或信息,包括安全要求和装运前检验。

**B7　出口/进口清关**

a)协助出口清关

如适用,应卖方要求并由其承担风险和费用,买方必须协助卖方获取出口国需要的与所有出口清关手续有关的任何单据及/或信息,包括安全要求和装运前检验

b)进口清关

如适用,买方必须办理任何过境国和进口国要求的所有手续并支付费用,例如:

▶进口许可及过境所需的任何许可;

▶进口及任何过境安检清关;

▶装运前检验;及

▶任何其他官方授权。

**A8　查验/包装/标记**

**B8　查验/包装/标记**

卖方必须支付为了按照 **A2** 交货所需要进行的查验费用（如查验品质、丈量、计重、点数的费用）。

卖方必须自付费用包装货物，除非该特定贸易运输的所售货物通常无需包装。除非双方已经约定好具体的包装或标记要求，否则，卖方必须以适合该货物运输的方式对货物进行包装和标记。

买方对卖方没有义务。

### A9　费用划分

卖方必须支付：

a）按照 **A2** 完成交货之前与货物相关的所有费用，按照 **B9** 应由买方支付的费用除外；

b）按照 **A6** 向买方提供已经交货的通常证明的费用；

c）如适用，按照 **A7**（**a**）办理出口清关有关的关税、税款和任何其他费用；以及

d）买方为按照 **B7**（**a**）提供协助获取单据及信息相关的所有款项和费用。

### B9　费用划分

买方必须支付：

a）按照 **A2** 完成交货之时起与货物相关的所有费用，按照 **A9** 应由卖方支付的费用除外；

b）卖方为按照 **A4**、**A5**、**A6** 和 **A7**（**b**）协助获取单据及信息相关的所有款项和费用；

c）如适用，按照 **B7**（**b**）办理过境或进口清关有关的关税、税款和任何其他费用；以及

d）由于以下原因之一发生的任何额外费用：

（i）买方未按照 **B10** 发出通知；或

（ii）买方按照 **B10** 指定的船舶未准时到达、未提取货物或早于 **B10** 通知的时间停止装货。但以该货物已清楚地确定为合同项下货物为前提条件。

### A10　通知

### B10　通知

卖方必须就其已按照 **A2** 完成交货或船舶未在约定时间内提货，给予买方充分通知。

买方必须就任何运输相关的安全要求、船舶的名称、装货点以及约定期限内所选择的交货时间（如有）给予卖方充分通知。

**【解读】**

（一）适用范围

该术语仅用于海运或内河水运。

（二）定义

"船上交货"是指卖方以在指定装运港将货物装上买方指定的船上或通过取得已交付至船上货物的方式交货。货物灭失或损坏的风险在货物交到船上时转移，同时买方承担自那时起的一切费用。

（三）注意事项

自从 Incoterms 2010 开始，在对 FOB、CFR 和 CIF 三个术语有关交货及风险划分的描述中，摒弃了传统以货物越过"船舷"（ship's rail）作为标志的观点，代之以将货物置于"船上"时构成交货的观点。国际商会认为："这样的规定更符合当今商业现实，且能避免那种已经过时的风险在一条假想垂直线上摇摆不定的情形出现。"这一修订终于为长期以来困扰业界的外贸实务问题画上了一个句号。

"装运港船上交货"是国际贸易实践中常用的贸易术语之一。按照 Incoterms 2020 的解释，卖方在合同规定的时间地点，将货物装上买方指定的船上或通过取得已交付至船上货物的方式交货，并及时通知买方，就完成了交货义务。此后的风险由卖方转移至买方。此处使用的"取得"一词适用于商品贸易中常见的交易链中的多层销售（链式销售）。

FOB 术语要求卖方办理货物出口所需的一切海关手续。该术语仅适用于海运或内河运输。如当事各方无意"将货物装上买方指定的船上或通过取得已交付至船上货物的方式交货"，则应使用 FCA 术语。

FOB 术语后面应标明装运港,如"FOB Qingdao",即交货地点就是指定装运港"青岛"。

按 FOB 条件订立合同需注意的几个问题:

1.货物交付及风险转移。

(1)风险的正常转移。按照 Incoterms 2020 的解释,风险的转移和货物的交付是密切联系的。但在以往的 Incoterms 版本中,FOB 合同中买卖双方划分风险的界限与货物交付的地点存在细微差别,货物交付标志是"装载上船",而风险划分界限是"货物越过船舷"。以船舷为界作为风险划分的界限是 FOB、CFR 和 CIF 与其他贸易术语的重要区别之一。"船舷为界"表明货物在装上船之前的风险,包括在装船时货物跌落码头或海中所造成的损失,都由卖方承担。货物装上船之后,包括在起航前和在运输过程中所发生的损坏或灭失,则由买方承担。

"船舷为界"是一种历史遗留的规则,由于其界限分明,易于理解与接受,故一直在沿用。但随着运输技术的变化,在使用集装箱运输、多式联运和滚装船运输方式时,再使用以"船舷为界"已没有实际意义。

"船舷为界"只是说明风险划分的界限,并不表示双方责任和费用的划分界限。因为从实际作业来看,装船是一个连续的过程。从岸上起吊到装船入舱不可能在船舷这条界限划分双方的责任。由于 Incoterms 作为惯例并不是强制性的,允许买卖双方在合同中根据实际业务的需要另行约定。目前国际贸易实践中对 FOB 术语下风险划分界限的具体操作不尽相同,较多的做法是以"货物安全地装载到船上"作为风险划分的分界线,相应地卖方一般向买方提供"已装船清洁提单",这表明双方约定由卖方承担货物装入船舱为止的一切风险和费用责任,即风险自"船舷"延伸到了"船舱"。这种做法与《公约》及我国《合同法》关于货物交付与风险转移的规定一致。

综上所述,Incoterms 2020 关于 FOB、CFR 和 CIF 术语风险划分界限的重新界定是一个与外贸实务发展保持一致,"与时俱进"的客观结果。

(2)风险的提前转移。如上所述,一般卖方承担的风险是随着交货义务的完成而转移的,但如果买方没有按约定受领货物或没有给予卖方完成交货义务的必要指示,例如给予有关装船时间或交货地点的通知,总之可理解为买方未尽到其应尽义务的情况下,风险将提前转移,具体来说就是提前到双方约定的交货期限届满之日。

无论是风险通过装载正常转移还是风险提前转移都需要具备一个前提条件,那就是货物需要"特定化"(Specialization),即货物已经适当地划归本合同。具体说货物已清楚地分开或以其他方式特定为该合同项下的货物。对于包装货物来说,对货物"特定化"的常见方式就是在包装上刷制唛头。其他贸易术语下风险的转移也都在此前提条件。

风险提前转移的规定体现了对卖方的公正,而货物特定化之前风险不转移体现对买方的公正。另外风险的提前转移也会导致费用的提前转移。

**【案例 3-2】**有一份 FOB 合同,甲公司出口卡车 500 辆,该批货物装于舱面,其中 40 辆是卖给某国乙公司的。货物抵运目的港后由承运人负责分拨,船行途中遇到恶劣天气,有 50 辆卡车被冲进海中。事后甲公司宣布出售给乙公司的 40 辆卡车已在运输途中全部损失。乙公司认为甲公司未履行交货义务,要求赔偿损失,甲公司认为货物已经完成装载,风险已转移,无须赔偿。请判别孰是孰非？为什么？[①]

2.船货衔接问题。FOB 术语下,买方负责租船订舱,卖方负责装货,船货衔接就是一个重要问题。如果买方指定的船只提前或延迟到达指定的装运港,则船等货或货等船引起的费用损失都由买方承担;反之若船只按时到达而卖方未备妥货物而不能及时装运,则卖方要承担由此引起的空舱费(Dead Freight)或滞期费(Demurrage)。因此在 FOB 合同中,必须对船货衔接问题作明确规定,并在订约后加强联系,密切配合,防止船货脱节。

FOB 术语下,买方有义务安排运输,并将有关的船名、装货地及交货时间等信

---

①　参考答案:此案考察的是风险的转移需要具备"特定化"条件,本案中并未特定化,所以风险不转移,卖方要承担损失,买方可以要求卖方履行合同,即卖方需要另外交货。

息及时通知卖方,若买方怠于此项通知,或所指定船舶未按时到达等,货物的风险和费用可提前转移,只要卖方已对货物特定化。

当然 FOB 术语下,卖方可以替买方办理租船订舱手续。一般若采用整船,买方往往自行租船装运货物;而在班轮运输中,由于运费率固定,因此卖方办理租船订舱手续与买方办理无差别,而且在装运港办理此类手续,卖方比买方更方便。但是这种行为纯属代办性质,卖方办理此类手续的费用和风险由买方承担。

如果卖方尽到努力仍租不到船或订不到舱时,卖方概不负责,买方无权撤销合同或向卖方索赔。

3.《1941 年美国对外贸易定义修订本》和 Incoterms 2020 对 FOB 术语解释的区别。

主要表现在以下几个方面:

(1)表达方式不同。Incoterms 2020 解释的 FOB 只有一种形式,而美国惯例把 FOB 笼统地解释为在某处某种运输工具上交货,其适用范围很广,共有 6 种类型,其中只有第 5 种,即装运港船上交货(FOB Vessel… named port of shipment),才与 Incoterms 2020 中的 FOB 的含义大体相同。

因此我国企业在同美国商人订立 FOB 进口合同时,若买方希望在装运港口的船上交货,则应在 FOB 和港口之间加上"Vessel(轮船)"字样,如 FOB Vessel New York。如果只订为"FOB New York"而漏写"Vessel"字样,则卖方只负责把货物运到纽约城内的任何处所,不负责把货物运到纽约港口并交到船上。

(2)风险划分界限不同。传统上 Incoterms 是以装运港船舷为界,而美国惯例是以船舱作为风险的划分界限,即卖方负担货物装到船上为止所发生的一切费用和风险。Incoterms 2020 实施后,二者的规定趋于统一。

(3)出口清关手续及费用的负担方不同。美国惯例规定,只有在买方提出请求,并由买方负责费用的情况下,卖方才有义务协助买方取得由出口国签发的为货物出口或在目的地进口所需的各种证件,并且出口税和其他税捐费用也需由买方负担。而 Incoterms 2020 解释为 FOB 下卖方负责办理出口清关手续并承担相应的税费。

(4)适用的运输方式不同。美国惯例规定的 FOB 术语可以适用于任何运输方式下的货物买卖合同,而 Incoterms 2020 解释的 FOB 只适用于水上运输。

**【案例 3-3】**某公司从美国进口瓷制品 5 000 件,外商报价为每件 10 美元 FOB Vessel New York,我方如期将金额为 50 000 美元的不可撤销即期信用证开抵卖方,但美商要求将信用证金额增加至 50 800 美元,否则有关的出口关税及签证费用将由我方另行电汇。问:美商的要求是否合理? 为什么?①

4.关于装船费用的负担。按 FOB 术语成交时,各个国家和地区对"装船"的理解不尽相同。在装船作业过程中涉及各种具体费用,如将货物吊装上船的费用、理舱和平舱的费用等,这些费用究竟由谁承担,各国的惯例和习惯做法也不完全一致,这就需要买卖双方在洽商交易时,应明确装货费用由谁负担。

在班轮运输情况下,装船费用包含在班轮运费中,由负责办理运输的买方承担,买卖双方就没有必要约定装货费由谁负担。但在程租船运输情况下,按照航运惯例,船方一般不负担装卸费用,双方就应当在买卖合同中订明。通常采用在 FOB 后加列有关装货费由谁负担的附加条件,以明确责任,这就产生了 FOB 术语的变形(Variation)。实际业务中,常见的 FOB 术语的变形有以下几种:

(1)FOB 班轮条件(FOB Liner Terms)。这是指装货费按班轮办法处理,即卖方不负担装货费,至于装货费究竟由买方还是船方负担,则取决于买方租船时采用何种租船条件。

(2)FOB 吊钩下交货(FOB Under Tackle)。按此条件成交,卖方仅将货物交到买方指定船舶的吊钩所及之外,以后的装货费用,卖方不予负担,至于装货费用究竟由买方抑或由船方负担,则取决于租船合同的规定。如载货船舶因港口吃水浅而不能靠岸时,则卖方应将货物驳运到载货船舶的吊钩所及之处,有关的驳运

---

① 参考答案:美商的要求是合理的。根据本案的案情可知,本案依据的有关贸易术语的国际贸易惯例是《1941 年美国对外贸易定义修订本》,根据该惯例的规定,买方要支付卖方协助提供出口单证以及出口税和因出口产生的其他费用,而我方开出的信用证中未包含此项费用。因此,美商的要求是合理的。

费由卖方负担。

（3）FOB 包括理舱（FOB Stowed）。按此条件成交，卖方不仅负担装货费，而且还要负担理舱费。理舱费（Stowing Charges）是指货物装上船舱后为安置妥善和装载合理，对装入船的货物进行整理、堆置、垫隔所需的费用。如在 FOB 后未加"理舱"（Stowed）字样，而租船合同又规定船方不负担装货费时，则理舱费由买方负担。

（4）FOB 包括平舱（FOB Frimmed）。按此条件成交，卖方不仅负担装货费，而且还要负担平舱费。平舱费（Trimmed Charges）是指为了保持航行时船身平稳和不损害船身结构，对成堆装入船舱的散装大宗货物，如矿砂、煤炭、粮谷等，进行整理、填平、补齐所需的费用。如在 FOB 后未加"平舱"（Trimmed）字样，而租船合同又规定船方不负担装货费时，则理舱费由买方负担。

（5）FOB 包括理舱和平舱（FOB Stowed and Trimmed）。当装到船上的货物，既要理舱又需平舱时，就需明确这两项费用由谁负担。凡在 FOB 后加列"理舱"和"平舱"（Stowed and Trimmed）字样，则卖方不仅要负担装货费，而且要负担理舱和平舱费用。

综上所述，FOB 贸易术语变形是为了解决程租船运输方式下装货费用负担而产生的，但 Incoterms 2020 中未规定术语的变形，也未对已变形的术语进行解释，不过在引言中建议贸易当事人要在合同中明确规定贸易术语变形仅限于费用的划分，还是包括了风险在内。一般的习惯解释是贸易术语的变形只是解决费用划分问题，而不改变风险划分的界限。

### 三、CFR（成本加运费）

**CFR ｜ Cost and Freight**

成本加运费

**CFR**（填入指定目的港）**Incoterms ® 2020**

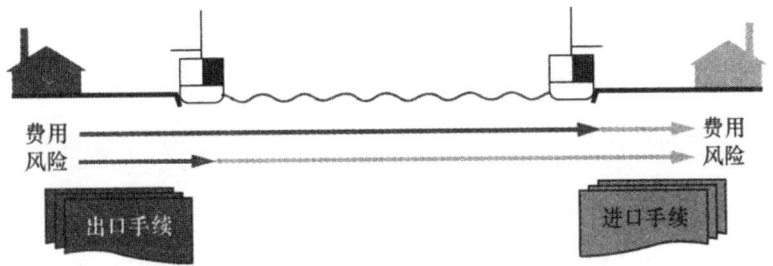

**用户解释说明**

**1.交货与风险**——"成本加运费"是指卖方通过以下方式向买方完成交货：

▶将货物装上船

▶或者取得已经如此交付的货物。

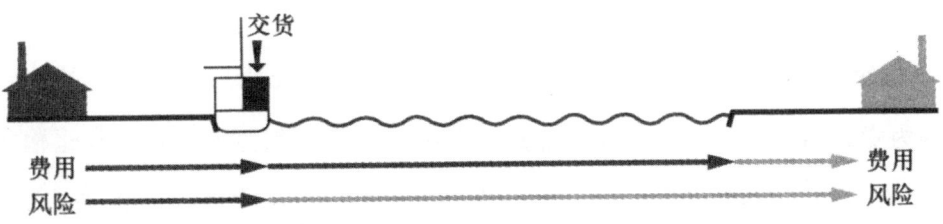

货物灭失或损坏的风险在货物交到船上时转移,这样卖方即被视为已履行了交货义务,而无论货物是否实际以良好的状态、约定的数量或是否确实到达目的地。在 **CFR** 中,卖方对买方没有购买保险的义务:因此,特别建议买方为其自身购买一定的保险。

**2.运输方式**——本规则仅适用于海运或内河水运运输方式。如果使用多种运输方式(常见于货物在集装箱终端被交给承运人的情形),则适合使用的规则是 **CPT**,而非 **CFR**。

**3."或取得已经如此交付的货物"**——此处的"取得"一词适用于交易链中的多层销售(链式销售),在大宗商品贸易中尤其常见。

**4.交货港和目的港**——在 **CFR** 中,两个港口很重要:货物交到船上的港口和约定为目的港的港口。当货物在装运港装上船或者以取得已经如此交付的货物的方式交付给买方时,风险即从卖方转移到买方。但是,卖方必须签订将货物从交货地运往约定目的地的运输合同。因此,例如,货物在上海(港口)装船,运往南安普顿(也是港口)。货物在上海装到船上时交付,风险于此时即转移到买方;而卖方必须签订从上海到南安普敦的运输合同。

**5.必须指明装运港吗?**——尽管合同中总会指定一个目的港,但却未必会指定装运港,而装运港是风险转移给买方的地方。如果装运港对买方具有特殊意义,例如,买方也许希望借以确定货物价格中的运费构成是否合理,那么特别建议双方在合同中尽可能清楚地指定装运港。

**6.确定卸货港的终点**——特别建议双方尽可能精准地指定目的港的特定地点,因为卖方需承担将货物运往该地点的费用。卖方必须签订涵盖货物运输的一份或多份合同,包括从货物交付到运至指定港或销售合同中已约定的该港口范围内约定地点。

**7.多个承运人**——海运的不同航段可能由不同的承运人负责,例如,货物先由承运人驾驶支线船舶从香港运到上海,再由远洋船舶从上海运到南安普顿。此时产生的问题在于,风险是在香港还是上海从卖方转移到买方:交货发生在哪里?买卖双方很可能已在销售合同中约定。但是,如果无此约定,则默认的立场是风险在货物交付给第一个承运人时转移,即香港,这就延长了买方承担灭失或损坏风险的时间。如买卖双方希望风险晚些转移的话(此例的上海),则他们需要在销售合同中予以明确。

**8.卸货费用**——如果卖方根据运输合同产生了在目的港内指定地点与卸货相关的费用,除非双方另有约定,卖方无权另行向买方追偿该项费用。

**9.出口/进口清关**——如适用,CFR 要求卖方办理货物出口清关。但是,卖方没有义务办理货物进口清关或经由第三国过境的清关、支付任何进口关税或办理任何进口海关手续。

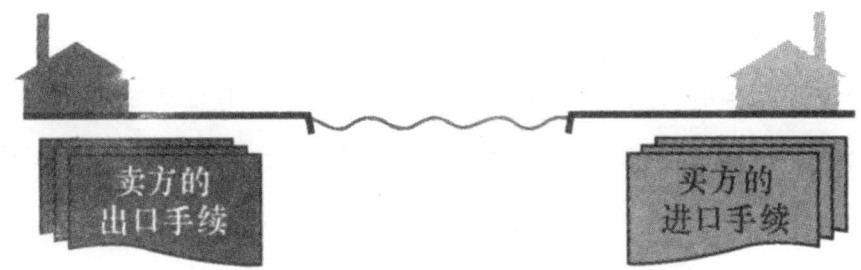

**A　卖方的义务**

**A1　一般义务**

卖方必须提供符合销售合同约定的货物和商业发票，以及合同可能要求的其他与合同相符的证据。

卖方提供的任何单据，根据双方约定可以是纸质或电子形式，如果没有约定，则按照惯常做法提供。

**A2　交货**

卖方必须以将货物装上船，或者以取得已经如此交付的货物的方式交货。在这两种情况下，卖方均必须在约定日期或期限内，按照该港口的习惯方式交货。

**A3　风险转移**

除按照 **B3** 的灭失或损坏情况外，卖方承担按照 **A2** 完成交货前货物灭失或损坏的一切风险。

**B　买方的义务**

**B1　一般义务**

买方必须按照销售合同约定支付货物价款。

买方提供的任何单据，根据双方约定可以是纸质或电子形式，如果没有约定，则按照惯常做法提供。

**B2　提货**

当卖方按照 **A2** 交货时，买方必须提取货物，并在指定目的港自承运人处收取货物。

**B3　风险转移**

买方承担按照 **A2** 交货时起货物灭失或损坏的一切风险。

如买方未按照 **B10** 发出通知，则买方承担自约定交货日期或约定交货期限届满之时起的货物灭失或损坏的一切风险，但以该货物已清楚地确定为合同项下货物为前提条件。

## A4　运输

卖方必须签订或取得运输合同,将货物自交货地内的约定交货点(如有),运送至指定目的港,或位于该港内的任何交货点(如已约定)。运输合同必须按照惯常条款订立,由卖方承担费用,经由通常航线,用通常用于运输该类所售货物的船舶运送货物。

卖方必须遵守运至目的地过程中任何与运输有关的安全要求。

## A5　保险

卖方对买方没有订立保险合同的义务。但是,应买方要求并由其承担风险和费用,卖方必须向买方提供卖方所拥有的买方获取保险所需的信息。

## A6　交货/运输单据

卖方必须承担费用,向买方提供运至约定目的港的通常运输单据。

该运输单据必须载明合同货物,且其签发日期必须在约定的运输期限内,还必须能使买方在目的港凭此向承运人索取货物,并且除非另有约定,须能使买方通过向其下家买方转让该单据或通知承运人来转卖在途货物。

当该运输单据以可转让形式签发并有数份正本,全套正本必须向买方提交。

## B4　运输

买方对卖方没有订立运输合同的义务。

## B5　保险

买方对卖方没有订立保险合同的义务。

## B6　交货/运输单据

如果运输单据与合同相符,买方必须接受按照 A6 提供的运输单据。

**A7　出口/进口清关**

a)出口清关

如适用,卖方必须办理出口国要求的所有出口清关手续并支付费用,诸如:

▶出口许可证;

▶出口安检清关;

▶装运前检验;及任何其他官方授权。

b)协助进口清关

如适用,应买方要求并由其承担风险和费用,卖方必须协助买方获取任何过境国或进口国需要的与所有过境/进口清关手续有关的任何单据及/或信息,包括安全要求和装运前检验。

**A8　查验/包装,标记**

卖方必须支付为了按照 **A2** 交货所需要进行的查验费用(如查验品质、丈量、计重、点数的费用)。

卖方必须自付费用包装货物,除非该特定贸易运输的所售货物通常无需包装。除非双方已经约定好具体的包装或标记要求,否则,卖方必须以适合该货物运输的方式对货物进行包装和标记。

**A9　费用划分**

**B7　出口/进口清关**

a)协助出口清关

如适用,应卖方要求并由其承担风险和费用,买方必须协助卖方取得出口国需要的与所有出口清关手续有关的任何单据及/或信息,包括安全要求和装运前检验。

b)进口清关

如适用,买方必须办理任何过境国和进口国要求的所有手续并支付费用,诸如:

▶进口许可证及过境所需的任何许可证;

▶进口及任何过境安检清关;

▶装运前检验;及

▶任何其他官方授权。

**B8　查验/包装/标记**

买方对卖方没有义务。

**B9　费用划分**

卖方必须支付：

a）按照 **A2** 完成交货之前与货物相关的所有费用，按照 **B9** 应由买方支付的费用除外；

b）按照 **A4** 所发生的运费和所有其他费用，包括货物船费用及与运输相关的安全费用；

c）根据运输合同规定应由卖方承担的在约定卸货港产生的任何卸货费用；

d）根据运输合同应由卖方承担的过境费用；

e）按照 **A6** 向买方提供已经交货的通常证据的费用；

f）如适用，按照 **A7（a）**办理出口清关有关的关税、税款和任何其他费用；以及

g）买方为按照 **B7（a）**提供协助获取单据及信息相关的所有费用和开支。

### A10　通知

卖方必须向买方发出已按照 **A2** 完成交货的通知。

买方必须支付：

a）按照 **A2** 完成交货之时起与货物相关的所有费用，按照 **A9** 应由卖方支付的费用除外；

b）过境费用，除非根据运输合同该项费用应由卖方承担；

c）包括驳运费和码头费在内的卸货费用，除非根据运输合同该项费用应由卖方承担；

d）卖方为按照 **A5** 及 **A7（b）**提供协助获取单据及信息相关的所有款项和费用；

e）如适用，按照 **B7（b）**办理过境或进口清关有关的关税、税款和任何其他费用；以及

f）由于未按照 **B10** 发出通知而产生的自约定交货日期或自约定交货期限届满之时起的任何额外费用，但以该货物已清楚地确定为合同项下货物为前提条件。

### B10　通知

无论何时根据约定，买方有权决定运输时间及/或指定目的港的收货点，买方必须给予卖方充分通知。

卖方必须向买方发出买方收取货物任
何所需通知以便买方收取货物。

**【解读】**

（一）适用范围

该术语仅用于海运或内河水运。

（二）定义

"成本加运费"是指卖方在船上交货或以取得已经这样交付的货物方式交货。货物灭失或损坏的风险在货物交到船上时转移。卖方必须签订合同,并支付必要的成本和运费,将货物运至指定的目的港。

（三）注意事项

在 CFR 术语下,卖方在合同规定的时间和地点,将合同货物装上运往指定目的港船上并及时通知买方,就完成了交货义务,但卖方要负责租船或订舱,支付抵达目的港的正常运费。货物在货物装船后,风险从卖方转移至买方。CFR 术语要求卖方办理出口清关手续。

CFR 术语仅适用于海运或内河运输。如当事各方无意以装货上船为界交货,则应使用 CPT 术语。

CFR 术语后面要标明目的港,如"CFR New York"。

与 CIF 术语相比,在 CFR 术语下卖方除了不负责办理保险手续、支付保险费和提供保险单外,其余买卖双方责任义务的划分及使用中注意的问题基本是相同的。如采用 CFR 术语,交货地点也在装运港,以 CFR 术语订立的合同性质也属于装运合同;风险划分的界限也是货物装船;卖方也是负责租船订舱,支付货到目的港的运费;CFR 术语的交货性质也属于象征性交货;为解决程租船运输方式下的卸货费用负担问题,也使用与 CIF 术语变形完全相同的四种变形。以上问题不再一一详细讨论。

在我国进口业务中,按 CFR 条件成交时,鉴于由外商安排装运,由我方负责保险,故应选择资信好的国外客户成交,并对船舶提出适当要求,以防外商与船方勾结,出具假提单,租用不适航的船舶,使我方蒙受不应有的损失。

以 CFR 术语订立合同,须特别注意的是装船通知问题。因为在 CFR 术语下,卖方负责安排运输,而买方自行办理货物运输保险,以就货物装船后可能遭受灭失或损坏的风险取得保障。因此在货物装上船前,即风险转移至买方前,买方及时向保险公司办妥保险,是 CFR 合同中一个至关重要的问题。如卖方不及时发出装船通知,则买方就无法及时办理货运保险,甚至有可能出现漏保货运险的情况。因此,卖方装船后务必及时向买方发出装船通知。

Incoterms 2020 对卖方未能给予买方充分通知的后果没有做出具体的规定。有的国家的法律对此有规定,如英国《1893 年货物买卖法》中规定:"如果卖方未向买方发出装运通知,致使买方未能办理货物保险,则货物在海运途中的风险被视为卖方负担。"这就是说,如果货物在运输途中遭受损失或灭失,由于卖方未及时发出装运通知而使买方漏保,则卖方就不能以风险在船舷转移为由免除责任。其实在 FOB 和 CIF 条件下,卖方装船后也应向买方发出装船通知,但 CFR 条件下的装船通知,具有更为重要的意义。

FOB、CFR 与 CIF 三种传统贸易术语的共同点:交货地点都是装运港的船上;风险转移界限都是货物装载上船;交货性质都属于象征性交货,所以它们成交合同都属于装运合同;都只适用于海洋及内河运输;都是卖方办理出口清关手续,买方办理进口清关手续。

三种贸易术语的主要区别是:买卖双方各自承担的运输、保险责任和费用不同,从而造成成交价格高低不同。FOB 条件下,卖方既不承担办理运输和保险的风险,也不承担运费和保险费;CFR 条件下,卖方需要负责办理货物的运输,承担运费;CIF 条件下,卖方需要负责办理货物的运输与保险,承担运费和保险费。

随着国际运输技术发展,货物包装的集合化,集装箱运输、多式联运和滚装船运输的使用,FOB、CFR 和 CIF 术语已不能适应新的运输环境需要。因此,国际商会自 1980 年版通则中开始,增加和修订了三种能适应各种运输方式的贸易术语——FCA、CPT 和 CIP。Incoterms 2020 中同样也包括了这三种贸易术语。

### 四、CIF(成本、保险费加运费)

**CIF** ｜ **Cost Insurance and Freight**

**成本、保险费加运费**

**CIF(填入指定目的港)Incoterms ® 2020**

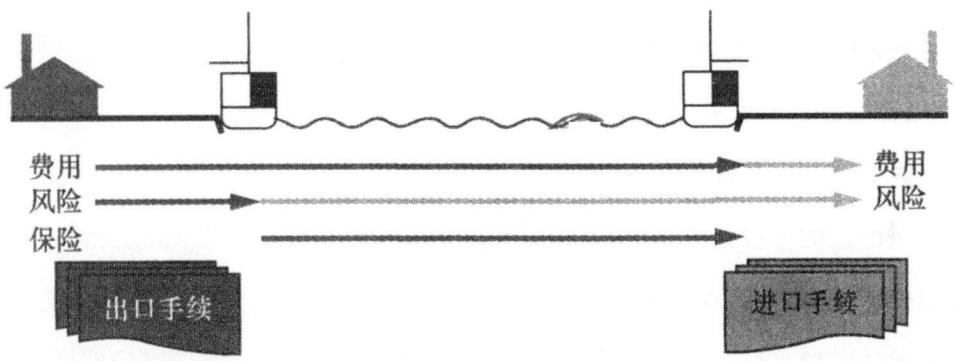

**用户解释说明**

**1.交货与风险**——"成本,保险费加运费"是指卖方通过以下方式向买方完成交货:

▶将货物装上船

▶或者取得已经如此交付的货物。

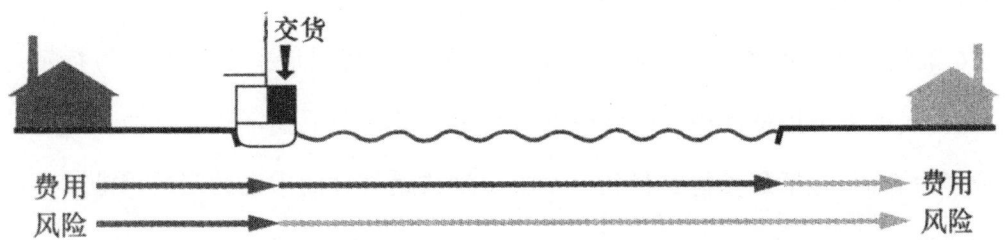

货物灭失或损坏的风险在货物交到船上时发生转移,这样卖方即被视为已履行了交货义务,而无论货物是否实际以良好的状态、约定的数量或是否确实到达

目的地。

**2.运输方式**——本规则仅适用于海运或内河水运运输方式。如果使用多种运输方式（常见于货物在集装箱终端交给承运人的情形），则适合使用的规则是 **CIP**，而非 **CIF**。

**3."或取得已经如此交付的货物"**——此处的"取得"一词适用于交易链中的多层销售（链式销售），在大宗商品贸易中尤其常见。

**4.交货港与目的港**——在 **CIF** 中，两个港口很重要：货物交到船上的港口和约定为目的港的港口。当货物在装运港装上船或者以取得已经如此交付的货物的方式交付给买方时，风险即从卖方转移到买方。但是，卖方必须签订将货物从交货地运送往约定目的地的运输合同。因此，例如，货物在上海（港口）装船、运往南安普顿（也是港口）。货物在上海装到船上时交付，风险于此时即转移给买方；而卖方必须签订从上海到南安普敦的运输合同。

**5.必须指定装运港吗？**——尽管合同中总会约定一个目的港，但却未必会指定装运港，而装运港是风险转移给买方的地方。如果装运港对买方具有特殊意义，例如，买方也许希望借以确定货物价格中的运费构成是否合理，那么特别建议双方在合同中尽可能清楚地指定装运港。

**6.确定卸货港的终点**——特别建议双方尽可能精准地指定目的港的特定地点，因为卖方需承担将货物运往该地点的费用。卖方必须签订涵盖货物运输的一份或多份合同，包括从货物交付到运至指定港或销售合同中已约定的该港口范围内约定地点。

**7.多个承运人**——海运运输的不同航段可能由不同的承运人负责，例如，货物先由承运人驾驶支线船舶从香港运到上海，再由远洋船舶从上海运到南安普顿。此时产生的问题在于，风险是在香港还是上海从卖方转移到买方：交货发生在哪里？买卖双方很可能已在销售合同本身中进行了约定。但是，如果无此约定，则默认的立场是风险在货物交付给第一个承运人时发生了转移，即，香港，因此这延长了买方承担灭失或损坏风险的时间。如双方希望风险晚些转移的话（此例的上海），则他们需要在销售合同中予以明确。

**8.保险合同**——卖方还必须签订保险合同，以对由买方承担的从装运港至少到目的港过程中货物灭失或损坏的风险投保。如目的地国家要求在本地购买保险，则可能会造成困难：在此种情况下，双方应考虑使用 **CFR**。买方还应注意，在 **CIF Incoterms ® 2020** 规则下，卖方需要投保符合《伦敦保险协会货物保险条款》（C）款或其他类似条款下的有限的险别，而不是《伦敦保险协会货物保险条款》（A）款下的较高险别。但是，双方仍然可以约定较高的险别。

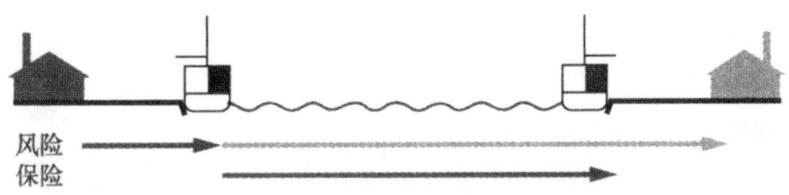

**9.卸货费用**——如果卖方根据运输合同产生了在目的港内指定地点与卸货相关的费用，除非双方另有约定，卖方无权另行向买方追偿该项费用。

**10.出口/进口清关**——如适用，**CIF** 要求卖方办理货物出口清关。但是，卖方没有义务办理货物进口清关或经由第三国过境的清关、支付任何进口税或办理任何进口海关手续。

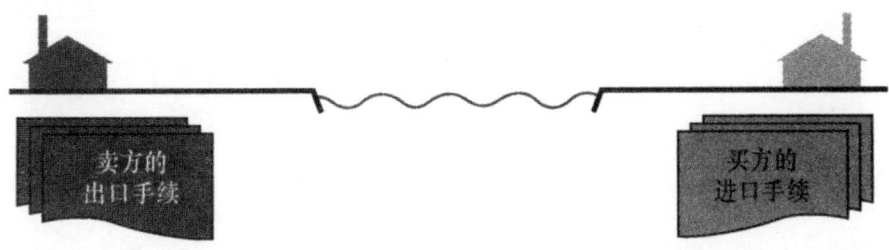

**A 卖方的义务**

**A1 一般义务**

卖方必须提供符合销售合同约定的货物和商业发票,以及合同可能要求的其他与合同相符的证据。

卖方提供的任何单据,根据双方约定可以是纸质或电子形式,如果没有约定,则按照惯常做法提供。

**A2 交货**

卖方必须以将货物装上船,或者以取得已经如此交付的货物的方式交货。在这两种情况下,卖方均必须在约定日期或期限内,按照该港口的习惯方式交货。

**A3 风险转移**

除按照 **B3** 的灭失或损坏情况外,卖方承担按照 **A2** 完成交货前货物灭失或损坏的一切风险。

**A4 运输**

**B 买方的义务**

**B1 一般义务**

买方必须按照销售合同约定支付货物价款。

买方提供的任何单据,根据双方约定可以是纸质或电子形式,如果没有约定,则按照惯常做法提供。

**B2 收取货物**

当卖方按照 **A2** 交货时,买方必须提取货物,并在指定目的港自承运人处收取货物。

**B3 风险转移**

买方承担按照 **A2** 交货时起货物灭失或损坏的一切风险。如买方未按照 **B10** 发出通知,则买方承担自约定交货日期或约定交货期限届满之时起的货物灭失或损坏的一切风险,但以该货物已清楚地确定为合同项下货物为前提条件。

**B4 运输**

卖方必须签订或取得运输合同,将货物自交货地内的约定交货点(如有),运送至指定目的港,或位于该港内的任何交货点(如已约定)。运输合同必须按照惯常条款订立,由卖方承担费用,经由通常航线,用通常用于运输该类所售货物的船舶运送货物。

卖方必须遵守运送至目的地过程中任何与运输有关的安全要求。

买方对卖方没有订立运输合同的义务。

### A5　保险

除非另有约定或特定贸易中的习惯做法,卖家须自付费用取得货物保险。该保险需符合《协会货物保险条款》(**Institute Cargo Clauses**,**LMA/IUA**)条款(C)或任何适于货物运输方式的类似条款。保险应与信誉良好的承保人或保险公司订立,并应使买方或任何其他对货物具有可保利益的人有权直接向保险人索赔。

### B5　保险

买方对卖方没有订立保险合同的义务。但是,应卖方要求,买方必须向卖方提供卖方按照 **A5** 要求的投保任何附加险所需的信息。

当买方要求且能够提供给卖方任何所需的信息时，卖方必须提供任何附加险，由买方承担费用，如果能够办理，诸如符合《协会战争险条款》（Institute War Clauses），及/或《协会罢工险条款》（Institute Strikes Clauses，LMA/IUA）或任何其他类似条款相符合的险别（除非该险别已经包括在前款所述的货物保险中）。

最低保险金额应是合同规定价格另加10％（即110％），并应采用合同货币。

保险范围应从货物自 A2 规定的交货点起，至少至指定的目的港止。

卖方必须提供给买方保险单或保险证明或其他投保证据。

此外，在应买方要求并由其承担风险和费用的情况下，卖方必须向买方提供买方取得任何额外保险所需信息。

**A6　交货/运输单据**

卖方必须承担费用，向买方提供运至约定目的港的惯常运输单据。

**B6　交货/运输单据**

如果运输单据与合同相符，买方必须接受按照 A6 提供的运输单据。

该运输单据必须载明合同货物,且其签发日期必须在约定的运输期限内,还必须能使买方在目的港凭此向承运人索取货物,并且除非另有约定,须能使买方通过向其下家买方转让该单据或通知承运人来转卖在途货物。当此运输单据以可转让形式签发并有数份正本,全套正本必须向买方提交。

### A7 出口/进口清关

a)出口清关

如适用,卖方必须办理出口国要求的所有出口清关手续并支付费用,例如:

▶ 出口许可证;

▶ 出口安检清关;

▶ 装运前检验;及

▶ 任何其他官方授权。

b)协助进口清关

如适用,应买方要求并由其承担风险和费用,卖方必须协助买方获取任何过境国或进口国需要的与所有过境/进口清关手续有关的任何单据及/或信息,包括安全要求和装运前检验。

### B7 出口/进口清关

a)协助出口清关

如适用,应卖方要求并由其承担风险和费用,买方必须协助卖方取得出口国需要的与所有出口清关手续有关的任何单据及/或信息,包括安全要求和装运前检验。

b)进口清关

如适用,买方必须办理任何过境国和进口国要求的所有手续并支付费用,例如:

▶ 进口许可证及过境所需的任何许可证;

▶ 进口及任何过境安检清关;

▶ 装运前检验;及

▶ 任何其他官方授权。

### A8 查验,包装/标记

### B8 查验/包装/标记

卖方必须支付为了按照 **A2** 交货所需要进行的查验费用（如查验品质、丈量、计重、点数的费用）。

卖方必须自付费用包装货物，除非该特定贸易运输的所售货物通常无需包装。除非双方已经约定好具体的包装或标记要求，否则，卖方必须以适合该货物运输的方式对货物进行包装和标记。

买方对卖方没有义务。

### A9　费用划分

卖方必须支付：

a) 按照 **A2** 完成交货之前与货物相关的所有费用，按照 **B9** 应由买方支付的费用除外；

b) 按照 **A4** 所发生的运费和所有其他费用，包括货物装船费用及与运输相关的安全费用；

c) 根据运输合同规定应由卖方承担的在约定卸货港产生的任何卸货费用；

d) 根据运输合同应由卖方承担的过境费用；

e) 按照 **A6** 向买方提供已经交货的通常证据的费用；

### B9　费用划分

买方必须支付：

a) 按照 **A2** 完成交货之时起与货物相关的所有费用，按照 **A9** 应由卖方支付的费用除外；

b) 过境费用，除非根据运输合同该项费用应由卖方承担；

c) 包括驳运费和码头费在内的卸货费用，除非根据运输合同该项费用应由卖方承担；

d) 应买方要求，按照 **A5** 和 **B5** 投保附加险所发生的费用；

e) 卖方为按照 **A5** 及 **A7**(b) 提供协助获取单据及信息相关的所有费用和开支；

f)按照 **A5** 产生的保险费用；

g)如适用,按照 **A7(a)**办理出口清关有关的关税、税款和任何其他费用;以及

h)买方为按照 **B7(a)**提供协助获取单据及信息相关的所有费用和开支。

f)如适用,按照 **B7(b)**办理过境或进口清关有关的关税、税款和任何其他费用;以及

g)由于未按照 **B10** 发出通知而产生的自约定交货日期或自约定交货期限届满之时起的任何额外费用,但以该货物已清楚地确定为合同项下货物为前提条件。

**A10  通知**
卖方必须向买方发出已按照 **A2** 完成交货的通知。卖方必须向买方发出买方收取货物任何所需的通知以便使买方收取货物。

**B10  通知**
无论何时根据约定,买方有权决定运输时间及/或指定目的港的收货点,买方必须给予卖方充分通知。

【解读】

(一)适用范围

该术语仅用于海运或内河水运。

(二)定义

"成本、保险费加运费"是指卖方在船上交货或以取得已经这样交付的货物方式交货。货物灭失或损坏的风险在货物交到船上时转移。卖方必须签订合同,并支付必要的成本和运费,以将货物运至指定的目的港。

（三）注意事项

在 CIF 术语条件下，卖方负责订立运输合同，支付运费，并在合同规定的时间和装运港将合同货物装上运往指定目的港船只，办理货物的运输保险，支付保险费，就完成了交货义务。货物在装载上船后，风险从卖方转移至买方。

CIF 术语要求卖方办理货物出口清关手续。该术语仅适用于海运和内河运输。CIF 可能不适合于货物在上船前已经交给承运人的情况，例如用集装箱运输的货物通常是在集装箱码头交货。在此类情况下，应当使用 CIP 术语。

CIF 术语后面要标明目的港，如"CIF New York"，该指定目的港是卖方运费付至的地点，不是交货地点。

按 CIF 条件订立合同需注意的几个问题：

在国际贸易实践中，对 CIF 术语的使用最容易引起贸易争端，因此有必要对使用 CIF 术语中注意的问题加以讨论。

1.CIF 合同的性质。因为 CIF 术语后接目的港，所以往往有人误认为交货地点在目的港，进而认为 CIF 合同是到达合同，其实是错误的。CIF 术语下，卖方在装运港将货物装上船，即完成交货义务，并不负责将货物安全地运达目的港，货物灭失或损害的风险自货物装载上船起就由卖方转移给买方承担。CIF 术语下的交货地点是装运港，CIF 合同性质属于装运合同（Shipment Contract）。

2.卖方办理租船订舱问题。按 CIF 条件成交时，卖方必须负责自费办理租船订舱。如果合同中未对装运船只及航线做出规定，卖方应按通常的条件（on usual terms）及惯常的路线（by a usual route），租用通常类型的船舶将货物运到指定的目的港。除非双方另有约定，卖方对于买方提出的关于限制装运船舶的国籍、船型、船龄、船级及指定装载某班轮的要求都有权拒绝接受。不过在贸易实践中，为发展出口业务，如果买方有要求，而卖方能办到又不增加额外费用情况下，卖方也可考虑接受。

由于 CIF 货价构成因素中包括运费，故卖方对外报价时，应认真核算运费。

如考虑运输距离的远近;考虑是否需要转船,一般直达运输比中转船运输费用低;考虑市场运价变动趋势以及各种附加费,把运价变动的风险打到货价中去,防止出现只顾成交不顾运输和只管货价不管运价的偏向。

3.卖方办理保险问题。由于 CIF 货价中包括保险费,从卖方的责任讲,卖方必须按约定条件自费办理保险。其实 Incoterms 2020 的 11 种贸易术语中只有 CIF 和 CIP 这两种术语涉及保险问题,其他术语下,无论是卖方还是买方的保险义务,Incoterms 2020 都解释为"无义务"。而且 CIF 术语下卖方是为了买方的利益所进行的保险,纯属代办性质,因为买方应承担货物越过船舷后在运输途中的风险。如果事后发生承保损失,由买方凭卖方提交的保险单直接向保险公司索赔,能否索赔到手,卖方概不负责。因此,为了避免不必要的纠纷和争议,为了明确责任,合同双方应在合同中明确规定保险险别、保险金额、保险费的负担及适用的保险条款。

**【相关链接】**

● Incoterms 2020:

"除非另有约定或特定贸易中的习惯做法,卖家须自付费用取得货物保险。该保险需符合《协会货物保险条款》(Institute Cargo Clauses,LMA/IUA)条款(C)或任何适于货物运输方式的类似条款。保险应与信誉良好的承保人或保险公司订立,并应使买方或任何其他对货物具有可保利益的人有权直接向保险人索赔。

当买方要求且能够提供给卖方任何所需的信息时,卖方必须提供任何附加险,由买方承担费用,如果能够办理,诸如符合《协会战争险条款》(Institute War Clauses),及/或《协会罢工险条款》(Institute Strikes Clauses,LMA/IUA)或任何其他类似条款相符合的险别(除非该险别已经包括在前款所述的货物保险中)。

最低保险金额应是合同规定价格另加 10%(即 110%),并应采用合同货币。

保险范围应从货物自 A2 规定的交货点起,至少至指定的目的港止。

卖方必须提供给买方保险单或保险证明或其他投保证据。

此外,在应买方要求并由其承担风险和费用的情况下,卖方必须向买方提供买方取得任何额外保险所需信息。"

● 《华沙—牛津规则》:"卖方应按照特定行业惯例或在规定航线上应投保的一切风险办理投保手续。"

● 《1941 年美国对外贸易定义修订本》:"CIF 条件下,对于保险险别,买卖双方应共同明确是投保水渍险或平安险,以及其他属于特定行业应保的其他险别,或买方需要获得单独保障的险别。"

4.象征性交货或单据买卖问题。CIF 属于典型的象征性交货(Symbolic Delivery)。象征性交货是针对实际交货(Physical Delivery)而言的。

实际交货是指卖方要在规定时间和地点,将符合合同规定的货物提交给买方或其指定人,而不能以交单代替交货。

象征性交货是指只要卖方按期在规定地点完成装运,并向买方提交合同规定的包括物权凭证在内的有关单证,就算完成了交货义务,而无须保证到货。可见,在象征性交货条件下,卖方凭单交货,买方凭单付款。因此,即使在卖方装船以后至交单这段时间内,货物发生灭失或损坏,只要卖方提交的单据符合合同要求,买方就不得拒收单据和拒付货款,而只能先付款赎单,然后凭取得的有关单据向船方或保险公司提出索赔,追回损失。反之,如果卖方提交的单据不符合要求,即使货物完好无损地运达目的地,买方仍有权拒绝付款。CIF 交易实际上是一种单据买卖,CIF 下的单据比货物更重要。但需要指出的是,按 CIF 条件成交,卖方履行交单义务只是得到买方付款的前提条件,除此之外,卖方还应该按合同规定履行交货义务。即若单据合格而交货不符,即使买方付了款,买方仍可以根据合同规定向卖方索赔。

既然 CIF 术语的交货性质属于象征性交货,因此 CIF 合同中,要防止出现"要求卖方保证到货或以到货作为付款条件"等的陷阱条款;如果合同中硬要规定此条款,则会与 CIF 术语的性质相违背,所以只能采用 DPU、DAP 或者

DDP 术语。

**【案例 3-4】**某出口公司按 CIF 条件向德商出售一批农产品,由于该商品是用于圣诞食品制作的原料,所以季节性较强。双方在合同中规定,买方须于 9 月底前将信用证开到,卖方保证货运船只不迟于 12 月 3 日驶抵目的港。如货轮迟于 12 月 3 日抵达目的港,买方有权取消合同,如货款已收,卖方必须将货款退还买方。试分析合同中有关条款存在的问题[①]。

5.卸货费用的负担。如前阐述的 FOB 术语、程租船运输条件下,需明确装船费用负担问题的道理一样,大宗商品按 CIF 条件成交,容易在卸货费问题上引起争议。因此,卸货费用由买方抑或卖方负担,就应当在买卖合同中订明。通常在 CIF 后加列有关卸货费由谁负担的附加条件,以明确责任,这就产生了 CIF 的变形。实际业务中,常见的 CIF 术语的变形有以下几种:

(1)CIF Liner Terms(CIF 班轮条件)。这是指卸货费按班轮办法处理,即货物在目的港码头的卸货费由卖方负担。

(2)CIF Landed(CIF 卸到岸上)。这是指由卖方负担将货物卸到目的港岸上为止的卸货费,包括码头费和驳运费(Wharfage and Lighterage)。

(3)CIF Ex Tackle(CIF 吊钩下交货)。这是指由卖方负责将货物从船舱吊起卸到船舶吊钩所及之处(码头上或驳船上)的费用,在船舶不能靠岸的情况下,租用驳船的费用和货物从驳船卸到岸上的费用,由买方负担。

"Ex Tackle"与"Undex Tackle"中文翻译都是"吊钩下交付",但真正的含义却大相径庭。"Under Tackle"是指"将货物置于载货船舶的吊钩所能钩到的地方",此时的吊钩还没有去"钩"货;而"Ex tackle"是指"将货物从载货船舶上吊起来,放到该船舶以外的、轮船的吊臂所能伸展的最远的地方,并从吊钩上脱离开"。因此,在使用此变形时,一定要确定英文表达正确。

---

[①] 参考答案:该合同中的规定与 CIF 的性质相违背。分析该案例主要从 CIF 术语属于象征性交货及 CIF 术语下风险转移界限在货物装载上船后考虑。

（4）CIF Ex Ship's Hold（CIF 舱底交货）。这是指货物运到目的港后，由买方自行启舱，并负担货物从舱底到码头的费用。

CIF 术语的变形是为了解决程租船运输方式下的卸货费用负担问题。为明确责任，买卖双方应在合同中明确规定 CIF 贸易术语的变形是仅限于卸货费用的划分，还是包括了风险在内。

# 第四章 Incoterms 2020 在外贸实务中的应用

## 第一节 Incoterms 2020 与贸易便利化

在国际贸易中,货物一般都需要长途运输。在装运地至最终目的地的运输过程中,货物需要办理各种手续和支付各种费用;同时,还可能发生各种各样的风险和损失。对此,买卖双方在签订一笔具体业务合同时,必须首先就以下问题作出安排:

(1)在何地办理货物交接?

(2)由谁租船订舱,办理货物运输、保险和申领进出口许可证?

(3)由谁支付上述责任下所产生的费用及其他开支,如运费、保险费、装卸费等?

(4)由谁承担货物在运输途中的货损、货差和灭失?

(5)上述风险在何时何地转移?

对于上述有关责任、风险和费用的划分,买卖双方完全可以通过协商,作出各种不同的安排。然而,如果每次交易,都要求买卖双方反复洽商双方风险、责任、费用,不仅费时费事,还阻碍国际贸易的发展。因此,在国际贸易的长期实践中,贸易界、法律界对这些问题逐渐形成了一整套的相对固定的习惯做法,并给每一种做法赋予一定意义的名称,加以区别。这样,就形成了当前在国际贸易中广泛使用的贸易术语。

正如我们在本书第二章中所介绍的,贸易术语(Trade Term),又称"价格术语"或"价格条件",它是以简短的概念或缩写的英文字母或国际代号,来概括说明买卖双方的权利和义务、交货地点、风险划分以及价格构成等诸方面的特殊用语。

贸易术语不仅用来表示买卖双方各自承担的责任、费用和风险的划分,而且还用来表示商品的价格构成。一般地说，卖方承担的责任广，支付的费用多，负担的风险大，则商品出售的价格就高；反之，则出售的价格就低。这也表明，所使用的贸易术语对制定商品的价格有很大的实际作用。

可以说，各类贸易术语的使命所在就是促进贸易的便利化，Incoterms 当然也不例外。长期以来，Incoterms 一直是在国际贸易领域享有最广泛影响力的贸易术语，在国际贸易中起着积极的作用，主要表现在以下几个方面：

1.有利于买卖双方洽商交易和订立合同。由于每种贸易术语都有其特定的含义；因此，买卖双方只要商定按何种贸易术语成交，即可明确彼此在交接货物方面所应承担的责任、费用和风险。这就简化了交易手续，缩短了洽商交易的时间，从而有利于买卖双方迅速达成交易和订立合同。

2.有利于买卖双方核算价格和成本。由于贸易术语表明了价格构成因素，所以，买卖双方确定成交价格时，必然要考虑采用的贸易术语中包含哪些从属费用，如运费、保险费、装卸费等。这就有利于买卖双方进行比价和加强成本核算。

3.有利于解决履约中的争议。买卖双方商订合同时，如对合同条款考虑欠妥，使某些事项规定不明确或不完备，致使履约当中产生的争议不能依据合同规定解决时，可以援引有关贸易术语的一般解释来处理。因为贸易术语的一般解释有的已成为被大家广泛采用的国际惯例。

4.有利于其他有关机构开展业务。国际贸易活动中离不开船公司、保险公司和银行等机构，而贸易术语及有关解释贸易术语的国际惯例的相继出现，便为这些机构开展业务活动和处理业务实践中出现的问题提供了客观依据。

## 第二节　Incoterms 2020 与外贸实务流程

Incoterms 2020 继续沿用了 Incoterms 2010 的"菜单对照模式"（check list），分别从十个项目规定买卖双方义务，令买卖双方一目了然，能够按部就班地确定其各自的义务，不易遗漏，更便于阅读和运用。国际商会在 Incoterms 2020 的引言中表示,"每个 Incoterms 规则中的所有十个 A/B 条款都很重要,但是有些比其他的更重要。"为此,国际商会对各 Incoterms 规则中的十个条款的内部顺序确实做了重大调整。在 Incoterms2020 规则中,各 Incoterms 规则的内部顺序现排列如下:

A1/B1　　　一般义务

A2/B2　　　交货/提货

A3/B3　　　风险转移

A4/B4　　　运输

A5/B5　　　保险

A6/B6　　　交货/运输单据

A7/B7　　　出口/进口清关

A8/B8　　　查验/包装/标记

A9/B9　　　费用划分

A10/B10　　　通知

国际商会现在之所以将交货和风险放在更显著的位置,是希望贸易商更易于识别不同的 Incoterms 规则之间的差异,即卖方将货物"交付"给买方的时间和地点的不同点,而风险即在那个时间和地点转移给了买方。

通过上述排序可以看到,Incoterms2020 对于买卖双方义务的相应规定涉及外贸进出口实务的各个方面、就出口方而言,包括货物报关、报检、托运、保险以及提交单据等各项主要工作。为便于我们更好地理解 Incoterms 2020,以下对我国外贸出口实务流程进行简要介绍。

出口合同签订后,进入了履约阶段。由于贸易条件、结算方式、运输方式和贸易对象等各方面贸易要素的不同,每一笔外贸实务工作的程序和内容也不尽相同。这里,我们以采用 CIF 术语成交、跟单信用证方式结算的海运出口业务为例,对其主要程序及每个环节涉及的单证进行介绍。

按上述条件成交的合同规定,卖方应当在签订合同后及时进行备货、审证、托运、投保、报关、制单、交单等工作,具体的业务流程共包括八个主要环节,如下图4—1所示。

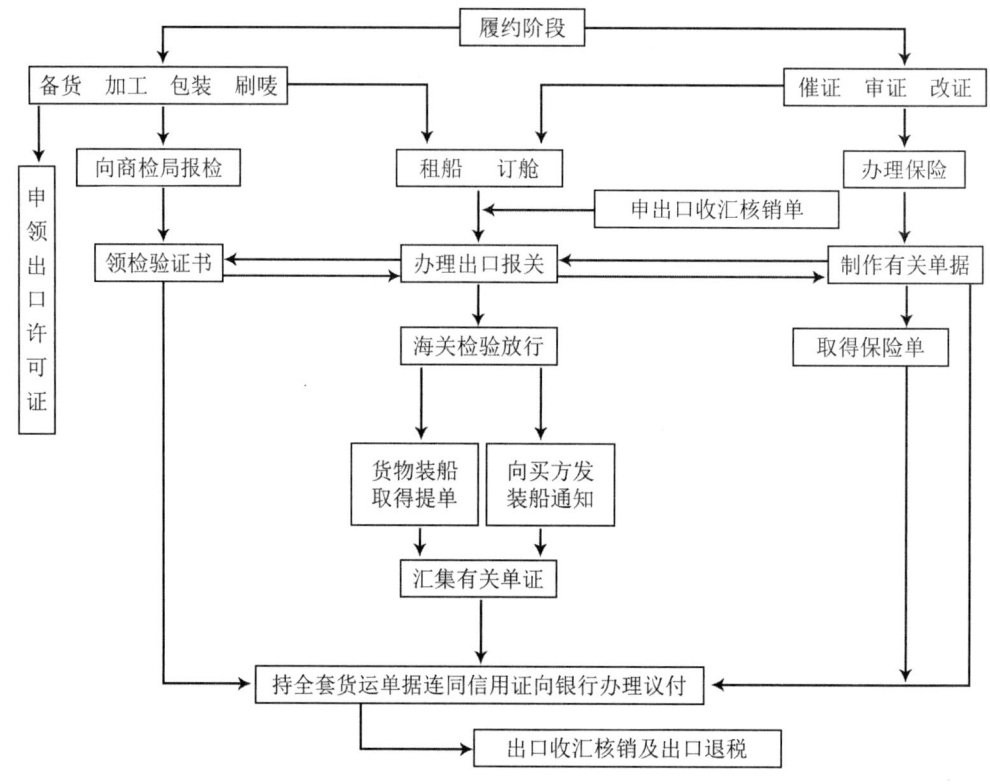

**图 4—1 领行出口合同业务流程图**

说明:

1.申领出口许可证

属于国家实行出口许可证管理范围内的出口货物,出口商需要在货物出口前申领出口许可证才能出口。申领出口许可证时,要按照我国出口许可的有关规定填制出口许可证申请表,并按要求提交其他的单证和资料,根据分级管理的原则,向商务部配额许可证事务局和商务部授权的地方商务主管部门提出申请。

2.催证、审证和改证

(1)催证

信用证付款方式是较为安全的收汇方式。按照跟单信用证方式结算的出口合同签订后,买方应严格按照合同规定及时开立信用证。但在实际业务中,有些进口商在市场变化或资金短缺的情况下,往往会拖延开立信用证甚至不开立信用证。因此,出口商应根据合同及订单预先安排好生产和备货的准备工作,并及时向买方催开信用证,待买方开来信用证后,再进行后续操作

（2）审证

收到信用证后,出口商应该立刻做好归档、记录工作,记录的主要内容包括信用证号码、合同号码、开证申请人、开证行、总金额、装运期、信用证有效期等,以便核查。在出口交易中,许多出口企业对国外信用证等凭证审核无误的情况下,为了使有关部门经办人在备货和办理其他各项手续时熟悉和了解该笔交易要求,通常会根据信用证的主要内容缮制信用证分析单（又称出口货物明细单）一式数份,分发各个有关单位和部门。

严格意义上来说,买方必须完全按照合同条款申请开立信用证,但在实际工作中,由于业务人员工作疏忽、电讯错误、贸易习惯的不同、市场行情的变化等种种原因,买方会有意或无意利用自己开证得主动权,对信用证的条款作出与合同内容不相符的规定,或是加列一些有利于买方自身利益的条款。因此,出口商要严格按照国家相关法律法规、合同及 UCP600 对来证进行审核。在审核时,要对信用证全文从头到尾、逐字逐句地仔细审核。

（3）改证

如果在审核信用证的过程中发现其内容与合同及相关国际惯例规定不一致,应区别问题的性质,对于影响出口操作的不符条款,及时向开证申请人提出,要求对方修改信用证。

总之,对国外来证的审核和修改,是保证顺利履行合同和顺利收汇的重要前提,出口商必须给予足够重视,认真做好审证的工作。

3.备货、报检

（1）备货

备货是指出口商根据合同或信用证规定,向有关企业或部门采购和准备货物的过程。若出口商是生产型出口企业,其备货是向生产加工或仓储部门下达联系

单或信用证分析单等,要求该部门按联系单或信用证分析单的要求,对应交货物进行清点、加工、整理、包装、刷唛以及办理申报检验和领证的工作。对于贸易型出口企业,若企业没有固定的生产加工部门,那么就要像国内的生产企业联系货源,订立出口采购合同。

(2)报检

凡属《出入境检验检疫机构实施出入境检验检疫的进出境商品目录》(简称《法检目录》)中的出口商品及其他法定检验范围内的商品,在货物备齐后,应向各地出入境检验检疫局申请检验。只有取得出入境检验检疫局签发的出境货物通关单后,海关才准予放行。经检验不合格的商品,不得出口。不属于法检范围的商品,若合同、信用证中有要求商检的,可根据合同或信用证规定向出入境检验检疫局或其他指定检验机构申请报检,取得由出入境检验检疫局或其他检验机构签发的检验证书,再安排出口。向出入境检验检疫局申请办理报检手续时,需填制出境货物报检单。

4.办理货运、投保和报关

(1)托运

在 CIF 的条件下,租船订舱是出口商的主要职责之一。出口商在备货的同时,需根据具体的贸易情况办理托运工作。

办理托运前,为了配合办理托运、投保及报关的需要,出口商应先缮制发票及装箱单,以便在办理相应手续时及时提供。

办理出口装运业务,出口商需制作或委托货运代理制作海运货运单,交由货运代理代为向承运人订舱。货运单是提供承运人缮制运输单据之用,因此,原则上要根据合同或信用证的规定仔细填写。

船运公司或其代理人在接受托运人的托运单证后,若接受该笔承运业务,发给托运人装货单(SHIPPING ORDER,S/O)供托运人在办理出口报关时使用。托运人根据货运代理通知,将货物如期送至港区指定仓库,经向海关办理报关、验货、监装(集装箱)后,将加盖有关海关放行章的装货单交港区理货公司,安排货物装船。货物装船后,有大副在收货单(即大副收据)上签注并退给货运代理,作为托运人向货运代理、船运公司或其代理人换取正本提单的凭证。

(2)投保

在 CIF 的条件下,需要由出口商办理国际海运保险,因此,出口商在装船前,必须及时向保险公司办理投保手续,填制投保单。出口商的投保手续,一般都是逐笔办理的。保险公司在接受投保后,签发保险单或保险凭证。

(3)领取出口收汇核销单

为确保国家职能部门对出口货物收汇的管理和监督,我国对出口货物实行出口收汇核销管理制度。出口商在货物出口报关前,需要向所在地的外汇管理局办理备案、申请出口收汇核销单,如实填写核销单,并凭以向海关办理报关或退关手续。

(4)报关

根据《中华人民共和国海关法》,凡是出境的货物,必须由货物的发货人或其代理人向海关如实申报,交验规定的单据文件,请求办理查检、放行手续。出口货物在办理出境报关手续时,必须填写提交出口货物报关单,必要时还需要提供出口合同副本、发票、装箱单、出口收汇核销单、装货单、出境货物通关单及其他有关证件。海关验明无误后,在报关单、装货单、出口收汇核销单等单据上加盖放行章,货物才可以装上运输工具出运。

5.发送装运通知

货物装船后,出口商应及时以电子邮件、传真、信函等方式将装运情况及时通知进口商,以便进口商掌握运输情况,并做好接货准备。

6.制单结汇

货物装运后,出口商应根据实际装运情况以及信用证的要求,缮制其他应提交的单据,如原产地证书、汇票、装运通知及各类证明文件等,并尽快将各种出口单据集中起来,按"单证相符、单单相符、单货相符"的标准进行综合审单,若发现问题应及时修改或重新缮制。在对所有的单据进行全面的仔细审核后,出口商应在信用证规定的交单期内送交银行办理结汇手续。

7.办理出口收汇核销及出口退税手续

出口货物报关结汇后,出口商应在不迟于预计收款日起的 30 个工作日内,持银行结汇的水单,核销单、报关单核销专用联以及其他规定的凭证,到外汇管理部门办理出口收汇核销手续。外汇管理部门按规定办理核销后,在核销单上加盖"已核销"章,将其中的出口退税专用联退给出口企业。

属于国家规定适用"出口退税"政策的出口货物,出口商可在办理货物报关、外汇核销后,填报出口货物退(免)税申请书,凭购货增值税发票、出口报关单(出口退税联)、出口收汇核销单(出口退税专用联)等有关凭证,到主管税务机关申请退税。

8.出口单证的善后工作

每单出口业务在完成后要及时登记,包括电脑登记及书面登记,以便日后查询、统计等。同时,所有文件、信用证和议付单据都必须留存一整套以备查用。

# 第三节　Incoterms 2020 与商务合同

## 一、《联合国国际货物销售合同公约》简介

### (一)国际货物买卖合同适用的法律

国际货物贸易是一种经济活动,是一种商业行为,但这种行为如同国内贸易一样,要受"游戏规则"即法律的调节,否则根本无法进行正常的贸易活动。所以学习国际贸易实务要树立两种观念:一是商务观念,二是法律观念。实际上这二者内容是不能决然分开的,学习商务必然要牵涉法律,学习法律必然牵涉商务。

外贸企业本质上是个流通企业,在做一笔国际贸易买卖时,相比国内贸易牵涉更多部门,经历更多环节,需要与国内外有关方面签订多个合同。例如:与国内的供货企业、用货企业订立用于出口的购货合同和进口的供货合同,与承运方订立的国内或国际运输合同,这里还牵涉海关、货运公司,报关公司,港务局;与银行

签订的收取货款和支付货款的合同,与保险公司必然签订的货物运输保险合同,可能与代理商、经销商签订的代理合同和经销合同等。但是这些合同都是附属合同,是与外国商人签订的出口合同或进口合同派生出来的,它们由各自相应的法律来调整。如关于运输的《修改统一提单的若干法律规则的国际公约的议定书》《1978 年联合国海上货物运输公约》《国际铁路联运协定》《国际民用航空公约》《1976 年海事索赔责任限制公约》,关于货款收付的《关于解决汇票本票的若干法律冲突的公约》《国际汇票和国际本票公约》,关于商务争端解决的《承认与执行外国仲裁裁决公约》等。本节重点阐述的是主合同,是最基本的合同,即进出口货物合同,其适用的法律渊源有以下三种:

1.国内有关的贸易法律。尽管我们进行的是国际货物买卖,但是首先要符合国内有关货物买卖,运输,仓储,价格制订等法律,至少外贸企业从国内供货方进货是与国内法律密切相关的。这里只列举《中华人民共和国合同法》,里面明确规定违反中华人民共和国法律和社会公共利益的国际商务合同无效,但是由于进出口方都要遵守所在国法律,而国际上又没有一部统一的法律。因此经常会产生特殊的法律冲突,一般在国内法中规定解决办法。我国在合同法中规定双方可在合同中选择适用的法律,这充分显示了合同双方的自主性;若合同中未规定,由法院或仲裁庭采用与合同有最密切联系国家的法律。

2.国际贸易条约。国际货物买卖合同的订立和履行还必须符合当事人所在国缔结的与合同有关的双边或多边的国际贸易条约。所谓双边即两个国家之间签订的条约,多边即两个以上国家间签订的条约,多边条约相对双边条约是当前国际上的主流,但到目前为止还没有一个世界上所有国家都参加的国际贸易条约,它们与国内相关法律一样都是强制执行的法律,重大的国际贸易条约都须经所在国的最高立法机构批准才能加入。当然,在国内法与国际法有矛盾时就以国际法为准,即国际法大于国内法,若对参加的国际贸易条约有不同看法时也可以有所保留。有关的国际贸易条约是双边或多边的贸易协定,支付协定、贸易议定书以及有关国际贸易海运,陆运,空运,商标,知识产权等方面协定或公约。如

1994 年 4 月 15 日由许多国家政府代表签署的《关于建立世界贸易组织的协定》即 WTO，1983《商品实物及编码协调制度的国际公约》《保护工业产权巴黎公约》《商标国际注册马德里协定》等。其中，自 1988 年 1 月 1 日起正式生效的联合国国际货物销售合同公约是与货物进出口贸易关系最大，也是最主要的一项国际条约。

3.国际贸易惯例。它也是国际货物买卖合同应遵循的重要的法律规范，是指在国际贸易的长期实践中逐步形成的一些较为明确和固定的内容，适用面较广并由国际性组织或商业团体制定的有关国际贸易的成文的原则、规则和具体做法，它最初来自适用很狭窄的可能只适用某港口城市的不成文的习惯做法。从本质来说，国际贸易惯例不是法律，因为它对国际贸易当事人没有普遍强制性，但是当事人在合同中明确规定加以采用时，就有约束性，从这角度上讲它又是法律，我们称之为准法律，它不像上面所述的国际贸易条约或国内有关贸易法永远具有约束性。之所以如此，一方面它可以补充有关贸易的空缺和不足；另一方面实践证明，基本国的贸易做法，比如说信用证，一定要制订一个强制执行的法律来加以约束，效果反而不好，毕竟牵涉这么多国家和银行，其业务又是相当复杂，因此我们就要采用国际贸易惯例形式，进可在合同中写明上升到法律，退可在合同中不写明，由双方当事人自由规定相应条款来对付贸易中各种复杂情况，甚至也可在合同中写明但修改相关国际贸易惯例的某些条款，这时这部分就以修改过的条款为准，相当灵活。但实际上还是在合同中写明惯例上升为法律这种情况居多，毕竟这使用起来方便。即使不写明，仲裁庭和法院是以相关的国际贸易惯例为依据的。

(二)《联合国国际货物销售合同公约》

商品买卖法律在世界经济发展中起着重要作用，世界各国乃至国际上都制定了一整套相应的法律。在欧洲大陆成文法的国家(包括日本)，有关商品买卖关系的法律大都编入民法典和商法典，民法为普通法，商法为民法的特别法。民法的一般条例可适用商事活动，但商法中特别规定的事项，则只适应商法中有关规定，我国情况基本上也如此；在英美法各国，买卖法是由两部分组成，一是普通法，即法院判例确定的法律条款,属不成文法;二是有关货物买卖的立法,如英国《1893年货物买卖法》,现生效的是 1979 年修订的,它为英美法等国的样板;又如美国 1942 年制订的《美国统一商法典》,现在使用的是 1977 年发布的文本。由于各国在货物买卖方面存在不少分歧,在国际交往中不可避免地引起法律冲突,这对国际贸易发展是不利的。为了解决这个问题,国际性法律组织罗马国际私法研究所就决定拟定一部实体法律来统一各国货物买卖法,由于"二战"一度中断,"二战"后继续进行,1964 年在海牙会议上正式通过《国际货物买卖统一法公约》和《国际货物买卖合同成立统一法公约》,但遗憾的是这两项公约未被国际上广泛接受,参加国连 10 个都不到,未起到统一国际货物买卖法的作用。于是另一个国际法律组织,即联合国国际贸易法委员会决定由它来完成这一使命,1969 年成立一个工作小组,1978 年完成起草任务,并决定把 1964 年通过的两项公约合二为一,名为《国际货物销售合同公约》,该公约分为四部分:(1)适用范围和总则(2)合同成立(3)货物买卖(4)最后条款,全文共 101 条。该公约于 1980 年 4 月在维也纳召开包括世界上所有主要贸易国在内 62 个国家的代表参加的外交会议上获得通过,该国际公约的广泛性和实用性获得大大增强,现在参加该公约的国家还在不断增加。

我国是最早参加《公约》的缔约国之一,我国派代表参加 1980 年维也纳公约,1986 年 12 月向联合国秘书长递交该公约的批准书,成为该公约的缔约国。但对该公约提出两项重要保留:

1.有关书面形式保留

该公约第十一条规定:"销售合同无须以书面订立或书面证明,在形式方面也不受任何其他条件的限制。销售合同可以用包括人证在内的任何方法通过。"即口头形式书面形式均为有效。公约这样规定的出发点是有助于国际货物贸易的扩大,而不希望受什么形式的限制。但这一规定及其他类似内容与我国法律对经济合同应当采用书面形式要求不一致。我国这样规定的目的是从谨慎原则出发的,毕竟融入国际社会的时间不长,实际上即使美国也规定只有 500 美元以下货物买卖才准许口头形式合同,毕竟它有众多不便,比如容易违约。我国坚持认为,订立更改或终止国际货物买卖合同也必须采用书面形式。该公约的上述规定对中国不适用。

2.关于公约适用范围的保留

该公约第1第(1)款(a)项的规定,如果合同双方当事人的营业地处于不同的公约缔约国,该公约就适用他们间的货物买卖合同,对此我国完全同意。但是该款中(b)项又规定,只要双方当事人的营业地处于不同国家,即使他们的营业地所在国不是该公约的缔约国,或一方所在国是该公约缔约国,另一方所在国不是该公约缔约国,那么,如按国际私法规则如按照合同订立地或履行地而导致适用某一缔约国法律,则该公约将适用这些当事人间的货物买卖合同。公约这样规定是为了扩大适用范围。对于这一点,我国也提出了保留,即该公约适用范围仅限于营业地分处两个不同公约缔约国的当事人间货物买卖合同,这也是从谨慎原则出发的。

## 二、国际货物买卖合同概述

(一)合同的概念和作用

世界两大法律体系即英美法体系和大陆法体系,对合同所下的定义并不完全相同。按照我国的《民法通则》第85条规定"合同是当事人之设定、变更、终止民事关系的协议。依法成立的合同,受法律保护。"这表明它是双方(不是单方)的合法的民事(不是国家间)的法律行为。双方意思表示必须一致,其目的是取得民事法律效果。作为合同的一种,国际货物买卖合同是指按公约规定与买方营业地处于不同国家的卖方,为了取得货款,而把货物所有权移交给买方的一种双务合同。这里的双务指卖方的基本义务是交出货物的所有权这个实质内容。因为交出货物,并不一定意味着交出货物所有权;买方的基本义务是支付货款。当然,他们的义务是互为因果的,这是其区别于其他种类合同的一个主要特点。这里的国际合同,是以营业地而不是以国籍和其他因素,如支付的外币等,作为区分标准的,即双方当事人只要处于不同国家,即使他们的国籍相同,也属国际买卖合同;反之,如买卖双方营业地处于同一国家,如我国的国有企业与三资企业做交易,即使他们国籍不同,也不属国际买卖合同。

国际货物买卖合同在国际贸易实务内容中是相当重要的。从某种角度上讲,学习实务就是围绕着合同而展开的,这是从微观层面、从企业角度来讲的;从宏观层面、从国家角度讲,合同是当代社会进行各种经济活动的基本法律形式。一个国家的生产、分配、流通和消费都离不开合同,其中就包括国际货物买卖。从某种意义上讲,市场经济就是合同经济,现代社会就是合同社会,离开合同,整个社会就寸步难行。按照公约精神,销售合同的订立形式可以书面或口头。但在实践中,从谨慎原则出发,根据法律,一般均采用书面合同。其意义是:

(1)合同成立的依据。根据法律要求,凡是合同必须能得到证明,包括人证和物证。在书面谈判时用信件、电报或电传等磋商。这些文件自然成为书面证明,但是在口头谈判时,采用人证这种形式风险太大,因为一方可随时根据市场变化推翻他以前的承诺,所以实际上合同双方当事人一般都是用一定的书面形式加以确定。总之,通过口头磋商达成的交易,签署一份书面合同是必不可少的。

(2)合同生效条件。书面合同虽不拘泥于某种特定名称和格式,但是,假如买卖双方在书面或口头谈判时,一方声明以签订书面合同为准,那么即使双方对交易条件全部协商完毕,但在书面合同签订以前,合同不能生效,双方还不受到法律的约束。在此情况下,签订书面合同就是合同生效的条件。我国在《合同法》中就有这样的规定:通过信件、电报、电传达成协议,一方当事人要求签订书面合同,订确认书时,方为合同生效时。实际上我国外贸企业与外商书面谈判时,这种做法已成为惯例,因为这种做法有很多好处,如通过多次发盘、还盘,接受双方取得一致的交易条件变得相当分散零乱,易引起以后纠纷,另订一份书面合同,可有效阻止这种混乱。当然,如果没有写明,按照《公约》规定,就以最后的“接受”到达另一方生效时间为合同成立时间。

(3)合同履行依据。国际货物买卖合同的履行,涉及企业内外、国内外众多部门和单位,如企业内的业务科、单证科、运输科、财务科、统计科和企业外的船公司、保险公司、出口国和进口国的海关、银行、行政部门、运输公司、货运公司、港务局等。这些部门在实施他们的相应职能时,都需要买卖当事人给出一份统一的合同,否则,合同的履行只能成为一句空话。

(二)合同有效成立的要件

1.必须通过要约和承诺达成协议。合同是双方当事人就同一标的交换各自的意思,从而达成一致的协议。意思表示可以是明示的,也可以是默示的,即可以从当事人的行动来推定他们的意思。从法律上讲,意思表示一致必须通过要约和承诺这种途径,即一方当事人向另一方当事人提出一项要约,而对方对该要约表示承诺,具有法律约束力的合同就宣告成立。

2.合同当事人需具有法律所规定的订立合同的能力。订立国际货物买卖合同的主体可分为法人和自然人。

(1)法人订立合同的行为能力。法人是指拥有独立的财产,能够以自己的名义享受民事权利,同时承担相应的民事义务,并依照法律程序成立的法律实体。它是由自然人组成的,是个组织,是个团体,在法律上像自然人一样有其名称、地址,有从事经济活动所必需的财产,是法律上的自然人。现代社会最常见的法人是公司,公司这个组织在进行经济活动时,必须通过它授权的代理人,如公司法人代表,才能订立合同。公司成立时,必须向国家有关注册机构递交公司章程,因此公司和他的法人代表的订约能力须受公司章程的约束,不得超过其规定的范围。一般在初次谈判时,双方都要向对方交验公司注册证书和法人代表证书的复印件。我国在市场经济转型时期,有个特别规定:只有外经贸部批准的我国企业,才有资格与外商签订合同。但我国已加入 WTO,已明确在经历了相应过渡期后,任何企业都有资格与外商签订合同。

(2)自然人订立合同的行为能力。一般说,未成年人和精神病患者等,没有订立合同的能力,或受到一定的限制,根据不同情况,有的合同是无效的,有的是可以撤销的。从法律上讲,自然人可分三种。一是有完全民事行为能力的人。我国规定,18 周岁以上的居民或 16 周岁以上、不满 18 周岁,但以自己劳动收入为生活来源的都有完全民事行为能力;二是限制民事行为能力的人。我国规定 10 岁以上但不满 18 岁,他们的与其年龄、智力不相适应的民事活动由其法定代理人或征得其同意,另一类指不能完全辨认自己行为的精神病人;三是无民事行为能力的人。我国是指那些不满 10 周岁的未成年人或根本不能辨认自己行为的精神病人。

3.国际货物买卖合同一般有英美法称之的对价或大陆法称之的约因。总的精神,对价是指"我给你是为了你给我",即相互给付。卖方交易是为了取得买方支付的货款,而买方付款是为了取得卖方的货物,这就是双方的"对价",即"对应的代价"。而约因是订约当事人签订该合同所追求的直接的目的:卖方是为了获得货款,买方是为了获得货物,这就是双方的"约因",即"签约的原因"。由此可见,对价和约因本质上并无多大差别。合同可分为要式合同和非要式合同。要式合同指按法定形式或按某种手续订立的合同,如签字腊封合同、通过证人的赠与合同等,为数不多;非要式合同或称合意合同、简式合同,成立手续简便,只要双方意思一致,适合现代社会现状和发展,使用广泛,但必须有对价或约因。

4.国际货物买卖合同的标的和内容必须合法。尽管各国都强调契约自由、意思自主,甚至还规定契约在当事人间拥有相当于法律的效力。但当今世界,各国都加强国家对经济生活的干预,所以实际上契约自由是受到限制的,即双方当事人订立的合同不得违反国家法律,违反公共利益和善良风俗。构成非法合同有两种情况,一是交易目的物是法律不允许的,如毒品和其他违禁品;二是合同所追求目的不合法,如驱使他人犯罪。至于违反"公共利益",有多种情况,如限制竞争的合同,限制价格的合同,限制贸易的合同。但我们要分析隐蔽在背后的经济或政治上的原因。违反善良风俗则是伦理道德范畴,由法院根据具体情况确定。

5.当事人意思必须真实。如当事人意思表示的内容有错误或是在受欺诈或胁迫下订立的,那么虽达成协议,但合意不是真实的,这是合同法上一个重要问题。

（1）错误。并非任何意思表示的错误都可主张合同无效或撤销，否则交易安全就缺乏必须保障。但在某些情况下可主张合同无效或撤销，这是为了使某些并非故意做出错误的意思表示的当事人，不致承担过重的负担，这方面英美法和大陆法有不同规定。我国民法通则规定，行为人对行为内容有重大误解的，如对行为性质、对方当事人、标的物品种质量有错误认识，使行为后果与自己真实意思相悖，并造成重大损失，可请求法院仲裁机构变更或撤销。

（2）欺诈。各国法律认为一方当事人因受欺诈而订立合同，可主张撤销合同或宣布合同无效。为了吸引对方订立合同而对重要事实做出虚假说明，这是一种欺诈行为。欺诈行为可分为两种。一种是非故意的，即诚实地相信真有其事；另一种是故意的，即欺骗性的，后一种应加重处罚。对合同签订有某种影响的事实保持沉默，但实质上负有说明的义务，那么这也是一种欺诈的行为。如对合同标的物的情况，必须加以披露；反之，对标的物市价，没有说明的义务，沉默不能被认为欺诈。

（3）胁迫。指施加威吓、暴力或监禁等使人发生恐怖为目的的一种故意行为。各国法律一致认为，受胁迫的一方可以主张合同无效或撤销合同，即使这种胁迫来自合同当事人以外的第三者。

### （三）书面合同的形式、内容及格式

国际上，对货物买卖合同的形式没有特定限制，可采用正式的合同确认书、定单、协议，也可采用一般的非正式的意向书、备忘录等。

1.合同（Contract），一般适用初次谈判及交易金额很大，内容复杂的买卖。合同内容比较完整，除了主要交易条件品名，品种，数量，包装，价格，装运，保险，支付双方经济利益有重大影响的主要交易条件外，还包括使合同更为完美的条款如商品检验、不可抗力、仲裁等一般交易条件，可分为卖方制作的"销售合同"和买方制作的"购货合同"，格式多为文字式。

2.成交确认书:一般适用常规谈判,老客户之间,交易内容相对简单的买卖,在实践中用得最多。可分为卖方制作的"售货确认书"(Sales confirmation S/C)和买方制作的购货确认书,它们是合同的简化形式,我国出口公司对 S/C 有自己的固定格式,一般对 6 大主要交易条件,印成表格式或文字表格混合式,而 4 个共同的交易条件一般先印刷成文字写在 S/C 的反方或正面的下部。在实际操作中,我们一般填写两份标准格式,一式两份,签字后寄给对方,对方在两份合同签字后留下一份,再寄回一份,成为双方签约的法律依据。

3.定单和委托定单。定单由进口商或实际买户拟制的货物定购单;委托订购单是代理商或佣金代理商代客购买的定单,可分为两种情况:一种是未经磋商径自寄来的,我们应判别是发盘还是邀请发盘;另一种是双方磋商一致后寄来的,实际就是国外客户的订货确认或订货合同,应仔细审阅其内容是否与原磋商的内容一致。

当然还有一些货物买卖中用得不多的交易形式,如协议书,备忘录,意向书,如双方的权利和义务明确,则与合同无异,否则不具有法律效应,有关当事人仅负道义上的责任。

书面合同内容一般包括:首部,正文,尾部及附件四部分。

首部包括合同的名称(全称,不得简写)。合同当事者的名称或姓名及地址(名称不得简写,但以后可用甲、乙代替)、合同签订日期和地点、合同编号、订立合同的原因和合同的性质、类别。这一部分是以下正文的基础和前提,同样是合同法律的依据之一。若发生争执,首先审核这部分内容,应引起足够重视;本文是合同的主导部分、核心部分,表述了合同本质性内容及相关的重要内容,包括了合同的主要交易条件和一般交易条件,所以应写得准确、具体,条款安排前后应符合内在逻辑关系,前后条款应一致性;尾部通常记载合同使用的文字,合同正本份数,附件的说明,应注意附件和正文具有同等法律效应,有正当权限的双方当事人代表的签字,否则合同无效。

书面合同格式一般可分为文字式、表格式和文字表格混合式,且经常使用条款式结构。实用中,文字表格混合式用得比较多。

# 第四节　Incoterms 2020 与商务合同价格条款

**(一)价格条款的基本内容**

价格条款是商务合同的重要组成部分,而贸易术语则是价格条款的重要组成要素。国际货物买卖合同中的价格条款一般包括单价(Unit price)和总值或总金额(Total Amount)两个项目。

1.单价

国际货物买卖合同中的单价比国内贸易的单价要复杂,它由计量单位、单位价格金额、计价货币和贸易术语四项内容组成。例如:

| 每公吨 | 200 | 美元 | CIF 伦敦 |
|---|---|---|---|
| 计量单位 | 单位价格金额 | 计价货币 | 贸易术语 |

表示为:US $ 200 per Metric Ton CIF London

单价各个组成部分必须表达明确、具体,不能有误,并且应注意四个部分在中、外文书写上的不同的先后次序,不能任意颠倒。

(1) 计量单位。一般说来,计量单位应与数量条款所用的计量单位一致。如计量单位为公吨,则数量和单价中均应用公吨,而不能另一个用长吨或短吨。即使有所谓不一致的情形,也只能是如单价以千克为单位,数量以公斤为单位的类似情况。

(2) 单位价格金额。应按双方协商一致的价格,正确填写在书面合同中,如金额写错,就容易引起争议,甚至会导致不必要的损失。因为,写错单位价格金额或书面合同中的其他条款,若经当事人双方签署确认,按国际贸易惯例可以否定或改变磋商时决定的条件。

(3) 计价货币。不同国家(或地区)使用不同的货币,有的使用的货币名称相同,但其币值不同,如"元",有"美元""加元""日元""港元"等。因此,在表示计价货币时,必须明确是一个国家的货币。同时,单价和总金额所用的货币也必须一致。

(4) 贸易术语。贸易术语一方面标明商品价格构成,另一方面也标明合同的性质。在贸易术语的表达中,一方面要注意运用变形来表明术语本身尚不能明确的责任义务的划分(如装、卸货费用,佣金和折扣等);另一方面必须根据不同术语的含义加注装运港(发货地或目的地)。例如,FCA、FAS 和 FOB 等必须加注装运港(发货地);Incoterms 2010 中 C 组的术语则必须注明目的港(目的地)。由于国际上同名的港口和城市的情况不少,所以还必须加注国别或地区名称,以防误解。

2.总值或总金额

总值是单价和数量的乘积。在总值项下一般也同时列明贸易术语。如果一份合同中有两种以上的不同单价,就会有两个以上金额,几个金额相加再形成总值或总金额。总值所使用的货币必须与单价所使用的货币一致。总值除用阿拉伯数字填写外,一般还用文字表示。填写金额要求认真细致,计算正确,防止差错。

【价格条款示例】

单价:每公吨 200 美元 CIF 纽约。(英文:Unit Price:USD200 per M/T CIF New York)

总值:2000 美元。(英文:Total:USD2000 SAY:US DOLLARS TWO THOUSAND ONLY)

(二)规定价格条款应注意的问题

(1) 适当确定单价水平,防止偏高偏低。贯彻我国进出口商品作价原则,灵活运用差价规则,结合销售意图,确定适当的价格水平。出口商品价格过高,不利于市场的开拓,甚至会导致市场的丧失;价格偏低,就会造成外汇收入减少的损失。

同时也必须掌握各类货物的价格弹性特征，一些价格弹性低的商品，低廉的价格并不能起到扩大销售和增加外汇收入的效果。进口合同如果价格偏高会造成外汇的浪费，影响进口经营的经济效益。

（2）争取选择有利的计价货币或加订保值条款。计价货币的选择会直接影响进出口业务的经济效益，由于国际上一些货币的币值具有不稳定性，为了避免由于货币币值不稳定带来的风险损失，出口合同应争取采用"硬币"，进口合同应尽量选用"软币"，否则应考虑通过加订"保值条款"来避免货币币值变动风险。

（3）根据货源与船源选择适当的贸易术语。根据货源的特征及我国船源的供给状况，选用适当的贸易术语，对于更好地履行合同，促进我国运输事业的发展都有着重要的意义。根据实际情况，在综合考虑的基础上选用合适的贸易术语，出口尽可能选用 CIF/CFR 或对应的 CIP/CPT 贸易术语，进口尽可能采用 FOB 或与之对应的 FCA 贸易术语。贸易术语的表示要准确、完整，尤其不能省略术语后的地点。

（4）避免承担价格风险。尤其是国际货物买卖中价格变动剧烈，波动幅度大的敏感性商品，规定价格水平时，应掌握价格波动趋势。出口业务中，货物价格必须考虑价格趋涨的因素。一般说来，敏感性商品的交货期不能太长，多次分期装运的货物也不宜一次将价格固定。另外，在有溢短装的情况下，也必须对溢短装部分的价款作明确规定。合理确定商品的单价，正确填写单价金额。如果在合同中将金额写错，不论写错的价格比原定的价格是低还是高，都有可能被不良外商利用，使我方蒙受损失。

（5）单价中的计量单位应与数量条款中的计量单位一致。如果合同价格中的计量单位为"公吨"，则合同中的数量条款及其他条款中出现的计量单位也要使用"公吨"。

此外，Incoterms 2020 引言中特别强调，"如果想在合同中使用国际贸易术语解释通则 2020，应在合同中用类似词句做出明确表示，'所选用的国际贸易术语，包括写明地点，标明国际贸易术语解释通则 2020'"。（英文：If you want the Incoterms2020 rules to apply to your contract，you should make this clear in the contract，through such words as，"［the chosen Incoterms rule including the named place，followed by］Incoterms2020"）因此，在合同中应对此做出适当的规定。

## 第五节 常用贸易术语之间的价格换算

国际贸易中，由于不同的贸易术语的价格构成内容的不同，同一种商品会表现为不同的价格水平。结合有关政策、销售意图等要求，报价水平也会有所差别。为此，必须掌握几种常用价格之间的换算，以便灵活运用。

（一）净价之间的换算

净价是指价格中不包含佣金和折扣。为了明确表示双方成交的价格是净价，在贸易术语后可以加注"净价"（Net）字样。例如，每打 4.20 美元 FOB 净价上海。

因此，凡是直接用贸易术语表示价格的都是净价，一般情况并不用另行注明。净价之间的换算主要是有关运费和保险费的转换。常见的净价之间的换算有以下几种：

1.FOB 价换算为 CFR 或 CIF 价

（1）FOB 价换算为 CFR 价

FOB 价通常也称为成本（Cost）价，CFR 价即成本加运费（Freight）价。因此由 FOB 价换算为 CFR 价的关系式如下：

CFR＝FOB＋运费

（2）FOB 及 CFR 价换算为 CIF 价

由于 CIF 价比 FOB 价增加了运费和保险费内容，其换算公式为：

CIF＝FOB＋运费＋保险费

CIF＝CFR＋保险费

$$CIF = \frac{CFR}{1-投保加成 \times 保险费率} = \frac{CFR}{1-1.1R}$$

为了简化计算程序，中国人民保险公司制定了一份保险费率常用表，将 CFR

价格直接乘以表内所列常数便可算出 CIF 价格。

2.CFR 价、CIF 价换算为 FOB 价

在已知 CFR 价和 CIF 价的情况下，求 FOB 价，是前两公式的逆运算，分别如下：

FOB＝CFR-运费

FOB＝CIF-运费-保险费

3.CIF 价换算为 CFR 价

CFR＝CIF-保险费

4.FCA 价换算为 CPT 或 CIP 价

（1）FCA 价换算为 CPT 价

CPT 价是在 FCA 价的基础上加上运费（Freight）价。因此由 FCA 价换算为 CPT 价公式如下：

CPT＝FCA＋运费

（2）FCA 及 CPT 价换算为 CIP 价由于 CIP 比 FCA 价增加了运费和保险费，其换算公式为：

CIP＝FCA＋运费＋保险费

CIP＝CPT＋保险费

$$CIP = \frac{CTP}{1-投保加成 \times 保险费率} = \frac{CPT}{1-1.1R}$$

5.CPT 价、CIP 价换算为 FCA 价

在已知 CPT 和 CIP 价的情况下，求 FCA 价，是前两个公式的逆运算，其计算公式为：

（1）FCA＝CPT-运费

（2）FCA＝CIP-运费-保险费

6.CIP 价换算为 CPT 价

CPT＝CIP-保险费

（二）净价与含佣金价之间的换算

1.佣金（Commission）和折扣（Discount）

佣金是中间商因介绍买卖而取得的报酬。在进出口业务中,如交易对象是中间商,就涉及佣金问题。折扣则是卖方按原价格给买方一定比例的减让。

佣金和折扣的运用,可以起到调整价格,增强竞争力,促进客商经营积极性,达到扩大交易的目的。实际运用中名目也很多,正确运用佣金和折扣,可以起到灵活掌握价格的作用,但幅度的掌握必须恰如其分,应区别不同的商品、市场、交易对象等具体情况,否则会适得其反。

佣金一般是由卖方收妥货款后,再另行付给中间商,折扣一般可由买方在付款时予以扣除,至于具体如何支付,则应按照买卖双方事前的约定办理。

2.佣金和折扣的表示方法

凡价格中包含佣金的称含佣价。含佣价的表示方法,可以使用文字说明。例如,每公吨 250 美元 CIF 伦敦包括佣金 3%（USD 250 Per Metric ton CIF London including 3% commission）;也可以在贸易术语之后加佣金的缩写英文字母和所给佣金的百分率表示。例如:每公吨 200 美元 CIF C2%伦敦（USD 250 Per Metric CIF C2% London）。

折扣一般用文字说明,例如,每公吨 200 美元 CIF 伦敦减 1%折扣（USD 200 Per Metric ton CIF London Loss 1% discount）;有时也用 R（Rebate 的缩写）表示包含折扣。

3.佣金的计算方法

在我国进出口业务中,一般是以发票金额（即含佣价）为基数计算佣金的,即发票金额乘以佣金率。例如,每公吨 200 美元 CIFC2%伦敦,发票金额为每公吨 200 美元,佣金即为每公吨 4 美元。

在国际贸易的做法中,也有按 FOB 净价为基数计算佣金的。如 CIF 买卖合同;双方洽定以 FOB 净价为基数计算佣金,就必须将 CIF 价换算成 FOB 价再行计算应付的佣金数。

**4.净价与含佣价之间的换算**

净价与含佣价的差别是佣金,它们之间的换算公式如下:

佣金＝含佣价×佣金率

净价＝含佣价－含佣价×佣金率＝含佣价×(1－佣金率)

$$含佣价＝\frac{净价}{1-佣金率}$$

例如:我国某出口公司向英国某商人出售一批货物,中方原报价为 CIF 伦敦 C3％ 850 美元,后英商要求改报 CIFC5％,问:我方在净收益不变的情况下应如何报价?

解:本题已知含佣价 CIFC3％为 850 美元,佣金率为 3％,可首先计算净价:

净价＝含佣价×(1－佣金率)＝850×(1－3％)＝824.5 美元

净收益不变,即 824.5 美元,佣金率为 5％时

$$含佣价＝\frac{净价}{1-佣金率}＝\frac{824.5}{1-5％}＝867.9 美元$$

# 第五章　Incoterms 2020 与国际货物运输

在国际贸易中,买卖双方除了要订立买卖合同之外,还要以买卖合同为中心订立一些辅助性合同,国际货物运输合同就是其中之一。凡是涉及运输的买卖合同,都需要就货物的运输方式以及当事人双方在有关货物运输方面的责任做出安排。

目前国际贸易货物运输方式很多,主要有海洋运输、铁路运输、航空运输、邮政运输、公路运输、内河运输、管道运输、大陆桥运输以及由各种运输方式组合的国际多式联运等。

长期以来,Incoterms 的不断修订与国际贸易货物运输方式的发展有着直接的联系。例如,由于集装箱装运方式的广泛普及应用,直接促成了 FCA 贸易术语的出现。Incoterms 2000 引言中就曾这样描述:"连续修订 Incoterms 的主要原因是使其适应当代商业的实践。1980 年修订本引入了货交承运人(现在为 FCA)术语,其目的是为了适应在海上运输中经常出现的情况,即交货点不再是传统的FOB 点(货物越过船舷),而是在将货物装船之前运到陆地上的某一点,在那里将货物装入集装箱,以便经由海运或其他运输方式(即所谓的联合或多式运输)继续运输。"因此,学习和掌握国际贸易货物运输的主要方式有助于更好地理解和运用Incoterms2020。

## 第一节　海洋运输

海洋运输是指利用商船在国内外港口之间通过一定航线进行货物运输的一种方式。它是国际贸易中历史最悠久和最重要的一种运输方式。据统计,目前国际贸易货运总量的约 2/3,我国进出口货运总量的 90% 左右是通过海洋运输的。

国际货物主要依靠海洋运输的原因,除地理因素外,主要有如下的优点:

(1)运量大。目前世界上运量比较大的轮船,如油轮可达 60 万吨级,杂货轮可达 6 万吨级,客轮可达 8 万吨级。(2)运费低。因为运量大,航程远,分摊于每单位货物的运输成本就少,而且轮船可自由通过公海,根本不需要出钱借道。因此,在各种运输方式中,海运运费是最低的。(3)对货物的适应性强。远洋运输的船舶可适应多种运输需要。现在许多船舶是专门根据货物需要设计的,各种多用途船舶、专业化船舶的产生,为不同货物的运输提供了条件。

当然,海洋运输也有不足之处:(1)易受自然条件、气候和某些社会因素的影响,风险较大。(2)普通商船的航运速度相对较慢,因而,对不能经受长距离长时间运输的货物、易受气候条件影响,急需的货物一般不宜采用海运。

### 一、海运船舶的营运方式

按照船舶营运方式的不同,海洋货物运输可分为班轮运输和租船运输两种方式。

(一)班轮运输(Liner Transport)

班轮是指按照预订的航行时间表,沿着固定的航线,按照既定的港口顺序,以相对固定的运费从事货物运输的船舶。班轮运输的特点:

(1)"四固定"的特点。即:航线、停靠港口、船期都固定,班轮运费也相对固定。"四固定"特点有利于买卖双方洽商装运期、装运港口和计算运费。

(2)船、货双方的权利和义务以船方或其代理人签发的班轮提单为依据。

(3)承运人负责货物的装卸,全部装卸费用均已包括在班轮运费之内。

(4)班轮运输一般不规定货物的装卸时间,不计算滞期费和速遣费。

可见,班轮运输方便灵活,尤其对成交量少、分运批次多、交货港口分散的货物较合适。

(二)租船运输(Charter Transport)

租船是指租船人向船舶所有人(船东)租赁整船或部分舱位运输货物。租船运输是相对于班轮运输而言的另一种船舶营运方式。

1. 租船运输的特点

（1）没有固定的航线、装卸港口和船期，可根据货主不同的需要，结合租船市场上各种因素临时决定。

（2）没有固定的运价，运价可随租船市场供求情况的变化而变动。与班轮运输相比，租船运价一般是比较低的。

（3）租船人和船东之间的权利义务以双方签订的租船合同为准。租船合同不同于提单。提单只是运输合同的一种证明，而大多数租船合同本身就是运输合同；另一方面，提单是货物收据和所有权凭证，而租船合同只具有运输合同作用，它既不能作为承运人收到托运货物的收据，也不能起到货物所有权凭证的作用。

（4）租船运输适用于大宗货物的运输。对于大宗低值货物，例如矿石、矿砂、粮食等，成交数量大，班轮不能一次提供足够的货舱，用租船装运较为适宜和方便。

2. 租船运输的方式

（1）定程租船（Voyage Charter）。又称程租船或航次租船，它是以航程（航次）为基础的租船方式，由船舶所有人按照约定向承租人提供船舶或船舶的部分舱位，在指定港口间完成约定货物的运输，由租船人支付约定运费的运输方式。程租船一般可分为单航次租船、来回航次租船、连续单航次租船和连续来回航次租船等。航次租船合同多以标准格式出现，常见的有波罗的海国际航运公会制定的《统一杂货租船合同》（Uniform General Charter Party），简称"金康"合同（Gencon）。

（2）定期租船（Tirne Charter）。又称期租船，它是按一定期限租赁船舶的，是指船舶所有人按照租船合同的约定，在约定期限内，将特定的船舶交给承租人使用的一种租船方式。定期租船租期可长可短，从数日到数年，长的可达 20 年，用到船舶报废为止，承租人可将此期租船兑作班轮或程租船使用。国际上常见的定期租船标准合同有波罗的海国际航运公会制定的《统一定期租船合同》（Uniform Time Charter Party）以及中国租船公司制定的《定期租船合同》，简称 SINO—

TIME1980 等。

程租船与期租船相比，主要有以下区别：

第一，程租船的运费是按装运货物的数量计收的，它直接表现为货物的运输成本；期租船支付的租金是按船舶的载重吨计收的。因此，租金不能直接表现为货物的运输成本。

第二，在营运方式方面，程租船的船方负责船舶的调度、经营管理以及航行中的一切营运费用，他既要对船舶航行、驾驶和管理负责，又要对运输的货物负责；而期租船的船方仅负责配备船员和管理船舶，保证船舶的正常运转，而船舶的调度权、航行和日常营运管理及费用、运输中货物的管理全部由租船人负责。

第三，在程租船条件下，要规定装卸期限或装卸率，计算滞期费、速遣费，而期租船一般不规定。

第四，程租船一般都规定承运货物的种类、名称、数量、包装等，而期租船对承运货物不作具体规定，可以装运任何合法货物。

3. 光船租船（Bareboat Charter）。光船租船是指船舶所有人将一条空船出租给承租人使用一定时期的租船方式。承租人要自己任命船长、配备船员，负责船员的给养和船舶营运管理所需的一切费用。

这种光船租船实际上属于财产租赁，由此签订的光船租船合同从法律性质来讲是财产租赁合同而不是运输合同。在海运业务中，采用光船租船的方式进行运输的情况较少，多半是船东欲出售船舶，而买方无力一次付清全款。

4. 航次期租（Time Charter on Trip Basis，TCTB）。航次期租船是一种介于定期租船和航次租船之间的一种租船方式。船舶按航次整船租赁，但租金按实际使用的天数计算，故又称为"日租租船"（Daily Charter）。

**二、海上货物运输费用**

海上货物运输费用，按照船舶的不同营运方式，主要分为班轮运费、程租船运输费用和期租船租金三种。

（一）班轮运费

班轮运费（Liner Freight）是指班轮承运人根据运输契约,完成货物运输后,从托运人那里取得的报酬。从承运人角度讲,班轮运费实际上就是班轮运价,也就是承运人运输劳务的价格（Price of Transport Service）。班轮运费通常是按照班轮运价表（Liner's Freight Tariff）的规定来计收的。目前,国际航运业务中,班轮运价表的种类很多,根据其制定者的不同,主要分为 4 种:班轮公会运价表、班轮公司运价表、双方运价表和货方运价表。

班轮运费的构成包括两部分内容:基本运费（Basic Freight）和附加运费（Surcharges）。基本运费是班轮公司为一般货物在航线上各固定停挂港口之间即"基本港口（Basic Port）"之间进行运输,从装运港到卸货港所收取的基本运费,它是构成全程运费的主要部分。附加运费是指班轮公司承运一些需要特殊处理的货物,或者由于燃油、货币、港口等原因收取的附加费。附加运费可以按每一计费吨加收若干计收,也可以按基本运费的一定比例计收。

1. 基本运费计收标准。在班轮运价表中,基本运费的计收标准,根据不同商品通常采用下列几种:

（1）按货物的重量（毛重）计收,故称重量吨（Weight Ton）,运价表内用"W"表示,适合于重金属、矿产品等重货。

（2）按货物的体积/容积计收,故称尺码吨（Measurement Ton）,运价表内用"M"表示,适合于纺织品等轻泡货物。重量吨和尺码吨统称为运费吨（Freight Ton）或计费吨。

（3）按重量或体积计收,即在重量吨和尺码吨两种标准中从高收费,在运价表内用"W/M"表示。

（4）按货物价格计收,即以货物在装运地的 FOB 价格按一定百分率计收,一般不超过 5%,俗称从价运费。运价表内用"A.V."或"Ad.Val"表示。通常承运贵重货物时才按从价计收运费。

（5）按货物重量或体积或从价计收。即在重量吨或尺码吨或从价运费中选择最高的一种标准计收，在运价表中用"W/M or A.V."表示。

（6）先按照货物重量或体积计收，然后另加一定百分比的从价运费，即在重量吨或尺码吨两种标准中，选择较高的一种计收，再加上一定百分比的从价运费，在运价表中用"W/M plus A.V"表示。

（7）按货物个数（件数）计收，如卡车按辆、活牲畜按头。在运价表中用"Per Unit"表示。

（8）由货主和船公司临时议定。这种办法通常是在承运粮食、矿石、煤炭等运量大、货价低、装卸容易、装卸速度快的农副产品和矿产品时选用，在运价表中一般只列出"议价货"或以"Open"表示。

2. 附加费的种类。班轮附加费的名目繁多，主要有以下几种：

（1）由货物特性衍生的附加费。

①超重附加费（Extra Charges on Heavy Lift/Heavy Lift Additional）。它是指单件商品的毛重达到或超过规定重量时（如中远集团第一号运价表规定为5公吨）所增收的附加运费。超重附加费是按重量累进计收的，重量越大，其附加费率越高。如需转船时，每转船一次，加收一次。

②超长附加费（Extra Charges on Long Lengths/Long Lenght Additional）。它是指单件货物的长度达到或超过规定长度时（如中远集团一号运价表规定为9米）所增收的附加费。超长附加费是按长度累进计收的，长度越长，其附加费率越高。如需转船，则每转船一次，须加收一次。

（2）由运输、港口原因衍生的附加费。

①直航附加费（Direct Additional）。如果货物托运人要求将一批货物从装运港装船后，不经过转船直接运到非基本港口，船公司为此加收的费用称为直航附加费，但要求直航的非基本港口必须在班轮航区之内，而且托运人交运的货物必须达到某一数量（如中远集团一号运价表规定为1000公吨）以上时，船公司才同意托运人提出的直航要求，否则不承运。

②转船附加费(Transhipment Additional)。是指运往非基本港口的货物。如在中途转船而运到指定目的港,船公司向货方加收的费用。商品在中途挂靠港口转船时发生的换装费、仓储费,以及二程船(接运船舶)的运费等费用,都需要由负责第一程运输的承运人承担.并包括在所加收的转船附加费内。

③港口附加费(Port Additional)。由于某些港口装卸效率较低和港口收费较高等原因,船公司征收一定的费用,称为港口附加费。

(3)临时性附加费。

临时性附加费是指由于偶发事件的出现使船公司成本增加而临时增收的附加费。一旦意外情况消除,此项附加费也取消。

①港口拥挤附加费(Port Congestion Surcharge)。由于卸货港口拥挤,船到港后长时间停泊,等待卸货码头而延长船期,增加船公司的营运成本而收取的附加费。

②燃油附加费(Bunker Surcharge/Bunker Adjustment Factor,BS or BAF)。它是指由于燃油价格上涨,船舶开支增加.船公司向货主增收的费用。目前各公司已将此项附加费并入基本运价内,故各种运价表中已不再增收燃油附加费。

③变更卸货港附加费(Alteration of Destination Addtional)。它是指货方要求变更原定卸货港,在海关准许和船方同意接受变更的情况下补交的附加费用。如因变更卸货港而发生翻舱倒载的费用时,也要由货方承担,如改变的卸货港运费高于原目的港运费,货方要补交运费差额,但低于卸货港运费时,差额不退还货方。

④绕航附加费(Deviation Surcharge)。由于正常航道受阻不能通行,船舶必须绕航,为此船公司向货方收取的费用。

⑤货币贬值附加费(Currency Adjustment Factor,CAF)。它是指由于运费使用的货币发生贬值而降低了船方的收入,船方为此加收的费用。

(4)班轮运费的计算。

计算公式:运费总额＝基本运费＋各项附加费

第一步:从有关运价表中查出该货物的计费标准及运价等级;

第二步:找出等级货物的基本费率;

第三步:查出各种附加费的费率及计算方法;

第四步:计算出总运费额。

【示例 5-1】某轮船从上海港装运 1 000 箱茶叶到伦敦,要求直航,计算全程应收多少运费:其中每箱货物毛重 20 千克,每箱体积是 20 厘米×30 厘米×40 厘米。

(查商品分级表得知,茶叶属 8 级.计算标准 W/M;查中国/欧洲航线等级费率表得知,8 级商品的基本运费是 90.00 美元;查附加费率表得知,伦敦港直航附加费率为每运费吨 18 美元,伦敦港的港口附加费为基本运费的 10%。)

【解】

(1)每箱货物的体积为:20 厘米×30 厘米×40 厘米＝$24 \times 10^{-3}$(立方米)

(2)每箱货物毛重:20 千克＝$20 \times 10^{-3}$(公吨)

(3)M＞W,所以应按容积吨 $24 \times 10^{-3}$ 立方计收运费

(4)基本运费:$90.00 \times 24 \times 10^{-3} \times 1\,000 = 2\,160.00$(美元)

(5)直航附加费＝$18.00 \times 24 \times 10^{-3} \times 1000 = 432.00$(美元)

(6)港口附加费＝$2160.00 \times 10\% = 216.00$(美元)

(7)全程总运费＝基本运费＋直航附加费＋港口附加费＝2160.00＋432.00＋216.00＝2808.00(美元)

(二)程租船运输费用

程租船运输费用主要包括程租船运费和装卸费。此外,还有滞期费和速遣费。

1. 程租船运费。一般按装运货物的数量计算,也有按航次包租总金额计算的。按运费率(Rate of Freight),即规定每运费单位的运费额,同时还要规定是按装船时的货物重量还是按卸船时的货物重量来计算总运费。按整船包价(Lump-

sum Freight)，即规定一笔整船运费，船东保证船舶能提供的载货重量和容积，不管租方实际装多少，一律按照整船包价支付。

2. 程租船的装卸费。程租船运输方式下，有关货物的装卸费用由租船人和船东协商确定后，在承租船合同中作出具体规定。具体有以下四种规定方法：

(1)船方负担装货费和卸妆费。又可称为"班轮条件"(Liner Terms, Gross Terms or Berth Terms)，即装卸费用采用班轮运输的做法，将货物的装卸费用包括在承租船运费内。在此条件下船货双方一般以船边划分费用，多用于木材和包装货物的运输。

(2)船方管装不管卸(Free Out，FO)。即船方负担装货费用，但不负担卸货费用。

(3)船方管卸不管装(Free In ，FI)。即船方负担卸货费用，但不负担装货费用。

(4)船方装和卸均不管(Free In and Out，FIO)。即船方既不负责装货费，也不负责卸货费。这种条件一般使用于散装货。采用此方法时，必要时还需明确规定理舱费和平舱费由谁负担，如规定由租船方负担，则称为"船方不管装卸、理舱和平舱"(Free In and Out，Stowed and Trimmed，FIOST)条款。

3. 装卸时间、滞期费和速遣费。按照国际航运组织所编制的《1980 年租船合同装卸时间的定义》的解释，装卸时间是指"合同当事人双方约定的船舶所有人使用船舶并且保证船舶适于装卸货物，而无需在运费之外支付附加费的时间。"也就是承租人和船舶所有人约定的，承租人保证将合同所约定的货物在装货港全部装完和在卸货港全部卸完的时间。

对于装卸时间的规定方法，可以规定装卸货物的装卸率，即每船和每个舱口每一个工作日装卸若干量，实际工作中一般按港口习惯的正常装卸速度来确定，应从港口实际出发，掌握实事求是的原则；也可以规定固定的装卸天数，即只规定总天数，不定装卸率，如"装卸时间共 20 天"。

注意有些合同中用"按港口时间速度尽快装卸（to load/ discharge in customary quick dispatch，CQD）"。这种习惯既不规定具体装卸率，也不规定可用于装卸货物的天数，而按照有关港口习惯的装卸方法和装卸速度尽快装卸。这种笼统的规定使用时容易引起争议。

在规定装卸期限时，还要明确规定装卸时间的计算方法。计算方法通常有：

（1）日（Days）或连续日（Running Days，Consecutive Days）：是指从当天的午夜 0：00 到次日午夜的 0：00 之间的连续 24 小时为一天。也就是日历上的日数。在此期间内，不论是实际不可能进行装卸作业的时间（如雨天、罢工或其他不可抗力），还是非工作日（星期天或节假日），都计为装卸时间，不予扣除。这种规定对租船人很不利。

（2）累计 24 小时晴天工作日（Weather Working Days 24 Hours）：是指在好天气的情况下，不论具体港口的习惯作业时间，一律以 24 小时的装卸作业时间算一个工作日，即如果港口的工作时间是 8 小时，那么一个累计 24 小时晴天工作日就相当于 3 个晴天工作日。这种规定对租船人有利，对船舶所有人不利。

（3）连续 24 小时晴天工作日（Weather Working Days of 24 Consecutive Hours）：连续与累计不同，连续指昼夜作业，中间不能有间断。这种规定方法时指以连续 24 小时为一个工作日，但其中因天气不良而不能进行装卸的时间要予以扣除。例如，从周一上午 8 点开始计算装卸时间，如果天气一直晴好，则到周二上午 8 点为一个"连续 24 小时晴天工作日"。如果在此期间下了 2 个小时暴雨导致无法装卸，则到周二上午 10 点才为一个"连续 24 小时晴天工作日"。这一规定比较合理，租船人和船东都比较容易接受，因此目前使用较多，我国外贸部门也采用此方法。

为计算装卸时间，合同中还需对装卸时间的起算时间加以约定。关于起算时间，各国法律规定或习惯不完全一致，一般规定在船长向承租人或其代理人递交了"装卸准备就绪通知书"（Notice of Readiness，N/R）以后，经过一定的规定时间（称为通知时间）后，才开始计算。

工作日通常要订明星期日、节假日除外(Sundays and Holidays Excepted)。为了明确起见,还要说明星期日、节假日进行的作业算不算做装卸时间。即:Sundays an Holidays Excepted,Even if Used 0r Sundays and Holidays Excepted,Unless Used。

如果承租人未能在约定装卸时间内将货物装卸完毕,而延长了船舶在港停泊时间,从而延长了航次时间,这对船舶所有人来说,既可能因在港停泊时间延长而增加港口费用的开支,又因航次时间延长而相对降低了船舶的周转率并因此相应减少了船舶所有人的营运收入。对于这种损失,船舶所有人会要求承租人给予补偿。在程租船运输方式下,由于承租人未能在合同规定的装卸期限内完成货物的装卸作业,而由船方按约定向承租人收取的罚金,称为滞期费(Demurrage)。与此相反,如果承租人在约定的装卸时间内提前将货装完和卸完,从而缩短了船舶在港时间,使船舶所有人可以提早将船舶投入下一航次的营运,取得新的运费收入,这对船舶所有人来说是有利的。为了奖励承租人,船舶所有人向承租人支付一定金额的速遣费(Dispatch Money)。速遣费是在程租船运输方式下,由于承租人提前完成货物的装卸作业,而由船方按约定向承租人支付的奖金。速遣费一般为滞期费的 1/2。

(三)期租船租金

期租船的租船人支付给船舶所有人的费用称为租金(rent)。租金率取决于船舶的装载能力和租期的长短,通常规定为按月每载重吨若干金额或整船每天若干金额。

**三、海上货物运输单据**

海上货物运输单据主要为班轮运输中的海运提单。此外,还有近年来开始使用的海上货运单。

(一)海运提单(Bill of Lading,B/L)

按照我国《海商法》第71条的解释,海运提单是指用以证明海上货物运输合同和货物已经由承运人接收或者装船,以及承运人保证据以交付货物的单证。

1.海运提单的性质和作用

(1)它是承运人或其代理人签发的货物收据(Receipt of the Goods),证明已按提单所列内容收到货物。

(2)它是承运人与托运人之间所订立的运输契约的证明(Evidence of the Contract of Carriage)。它是处理承运人与托运人在运输中产生争议的依据。

(3)它是代表货物所有权的凭证(Document of Title)。提单持有人凭提单可在目的港向轮船公司提取货物,也可在载货船舶到达目的港之前通过转让提单而转移货物所有权,或凭以向银行办理押汇贷款。

2.海运提单的格式和内容

提单格式很多,每个船公司都有自己的提单格式和提单条款,但其基本内容大致相同,一般包括提单正面的记载事项和提单背面印就的运输条款。

提单正面内容包括:托运人、收货人、被通知人、船名、国籍、航次、装货港、卸货港、标记及号码、重量和体积、货名及件数、运费、正本提单的张数、签发提单的地点、日期、船公司或其代理人签章等。

背面条款主要包括:承运人的责任与义务条款、承运人免责条款、索赔与诉讼条款、托运人的责任与义务条款、有关特殊货物运输条款和其他条款。这些条款是作为确定承运人与托运人之间以及承运人与收货人以及提单持有人之间的权利和义务的主要依据,在双方出现争议时,将成为重要的法律依据。

提单背面条款基本上是根据下述关于提单的三个国际公约的规定制定的。

(1)《海牙规则》(The Hague Rules)。全称是《关于统一提单的若干法律规则的国际公约》(International Convention for the unification of Certain Rules of Law Relating to Bills of Lading),于 1924 年制定,1931 年生效。《海牙规则》是在承运人势力强大的历史背景下产生的,明显地偏袒船方的利益,如承运人的免责条款就达 17 条之多。它是目前国际航运业影响最大的一个公约。

(2)《维斯比规则》(The Visby Rules)。1968 年 2 月在对《海牙规则》中明显

不合理或不明确的条款进行了局部修改和补充的基础上签订的《关于修改统一提单若干法律规则的国际公约的议定书》,简称《1968 年布鲁塞尔议定书》。由于会议期间与会代表参观过维斯比城,因此这个议定书又被称为《维斯比规则》。虽然《维斯比规则》对《海牙规则》中的某些条款做了一定修改和补充.但对一些实质性问题,特别是关于承运人的不合理免责条款并没有做任何改动。《维斯比规则》1977 年生效,仅少数国家采用这一规则。

(3)《汉堡规则》(The Hamburg Rules)。由于《海牙规则》的内容明显地偏袒船方,而《维斯比规则》并未对此做出实质性修改。为此,联合国于 1978 年 3 月在汉堡会通过了《1978 年联合国海上货物运输公约》(U. N. Convention on the carriage of Goods by Sea 1978),简称《汉堡规则》。《汉堡规则》最大限度地平衡了货方和承运人的利益,删去《海牙规则》规定的 17 条免责条款,保护了货方的利益。《汉堡规则》于 1992 年 11 月正式生效。

3.海运提单的种类

(1)按照提单的使用有效性,可分为正本提单和副本提单。

①正本提单(Oiginal B/L)是指提单上有承运人、船长或其代理人签字盖章,并注明签发日期的提单。这种提单在法律上和商业上都是公认有效的单证。正本提单上一般标有"正本"(Oiginal)字样,以示和副本提单有别。

②副本提单(Copy B/L)是指提单上没有承运人、船长或其代理人签字盖章,仅供工作上参考使用的提单。在副本提单上,一般都有"Copy"或者"Non-Negotiable"字样,以表示和正本提单的区别。

(2)根据提单收货人抬头的不同,可分为记名提单、不记名提单和指示提单。

①记名提单(Straight B/L):又称收货人抬头提单,它是指在提单的收货人栏内,具体写明收货人的名称。这种提单的特点是收货人已经确定,不得进行转让。

在国际货物买卖过程中,如果使用记名提单,万一卖方发货后买方因故不付款,卖方就很难以"货物所有人"身份支配货物了。因此,记名提单对卖方的风险较大,一般只有在收讫了货款的情况下,卖方才同意签发这种提单。

②不记名提单(Bear B/L，Open B/L)：是指在提单的收货人栏内，不填写任何具体的收货人名称，只注明"给来人"或"给持有人"(to bearer)或简单的留出空白。

这种提单不需要任何背书手续就可以转让，一旦丢失，谁持有谁就可以提货，风险性很大，国际贸易中较少采用。

③指示提单(Order B/L)：是指在收货人栏内，填写"凭指示"(To order)或者"凭某人指示"(To order of…)字样的提单。这种提单通过指示人的背书，可以转让，所以又称为可转让提单。背书人可以是出口方、银行或进口方。

指示提单可以通过背书转让，适应了正常贸易需要，所以在实践中被广泛应用。背书分为记名背书和空白背书。前者是指背书人(指示人)在提单背面写上被背书人的名称，并由背书人签名。后者是指背书人在提单背面不写明被背书人的名称。在国际贸易实践中，使用较多的是"凭指示"并经过空白背书的提单，习惯上称为"空白抬头、空白背书"(Make out to Order and in Blank Endorsement)的提单。

(3)按运输方式分类，可分为直达提单、转船提单、联运提单和多式联运单据。

①直达提单(Direct B/L)是指轮船装货后，中途不经过转船而直接驶往目的港时，承运人签发的提单。这种提单不能出现"在某地转船"的字样，在国际贸易中，如果信用证规定不准转船，托运人一般要取得直达提单才能结汇。

②转船提单(Transhipment B/L)是指货物在装运港装船后，不能直接运往目的港，而需要在中途其他港口换装另一船只运往目的港时，由第一承运人在装运港签发的提单。这种提单一般注明"在某港转船"的字样。

③联运提单(Through B/L)，亦称全程提单，是指须经两种或两种以上运输方式(海陆、海河、海空、海海等)联运的货物，由第一承运人(第一程船运输的承运人)收取全程运费后，在起运地签发到目的港(或目的地)全程运输提单。联运提单虽然包括全程运输，但签发提单的各程承运人只对自己运输的一段航程中所发生的货损负责。

转船提单和联运提单的区别在于前者仅限于转船,后者可在中途转换其他运输工具,二者的性质相同。

④多式联运单据(Multimodal Transport Document,MTD)是当一批货物使用任意两种或两种以上的运输方式运输时,由多式联运经营人签发的包括运输全程的运输单据。有时也称为多式联运提单。多式联运提单一般都订有多式联运经营人对货物全程运输负责的条款。

(4)按照货物是否已经装船,分为已装船提单和备运提单。

①已装船提单(Shipped on Board B/L)是指承运人在已将货物装上指定的船只后签发的提单。这种提单上面有载货船舶名称和装货日期,同时还应由船长或其代理人签字。

②备运提单(Received for Shipment B/L),又称为收妥待运提单,是指承运人在收到托运的货物后准备装船期间签发给托运人的提单。这种提单上面没有装船日期,也无载货的具体船名,将来货物能否装运,何时装运,都很难预料,因此,买方一般都不愿意接受这种提单。根据 UCP600 第 20 条 a 款规定,在信用证无特殊规定的情况下,银行不接受备运提单。

但当货物装船后,承运人在备运提单上加注装运船名和装船日期,并签字盖章后,备运提单即成为已装船提单。同样,托运人也可以用备运提单向承运人换取已装船提单。

(5)根据提单上对货物外表状况有无不良批注,可分为清洁提单和不清洁提单。

①清洁提单((Clean B/L)是指货物装船时,表面状况良好,承运人在签发提单时未加任何货损、包装不良等批注的提单。货物表面状况一般是指货物包装情况;如没有包装,则是指货物本身的外表状况。在实际业务中,一般提单都印有"在提单内所列表面状况良好的货物已经装船"的词句,未加批注,说明货物装船时外观良好,但并不包含货物的内在质量。

②不清洁提单 Unclean B/L or Foul B/L)是指承运人收到货物之后.在提单

上加注货物外表状况不良,或货物存在缺陷或包装破损等批注的提单。例如,在提单上批注:若干箱货物包装损坏(Package in Damaged on condition),铁扣松散(Iron Straps Loose or Missing)等。根据 UCP600 第 27 条规定,银行只接受清洁运输单据。清洁提单也是提单转让时所必备的条件。因此,为了安全收汇,在货物装船时,如果发现问题应及时采取措施,对不良的包装或货物进行整修或调换,力求取得清洁提单。

但是,并非提单有批注即为不清洁提单。国际航运公会于 1951 年规定下列 3 种内容的批注,不能视为不清洁:第一,不明白地表示货物或包装不能令人满意,如只批注"旧包装""旧箱""旧桶",等等;第二,强调承运人对于货物或包装性质所引起的风险不负责任;第三,否认承运人知悉货物内容、重量、容积、质量和技术规格。这三项内容已被大多数国家和航运组织所接受。

另外,在使用集装箱运输的联运提单中,如果是整箱货,承运人一般要在提单上加注"发货人装载并计数"(Shipper's Load & Count)字样,以表示自己对此不负责任。该种批注也不视为不清洁批注。

(6)根据提单背面内容的繁简,可分为全式提单和简式提单。

①全式提单(Long Form B/L)是指既有正面内容又有背面条款的提单,提单背面条款规定了承运人与托运人的权利与义务。

②简式提单(Short Form B/L),又称略式提单,是指省略了提单背面条款的提单。简式提单的背面无条款,只在提单正面列出必须记载的事项。简式提单一般都列有"本提单货物的收受、保管、运输和运费等事项,均按本公司全式提单的条款办理"的字样。此外,租船合同项下所签发的提单,通常也是简式提单,在这种简式提单上一般注明:"所有条件根据某年某月某日签订的租船合同。"

简式提单与全式提单在法律上具有同等效力。UCP600 第 20 条 a 款规定:除非信用证有特别规定,银行可以接受简式提单。

(7)其他类型的提单。

①舱面提单(On Deck B/L),又称甲板货提单,当货物装在甲板上时,由船公

司所签发的提单。在这种提单上一般都注明"在舱面"(On Deck)字样。由于舱面风险较大,根据《海牙规则》的规定,承运人对舱面货的损害或灭失不负责任;因此,买方和银行一般都不愿意接受舱面提单。根据 UCP600 第 26 条 a 款的规定,除非信用证另有规定,银行不接受甲板提单。但有些货物,如易燃、易爆、有毒、体积大的货物和活牲畜等,必须装在甲板上,在这种情况下,合同和信用证中就应规定"允许货物装在甲板上"的条款,这样,舱面提单才可结汇。但采用集装箱运输时,根据《汉堡规则》的规定和国际航运中的一般解释,装于舱面的集装箱是"船舱的延伸",与舱内货物处于同等地位。

②过期提单(Stale B/L)是指错过规定的交单日期或者晚于货物到达目的港的提单。前者,是指卖方超过提单签发日期 21 天才交到银行议付的提单,根据 UCP600 第 14 条 c 款的规定,如信用证无特殊规定,银行将拒绝接受这种过期提单;后者是在近洋运输时容易出现的情况,故在近洋国家的贸易合同中,一般都订有"过期提单可以接受"的条款。

③倒签提单(Antedated B/L)是指承运人或其代理人应托运人要求,在货物装船完毕后,以早于该票货物实际装船完毕的日期作为提单签发日期的提单。这是托运人为了使提单上记载的签发日期符合信用证关于装运期的规定以便能结汇。承运人签发倒签提单的做法,掩盖了提单签发时的真实情况,将面临承担由此而引起的风险责任。

④预借提单(Advanced B/L)是指在信用证所规定的结汇期即将届满,而货物尚未装船或尚未装船完毕情况下,托运人为了能及时结汇,而要求承运人提前签发的已装船清洁提单。

预借提单和倒签提单都属于托运人与承运人勾结而对收货人实施的欺诈行为。

⑤集装箱提单((Container B/L)是指以集装箱装运货物所签发的提单。集装箱提单有两种形式:一种是在普通的海运提单上加注"用集装箱装运"((Containerized)字样;另一种是使用"多式联运提单",这种提单内容增加了集装箱号码

((Container Number)和封号(Seal Number)。使用多式联运提单,应在信用证上注明"多式联运提单可以接受"(Combined Transport B/L Acceptable)或类似的条款。

(二)海上货运单

海上货运单,即海运单(Sea Waybill or Ocean Waybill)是证明海上货物运输合同和货物由承运人接管或装船,以及承运人保证据以将货物交付给运单所载明的收货人的一种不可流通的单证,因此又称为"不可转让海运单"(Non-negotiable Sea Waybill)。与提单比较,海运单不是物权凭证,不能凭以提货,不能通过背书而转让流通。海运单的作用有三个:货物收据;运输合同的证明;解决贸易纠纷时作为货物担保的基础。

1.海运单的优点。

(1)安全。海运单是一种安全凭证,它不具有转让流通性,可避免单据遗失和伪造提单所产生的后果。

(2)收货人提货便捷、及时、节省费用。收货人提货无需出示海运单,只凭承运人或其代理人的到货通知及自身身份证证明就可以提货。这既解决了近海货到而提单未到的常见问题,又避免了延期提货而产生的滞期费、仓储费等。

(3)便于电子信息单据的推广使用。海运单不是物权凭证,扩大海运单的使用,可以为今后推行 EDI 电子提单提供实践的依据和可能。

2.海运单的缺点。

(1)卖方风险较大。在使用海运单情况下,当卖方将货物交给承运人之后,就失去了对于托运货物控制权,货到目的港之后,承运人立即通知收货人提货。如果买方在提货前已经付清全部货款,海运单对卖方没有风险,对买方也更加方便易行;但是如果买方在提货时没有支付货款,卖方就有可能钱货两空。

(2)海运单不是物权凭证,不能转让流通。只能有海运单上记名的收货人提货,使用不灵活。

（3）银行债权没有保证。由于海运单不是物权证明,海运单项下银行不能取得货物控制权。

由于上述原因,海运单的使用是有条件的:(1)银行接受海运单;(2)交易的双方和最终目的港(地)确定,毋需再更改;(3)收货人同意;(4)不需要可转让物权凭证。

海运单的产生主要是由于集装箱广泛使用,海上运输的时间大为缩短;而提点流转过程复杂、流转时间长,经常出现船舶已经到港,收货人因未收到提单而不能提取货物的现象,以致货物堆放码头,造成延误和增加不必要的费用。另外在欺诈案中,一些骗子利用提单可转让这一机会而进行作案。由于采用海运单提货比提单更及时、更安全、更简便,20 世纪 70 年代后,签发海运单的国家越来越多,并且这种做法已被银行所接受。目前,在欧洲采用海运单的国家较为普遍,加拿大将海运单主要用于集装箱货物运输,而美国则采用记名提单,也相当于海运单(根据美国提单法的规定,采用记名提单交付货物时,不必要求收货人提供提单,只需要收货人证明自己是提单上所载明的收货人即可)。1990 年国际海事委员会通过了《1990 年国际海事委员会海运单统一规则》,UCP600 第 21 条对不可转让海运单的使用也做了详细的规定。

# 第二节　铁路运输

在国际贸易货物运输中,铁路运输是仅次于海洋运输的主要运输方式。特别是在内陆国家间的贸易中,起着更为重要的作用。即使是以海洋运输的进出口货物,也大多是靠铁路运输进行货物的集中和分散。

铁路运输一般不受气候条件的影响,可保证全年的正常运输;运量上仅次于海运,运速上仅次于空运;运转过程中遭受风险较小。

国际贸易铁路货物运输按营运方式的不同,分为国内铁路货物运输和国际铁路货物联运两种。

**一、国内铁路货物运输**

我国出口货物经铁路运至港口装船出口，进口货物卸船后经铁路运往全国各地，均属国内铁路运输范围。供应港、澳地区的物资经铁路运往香港九龙，或运至广州南站转船到澳门，也属于国内铁路运输的范畴。由于供港货物铁路运输不同于一般国内铁路货物运输，以下介绍我国对港铁路货物的运输。

（一）对港铁路运输方式

我国大陆对港铁路货物运输的特点是"租车方式，两票运输"，即采取租车的方式，由国内段运输和港段运输两部分构成。它的做法是：先由发货人将货物运到深圳北站，由当地外运公司办事处或中铁对外运输服务公司深圳分公司接货（不卸车）后，再办理港段铁路运输托运手续，后由香港中国旅行社货运有限公司收货后再转交给买方。

"三趟快车"是中央政府为保证港澳鲜活商品供应而采取的一种特殊外贸运输方式。这三趟快车分别是从上海新龙华站始发的 82753 逢单日从江岸车站出发，逢双由长沙北站始发的 82751 和河南郑州北站始发的 82755 次货车。"三趟快车"自 1962 年开行以来，从未因国内任何事件的发生而中断过，其定点、定线、定速的特点，保证了内地鲜活冷冻商品源源不断地运送到港澳地区，基本满足了港澳市场的需求。

（二）对港铁路货物运输的运输单据

由于供港货物两段运输的特点，内地铁路部门签发的铁路运单不包括运输全程，不能作为对外结算的凭证。为了解决国内发货人对外结汇的需要，各地外运公司或中铁对外服务公司以运输承运人的身份向发货人签发经深圳中转香港的"承运货物收据"（Cargo Receipt）作为向银行结汇的凭证。去澳门的出口货物的结汇也凭外运公司签发的货物承运收据办理。"承运货物收据"既是承运人签发的货物收据，也是承运人与托运人签订的运输契约。承运货物收据的格式和内容与海运提单基本相同。不同的是它只有第一联为正本，在该正本的反面印有"承运简章"，载明承运人的责任范围。

（三）对港铁路货物运输的运输费用

对香港地区铁路运输的费用分两段计收。内地段运费按我国铁路部门的规定，以人民币计算，包括铁路运费、深圳过轨租车费和深圳外运服务部门的劳务费；港段铁路运费按港段铁路的规定，以港元计算，包括铁路运费、港段终点站卸货费、港段调车费、劳务费等。

### 二、国际铁路货物联运

凡是使用一份统一的国际联运票据，由铁路负责经过两国或两国以上铁路的全程运送，并由一国铁路向另一国铁路移交货物时，不需要发货人或收货人参加，这种运输称为国际铁路货物联运。

（一）《国际货约》与《国际货协》

采用国际铁路联运，有关当事国事先必须要有书面约定。欧洲国家的铁路联运工作开始较早，1890 年欧洲各国在瑞士首都伯尔尼举行的各国铁路代表大会上制定了《国际铁路货物运送规则》，在 1938 年修改后改称《国际铁路货物运送公约》（简称《国际货约》），1970 年 2 月 7 日重新修订，1975 年 1 月 1 日生效。目前参加该公约的有包括欧洲、亚洲和北非的共 33 个国家。我国未加入该公约。

1951 年，苏联、匈牙利、波兰等 8 国在华沙签订了《国际铁路货物联运协定》（简称《国际货协》）。后来中国、朝鲜、蒙古、越南加入，其成员国增加到 12 个。后来随着东欧形势的变化，民主德国、匈牙利、捷克等退出《国际货协》。在苏联解体后成立的 15 个国家中，除迈美尼亚外的 14 个国家现均为《国际货协》成员国，1997 年伊朗加盟，使当前的成员国数量达到 22 个。

我国利用《国际货协》可直接对其成员国进行铁路货物运送，同时利用《国际货协》可间接地对《国际货约》成员国进行铁路货物运送。

（二）《国际货协》关于国际铁路联运货物的有关规定

1. 国际铁路联运货物的运送。

（1）国际货协成员国之间的货物运送，由发货人使用一张联运单在发货站向铁路托运，由铁路部门以连带责任办理货物的全程运输，在最终到达站将货物交付收货人。

（2）向未参加国际货协的国家运送货物，一般是使用一张联运单办理至参加国际货协的最后一个过境国的出口境站，由该站站长办理转发至未参加国际货协国家的最后到达站。反向运输亦可。

2.国际铁路联运货物的运输费用。

（1）发送国铁路的运送费用，按当日发送国铁路的国内运价，以本国货币向发货人计收。

（2）到达国铁路的运送费用，按当日到达国铁路的国内运价，以本国货币向收货人计收。

（3）过境国铁路的运送费用，按国际货协的过境运价规程的规定，统一以瑞士法郎计价，按当日牌价折合成发送国货币向发货人计收，或折合成到达国货币向收货人计收。

（三）国际铁路联运运单

铁路运单（Rajl waybill）是铁路承运人收到货物后所签发的铁路运输单据。它是铁路承运人与发货人之间缔结的运输契约，它规定了参加联运的各国铁路和发、收货人在货物运输过程中的权利、义务和责任，对铁路和发、收货人均有法律约束力。

国际铁路联运运单一式五联：

1.运单正本是货物运输契约，记载了货物运送全程的费用。运单正本随货同行，在到达站交收货人，作为交接货物和结算费用的依据。

2.运行报单是参加联运的各铁路部门内部办理货物交接、划分运送责任以及清算运费、统计运量的原始依据。运行报单随货至到达站，并留存到达站。

3.运单副本是货物已由铁路承运的证明。运单副本在发货人提交货物和付清所负担的一切费用后交发货人,发货人凭此向银行结汇。

4.货物交付单是货物已由铁路交付收货人的凭证。货物交付单随货至到达站,经由收货人签收后,留存到达站。

5.货物到达通知单记载了货物全程运送的时间以及运送过程中发生的各种情况,以便收货人必要时凭以向铁路部门提出交涉。货物到达通知单随货至到达站,连同运单正本和货物一并交给收货人。

目前,我国对朝鲜和俄罗斯的大部分进出口货物,以及对东欧一些国家的小部分进出口货物都是采用国际铁路联运方式运送的。为适应东欧、北欧一些国家的需要,1980 年我国成功地试办了通过西伯利亚的集装箱国际铁路联运。其运程比海运缩短 1/3～1/2,这对节省运费和加速货运速度都有重要意义。1992 年,东起我国连云港,进入俄罗斯直达荷兰鹿特丹的第二条亚欧大陆桥的正式营运,进一步加快了货运,节省了运费,有力地促进了我国外贸事业的发展.

# 第三节　航空运输

与海洋、铁路运输相比较,航空运输具有交货迅速、安全性能高、货物破损率小、节省包装、保险和存储费用低、不受地面条件限制、可以飞往世界各地的优点。因此,航空运输最适宜于运送急需物资、鲜活商品、季节性较强商品和精密、贵重物品。航空运输的缺点是运输成本较高,运量有限,不适于体积大和笨重的货物。近年来,随着国际贸易的迅速发展以及国际货物运输技术的不断现代化,采用空运方式日趋普遍。

## 一、航空货运方式

### (一)班机运输(Airliner Transport)

班机是指定期开航的定航线、定始发站、目的站和途经站的飞机。采用班机运输方式,能安全迅速地把包机运输货物运输到世界各通航地点,收、发货人可确切掌握货物启运和到达的时间,这对市场上急需的商品以及贵重商品的运送是非常有利的。但是,班机通常是使用客货混合型飞机,舱位有限,不能满足大批量货物及时装运的需求,而且班机运价也较包机方式昂贵。

**(二)包机运输(Chartered Carrier Transport)**

包机运输是指包租整架飞机或发货人(或航空货运代理公司)联合包租一架飞机来运送货物。因此,包机又分为整架包机和部分包机两种形式。包机可以预先确定起飞和到达时间。包机费用一般是一次一议,随国际市场供求情况的变化而随时调整。中国民航包机费用是按每飞行公里固定费率核收,并对空驶里程按每飞行公里固定费率的80%收取空驶费。所以,如只利用单程运输,费用往往很高;如来回运程都有货载,其运费则较班机为低。

**(三)集中托运(Consolidation Transport)**

集中托运是指航空货运代理人把若干单独发运的货物组成一整批货物,集中向航空公司办理托运,用一份总运单将整批货物发运到同一个指定航空站,由航空货运代理人在目的地收货、报关、分拨后,再分别交给各自的收货人的一种运输方式。集中托运的运价比国际空运协会公布的班机运价低7%~10%。因此,发货人比较愿意将货物交由航空货运公司安排。

集中托运对于航空公司来讲,若干批货物集中办理托运,可以减少手续;对货主来讲,可免去自行办理手续的麻烦,而且节省费用;对航空货运代理人来讲,可以争取业务,收取手续费,还可以从运费差价中获得利益。集中托运业务在国际航空运输中开展得非常普遍,我国外运公司也开展了该业务。

**(四)航空货物快运(Air Express Service)**

航空货物快运也称为航空快件服务或速递服务,是由专门经营该项业务的航空货运代理公司派专人用最快的速度在货主——机场——收件人之间运送货物的运输方式,有以下一些特点:

1.上门服务。能以最快的速度登门取货,上门送货,代办全部单证和报关手续等。

2.信息跟踪。实行计算机管理,内外联网,使客户能及时掌握货物传递的动态。

3.收费灵活方便。可采用国内收费、国外收款或由货主选择比重灵活支付等。

4.服务全面。根据货主的要求或货运的需要,可派人随机押运,把货物直接交付收货人。

5.送交货物有回音,查询及时,信息反馈迅速。

航空快运业务是目前国际航空运输中最快捷的运输方式,特别适用于急需的药品、医疗器械贵重物品、图纸资料、货样及单证等物品的运输。航空快运还可以使银行支票、信用证和有关单据可靠迅速地交到异地银行进行结汇。这项服务颇受涉外企业、公司和科技部门的欢迎,发展速度很快。

**二、航空运输单据——航空运单( Air Waybill,AWB)**

航空运单是由承运的航空公司或其代理人签发的货运单据。它是货物收据,也是托运人与承运人之间签订的运输契约的证明;但不具有物权凭证的性质,也不能通过背书转让。收货人提货,不是凭航空运单,而是凭航空公司提货通知单。在航空运单的收货人栏里,必须详细填写收货人全称和地址。

航空运单共有正本一式三份:第一份正本注明"Original for the Shipper",交托运人,作为货物收据;第二份正本注明"Original for the Issue Carrier",由航空公司留存,作为运费账单和发票;第三份正本注明"Original for the Consignee",由航空公司随机带交收货人,作为向海关报关的基本单证和海关验收的主要凭证. 航空运单副本若干份,分别注明"For Airport Destination","Delivery Receipt","For Second Carrier","Extra Copy"等,由航空公司按规定和需要进行分发。

航空运单依据签发人不同可以分为主运单(Master Air Waybill,MAWB)和分运单(House Air Waybill,HAWB)。前者是由航空公司签发,后者是由航空货运代理公司签发。二者在内容上基本相同,法律效力也无不同。

### 三、有关航空运输的国际公约

目前,调整国际航空货物运输关系的国际公约主要有三个:(1)《统一国际航空运输某些规则的公约》(简称《华沙公约》)(The Warsaw Rules),1929 年在华沙签订,1933 年 2 月 13 日生效.我国于 1958 年加入该公约。(2)《修改 1929 年统一国际航空运输某些规则的公约的议定书》(简称《海牙议定书》)(The Hague Protocol)),订于 1955 年 9 月,于 1963 年 8 月 1 日生效,我国于 1975 年加入该议定书。(3)《统一非缔约承运人所办国际航空运输某些规则以补充华沙公约的公约》(简称《瓜达拉哈拉公约》)((Guadalajara Convention)),订于 1961 年,1964 年 5 月 1 日生效,我国未加入该公约。

# 第四节　其他运输方式

### 一、集装箱运输(Container Transport)

集装箱运输是以集装箱作为运输单位进行货物运输的一种现代化运输方式。它可适用于海洋、铁路及国际多式联运等。

海上集装箱运输始于 1956 年 4 月,美国海陆运输公司将一艘油船予以改装,并在其国内航线上试航成功,引起世界各国的广泛注意,从而使这一运输方式迅速发展。自 20 世纪 70 年代以来集装箱运输发展尤为迅速,迄今已形成一个世界性的集装箱运输体系,目前已成为国际主要班轮航线上占支配地位的运输方式。集装箱海运之所以发展如此迅速,是因为同传统海运相比具有下列优点:

1.提高了装卸效率,加速了船舶的周转;

2.有利于提高运输质量,减少货损货差;

3.节省各项费用,降低货运成本;

4.简化货运手续,便利货物运输;

5.把传统单一运输串联成为连贯的成组运输,从而促进了国际多式联运的发展。

（一）集装箱的含义及种类

集装箱（Container）是一种集合包装，是一种具有一定的强度和刚度，专供周转使用并便于机械操作和运输的大型货物容器，又称为"货柜"或"货箱"。按照国际标准化组织（ISO）的规定，集装箱应具备下列条件：

1.能长期反复使用；

2.途中转运，不动容器内的货物，可直接换装；

3.能快速装卸，并能从一种运输工具上直接和方便地换装到另一种运输工具上；

4.便于货物的装满和卸空；

5.每个容器具有1立方米（即35.32立方英尺）或以上的容积。

国际标准化组织为统一集装箱规格，推荐了三个系列13种规格的集装箱，而在国际航运上经常使用的主要为20英尺、40英尺和40英尺高柜三种干货集装箱（Dry Gargo Container），也叫杂货集装箱。

这三种常用干货集装箱的外尺寸和内容积分别为：

20英尺集装箱，简称20尺货柜，表示为"1×20'FCL"或"TEU"（Twenty-foot Equivalent Unit），一般配装重量货，配货毛重为17.5吨，体积为24～26立方米。国际标准集装箱是以TEU为单位。

40英尺集装箱，简称40尺货柜，表示为"1×40'FCL"或FEU"（Forty-foot E-quivalent Unit），一般配装轻泡货，配货毛重22吨，体积约为54立方米。

40英尺加高集装箱，简称40尺高柜，表示为"40HQ"（Forty-foot High Cube），一般配装轻泡货，配货毛重22吨，体积约为68立方米。

干杂货集装箱结构特点是常为封闭式。一般在一端或侧面设有箱门，箱内设有一定的加固货物的装置，这种箱子在使用时要求箱内清洁、不渗水、不漏水。对装入的货物要求有适当的包装，以便充分利用集装箱的箱容。

为了适应运输各类货物的需要,集装箱除了通用的干货集装箱以外,还有罐式集装箱、冷冻集装箱、框架集装箱、平台集装箱、通风集装箱、牲畜集装箱、散货集装箱和挂式集装箱等种类。

(二)集装箱运输货物的交接

按照装箱方式划分,集装箱有整箱货(Full Container Load,FCL)和拼箱货(Less than Container Load LCL)之分。整箱货由发货人在工厂或仓库进行装箱,装箱后直接运到集装箱堆场(Container Yard,CY)等待装运,货到目的港或目的地后,收货人可直接从目的港或目的地的集装箱堆场提货。拼箱货是指货量不足一整箱,需由承运人在集装箱货运站(Container Freight Station,CFS)负责将不同发货人的货物拼装在一个集装箱内,货到目的港或目的地后,由承运人拆箱后分拨给各收货人。常用的集装箱货物交接方式有:

1.堆场到堆场(CY/CY),即发货人整箱交货,收货人整箱收货,称为"整箱交,整箱接"(FCL/FCL);

2.货运站到货运站(CFS/CFS),即发货人拼箱交货,收货人拼箱交货,称为"拼箱交,拆箱接"(LCI/LCL);

3.门到门(Door to Door,D/D),即由承运人在发货人工厂或仓库接货,在收货人工厂或仓库交货。

(三)集装箱运输单主要单证

集装箱运输单证主要有场站收据(Dock Receipt,D/R)、集装箱装箱单(Container Load Plan,CLP)、集装箱提单。此外,还有设备交接单(Equipment Receipt,E/R)、收(交)货记录(Delivery Record)等。

1.装箱单:以箱为单位,详细记载了每个集装箱内所装货物的情况。装箱单的内容包括船名、航次、装卸港口;集装箱的规格、种类、编号、铅封号;场站收据或提单号、收货人名称、地址、货物名称、重量、尺码、件数、包装、运输标志等等,最后由装箱人签署,以明确责任。整箱货由发货人自行填制,拼箱货由货运站填制。

2.场站收据：一般由发货人自己填制，承运人签发，可直接换取提单结汇。

3.集装箱提单：

(1)没有"已装船"字样，属于收讫待运提单。

(2)不会出现"甲板"提单字样。

(3)承运人的责任是从收到货物时起到交付货物时止。

(4)对于 FCL 一般注明：发货人装箱、计数、铅封或据称内载条款( Shipper's Pack/load/Count/Seal or Said to contain)。

（四）集装箱运输的费用

集装箱运输费用构成和计算方法与传统运输方式不同。以海运为例，它包括内陆或装运港市内运输费、拼箱服务费、堆场服务费、集装箱机器及其他设备使用费和海运运费等。

内陆运输费(Inland Transport Charge)指内陆或港口市内运送集装箱的费用。

拼箱服务费(LCL Service Charge)。包括拼箱货在货运站至堆场之间空箱或重箱的运输、理货、货运站内的搬运、分票、堆存、装拆箱以及签发场站收据、装箱单制作等各项服务费用。

堆场服务费(Terminal Handling Charge)也称码头服务费，包括在装、卸港集装箱堆场发生的集装箱的存放费用、搬运至装卸桥下的费用，以及从装卸桥下接收进口箱运至堆场的费用；此外还包括在装卸港的有关单证费用。

集装箱及其他设备使用费(Fee for Use Container and Other Equipment)是指当货主使用由承运人提供的集装箱及底盘车等设备时发生的费用，它还包括集装箱从底盘车上吊上吊下的费用。

集装箱海运运费的计收方法，拼箱货和整箱货有所不同。拼箱货海运运费的计收方法与传统件杂货班轮运费的计收方式类似，按所运货物的计费吨收取基本运费，再加收一定附加费。整箱货可以采用班轮运费的方式计收，也可以按箱计收运费,即包箱费率(Box Rate)。

包箱费率是以每个集装箱为计费单位的计费法,船公司根据自身情况对不同类型的集装箱规定整箱货的包干运费。集装箱的包箱费率有三种规定方法:

1.FAK(Freight.for All Kinds)包箱费率。常用的 FAK 包箱费率既不分货物种类,也不计货量,只按照箱型规定每个集装箱收取费率,如下表 5-1 所示。

表 5-1　中国—菲律宾航线集装箱费率　　　　　单位:美元

| 基本港:MANILA | | | | |
|---|---|---|---|---|
| 装运港 | 杂货 | 20'(CY/CY) | 40'(CY/CY) | LCL(per F/T) |
| 黄浦 | 杂货 | 850 | 1550 | 64 |
| 上海 | 杂货 | 1250 | 2250 | 86 |
| 青岛 | 杂货 | 1250 | 2250 | 86 |

FAK 包费率是目前各大班轮公司使用最为普遍的一种费率形式。

2.FCS(Freight for Class)包箱费率。按照不同的货物等级制定的包箱费率。形式如表 5-2 所示。

表 5-2　中国—澳大利亚航线集装箱费率　　　　　单位:美元

| 基本港:Melbourne,Sydney,Brisbane | | | | |
|---|---|---|---|---|
| 等级 | 计算基础 | 20'(CY/CY) | 40'(CY/CY) | LCL(per F/T) |
| 1-7 | W/M | 1700 | 3230 | 95 |
| 8-13 | W/M | 1800 | 3420 | 100 |
| 14-20 | W/M | 1900 | 3510 | 105 |

3.FCB(Freight for Class & Basis)包箱费率。按照不同货物等级或者货物类别以及计算标准制定的包箱费率,它是在 FCS 包箱费率的基础上分"W""M"两种不同计算标准分别制定费率,形式如表 5-3 所示。

表 5-3　中国—地中海航线集装箱费率　　　　　　　　　单位：美元

| 基本港：Algiers,Genoa,Marseilles-FOS | | | | |
|---|---|---|---|---|
| 等级 | LCL<br>Per W | LCL<br>per M | FCL<br>40'(CY/CY) | FCL<br>20'(CY/CY) |
| 1-7 | 131.00 | 100.00 | 2 250.00 | 4 200.00 |
| 8-13 | 133.00 | 102.00 | 2 330.00 | 4 412.00 |
| 14-20 | 136.00 | 110.00 | 2 450.00 | 4 640.00 |

FCB 包箱费率因较 FAK 与 FCS 包箱费率繁杂，实际业务中使用较少。

经营集装箱运输的船运公司为保证营运收入不低于成本，通常还有最低运费规定。所谓最低运费，即指起码运费。在拼箱装的情况下，最低运费的规定与班轮运输中的规定基本相同。在整箱货的情况下，承运人往往对箱内所装货物规定一个最低运费吨。

## 二、国际多式联运（International Multimodal Transport/International Combined Transport,美国称为 International Intermodal Transport）

国际多式联运是在集装箱运输基础上产生和发展起来的一种综合性连贯运输方式，它以集装箱为媒介，把海、陆、空各种传统单一的运输方式有机地结合起来，组成一种国际间的连贯运输。为了解决国际多式联运这一新的运输方式中的法律问题，1980 年 5 月在联合国贸易与发展会议的主持下制定并通过了《联合国国际货物多式联运公约》（简称《联运公约》）。我国在会议最后文件上签了字。

《联运公约》对国际多式联运的定义是："国际多式联运是指按照多式联运合同，以至少两种不同的运输方式，由多式联运经营人把货物从一国境内接收货物的地点运至另一国境内指定交付货物的地点。"根据这一定义，构成国际多式联运的基本条件有下列几项：

1.一个多式联运合同；

2.必须使用一份包括全程的多式联运单据；

3.必须是至少两种不同运输方式的连贯运输；

4.必须是国际间的货物运输；

5.必须由一个联运经营人对全程运输负责;

6.必须实行全程单一的运费费率。

开展国际多式联运是实现"门到门"运输的有效途径,它简化了手续,减少了中间环节,加快了货运速度,降低了成本,提高了运输质量。

多式联运合同(Multimodal Transport Contract)是指多式运输经营人与托运人之间订立的凭以收取运费、负责完成或组织完成国际多式运输的合同,它明确规定了多式运输经营人和托运人之间的权利、义务、责任和豁免。

多式联运经营人(Multimodal Transport Operator)是指其本人或通过其代表与托运人订立多式运输合同的任何人。他是事主,是一个独立的法律实体,负有履行合同的责任,他既不是发货人的代理人或代表,也不是参加多式运输的承运人的代理人或代表。他可以充任实际承运人,办理全程或部分运输业务,也可以是无船承运人(Non-Vessel Operating Common Carrier,NVOCC)

无船承运人是以"承运人"的身份与托运人签订运输合同,并承担将货物从起运地运至目的地的责任。但是无船承运人本身没有运输工具,也不实际运送货物,只是在货物运送过程中担当"组织者"的作用。无船承运人为了提高服务质量、增加收入,常选择合理的运输路线,把各种不同的运输方式有机结合起来。但对于货主来讲,只需办理一次委托,支付一笔费用,即可取得包括全程的运输单据,手续十分简便。

多式运输单据(Multimodal or Combined Transport Document)是指证明多式运输合同以及证明多式运输经营人接管货物并负责按照合同条款交付货物的单据。根据发货人的要求,它可以做成可转让的,也可以做成不可转让的。它应由多式运输经营人或经他授权的人签署。多式联运单据在使用的形式上与"联运提单"有相似之处,但性质上却有较大区别,二者的区别主要在于:

(1)联运提单仅限于由海运与其他运输方式(海路、海河、海空、海海)所组成的联合运输时使用;而多式联运单据,既可用于海运和其他运输方式的联运,又可用于不包括海运的其他运输方式的联运,但仍必须是两种或两种以上不同运输方式的联运。

（2）联运提单由承运人、船长或承运人的代理人签发；多式联运单据则由多式联运经营人或其授权的人签发。

（3）联运提单签发人仅对第一程运输负责；而多式联运单据的签发人则要对全程运输负责，即自接管货物之日起到交付货物时为止的整个期间无论货物在任何区段发生属于承运人责任范围的损害或灭失，都要对托运人负责。

（4）联运提单是货物装船之后，由第一承运人签发的全程联运提单，它属于已装船提单；而多式联运单据可以是已装船的，但大部分却是在联运经营人接管货物后，准备装运时签发的单据，银行对这种备运性质的单据是接受的。

### 三、大陆桥运输

大陆桥运输（Land-bridge Transport）是指以集装箱为媒介，大陆上的铁路或公路运输系统为中间桥梁，把大陆两端的海洋运输连接起来，构成海/陆/海的连贯运输。它具有集装箱运输和国际多式运输的优点，并且大陆桥运输可以大大缩短营运时间，降低营运成本。

建于 20 世纪 60 年代的美国大陆桥是世界上最早出现的大陆桥，但由于东部港口拥挤等原因，美国大陆桥运输目前基本陷入停顿状态。第一条欧亚大陆桥，东起俄罗斯的纳霍德卡港，利用西伯利亚铁路，东部连接日本、韩国、中国大陆、中国香港和中国台湾等地，西端则延伸发展到欧洲各地和伊朗、阿富汗等中、近东地区。1992 年 9 月，新欧亚大陆桥正式开通，它东起我国江苏的连云港市，经由陇海、兰新、北疆铁路，西至荷兰的鹿特丹，全长 10 800 多公里，将我国与俄罗斯、欧洲国家的铁路连接了起来，对发展我国沿途省区的经济十分有利。

### 四、公路运输

公路运输（Road Transport）是一种现代化的运输方式，它不仅可以直接运进或运出对外贸易货物，而且也是车站、港口和机场等集散进出口货物运输的重要手段。公路运输具有机动灵活、速度快和方便等特点，尤其在实现"门到门"运输中，更离不开公路运输。同时公路运输也有一定的不足之处，如载货量有限，运输成本高，容易造成货损事故。

公路运输在我国对外贸易运输中占有重要的地位。我国同许多周边国家都有公路相通，同这些国家的进出口货物贸易，可以经过国境公路运输。此外，我国内地同港、澳地区的部分进出口货物，也是通过公路运输的。随着我国公路建设的扩展，特别是高速公路的修建，公路运输在对外贸易中将发挥更重要的作用。

### 五、内河运输

内河运输(Inland Waterway Transport)是水上运输的重要组成部分，它是连接内陆腹地与沿海地区的纽带，在运输和集散进出口货物中起着重要的作用。

我国拥有四通八达的内河航运网。长江、珠江等主要河流中的一些港口已对外开放，我国同一些邻国还有国际河流相通。这就为我国进出口货物通过河流运输和集散提供了十分有利的条件。

### 六、邮包运输

邮包运输(Oarcel Post Transport)是一种较简便的运输方式。各国邮政部门之间订有协定和公约，通过这些协定和公约，各国的邮件包裹可以互相传递，从而形成国际邮包运输网。由于国际邮包运输具有国际多式联运和"门到门"运输的性质，加之手续简便，费用也不高，故其成为国际贸易中普遍采用的运输方式。邮包运输包括普通邮包和航空邮包两种。

普通邮包(Ordinary Parcel)是一种"平邮"方式，由火车、汽车或轮船运送，其费用较一般运输方式(如铁路运输)的运费低，但时间较长。各国邮政部门对普通包裹的重量和尺寸都有一定限栽。我国邮局规定：每包重量不得超过 20 公斤.任何一边不得超过 150 厘米，最大周长合计不超过 300 厘米。因此，普通邮包运输只适用于量轻、体小的货物，如精密仪器、机器零部件、药品、金银首饰、样品和其他零定物品等。

航空包裹（Airmail Parcel）是采用"空邮"（Airmail）方式，由飞机进行运送的包裹，其传递速度较快，但费用较高。各国邮政部门对航空包裹的重量和尺寸也有一定的限制。我国邮局规定：每包重量不得超过 20 公斤，最长的边不得超过 100 厘米，最大周长合计不得超过 300 厘米。航空包裹因有上述现象，而且邮费较高，一般仅适用于运送生产和交易磋商中急需的技术资料、样品及其零配件等。

### 七、管道运输

管道运输（Pipeline Transport）是一种特殊的运输方式。它是货物在管道内借助于高压气泵的压力输往目的地的一种运输方式，主要适用于运输液体和气体货物，比如我国的西气东输工程。它具有固定投资大、建后运输成本低的特点。

管道运输在石油运输方面起到了积极的作用。我国的管道运输起步较晚，但随着石油作为战略资源对我国经济可持续发展的重要性以及我国自身石油工业的发展需要，新的石油管道铺设将不断兴建。

## 第五节　买卖合同中的装运条款

在国际货物买卖中，卖方按约定时间、地点和方式交货是其最重要的义务；否则卖方将承担违约责任，买方可要求损害赔偿或解除合同。因此，装运条款是买卖合同的重要条款之一。买卖合同一般要对装运时间、装运港、目的港、是否分批分期装运和转船、装运通知及滞期费、速遣费条款等作出规定。

### 一、装运时间

装运时间又称装运期（Time of Shipment），是合同中的一项重要条款。在合同签订后，卖方能否按规定的装运时间装运，直接关系到买方能否及时取得货物，以满足其生产、消费或转售的需要。因此，《公约》第 33 条规定，卖方必须按合同规定的时间交货。如果卖方未按合同规定的时间交货，即构成卖方的违约行为，买方有权撤销合同,并要求卖方赔偿其损失。

要注意装运时间和交货时间(Time of Delivery)的区别。交货时间是卖方将货物交给买方或其代理人的期限。在 F 组和 C 组术语下,二者可视为同义词,只不过货物交由承运人的"交货",在尚未转让货运单据前,只是推定交货。而 E 组和 D 组术语采用实际交货,"装运时间"和"交货时间"是两个完全不同的概念。

(一)装运时间的规定方法

国际贸易合同中,对装运时间的规定方法一般有:

1.明确规定具体装运时间。装运时间一般不确定在某一个日期上,而只是确定在某一段时间内。可以规定为某年某月装或跨月装,也可以规定最迟装运时间。如"20××年 5 月份装运(Shipment during May,20××)";"20××年 5/6 月装运(shipment during May/June 20××)";"20××年 5 月 15 日前装运(Shipment on or before 15th May 20××)";"最迟装运日期:20××年 9 月 30 日(Latest date of shipment:Sept.30,20××)"等。

这种规定方法,期限具体,含义明确,双方不会在交货时间的理解和解释上产生分歧,因此.在合同中采用较普遍。

2.规定在收到信用证后若干天或若干月内装运。例如在合同中订明:"收到信用证后 45 天内装运(shipment within 45 days after receipt of L/C)"等。

这种规定方法主要适用于下列情况:

(1)按买方要求的花色、品种和规格或专为某一地区或某商号生产的商品,或一旦买方拒绝履约难以转售的商品,为防止遭受经济损失,则可采用此种规定方法。

(2)在一些外汇管制较严的国家或地区,或实行进口许可证或进口配额的国家,合同签订后,买方因申请不到进口许可证或其国家不批准用汇,迟迟不能开立信用证。卖方为避免因买方不开证而带来的损失,即可采用这种方法来约束买方。

（3）对某些信用较差的客户，为了防止其不及时开证可能带来的损失，并促其按时开证，也可采用此方法。

在这种规定方式下，合同中还要规定有关信用证的开到期限或开出期限。例如："买方必须最迟于某月某日以前将信用证开抵卖方"（The buyer must open the relative L/C to reach the seller before ××）。为了促使买方按期开证，通常还应在合同中加列约束性条款，如"买方如不按合同规定开证，则卖方有权按买方违约提出索赔"。

3.笼统规定近期装运。采用国际贸易中的一些术语，例如"立即装运"（Immediate Shipment）、"即刻装运"（Prompt Shipment）、"尽快装运"（Shipment as soon as Possible）等表示装运期。这些术语在国际上无统一解释，一般不宜采用。

（二）规定装运时间应注意的问题

1.根据船源情况，明确具体地规定装运时间。不要使用"立即""迅速""尽可能快"等词。

2.应注意货源情况、商品特性及交货的季节性等。有现货，装运期可以短一些，无现货，则长一些；雨天不要装运烟叶、棉花；夏天不宜装运沥青、橡胶及易腐烂变质的货物等。还要考虑销售的季节性。

3.应结合交货港、目的港的特殊季节因素。冬天会结冰的港口，不要在封冻季节装运货物；比较偏远的港口，船少，交货期订的可以长一些。

4.注意与信用证的开证日期相适应。收到信用证后一段时间装运，信用证的开证日期与装运期之间的时间间隔太短，备货和租船订舱有困难；太长，会占压买方的资金，增加买方的利息损失。

**二、装运港（地）和目的港（地）**

装运港（Port of shipment）又称装货港（loading Port），是指货物起始装运的港口。目的港（Port of Destination）又称卸货港（Unloading Port），是指货物最终卸下的港口。

（一）装运港和目的港的规定方法

为了便利卖方安排货物的装运和适应买方接受或转售货物需要，在一般情况下，装运港都是由卖方提出，经买方同意后确定，而目的港由买方提出，经卖方同意后确定。规定装卸港口的基本方法有：

1.装运港和目的港各规定一个。例如：装运港——大连，目的港——鹿特丹，这是最常用的规定方法。

2.装运港和目的港分别规定两个或两个以上。例如：装运港——大连/天津/青岛，目的港——伦敦/利物浦/鹿特丹。

3.选择港（Optional Ports）。在磋商交易时，如明确规定装运港或卸货港有困难，可采用选择港（Optional Ports）的办法。规定选择港有两种办法：一种是在两个或两个以上港口中选择一个，如 CIF 伦敦，选择港汉堡或鹿特丹（CIF London，optional Hamburg/Rotterdam），或者 CIF 伦敦/汉堡/鹿特丹（CIF London/Hamburg/Rotterdam optional）；另一种是笼统规定某一航区为装运港或目的港，如"地中海主要港口""西欧主要港口"等。

（二）规定国外装运港和目的港应注意的问题

1.从政治上来考虑，不应选择我国政府不允许往来的港口为装卸港。

2.对国外装卸港的规定应力求具体明确。在磋商交易时，对外商笼统地提出的以"欧洲主要港口"或"非洲主要港口"为装运港或目的港的要求，不宜轻易接受。因为各港距离远近不一，条件各异，基本运费和附加运费相差很大。

但在实际业务中，有时根据具体情况和需要，也可允许在同一航区规定两个或两个以上的邻近港口为装运港或目的港。

3.除非多式联运承运人能够接受全程运输，一般不能接受内陆城市为装货地和卸货地。填写装卸港口的名称，后面一般要加注国家名称。因为世界各国港口重名很多，为防止差错和引起纠纷，应在合同中订明港口所在地的国家或地区。

4.要注意装卸港口的具体情况。如有无直达班轮，港口装卸条件及运费和附加费水平等。如租船运输时,还应进一步考虑码头泊位的深度,有无冰封期、冰封具体时间以及对船舶国籍有无限制等港口制度。

5.选择港。在使用选择港时,要注意数量不可过多,一般不得超过三个。而且港口必须在同一班轮航线上,并且是班轮的基本停靠港。还要明确规定对方做出最后选择的时限(通常是货物到达第一个选卸港前 48 小时通知船方)核算价格和运费时,应按备选港中费率最高者计算。因选择港而增加的运费、保险费和其他风险费用由对方负担。

(三)确定国内装运港和目的港时应注意的问题

1. 在出口业务中,规定装运港时,一般以接近货源地的港口为宜。以方便运输和节省运费。按 FOB 术语成交的合同,应考虑对方来船大小与我国港口水深,以免船进不了港,影响装运。

2.在进口业务中,规定目的港时,一般应选择接近用货单位或消费地区的港口为好。

3.对于成交量大或货源分散的货物进出口,可规定多个装卸地,甚至"中国口岸",以方便货物的装运、卸货及拨交。

### 三、分批装运、分期装运和转运

(一)分批装运(Partial Shipments)

分批装运,又称部分装运,是指将一个合同项下的货物分若干批次、用不同的运输工具装运至指定目的地,特别是买卖合同及/或信用证没有具体限定部分装运的日程表的情况。例如:20××年 10 月 1 日之前装运,允许分批装运(Shipment to be made on or before Oct. 1, 20×× with partial shipments allowed)。从理论上讲,发货人可以将货物在 10 月 1 日前一次全部发运,也可以分数批发运。

【相关链接】UCP600 第 31 条部分支款或部分发运相关规定:

a.允许部分支款或部分发运。

b.表明使用同一运输工具并经由同次航程运输的数套运输单据在同一次提交时，只要显示相同目的地，将不视为部分发运，即使运输单据上表明的发运日期不同或装货港、接管地或发送地点不同。如果交单由数套运输单据构成，其中最晚的一个发运日将被视为发运日。

含有一套或数套运输单据的交单，如果表明在同一种运输方式下经由数件运输工具运输，即使运输工具在同一天出发运往同一目的地，仍将被视为部分发运。

（二）分期装运（Installment Shipments）

分期装运是指买卖合同及/或信用证项下的货物严格按照合同及/或信用证规定的日程表分期分批装运的行为。例如"3～6 月份分 4 批每月平均装运（Shipment during March/June in four equal monthly lots）"。

分期装运主要是由于买卖合同成交数量较大，双方认为有必须根据货源组织情况，运输条件、销售市场的容量等因素，合理安排装运货物的批次及每批装运货物的数量与时间。

如果合同中规定了分期装运货物，则卖方必须严格按合同规定的时间和数量分批分期装运；否则，就属于违约行为.对此 UCP600 有明确规定。

【相关链接】UCP600 第 32 条

如信用证规定在指定的时间段分期支款或发运，其中任何一期未按信用证规定期限支取或发运时，信用证对该期及以后各期均告失效。

（三）转运（Transhipment）

"转运"指同一批货物在从装运地运达目的地的运输过程中，将货物从一个运输工具卸下，再装上另一运工具继续运输的行为。如果一批货物的运输方式仅限于水上运输，则行话把"转运"称为"转船"，在英文表达上，转运和转船都是"Transhipment"。

按照国际惯例，如果买卖合同或信用证中没有明确规定是否允许转运，则一般视为"允许转运"。如果买卖合同或信用证中明确规定允许转运，则卖方可以转运,也可以不转运。按照 UCP600 对"转运"的解释,其实真正通过信用证能禁止的"转运",实际上仅指海洋运输过程中港至港除集装箱、拖车或驳船以外的货物运输。

但要注意的是,货物转运与直达相比,到货时间晚,发生货损货差的风险加大,如果转运不及时,还会造成买方错失销售季节、占压资金等不良后果,因此除非不得已,买方一般不愿意接受转运条款。因此买卖双方一定要在合同中明确规定是否允许转运。

【案例 5-1】山东某进出口公司向英国商人出口烟台苹果一批,国外客户开来不可撤销信用证,证中的装运条款规定:"Shipment from Chinese port to London in May,Partial shipments prohibited。"我公司因货源不足,先于 5 月 15 日在青岛港将 100 公吨烟台苹果装"东风"轮,取得一套提单;后又在烟台联系到一批货源,在我公司承担相关费用的前提下,该轮船又驶往烟台港装了 100 公吨烟台苹果于同一轮船,5 月 20 日取得有关提单。然后在信用证有效期内将两套单据交银行议付,银行以分批装运、单证不符为由拒付货款。问银行的拒付是否合理? 为什么?①

### 四、装船通知(Shipping Advice)

按照国际贸易一般做法,在按 FOB 条件成交时,卖方应在约定的装运期开始以前,一般是 30～45 天,向买方发出货物备妥通知,以便买方及时派船接货。买方接到卖方发出的货物备妥通知后,应按约定的时间将船名、船舶到港受载日期等通知卖方,以便卖方及时安排货物出运和准备装船。货物装船后,卖方应立即将合同号、货物名称、件数、重量和发票金额、船名及装船日期等项内容电告买方,以便买方办理保险并做好接卸货物准备,及时办理报关手续。

在上述过程中.在货物装运前,买方发给卖方的关于接货船舶的有关信息的

---

① 参考答案:银行的拒付是无理的。根据 UCP600 的规定,本案例中的货物系装到开往同一目的地的同一轮船上,故不属于分批装运。

通知,称为装船指示或派船通知(shipping Instruction),其目的是便于卖方做好装船准备,装船指示只有买方派船接货的情况下才使用。而货物装船发运后,卖方发给买方的有关已装运货物及载货船舶的具体情况的通知,称为装船通知(Shipping Advice),其目的是便于买方办理保险、准备接货和支付货款,按照《2010通则》的解释,所有贸易术语下,卖方都有义务发出装运通知。

**【条款示例】**

装船指示:

Please deliver our Order No.223 per s/s"Dongfeng" ETA the 1 5th of June at London. For delivery instructions, please contact Messers. Lombard Bros. Co., London.(请将我方第233号订单项下的货物装"东风"轮,该轮预计于6月15日抵达伦敦。有关交货的详情,请与伦敦的 Lombard Bros.Co.联系)

装船通知:

Please be informed that the goods under Order No.223 were shipped on board s/s"Dongfeng",which are expected to reach your port in early November.(兹告之,第233号订单项下的货物已装"东风"轮,该轮预计11月初抵达你港)

### 五、滞期费、速遣费条款

在大宗商品交易、程租船运输情况下,租船合同中有关于装卸时间、装卸率、滞期和速遣费等内容的规定。而在国际贸易业务中,租船方不一定负责货物装卸的全部任务。例如在 FOB 合同、租船运输情况下,买方负责与船方签订租船合同,而由卖方负责货物的装船作业。为了约束买卖合同的另一方当事人按时完成货物装卸任务,在程租船运输的国际货物买卖合同中,一般要有装卸时间、装卸率、滞期和速遣条款的规定,而且该条款的内容应该与租船合同的响应条款保持一致。

### 六、OCP 条款

在对美国进行贸易时,有时国外的进口商为了取得运费优待,要求采用 OCP

运输条款。OCP 是 Overland Common Point 的缩写,意为"内陆地区"。所谓"内陆地区"是指根据美国运费率的规定,以美国西部 9 个州为界,即以落基山脉为界,其以东地区为内陆地区范围。另外,加拿大也有类似的内陆地区的规定。

按照 OCP 运输条款达成的交易,国外进口商不仅可享受美国内陆运输的优惠费率,而且可以享受 OCP 海运的优惠费率。因此,在对美交易中,采用 OCP 运输条款对进出口双方都有利,但采用时应注意,必须符合以下四个条件:

1.货物最终目的地必须属于 OCP 地区范围。

2.货物必须经由美国西海岸港口中转。因此签订 CFR 和 CIF 出口合同时,目的港必须是美国西海岸港口。

3.提单上必须标明 OCP 字样,并且在提单目的港一栏中除填明美国西海岸港口名称外,还要加注美国内陆地区的城市名称。例如:CIF Los Angeles OCP Orleans。

4.运输标志中必须同时注明卸货港名称及最终目的地城市名称。例如:Seattle OCP Chicago。

**【参考资料】透视货代提单"万花筒"**

按语:不可否认,国际货代业被一些企业搅浑了。作为货代生态链中最重要的一环——提单首当其冲。市面上流转着花样繁多、效力各异、真伪难辨的各种提单。

回避解决不了问题。建立货代提单备案制度,与国际货代既定的经营范围——多式联运、拼箱业务、订舱保持一致,消除现实中的国际货代地位与角色的尴尬,这是规范市场的办法。由此,加快《国际货运代理业管理规定实施细则》的修订工作,尽快出台货代提单备案制度,规范提单的管理,并解决货代专用发票不可以抵扣增值税的问题,这对进出口企业,对国际货代行业来讲,都是一件好事。

●不法提单有陷阱

"通常来讲,货代提单的风险要比船公司的提单风险要高。"中化集团法务部的朱华芳表达了她的个人观点。实践中,提单乱象的背后通常是这样设计的:

国外贸易买方通常委托一家与其关系"特殊"的境外货代公司充当承运人,后者并不具备运输货物的资质和能力,有些甚至是"皮包公司"。被选择的境外货代公司以自己的名义签发货代提单(HOUSE 提单),这份货代提单就用于换取卖方交付运输的货物。这种做法为国外买方与境外货代公司的合谋无单放货、事后逃避赔偿责任埋下了伏笔。

由于卖方选择的境外货代公司没有实际运输货物的能力,因此境外货代公司又委托我国国内的货代公司另行向实际承运人订舱运输货物,完成从卖方处接受货物并交给境外货代公司与卖方直接接触,增加卖方的"安全感"。

国内货代公司完成上述货运代理业务的操作惯例是:与国内买方联系、接收货物,同时将境外货代公司签发的提单转交给买方;向真正具有运输能力的实际承运人订舱,将货物运输至目的地;取得实际承运人签发的提单之后,将该提单寄交境外货代公司,后者凭此提单从实际承运人处提取货物。

买方在货物结算环节(信用证议付)设置圈套,使卖方提交的货代提单等议付单证被开证行以单证不符为由退单止付,造成买方无法结汇;而境外货代公司取得货物后,直接将货物无单放货给与其关系"特殊"的国外买方,造成卖方持有代表货物物权凭证的货代提单,实际上却已货、款两空。

● 货代提单乱象丛生

目前,一些国外买方在贸易合同利用 FOB 术语与其指定的契约承运人(货代)串通,通过无单放货的形式骗取国内卖方货物;一些非法货运代理企业在中国非法经营并签发提单,以货物假出口骗取出口退税,或再假进口销售;境内企业无处备案提单、自行印制使用提单或为了逃避责任盗用提单。

一个时期以来,中国国际货运代理协会收到不少外贸经营者企业、货代物流企业书面材料和反映,都证实了上述情况的存在,并强调这种现象继续存在后果的严重性。近来的海事审判实践也证明了这一点。广州海事法院最近还就国际货代问题发表了《货运代理业的商业与法律双重困惑——货运代理人与无船承运人的身份识别》的报告。国际著名海商专家在最近的一次法律讲座上提到,中国因提单引起的法律诉讼每年有 500 起左右,是每年全世界的总和。

国际贸易通行的 UCP 中,银行议付条件中对提单的审核责任更为宽松,海关报关对提单的审核也不严格,容易发生骗单、骗货。而目前交通部实施的无船承运人通过注册缴纳 80 万元保证金可以签发提单的方式,一方面加重货代企业的经营负担,另一方面是一些货代公司在缴纳保证金获得签发提单权利后,随意签发提单而导致欺诈行为发生,使得许多外贸公司在签订外贸合同时,明确规定不接受货代提单,这样既不利于货代公司的发展,也不利于外贸公司的经营。

目前,我国出口货物中贸易合同选择 FOB 条款的占 70% 以上,导致境外国际货运代理企业提单在中国肆意使用;航运企业向没有运输主导权的中国货主转嫁成本,牟谋取超额稳定利润。对此,不仅我国的进出口企业在市场很难抗衡,而且现有法律也难以约束。

● 尽快出台货代提单备案制度

由于我国未实行货代提单备案制度并因管理缺位无法加以约束,致使境外提单在境内肆意流行,提单的使用混乱。同时,境内货运代理企业无处申请、注册提单,只能借用、盗用提单,有些中小的货代企业也只能作为中外合资公司的下线,不仅扰乱市场经营秩序,也因此使企业处于高风险下运营,增加企业运营成本,企业也始终无法树立自己的服务品牌和提供更多的规范化服务,抑制了其规模化发展,失去了竞争优势。

由于没有备案登记制度,目前国外大的货代公司在中国签发大量提单后,随意改变提单内容,收取换单费,改变费率,更换船公司等,增加国内外贸公司的经营成本。由于中国目前还没有制定《提单法》,而《海运条例》第七条规定,经营无船承运业务,应当办理提单登记,但并没有对国际货代的多式联运提单要求登记。我国内陆地区(如郑州)为了延伸沿海港口的服务功能都在积极发展公路港和无水港。但倘若没有国际货代的多式联运业务的支持,新亚欧大陆桥运输或公路港和无水港都是难以开通,或只能沦为海外企业、外资公司或船公司的下线。多式联运提单管理缺位,将加速货代行业的分割和肢解,也阻碍了现代物流业的发展。

中外运集团总公司认为,1998 年的《国际货运代理业管理规定实施细则》已有提单登记编号制度,但一直没有具体落实。应当进一步建立和完善有关货代提单的备案登记制度,完善对货代提单的监管,从而既规范货代公司的经营行为也维护货主和发货人利益。

一些企业认为,如果今后实行了提单备案登记制度,应通过商务部网站公布已备案货代公司名录和提单样本,供外贸公司在选择货代公司时验证货代企业资信情况,可以一定程度降低货主风险。

● 实行责任保险制度

实行提单备案制度,首先要解决货代责任保险问题。通用集团等外贸企业认为,目前货代行业经营不规范,如果推行责任保险,就如同货主在对外贸易中投保货物险类似,对规范货代企业的经营行为意义重大。正规经营的货代企业一定会积极投保,从而进一步提高自身竞争力,增加市场份额;实行责任保险制度将有利于运用市场手段规范货代企业的经营行为。如果货代企业因自身经营不规范导致问题发生,在后续年份的投保中,保险公司将增加公司的保费,这样就起到政府规范货代公司经营行为所起不到的作用,责任保险成为对货代企业经营状况的市场评判手段之一,便于货主选择资质条件更好的货代企业。因此,通过责任险制度将起到维护货代企业自身利益、增强货主企业信心,增加货代企业业务的作用。

据悉,1998 年的《国际货运代理业管理规定实施细则》已有有关提单责任险的规定,但一直没有具体实施。由于目前国内保险公司还没有相应的责任险,正规的大、中型货代企业一般寻求国外保险公司承包,但国外保险公司保费费率高,承包范围有限,也因此相当多的货代企业承受不了高保费而放弃保险。在业内实行责任保险制度,以行业的整体规模邀约保险公司,催生一个规范的保险合同,产生巨大规模效益,使保费大幅度降低,既降低企业经营风险,又切实保护委托人的权益。通用集团还建议,增加专章规定有关规范货代企业经营行为的内容,通过列举货代企业一些不规范的经营行为并相应设定罚款,从而进一步规范企业的经营行为。

# 第六章　Incoterms 2020 与货物运输保险

国际贸易不同于国内贸易,它运输距离远、时间长、风险大;而且国际贸交易的数量和金额都比较大,一旦货物在运输过程中发生货损货差,对贸易双方的打击都将是巨大的。因此,为了保障货物受损后能获得经济上的补偿,一般要投保货物运输保险。

国际上没有统一的货物运输保险法,实践中保险人与被保险人的权利义务由各国国内法和当事人双方订立的保险合同确定的。保险合同是指投保人根据同约定向保险人支付保险费,保险人对于合同约定的可能发生的事故因其发生造成的财产损失承担赔偿保险金责或当被保险人死亡、伤残、疾病或达到合同约定的年龄、期限时承担给付保险金的商业保险行为。

保险从大类上可以分为财产保险和人身保险两大类。国际货物运输保险是对外贸易运输中的货物为保险标的的保险,属于财产保险的一种。根据国际货运输方式的不同,国际货物运输保险的种类可分为海上货物运输保险、陆上货运输保险、航空货物运输保险和邮包货物运输保险等。其中以海上货物运输保起源最早,历史最悠久。陆上、航空、邮包等货物运输保险,都是在海上货物输保险基础上发展起来的。尽管各种不同方式运输的货物保险的具体责任有所不同,但基本原则和保险公司保障的范围基本一致。

作为重要的国际贸易惯例之一,Incoterms 的历次版本中都对于买卖双方在货物运输过程中的责任、风险承担和费用划分做出了明确的规定。因此,学习和掌握国际货物运输保险的有关知识有助于我们更好地理解和运用Incoterms 2020。

# 第一节　海上货物运输保险的承保范围

货物在海上运输过程中遇到的风险很多，但并不是所有的风险损失都属于保险司的承保范围。保险保障的范围仅限于保险合同约定的风险、损失以及有关费用。

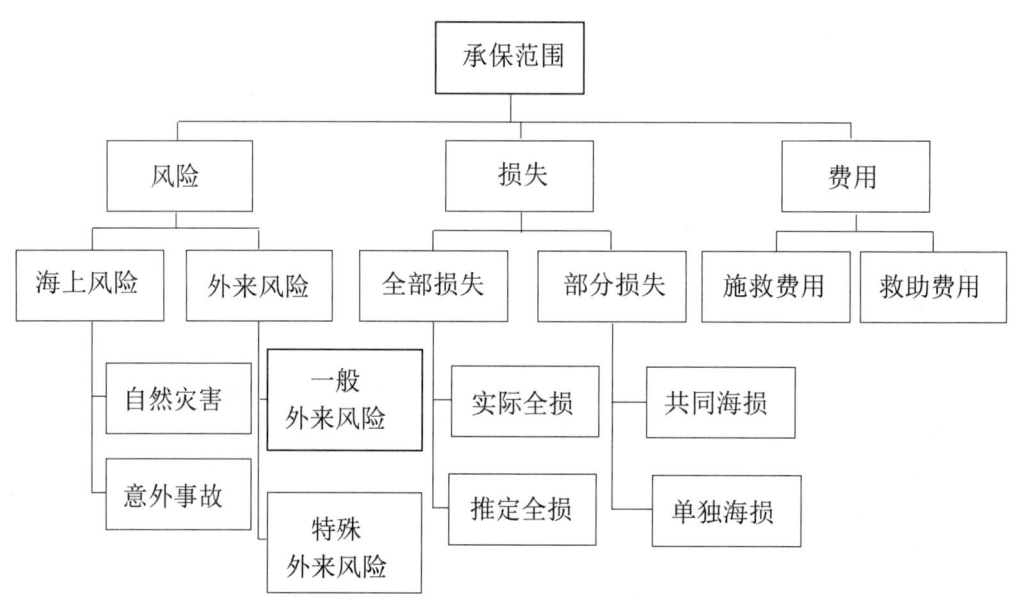

图 6-1　海上货物运输保险的承保范围

**一、承保的风险**

风险（Risks/Perils）是指在某一特定环境下，某种损失发生的可能性和不确定性。海上货物运输保险主要承保两类风险：一类是海上风险；另一类是外来风险。

（一）海上风险（Perils of the Sea）

海上风险又叫海难，是保险业的专门用语，指船舶或货物在海上运输过程中发生的或随附海上运输所发生的风险。保险中的海上风险有其特定含义和范围：一方面，它并不包括一切发生在海上的风险；另一方面，它又不局限于航海中所发生的风险。海上风险包括自然灾害和意外事故。

1.自然灾害(Natural calamities)。是指由于自然界变化引起的破坏力量所造成的灾害。例如恶劣气候、雷电、海啸、地震、洪水等人力不可抗拒的灾害。

(1)恶劣气候(Heavy Weather)。是指海上发生的 8 级以上的飓风、3 米以上的大浪引起船只颠簸和倾斜造成船体、机器设备的损坏,或者因此而引起的船上所载货物相互挤压、碰撞而导致破碎、渗漏、凹瘪等损失。

(2)雷电(Lightning)。是指被保险货物在海上或陆上运输过程中,由雷电所直接造成的,或者由于雷电引起火灾或其他灾害所造成的货物灭失或损害。

(3)海啸(Tsunami)。是指由于地震或风暴引起海洋剧烈震荡而产生巨大波浪,致使被保险货物遭受损害或灭失。

(4)地震(Earthquake)。是指直接或归因于地震所致被保险货物的损失。

(5)洪水(Flood)。是指因山洪暴发、江河泛滥、湖水上岸及倒灌或暴雨积水致使被保险货物遭受浸泡、淹没、冲毁等损失。

2.意外事故(Accidents)。是指由于偶然的、非意料之中的原因所造成事故。但在海上保险业务中,所谓意外事故并不是泛指所有海上遭受的意外事故,根据我国《海洋运输货物保险条款》的规定,意外事故仅指运输工具遭受搁浅、触礁、沉没、互撞、与流冰或其他物体碰撞,以及失火、爆炸等。

(1)搁浅(Grounding)。是指船舶在航行过程中,由于意外或异常原因.船底同水中障碍物(如岩礁、沉船、渔栅)或浅滩保持一定时间的固定状态。这一状态必须是在事先预料不到的意外情况下发生的。至于规律性的潮汐涨落造成船底触及浅滩或滩床,退潮时搁浅,涨潮时船舶重新浮起继续航行,则属于必然现象,不能作为保险上的"搁浅"事故。

(2)触礁(Stranding)。是指船体触及海中的岩礁或其他障碍物等造成的意外事故。

(3)沉没(Sunk)。是指船体的全部或大部分已经没入水面以下,并已失去继续航行的能力。如果船体的一部分浸入水中,不继续下沉,虽然海水仍不断渗入舱内,但船只还具有航行能力的,则不能视为沉没。

(4)碰撞(Collision)。船舶与船舶或其他固定的、流动的固体物(如同码头、桥梁、浮筒、灯标等)猛力接触叫碰撞。船只同海水的接触,以及船只停泊在港口内与他船并排停靠码头旁边,因为波动相互挤擦,均不能作为碰撞。

(5)失火(Fire)。又叫火灾,是指由于意外、偶然发生的燃烧失去控制,蔓延扩大而造成的船舶和货物的损失。在海上运输过程中,引起火灾的原因很多:有的是自然灾害因素,如闪电、雷击等;有的是货物本身的特性受到外界气候、温度等影响而自燃,如黄麻、煤块等在一定高温下自燃;有的是人为的因素如船上人员或修船人员的疏忽所引起的,如烟蒂未熄灭、使用电焊器械等火花溅及物体等引起的燃烧。

(6)爆炸(Explosion)。一般是指船舶锅炉爆炸或船上货物因气候影响产生化学作用引起爆炸。

(二)外来风险(Extraneous Risks)

外来风险是指海上风险以外的其他外来原因所造成的风险,保险上所说的外来原因,是指非必然发生的外部因素,如货物在运输过程中可能发生的玷污、串味等,而由于货物的自然属性、内在缺陷所引起的自然损耗,不包括在外来风险的范围之内。外来风险可分为两类:

1.一般外来风险(General Extraneous Risks)。一般外来风险是指被保险货物在运输途中可能遭受的偷窃、雨淋、专业用语、玷污、渗漏、破碎、受潮受热、串味、生锈等风险。

2.特殊外来风险(Special Extraneous Risks)。主要指战争、罢工、交货不到、拒收、政府禁令等特殊外来原因所造成的风险。

**二、承保的损失**

海运保险货物在海运过程中,由于海上风险所造成的损害或灭失,称为海上损失,简称海损(Average)。按照各国海运保险业务的习惯和国际保险市场的解释,与海运连接的陆运和内河运输过程中所发生的损害或灭失,也属于海损范围。就货物损失的程度而言,海损可分为全部损失和部分损失;全部损失可进一步划分为实际全损和推定全损;部分损失按损失的性质而言,又可进一步分为共同海损和单独海损。

(一)全部损失(Total Loss)

全部损失简称全损,是指在运输中的整批货物或不可分割的一批货物全部损失。全损又分为实际全损和推定全损。

1.实际全损(Actual Total Loss)。实际全损是指保险的标的物完全灭失;或已丧失原有的用途和价值;或被保险人对保险标的物的所有权已无可挽回地被完全剥夺;或载货船舶失踪已达一定时期。现举例说明构成保险中"实际全损"的四种情况:

(1)被保险的货物全部灭失。例如:船只遭遇海难后沉没,货物同时沉入海底;货物遭遇火灾被全部焚毁等。

(2)被保险货物的所有权已无法挽回地被剥夺。例如:船只被海盗劫走、货物被敌方扣押等。虽然船、货本身并未受到损失,但货物已无法复归于被保险人。

(3)被保险的货物已丧失商业价值,或失去原有用途。例如:茶叶经水泡后,虽然没有灭失,但已不能饮用,失去商业价值。

(4)载货船舶失踪达到一定时期。例如:我国《海商法》规定.两个月后仍无音讯,则可视为全部灭失。

2.推定全损(Constructive Total Loss)。推定全损是指被保险货物在海运途中遭遇承保风险后,虽尚未达到完全灭失状态,但是完全灭失将是不可避免的;或者为避免发生实际全损所需支付的费用与继续将货物运抵目的港的费用之和超过保险价值的,称为推定全损。

上述实际全损和推定全损虽然都称为"全损",但二者是有区别的:实际全损发生时,保险标的已经不可避免地或将要完全丧失,被保险人自然可以向保险人要求全部赔偿;推定全损下,保险标的受损后并未完全丧失,是可以修复或可以收回的,只是所支付的费用将超过保险标的物的保险价值或者收回的希望很小或遥遥无期而已。因此,在推定全损的情况下,被保险人获得的损失赔偿有两种情况:一种是被保险人获得全损的赔偿;另一种是被保险人获得部分损失的赔偿。如果被保险人想获得全损的赔偿,他必须无条件地把被保险货物委付给保险人。

所谓委付(Abandonment),是指被保险人在保险标的处于推定全损状态时,向保险人声明愿意将保险标的的一切权益,包括财产权及一切由此而产生的权利和义务转让给保险人,而要求保险人按全损给予赔偿的一种行为。

(二)部分损失(Partial Loss)

部分损失(Partial Loss)是指被保险货物的一部分损失或灭失。按照损失造成的原因不同,部分损失又包括共同海损和单独海损两种。

1.共同海损(General Average,GA)。是指载货船舶在海运途中遇到威胁船、货安全的共同危险是船方为了解除这种威胁,维护船货安全或者使航程得以继续完成,有意识地采取合理的救难措施而造成的某些特殊损失(共同海损牺牲)或者支出的额外费用(共同海损费用)称为共同海损。例如,载货船舶在运输途中遭遇暴风雨,船身严重倾斜,船长为了避免船只覆没,命令船员抛弃船内的一部分货物,以保持船身平衡。被抛弃的货物就是特殊损失,这项损失应当由船、货以及各利害关系方共同负担。又如,船舶意外搁浅时,为了脱险,雇用拖船强行脱浅的费用,即为共同海损费用。

共同海损的成立,一般应具备以下几个条件:

(1)共同海损的危险是危及船舶和货物共同利益的,采取的措施也必须是为了解救船货双方共同危险的。例如,船在航行中搁浅,既涉及船方的利益,又涉及货方的利益,所以危险是共同的。

(2)船方在采取紧急措施时,共同海损的危险必须是真实存在的,或者是不可避免的,而不是主观臆测的。例如,船上的货舱发生火灾,如不及时加以扑灭,势必危及全船,这时共同海损的危险已经实际存在。又如船只遭遇恶劣气候,在海上的大风暴中挣扎了几天,耽误了航期,使原按证常航行日期带足的燃油消耗过多,不足以供船舶使用到原目的港,如不补足燃油,势必使船只因供油不足而失去控制。这时,不得不绕航,驶往最近的港口添加燃油这种实际存在和不可避免产生的危险是构成共同海损的条件。

相反,如果因为船长判断错误,采取了某些措施,或因可以避免的事故所造成的损失,则不能构成共同海损。

(3)共同海损的牺牲和费用支出,必须是为共同安全而采取的有意识的和合理的措施。所谓有意识的,是指共同海损的发生必须是人为的、经过人的周密计划的,而不是意外的损失;所谓合理的,是指在采取共同海损行为时,必须符合当时实际情况需要,并能在节约的情况下较好地解除危机及船货双方的共同危险。例如,为了使搁浅船只浮起,应该抛出那些较重的、价值较低的、便于抛出的货物。

(4)共同海损牺牲必须是特殊性质的;共同海损的费用必须是额外支付的,即支付的费用是船舶营运所支付的正常费用以外的费用。

(5)牺牲和费用的支出最终必须是有效的,即经过采取某种措施后,船舶和/或货物的全部或一部分最后安全抵达航程的口的港。

共同海损的牺牲和费用支出,都是为了使船舶、货物和运费方免予遭受损失而做出的,因而应由船舶、货物和运费方,按最后获救价值的比例分摊,这种分摊通常称为共同海损分摊(G.A.Contribution)。

为了做好共同海损的理算工作,各国都制定了相应的规则,目前,在国际上影响较大的海损理算规则是《约克·安特卫普规则》(York—Antwerp Rules)。我国于 1975 年制定了《共同海损理算暂行规则》(简称《北京理算规则》),后来又进行了修订,出台了 1994 年的版本,使其与国际理算规则更为接近。

2.单独海损(Particular Average)。是指由保单承保责任范围内的风险事故造成的某一票和几票货物的部分损失。单独海损仅涉及船舶或货物所有人单方面的利益,其损失仅由受损方单独负担,并不是由各方面的关系人共同分摊。例如,某公司出口花生仁 100 公吨，在运输途中遭受暴风雨，海水浸入舱内，花生仁受水泡变质，这种损失只是使该公司一家的利益遭受影响，跟同船所装的其他货物的货主和船东的利益并没有什么关系，因而属于单独海损。

共同海损和单独海损的区别：

（1）造成海损的原因不同：单独海损是承保风险所直接导致的船、货损失；共同海损则不是承保风险所直接导致的损失，而是为了解除船货的共同危险，有意识采取的合理措施而造成的损失。

（2）损失的责任承担方不同：单独海损是由受损方自行承担，而共同海损则是由各受益方按照受益大小的比例共同分摊。

### 三、承保的费用

被保险货物遭遇保险责任范围以内的灾害或事故，除了能使货物本身受到损失而导致经济利益受损外，还会带来被保险人的额外费用支出。对于有些额外费用，保险人也给予赔偿。保险人承保费用主要有：

1. 施救费用（Sue and Labor Charges Expenses）。是指当保险标的遭受保险责任范围以内的灾害或事故时，由被保险人或其代理人或其雇佣人员和受让人等采取措施，施救于被保险货物，以避免或减轻损失所支付的费用。保险人对被保险人所支出的施救费用承担赔偿责任，赔偿金额以不超过该批被救货物的保险金额为限。

保险人对施救费用的赔偿责任独立于其对保险标的的损失赔偿责任，且施救费用的赔偿金额与保险标的赔偿金额无关。另外，保险人对施救费用的赔偿并不考虑施救措施是否成功，即使保险标的最终全损，只要措施得当、费用支出合理，保险人仍负责赔偿。

2.救助费用（Salvage Charge）。是指保险标的遭受承保责任范围内的灾害或事故时，由保险人和被保险人以外的第三者采取的救助措施，被救方向救助的第三者支付的报酬。救助费用由保险人负责赔偿，但赔偿金额最多不能超过获救财产的价值。救助费用赔偿的基本原则是"无效果,无赔偿"。

# 第二节　我国海洋货物运输保险的险别

为了适应不同投保人对保险的不同要求,各国保险组织或保险公司将其承保的风险按范围的不同划分为不同的险别,并以条款的形式分别予以明确。

我国现行的货物运输保险条款是中国人民保险公司制定的《中国保险条款》(China Insurance Clauses，CIC)中的《海洋运输货物保险条款》(Ocean Marine Cargo Clauses),该条款是中国人民保险公司 1981 年 1 月 1 日修订的。其海运货物保险的险别具体如下:

$$
海运货物保险险别
\begin{cases}
基本险 (Basic\ Risks) & \begin{cases} 平安险(Free\ from\ Particular\ Average,FPA) \\ 水渍险(With\ Particuar\ Average,WPA) \\ 一切险(All\ Risks) \end{cases} \\
附加险 (Additional\ Risks) & \begin{cases} 一般附加险(General\ Additional\ Risks) \\ 特殊附加险(Special\ additional\ Risks) \end{cases} \\
专门险 (Special\ Risks) & \begin{cases} 冷藏险(Frozen\ Products\ Risks) \\ 散装桐油险(Bulk\ Wood\ on\ Risks) \end{cases}
\end{cases}
$$

## 一、基本险别(Basic Risks)

基本险也称主险,是可以独立承保的险别,我国海运货物的基本险别有平安险,水渍险、一切险三种。

### (一)基本险的险别

1.平安险(Free from Particular Average,FPA)。平安险的英文名称源于英国伦敦保险协会 1963 年 1 月 1 日保险条款中的相关名称,原意是"单独海损不赔"。即平安险原来的承保范围,只负责赔偿海上风险造成的全部损失。但在长期实践过程中,平安险的责任范围已超过只赔偿全部损失的限制。平安险责任范围主要包括:

（1）在运输途中由于恶劣气候、雷电、海啸、地震、洪水等自然灾害，造成被保险货物的实际全损或推定全损。

（2）由于运输工具遭遇搁浅、触礁、沉没、互撞、与流冰或其他物体碰撞，以及失火、爆炸等意外事故造成被保险货物的全部或部分损失。

（3）在运输工具已经发生搁浅、触礁、沉没、焚毁等意外事故的情况下，货物在此前或此后，又在海上遭遇恶劣气候、雷电、海啸等自然灾害所造成的被保险货物的部分损失。

（4）在装卸或转船时，由于一件或数件，甚至整批货物落海，所造成的部分损失或全部损失。

（5）运输契约订有"船舶互撞条款"，按该条款规定应由货方偿还船方的损失。

（6）运输工具遭遇自然灾害或意外事故，需要在中途港口或避难港口停靠，由于卸货、装货、存仓以及运送货物所产生的特殊费用。

（7）发生共同海损所引起的牺牲、分摊费用和救助费用。

（8）被保险人对遭受保险责任范围内危险的货物采用抢救、防止或减少损失的各种措施所支付的合理费用。但是，保险公司承担费用的限额，以不超过该批被救货物的保险金额为限。

【案例 6-1】某外贸公司按 CIF 术语出口一批货物，装运前已向保险公司按发票总值 110% 投保平安险，6 月初货物装妥顺利开航。载货船舶于 6 月 13 日在海上遇到暴风雨，致使一部分货物受到水渍，损失价值 2 100 美元。数日后，该轮又突然触礁，致使该批货物又遭遇部分损失，价值为 8 000 美元。问：保险公司对该批货物的损失如何赔偿？为什么？[①]

2.水渍险（With Particular Average，WPA）。水渍险的英文名称同样源于英国伦敦保险协会 1963 年 1 月 1 日保险条款中的相关名称，原意为"负责单独海损

---

① 参考答案：保险公司对两批损失都应予以赔偿，因为根据 CIC 条款的规定，在投保平安险的情况下，货物如果遭受了承保责任范围内的责任事故，在此前或此后又遭受了海上自然灾害，则保险公司赔偿被保险人的全部损失。

责任"。它的责任范围除包括上列"平安险"的各项责任外，还包括被保险货物由于恶劣气候、雷电、海啸、地震、洪水等自然灾害所造成的部分损失。

3.一切险（All Risks）。一切险的责任范围，除包括平安险和水渍险的所有责任外，还包括被保险货物在运输过程中，因一般外来原因所造成的全部损失或部分损失。

（二）基本险的责任起讫

保险的责任起讫，又称保险期间或保险期限，是指保险人承担责任的起讫时限。根据 CIC 海上货物运输保险条款的规定，平安险、水渍险和一切险的承保责任的起讫期限，均采用国际保险业中惯用的"仓至仓条款"（Warehouse to Warehouse Clause，W/W Clause）。

"仓至仓条款"包含以下几层含义：

1.保险公司对保险货物所承担的保险责任，从被保险货物运离保险单上所载明的起运地发货人的仓库或储存处所开始运输时生效，包括正常运输过程中的海上、陆上、内河和驳船运输在内，直至该项货物到达保险单所载明的目的地收货人的最后仓库或储存处为止。

该条款中所指的"运离"是指被保险货物一经离开发货人仓库，保险责任即为开始；所指的"到达"，是指被保险货物一经进入收货人仓库，保险责任即告终止，在仓库中发生的损失概不负责。

2.当货物从目的港卸离海轮时起算满 60 天，不论被保险货物有没有进入收货人仓库，保险责任均告终止。

3.如在上述保险期限内，被保险货物需转运到非保险单上所载明的目的港（地）时，则保险责任在该项货物开始转运时终止。

4.如果被保险货物在运至保险单上所载明的目的港（地）以前的某一仓库而发生分配、分派的情况，则该仓库就作为被保险人的最后仓库，保险责任也从货物运抵该仓库时终止。

此外,被保险人可以要求扩展保险期限,例则,对某些内陆国家的进口货物,如在港口卸货转运内陆,无法按保险条款规定的保险期限,在卸货后 60 天内到达目的地时,即可申请扩展,经保险公司出具凭证予以延长,但需加收一定的保险费。

（三）基本险的除外责任

在 CIC 的《海运货物保险条款》中,还明确规定了保险公司的除外责任。所谓除外责任（Exclusion）,是指保险公司明确规定不予承保的损失或费用。其主要有:

1.被保险人的故意行为或过失所造或的损失。

2.发货人的责任所造成的损失。

3.收货人的过失或故意行为所造成的损失。

4.被保险货物的自然损失、本质缺陷、货物的特性以及市价跌落、运输延迟等原因所造成的损失。

5.在保险责任开始以前业已存在的数量短缺或品质不良等造成的损失。

6.属于海运货物战争险条款和罢工险条款规定的责任范围和除外责任。

## 二、附加险别（Additional Risks）

海上货物运输保险的附加险种类很多。附加险不能单独投保,它必须依附于基本险下。附加险分为一般附加险和特殊附加险。

（一）一般附加险（General Additional Risks）

CIC《海运货物保险条款》规定的一般附加险共 11 种。

1.偷窃、提货不着险（Theft，Pilferage and Non-Delivery，TPND）。在保险有效期内,被保险货物被偷窃以及货物抵达目的地后整件或全部未交的损失。偷窃不包括使用暴力手段的公开劫夺。

2.淡水雨淋险（Fresh Water and Rain Damage ，FWRD）。货物在运输途中,直接由于淡水、雨水以及冰雪融化浸淋所造成的损失。淡水是与海水相对而言,包括船上淡水舱、水管漏水以及舱汗等。

3.短量险(Risk of Shortage)。被保险货物在运输过程中,因外包装破裂导致包装内货物或散装货物发生数量散失和实际重量短缺的损失,但不包括正常的途耗。

4.混杂、玷污险(Risks of Intermixture and Contamination))。被保险货物在运输途中,因混进杂质或被其他物质玷污而造成的损失。如砂糖混进泥土;布匹、服装被油类或带色的物质污染而造成的损失。

5.渗漏险(Risk of Leakage)。指流质、半流质的货物或油类货物在运输过程中因容器损坏而造成的渗漏损失以及因渗漏而引起的货物腐烂、变质损失。

6.碰损破碎险(Risk of clash and Breakage)。碰损主要是对金属、木质等货物来说的;破碎则主要是对易碎性质货物来说的。前者是指在运输途中,因为受到震动、颠簸、挤压而造成的货物本身的损失;后者是指在运输过程中由于装卸野蛮,运输工具颠震造成的货物本身的破碎、断裂的损失。

7.串味险(Risk of Odor)。被保险货物在运输过程中,因受其他异味货物影响,使品质受到损失。如茶叶、香料等与皮张、樟脑等堆放在一起产生异味,不能使用。

8.受热受潮险(Damage Caused by Heating and Sweating)。被保险货物在运输过程中,由于气温骤变或船上通风设备失灵等,使船舱内水气凝结、发热、发潮使货物变质所引起的损失。

9.钩损险(Hook Damage)。被保险货物在装卸过程中因为使用手钩、吊钩等工具所造成的损失,例如,粮食包装被吊钩钩坏而造成粮食外漏的损失。此外,本险别还负责对包装进行修补或调换所支付的费用。

10.包装破裂险(Breakage of Packing)。因包装破裂而造成的货物短少、玷污等损失,此外,在运输过程中,为了续运安全的需要而产生的修补包装、调换包装所支付的费用,保险公司也予负责。

11.锈损险(Risk of Rust)。被保险货物在运输过程中,因为生锈而造成的损失。但生锈必须是在保险期内发生的,如原装船时就已生锈,保险公司不予负责。

上述这 11 种一般附加险,都不能独立投保,只能在投保平安险或水渍险基础上加保。但如果投保一切险后,上述 11 种一般附加险别均包括在内,所以无须再加保。

(二)特殊附加险

特殊附加险与一般附加险一样,都不能独立投保,必须附加于某项基本险下。但与一般附加险相比,特殊附加险不属于一切险的责任范畴,因此可以在投保一切险的基础上予以加保。目前 CIC 承保的特殊附加险有:

1.交货不到险(Failure to Delivery Risk)。货物从装上船开始,在预订抵达日期起满 6 个月仍不能到达原目的地。无论何种原因,保险公司均负责赔偿。

2.进口关税险(Import Duty Risk)。被保险货物在已遭受保险单责任范围内的损失后,目的港海关仍按完好货物的价值足额计征进口关税,保险公司对受损部分货物所缴纳的关税负责赔偿。

3.舱面险(On Deck Risk)。有些货物体积大,有毒性、污染性或易燃易爆,根据航运习惯,必须装载在舱上。投保舱面险,被保险货物存放舱面时,保险公司除按保险单所载条款予以负责外,还对货物被投弃或浪击落海的损失负赔偿责任。

4.拒收险(Rejection Risk)。在该险别承保范围内,保险公司对于被保险货物在抵达目的港后,由于各种原因被进口国有关机构拒绝进口或强行没收所产生的损失,负赔偿责任。在投保这一险别时,被保险人必须保证持有进口所需的一切证明文件,如进口许可证等;而且货物的生产、质量、包装和商品检验符合产地国和进口国的有关规定,否则保险公司不负赔偿责任。

如果被保险货物在起运后尚未到达目的港之前,进口国就宣布禁运或禁止进口,则保险公司只赔偿将货物运回出口国或转口到其他目的地所增加的运费,而且赔偿金额以货物的保险价值为限。

如果进口国在被保险货物起运之前就已经宣布禁运或禁止进口,则保险公司在"拒收险"的险别下不负赔偿责任。

5.黄曲霉素险(Aflatoxin Risk)。黄曲霉素是一种致癌毒素,一般发霉的粮食作物如花生、油菜籽、大米中含有此类带毒性菌素。如果粮食作物中所含的这一菌素超过进口国家所规定的标准,就会被拒绝进口,或被没收或被强制改变用途。如果投保了此险,因上述原因造成的损失,保险公司负责赔偿。

6.出口货物到香港(包括九龙在内)或澳门的存仓火险责任扩展条款(Fire Risk Extension clause,——for storage of Cargo at destination Hong Kong including Kowloon or Macao)。这是一种扩展存仓火险责任的保险。我国出口到港澳地区的货物,如直接装卸到保险单上载明的过户银行所指定的仓库时,加列这一条款,则延长在存仓期内的火险责任,保险期限从货物运入过户银行指定的仓库时开始.直到过户银行解除货物权益或运输责任终止时起满 30 天为止。这一险别主要是为了保障过户银行利益。货主通过银行办理押汇业务,在货主不向银行归还货款前,货物权益属于银行。因此,在保险单上必须注明过户给放款银行。在此阶段,货物即使到达目的港,收货人也无权提货。货物往往存放在过户银行指定的仓库中,加列此条款,如果存仓期间发生火灾,保险公司负责赔偿。

7.战争险(War Risk)。战争险承保直接由于战争或类似战争行为等所引起的被保险货物的直接损失。CIC 对战争的承保责任范围包括:由于战争、类似战争行为和敌对行为、武装冲突或海盗行为以及由此引起的捕获、拘留、扣留、禁制、扣押所造成的损失;由于各种常规武器,包括水雷、鱼雷、炸弹所造成的损失;由于上述原因所引起的共同海损牺牲、分摊和救助费用。但对原子弹、氢弹等核武器所造成的损失,均列为除外责任。

战争险的保险责任起讫与平安险、水渍险和一切险的保险责任起讫不同,它不采用"仓至仓条款",而是仅限于"水上危险"或运输工具上的危险,具体来讲:

(1)保险责任从货物自保险单所载明的起运港装上海轮或驳船时开始,到货物运抵保险单所载明的目的港,卸离海轮或驳船时为止。

(2)如果货物不卸离海轮或驳船,则保险责任最长延至货物到达目的港之当日午夜起算满 15 天为止。

（3）如果在中途港转船，则不论货物在当地卸载与否，保险责任以海轮到达该港或卸货地点的当日午夜起满 15 天为止。

这一条要从两个方面理解：一是货物卸离海轮后，在码头岸上等待下一班续运船舶期间遭受了战争险的损失，即使在 15 天之内，保险公司也不负责赔偿；二是如果货物在转运港码头岸上等待续运船舶超过 15 天，即使货物在随后续运过程中遭遇战争险损失，保险公司也不负责赔偿。

8.罢工险（Strikes Risk）。罢工险承保责任范围包括：因罢工者、被迫停工工人或参加工潮、暴动和民众斗争的人员采取的行动，或任何人的恶意行为所造成的货物直接损失，以及上述行动或行为所引起的共同海损牺牲、分摊和救助费用。

罢工险负责的损失必须是直接损失，任何罢工所引起的被保险货物的间接损失，如罢工期间由于劳动力短缺或无法使用劳动力，致使堆放码头的货物遭到雨淋日晒而受损，保险公司不负责赔偿。

罢工险的保险责任起讫与平安险、水渍险和一切险的保险责任起讫相同，也采用"仓至仓"的原则。在投保战争险的前提下，加保罢工险不另加费用。如仅要求加保罢工险，则按战争费率收费。

### 三、专门险别（Special Risks）

专门险别是保险公司根据某些商品的特性以及某些特殊需要开设的属于"基本险别"性质的承保险别。专门险可以单独投保。我国两种主要的海运货物专门险是海洋运输冷藏货物保险（Ocean Marine Insurance for Frozen Products）和海洋运输散装桐油保险（Ocean Marine Insurance for Wood Oil Bulk）。

海洋运输冷藏货物保险包括海运货物冷藏险和冷藏一切险。冷藏险的责任范围是水渍险的全部责任以及由于冷藏机器停止工作连续达到 24 小时以上所造成的货物腐烂的损失。冷藏一切险的责任范围包括冷藏险的全部责任和被保险货物在运输途中由于外来原因所造成的鲜货腐烂的损失。

海洋运输散装桐油保险承保因各种原因所致的散装桐油的短量、渗漏超过免赔率部分的损失,以及被保险散装桐油的玷污和变质的损失、共同海损分摊、施救费和救助费。其保险责任起讫也是"仓至仓"条款,但是如果被保险散装桐油运抵目的港后不及时卸载,则海轮抵达目的港时满 15 天,保险责任终止。

### 四、卖方利益险(Contingency Insurance Covers Seller's Interest only)

中国人民保险公司还为运输途中的货物承保"卖方利益险"。卖方利益险是供我国出口企业按 FOB 和 CFR 合同出口并以托收方式支付货款时,为保障自身的利益而投保的独立险别,可以单独投保。该险种承保的是出口货物在运输途中发生损失,国外买方既不付款赎单,又拒绝支付货物受损部分的损失赔偿时.卖方所遭受的损失及费用。

中国人民保险公司的"卖方利益险"条款规定:本保险负责赔偿货物在遭受保险单所载明的承保险别的条款责任范围内的卖方损失。但本保险仅在买方不支付该项受损货物的损失时才予以赔偿? 被保险人应将其向买方或第三方的索赔权利转让给保险人。如对本保险单项下的任何利益或赔款转让,保险人即解除其全部责任。

投保"卖方利益险",出口商只需在有关货运发票上注明"投保卖方利益险",并送保险公司加盖公章、注明日期,一份留保险公司存档,另一份出口商收执作为保险凭证。费率按一切险的 25%,再加上战争险的费率合并计收。

【案例 6-2】我国某企业采用 D/P 支付方式,以 CFR London 条件出口货物一批,出口企业在货物出运前向中国人民保险公司投保了"卖方利益险"。货物装船后安全到达目的港,但遭到进口商的无理拒付,请问出口商是否可以凭保险单向保险公司索赔?[①]

---

① 参考答案:不可以向保险公司索赔。因为卖方利益险承保的是货物运输过程中遭受损失,买方因此不付款赎单而给卖方造成的损失。本案中货物已经安全抵达目的港,不属于卖方利益险的承保责任范围,应该属于出口信用保险的承保责任范围。

### 五、出口信用保险（Export Credit Insurance）

出口信用保险是一国政府为鼓励和扩大出口而以财政资金做后盾，由专门保险机构向出口商提供的保证其收汇安全的一种政策性风险保障制度。它不以营利为目的，不同于一般的商业保险。

出口信用保险承保买卖合同或服务贸易合同中，出口方或提供服务方在货物出口或提供服务后，不能按照合同规定收回货款或不能及时收回货款所致损失的风险。凡是以信用证、托收和赊销作为结算方式的出口合同，出口方均可投保此项保险。

出口信用保险承保的风险主要有政治和商业风险。政治风险一般包括买方所在国实行外汇管制、进口管制，或发生战争、骚乱、暴动或其他非常事件。商业风险一般包括买方破产或无力偿还债务，或货物出运后买方违约，拒收货物、拒付货款。

### 【参考资料：中国出口信用保险公司简介】①

公司简介：中国出口信用保险公司（简称"中国信保"）是我国唯一承办政策性出口信用保险业务的金融机构，2001 年 12 月 18 日成立。目前已形成覆盖全国的服务网络。

中国信保的主要任务是积极配合国家外交、外贸、产业、财政和金融等政策，通过政策性出口信用保险手段，支持货物、技术和服务等出口，特别是高科技、附加值大的机电产品等资本性货物出口，支持中国企业向海外投资，为企业开拓海外市场提供收汇风险保障。

中国信保的主要产品包括：短期出口信用保险、中长期出口信用保险、投资保险、国内贸易信用保险、担保业务；主要服务有融资便利、应收账款管理及商账追收、资信评估服务以及国家风险、买家风险和行业风险评估分析等。中国信保还向市场推出了具有多重服务功能的电子商务平台 ——"信保通"，使广大客户享受

---

①　资料来源：http://www.sinosure.com.cn/sinosure/gywm/gsjj/gsjj.html

到更加快捷高效的网上服务。

公司成立以来,出口信用保险对我国外经贸的支持作用日益显现。尤其在国际金融危机期间,出口信用保险充分发挥了稳定外需、促进出口成交的杠杆作用,帮助数千家企业破解了"有单不敢接""有单无力接"的难题,在"抢订单、保市场"方面发挥了重要作用。目前,中国信保累计支持的国内外贸易和投资的规模约4880亿美元,为上万家出口企业提供了出口信用保险服务,为数百个中长期项目提供了保险支持,包括高科技出口项目、大型机电产品和成套设备出口项目、大型对外工程承包项目等。同时,中国信保还带动117家银行为出口企业融资超过7500亿元人民币。

产品与服务:

核心产品之一:短期出口信用保险

适用范围:

——一般情况下保障信用期限在一年以内的出口收汇风险。

——适用于出口企业从事以信用证(L/C)、付款交单(D/P)、承兑交单(D/A)、赊销(OA)结算方式自中国出口或转口的贸易。

承保风险:

——商业风险——买方破产或无力偿付债务;买方拖欠货款;买方拒绝接受货物;开证行破产、停业或被接管;单证相符、单单相符时开证行拖欠或在远期信用项下拒绝承兑。

——政治风险——买方或开证行所在国家、地区禁止或限制买方或开证行向被保险人支付货款或信用证款项;禁止买方购买的货物进口或撤销已颁布发给买方的进口许可证;发生战争、内战或者暴动,导致买方无法履行合同或开证行不能履行信用证项下的付款义务;买方支付货款须经过的第三国颁布延期付款令。

损失赔偿比例:

——由政治风险造成损失的最高赔偿比例为90%。

——由破产、无力偿付债务、拖欠等其他商业风险造成损失的最高赔偿比例为 90%。

——由买方拒收货物所造成损失的最高赔偿比例为 80%。

产品功能：

把握贸易机会，扩大业务规模。

提升信用等级，增加融资渠道。

强化信用管理，减少呆坏账款。

利用补偿功能，确保持续发展。

核心产品之二：中长期出口信用保险

适用范围：

中长期出口信用保险旨在鼓励我国出口企业积极参与国际竞争，特别是高科技、高附加值的机电产品和成套设备等资本性货物的出口以及海外工程承包项目，支持银行等金融机构为出口贸易提供信贷融资；中长期出口信用保险通过承担保单列明的商业风险和政治风险，使被保险人得以有效规避以下风险：

1）出口企业收回延期付款的风险；

2）融资机构收回贷款本金和利息的风险。

中长期出口信用保险的特点：

1. 保本经营为原则，不以营利为目的；

2. 政策性业务，受国家财政支持；

中长期出口信用保险的作用：

1. 转移收汇风险，避免巨额损失；

2. 提升信用等级，为出口商或进口商提供融资便利；

3. 灵活贸易支付方式，增加成交机会；

4. 拓宽信用调查和风险鉴别渠道，增强抗风险能力。

核心产品之三：信用保险贸易融资业务

适用范围：

信用保险贸易融资业务是指销售商在我公司投保信用保险并将赔款权益转

让给银行后,银行向其提供贸易融资,在发生保险责任范围内的损失时,我公司根据《赔款转让协议》的规定,将按照保险单规定理赔后应付给销售商的赔款直接全额支付给融资银行的业务。

我公司信用保险项下的贸易融资不同于过去传统意义上的抵押、质押和担保贷款,而是引入了"信用贷款"的新概念。它以销售商应收账款的权益作为融资基础,通过对建立在销售商资金实力和商业信用基础上的偿付能力的全面分析,在销售商投保我公司信用保险并将赔款权益转让给融资银行的前提下,银行针对销售企业的真实销售行为和确定的应收账款金额提供的一种信用贷款。这种全新的融资模式使销售企业,特别是中小企业摆脱了因为抵押、担保能力不足,而无法获得银行融资的尴尬局面,为其扩大经营规模,提高竞争力创造了有利条件。

根据信用保险的保险标的不同,我公司产品分为出口信用保险和国内贸易信用保险,而我公司信用保险项下融资业务也分为出口信用险项下融资和国内贸易信用险项下融资业务。

一、出口信用保险项下融资业务

出口信用保险项下融资业务,是银行针对已投保中国出口信用保险公司短期出口信用险的企业提供融资授信额度,并在额度内办理押汇和人民币贷款等,它是解决出口企业资金需求、加速企业资金周转的有效途径。

出口商投保出口信用保险,申请限额,并与银行签署《赔款权益转让授权协议》,装运货物、向信保公司申报、缴纳保费,银行给予出口商短期本外币贷款。出口商可以就单笔出口业务申请出口保险项下的押汇或人民币贷款,也可以先申请授信额度,再在额度内办理押汇或人民币贷款。

(一)出口信用保险项下融资业务的优点

它是一种信用授信方式,出口商一般无需提供担保即可获得融资。可灵活选择融资币种。融资货币既可以是人民币,也可以是出口业务的结算货币,便于企业选择适当货币,以避免汇率风险。通俗地讲,货物出运后,由于存在一定的账期,出口企业必须到应收汇日才能收回货款,这样无疑会增加企业的资金占压,延长出口周期。企业投保出口信用保险之后，出口收汇得到保障，银行就可以为货物出运后形成的应收账款提供贸易融资，提前将应收款变现，企业就可以将其用于采购原材料、安排生产和下一次出运。

（二）出口信用保险项下融资的范围

以付款交单（D/P）、承兑交单（D/A）、赊销（O/A）等为结算方式，信用证为结算方式的出口合同，付款期限通常不超过 180 天。

（三）出口信用保险项下融资的程序

1.客户投保短期出口信用保险，为买方申请信用限额；

2.客户凭保单，限额审批单到银行申请融资，银行核定融资额度；

3.客户填写"签订《赔款转让授权协议》申请表"，同银行签订《赔款权益转让授权协议》，一并交由中国信保字盖章；

4.客户出运，到中国信保申报，缴纳保费；

5.客户凭出口申报单及保费发票及银行所需的相关单证如：出口合同、发票、货运单据、质检单、出口报关单等到银行押汇或贷款。

二、国内贸易信用保险项下融资业务

国内贸易信用保险项下融资业务是银行针对已投保我公司国内贸易信用险的企业提供融资授信额度，并在额度内办理人民币贷款等业务。

银行一般不接受贸易型和流通型企业应收账款的融资，基于固定资产抵押的传统融资模式，也已经不能满足企业的融资需要。国际上通行的做法是采用"应收账款＋信用保险"的融资模式，这种模式将银行贸易融资风险进行分散，银行在放贷时无需再像原来那样担心来自贷款人自身和货款方等多方的风险，银行重点审核贷款的资质条件，而付款方的风险则由我公司承担。由于由内贸险做后盾，企业的应收账款风险大大降低，使得贷款方的还款来源得到保证，银行的贷款风险也就随之降低，因此，企业更容易从银行得到融资。

（一）国内险项下贸易融资的优点：

首先，可使企业采用更加灵活的支付方式和信用条件扩大销售同时，企业也可以借助中国信保的信用审核,提升供应商对其资信评价,接受其信用采购方式,从而也间接满足了其融资需要。

其次,可使企业更容易取得银行融资的认可,获得信用保险项下的贷款融资便利。

最后,可以帮助企业规避国内销售环节的信用风险,有效保障应收账款的回收。

(二)国内险项下贸易融资流程

1.销售商投保我公司国内贸易保险,为买方申请信用限额后,提出融资需求。

2.我公司与销售商共同选择适合的融资银行,三方就投保国内贸易信用保险后办理贸易融资达成一致后,签订《赔款转让协议》;

3.销售商向我公司交纳保险费、交付货物并进行申报后,我公司向银行出具《国内贸易信用保险承保情况通知书》,向银行反馈销售商申报及保费交纳情况等相关承保信息。

4.销售商持《赔款转让协议》、保单及银行所需其他资料到银行办理融资手续。

5.若发生保险单责任范围内的可能损失,我公司按《赔款转让协议》将应支付给销售商的赔款直接支付给银行。

三、票据保险

主要包括出口票据保险、国内商业承兑汇票贴现保险,保障银行对取得的票据兑付风险保障,支持银行对有融资需求企业进行融资。

(一)票据保险流程:

1.销售商与银行就票据贴现、押汇事宜基本达成一致意见后,由融资银行提出票据保险业务的书面申请并提供相关文件。

2.我公司对票据付款人审批信用限额,向融资银行收取保险费。

3.融资银行根据我公司批复的票据付款人信用限额对销售商持有的票据提供贴现、押汇等融资服务。

4.当发生保险责任范围内的损失时,融资银行按规定的格式向我公司提交

《可能损失通知书》,在保险等待期满后,被保险人可向我公司正式提赔,我公司将根据核定的实际损失金额和赔偿比例,将赔款直接支付给银行。

# 第三节　英国伦敦保险协会海运货物保险条款

在世界海上保险业务中,英国是一个具有悠久历史的国家,它所制定的保险规章制度,特别是保险单和保险条款对世界保险业影响颇大。目前世界上有很多国家和地区在海上保险业务中直接采用英国伦敦保险协会所制定的"协会货物条款"(Institute cargo clauses,ICC),还有许多国家在制定本国保险条款时参考或采用了该条款的内容。我国中国人民保险公司现行的海洋货物运输保险条款,就是参照伦敦保险协会的ICC(1963年)制定的。

"协会货物条款"最早制定于1912年。长期以来,对它进行过多次补充和修订,最近一次补充和修订完成于1981年,并于1982年1月1日开始实施。"协会货物条款"所具有的行业地位以及长期以来形成的行业影响力,直接影响着Incoterms规则的修订与实施。

## 一、协会货物保险条款的保险险别

ICC条款规定了下列6种保险险别:

1.协会货物条款(A)(Institute Cargo Clauses(A),ICC(A))

2.协会货物条款(B)(Institute Cargo Clauses(B),ICC(B))

3.协会货物条款(C)(Institute Cargo Clauses(C),ICC(C))

4.协会战争险条款——货物(Institute War Clauses—Cargo)

5.协会罢工险条款——货物(Institute Strikes Clauses—Cargo)

6.恶意损害险条款(Malicious Damage Clauses)

上述6种海运货物保险险别中,前5种都可以单独投保,只有第6种"恶意损害险"不能单独投保而只能加保。另外,ICC(A)里面已经包括了"恶意损害险"的责任。

**二、协会货物条款中主要险别的承保风险与除外责任**

在 ICC 险别条款中,承保风险和除外责任是最主要的内容。为了比较我国海洋货物运输保险中的"一切险""水渍险"和"平安险"与 ICC(A)、ICC(B)、ICC(C)险在责任范围上的区别,现将 ICC(A)、ICC(B)、ICC(C)的承保风险和除外责任分述如下:

(一)ICC(A)的承保风险和除外责任

1.承保风险。ICC(A)的承保范围较广,采用了"一切风险减去除外责任"的规定方法,即除了"除外责任"项下所列风险保险人不予负责外,其他风险均予负责。

2.ICC(A)的除外责任。除外责任包括下列 4 种:

(1)一般除外责任。

①由于被保险人故意不法行为造成的损失或费用:

②保险标的的自然渗漏、自然损耗、自然磨损、包装不足或不当所造成的损失或费用;

③被保险货物内在缺陷或特性所造成的损失或费用:

④直接由于延迟所造成的损失或费用;

⑤由于船舶所有人、租船人经营破产或不履行债务所造成的损失或费用;

⑥由于使用任何原子或核武器所造成的损失或费用。

(2)不适航、不适货的除外责任。所谓不适航、不适货除外责任,是指被保险货物在装船时,如被保险人或其受雇人,已经知道船舶不适航,以及船舶、装运工具、集装箱等不适货,保险人不负赔偿责任。

(3)战争险除外责任。

①如由于战争、内战、敌对行为等造成的损失或费用;

②由于捕获、拘留、扣留、禁止、扣押等("海盗行为"除外)所造成的损失或费用;

③由于被遗弃的水雷、鱼雷、炸弹或其他被废弃的战争武器造成的损失或

费用。

（4）罢工险除外责任。

①由于罢工者、被迫停工工人或参加工潮、暴动、民变人员所造成的损失或费用；

②由于罢工、被迫停工、工潮、暴动、民变所造成的损失或费用；

③任何恐怖分子或任何由于政治动机采取行为的人员所造成的损失或费用。

（二）ICC(B)的承保风险和除外责任

1.承保风险。ICC(B)的承保风险是采用"列明风险"的方法，其承保的风险是：

（1）因火灾、爆炸所造成的损失；

（2）因船舷或驳船触礁、搁浅、沉没或倾覆所造成的损失；

（3）因运输工具（陆上）倾覆或出轨所造成的损失；

（4）因船舶、驳船或运输工具同水以外的外界物体碰撞或接触所造成的损失；

（5）因在避难港卸货造成的损失；

（6）因地震、火山爆发或雷电所造成的损失；

（7）共同海损牺牲引起的被保险货物的损失；

（8）因抛货或浪击落海引起的被保险货物的损失；

（9）因海水、湖水或河水进入船舶、驳船、运输工具、集装箱大型海运箱或贮存处所引起的被保险货物的损失；

（10）货物在装卸船舶或驳船时落海或摔落，造成整件的全损。

2.除外责任。ICC(B)的除外责任与 ICC(A)的除外责任相比，有如下两点区别：

（1）在"一般除外责任"条款中，增加了"由于任何人的错误行为对保险标的或其组成部分故意损坏或破坏，保险人不负责任"。因此，在 ICC(B)中，保险人对于"恶意损害"所致的损失不负赔偿责任。

（2）在"战争险除外责任"条款中，加上了"海盗行为"的承保责任的除外。

（三）ICC(C)的承保风险与除外责任

1.承保风险。ICC(C)的承保范围比 ICC(A)和 ICC(B)小得多，它只承保"重大意外事故"，而不承保"自然灾害和非重大意外事故"。其承保的风险是：

（1）因火灾、爆炸所造成的损失；

（2）因船舶或驳船触礁、搁浅、沉没或倾覆所造成的损失；

（3）因运输工具(陆上)倾覆或出轨所造成的损失；

（4）因在避难港卸货所造成的损失；

（5）共同海损牺牲引起的被保险货物的损失；

（6）因抛货引起的被保险货物的损失；

（7）因船舶、驳船或运输工具同水以外的外界物体碰撞或接触所造成的损失。

2.除外责任。ICC(C)的除外责任与(B)的除外责任完全相同。

综上所述，ICC(A)的承保风险类似我国海洋货物运输保险中的"一切险"；ICC(B)的承保风险类似我国海洋货物运输保险中的"水渍险"；ICC(C)的承保风险类似我国海洋货物运输保险中的"平安险"，但比"平安险"的责任范围要小一些。

（四）协会货物战争险条款

协会货物战争险由 8 部分组成，共 14 条，具有完整的结构体系，可以单独投保。协会货物战争险的承保风险及除外风险与 CIC 的战争险的规定基本一致。在此不再赘述。

协会货物战争险条款的责任起讫与 CIC 战争险责任起讫的规定基本相同，但针对当前各国港口拥挤、船舶在卸货港等候泊位时间较长的情况，协会货物战争险将在卸货港的保险责任终止期限的计算方法作了修改。目前的规定是，船舶在卸货港不管是否已经停靠码头，保险公司的保险责任以船舶到达卸货港第一次抛锚停泊时起满 15 天为止。

（五）协会货物罢工险条款

协会货物罢工险由 8 部分组成，共 14 条，具有完整的结构体系，可以单独投保。

协会货物罢工险的承保风险与 CIC 的罢工险一样，仅负责由于罢工等风险所造成的保险标的物的直接损失，而不负责由于罢工等风险所产生的费用或间接损失。

其保险责任的起讫与一般海运货物的保险责任起讫相同，也是采用"仓至仓"条款。

（六）恶意损害险

恶意损害险是协会货物条款中的唯一一种附加险别。它所承保的是被保险人以外的其他人（如船长、船员等）的故意破坏行为所致被保险货物的灭失或损害。这种风险仅在 ICC（A）中被列为承保风险的范畴，而在 ICC（B）和 ICC（C）中均列为"除外责任"。因此，如被保险人需要对此风险取得保险保障，在其投保 ICC（B）和 ICC（C）时，就需另行加保"恶意损害险"。

# 第四节　海运货物保险实务

为保障自己经济利益不受损害，国际货物买卖中的有关责任人会以运输中的货物为保险标的，向保险公司投保国际货物运输保险。在办理保险时，需遵循保险基本原则，选择适当险别，明确投保金额，缴纳保险费，并办理有关业务手续。

## 一、保险的基本原则

（一）可保利益原则（Principle of Insurable Interest）

可保利益（Insurable interest），又叫保险利益，指投保人或被保险人对保险标的所具有的法律上承认的利益。保险利益原则是指投保人对保险标的应当具有保险利益。投保人对保险标的不具有保险利益的，保险合同无效。但国际货物运输保险仅要求被保险人在保险标的发生损失时必须具有保险利益,即为合法。

由于保险利益原则存在,国际贸易业务中,虽然海上保险条款规定保险责任的起讫是"仓至仓",但对于 CFR 和 FOB 术语而言,保险公司负责赔偿的责任起讫只是"装船至仓"。因为货物装船之前,所有权还未转移到买方手中,买方对货物不具有保险利益,发生损失保险公司不负责赔偿;但对 CIF 而言,保险公司负责赔偿的责任起讫是真正的"仓一仓"。

【案例 6-3】有一份 FOB 合同,货物在装船后,卖方向买方发出装船通知,买方向保险公司投保了"仓至仓条款一切险"(All Risks with Warehouse to Warehouse Clause),但货物在从卖方仓库运往码头的途中,被暴风雨淋湿了 10% 的货物。事后卖方以保险单含有"仓至仓条款"为由,要求保险公司赔偿此项损失,但遭到保险公司拒绝。后来卖方又请求买方以投保人名义凭保险单向保险公司索赔,也遭到保险公司拒绝。试问在上述情况下,保险公司能否拒赔? 为什么?[①]

(二)最大诚信原则 (Principle of Utmost Good Faith)

诚信就是诚实和守信用。诚实是指一方对另一方要坦诚相待,不进行隐瞒和欺骗;守信用是指双方都应该如实全面地履行自己义务。保险合同是补偿性合同,对诚信要求高于其他合同,因而需最大诚信。最大诚信原则既适用于被保险人也适用于保险人。

最大诚信原则的内容主要包括告知、保证、弃权和禁止反言。告知在保险中又称如实告知,指保险合同当事人一方在合同缔结前和缔结时以及合同有效期内,就重要事实向对方所作的口头或书面陈述。保证是指保险人要求投保人或被保险人在保险期间对某一事项的作为与不作为,某种事态的存在或不存在做出的许诺。弃权是指保险合同的一方当事人放弃其在保险合同中可以主张的权利,通

---

① 保险公司能够拒赔。因为根据 Incoterms 2010 规定,在 FOB 价格条件下,货物装船之前买方无保险利益,无权向保险公司索赔;而卖方因不是被保险人,也无权索赔。

常指保险人放弃合同解除权与抗辩权。禁止反言是指合同一方放弃其在合同中的某项权利，日后不得再向另一方主张这一权利，又称禁止抗辩。

（三）补偿原则（Principle of Indemnity）

补偿原则是指当保险标的遭受保险责任范围内的损失时，保险人应当依照保险合同的约定履行赔偿义务，但保险人的赔偿金额不得超过保险单上的保险金额或被保险人遭受的实际损失。各种保险合同（人身保险合同除外）都是补偿性合同，都是建立在补偿原则的基础之上。因此，保险人的赔偿不应使被保险人因保险赔偿而获得额外利益，即保险的赔偿是使被保险人在遭受损失后，经过补偿能恢复到受损前的经济状态，而不能通过补偿获得额外利益。补偿原则又可以引申出代位追偿原则和重复保险比例分摊原则。

（四）近因原则（Principle of Proximate Cause）

近因（Proximate Cause）是指造成保险标的的损失的最直接、最有效、起决定或支配作用的原因，并不是指时间或空间上最接近的原因。近因原则是指保险人只对外承保风险与保险标的的损失之间有直接因果关系的损失负赔偿责任，而对保险责任范围以外的风险造成保险标的的损失不承担赔偿责任。近因原则是保险标的发生损失时，用以确定保险标的所受损失能否获得保险赔偿的重要依据，也是保险理赔必须遵循的基本原则。

## 二、投保险别的选择

保险公司承担的保险责任，是以投保的险别为依据的。不同的险别，由于保险公司承担的责任范围不同，对被保险货物的风险损失的保障程度就不同，保险费率也不同。因此适当地选择投保险别，既要考虑使货物得到充分的保障，又要考虑节约成本，提高经济效益。

选择投保险别，应综合考虑货物的性质、用途、包装、运输方式、运输路线、运输季节、不同国家的具体情况等因素。例如，对于纺织品、服装之类产品，其容易遭受的风险事故主要是玷污、水浸、潮湿、变色、霉变、火灾等，在投保时应考虑一切险,火灾水渍险加玷污险、受潮受热险等。对于家电仪表仪器而言,容易破碎,应该投保一切险,或者水渍险加碰损破碎险。如果航线经热带,如载货船舶通风不良,就会导致货损,应考虑加保受潮受热险。在政治局势不稳定的国家卸货,充分考虑可能发生的货损货差,以便选择适当的投保险别。出口采用 CIF 条件成交时,卖方投保时一定要根据买卖双方约定的险别予以投保。

### 三、投保手续与保险费的计算

保险的目的在于保障被保险货物早遭受意外风险时能获得补偿。所以投保人应当在风险可能出现之前办理投保。进出口货物运输保险一般是按照"仓至仓条款"承保。因此,CIF 出口货物应在运离装运地仓库进入码头准备装船之前办理投保。CFR 或 FOB 出口货物是由买方办理投保的,但货物在装运港装船之前的保险,仍需卖方自行安排;进口货物的投保,应在风险转移给进口人承担之前办理为宜。

(一)出口货物

1.出口货物保险手续。出口货物若按 FOB 或 CFR 条件成交,由买方办理保险。在 CIF 条件下成交的出口货物,出口方应向当地保险公司逐笔办理投保手续。

2.出口保险金额的确定和保险费的计算。保险金额(Insured Amount)也称投保金额,它是被保险人向保险公司申报的被保险货物的金额,也是在被保险货物发生保险范围内的损失时,保险公司负责赔偿的最高限额,还是保险公司计收保险费的基础。

保险金额原则上应该是被保险货物的实际价值,但在国际贸易实践中,准确地核定进出口货物的实际价值是比较困难的。所以,进出口货物运输保险金额一般是以发票价值为基础的。如果按 CIF 成交,以买方的进口成本看,除进口货物的货价外,还包括运费和保险费。以 CIF 货物价值作为保险金额,在货物发生损失时,被保险人已支付的经营管理费用和本来可以获得的预期利润,却无法从保险公司获得补偿。因此,各国保险法及国际贸易惯例,都允许进出口货物运输保险的金额,可以在 CIF 价格基础上适当加成,一般是加成 10%,所加的百分率称为保险加成率,作为买方的经营管理费用和预期利润。当然,保险公司与被保险人可以根据不同货物、不同地区、不同经营管理费用和预期利润水平,约定不同的加成率。

保险金额和保险费的计算公式为(以 CIF 货价为例):

保险金额＝CIF 货价×(1＋加成率)

保险费＝保险金额×保险费率

保险费＝CIF 货价×(1＋加成率)×保险费率

保险费率是按照商品种类、运输航程、投保险别等因素计算出来的,一般还要根据具体情况进行调整。所以,计收保险费时,要仔细查对和核算,不得疏忽。

保险费的计算本身并不复杂,但是,投保的险别是比较复杂的,涉及的因素也比较多。因此,在对外报价之前就应该对各种情况考虑清楚,既要使报价具有竞争力,也要有利于保险费的计算。

(二)进口货物

1.进口货物保险手续。进口保险可以采用逐笔投保和预约保险的方式办理保险,预约保险(Open Policy)是我国进口业务中最常用的投保方法。进口货物无论是按照 FOB 价格条件成交还是按照 CFR 价格条件成交,保险手续都是由买方办理。在我国,由于各进出口公司和中国人民保险公司都签订了进口货物预约保险合同,一般均按照预约保险合同办理保险。

按照海运进口货物预约保险合同的规定,投保人在得悉每批货物起运消息后,应该尽快将记载着船名、开航日期、航线、货物品名及数量、保险金额等内容的国外卖方的装船通知递交保险公司,以此作为向保险公司办理投保的手续。货物一经起运,保险公司就会对所保货物自动承保责任和义务。如果投保人未能按照保险合同规定的内容办理投保手续,则当货物发生损失后,保险公司不负赔偿责任。

2.进口保险金额的确定和保险费的计算。在进口业务中,保险人按照双方签订的预约保险合同承担保险责任,保险金额按进口货物 CIF 价格计算,一般不另加成,保费率按"特约费率表"规定的平均费率计算;如果以 FOB/CFR 价格条件进口货物,则需结合平均运费率和平均保费率计算保险金额。

(1)以 FOB 价格条件成交的货物,计算公式为:

$$保险金额 = FOB\ 价 \times \frac{(1+平均运费率)}{1-平均保险费率}$$

保险费 = 保险金额 × 保险费率

(2)以 CFR 价格条件成交的货物,计算公式为:

$$保险金额 = \frac{CFR\ 价格}{1-平均保险费率}$$

保险费 = 保险金额 × 保险费率

保险公司按照上述公式计算出来的保险金额,每月或每季汇总一次向进出口公司收取保险费。如果被保险货物发生损失,按照保险单或其他保险凭证所规定的内容、所计算的保险金额及其他情况给予补偿。

**四、海运货物保险合同**

国际货物运输保险合同属于财产保险合同的一种。保险合同的形式,一般以保险单据来表示。保险单据是一份法律文件,它是保险人与被保险人之间有关权利与义务关系的书面证明,也是保险公司出具的承保证明,一旦发生保险责任范围内的损失,还是被保险人凭以向保险公司索赔和保险公司进行理赔的依据。

(一)海上货物保险合同的形式

1.保险单(Insurance Policy)。俗称大保单,是被保险人与保险人之间订立的正式保险合同的书面凭证。它是一种正规的、使用最多的保险合同。世界各地保险公司签发的海上货物运输保险单，格式互有差异，但其内容基本一致，中国人民保险公司的保险单的内容是：

正面内容：

（1）证明双方当事人建立保险关系的文字，说明保险人根据被保险人的要求，由被保险人缴纳约定的保险费，按照该保险单上的条件，承保货物运输险。

（2）载明被保险货物的情况，如货物名称、标记、数量、包装、保险金额，以及载货船名、起运港和目的港、起航日期等。

（3）承保险别、理赔地点及保险人声明所保货物如遇风险，凭该保险单及有关证件给付赔款等。

背面内容：

主要包括承保责任范围、除外责任、责任起讫、被保险人的义务、索赔期限等。背面所列条款，是确立保险人与被保险人之间权利与义务关系的依据。

2.保险凭证（Insurance Certificate）。俗称小保单，它是一种简化的保险合同。保险凭证仅载明被保险人名称、被保险货物名称、数量、标记、载货船名、承保险别、起讫地点和保险金额等，而对保险公司和被保险人的权利与义务等方面的详细条款则不予载明，通常按保险单所载条款办理。保险凭证与保险单具有同样的法律效力。但是，如果信用证内规定提供的是保险单时，一般不能以保险凭证代替。

3.联合凭证（Combined Certificate）。指保险公司将保险编号、承保险别和保险金额加注在外贸公司开具的出口货物商业发票上，作为承保的凭证。至于其他项目，均以发票上所列明者为准。它是发票与保险单相结合的一种凭证，是最简单的保险单据，这种单据目前仅适用于对港、澳地区的部分交易。

4.预约保险单（Open Policy）。指保险公司承保被保险人在一定时期内发运的以 FOB 条件或 CFR 条件成交的大批量的进口货物使用的保险凭证。这种保险单载明预约保险货物的范围、保险险别和保险费率，以及每批货物的最高保险金额、保险费结算办法等。凡属预约保险范围内的进口货物,一经起运,保险公司即自动按预约保险单所列条件承保。但被保险人在获悉每批货物起运时,应及时将起运货物的具体情况,以起运通知书或其他书面形式,通知保险公司。

5. 批单(Endorsement)。保险单出立后,投保人如果需要对保单内容进行补充或变更,可向保险公司提出申请,经同意后即另出一种凭证注明补充或更改的内容,这种凭证被称为"批单"。批单原则上须粘贴在保险单上,并加盖骑缝章,作为保险单不可分割的一部分。

(二)保险单的转让

货运保险单和保险凭证可以经背书进行转让,而且无须取得保险人的同意,也无须通知保险人。即使保险标的发生损失后,保险单据仍可有效转让。保险单的受让人享受与原被保险人相同的权利和义务。保险单的出单日期不得迟于运输单据的出单日期。

**【相关链接】**UCP600 第 28 条 e 款规定:保险单据的日期必须不迟于装运日期,除非保险单据显示承保责任生效日期不迟于装运日期。

**五、保险索赔**

1. 索取货损货差证明并及时通知保险公司。被保险人获悉或发现被保险货物遭受损失后,应首先向有关方面索取货损货差证明,及时通知保险公司并申请检验检疫。保险公司或其代理人的检验报告是被保险人索赔的重要证件。

2. 分清责任并向有关方面提出索赔。承运人、码头、装卸公司、港务部门等各方都会以各种形式直接或间接地参与国际货物运输,一旦出现货损货差,应尽快分清责任,取得有关方面的证明文件,并以书面形式直接及时地向有关方面提出索赔要求,保留追偿权。

3. 采取合理的施救措施。被保险货物受损后,保险人和被保险人都应对货物采取相应的施救整理措施,以防止损失的扩大,由此而产生的施救费,由保险公司负责赔偿。

4. 备妥索赔单证,向保险公司提出索赔。向保险公司提出索赔要求,必须提供必要的证明文件和材料,主要有保险单、提单、发票、装箱单、重量单、检验检疫报告、货损货差证明、海事报告和涉及索赔的往来信函等。

### 六、买卖合同中的保险条款

不同的贸易条件下,合同中保险条款的内容差别较大。以我国进出口业务为例:

1. 出口业务。签订出口合同时,如果按 FOB 或 CFR 条件成交,保险条款应订明:"保险由买方自理"(Insurance to be covered by the buyer)。如果对方委托我方代办,可以订为:"由买方委托卖方按发票金额×％代为投保××险,保险费由买方负担。"

如果按 CIF 条件成交的出口合同,买卖双方需要在合同中明确规定保险的险别、保险金额、适用的保险条款、保险责任等项内容。

**【条款示例】**

"保险:由卖方按发票金额的 110％投保××险、××险,以中国人民保险公司××年×月×日的有关海洋运输货物保险条款为准。"

"Insurance to be effected by the seller for l 10％ of the Invoice value against ×× Risks and×× Risks as per the relevant 0cean Cargo Clause of the PICC (dated×××。"

2. 进口业务。由于我国进口货物多由我方自办保险,所以在进口合同中,对保险条款规定较简单,通常仅规定:"装船后保险由买方负责"Insurance is to be effected by the buyers after loading)。

# 第五节　其他方式货物运输的保险

在国际贸易中,不仅海上运输的货物需要办理保险,陆上运输、航空运输、邮包运输的货物,也都需要办理保险。各国保险公司对不同方式运输的货物,都定有相应的专门条款。中国人民保险公司现行陆上运输、航空运输和邮包运输保险条款的内容如下：

## 一、陆上货物运输保险

陆上货物运输保险的基本险别，分为陆运险和陆运一切险。

### （一）陆运险（Overland Transportation Risks）

陆运险的承保责任范围，与海上货物运输保险条款中的"水渍险"相似。被保险货物在运输中遭遇暴雨、雷电、地震、洪水等自然灾害，或由于运输工具遭受碰撞、倾覆、出轨、或在驳运过程中，驳运工具遭受搁浅、触礁、沉没、碰撞，或由于遭受隧道坍塌、崖崩，或失火、爆炸等意外事故所造成的全部损失或部分损失，保险公司均负责赔偿。此外，被保险人对遭受承保责任内风险的货物采取抢救、防止或减少货物损失的措施而支付的合理费用，保险公司也负责赔偿，但以不超过该批被救货物的保险金额为限。

### （二）陆运一切险（Overland Transportation All Risks）

陆运一切险的承保责任范围，与海上货物运输保险中的"一切险"相似。保险公司除承担上述陆运险的赔偿责任外，还负责赔偿被保险货物在运输途中由于外来原因所造成的短少、短量、偷窃、渗漏、碰损、破碎、钩损、雨淋、生锈、受潮、受热、发霉、串味、玷污等全部或部分损失。

陆上货物运输保险的除外责任是：（1）被保险人的故意行为或过失所造成损失；（2）属于发货人所负责任；（3）被保险货物的自然损耗所引起的损失；（4）由于战争、罢工或运输延迟所造成的损失。

陆上货物运输保险的责任起讫也采用（仓至仓条款），其具体规定与海运货物保险完全一致。

在陆上货物运输保险中，被保险货物除了可投保陆运险和陆运一切险以外，经协商还可以加保陆上货物运输保险的附加险，如陆运战争险等。陆运战争险与海运战争险，由于运输工具有其本身的特点，具体责任有一些差别，但就战争险的共同负责范围来说,基本上是一致的,即对直接由于战争、类似战争行为,以及武装冲突所造成的损失,如货物由于捕获、扣留、拘留、禁制和扣押等行为造成的损失负责赔偿。

### 二、航空货物运输保险

航空货物运输保险的基本险别,分为航空运输险和航空运输一切险两种。

#### (一)航空运输险(Air Transportation Risks)

航空运输的承保责任范围与海上货物运输保险条款中的"水渍险"大体相同。保险公司负责赔偿被保险货物在运输途中遭受雷电、火灾、爆炸,或由于飞机遭受碰撞、倾覆、坠落或失踪等意外事故所造成的全部或部分损失。

#### (二)航空运输一切险(Air Transportation All Risks)

航空运输一切险的承保责任范围,与海上货物运输保险条款中的"一切险"大体相同。除包括上述航空运输险的责任外,对被保险货物在运输途中由于被偷窃、短少等外来因素所造成的全部或部分损失也负责赔偿。

航空货物运输保险的除外责任,与海上货物运输保险的除外责任基本相同。

航空货物运输保险的责任起讫也采用"仓至仓条款",只是如果被保险货物未运抵保单所载明的仓库或储存处所,则以被保险货物在最后卸货地卸离飞机后满30 天为止。

同样,被保险货物在投保航空运输险或航空运输一切险后,还可经协商,加保航空货物运输战争险等附加险。

### 三、邮包货物运输保险

中国人民保险公司制定的邮包货物运输保险条款中,将邮包货物运输保险基本险分为邮包险和邮包一切险两种。

#### (一)邮包险(Parcel Post Risks)

邮包险的承保责任范围,与海上货物运输保险条款中的"水渍险"相似。

（二）邮包一切险（Parcel Post All Risks）

邮包一切险的承保责任范围，与海上货物运输保险条款中的"一切险"相似。

邮包保险的保险责任，是自被保险邮包离开保险单上所载明的起运地点和寄件人的处所运往邮局开始生效，直至被保险邮包运达保险单上所载明的目的地邮局，邮局签发到货通知单给收件人当日午夜起算满 15 天为止。但在此期间内，邮包一经送交至收件人的处所时，保险责任即告终止。

被保险货物在投保上述邮包险或邮包一切险后，还可以加保邮包战争险等附加险。

# 第七章 Incoterms 2020 与货物 进出口检验检疫

在国际贸易中,买卖双方交易的商品,一般都要经过检验检疫,法定检验检疫的商品一定要进行检验检疫,否则不能进口或出口,因此,商务合同中需要明确规定商品检验检疫的时间和地点,检验机构,检验证书,检验标准和方法。商品检验检疫在国际贸易中具有重要的意义,Incoterms 2020 在描述买卖双方义务的 A8 和 B8 项目下,明确规定了在不同贸易术语下双方各自应承担的货物检验义务。

## 第一节 商品的检验检疫的概念和作用

### 一、商品的检验检疫的概念

商品检验检疫(Commodity Inspection and Quarantine)简称商检,又称货物检验检疫,是指对卖方交付或拟予交付的进出口商品的品质、数量、重量、包装、卫生安全等进行检验检疫和鉴定,以确定其是否符合买卖合同中的有关规定或装运技术、货物残损短缺等情况进行检验和鉴定,以明确事故的起因和责任的归属。

Incoterms 2020 在描述买卖双方义务的 A7 和 B7 项目下,明确规定了在不同贸易术语下双方各自应承担的检验义务。现以 CIF 贸易术语为例说明如下:

表 7-1　CIF 超时语说明

| 卖方义务 | 买方义务 |
| --- | --- |
| A7 出口/进口清关 | B7 出口/进口清关 |
| a)出口清关 | a)协助出口清关 |
| 如适用,卖方必须办理出口国要求的所有出口清关手续并支付费用,例如: | 如适用,应卖方要求并由其承担风险和费用,买方必须协助卖方取得出口国需要的与所有出口清关手续有关的任何单据及/或信息,包括安全要求和装运前检验 |
| ▶出口许可证 | |
| ▶出口安检清关 | |
| ▶装运前检验 | b)进口清关 |
| ▶任何其他官方授权 | 如适用,买方必须办理任何过境国和进口国要求的所有手续并支付费用,例如: |
| b)协助进口清关 | |
| 如适用,应买方要求并由其承担风险和费用,卖方必须协助买方获取任何过境国或进口国需要的与所有过境/进口清关手续有关的任何单据及/或信息,包括安全要求和装运前检验 | ▶进口许可证及过境所需的任何许可证 |
| | ▶进口及任何过境安检清关 |
| | ▶装运前检验 |
| | ▶任何其他官方授权 |

因此,学习和掌握货物进出口检验检疫的有关知识有助于我们更好地理解和运用 Incoterms 2020。

**二、商品的检验检疫的作用**

商品检验是国际贸易发展的产物,它随着国际贸易的发展成为商品买卖的一个重要环节和买卖合同中不可缺少的一项内容,是买卖双方能顺利履行合同的保证。

在国际贸易中,买卖双方分处不同国家,要经过货物运输,有可能发生货物残损、缺少甚至灭失等情况。买卖双方对交接货物一般都经过交付、检验或察看、接受或拒收三个环节。按照一般的规则:当卖方履行交货义务后,买方有权对货物进行检验,如果发现货物与合同规定不符,而的确系卖方的责任,买方有权向卖方提出索赔。如果未经检验就接受了货物,即使事后发现货物有问题,就不能再行使拒收的权利。而且,如果发生进出口商品的品质不合格或数量短缺等情况,会牵涉到发货人、承运人、保险人、装卸部门、仓储部门等多方面的责任,为了避免发生纠纷及在纠纷发生后,便于确定责任的归属,就需要一个与有关各方没有利害关系的、公正的、有权威的机构来检验和鉴定,提供正确的证明,并以其检验结果作为交接货物、结算货款和提出索赔、理赔的依据,以维护对外贸易关系中有关各方的合法权益。因此,商品检验检疫在对外贸易中占有重要的地位和重要作用。商品检验又体现不同国家对进出口商品实施品质管制。通过这种管制,从而在出口商品生产、销售和进口商品按既定条件采购等方面发挥积极作用。

要严把进口和出口商品的质量关,必须以商品检验检疫为前提和基础。由于商品的检验检疫直接关系到买卖双方在货物交接方面的权利和义务,关系到一个国家的生态环境、人民的健康和动植物的安全,各国的法律法规和国际性公约都对商品的检验检疫问题做出了明确的规定。

《中华人民共和国进出口商品检验法》第 5 条规定:"列入目录(《必须实施检验的进出口商品名录》)的进出口商品,由商检机构实施检验。前款规定的进口商品未经检验的,不准销售、使用;前款规定的出口商品未经检验合格的,不准出口。"

英国《1893 年货物买卖法》规定:"除非双方另有约定,当卖方向买方交付货物时,买方有权要求有合理的机会检验货物,以确定它们是否与合同相符。"买方在未有合理机会检验货物之前,不能认为他已经接受了货物。

《联合国国际货物销售公约》第 38 条规定:"买方必须在按情况实际可行的最短时间内检验货物或由他人检验货物。如果合同涉及货物的运输,检验可推迟到货物到达目的地后进行。"我国《合同法》第 157 条规定:"买受人收到标的物时应当在约定的检验期间内检验。没有约定检验期间的,应当及时检验。"

由此可见,买方收到货物并不等于他接受了货物。买方在对货物进行检验后,如果认为货物与合同不符,而且确属卖方责任所致,买方有权要求损害赔偿等救济措施,直至拒收货物,撤销合同。但另一方面,买方的检验权是建立在自愿基础上的,它不是买方接受货物的必要前提。若买方没有利用合理的机会检验货物,就可以认为他放弃了检验货物的权利,相应地也就丧失了拒收货物的权利。

【案例 7-1】我国内地某公司向香港 A 公司出口印花棉布一批,A 公司又将货物转售给英国 B 公司。货物到达香港后,A 公司已发现部分货物存在包装问题,但未作任何处理便将原货运往英国,B 公司收到货物后,发现有 80 包货物包装破损,货物短少严重,因而向 A 商提出索赔,A 商又向我方公司提出索赔。问:我方公司是否应负责赔偿? 为什么?[①]

# 第二节　商品的检验检疫的程序和依据

## 一、商品的检验检疫的程序

出口商品检验程序主要有报验、抽样、检验和签发证书四个环节。

1.申请检验,亦称报验。指对外贸易关系人按照商检法规的规定,合同的要求,向商检机构申请办理商品检验、鉴定工作的手续。报验时需填写"报验申请单",填明申请检验、鉴定工作项目和要求,同时提交对外所签买卖合同,凭样本成交的,还须提供成交小样及其他必要的资料。

2.抽样。商检机构接受报验后,及时派员到货物堆存地,按规定的方法和一定的比例,在货物的不同部位抽取一定量的、能代表此批货物质量的样品供检验之用。

3.检验或鉴定。商检机构接受报验之后,认真研究申报的检验项目,确定检验内容,仔细审核合同(信用证)对品质、规格、包装的规定,弄清检验的依据,确定检验标准、方法,然后抽样检验,仪器分析检验;物理检验;感官检验;微生物检验等。

---

[①] 参考答案:我方公司不负责赔偿责任:(1)A 公司在我方货物抵达香港地区后,虽发现货物包装存在问题,但并未向我方提出,也未请有关部门对货物进行复检,即放弃了检验权,从而丧失了拒收货物的权利。(2)A 公司将货物转运英国,属于另外一个合同,与我方无关,我方不应该负责。

4.签发检验证书。在出口方面,凡列入《种类表》内的出口商品,经检验合格后签发放行单(或在"出口货物报关单"上加盖放行章,以代替放行单)。凡合同、信用证规定由商检部门检验出证的,或国外要求商检证书的,根据规定签发所需书面证书;不向国外提供证书的,只发放行单。《种类表》以外的出口商品,应由商检机构检验的,经检验合格发给证书或放行单后,方可出运。在进口方面,进口商品经检验后,分别签发"检验情况通知单"或"检验证书",供对外结算或索赔用。凡由收、用货单位自行验收的进口商品,如发现问题,应及时向商检局申请复验。如复验不合格,签发商检证书,以供对外索赔之用。

**二、商品的检验检疫的依据**

我国商检机构实施进出口商品进出口检验检验时主要依据的法律法规可概括为"四法三条例",具体包括:《中华人民共和国进出口商品检验法》(简称《商检法》)、《中华人民共和国进出境动植物检疫法》《中华人民共和国国境卫生检疫法》《中华人民共和国食品卫生法》《中华人民共和国进出口商品检验法实施条例》(简称《商检法实施条例》)《中华人民共和国进出境动植物检疫法实施条例》《中华人民共和国国境卫生检疫法实施细则》。

检验依据是检验进出口商品的根据,也是据以确定进出口货物是否合格的标准。凡我国法律,行政法规所规定的强制性检验标准或其他必经执行的检验标准,或对外贸易合同所约定的检验标准,均构成进出口商品的检验依据。主要以买卖合同(包括信用证)中所规定的有关条款为准。如果合同规定的成交样品或标样表示商品品质的,就以样品或标样作为商品的检验依据。

# 第三节 商品的检验检疫条款

**一、检验时间与地点**

这是双方在商定检验条款时的一个核心问题,关系到交易双方的切身利益,

通常都在合同中对如何行使检验权的问题作出规定,即规定检验的时间和地点,主要有:

(1) 在出口国检验

1)产地(工厂)检验

发货前,由出口国产地(工厂)检验人员会同买方验收人员进行检验,离开产地(工厂)前货物品质责任由卖方承担,而在运输途中发生的品质、数量变化等方面的风险由买方负担。

2)装运港(地)检验

货物在装运港(地)装运前或装运时,由双方约定的检验机构对货物的品质、数量/重量等进行检验鉴定,并以其检验结果作为交货质量和数量的最后依据。只要检验证书合格,就说明卖方已按质按量交货,对交货后货物所发生的变化不承担责任。买方原则上不得以到货时品质数量不符而提出异议,除非买方能证明,这种不符是由于卖方的违约或货物的固有瑕疵所造成的。这一规定方法,习惯上称为"离岸品质、重量(或数量)为准"(Shipping Quality , Weight or quautity as final)。由于买方对到货品质和重量也无权向卖方提出异议,对买方不利,故买方一般不愿采取这种做法。

(2)在进口国检验

1)目的港(地)检验

货物到达目的港(地)卸货后在约定的时间内,由双方约定的检验机构就地检验,并以其检验结果作为交货质量和数量的最后依据。这一规定方法,习惯上称为"到岸品质、重量(或数量)为准"(Landing Quality,Weight or Quantity)。在采用这种方法时,卖方要承担货物在运输途中品质、重量变化的风险。买方有权根据货物到达目的港(地)时的检验结果,在分清卖方、船方和保险人责任的基础上,对属于卖方应负的责任向卖方提出索赔。由于买方对到货品质和重量有权向卖方提出异议,对卖方不利,故卖方一般不愿采用。

2)买方营业处所或用户所在地检验

对于一些不便在目的港卸货时检验的货物,例如,密封包装的货物在使用之前打开有损于货物质量,或者会影响使用的货物,或是规格复杂、需要在特定条件下用精密仪器或设备才能完成检验的货物,或需要安装调试后才能检验的产品,可将检验在用户所在地。使用这种条件时,货物的品质和重量(数量)是以用户所在地由双方认可的检验机构的检验结果为准。

(3)出口国检验、进口国复验

卖方在办理交货时,以装运港(地)商检机构出具的合格的检验证书作为卖方收取或议付货款的单据之一,但不作为最后依据,货物抵达目的港(地)后,允许买方对货物进行复验。经过复验后,如经双方认可的商检机构复验后,发现货物的品质、数量等与合同规定不符,并确属卖方责任时,买方可凭目的港(地)检验机构出具的检验证书,在规定时间内向卖方提出异议和索赔,直至拒收货物。由于这种做法肯定了卖方的检验证书是有效的交接货物和结算凭证,同时又确认买方在收到货物后有复验权,在检验问题上做到公平合理,对交易双方都有利,故在我国进出口合同中一般都采取这种办法。

(4)装运港(地)检验重量和目的港(地)检验品质

大宗商品交易中,为了调和交易双方在检验问题上的矛盾,采取了一种较为折中的办法,即以装运港的检验机构检验货物的重量,并出具重量证明作为最后依据,以目的港的检验机构检验货物品质,并出具品质证明作为最后依据,这一规定方法,习惯上称为"离岸重量和到岸品质"(Shipping Weight and Landing Quality)。

## 二、检验检疫机构

国际贸易中的商品检验工作,一般是由独立于买卖双方之外的第三者——专业性的检验部门承担的。国际上进出口商品检验机构名目繁多,但大致上可以分为下列几种:

(1)官方机构:由国家或地方政府投资设立的检验机构,根据国家的有关法令,对进出口商品执行法定检验、委托检验和监督管理。如美国食品药物管理局(FDA),我国的出入境检验检疫局。

(2)非官方机构:由私人或同业公会、协会等开设的检验机构,如公证人、公证行,瑞士日内瓦通用鉴定公司(S.G.S.)。

(3)半官方机构:一些由国家政府授权可以代表政府进行某类商品的检验工作或某方面的检验管理工作的民间机构。

在我国,从事进出口商品检验检疫工作的部门主要是中华人民共和国海关及其在各地的分支机构。凡外国检验机构在我国境内投资建立进出口商品检验机构,办理检验鉴定业务,必须经国家有关部门批准和统一管理。此外,还有中国进出口商品检验公司(China Import and Export Commodity Inspection Corpration,CIC)。商检公司是以非官方身份出现,接受进出口业务中的当事人和外国检验机构的委托,办理进出口商品的检验鉴定业务,并提供咨询服务。

我国商检机构的基本职责有三项,即①对重点进出口商品实施法定检验。②对所有进出口商品的质量和检验工作实施监督管理。③办理各项进出口商品的鉴定业务。

其中,法定检验是指商检机构或者国家商检部门,商检机构指定的检验机构,根据国家的法律、行政法规,对规定的进出口商品和有关的检验事项实施强制性检验。凡属于法定检验范围的进出口商品,有关单位必须及时向检验机构办理报验。未经检验合格的出口商品,不准出口,未经检验的进口商品,不准销售、使用。

商检机构和国家商检部门、商检机构指定的检验机构对进出口商品实施法定检验的范围包括:

(1)对列入《种类表》的进出口商品的检验;

(2)对出口食品的卫生检验;

(3)对出口危险货物包装容器的性能鉴定和使用鉴定;

(4)对装运出口易腐烂变质食品、冷冻品的船舱、集装箱等运载工具的适载检验;

（5）对有关国际条约规定须经商检机构检验的进出口商品的检验；

（6）对其他法律、行政法规规定必须经商检机构检验的进出口商品的检验；

监督管理主要是通过行政管理手段，推动和组织出口商品的生产、经营单位和进口商品的收、用货单位，对进出口商品按规定要求进行检验，商检机构可派员进行检查，同时，接受社会监督。

鉴定业务不是强制性检验，而是商检机构受托办理进出口商品的检验鉴定，其业务范围已大大超出了商品品质、数量、包装的检验。

### 三、检验检疫证书

检验检疫证书（I Certificate of Inspection and Quarantine）是商检机构对进出口商品进行检验检疫和鉴定后出具的证明文件，是各种进出口商品检验检疫证书、鉴定证书和其他证明书的统称。

（1）检验证书的种类

品质检验证书（Inspection Certificate of Quality）即运用各种检测手段，对进出口商品的质量、规格、等级进行检验后出具的书面证明。

重量检验证书（Inspection Certificate Of Weight）即根据不同的计量方法证明进出口商品的重量。

数量检验证书（Inspection Certificate Of Quantity）根据不同计量单位，证明商品的数量。

兽医检验证书（Veterinary Inspection Certificate）证明动物产品在出口前经过兽医检验，符合检疫要求，如冻畜肉，皮张，毛类，绒类，猪鬃及肠衣等商品，经检验后出具此证书。

卫生检验证书（Sanitary Inspection Certificate）出口食用动物产品，如肠衣罐头食品蛋品乳制品等商品，经检验后使用此种证明书。

消毒检验证书（Disinfections lnspection Certificate）证明出口动物产品经过消毒，使用此种证书，如猪鬃，马尾，羽毛，人发等商品。

验残检验证书(Inspection Certificate Damaged Cargo)证明进口商品残损情况,估定残损贬值程度,判断残损原因,供索赔时使用。

价值检验证书(Inspection Certificate of Value)需要证明产品的价值时使用此种证书。

产地检验证书(Inspection Certificate of Origin)证明出口产品的产地时使用此种证书。

在具体业务中,卖方究竟需要提供哪种证书,要根据商品的种类、性质、贸易习惯以及政府的有关政策法令而定。

(2)商品检验证书的作用

1)作为证明卖方所交货物的品质、数(重)量、包装以及卫生条件等方面符合合同规定的依据。

2)作为买方对所收货物的品质、数量等方面提出异议、拒收货物或要求索赔的凭证。

3)作为卖方向银行议付贷款的单据之一(信用证支付方式下)。

4)作为海关验关放行的凭证。

### 四、检验标准与检验方法

商品检验的标准很多,有生产国标准、进口国标准、国际通用标准以及买卖双方协议的标准等。一般按合同和信用证规定的标准作为检验的依据,如合同和信用证未规定或规定不明确时,进口商品首先采用生产国现行标准;没有生产国标准的,则采用国际通用标准;这两项标准都没有时,可按进口国家的标准检验,出口商品以买卖双方约定的标准作为检验的依据,无约定或约定不明确的,按国家标准;无国家标准,按部标准;无部标准,按企业标准。目前,我国有许多产品按国际标准生产和提供出口,并以此标准作为检验商品的依据,例如,按国际标准化组织的"ISO9000《质量管理和质量保证》的国际标准"、国际羊毛局的"IWS"、美国的

"UL"和美国威尔科克斯公司"B&W"等项标准。

在我国,检验方法的标准,由国家商检局制订。有些商品,检验方法不同,其结果完全不同,容易引起争议,为避免争议,必要时应在合同中订明检验方法。凡按样品达成的交易,合同中应对抽样检验的方法和比例作出规定。有些商品如粮食,在国际上有一些惯用的标准化取样和定级技术,运用时应明确规定采用哪一种方法。

### 五、复验期限、复验机构

在买方有复验权时,合同中应对复验的期限与地点以及复验机构作出明确的规定。复验期限就是复验时间,实际上就是买方就品质,数量等问题的有效索赔时间。复验期限的长短,应视商品的性质、复验地点和检验条件等情况而定。复验机构是指实施复验的检验机构。出口商品的复验机构一般用经我方事先认可的买方提出的机构为宜。至于复验费用由何方负担的问题,也应在合同中订明。

### 六、商品的检验条款示例

1.出口合同中的检验条款

(1)装运港检验

"双方同意以装运港中国出入境检验检疫局所签发的品质/数量检验证书为最后依据,对双方具有约束力"(英文:"It is mutually agreed that the Certificate of Quality/Quantity issued by the China Entry-Exit Inspection and Quarantine Bureau at the port of shipment shall be regarded as final and binding upon both parties.")

(2)装运港检验,目的港买方复验"买卖双方同意以装运港中国出入境检验检疫局签发的品质和数量(重量)检验证书作为信用证项下议付所提交单据的一部分。买方有权对货物的品质或数量(重量)进行复验。复验费由买方负担。如发现品质和数量(重量)与合同不符,买方有权向卖方索赔,但须提供经卖方同意的公证机构出具的检验报告。索赔期限为货到目的港后××天内。"(英文:"It is mutually agreed that the Certificate of Quality and Quantity (weight)issued by the China Entry-

Exit Inspection and Quarantine Bureau at the port of shipment shall be part of the documents to be presented for negotiation under the relevant L/C. The Buyers shall have the right to reinspect the Quality and Quantity(weight)of the cargo. The reinspection fee shall be borne by the Buyers. Should the Quality and/or Quantity(weight) be found not in conformity with that of the contract，the Buyers are entitled to lodge with the Sellers a claim which should be supported by survey reports issued by a recognized surveyer approved by the Sellers. The claim,if any,shall be lodged with in ××days after arrival of the cargo at the port of destination.")

2.进口合同中的检验条款"双方同意以制造厂(或××公证行)出具的品质及数量或重量检验证明书作为有关信用证项下付款的单据之一。但货物的品质及数量或重量的检验应按下列规定办理:货到目的港××天内经中国出入境检验检疫局复验,如发现品质、数量或重量与本合同规定不符时,除属保险公司或船运公司负责外,买方凭中国出入境检验检疫局出具的检验证明书,向卖方提出退货或索赔。所有因退货或索赔引起的一切费用(包括检验费)及损失均由卖方负担。在此情况下,凡货物适于抽样的,卖方应向买方要求,将有关货物的样品寄交卖方。"(英文:"It is mutually agreed that the Certificate of Quality and Quantity/weight issued by the Manufacture(or ×× Surveyor) shall be part of the documents for payment under the relevant L/C.In case the quality、quantity or weight of the goods be found not in conformity with those stipulated in this contract after reinspection by the China Entry-Exit Inspection and Quarantine Bureau within ×× days after arrival of the goods at the port of destination,the Buyers shall return the goods to or lodge claims aganist the sellers for compensation of losses upon the strength of this claim for which the insurers or the carriers are liable.A11 expenses (including inspection fees)and losses arising from the return of the goods or claim should be borne by the sellers.In such cases,the Buyers may,if so requested,send a sample of the goods in question to the Sellers,provided that the sampling is feasible.")

# 第四节　我国进出口检验检疫实务

**一、出境货物报检、检验检疫及签证流程**

出境货物报检、检验检疫及签证流程如图 7－1 所示。

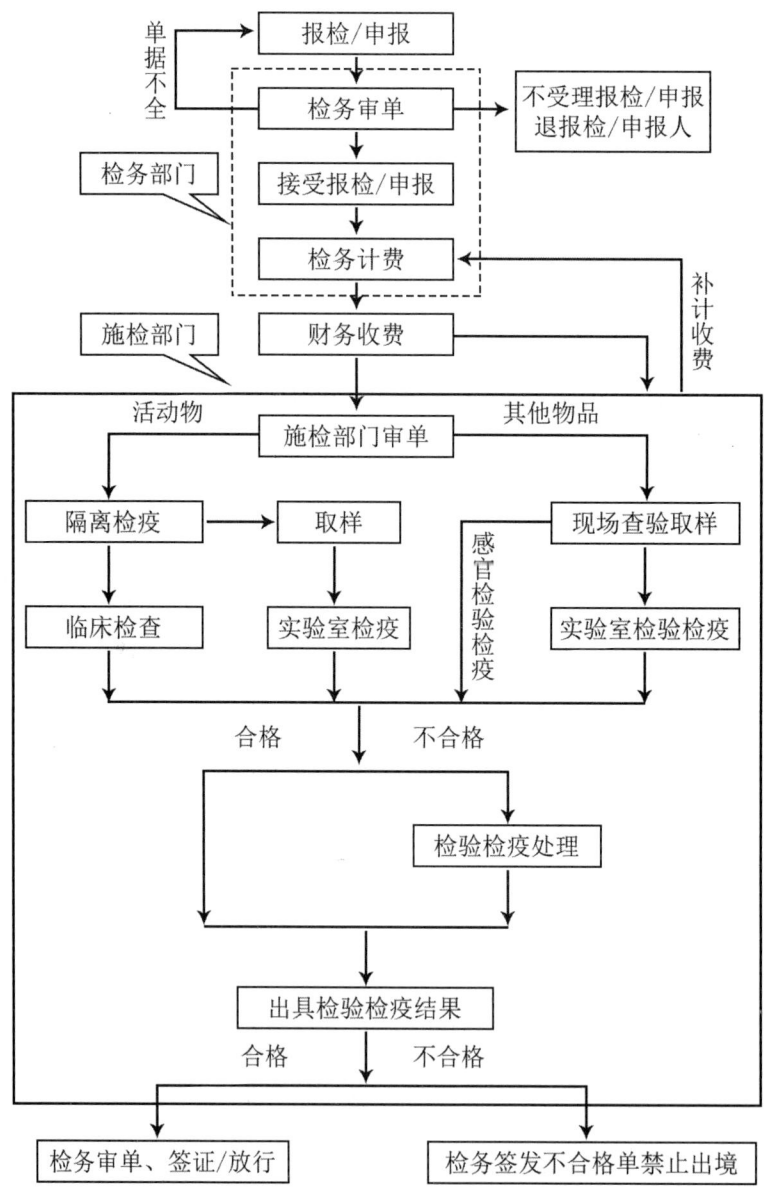

**图 7－1　出境货物报检、检验检疫及签证流程图**

## 二、如何办理证书的更改

报检人在检验检疫有效期内,由于货物短装等正当理由可以持原签发的证书向检验检疫机构办理证书更改申请。办理更改时需填写"更改申请单"并加盖单位公章,"更改申请单"上需写明更改原因,更改内容、要求等并经原施检部门工作人员签字同意后,向报检窗口申办。品名、数(重)量、检验检疫结果、包装、发货人、收货人等重要项目更改后与合同、信用证不符的,或者更改后与输出、输入国家或地区法律法规规定不符的,均不能更改。

## 三、如何办理补证

补证有两种情况,一是在办理报检时没有申请证书,后来由于需要而申请补证;二是原已申领了检验检疫证书,由于不慎遗失而要求补证。

对于第一种情况要求申请补证的,报检人可以填写"更改申请单"加盖单位公章,写明补证理由和需补证书种类,检验检疫机构根据原报检货物的检验检疫情况及检验检疫时效决定是否同意补证。补证申请仍在原报检窗口办理。

对于第二种情况,报检人需提交书面遗失报告,写明遗失原因及提供有关证明材料,经单位盖章并经法人代表签名,经检验检疫机构检务部门领导审批同意并到当地主要报刊登报申明作废后,再填写"更改申请单"到原报检窗口办理。

【参考阅读】如何防范买方以质量争议为由拖欠货款[①]

【案情介绍】

2006 年 4 月,我国出口商 A 与印度尼西亚买家 B 签订了价值 90 万美元的纺织品出口合同,合同约定的付款方式为 D/A90 天。此后,A 公司根据合同约定,如期出运了全部货物,但是 B 公司在承兑提货后仅支付了 20 万美元的货款,其余

---

① 资料来源:中国出口信用保险公司编著:《国际贸易与出口信用保险案例集》,中国商务出版社2008 年版

70万美元货款一直拖欠未付。同时 B 公司致函 A 公司指出，A 提供的商品存在颜色不一致、款式不符、长度不一等多处质量问题，并提出将货物打折或者将剩余货物退回 A 公司等解决方案。由于投保了出口信用保险，A 公司在收到 B 公司的函电后，并未直接进行回复，而是将案件委托中国出口信用保险公司（以下简称"中国信保"）进行处理。

**【案件处理】**

通过对案件的分析可以发现，本案争议的核心问题是 B 公司提出的货物质量异议能否成立。由于纺织品并不属于法定必须检验的商品种类，B 公司提出的质量问题能否成立，应根据合同约定的检验条款和检验标准进行判断。由于双方合同中没有任何关于货物质量检验条款的约定，中国信保在收到案件后对相关国际公约和国际惯例的规定进行了详细的了解。

《联合国国际货物销售合同公约》第38条规定："①买方必须在按情况实际可行的最短时间内检验货物或由他人检验货物。②如果合同涉及货物的运输，检验可推迟到货物到达目的地后进行。"第39条第(1)款规定："买方对货物不符合同，必须在发现或应当发现不符情形后一段合理时间内通知卖方，说明不符合同情形的性质，否则就丧失声称货物不符合的权利"。此外，《华沙—牛津规则》第19条规定："如果买方没有被给予检验货物的合理机会和进行检验的合理时间，则不应认为买方已经接受了货物。此种检验是在货物到达买卖合同约定的目的地进行，还是装船前进行，可由买方自行决定。在完成此项检验后3天内，买方应将其认为不符合买卖合同的情况通知卖方。如果不按此通知，买方便丧失其拒绝接受货物的权利。"

此外，中国信保在调查中获悉，B 公司并未就该批货物申请相关检验，更没有证明货物品质的有关证书，而且该批货物已经投放市场销售。

综合考虑上述因素，中国信保采取了相对强硬的追讨措施，直接致函 B 公司，如果其不能支付拖欠的全部货款,将直接对 B 公司提起诉讼。此时,B 公司再次提出了支付 50 万美元了结全部债务的方案,但在方案中并未提及将剩余货物退回 A 公司的问题。分析 B 公司的态度,中国信保认为其之所以拖欠货款并非货物品质真的存在问题,只不过是想以此为借口达到扣减甚至拒付货款的目的。但是,A 公司出于维持与 B 公司贸易关系的考虑,不希望采取法律措施。在这种情况下,经过贸易双方多轮反复谈判,A 公司最终成功收回 62 万美元,案件得以圆满解决。

**【启示与建议】**

分析本案的处理过程,我们可以发现,B 公司提出货物质量异议的根本目的在于拖欠货款,并非是货物真的存在质量问题。根据中国信保的追账经验,国外买方以货物质量为由拖欠货款的现象在国际贸易实务中十分常见。如何有效规避此类风险,充分维护出口商的自身利益,是国内出口企业在签订国际贸易合同过程中不容回避的课题。

(一)最好在合同中约定质量检验条款

如果买卖双方在贸易合同的签订阶段,明确约定有关检验标准、检验地点、检验机构和最终检验权的归属,可以在一定程度上保护出口商的权益。此外,出口商最好还能在合同中明确约定合理的检验期限和质量异议期,这是因为买方提出的任何超过合同约定期限的索赔主张,一般都不会得到法院或仲裁机构的支持。

(二)了解相关检验机构

随着国际贸易的发展,各国都设立了官方或民间的检验机构,可以进行不同种类的货物检验活动。如果能在合同中约定权威的质量检验机构,则可以在一定程度上规避检验机构的道德风险。目前,国际上比较知名的检验机构主要有 SGS 集团、英国劳氏船级社(LR)、德国技术监督协会(TUV)、瑞典电气设备检验所

(SEMKO)、美国保险商实验室(UL)和中国 CTI 华测检验机构等。上述机构只是众多检验机构的一部分,买卖双方可以在合同中约定任何具备合同商品检验资质的机构进行检验,但是出口商最好在此之前对合同约定的检验机构及其检验标准有所了解,因为不同机构对同一产品的检验可能会得出并不完全相同的检验结果。

# 第八章 Incoterms 2020 与货物进出口报关

## 第一节 海关概述

### 一、海关沿革

海关是一国在沿海、边境或内陆口岸设立的执行进出口监督管理的国家行政机构。它根据国家法令，对进出国境的货物、邮递物品、旅客行李、货币、金银、证券和运输工具等实行监管检查、征收关税、编制海关统计并查禁走私等任务。

最早的外国海关机构出现在公元前 5 世纪中叶古希腊城邦雅典。11 世纪以后，西欧威尼斯共和国成立以"海关"命名的机构即威尼斯海关。在漫长的封建社会，各国除继续在沿海、沿边设置海关外，在内地水陆交通要道也设置了许多关卡。资本主义发展前期（17-18 世纪），海关执行保护关税政策，重视关税的征收，并建立一套周密繁琐的管理、征税制度。19 世纪，为发展对外贸易，欧洲各国先后撤除内地关卡，废止内地关税，并且基本停止出口税的征收。海关历史悠久的发达国家有法国、英国、荷兰、意大利、德国、日本和美国等。发展中国家大部分布于亚洲、非洲和拉丁美洲。这些国家曾经长期遭受殖民主义国家的侵略和剥削，经济比较落后。发展中国家的对外贸易与海关，除向发达国家发展各种方式斗争外，还对本国现代海关制度进行开发和科技运用。

中国海关历史悠久，早在西周和春秋战国时期，古籍中已有关于"关和关市之征"的记载。秦汉时期进入统一的封建社会，对外贸易发展，西汉元鼎六年（公元前 111 年）在合浦等地设关。宋、元、明时期，先后在广州、泉州等地设立市舶司。清政府宣布开放海禁后，于康熙二十三年至二十四年（1684-1685 年），首次以"海关"命名，先后设置粤（广州）、闽（福州）、浙（宁波）、江（上海）四海关。1840 年鸦片战争后,中国逐渐丧失关税自主权、海关行政管理权和税款收支保管权,海关变成半殖民地性质的海关,长期被英、美、法、日等帝国主义国家控制把持,成为西方列强掠夺中国人的一个重要工具。直至 1949 年中华人民共和国建立以后,人民政府接管海关,宣告受帝国主义控制的半殖民地海关历史结束,标志着社会主义性质海关的诞生。中华人民共和国政府对原海关机构和业务进行彻底变革,经历曲折的发展过程,逐步完善海关建制。

各国政治、经济情况不尽相同,海关职责也有差异,即使同一国家,各个历史时期海关职责也有变化。但以下几项职责是绝大多数国家海关基本相同的:①对进出口货物、旅客行李和邮递物品、进出境运输工具,实施监督管理,有的称作通关管理,有的称作保障货物、物品合法进出境。②征收关税和其他税费。许多国家海关除征收关税外,还在进出口环节代征国内税费,例如增值税、消费税和石油税等。有些国家海关,还征收反倾销税、反补贴税和进口商品罚金等。③查缉走私。各国海关部对逃避监管、商业瞒骗偷逃关税行为进行查缉,尤其对走私禁止和限制进出境的货物、物品,特别是毒品,每一个国家海关部加大查缉力度。其他是部分或个别国家海关具有的特殊职能:如编制对外商品贸易统计、保税管理、沿海巡逻警戒、管理航行一级保护版权和专利权等。21 世纪初,有些国家除对传统的有形贸易(实物)监管外,还对无形贸易(服务贸易)进行监管。许多国家政府指令本国海关履行国际出口管制制度,即对高科技产品、导弹技术产品、核相关双重用途产品、生化武器、常规武器、环境污染物质和有毒废料、濒危物种、文物等进行管理制。

**二、中国海关**

海关是国家的进出关境监督管理机关。这个定义表明海关的权力授自国家,是代表国家在进出关境环节实施监督管理的机关。我国《海关法》第二条规定:"中华人民共和国海关是国家的进出关境(以下简称进出境)监督管理机关。海关依照本法和其他有关法律、行政法规,监管进出境的运输工具、货物、行李物品、邮递物品和其他物品（以下简称进出境运输工具、货物、物品），征收关税和其他税、费，查缉走私，并编制海关统计和办理其他海关业务。"国务院设立海关总署，统一管理全国海关。海关机构的设置一般分为海关总署、直属海关和隶属海关三级。海关实行垂直领导的体制，即隶属海关由直属海关领导，向直属海关负责；直属海关由海关总署领导，向海关总署负责。海关按照《海关法》和国家有关法律、法规，在国家赋予的职权范围内自主地、全权地行使海关监督管理权，不受地方政府（包括同级党的机构）和有关部门的干预。目前，共有国家批准的海、陆、空一类口岸253个，此外还有省级人民政府原来批准的二类口岸近200个。

中国海关的基本职能：

（一）进出境监管

中国海关总署依照《海关法》规定，对进出境运输工具、货物、行李物品、邮递物品和其他物品进行监管。

（二）征收关税和其他税

海关税收是国家财政收入的重要来源，也是国家实施宏观调控的重要工具。根据法律规定，中国海关总署除担负征收关税任务外，还负责对进口货物征收进口环节增值税和消费税。

（三）查缉走私

法律规定，海关是查缉走私的主管部门。中国海关总署为维护国民经济安全和对外贸易秩序，对走私犯罪行为给予坚决打击。我国实行"联合缉私、统一处理、综合治理"的缉私体制，海关在公安、工商等其他执法部门的配合下，负责组织、协调和管理缉私工作，对查获的走私案件统一处理。1999年组建的海关缉私警察，是国家打击走私违法犯罪活动的主力军，按照海关对缉私工作的统一部署和指挥，负责对走私犯罪案件的侦查、拘留、执行逮捕、预审工作，综合运用刑事执法与行政执法两种手段严厉打击走私。

（四）编制海关统计

根据《海关法》规定，编制海关统计是中国海关总署的一项重要业务。海关统计是国家进出口货物贸易统计,负责对进出中国关境的货物进行统计调查和分析,科学、准确地反映对外贸易的运行态势,实施有效的统计监督。中国海关总署按月向社会发布我国对外贸易基本统计数据,定期向联合国统计局、国际货币基金组织、世界贸易组织及其他有关国际机构报送中国对外贸易的月度和年度统计数据,数据发布的及时性居世界领先地位。中国海关总署定期编辑出版《中国海关统计》月刊和年鉴,积极为社会各界提供统计信息资料和咨询服务。

# 第二节　进出口报关制度

《海关法》第二十三条规定:"进口货物自进境起到办结海关手续止,出口货物自向海关申报起到出境止,过境、转运和通运货物自进境起到出境止,应当接受海关监管。"因此,进出口报是开展国际贸易的重要一环,也是海关履行监管职能,征收关税的重要依据。《海关法》第二十四条规定:"进口货物的收货人、出口货物的发货人应当向海关如实申报,交验进出口许可证件和有关单证。"

关于报关的资格,《海关法》第九条规定:"进出口货物,除另有规定的外,可以由进出口货物收发货人自行办理报关纳税手续,也可以由进出口货物收发货人委托海关准予注册登记的报关企业办理报关纳税手续。"因此,我国的进出口企业,既可以自行报关,也可以委托专门的报关行代为报关。

关于报关的时限,《海关法》第二十四条规定:"进口货物的收货人应当自运输工具申报进境之日起十四日内,出口货物的发货人除海关特准的外应当在货物运抵海关监管区后、装货的二十四小时以前,向海关申报。进口货物的收货人超过前款规定期限向海关申报的,由海关征收滞报金。"如果收货人出现逾期申报的情况,《海关法》第三十条规定:"进口货物的收货人自运输工具申报进境之日起超过三个月未向海关申报的,其进口货物由海关提取依法变卖处理,所得价款在扣除运输、装卸、储存等费用和税款后,尚有余款的,自货物依法变卖之日起一年内,经收货人申请,予以发还;其中属于国家对进口有限制性规定,应当提交许可证件而不能提供的,不予发还。逾期无人申请或者不予发还的,上缴国库。"

关于报关的形式,《海关法》第二十五条规定:"办理进出口货物的海关申报手续,应当采用纸质报关单和电子数据报关单的形式。"

关于报关的地点,《海关法》第三十五条规定:"进口货物应当由收货人在货物的进境地海关办理海关手续,出口货物应当由发货人在货物的出境地海关办理海关手续。经收发货人申请,海关同意,进口货物的收货人可以在设有海关的指运地、出口货物的发货人可以在设有海关的启运地办理海关手续。上述货物的转关运输,应当符合海关监管要求;必要时,海关可以派员押运。经电缆、管道或者其他特殊方式输送进出境的货物,经营单位应当定期向指定的海关申报和办理海关手续。"

## 第三节　出口报关程序

出口货物的发货人在根据出口合同的规定按时、按质、按量备齐出口货物后,即应当向运输公司办理租船订舱手续,准备向海关办理报关手续,或委托专业(代理)报关公司办理报关手续。

需要委托专业或代理报关企业向海关办理申报手续的企业,在货物出口之前,应在出口口岸就近向专业报关企业或代理报关企业办理委托报关手续。接受委托的专业报关企业或代理报关企业要向委托单位收取正式的报关委托书,报关委托书以海关要求的格式为准。同时,出口货物的发货人要准备好报关用的单证。一般情况下,报关应备单证(除出口货物报关单外)主要包括:托运单(即下货纸)、发票一份、贸易合同一份、出口收汇核销单及海关监管条件所涉及的各类证件。

出口报关程序包括:

(1)申报。申报是指货物的所有人或其代理人在货物出境时,在海关规定的期限内,按海关规定的格式填写出口货物报关单,随附海关规定应交验的有关货运、商业单据,同时提供经批准的货物出口证件,向海关申报。申报与否(包括是否如实申报)是区别走私和非走私的重要界限之一。因此,海关法律对货物、运输工具的申报,包括申报时间、申报单证、申报内容都做了明确的规定,把申报制度以法律的形式固定下来。

申报应注意的问题主要是报关时限,报关时限是指货物运到口岸后,法律规定发货人或其代理人向海关报关的时间限制。出口货物的报关时限为装货的 24 小时以前。不需要征税费、查验的货物,自接受申报起 1 日内办结通关手续。

办理出口报关时,须向海关交验的单证主要有:"出口货物报关单";"出口货物许可证";国家商品检验、动植物检疫、药物检验等机构签发的证件;"出口收汇核销单";货运单据;减税、免税或免验的证明文件;合同、产地证和其他海关认为必须提供的单证、账册等;"登记手册"及"报关员证"。

(2)查验。查验是指海关在接受报关单位的申报并以经审核的申报单位为依据,通过对出口货物进行实际的核查,以确定其报关单证申报的内容是否与实际进出口的货物相符的一种监管方式。海关通过核对实际货物与报关单证来验证申报环节所申报的内容与查证的单、货是否 致,通过实际的查验发现申报审单环节所不能发现的有无瞒报、伪报和申报不实等问题。海关通过查验可以验证申报审单环节提出的疑点,为征税、统计和后续管理提供可靠的监管依据。海关查验货物后,均要填写一份验货记录。验货记录一般包括查验时间、地点、进出口货物的收发货人或其代理人名称、申报的货物情况,查验货物的运输包装情况(如运输工具名称、集装箱号、尺码和封号)、货物的名称、规格型号等。需要查验的货物自接受申报起 1 日内开出查验通知单,自具备海关查验条件起 1 日内完成查验,除需缴税外,自查验完毕 4 小时内办结通关手续。

(3)征税。根据《海关法》的有关规定,进出口的货物除国家另有规定外,均应征收关税。关税由海关依照海关进出口税则征收。需要征税费的货物,自接受申报 1 日内开出税单,并于缴核税单 2 小时内办结通关手续。

(4)放行。对于一般出口货物,在发货人或其代理人如实向海关申报,并如数缴纳应缴税款和有关税费后,海关在出口装货单上盖"海关放行章",出口货物的发货人凭此装船起运出境;对于退关的货物,申请退关货物发货人应当在退关之日起 3 天内向海关申报退关,经海关核准后方能将货物运出海关监管场所;对于出口退税的货物签发出口退税报关单,即海关放行后,在浅黄色的出口退税专用报关单上加盖"验讫章"和已向税务机关备案的海关审核出口退税负责人的签章,退还报关单位。

在我国,每天大约出口价值 1.5 亿美元的货物,出口核销退税每延迟一天,就要给广大客户造成很大损失。如何加快出口核销退税速度呢?在单证操作方面最重要的一点就是正确填写出口报关单。报关单的有关内容必须与船公司传送给海关的舱单内容一致,才能顺利地核销退税。对海关接受申报并放行后,由于运输工具配载等原因,部分货物未能装载上原申报的运输工具的,出口货物发货人应及时向海关递交"出口货物报关单更改申请单"及更正后的箱单发票、提单副本进行更正,这样报关单上内容才能与舱单上内容一致。

# 第四节　进口报关程序

进口企业可自行报关,也可委托货运代理公司或报关行代理报关。

我国《海关法》规定,进口货物收货人应当自载运该货物的运输工具申报进境之日起 14 日内向海关办理进口申报手续,超过 14 日期限未向海关申报的从第 15 日起按日征收 CIF 价格 5‰的滞报金。

进口报关需填写"进口货物报关单",并随同交验下列单据:

(1)进口许可证和国家规定的其他批准文件;

(2)提单或运单(结关后由海关加盖放行章发还);

(3)发票;

(4)装箱单;

(5)减、免税或免验的证明;

⑹报验单或检验证书；

⑺产地证。以及其他海关认为有必要提供的文件。

海关接受申报后，对进口货物实施查验。核对实际进口货物是否与报关单所列相一致。查验一般在海关监管区域内的仓库、场所进行。对散装货物、大宗货物和危险品等，结合装卸环节，可在船边等现场查验。对于在海关规定到期查验有困难的，经报关人申请，海关可派员到监管区域以外的地点查验放行。

进口货物接受查验，交纳关税后，由海关在货运单据上签章放行，即为结关。收货人或其代理可持海关签章的货运单据提取货物。

## 【参考资料】今日中国海关①

### 一、中国海关概述

中华人民共和国海关是国家进出境监督管理机关，实行垂直领导体制。基本任务是出入境监管、征税、打私、统计，对外承担税收征管、通关监管、保税监管、进出口统计、海关稽查、知识产权海关保护、打击走私、口岸管理等主要职责。

海关总署是中华人民共和国国务院下属的正部级直属机构，统一管理全国海关。海关总署现有 17 个内设部门、6 个直属事业单位、管理 4 个社会团体（海关学会、报关协会、口岸协会、保税区出口加工区协会），并在欧盟、俄罗斯、美国等派驻海关机构。中央纪委、监察部在海关总署派驻纪检组、监察局。

全国海关目前共有 46 个直属海关单位（广东分署，天津、上海特派办，41 个直属海关，2 所海关院校），580 个隶属海关和办事处，通关监管点近 4000 个。中国海关现有关员（含海关缉私警察）约 5 万人。

中国海关实行"依法行政，为国把关，服务经济，促进发展"的工作方针和"政治坚强、业务过硬、值得信赖"的队伍建设要求。中国海关精神是"忠诚公正，兴关强国"。

---

① 资料来源：http://www.customs.gov.cn/publish/portal0/tab38393/module90709/info219550.htm

中国海关实行关衔制度。关衔设五等十三级。分别为一等:海关总监、海关副总监;二等:关务监督(一级、二级、三级);三等:关务督察(一级、二级、三级);四等:关务督办(一级、二级、三级);五等:关务员(一级、二级)。

中国海关不断优化通关模式、监管体系、管理机制和队伍素质。在通关模式方面,实行以企业守法管理为基础的分类通关,进一步提高通关效率;在监管体系方面,着眼提高海关监督管理整体效能,理顺三级事权,发挥一线监管、后续管理、打击走私等各方面力量的作用,加强与外部的沟通协作,建立起与"大通关"相适应的,综合性、整体性海关大监管体系;在管理机制上,建立起规范有序、运作顺畅、监督有效的工作运行机制,完善海关决策指挥、组织协调、督办落实、考核评估、监督检查、责任追究等管理制度;在队伍素质方面,提升各级领导干部驾驭复杂局面、掌控管理风险和解决实际问题的能力,强化广大关员的责任心、工作技能和抵御风险的能力。

### 二、税收征管

海关税收征管是指由海关按照《海关法》和进出口税则,对准许进出口的货物、进出境的物品征收税款。目前中国海关征收的税款主要有关税、进口环节增值税、消费税及船舶吨税等。海关税收是国家财政收入特别是中央财政收入的重要来源,是国家宏观调控的工具,也是保护和促进国内产业健康发展的重要手段。中国加入世界贸易组织(WTO)后,中国海关认真履行中国政府有关承诺,按照非歧视原则在全关境内实施公平、统一、透明的关税政策;全面实施《WTO 海关估价协定》;具体实施分步降低关税方案。

中国海关坚持综合治税,切实提高海关税收征管能力,积极建立税收长效机制,海关税收的规模和质量达到了前所未有的水平,为国家税收和财政稳定增长做出了积极贡献。

多年来,海关着力落实增值税转型政策和加工贸易禁限类目录管理,强化减免税后续监管,组织开展税收征管基础工作检查。同时,切实加强物流监控,推进舱单管理改革,规范监管场所管理,加强人工核查,强化保税货物的全程监控。综合运用关税分析监控、风险管理、执法评估等手段,防控主要纳税企业及重点行业和商品的税收风险。防范和打击商业瞒骗,加强对重点海关、商品的税收专项审计。对重点行业及政策调整期的敏感商品和重点领域开展全国性的税收核查和稽查。

### 三、打击走私

海关打击走私是指海关运用刑事执法和行政执法手段,在海关监管场所和设关地附近的沿海沿边规定地区内,对走私违法犯罪活动进行制止、查处和综合治理的执法行为,其根本目的是维护国家经济利益和进出口贸易秩序。中国海关是国家打击走私的职能部门。1998 年以来,国家组建了海关缉私警察,受海关和公安双重领导、以海关领导为主,并实行"联合缉私、统一处理、综合治理"的缉私体制。

中国海关始终保持打击走私高压态势,综合运用刑事、行政执法手段,深入开展专项斗争和联合行动,积极推进反走私综合治理,大规模走私势头继续得到有效遏制,有效维护了经济秩序和社会稳定。

此外,海关着力建立健全与有关部门的协同配合机制,严厉打击骗取出口退税行为,建立严密的口岸监控体系和反恐防爆维稳应急处置机制,加强对全国反走私综合治理工作的指导和协调。

### 四、海关监管

海关监管是指海关依法对进出境的运输工具、货物和行李邮递物品进行实际审核查验,通过接受报关、审核单证、查验放行等一系列管理制度与管理程序,确保国家关于运输工具、货物和行李邮递物品进出境的各项法律规定得以贯彻执行。

中国海关在进出境监管方面推出了区域通关、分类通关、舱单管理等一系列改革,"有效监管、高效运作"取得显著成效,有力地促进了对外经济贸易和科技文化交往。

多年来,海关全面推行企业守法管理,加快推进分类通关,进一步落实"属地申报、口岸验放"和跨关区通关货物"应转尽转"等措施。抓紧完善海关保税监管货物流转管理,实现海关特殊监管区域、保税监管场所与口岸监管现场的联动通关。加快推进口岸"大通关"和"电子口岸"建设。

### 五、保税监管

海关加工贸易和保税监管是指海关在得到企业保证国家税收不流失的承诺后,对进口货物暂时不征收海关税并实行全程监管直至出口的一种新型海关管理方式(亦称"保税监管")。改革开放以来,从"三来一补"到来料加工、进料加工,从"放养式"的加工企业、保税仓库、保税工厂到"圈养式"的保税区、出口加工区等各类海关特殊监管区域,海关这一新型管理制度极大地推动了加工贸易的发展,使加工贸易进出口值连续多年占据中国外贸进出口的"半壁江山"。加入世界贸易组织(WTO)以后,海关根据形势发展需要,将保税监管的领域从单一的保税加工扩大到保税物流,进一步推动了中国国际物流业的蓬勃发展。目前,保税监管已经成为中国海关的一种重要监管方式,是海关管理制度促进生产力发展的最直接体现。

中国海关积极参与制订并认真贯彻落实加工贸易转型升级的政策措施,有力地促进了加工贸易转型升级和保税物流业的发展。积极落实国家区域发展总体战略,推进海关特殊监管区域(包括保税区、出口加工区、保税物流园区、保税港区等)整合发展。

多年来,海关着力抓好出口加工区拓展保税物流等功能的落实,鼓励企业在特殊区域和保税场所内设立高新技术研发中心、产品检测维修中心、物流配送分拨中心和地区性营运结算中心,延长产业链,提高附加值。深入推进保税加工监管作业流程再造改革。

### 六、海关稽查

海关稽查是指海关自进出口货物放行之日起 3 年内或者在保税货物、减免税进口货物的海关监管期限内,对被稽查人的会计账簿、会计凭证、报关单证以及有关资料和有关进出口货物进行核查,监督被稽查人进出口活动的真实性和合法性。海关稽查的重点主要是通过一般贸易货物的税后稽查、加工贸易货物的核销后稽查、减免税货物的审批后稽查,规范企业进出口行为,引导企业守法自律,着力发现走私违法线索。

通过着力加强稽查和企业管理,推进海关与守法企业建立合作伙伴关系,使更多的守法企业享受到海关优质高效的服务。

### 七、海关统计

海关统计是指以实际进出口货物作为统计和分析的对象,通过搜集、整理、加工处理进出口报关单或经海关核准的其他申报单证,对进出口货物的品种、数(重)量、价格、国别(地区)、经营单位、境内目的地、境内货源地、贸易方式、运输方式、关别等项目分别进行统计和综合分析,全面、准确地反映对外贸易的运行态势,实施进出口预警监测,为国家宏观经济决策和促进对外贸易发展提供信息服务。海关统计是法律规定的国家统计之一。海关总署按月向社会发布中国对外贸易基本统计数据,提供统计信息资料和咨询服务;定期向联合国统计局、国际货币基金组织、世界贸易组织及其他国际机构报送中国对外贸易的月度和年度统计数据,各类数据的发布时间居世界领先地位。

中国海关统计质量稳步提高,实现了对进出口的实时监测、快速反应、科学预测和动态预警,海关统计分析受到社会各界的普遍重视,海关执法评估系统应用成效显著,为促进对外经济贸易发展、提高海关管理水平发挥了重要作用。

### 八、口岸管理

口岸管理是指海关按照国务院关于推动大通关建设的各项要求,积极发挥口岸管理职能作用,加强口岸综合治理,科学规划口岸开放。目前,全国共有一类开放口岸 253 个。

中国海关大力推进口岸大通关建设,建立并发挥口岸工作联络协调机制作用,全国大部分口岸特别是重点口岸的通关效率不断提高。按照大通关(包括海关、检验检疫、运输、装卸等环节)统计,目前,海运方式进出口货物一般 24 小时可通行,空运方式进出口货物一般十几个小时可通行,鲜活商品等应急货物平均几小时即可通行,粤港、粤澳口岸正常通行时间已经实现车辆不超过 1 小时、旅客不超过 30 分钟。

中国海关经过调查研究和广泛征求意见,形成并实施了海关支持西部大开发、东北地区老工业基地振兴、中部地区崛起、天津滨海新区开发开放、海峡西岸经济区建设、海南省扩大开放、河北省以曹妃甸新区建设为重点的开发开放、泛珠三角区域合作、长三角东部地区率先发展等 126 条总体意见和 468 项具体措施,得到各地党政和社会各界的充分肯定,推进口岸"大通关"和"电子口岸"建设,口岸通关环境进一步优化。

### 九、海关大监管体系

构建以有效监管为目标导向、以风险管理为中心环节、以综合监管为基本模式、以形成整体功能为根本要求的海关大监管体系,是完善海关监督管理体制机制、更好地适应科学发展观要求的有效载体。

海关大监管体系的目标任务主要包括:总署、直属海关、隶属海关三级事权划分更加合理;实际监管、职能管理、内控监督、综合保障四个工作领域权责更加明晰;物流监控、审单作业、保税监管、企业稽查、打击走私五支基本力量协同监管更加有效;管理机制运行更加顺畅;外部协作、综合治理更加和谐等。

### 十、海关法制

海关法制是国家法制建设的组成部分和中国海关工作的基础,也是提高海关依法行政水平的根本保障。海关法制建设包括健全与完善海关各项法规,对海关人员进行法规宣传教育,培训执法人员和研究海关法理论等。目前,中国海关法律体系基本建立,执法程序和执法监督检查制度进一步完善,执法工作逐步规范化,依法行政水平明显提高。

多年来,海关着力加大对企业自主知识产权的海关保护力度,支持优势企业和产品出口,促进我国自主品牌企业发展。提高依法行政水平,注重运用和解、调解等多种手段,化解行政纠纷和执法争议。

## 十一、海关科技

科技工作是海关业务运作的重要依托。中国海关牢固树立"科技强关"意识,着力提高科技管理水平和科技应用效益,充分发挥海关科技应用的基础性、先导性作用,基本形成了"电子海关""电子口岸""电子总署"的应用格局,为全面实现海关通关作业网络化、监控手段智能化、职能管理数字化和行政决策科学化提供强大的技术支持。海关力争把"电子口岸"建设成为全国进出口贸易管理和服务"单一窗口"。

## 十二、海关国际合作

随着中国在更大范围和更深程度上参与经济全球化,中国海关越来越多地参与国际事务,在国际经济和贸易中发挥着日益重要的作用。

中国海关通过参与 WTO 谈判和履行 WTO 承诺义务,为中国最终加入WTO 并成功应对加入 WTO 对中国外经贸挑战发挥了重要作用;中国海关自1983 年加入世界海关组织(WCO)以来,积极参加 WCO 常设技术委员会、执法委员会、协调制度委员会、海关估价技术委员会、原产地技术委员会以及自动数据处理分委员会的活动,积极参与修改《京都条约》《内罗毕公约》、审定《协调制度》、制定原产地规则等工作。

中国海关积极开展国际海关多边、双边和区域行政互助交流与合作。积极研究借鉴国际海关先进经验和方法,与国际海关通行规则逐步接轨。积极探索非传统领域的海关国际合作,逐步开展了"中欧安全智能贸易航线试点计划"等一批务实合作项目。海关开展国际合作的主动性显著增强,合作领域逐步拓宽,合作能力不断提高,中国海关的国际地位进一步提升。目前,中国海关已与 117 个国家(地区)的海关建立了友好往来关系,对外签署了 42 个政府间海关互助合作文件。

### 十三、准军事化海关纪律部队建设

准军事化海关纪律部队建设的总体目标是:根据海关的性质、任务和特点,学习借鉴人民解放军革命化、现代化、正规化建设的经验,打造一支具有良好的内在素质和外在形象,能够经得起各种风浪考验,"政治坚强、业务过硬、值得信赖"的高素质海关队伍。

按照同步推进反腐倡廉建设和海关业务建设、同步推进惩治和预防腐败工作、同步开展反腐败和反走私斗争、同步落实党风廉政建设责任制和行政执法责任制的要求,海关有效防控执法风险和廉政风险。

# 第九章　Incoterms 2020 与外贸合同的履行

## 第一节　出口贸易合同的履行

国际货物买卖合同一经依法有效成立,有关当事人必须履行合同规定的义务。买方的基本义务是按照合同规定,交付货物,移交一切与货物买卖有关的单据和转移货物的所有权;买方的基本义务是,按照合同规定,支付货款和收取货物。"重合同""守信用"是履行买卖合同时必须遵守的原则。按时、按质、按量履行合同的规定,不仅关系到买卖双方行使和取得各自的权利和义务,而且关系到国家的对外信誉。因此,买卖双方必须严格履行合同。

在履行出口合同过程中,涉及的工作环节较多,涉及的面较广,手续也较繁杂。为了提高合同履约率,各进出口公司必须注意加强同有关单位的协作配合,把各项工作做到精确细致,尽量避免工作脱节,延误装船期限以及影响安全、迅速收汇等事故的发生。

目前,我国出口合同大多数为 CIF 合同或 CFR 合同,并且一般都采用信用证付款方式,故在履行这类合同时,必须切实做好货(备货、报验),证(催证、审证、改证),运(托运、报关、保险),款(制单结汇)四个基本环节的工作。同时还应密切注意买方的履约情况,以保证合同最终得以圆满履行。

### 一、备货

备货是根据出口合同或信用证的规定,按时、按质、按量准备好应交付的货物,以保证按时出运。在备货工作中应注意以下几个问题:

(一)货物的品质

1.货物品质应符合合同的规定

合同中表示品质的方法,有"凭文字说明"和"凭样品"两种类型。对于凭文字说明成交的合同,卖方所交货物必须与文字说明相符。对于凭样品成交的合同,卖方交付的货物的内在质量与外观形态都应和样品一致。如果在交易中既凭文字说明,又凭样品来表示商品品质,则卖方所交货物既要和文字说明相符,又要和样品一致,其中任何一种不一致,都构成违约。

2.货物品质应符合法律的要求

法律对货物品质的要求,主要有三个方面:

(1)货物应适合同一规格货物的通常用途,具有可销性。这是法律所要求卖方承担的默示条件。

(2)货物应适合于订立合同时买方曾明示或默示地使卖方知道的特定用途。这也是法律所要求的默示担保责任。

(3)货物应符合进口国法律法规所要求的品质标准。世界各国都对数以万计的商品规定了严格的品质标准和技术标准,这些强制性的要求,即使合同中未作规定,卖方也必须保证货物达到标准,否则无法进入该国市场。

(二)货物的数量

对于货物的数量,应保证满足合同或信用证对数量的要求。备货的数量应适当留有余地,备做装运时可能发生的调换和适应舱容之用。仓库发出数、驻港人员实收数、实际装船数等必须清清楚楚,均应有记录可查,避免多装、少装、错装和漏装等情况发生。

(三)货物的包装和唛头

对于货物包装除根据合同或信用证认真核对包装材料、充填物、形状、重量(或数量)等是否相符外,还应注意包装是否牢固,有无破漏、开包、水渍等影响运输、装卸及取得清洁提单的不良情况。

对于货物的唛头如合同和信用证已作规定,应在向生产加工及仓储部门下达联系单中准确列出。注意防止错刷、漏刷和外文字母倒置等情况。

（四）备货时间

应根据信用证规定，结合船期安排，以利于船货衔接。

## 二、报验

凡属国家规定，或合同规定必须经中国海关检验出证的商品，在货物备齐后，应向海关申请检验，只有取得海关发给的合格检验证书，海关才能放行。凡经检验不合格的货物，一律不得出口。

申请报验的手续是，凡需要法定检验出口的货物，应填制"出口报验申请单"，向海关办理申请报验手续。"出口报验申请单"的内容一般包括：品名、规格、数量（或重量）、包装、产地等项。如需有外文译文时，应注意中、外文内容一致。在提交"申请单"时，还应附上合同和信用证副本等有关凭据，供海关检验和发证时参考。

申请报验后，如出口公司发现"申请单"内容填写有误，或因国外进口人修改信用证以致货物规格有变动时，应提出更改申请，并填写"更改申请单"，说明更改事项和更改原因。货物经检验合格，即由海关发给检验证书，进出口公司应在检验证书规定的有效期内将货物出运。如超过有效期装运出口，应向海关申请展期，并由海关进行复验合格后才能出口。

## 三、催证、审证和改证

以信用证方式结算的出口合同，取得买方开立的符合合同要求的信用证，关系到卖方能否安全收汇和得到资金融通，是卖方交货的前提。因此，落实信用证的工作，对卖方来说至关重要。

（一）催证

催证，是指当进口人未按合同规定时间开来信用证，或出口人根据货源和运输情况可能提前装运时，通过信函、电报、电传或其他方式催促进口人迅速开出信用证。催证工作并非笔笔业务必有的业务程序，而是当国外进口人遇到国际市场发生变化对其不利或资金发生短缺情况时，往往拖延开证或不开证。因此，我方应催促对方迅速办理开证手续。特别是大宗商品交易或按国外进口人要求特制商品的交易，更应结合备货情况及时催证。必要时，可请我驻外商务机构或中国银行分支机构协助代为催证。过去有的出口单位不懂催证，货物虽早已备妥，装运期已到，仍等证上门，往往贻误装运机会，错过船期，造成因装运期和信用证有效期已过而引起展证、迟期收汇、索赔和货款落空的一系列后果，所以，应重视按合同规定的装运时间，视情况采取适当方式进行催证。

（二）审证

信用证是依据合同开立的，信用证内容应该是与合同条款一致的。但在实践中，由于种种因素，如工作的疏忽、电文传递的错误、贸易习惯的不同、市场行情的变化或进口商有意利用开证的主动权加列对其有利的条款等，往往会出现开立的信用证条款与合同规定不符。为确保收汇安全和合同顺利执行，防止导致经济上和政治上对我方不应有的损失，我们应该在国家对外政策的指导下，对不同国家、不同地区以及不同银行的来证，依据合同进行认真的核对与审查。

在实际业务中，银行和进出口公司共同承担审证任务。其中，银行着重审核开证行的政治背景、资信状况、付款责任和索汇路线等方面的内容，进出口公司则着重审核信用证内容与买卖合同是否一致。对信用证审核的内容，一般应包括以下几个方面：

（1）从政策上审核。来证各项内容应符合我国方针政策，不得有歧视性内容，否则应根据不同情况向开证行交涉。

（2）开证银行资信的审查。为了保证安全收汇，对开证行所在国家的政治经济情况、开证银行的资信、经营作风等必须进行审查，对于资信不佳的银行，应酌情采取适当措施。

（3）对信用证的性质与开证行付款责任的审查。来证中不得标明"可撤销"字样。同时在证内应载有开证行保证付款的文句。对有些国家的来证，虽然注明有

"不可撤销"的字样,但在证内对开证行付款责任方面加列"限制性"条款或"保留"条款,受益人对此必须特别注意。如来证注明"以领到进口许可证后通知时方能生效",电报来证注明"另函详"等类似文句,应在接到上述生效通知书或信用证详细条款后方履行交货义务。

上述三点,是银行审证的要点,进出口公司只作复核性审查。

(4)对信用证金额与货币的审查。信用证金额应与合同金额相一致。如合同订有溢短装条款,信用证金额亦应包括溢短装部分的金额。信用证金额中单价与总值要填写正确。来证所采用的货币应与合同规定相一致。

(5)对商品的品质、规格、数量、包装等条款的审查。证中有关商品品质、规格、数量、包装、单价等项内容必须和合同规定相符,特别是要注意有无另外的特殊条款,应结合合同内容认真研究,做出能否接受、或是否修改的决策。

(6)对信用证规定的装运期、有效期和到期地点的审查。装运期必须与合同规定一致,如国外来证晚,无法按期装运,应及时电请国外买方延展装运期限。信用证有效期一般应与装运期有一定的合理间隔,以便在装运货物后有足够时间办理制单结汇工作。关于信用证的到期地点,通常要求规定在中国境内到期,如信用证将到期地点规定在国外,一般不宜轻易接受。

(7)对单据的审查。对于来证中要求提供的单据种类和份数及填制方法等,要进行仔细审核,如发现有不正常规定,例如要求商业发票或产地证明须由国外第三者签证以及提单上的目的港后面加上指定码头等字样,都应慎重对待。

(8)费用条款的审查。除洽商时买卖双方另有规定外,我出口单位习惯做法是银行费用由开证人负担。

(三)改证

在审证中发现属于不符合我国对外贸易方针政策,影响合同履行和安全收汇等情况,我们必须要求国外客户通过开证行进行修改,并坚持在收到银行修改信用证通知后才能装运,避免发生货物已装出,信用证的内容未改,造成银行拒付的后果。

信用证规定的装运期和有效期是约束受益人按时装运和向银行交单议付的限期,如果受益人在履约时不能按信用证规定的装运期交货或有效期内办理议付时,需要求国外开证人通过开证行办理展证,展证工作也属于改证的范围。在改证时应注意需要修改的内容应一次性通知开证申请人,避免"一证多改"的情况,以节约对方改证费用。对于修改通知书的内容,如发现其中一部分不能接受,则应把修改通知书退回,待全部改妥后才能接受。UCP600 规定:对同一修改通知中的修改内容不允许部分接受,因此,部分接受修改内容当属无效。此外,对来证不符合同规定的各种情况,还需要做出具体分析,不一定坚持要求对方办理改证手续。例如,合同规定允许分批装运,而来证注明不允许分批装运,如果货物已全部备齐,一次装运无困难,可不必要求改证。

### 四、托运、保险和报关

按 CIF 或 CFR 条件成交的出口合同,由出口方办理租船或订舱。出口方收到国外开来的信用证经审查无误后,应尽快办理租船或订舱、投保、报关等项工作,争取早装运、早收汇。

#### (一)托运

在我国出口业务中,如果出口货物数量较大,需要整船装运的,则要办理租船手续;对出口货物数量不大,不需整船装运的,则要办理订舱手续。订舱业务程序大体如下:

(1)进出口公司填写托运单(Booking Note ,B/N),作为订舱依据。所谓托运单是指托运人根据合同和信用证的有关运输条款内容填写的向承运人办理货物托运的单证。承运人根据托运单内容,并结合船舶的航线、挂靠港、船期和舱位等条件考虑,认为合适后,即接受这一托运,并在托运单上签章,留存一份,退回托运人一份。

(2)船公司或其代理人在接受托运人的托运单后,即发给托运人装货单(Shipping Order，S/O）。

（3）货物装船之后，由船长或大副签发收货单。托运人凭收货单向外轮代理公司交付运费和换取正式提单。现在各进出口公司的做法是依据收货单所载的内容缮制提单，然后到外代盖章交付运费。

**（二）保险**

按照 CIF 条件成交的出口合同，在装船之前由我进出口公司及时向中国人民保险公司办理海洋货物运输保险手续。办理投保手续应按信用证规定的保险条款、险别、保险金额和投保加成办理。注意防止多保、漏保或错保，以免造成不符点，影响结汇。

**（三）报关**

出口货物的发货人或其代理人应在装货的 24 小时之前向运输工具所在地或出境地海关申请报关。报关时须填写出口货物报关单，必要时还需提供装货单、发票、装箱单、重量单、商检证、出口许可证、出口收汇核销单及其他有关证件。货物经海关检验货、证、单相符无误并在装货单上加盖放行章放行后，即可凭以装船。

### 五、制单结汇

**（一）制作出口单据**

货物装运后，出口企业应立即按照信用证的规定，正确缮制各种单据，并在信用证规定的交单有效期内，递交银行办理议付结汇手续。出口企业在缮制单据时，应做到单单一致（单据与单据）、单证一致（单据与信用证）、单货一致（单据与货物），尽量减少银行拒付的风险。同时要求在制单时做到"正确、完整、及时、简明、整洁。"由于制单工作是一项既复杂又繁琐的工作，在国际上，正在研究向简化方向发展，在 UCP600 第 17 条 C 款规定："除非单据本身另有说明，在以下情况下，银行也将其视为正本单据：单据看似由出单人手写、打字、穿孔或盖章；或者单据看似使用出单人的原始信纸出具;或者单据声明其为正本单据,除非该声明看似不适用于提交的单据。"

现对几种主要的单据制作要点及注意事项扼要介绍如下:

1.汇票

(1)出票条款(Drawn Under Clause)

汇票上的出票条款是开具汇票的依据。如属于信用证方式,应按照来证的规定文句填写。如信用证内没有规定具体文句,可在汇票上注明开证行名称、地址。如属于托收方式,在汇票"Drawn Under"之后打上"For Collection"即可。有的要求加上合同号。

(2)信用证号码(L/C No.)

这一栏的内容要求填写正确。如果来证要求不填这一栏,出口公司在制单过程中也可以接受。

(3)开证日期(L/C Issue Date)

这一栏应填写的是开证日期,常见的错误是把出具汇票的日期填在这一栏。

(4)年息(Payable with interest)

这一栏由结汇银行填写,用以清算企业与银行间的利息费用。

(5)号码(No.)

这一栏填的是制作本交易单据中发票的号码。

(6)汇票小写金额(Exchange for xx)

汇票金额应与发票总值一致,不得超过信用证的限额。小写金额由两部分构成:一是货币名称的缩写;二是阿拉伯数字表示的金额数。金额数要求保留到小数点后两位。

(7)汇票的交单日期

指受益人把汇票交给议付行的日期。这一栏由银行填写。

(8)付款期限(At … sight)

即期汇票应打上"AT SIGHT"字样。远期汇票应打上将来的某个付款时间,如"30 days after B /L date"。

（9）收款人（Pay to the order of ）

信用证方式下，收款人为议付行。托收方式下，收款人为托收行。

（10）汇票大写金额

大写金额应顶格填写，金额后应填写"only"，以免有人在汇票金额上做手脚。

（11）付款人（To ××）

托收方式下，付款人为买方。信用证方式下，以开证行或其指定的付款银行为付款人。

（12）出票人（Drawer ）

汇票的右下角打上出票人的名称，并加盖负责人印章，但若要求手签，应予以照办，否则视为无效。

2.发票

发票种类很多，通常指的是商业发票，此外，还有其它各种发票，如海关发票、领事发票和厂商发票等。

（1）商业发票

商业发票是卖方开立的载有货物名称，数量，价格等内容的清单，作为买卖双方交接货物和结算货款的主要单证，也是进出口报关完税必不可少的单证之一。

我国各进出口公司的商业发票没有统一格式，但主要项目基本相同，主要包括：发票编号、开制日期、数量、包装、单价、总值和支付方式等项内容。

在制作发票时应注意以下问题：

1)收货人的填写，如属信用证方式，除少数信用证另有规定外，一般均应填写来证的开证申请人。

2)货物的名称、规格、数量、单价、包装等项内容的填制，凡属信用证方式，必须与来证所列各项要求完全相符，不能有任何遗漏或改动。如来证内没有规定详细品质或规格，必要时可按合同加注一些说明，但不能与来证的内容有抵触，以防国外银行挑剔而遭到拖延或拒付货款。

3）如客户要求或信用证规定在发票内加列船名、原产地、生产企业的名称、进口许可证号码等，均可一一照办。

4）来证和合同规定的单价含有"佣金"，发票上照样填写，不能以"折扣"字样代替。如来证和合同规定有"现金折扣"（Cash Discount）的字样，在发票上也应全名照列，不能只写"折扣"或"贸易折扣"（Trade Discount）等字样。

5）凡属信用证方式，发票的总值不能超过信用证规定最高金额，按照银行惯例的解释，开证银行可以拒绝接受超过信用证所许可金额的商业发票。

6）如信用证内规定"选港费"（Optional Charges）、"港口拥挤费"（Port Congestion Charges）或"超额保费"（Additional premium）等费用由买方负担，并允许凭本信用证支取的条款，可在发票上将各项有关费用加在总值内，一并向开证银行收款。但是如果信用证内未作上述注明，即使合同中有此约定，也不能凭信用证支取。除非国外客户同意并经银行通知在信用证内加列上述条款，否则，上述增加费用，应另制单据通过银行托收解决。

7）由于各国法令或习惯不同，有的来证要求在发票上加注"证明所列内容真实无误"（或称"证实发票" Certified Invoice）、"货款已经收讫"（或称"收妥发票" Receipt Invoice）或有关出口人国籍、原产地等证明文句，应在不违背我国方针、政策和法令的情况下，酌情办理。出具"证实发票"时，应将发票的下端通常印有的"有错当查"（E.& O. E.）字样删去。

（2）海关发票（Customs Invoice）

有些国家的海关制定一种固定的发票格式，要求国外出口人填写，属于这类发票有下列三种不同的叫法。

1）海关发票（Customs Invoice）；

2）估价和原产地联合证明书（C.C.V.O 即 Combined Certificate of Value and Origin）；

3）根据××国海关法令的证实发票（Certificate Invoice in Accordance With ××× Customs Regulations）。

对上述三种叫法的发票,在习惯上我们统称为海关发票。进口国要求提供这种发票,主要是作为估价完税或征收差别待遇关税或征收反倾销税的依据。此外还提供编制统计资料之用。

在填写海关发票时,一般应注意以下问题:

1)各个国家(地区)使用的海关发票,都有其固定格式,不得混用。

2)凡是商业发票上和海关发票上共有的项目的内容,必须与商业发票保持一致,不得相互矛盾。

3)"出口国国内市场价格"一栏,其价格的高低是进口国海关作为是否征收反倾销税的重要依据。我们在填制这项内容时,应根据有关规定慎重处理。

4)如成交价格为 CIF 条件,应分别列明 FOB 价、运费、保险费,这三者的总和应与 CIF 货值相等。

5)签字人和证明人均须以个人身份出面,而且这二者不能为同一个人。个人签字均须手签方有效。

(3)领事发票(Consular Invoice)

有些国家,例如一些拉丁美洲国家、菲律宾等国规定,凡输往该国的货物,国外出口人必须向该国海关提供经该国领事签证的发票。有些国家制定了固定格式的领事发票;也有一些国家则规定可在出口人的商业发票上由该国领事签证(Consular Visa)。领事发票的作用与海关发票基本相似。各国领事签发发票时,均需收取一定的领事签证费。如国外来证规定需由我方提供领事发票的条款,一般不接受,或由银行注明当地无对方机构,争取取消。特殊情况应按我国主管部门的有关规定办理。

(4)厂商发票(Manufacturer's Invoice)

厂商发票是由出口货物的制造厂商所出具的以本国货币计算价格、用来证明出口国国内市场的出厂价格的发票。其目的也是供进口国海关估价、核税以及征收反倾销税之用。如国外来证有此项要求,应参照海关发票有关国内价格的填制办法处理。

3.提单

提单是装运单据中最重要的单据,在缮制提单时,应注意以下几点:

(1)提单发货人(Shipper)

来证如无特殊规定,应以信用证的受益人为发货人。

(2)提单的收货人(Consignee)

该栏又称提单抬头。应严格按信用证规定制作。如以托收方式结算,则一般做成指示式抬头,即写成"To order"或"To the order of ×××"的字样。

(3)被通知人(Notify Party )

收货人或其在目的港的提货代理人即为被通知人。若信用证未明确规定被通知人,提单正本可以空白,在副本上填上收货人或开证行或中间商的名称地址,以便承运人通知。

(4)提单号码(B/L No. )

提单上必须注明编号,以便核查,没有编号的提单无效。

(5)装运港(Port of Loading )和卸货港(Port of Discharge )

应填写具体港口名称。卸货港如不同国家有重名,则应加注国名。如中途转船,卸货港即填写转船港名称,而目的港应填入"最终目的地"(final destination )栏内。也可在卸货港内填上目的港,同时注明"在×××港转船"(W/T at ×××)。

(6)唛头(Marks )

唛头的填写不得与信用证有抵触,应与其他单据相一致。在集装箱运输时,并无唛头,若有集装箱号,应填上该号码;若既无集装箱号,又无唛头时,填上"N / M "即可。

(7)包装件数和种类(Number and Kind of Packages)与货物描述(Description of Goods )

一张提单有几种不同包装应分别列明,散装货应注明"in bulk"。货物名称允许使用货物统称,但不得与信用证中货物的描述有抵触。

（8）运费和费用（Freight & Charges）

本栏只填运费支付情况。CFR 和 CIF 条件成交,应填写运费预付（freight prepaid）,FOB 条件成交,一般填写运费到付（freight collect）,除非买方委托发人代付运费。承租船一般只写明"as arranged"。

（9）提单日期和签发地点

除备运提单外,提单日期均为装货完毕日期,不能迟于信用证规定的装运期。提单签发地点按装运地填列。

（10）签署

按 UCP600 规定,海运提单表面应注明承运人名称,并由承运人或其代理人、船长或其代理人签署。签署人必须表明其身份。若为代理人签署,尚需表明被代理一方的名称和身份。

4.保险单

保险单的填制应注意以下几点:

（1）被保险人在 CIF 或 CIP 条件下,出口货物由出口商申请投保,在信用证没有特别规定的前提下,信用证受益人为被保险人,并加空白背书,以转让保险权益。

（2）除信用证内规定无免赔率外,对有免赔率的货物须在保单上注明。

（3）保险单的签发日期应不迟于提单或其他货运单据签发日期。

（4）保险险别和保险金额应与信用证规定相符。保险单上的唛头、包装及数量、货名、船名、大约开航日期、装运港、目的港等项内容应与提单相一致。

5.原产地证明

原产地证明是用以证明货物原产地或制造地,是进口国海关计征税率的依据。我国出口商品所使用的产地证主要有普通产地证和普惠制产地证。

（1）普通产地证。用以证明货物的生产国别,进口国海关凭以核定应征收的税率。在我国,普通产地证可由出口商自行签发,或由中国进出口商品检验机构签发,或由中国国际贸易促进委员会签发。实际业务中,应根据买卖合同或信用证的规定,提交相应的产地证。

(2)普惠制产地证。是普惠制的主要单据。凡是对给惠国出口一般货物,须提供这种产地证。由我进出口公司填制,并经中国进出口商品检验机构出具,作为进口国减免关税的依据。目前采用普惠制"Form A"产地证有 20 多个国家。下面将"Form A"的填制方法简单予以介绍。

第 1 栏:出口商名称、地址、国家

若信用证无特殊规定,一般填信用证受益人的名称、地址和国家。此栏必须填制,不得空白。地址要填详细地址,且要与信用证一致。

第 2 栏:收货人名称、地址、国家

根据信用证要求填写给惠国的真实收货人的名称,如果信用证未明确也可填写提单的被通知人,还可以填写商业发票的抬头人。有的信用证要求不填收货人,如欧盟国家,可以空白不填。习惯上此栏可加注"To Whom It May Concern(致有关人)"。

第 3 栏:运输方式和路线

此栏一般应填明装运港、目的港及运输方式(可以不注明运输工具),如经转运也应注明转运地,并与提单所列一致。

第 4 栏:供官方使用

此栏一般留空不填。但有时由于后补证书,由商检局填注。如因证书丢失重新补发证书时,除盖"Duplicate"章以外,并由商检局在此栏加注"本证为×月×日签发第××号证书的复本,原证书作废"字样(This Certificate is in Replacement of Certificate of Origin No……Dated……Which is Cancelled)

第 5 栏:项目号

本栏根据品名的个数顺序写出。例如出现第一个品名,本栏填"1",出现第二个品名,本栏填写"2"以此类推。

第 6 栏:唛头与包装号码

本栏填写商品包装的唛头,当唛头过长,可超出本栏,延续到第 7 栏内。当无唛头时,填写"N/M"。

第 7 栏:包装数量和种类,商品名称

此栏的填制与提单同类栏的填法基本一致,且应符合信用证的规定。商品名称要求填具体名称,件数要加注大写。有时国外来证要求加注信用证号码或某项声明时,可加在此栏。

第 8 栏:原产地标准

这是整个证书最重要的一栏,也是国外进口国家海关审查核心项目,填的字数虽少,但情况却很复杂。如果本产品完全是出口国自产的,即填"P"代号;如果出口商品有进口成分,应参照"Form A"的背书内容规定填写或按《关于普惠制产地证书(格式 A)的填制说明》填写。对新西兰、澳大利亚出口货物可以不填此栏。

第 9 栏:毛重或其他数量

以毛重计算货物重量,即可填毛重,如果只有货物净重,也可填净重,但要加注"N.M"字样。

第 10 栏:发票号码和日期

证书上的发票号及日期应丁发票实际号码及日期完全一致,日期要以英义写法填制,此栏不得空白。

第 11 栏:签证单位的盖章

此栏由签证当局(商检局)自行填写机构的名称,签署地点与日期由出口公司填写。地点指签证当局的签证地点。本栏日期不得早于第 10 栏和第 12 栏日期,一般填写同一日即可。

第 12 栏:出口商声明

在"…produced in"之后填写"China";在"…goods eＸported to"后面填进口国名称,应与收货人或目的港国别一致。所有正、副本证书,均由出口商盖章及被授权人签字,同时填上地点和日期。本栏日期不得早于发票日期。

(二)交单结汇

1.交单

交单是指出口商(信用证受益人)在规定时间内向银行提交信用证规定的全套单据,这些单据经银行审核,由银行办理结汇。交单应注意三点:其一是单据的种类和份数与信用证的规定相符,其二是单据内容正确,包括所用文字与信用证一致,其三是交单时间必须在信用证规定的交单期和有效期之内。

2.结汇

信用证项下的出口单据经银行审核无误之后,银行按信用证规定的付汇条件,将外汇结付给出口企业。我国出口业务中,大多使用议付信用证,议付结汇的方式有:

(1)收妥结汇,是指议付行收到单据后,经审核无误,将单据寄交国外付款行索取货款,待收到付款行将货款拨入议付行账户的贷记通知书时,再向出口商结汇。

(2)买单结汇,是指议付行在审单无误情况下,按信用证条款买入受益人的汇票和单据,从票面金额中扣除从议付日到估计收到票款之日的利息,将货款先行垫付给出口商。议付是可以追索的,如开证行拒付,议付行可向出口商追还已垫付的货款。

(3)定期结汇,是指议付行根据向国外付款行索偿所需时间,预先确定一个固定的结汇期限,到期时向出口商结汇。

**六、理赔**

在履行出口合同过程中,如因买方未按合同规定履行义务,致使卖方遭受损失,卖方可根据不同对象、不同原因以及损失大小,实事求是地向买方提出索赔。买方对卖方提出的索赔,应当认真处理。应当指出,在履行出口合同时,往往因卖方交货与合同规定不符而引起买方索赔的情况居多。如果卖方交货的品质、数量、包装不符合合同的规定,在买方享有复验权的情况下,买方即使已经支付货款,仍可向卖方提出索赔。卖方在处理索赔时,应注意下列几点:

(1)要认真细致地审核国外买方提出的单证和出证机构的合法性。对其检验的标准和方法也都要一一核对，以防买方串通检验机构弄虚作假或国外的检验机构检验有误。

（2）要认真做好调查研究，弄清事实，分清责任。为此，必须会同生产部门和运输部门对商品品质、包装、储存、备货、运输等方面进行周密调查，然后把单证材料和实际情况结合起来，进行分析研究，查清货物发生损失的环节、原因，并确定责任属于何方。如果属于船公司或保险公司的责任范围，应交船公司或保险公司处理；如确实属于卖方责任，应实事求是地予以赔偿。对国外提出的不合理要求，必须根据可靠的资料，以理拒绝。

（3）要合理确定损失程度、金额和赔付方法。

# 第二节　进口贸易合同的履行

国际货物买卖合同中，买方的基本义务是接货、付款。目前我国进口合同大多以 FOB 条件成交，以信用证方式结算货款。履行这类进口合同的一般程序是：开立信用证、租船订舱、装运、办理保险、审单付款、接货报关、检验、索赔等事项，进口商应与各有关部门密切配合，逐项完成。

## 一、开立信用证

### （一）申请开证

进口合同签订后，进口方填写开证申请书向银行办理开证手续。开证申请书是银行开立信用证的依据，也是申请人和银行之间的契约关系的法律证据。

开证申请书包括两个部分：

第一部分是信用证的内容，包括受益人名称、地址，信用证的性质、金额，汇票内容，货物描述，运输条件，所需单据种类和份数，信用证的交单期、到期日和地点，信用证通知方式等。

第二部分是申请人对开证银行的声明。其内容通常固定印制在开证申请书上，包括承认遵守 UCP600 的规定；保证向银行支付信用证项下的货款、手续费、利息及其他费用;在申请人付款赎单前,单据及货物所有权属银行所有;开证行收下不符信用证规定的单据时申请人有权拒绝赎单,等等。

（二）开证注意事项

（1）信用证的内容应是完整的、自足的。信用证的内容应严格以合同为依据,对于应在信用证中明确的合同中的贸易条件,必须具体列明,不能使用"按××号合同规定"等类似的表达方式。因为信用证是一个自足文件,有其自身的完整性和独立性,不应参照或依附于其他契约文件。

（2）信用证的条件必须单据化。UCP600 规定:"如信用证载有某些条件,但并未规定需提交与之相符的单据,银行将视这些条件为未予规定而不予置理"。因而,进口方在申请开证时,应将合同的有关规定转化成单据,而不能照搬照抄。比如,合同中规定货物按不同规格包装,则信用证中应要求受益人提交装箱单;合同以 CFR 条件成交,信用证要求受益人提交的清洁已装船提单上应注明运费已付等。

（3）按时开证。如合同规定开证日期,进口方应在规定期限内开立信用证;如合同只规定了装运期的起止日期,则应让受益人在装运期开始前收到信用证;如合同只规定最迟装运日期,则应在合理时间内开证,以使卖方有足够时间备妥货物并予出运。通常掌握在交货期前一个月至一个半月左右。

（4）关于装船前检验证明。由于信用证是单据业务,银行不过问货物质量,因而可在信用证中要求对方认可的检验机构出立的装船前检验证明,并明确规定货物的数量和规格。如果受益人所交检验证明的结果和证内规定不符,银行即可拒付。

（5）关于保护性规定。UCP600 中若干规定,均以"除非信用证另有规定"为前提。比如,"除非信用证另有规定,银行将接受下列单据而不论其名称如何"等等。如果进口方认为 UCP600 的某些规定将给自己增加风险,则可利用"另有规定"这一前提,在信用证中列入相应的保护性条件,比如,UCP600 规定,禁止转运对集装箱运输无约束力,若买方仍要求禁止转运,则可在信用证中加列:"即使货装集装箱,本证严禁转运"等。

(6)关于保兑和可转让信用证。我国银行原则上不开立保兑信用证,对可转让信用证也持谨慎态度。对此,进口商在签订合同时应予注意,以免开证时被动。

## 二、运输和保险

### (一)运输

按 FOB 交货条件成交的进口合同,应由买方负责租船或订舱。我国外贸公司大都通过外运代理机构办理此项业务,也可直接向中国远洋运输公司等实际承运人洽办。

在办理过程中,应注意船货衔接,通常由卖方在交货前的一定时间内,将预期货物备妥待装的日期通知买方。买方在接到上述通知后,应及时向外运公司办理租船或订舱手续。在办妥租船或订舱手续后,应按规定的期限通知卖方船名和船期,以便卖方备货装船。同时,还应随时了解和掌握卖方的备货和装船前的准备等情况,必要时催促对方按时货运。对成交数量大或重要进口货物,

如有可能请我驻外机构就地了解和催促卖方履约。在特殊情况下,可派人到出口地点检验监督装运。在卖方装船后,应及时向我方发出装船通知,以便我方办理保险和办理报关接货等事宜。

### (二)保险

为了简化投保手续,防止漏保,我国外贸公司和经常有货物进口的企业,与保险公司订有预约保险合同。该合同对进口货物的投保险别、保险费率、赔付方法和承保货物的范围都作了具体的规定。在预约保险合同规定范围内的货物,一经起运,保险公司即自动承担保险责任。外贸企业在接到国外卖方的装船通知后,应立即填制预约保险起运通知书或将装船通知送达保险公司,即完成了投保手续。

未与保险公司签订预约保险合同的企业,对进口货物需逐笔办理保险。进口

企业在收到国外卖方的装船通知后,应立即填制投保单,保险公司接受承保后将签发一份保险单作为双方之间保险合同的证明文件。

### 三、审单和付款

（一）审单

以信用证方式结算,出口商必须提交与信用证相符合的单据。开证行和进口方都必须对全套单据进行审核。银企双方应密切配合。现将主要单据审核要点简述如下:

1.汇票

⑴ 信用证名下汇票,应加列出票条款(drawn clause)说明开证行,信用证号码及开证日期。

⑵ 金额应与信用证规定相符,一般应为发票金额。如单据内含有佣金或货款部分托收,则按信用证规定的发票金额的百分比开列。金额的大小写应一致。国外开来汇票,也可以只有小写。

⑶ 汇票付款人应为开证行或指定的付款行。若信用证未规定,应为开证行,不应以申请人为付款人。

⑷ 出票人应为信用证受益人,通常为出口商,收款人通常为议付银行。

⑸ 付款期限应与信用证规定相符。

⑹ 出票日期必须在信用证有效期内,不应早于发票日期。

2.提单

⑴ 提单必须按信用证规定的份数全套提交,如信用证未规定份数,则一份也可算全套。

⑵ 提单应注明承运人名称,并经承运人或其代理人签名,或船长或其代理人签名。

⑶ 除非信用证特别规定,提单应为清洁已装船提单。若为备运提单,则必须加上装船注记(shipped on board)并由船方签署。

⑷ 以 CFR 或 CIF 方式成交,提单上应注明运费已付(freight prepaid)。

⑸ 提单的日期不得迟于信用证所规定的最迟装运日期。

⑹ 提单上所载件数、唛头、数量、船名等应和发票相一致。货物描述可用总称,但不得与发票货名相抵触。

3.商业发票

⑴ 发票应由信用证受益人出具,无需签字,除非信用证另有规定。

⑵ 商品的名称、数量、单价、包装、价格条件、合同号码等描述,必须与信用证严格一致。

⑶ 发票抬头应为开证申请人。

⑷ 必须记载出票条款、合同号码和发票日期。

4.保险单

⑴ 保险单正本份数应符合信用证要求,全套正本应提交开证行。

⑵ 投保金额、险别应符合信用证规定。

⑶ 保险单上所列船名、航线、港口、起运日期应与提单一致。

⑷ 应列明货物名称、数量、唛头等,并应与发票、提单及其他货运单据一致。

5.产地证

⑴ 应由信用证指定机构签署。

⑵ 货物名称、品质、数量及价格等有关商品的记载应与发票一致。

⑶ 签发日期不迟于装船日期。

6.检验证书

⑴ 应由信用证指定机构签发。

⑵ 检验项目及内容应符合信用证的要求,检验结果如有瑕疵者,可拒绝受理。

⑶ 检验日期不得迟于装运日期,但也不得距装运日期过早。

(二)付款或拒付

信用证受益人在发运货物后,将全套单据经议付行寄交开证行(或保兑行)。

如开证行经审单后认为单证一致、单单一致,即应予以即期付款或承兑或于信用证规定的到期日付款,开证行付款后无追索权。

如开证行经审单后发现单证不符或单单不符,应于收到单据次日起五个工作日内,以电讯方式通知寄单银行,说明单据的所有不符点,并说明是否保留单据以待交单人处理或退还交单人。

对于单证不符的处理,按 UCP600 规定,银行有权拒付。在实际业务中,银行需将不符点征求开证申请人的意见,以确定拒绝或仍可接受。作为开证申请人的进口方,对此应持慎重态度。因为银行一经付款,即无追索权。

开证行向外付款的同时,即通知进口企业付款赎单。进口企业付款赎单前,同样需审核单据,若发现单证不一,有权拒绝赎单。

对于远期信用证或因航程较短货物先于单据到达,进口方可以下列两种方式先行提货。

(1)信托收据。在进口企业尚未清偿信用证项下汇票时(往往指远期汇票),可向银行开出信托收据,银行凭其将货运单据"借给"进口商,以利其及时提货,然后在汇票到期日偿还货款。

(2)担保提货。进口货物先于提单到达目的地,进口企业可请求银行出具保函,向运输公司申请不凭提单提取货物,如果承运人因此而蒙受损失,由银行承担赔偿责任。

**四、接货和报关**

(一)接货

接货包括监卸和报验。

进口企业通常委托货运代理公司办理接货业务。可以在合同和信用证中指定接货代理,此时出口商在填写提单时,在被通知人栏内应填上被指定的货运代理公司的名称和地址。

船只抵港后,船方按提单上的地址,将"准备卸货通知"(notice of readiness to

discharge)寄交接货代理。接货代理应负责现场监卸。

如果未在合同或信用证中明示接货代理,则也可由进口方在收到船方通知径直寄来的"准备卸货通知"后,自行监卸。但大多数情况下,仍可委托货运代理公司作为收货人的代表,现场监卸。

监卸时如发现货损货差,应会同船方和港务当局,填制货损货差报告。

卸货后,货物可以在港口申请报验,也可在用货单位所在地报验。但下列情况之一的,应在卸货港向商检机构报验:(1)属于法定检验的货物;(2)合同规定应在卸货港检验;(3)发现货损货差情况。

《联合国国际货物销售合同公约》规定,卖方交货后,在买方有一个合理的机会对货物加以检验以前,不能认为买方已接受了货物。如果买方经检验,发现卖方所交货物与合同规定不符,买方有权要求损害赔偿直至拒收货物。因此,买方收到货物后,应在合同规定的索赔期限内对货物进行检验。

(二)报关

进口企业可自行报关,也可委托货运代理公司或报关行代理报关。

我国《海关法》规定,进口货物收货人应当自载运该货物的运输工具申报进境之日起 14 日内向海关办理进口申报手续,超过 14 日期限未向海关申报的从第 15 日起按日征收 CIF 价格 5‰的滞报金。

进口报关需填写"进口货物报关单",并随同交验下列单据:(1)进口许可证和国家规定的其他批准文件;(2)提单或运单(结关后由海关加盖放行章发还);(3)发票;(4)装箱单;(5)减、免税或免验的证明;(6)报验单或检验证书;(7)产地证。以及其他海关认为有必要提供的文件。

海关接受申报后,对进口货物实施查验。核对实际进口货物是否与报关单所列相一致。查验一般在海关监管区域内的仓库、场所进行。对散装货物、大宗货物和危险品等,结合装卸环节,可在船边等现场查验。对于在海关规定到期查验有困难的,经报关人申请,海关可派员到监管区域以外的地点查验放行。

进口货物接受查验,交纳关税后,由海关在货运单据上签章放行,即为结关。收货人或其代理可持海关签章的货运单据提取货物。

**五、进口索赔**

在进口业务中,有时会发生卖方不按时交货或所交货物的品质、数量、包装与合同规定不符的情况,也可能由于装运保管不当或自然灾害、意外事故等致使货物损坏或短缺。进口方可因此而向有关责任方提出索赔。

(一)索赔对象

(1)向卖方索赔。凡属下列情况可向卖方索赔:货物品质规格不符合合同规定;原装数量不足;包装不符合合同规定或因包装不良致使货物受损;未按期交货或拒不交货。

(2)向承运人索赔。凡属下列情况可向承运人索赔:货物数量少于运单所载数量;提单为清洁提单,由于承运人保管不当而造成货物短损。

(3)向保险公司索赔。属于投保险别的承保范围内的损失。

(二)索赔注意事项

在进口业务中,办理对外索赔时,一般应注意以下事项:

1.索赔证据

对外提出索赔需要提供证件,首先应制备索赔清单,随附商检局签发的检验证书、发票、装箱单、提单副本。其次,对不同的索赔对象还要另附有关证件。向卖方索赔时,应在索赔证件中提出确切根据和理由,如系 FOB 或 CFR 合同,尚须随附保险单一份;向轮船公司索赔时,须另附由船长及港务局理货员签证的理货报告及船长签证的短卸或残损证明;向保险公司索赔时,须另附保险公司与买方的联合检验报告等。

2.索赔金额

索赔金额,除受损商品的价值外,有关的费用也可提出。如商品检验费、装卸费、银行手续费、仓储、利息等,都可包括在索赔金额内。至于包括哪几项,应根据具体情况确定。

3.索赔期限

对外索赔必须在合同规定的索赔有效期限内提出，过期无效。如果商检工作可能需要更长的时间，可向对方要求延长索赔期限。

4.关于卖方的理赔责任

进口货物发生了损失，除属于轮船公司及保险公司的赔偿责任外，如属卖方必须直接承担的责任，应直接向卖方要求赔偿，防止卖方制造借口来推卸理赔责任。

目前，我们的进口索赔工作，属于船方和保险公司责任的一般由货运代理外贸运输公司代办；属于卖方责任的则由进出口公司直接办理。为了做好索赔工作，要求进出口公司、外贸运输公司、订货部门、商检局等各有关单位密切协作，要做到检验结果正确，证据属实，理由充分，赔偿责任明确，并要及时向有关责任方提出，以挽回货物所受到的损失。

# 第十章　Incoterms 2020 与国际结算

国际货款收付又称国际结算,是买卖双方的基本权利和义务,支付条款是买卖合同中的一个重要条款。随着国际贸易的发展,国际货款的结算方式趋于多样化,不同结算方式下订立的支付条款也有所不同。货款的结算涉及支付工具、付款时间、地点及支付方式等问题。

毫无疑问,国际贸易中的买方最基本的义务的接收货物和付款。Incoterms 2020 在买方义务中第一条 B1 项目中,即明确了买方的一般义务是"必须按照销售合同约定支付货款。"

## 第一节　支付工具

在国际贸易中,常用支付工具包括现金和金融票据。现金可用于计价、结算和支付,而金融票据可用于结算和支付。由于采用现金结算不方便,也不安全,国际货款收付一般采用非现金结算的票据方式,即使用信用工具或支付凭证,通过双方在银行开立账户进行冲销结算。

金融票据指依据票据法签发和流通的,以无条件支付一定金额为目的的有价证券。国际货款结算中常用的金融票据主要有汇票、本票和支票,其中汇票使用最广泛。

### 一、汇票( Bill of Exchange/Exchange/Draft)

(一)汇票的含义

《英国票据法》关于汇票的定义是:汇票是由一人向另一人签发的,要求其见票时或在将来的固定时间或可以确定的时间,对某人或其指定人或持票人支付一定金额的无条件书面支付命令(A bill of exchange is an Unconditional order in writing addressed by one person to another signed by the person giving it requiring the person to whom it is addressed to pay on demand，or at a fixed or determinable future time a sum certain in money to or to the order of a specified person,,or to bearer）。

我国《票据法》第 19 条对汇票做了如下定义："汇票是出票人签发的,委托付款人在见票时或者在指定日期无条件支付确定金额给收款人或者持票人的票据。"

一张汇票主要涉及三个当事人：出票人、受票人和受款人。

1.出票人（Drawer）：是签发汇票,并将汇票交给收款人的人。出票人对收款人及正当持票人承担保证汇票在提示时被付款和承兑的责任。在进出口业务中,出票人通常是出口商。

2.受票人（Drawee）：即汇票的付款人（Payer）,是指由出票人在汇票上记名指定的支付票款的当事人。在付款人签名承担付款义务之前,汇票的主债务人仍然是出票人,只有付款人在汇票上签了名,承担付款义务之后,才在法律上构成汇票的债务人。在进出口业务中,付款人通常是进口商或其指定银行。信用证业务中,付款人是开证行或其指定付款行。

3.受款人（Payee）：又称收款人或汇票的抬头人,是汇票规定可以领受汇票金额的人,是汇票的主债权人,其权利通常包括收款、转让,以及在付款人拒绝支付时向出票人追索。在进出口业务中,如果信用证没有特别指定,受款人通常是出口商本人或其提交单据的银行。

（二）汇票的基本内容

各国票据法对汇票内容的规定有所不同,我国《票据法》第 22 条明确规定,汇票必须记载下列事项：

(1)表明"汇票"的字样；

(2)无条件支付的委托；

（3）确定的金额；

（4）付款人名称；

（5）收款人名称；

（6）出票日期；

（7）出票人签章。

汇票上未记载上述规定事项之一的，汇票无效。

在业务中，汇票通常尚需列明付款日期、付款地点和出票地点等内容。对此，我国《票据法》第 23 条也做了相关规定："汇票上记载付款日期、付款地、出票地等事项的，应当清楚、明确。汇票上未记载付款日期的，为见票即付。汇票上未记载付款地的，付款人的营业场所、住所或者经常居住地为付款地。汇票上未记载出票地的，出票人的营业场所、住所或者经常居住地为出票地。"

（三）汇票的种类

1.按照出票人的不同，汇票可分为银行汇票（Banker's Draft）和商业汇票（Commercial Draft）。

银行汇票，是指出票人和受票人都是银行的汇票。银行汇票一般为光票汇票，不随附货运单据。

商业汇票，是指出票人是商号或个人.受票人可以是商号或个人，也可以是银行的汇票。商业汇票大都附有货运单据。国际贸易中常用的是商业汇票:

2.按照付款时间的不同，汇票可分为即期汇票（Sight Draft）和远期汇票（Time Bill or Usance Bill）。

即期汇票是在提示或见票时立即付款的汇票，俗称"见票即付"。远期汇票是在一定期限或特定日期付款的汇票。在业务中，远期汇票付款日期的记载方法主要有：

（1）规定某一个特定日期，即定日付款（to pay at a certain fixed date）。

（2）付款人见票后若干天（at…days after sight），如见票后 30 天、45 天、60 天、

90 天等。

（3）出票日后若干天（at…days alter date）。

（4）提单签发后若干天（at…days after date of Bill of lading）。

在上述四种记载远期付款日期的方法中，以第（2）种使用最多，第（4）种次之，采用第（1）种与第（3）种的比较少见。

3.按照汇票承兑人的不同，汇票可分为商业承兑汇票（Commercial Acceptance Draft）和银行承兑汇票（Banker's Acceptance Draft）。

商业承兑汇票是指由工商企业或个人承兑的远期汇票。商业承兑汇票是建立在商业信用的基础之上，其出票人是工商企业或个人，例如出口企业。

银行承兑汇票是指由银行承兑的远期商业汇票。银行承兑汇票通常由出票人签发，银行对汇票承兑后即成为该汇票的主债务人，而出票人则成为从债务人。所以银行承兑汇票是建立在银行信用的基础之上。

4.按照是否附有商业单据，汇票可分为光票汇票（Clean Bill）和跟单汇票（Documentary Bill）。

光票汇票又称净票或白票，是指不随附商业单据的汇票。在国际结算中，除少量用于货款结算外，一般仅限于贸易从属费用、货款尾数、佣金等的托收或支付时使用，银行汇票多为光票汇票。

跟单汇票又称押汇汇票，是指随附商业单据的汇票。跟单汇票的付款人要取得商业单据提取货物，必须付清货款或提供了一定的安全保证。因此，在国际货款结算中，大多采用跟单汇票作为结算工具。

（四）汇票的使用

汇票的使用，即汇票的票据行为，根据其是即期还是远期而有所不同。即期汇票只需经过出票、提示和付款的程序；而远期汇票还须经过承兑手续。如需流通转让，通常要经过背书。汇票遭到拒付时，还要涉及做成拒绝证明、依法行使追索权等法律问题。

1.出票(Issue or Draw).出票是指出票人签发汇票并将其交付给收款人的行为,填写内容包括受票人、付款金额、付款日期和地点以及收款人等项目。

在签发汇票时,对汇票抬头人(即受款人)的填写方法有三种:

(1)限制性抬头:例如"仅付××公司"(Pay××Co. only)或"付给××公司,不准流通"(Pay ××Co. not negotiable),这种抬头的汇票不能流通转让,只有指名的公司才有权收取票款。

(2)指示式抬头:例如"付××公司或其指定人"(Pay××Co. or order 或 Pay to the order of××Co.)。做成这种抬头的汇票可以经过持票人背书并交付给第三者进行转让。这是最为常用的一种方式。

(3)持票人或来人抬头:例如"付给来人"(Pay Bearer)或"付给持票人"(Pay Holder),做成这种抬头的汇票无须经由持票人背书,仅凭交付即可转让。这种方式具有较高的流通性,但风险也较大,在业务中较少采用。

2.提示(presentation)。持票人将汇票提交付款人要求付款或承兑的行为,叫作提示。付款人看到汇票,即为见票(Sight)。提示可分为两种:

(1)承兑提示(presentation for Acceptance)。是指远期汇票持票人向付款人出示汇票,并要求付款人在汇票上签字盖章,承诺到期付款的行为。

(2)付款提示(presentation for Payment)。是指汇票的持票人向付款人(或远期汇票的承兑人)出示汇票要求付款人(或承兑人)付款的行为。

远期汇票的提示承兑和即期汇票的提示付款均应在法定期限内进行。对此,各国票据法规定不一,按照我国《票据法》,即期和见票后定期付款汇票应分别自出票日1个月内付款和提示承兑;定日付款或出票后定期付款汇票应在到期日前向付款人提示承兑;已经承兑的远期汇票的提示付款期限为自到期日起10日内。

3.承兑(Acceptance)。承兑是指远期汇票付款人在汇票上签字盖章,承诺到期付款的书面票据行为。

按照我国《票据法》第41条的规定,汇票付款人应当自收到提示承兑的汇票之日起3日内承兑或者拒绝承兑。该法第43条规定:"付款人承兑汇票,不能附有条件；承兑附有条件的，视为拒绝承兑。"但按票据法的一般规则，承兑附有条件的，承兑人仍应按所附条件承担责任。

付款人承兑汇票的，应当在汇票正面记载"承兑"字样和承兑日期并签章；见票后定期付款的汇票，应当在承兑时记载付款日期，交还持票人。按票据法的一般规则，仅有付款人签名而未写"承兑"字样的，也构成承兑。按我国《票据法》第42条的规定，未写明承兑日期的，以付款人自收到提示承兑的汇票之日起的第三天为承兑日期。

4.付款（Payment）。付款是指汇票付款人向持票人支付汇票金额以消除票据关系的行为。即期汇票是见票即付；远期汇票于汇票到期日付款。持票人在获得票款之日应当在汇票上签收，并将汇票交给付款人作为收据存查。汇票一经付款，汇票上的一切债权债务即告消失或结束。

5.背书（Endorsement）与贴现（Discount）。在国际市场上，汇票既是一种支付工具，又是一种流通工具，可以在票据市场上流通转让。背书是转让票据权利的一种法定程序。背书是指出票人或者善意持有人在票据背面或者粘单上记载有关事项经签章后交付给受让人（被背书人，Endorsee）的行为。汇票经过背书后，收款的权利就转让给了受让人，受让人即取得了汇票的权利。有的汇票上记载有"不得转让"字样或以其他文字限定收款人名称（即做成限制性抬头）的，这种汇票不得转让。

在国际货款支付过程中，出票人在指示性抬头的即期或远期汇票上背书，通常不是为了"转让"汇票权利，而是为了支付上的便利。因为出票人（出口商）通常在国外付款人所在地的银行并无账户，而只有出口商的关系银行才有，国外付款人无法直接将款项付给出口商，而必须先付到出口商银行的账户上，然后再由出口商银行"解付"给出口商。因此，在填写汇票时，出票人一般是出口商，而收款人（抬头人）一般是出口商银行。

在国际市场上，一张远期汇票的持有人如想在付款前取得票款，可以经过背书转让汇票，即将汇票进行贴现。贴现是指银行或金融公司对未到期的远期汇票或其他有价证券在扣除一定的到期利息和手续费后,将余款付给持票人的行为。

6. 拒付(Dishonour)与追索(Recourse)。无论即期汇票还是远期汇票,均有可能遭到拒付。拒付又称退票,是指持票人提示汇票要求承兑或付款时,遭到拒绝承兑(Dishonour by non-acceptance)或遭到拒绝付款(Dishonour by non—payment)的行为。

远期汇票一经承兑,承兑人必须承担到期付款的法律责任。如到期拒付,不仅可被持票人追索,还可被出票人追索。对汇票的拒付行为不一定要付款人正式表示不付款或不承兑,在付款人或承兑人死亡、逃匿、被依法宣告破产或因违法被责令停止业务活动等情况下,在事实上已不可能付款的,也视为拒付。在付款人对票据虽不明示拒付,但迟迟不付款或承兑时,持票人也可以认为票据已被拒付。

汇票被拒付,持票人除可向承兑人追偿外,还有权向其前手(包括所有的背书人和出票人)行使追索权(Right of Recourse)。追索权是指汇票遭到拒付后,持票人对其前手有请求其偿还汇票金额及有关费用的权利。持票人进行追索时,应及时提供拒付证书。按照我国《票据法》的规定,持票人提示承兑或者提示付款被拒绝的,承兑人或付款人必须出具拒绝证明或退票理由书。

## 二、本票(Promissory Note)

### (一)本票的含义

《英国票据法》关于本票的定义是:本票是一人向另一人签发的,保证即期或定期或在可以确定的将来的时间,对某人或其指定人或持票人支付一定金额的无条件书面承诺。

我国《票据法》对本票的定义是:"本票是出票人签发的,承诺自己在见票时无条件支付确定的金额给收款人或者持票人的票据。本法所称本票,是指银行本票。"

我国《票据法》第75条规定,本票必须记载下列事项:

(1)标明"本票"的字样;

（2）无条件支付的承诺；

（3）确定的金额；

（4）收款人名称；

（5）出票日期；

（6）出票人签章。

本票上未记载规定事项之一的，本票无效。

我国《票据法》规定：本票上未记载付款地的，出票人的营业场所为付款地；未记载出票地的，出票人的营业场所为出票地。

（二）本票的种类

本票可按出票人的不同，分为商业本票和银行本票两种。商业本票的出票人是工商企业或个人；银行本票的出票人是银行。商业本票又可按付款时间分为即期和远期两种。即期本票就是见票即付的本票，而远期本票则是承诺于未来某一规定的或可以确定的日期支付票款的本票。银行本票则都是即期的。按照我国《票据法》的规定，"我国只允许开立"自出票日起，付款期限最长不超过 2 个月的银行本票。

### 三、支票（Cheque or Cheek）

（一）支票的定义

《英国票据法》将支票定义为以银行为付款人的即期汇票。我国《票据法》第81条对支票的定义是："支票是出票人签发，委托办理支票存款业务的银行或者其他金融机构在见票时无条件支付确定的金额给收款人或者持票人的票据。"

根据我国《票据法》第84条的规定，支票必须记载下列事项：

（1）表示"支票"的字样；

（2）无条件支付的委托；

（3）确定的金额；

（4）付款人名称；

（5）出票日期；

（6）出票人签章。

未记载上述规定事项之一的，支票无效。

（二）支票的种类

我国《票据法》将支票分为现金支票和转账支票两种，现金支票只能用来提取现金，而转账支票只能通过银行收款入账，一张支票必须在正面注明是现金支票还是转账支票。国际上对支票的分类通常有以下几种：

1.记名支票（Cheque to Order）和不记名支票（Cheque to Bearer）。记名支票是指在支票受款人一栏写明受款人姓名，非经受款人签章不得支取。不记名支票，又称空白支票，即支票不写明受款人姓名，只写"付持票人"。取款时无须持票人在支票背面签名盖章即可取款。

2.划线支票（Cross Cheque）与未划线支票（（Open Cheque）。在支票左上角划有两条横跨票面的平行线的支票为划线支票，只可转账，不能取现；未划线支票，即一般支票，亦称"开放支票"，可转账也可取现。

3.保付支票（Certified Cheque）。按照国际惯例，支票可由付款银行加"保付"字样并签字而成为保付支票。付款银行保付后就必须付款，支票一经银行保付，出票人及其前手背书人即被解除责任。支票经保付后身价提高，有利于流通。

4.银行支票（Banker's Cheque）。是由银行签发，并由银行付款的支票。

5.旅行支票（Traveler's Cheque）。是由银行发行的一种定额支票，其作用是专供旅客购买和支付旅途费用，它与一般银行汇票、支票的不同之处在于旅行支票没有指定的付款地点和银行，一般也不受日期限制，能在全世界通用，客户可以随时在国外的各大银行、国际酒店、餐厅及其他消费场所兑换现金或直接使用.是国际旅行者常用的支付凭证之一。

**四、汇票、本票和支票的区别**

汇票、本票和支票在票据法上的意义都是票据，三者既有相同点，又有区别。就相同点看,三者都具有流通转让性、无因性、要式性和文义性等特点。三者的主要区别见表 10-1。

表 10-1　汇票、本票和支票的区别

| | 汇票 | 本票 | 支票 |
|---|---|---|---|
| 性质 | 委托支付证券 | 自付证券 | 委托支付证券 |
| 基本当事人 | 出票人、付款人、收款人 | 出票人和收款人 | 出票人、付款人、收款人 |
| 出票人的债务人地位 | 汇票在承兑前由出票人负责,但一经承兑,承兑人应负主要责任 | 出票人是主债务人 | 出票人是主债务人 |
| 绝对记载事项 | 有七项 | 有 6 项,无付款人 | 有 6 项,无收款人 |
| 关于承兑 | 远期汇票需要付款人履行承兑手续 | 不需要承兑 | 不需要承兑 |
| 付款期限 | 有即期和远期之分 | 商业本票有即期和远期之分,银行本票都是即期的 | 只有即期支票 |
| 份数 | 一般一式两份 | 一份 | 一份 |

# 第二节　汇付

国际贸易中常用的支付方式有汇付、托收和信用证。其中,汇付和托收这两种支付方式都是由买卖双方根据贸易合同互相提供信用,故属于商业信用。信用证由开证行提供付款承诺,属于银行信用。支付方式从资金的流向与支付工具的传递方向,可以分为顺汇和逆汇两种方法。顺汇是指资金的流动方向与支付工具的传递方向相同,汇付采用的是顺汇方法;逆汇是指资金的流动方向与支付工具的传递方向相反,托收和信用证采用的是逆汇方法。

## 一、汇付的含义及性质

汇付(Remittance),又称汇款,指付款人主动通过银行或其他途径将款项汇交收款人。采用汇付方式结算货款时,卖方将货物发运给买方后,有关货运单据由卖方自行寄送买方;而买方则径自通过银行将货款汇交给卖方。

汇付是一种简便、快速的支付方式。在国际贸易中使用汇付方式结算货款，银行只提供服务。卖方交货出单后，买方是否按时付款，则取决于买方的信用。因此，汇付方式的性质属于商业信用。

## 二、汇付业务中的当事人

在汇付业务中，通常有四个当事人：汇款人、收款人、汇出行和汇入行。

1.汇款人（Remitter），即付款人，也就是汇出款项的人。在国际贸易结算中，通常是进口商。

2.收款人（Payee or Beneficiary），即收取款项的人，通常是出口商。汇款人在委托汇出行办理汇款时，要出具汇款申请书。这是汇款人和汇出行之间的一种契约。汇出行一经接受申请，就有义务按照汇款申请书的指示通知汇入行。汇出行与汇入行之间，事先订有代理合同，在代理合同规定的范围内，汇入行对汇出行承担解付汇款的义务。

3.汇出行（Remitting Bank），是接受汇款人的委托或申请，汇出款项的银行，通常是进口商所在地的银行。

4.汇入行（Receiving Bank），又称解付行（Paying Bank），即接受汇出行的委托，解付汇款给收款人的银行。汇入行通常是汇出行的代理行，通常是收款人所在地的银行。

## 三、汇付的类型及其一般业务流程

### （一）汇付的类型

1.信汇（Mail Transfer M/T）。信汇是汇款人在汇出行办理完有关汇付的手续后，汇出行以邮寄的方式把付款委托书交给汇入行，授权解付一定金额给收款人。信汇方式费用较为低廉，但收款人收到汇款的时间较迟。

2.电汇（Telegraphic Transfer，T/T）。电汇是指汇款人在汇出行办理完有关汇付的手续后，汇出行采用加押电报、SWIFT（Society for Worldwide Interbank

Financial Telecommunication 的缩写,即全球银行金融电讯协会)等电讯手段通知汇入行,指示解付一定金额给收款人。电汇方式费用较高,但收款人可迅速收到汇款。

3.票汇(Remittance by Banker's Demand Draft,D/D)。付款人(进口商)向汇出行购买金额与货款相等,以汇入行为付款人的银行汇票并直接寄给收款人(出口商),收款人持汇票到指定银行(汇入行)取款的结算方式。

(二)汇付的一般业务流程

1.电/信汇方式下的业务流程如图 10-1 所示:

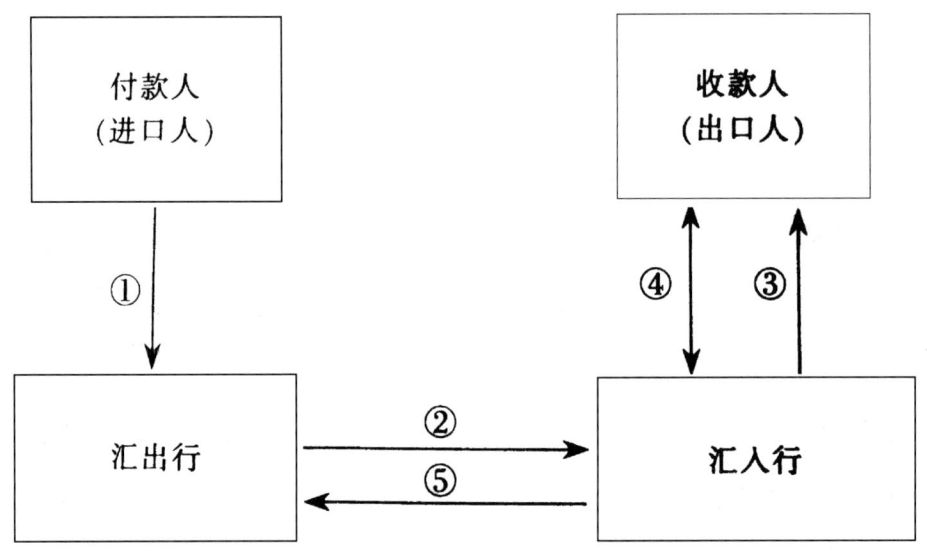

图 10-1　电/信汇业务的一般流程

(1)付款人填写电汇/信汇申请书,递交给汇出行,并向其交款付费,汇出行将电/信回执交给付款人。

(2)汇出行用信函/电讯方式向汇入行发出汇款通知。

(3)汇入行收到通知,核对密押无误后,即可缮制电/信汇通知书,通知收款人取款。

(4)收款人持通知书前去取款并在收款人收据上签字。汇入行即刻解付汇款。

(5)汇入行将付讫借记通知书邮寄汇出行。

2.票汇的业务流程如图 10-2 所示：

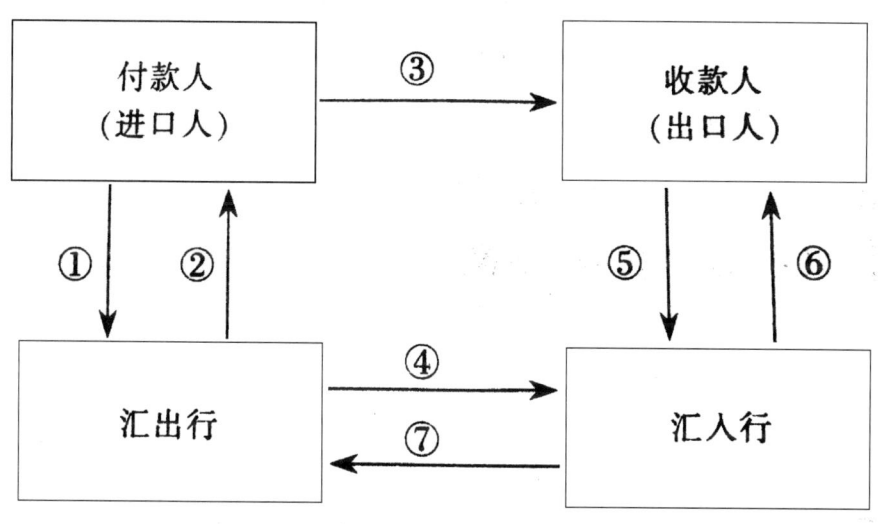

**图 10-2 票汇业务的一般流程**

(1)付款人填写票汇申请书，并交款付费给汇出行。

(2)汇出行开立银行即期汇票交给付款人。

(3)付款人自行邮寄汇票给收款人。

(4)汇出行开立汇票后，将汇款通知书(票根)邮寄给国外代理行。

(5)收款人持汇票向汇入行取款。

(6)汇入行验核汇票与票根无误后，解付票款给收款人。

(7)汇入行把付讫借记通知书寄给汇出行。

在国际货款支付过程中，电汇使用较多，而在国内支付中信汇和票汇使用较多。特别是票汇，它是国内的外贸公司向异地的生产厂家支付货款的主要方式。票汇在一定程度上解决了外贸公司与生产厂家之间互不信任的矛盾：外贸公司自带汇票到现场验货，生产厂家见到汇票后发运货物，外贸公司看到货物发运后把汇票交给厂家。

**四、汇付在国际贸易中的应用**

在国际贸易中，汇付方式通常用于预付货款、货到付款、凭单付汇等业务。此外,汇付方式还用于支付定金、分期付款、货款尾数以及佣金等费用。

1.预付货款(Payment in Advance)。预付货款是指进口商(付款人)在出口商(收款人)将货物或货运单据交付以前,将货款的全部或者一部分通过银行付给出口商,出口商收到货款后,再根据约定发运货物。

2.货到付款(Payment after Arrival of the Goods)。货到付款与预付货款相反,它是进口商在收到货物以后,立即或一定时期以后再付款给出口商的一种结算方式,也被称为延期付款或赊销。我国常用于以下三种情况:

(1)我国对某些地区常年供应的鲜活商品,为方便客户,扩大销售,大都采用货到付款的汇付方式。

(2)在空运进出口货物的买卖合同中,为适应货到迅速的特点,常采用凭出口商的电子发货通知付款。

(3)在寄售(Consignment)中,常使用"先出后结"的汇付方式。

3.凭单付汇(Remittance against Documents)。凭单付汇是进口商通过银行将款项汇给出口商所在地银行(汇入行),并指示该行凭出口商提供的某些商业单据或某种装运证明即可付款给出口商。因为汇款是可以撤销的,在汇款尚未被支取之前,汇款人随时可以通知汇款行将汇款退回,所以出口商在收到银行的汇款通知后,应尽快发货,尽快交单,尽快收汇。

采用预付货款,对卖方来说就是先付款、后交货,资金不受积压,对卖方最为有利。采用货到付款时,对卖方来说就是先交货、后收款,卖方不仅要占用资金,而且还有承担买方不付款的风险,因此对卖方不利,而对买方最为有利。凭单付汇则结合上述两种方式的优点,增强了买卖双方交付的安全性。

**五、汇付方式的利弊**

(一)汇付方式的有利之处

1.简便、快捷。在电汇方式下,如果不跨行,汇款当天就可以到账;即使是跨行,最长4～5天就可以到账,收款及时,节约了时间。另外,所有的单据不需要经过银行传递,省略了银行审单的繁琐手续。

2.避免了银行及一些国际惯例的束缚和羁绊。在信用证方式下,银行在处理单据上,要遵循 UCP600 等国际惯例。因此,卖方在准备单据时稍不留神,银行就会以所谓"不符点"为由,拒付货款。

3.汇付的费用低廉。无论托收还是信用证,银行都要收取一定金额的手续费,一般达到货款的 2‰左右;而通过银行电汇款项也收取一定金额的手续费,但费用较低。如许多银行电汇收费,不论金额大小,每笔汇款只收取 USD20.00 的银行费用。因此,在交易双方相互信任的情况下,或在跨国公司的各子公司之间的结算,可以采用汇付的方式。

(二)汇付方式的不利之处

1.风险大。汇付属于商业费用,对于买方而言,它的风险在于预付了货款,而最终收不到货物,或不能及时收到货物,或收到的货物不符合合同的规定。对于卖方而言,他的风险在于货物生产出来或装运后,买方不支付货款,或不及时支付或不全额支付货款。

2.资金负担不平衡。对于货到付款的卖方或预付货款的买方来说,资金负担较重,整个交易过程中需要的资金,几乎全部由卖方或买方来提供。

## 六、合同中的汇付条款

对于使用汇付方式结算货款的交易,在买卖合同中应当明确规定汇付的时间、汇付方法和金额等。

**【条款示例】**

• 买方应不晚于 11 月 15 日将全部货款用电汇方式预付卖方。(英文:The buyer shall pay the total value to the seller in advance by T/T not later than l5th Nov.)

• 买方收到本合同所列单据后,应于 10 日内电汇付款。(Payment by T/T:Payment to be effected by the buyer within 10 days after receipt of the documents listed in the contract.)

# 第三节 托收

## 一、托收的定义及性质

按照《托收统一规则》(URC522)第 2 条的规定：托收是指由接到委托指示的银行处理金融单据和、或商业单据，以便取得承兑或付款，或凭承兑或付款交出商业单据，或凭其他条件交出单据。

金融单据(Financial Documents)是指汇票、本票、支票、付款收据或其他用于付款或取得款项的凭证。商业单据(Commercial Documents)是指发票、运输单据、物权单据或其他类似单据，或除金融单据以外的其他单据。

托收一般通过银行办理，又称为银行托收。但是，银行办理托收业务时，只是按委托人的指示办事，并不承担要求付款人必须付款的义务，因此托收的性质为商业信用。托收的基本做法是：出口商根据买卖合同先行发运货物，然后开立汇票(或不开汇票)，连同商业单据一起向出口地银行提出托收申请，委托出口地银行(托收行)通过其在进口地的代理行或往来银行(代收行)向进口商收取货款。托收属于逆汇。

## 二、托收业务中的当事人

托收业务的基本当事人有四个，即委托人、托收行、代收行和付款人。托收业务中可能涉及的当事人主要有：

1.委托人(Principal)，是开出汇票(或不开汇票)委托银行代为收取货款的人，通常是出口商。

2.托收行(Remitting Bank)，是接受委托人的委托，负责办理托收业务的银行。由于托收行地处出口国家，将转而委托进口地银行代为办理此笔托收业务的汇票提示和货款收取事宜，必须将单据寄往进口地代理银行，所以托收行也称寄单行。

3.代收行(Collecting Bank)，是接受托收行的委托代为提示汇票、收取货款的银行，通常为进口地银行。

4.付款人（Payer/Drawee），被要求对汇票或相关单据付款的人，通常是进口商。

5.提示行(presenting Bank)，是指向付款人提示汇票和/或单据并收取款项的银行。

一般情况下，提示行就是代收行。但有时如果付款人与该代收行不在同一城市或者因无往来关系处理不便时，需转托与付款人在同一城市或有业务往来关系的银行代向付款人提示收款。此时，提示行就是付款人所在地的另一银行。在跟单托收情况下，付款人为了便于向银行融通资金，有时也会主动要求指示上述代收行转托与其有业务往来并对其有融资关系的银行担任提示行向其提示汇票和/或单据。

6.需要时的代理((Customer's Representative in Case of Need)，是委托人在付款人所在地的指定代理人，负责在付款人拒付货款时，代为办理货物的仓储、转售、运回等事宜。委托人如果指定需要时的代理人，必须在托收指示书上写明该代理人的权限。

### 三、托收的类型及其一般业务流程

托收根据有无随附商业单据，首先可以分为光票托收和跟单托收。

（一）光票托收(Clean Collection)

指金融单据不附有商业单据的托收，即仅凭金融单据（通常为汇票）委托银行代为收款。光票托收并不一定不附带任何单据，有时也附有一些非货运单据，如发票、垫款清单等，这种情况仍被视为光票托收。

在国际贸易中，光票托收主要用于小额贸易、预付货款、分期付款以及收取贸易的从属费用等。

（二）跟单托收（Documentary Collection）

指金融单据附有商业单据，或者仅有商业单据而没有金融单据的托收。国际贸易中货款的收取大多采用跟单托收。在跟单托收情况下，根据交单条件的不同，又可分为付款交单和承兑交单两种。

1.付款交单（Documents against Payment，D/P）。付款交单是指出口商的交单是以进口商的付款为条件。也即出口商发货后取得装运单据，委托银行办理托收，并在托收委托书中指示银行，只有在进口商付清货款后，才能把商业单据交给进口商。按付款时间的不同，付款交单又可分为即期付款交单和远期付款交单。

（1）即期付款交单（Documents against Payment at Sight，D/P at Sight）指出口商发货后开具即期汇票，连同商业单据一起提交银行，通过银行向进口商提示，进口商见票后立即付款，在付清货款后从银行获得商业单据如图 10-3 所示。

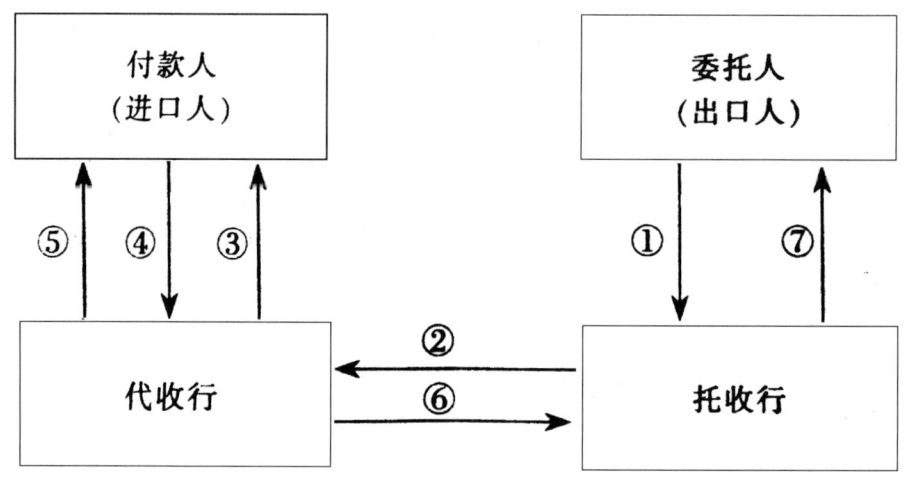

**图 10-3　即期付款交单一般业务流程**

①出口商根据合同规定装货后，开立即期汇票，连同货运单据交托收行，填制托收申请书，委托银行代收货款。

②托收行缮制托收委托书，将委托书、汇票连同货运单据交进口地代收银行委托代收。

③代收行根据托收委托书的指示向进口商提示汇票与单据。

④进口商付款。

⑤代收行交单给进口商。

⑥代收行办理转账并通知托收行货款已收妥。

⑦托收行向出口商交款。

⑵远期付款交单（Documents Against Payment After Sight，D/P After Sight）。指出口商发货后开具远期汇票，连同商业单据一起提交银行，通过银行向进口商提示，进口商审核单据无误后即在汇票上进行承兑，于汇票到期日付清货款后再领取商业单据如图 10-4 所示。

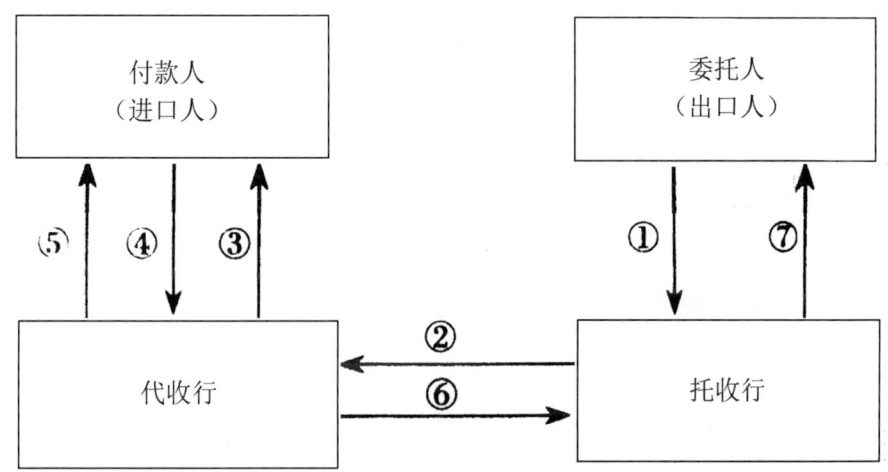

**图 10-4　远期付款交单一般业务流程**

①出口商按买卖合同规定装货后填写托收申请书，开立远期汇票，连同货运单据交托收行，委托银行代收货款。

②托收行根据托收申请书缮制托收委托书，连同汇票、货运单据寄交代收行委托代收。

③代收行按照托收委托书的指示，向进口商提示汇票和单据，进口商在汇票上承兑，代收行再收回汇票和货运单据。

④进口商到期付款。

⑤代收行交单给进口商。

⑥代收行办理转账并通知托收行款已收到。

⑦托收行向出口商交款。

在远期付款交单条件下,如果付款期限较长,在货物到达港口后,进口商可凭信托收据(Trust Receipt,T/R)先借出单据去处理货物,待汇票到期时再付款,这被称为凭信托收据借单(Documents Against Payment . Trust Receipt,D/P,T/R)。假如托收指示中允许凭信托收据借单,则由此产生的风险由委托人自负;假如托收指示中未提到允许凭信托收据借单,由代收行自行决定借出单据,则由此而产生的一切风险由代收行承担。

2.承兑交单(Documents against Acceptance,D/A)。承兑交单是指代收行凭进口商承兑的远期汇票而交出商业单据。出口商的交单以进口商在汇票上承兑为条件,进口商只要在汇票上办理承兑手续,即可取得商业单据,凭此提取货物。在这种情况下,出口商收款的保障就是进口商的信用,一旦进口商到期不付款,出口商便会遭到货款全部落空的损失。所以对于出口商来说,承兑交单比付款交单的风险更大,出口商对此一般采取很慎重的态度。

### 四、跟单托收方式下的资金融通

在跟单托收方式下,出口商和进口商可采用出口押汇和凭信托收据借单方式向银行获得资金融通。

#### (一)托收出口押汇

托收出口押汇,是出口商将货运单据交出口地托收行,在货款收回前,要求托收行先预支部分或全部货款,待托收款项收妥后归还银行垫款的一种贸易融资方式。其实质是出口企业以代表货物所有权的单据作抵押品,由银行提供的一种抵押贷款。

具体做法是出口商在按照出口合同规定发运货物后,开出以进口商为付款人的汇票,并将汇票及所附货运单据交托收银行委托收取货款时,由托收银行买入跟单汇票及其所附单据,按照汇票金额扣除从付款日(即买入汇票日)至预计收到票款日的利息及手续费,将款项先行付给出口商。此时,托收银行即作为汇票的善意持票人,将汇票和单据寄至代收银行并通过代收银行向进口商提示。票款收到后,即归还托收银行的垫款。

出口托收项下的收汇完全凭进口商的商业信用。出口商能否收回贷款,完全取决于国外进口商的信誉。

（二）凭信托收据借单

信托收据,是指进口商向进口地银行（即代收行）出具的一种书面保证文件,表示愿意以银行受托人的身份代银行提货、报关、存仓、保险、出售,承认货物所有权属于银行,并保证在汇票到期日向银行付清货款。货物售出后所得的货款在汇票到期日偿还代收银行,收回信托收据。这是进口押汇业务的一种。

在远期付款交单条件下,进口商为了抓住有利行市,不失时机地转售货物,而又不愿意提前付款赎单,就可以要求代收银行允许其借出单据。代收行对资信较好的进口商允许凭信托收据在付款前借取单据提货,给予资金上的融通。这种做法是代收行的决定,与出口商和托收银行毫无关系。所以对代收银行来说有一定风险,为此,代收银行首先要审查进口商的资信,其次在多数情况下还要求进口商提供足够的担保或抵押品。

**五、托收的利弊分析**

1.托收对进口商非常有利。托收方式下,进口商无须预垫资金或仅需垫付较短时间的少量资金（预付定金）。如果采用 D/P 远期或者是 D/A 方式,进口商还可以进一步利用出口商的资金,甚至可以凭自身的信用交易而无须购货资金的投入。所以在出口业务中,为了调动进口商采购货物的积极性,促成交易和扩大出口,许多出口商都把托收作为推销库存货和加强对外竞销的手段。

2.托收方式对出口商而言,风险较大。托收属于商业信用,也就是说银行办理托收业务时,只是按委托人的指示办事,并不承担要求付款人必须付款的义务。因此,货物发运后,若出现进口商破产或丧失清偿债务能力的情况,出口商可能收不回或晚收到货款;若出现进口商拒不付款赎单的情况,除非事先约定,银行没有义务代为保管货物。如货物已到达,出口商还要承担在进口地办理提货、缴纳进口关税、存仓、保险、转售以致被低价拍卖或被运回国内的损失.在承兑交单条件下,进口商只要承兑汇票,即可取得商业单据。并凭此提取货物;一旦进口商到期不付款,出口商便会遭到款货两空的损失。

### 六、出口业务中使用托收应注意的问题

在国际贸易中采用托收方式结算货款,实际上是出口商利用对进口商的资金融通以促进成交,扩大出口,提高其出口商品在国外市场上的竞争能力。但是,由于托收方式属于商业信用,出口商要承担较大风险,需谨慎对待。因此,在我国出口业务中,为了有效地利用托收方式,必须注意下列事项:

1.要充分调查和考虑进口商的资信情况、经营能力和经营作风。托收一般适用于信誉较好的进口商。如果进口商信誉欠佳,收到货物后拒不付款或拖延付款,或者货物到达后不付款赎单,就会给出口商造成很大损失。因此,对于新客户或信誉不好的客户,不宜使用托收方式。如果必须采用托收方式,出口商可要求进口商预付不低于货物往返运费、保险费和其他杂费以及货物价值30%的定金或预付款,或由进口商同时开立银行保证书或备用信用证担保.以确保托收货款的收汇安全。

2.了解进口国家的贸易管制和外汇管制情况。对贸易管制和外汇管制较严的国家,为了避免货物到达目的地届,由于不准进口或收不到货款而遭受损失,一般不建议采用托收方式。对于进口需要领取许可证的商品,在成交时应规定进口商将领得的许可证或已获准进口用汇的注明在发运有关商品前寄达出口商,否则不予发运。

3.了解进口国家的商业惯例,以免由于当地习惯做法影响安全迅速收汇。对于远期付款交单方式,某些国家的银行(如拉美)习惯上在付款人承兑汇票后立即将单据交付给付款人,即把远期 D/P 改作 D/A 处理。这必然会增加出口商收汇

的风险,并可能引起争议和纠纷。为此,国际商会在 URC522 第 7 条中特别指出:"托收不应含有凭付款交付商业单据的远期汇票。"其用意就是劝阻出口商采用远期付款交单方式结算货款,如出口商执意要采用远期 D/P,则后果自负。

4.托收的金额不宜过大。在国际贸易中,风险的大小与货款金额大小是成正比的。如果托收的金额较小,进口商违约的概率就相对较小;但金额较大时,情况和风险就另当别论了。从出口商角度讲,托收金额较小,即使进口商违约,他的经济损失也不会太大。但如果金额较大,收不到货款的损失对出口商来讲可能就是致命的。

5.谨慎选择成交的贸易术语,妥善办理保险事宜。托收的商业信用性质和出口商风险责任较大的特点,决定了出口商在货物装运后直到进口商付清货款前都要关心货物安全。所以,当使用托收方式交易时,出口合同应争取按 CIF 或 CIP 条件成交,由出口商办理货运保险或投保出口信用险:如限于对方所在国的规定,必须由进口商办理保险的交易,为保障我方利益,可由出口商另行加保"卖方利益险"。

6.严格按照出口合同规定装运货物和制作单据,以防止被进口商找到借口拒付货款、要建立健全管理制度,定期检查,及时催收清理,发现问题应迅速采取措施,以避免或减少可能发生的损失。

另外,如果国外代收行由进口商指定,为了防止进口商指定的代收行不可靠.或者由于往来渠道不畅,造成托收行拒绝托收申请的被动局面,应先征得托收行同意,以保证收款安全。

### 七、关于托收的国际惯例

《商业单据托收统一规则》(Uniform Rules for Collections,URC)是国际商会为了调和托收有关当事人之间的矛盾,方便商业和金融活动的开展,而于 1967 年拟定并建议各国银行采用的关于托收的国际惯例。以后国际商会对该规则多次进行了修订,并改名为《托收统一规则》。最新的修改是在 1995 年完成,以国际商会第 522 号出版物的形式,于 1996 年 1 月 1 日生效,简称《URC522》。

其内容包括:总则与定义,托收的形式和结构,提示的形式,义务和责任,付款,利息、手续费和开销以及其他条款等共 26 个条款。该规则所涉及的重要内容有:

1.在托收业务中银行除了检查所收到的单据是否与托收委托书所列一致外,对单据并无审核的责任。但银行必须按照委托书的指示行事,如无法照办时,应立即通知发出委托书的一方。

2.未经代收银行事先同意,货物不能直接发给代收银行。如未经同意就将货物发给银行或以银行为收货人,该行无义务提取货物,仍由发货人承担货物的风险和责任。

3.远期付款交单下的委托书,必须指明单据是凭承兑还是凭付款交单:如未指明,银行只能在付款后交单。

4.银行对于任何由于传递中发生的遗失或差错概不负责。

5.提示行对于任何签字的真实性或签字人的权限不负责任。

6.汇票如被拒付,托收行应在合理时间内做出进一步处理单据的指示。如提示行发出拒绝通知书后 60 天内未接到指示,可将单据退回托收行,而提示行不再承担进一步的责任。

《托收统一规则》自公布实施以来,对减少当事人之间在托收业务中的纠纷和争议起了较大作用,很快被各国银行所采用,但由于它只是一项国际惯例,所以,只有在托收指示书中约定按此行事时,才对当事人有约束力。

### 八、合同中的托收条款

以托收方式结算货款,在买卖合同的支付条款中,必须明确规定交单条件和付款、承兑责任以及付款期限等内容。

**【条款示例】**

● 买方应凭卖方开具的即期跟单汇票于见票时立即付款,付款后交单(Upon

presentation the buyer should pay against documentary sight draft drawn by the seller.The shipping documents are to be delivered against payment only.）

● 买方对卖方开具的见票后 45 天付款的跟单汇票,于提示时应即予承兑,到期日付款,付款后交单。（The buyer should duly accept the documentary draft drawn by the seller at 45 days sight upon first presentation and make payment on its maturity.The shipping documents are to be delivered against payment only.）

●买方对卖方开具的见票后 45 天付款的跟单汇票,于提示时应即予承兑,到期日付款,承兑后交单。（The buyer should duly accept the documentary draft drawn by the seller at 45 days sight upon first presentation and make payment on 1ts maturity.The shipping documents are to be delivered against acceptance.）

# 第四节　信用证

信用证是在银行参与国际贸易结算时从仅提供服务逐步演变到既提供服务,又提供信用和资金融通的过程中形成的。信用证把应该由进口商履行的付款责任,转为由银行来承担,保证出口商安全迅速收到货款,同时也保证买方按时收到货运单据。这在一定程度上解决了进出口商之间互不信任的矛盾,同时也为进出口双方提供了资金融通的便利。目前,信用证已成为国际贸易中普遍采用的一种结算方式。

## 一、信用证概述

### (一)信用证的含义

信用证(Letter of Credit,L/C)是开证银行应申请人的要求并按其指示,向第三者开立的载有一定金额,在一定期限内凭符合规定的单据付款的有条件书面付款承诺。

UCP600 第 2 条"定义"中对信用证所作的定义为:"信用证指一项不可撤销的安排,无论其名称或描述如何,该项安排构成开证行对相符交单予以承付的确定承诺。"(Credit means any arrangement, however named or described, that is ir—revocable and thereby constitutes a definite undertaking of the issuing bank to honour a complying presentation.)

（二）信用证的特点

1.信用证是银行信用，开证行对受益人承担第一性付款责任。信用证是开证行以自己的信用对受益人做出的一项付款承诺，只要受益人履行信用证所规定的各项条件，即提交符合信用证所规定的全套单据，开证行就保证付款。开证行不能以开证申请人不付款或拖延付款为由而对受益人拒绝付款或延期付款。因此，在信用证支付方式下，开证行成为第一付款人，承担第一性的付款责任，信用证是一种典型的银行信用。在信用证业务中，开证银行对受益人的责任是一种独立的责任。

【案例 10-1】某出口公司收到一份国外开来的 L/C，出口公司按 L/C 规定将货物装出，但在尚未将单据送交当地银行议付之前，突然接到开证行通知，称开证申请人已经倒闭，因此开证行不再承担付款责任。问：出口公司应如何处理？[①]

2.信用证是独立于合同之外的自足文件。信用证的开立以买卖合同为依据，但信用证一经开出，就称为一项独立的契约，不受买卖合同的约束，开证行和参与信用证业务的其他关系人只按信用证的规定办事。UCP600 第 4 条规定，信用证与可能作为其开立基础的销售合同或其他合同是相互独立的交易，即使信用证中含有对此类合同的任何援引，银行业与该合同无关，且不受其约束。因此，银行关于承付、议付或履行信用证项下其他义务的承诺，不受申请人基于其与开证行或与受益人之间的关系而产生的任何请求或抗辩的影响。

【案例 10-2】某公司从国外进口一批货物，分两批装运，每批分别由中国银行开立一份 L/C。第一批货物装运后，卖方在有效期内向银行交单议付，议付行审

---

① 参考答案：仍应坚持要求开证行付款。因为信用证一经开立，开证行就应对信用证承担第一性的付款责任。

单后,即向外国商人议付货款,然后中国银行对议付行做了偿付。我方收到第一批货物后,发现货物品质与合同不符,因而要求开证行对第二份 L/C 项下的单据拒绝付款,但遭到开证行拒绝。问:开证行这样做是否有道理?[①]

3.信用证是一种单据业务。信用证业务是一种纯粹的单据业务。UCP600 第5 条规定:"信用证处理的是单据,而不是单据可能涉及的货物、服务/或履约行为。"所以,银行必须合理、小心地审核一切单据,以确定单据表面上是否符合信用证条款,开证行根据"表面相符""严格相符"原则履行付款责任。银行对任何单据的形式、完整性、真实性及伪造性或法律效力或单据上规定的或附加的一般和/或特殊条件概不负责,但是单据之间以及单据信用证之间的表面不一致将被视为单证不符。所以,在信用证条款下,必须做到"单证相符、单单相符及单内一致"。

**二、信用证业务中的有关当事人**

信用证最基本的当事人一般有三个,即开证申请人、开证行和受益人。此外,还有可能会出现其他关系人,如通知行、保兑行、付款行、偿付行、议付行、转让银行等。

1.开证申请人(Applicant)。又称开证人(Opener)、出账人(Accountee)是向银行提出申请开立信用证的人,一般为进口商,也就是买卖合同中的买方。

2.开证行(Opening Bank;Issuing Bank)。是指接受开证人的请求和指示,开立信用证的银行,一般是进口商所在地的银行。开证人与开证行的权利和义务以开证申请书为依据,信用证一经开立,开证行就需要按信用证规定的条款承担第一性的付款责任。

3.受益人(Beneficiary)。是指信用证上所指定的有权使用该信用证的人,一般为出口商,也就是买卖合同中的卖方。

---

[①]　开证行这样做是合理的。因为信用证是一份独立于合同的自足文件,在信用证业务中,实际货物是否与合同一致,与银行无关。开证行和参与信用证业务的其他银行只按信用证的规定办事,只要单据合格即构成相符交单,银行就必须付款。

4.通知行(Advising Bank；Notifying Bank)。是指接受开证行的委托，将信用证通知(或转递)给受益人的银行。通知行一般是出口商所在地的银行，而且通常是开证行的代理行。通知行如愿意将信用证通知受益人，则应合理审慎地鉴别信用证的表面真实性，如不愿通知或无法鉴别，则必须毫不迟延地告知开证行；如无法鉴别而又决定通知受益人，则在通知时必须告知受益人它未能鉴别该证的表面真实性。除此之外，通知行无须承担其他义务。

5.保兑行((Confirming Bank)。是指应开证行请求在信用证上加具保兑的银行，它具有与开证行相同的责任和地位。保兑银行在信用证上加具保兑后，即对受益人独立负责，承担第一性的付款责任。保兑行通常由通知行兼任，一般在受益人所在地。

6.议付行(Negotiating Bank)。又称押汇银行、购票银行或贴现银行，是指根据开证行的授权买入或贴现受益人开立和提交的符合信用证规定的汇票及/或单据的银行。开证行可以在信用证中指定议付行，也可以在信用证中不具体指定议付行。议付行审单无误，即可垫付汇票和/或单据的款项，在扣减垫付利息后将净款付给受益人。在信用证业务中，议付行对受益人的付款有追索权。

7.付款行(Paying Bank；Drawee Bank)。付款行是开证行授权进行信用证项下付款或承兑并支付受益人出具的汇票的银行。开证行一般兼为付款行，但付款行也可以是接受开证行委托的代为付款的另一家银行。

8.偿付行(Reimbursing Bank)。偿付行又称为清算银行(Clearing Bank)，指接受开证行的指示或授权，对有关代付行或议付行的索偿予以照付的银行。偿付行只付款、不审单，故而其偿付并非为开证行终局性的付款。开证行在见单后发现单证不符时，可直接向寄单的议付行、代付行追回已付讫的款项。

9.承兑行(Accepting Bank)。指对承兑信用证项下的票据，经审单确认与信用证规定相符时，承诺到期付款的银行。承兑行可以是开证行本身，也可以是通知行或其他指定的银行。如果承兑行在承兑汇票后倒闭或丧失付款能力，则由开证行承担最终的付款责任。

10.转让行(Transferring Bank)。是指应受益人(在转让信用证时又叫作第一受益人)的委托,将可转让信用证转让给信用证的受让人(即第二受益人)的银行。转让行一般为通知行,也可以是议付行、付款行或保兑行。

### 三、信用证业务的一般流程

信用证的收付程序随信用证类型的不同而有所差异,但就其基本流程而言,大体要经过申请、开证、通知、议付、索偿、偿付、赎单等环节。对于最为常见的即期不可撤销跟单议付信用证,其基本流程如图 10-5 所示:

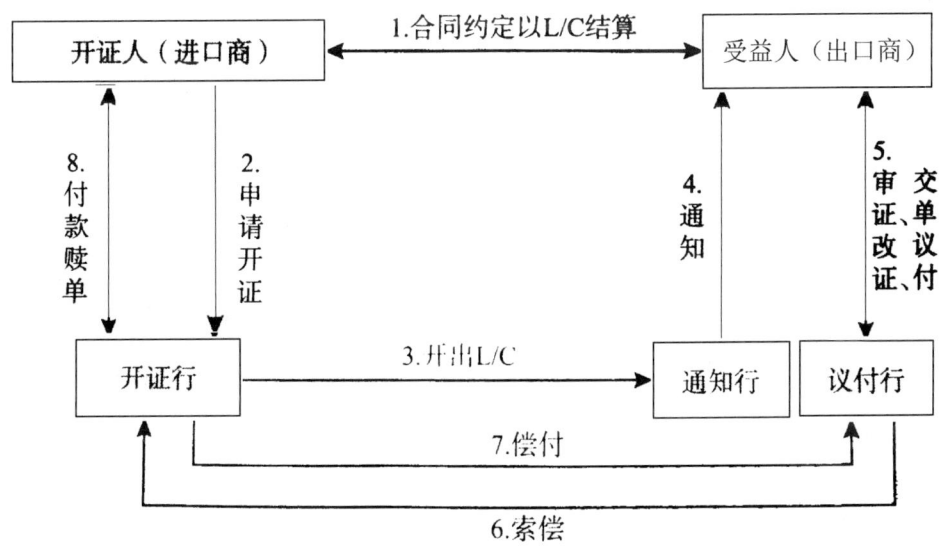

**图 10-5　信用证业务基本流程**

(一)在买卖合同中约定以信用证方式结算

进出口人双方先就国际货物买卖的交易条件进行磋商,订立买卖合同,规定以信用证方式支付货款。

(二)申请开证

开证申请人在合同规定的时限内向当地的银行申请开立信用证。申请开证时要填写开证申请书,依照合同填写规定和要求,并缴纳保证金或提供其他保证,保证金的多少取决于信用证金额、申请人的信用等多种因素。

（三）开证

开证行接受开证申请人的申请后,根据申请书的内容向指定的受益人开立信用证,将信用证通过通知行传递给受益人,或直接寄交受益人。

（四）通知

如果信用证需要通过通知行通知,则通知行收到信用证后,应立即核对开证行的签字与密押,经核对证实无误,尽快将信用证转交受益人。

（五）审证、改证、交单、议付

受益人在收到通知行转来的信用证后,应根据买卖合同和 UCP600 的规定对其进行认真审核,主要审核信用证中所列的条款与买卖合同中所列的条款是否相符。

如发现条款有差错,或有不能接受或无法照办的条款时,应立即通知开证申请人,要求开证申请人通过开证行修改信用证。如果问题是直接由于开证行的原因导致,可直接要求开证行改证。但需要注意的是,信用证修改通知书必须要经过原通知行通知方为有效,而且传递方式与开证时相同。

受益人收到信用证经审查无误,或认可信用证修改书后,即可根据信用证或修改书的规定发运货物。在货物发运完毕后,缮制并取得信用证所规定的全部单据,开立汇票连同信用证正本（包括可能的修改书）在信用证规定的交单期和信用证的有效期内,递交议付行办理议付。

（六）索偿

索偿就是议付行办理议付后,凭单向开证行或其指定的银行（付款行或偿付行）请求偿付的行为。凡信用证规定有电汇索偿条款的,议付行可以以各种电讯的方式进行索偿。

（七）偿付

在信用证业务中的偿付是指开证行或被指定的付款行或偿付行向议付行进行付款的行为。开证行或指定的付款行收到议付行寄来的汇票和单据后,经核验认为与信用证规定相符,应将款项偿付给议付行。

（八）付款赎单

开证行履行偿付责任后,应立即向开证申请人提示单据,开证申请人核验单据无误后,办理付款手续。开证申请人付款后,即可从开证行取得全套单据。

### 四、信用证的开立方式

信用证开立的形式主要有信开本和电开本。

（一）信开本（Mail Credit）

信开本是指开证银行采用印就的信函格式开出并在签字盖章后,以航空邮寄方式送通知行的信用证,目前这种形式已很少使用。

（二）电开本（Cable Credit）

电开本是指开证行使用电报、传真、SWIFT 等各种电讯方法将信用证条款传达给通知行的开证方式。电开本又可分以下几种:

1.简电本（Brief Cable）。开证行通过电子通信方式将信用证主要内容,如信用证号码、受益人名称和地址、开证人名称、金额、货物名称、数量、价格、装运期及信用证有效期等告知通知行,具有详细内容的信用证则通过航空邮寄方式传递到通知行。简电本一般注明"详情后告"（Full Details to Follow）等类似词语。简电本内容简单,通常只能作为出口商备货和租船订舱的参考,不是有效的信用证文件,不足以作为交单议付的依据,出口商一般要在收到详开的信用证后,才可以对外发运货物。

【相关链接】UCP600 第 11 条 a 款 电讯传输的和预先通知的信用证和修改

●以经证实的电讯方式发出的信用证或信用证修改即被视为有效的信用证或修改文件,任何后续的邮寄确认书应被不予理会。

●如电讯声明"详情后告"（或类似用语）或声明以邮寄确认书为有效信用证或修改,则该类电讯不被视为有效信用证或修改。开证行必须随即不迟延地开立有效信用证或修改,其条款不得与该电讯矛盾。

再说明一点,这里的"Cable"实际上已经成为"概念意义上的电报"了,从 20 世纪 90 年代起,电报在国际贸易中已基本不用,信用证业务主要采用 SWIFT、电传或传真方式传递,只是人们仍然习惯沿用"电报"这种称谓,书面通信中更是如此。

2.全电本(Full Cable)。即开证行开出具有详细内容的信用证,然后通过电讯方式传达给通知行。全电本信用证是一个内容完整而有效的信用证,可以作为出口商交单议付的依据。

3.SWIFT 信用证。SWIFT 是"全球银行金融电讯协会"(Society for Worldwide Interbank Financial Telecommunication)的简称,于 1973 年在比利时布鲁塞尔成立,在荷兰的阿姆斯特丹和美国的纽约分别设有交换中心。该协会设有自动化的国际金融电讯网,专门从事传递国际间非公开性的金融电讯业务,其成员银行可以通过该电讯网办理信用证开立及结算、外汇买卖、证券交易、托收货款、银行间资金调拨等金融业务。通过 SWIFT 开立或通知的信用证称为 SWIFT 信用证,又称为"全银电协信用证"。

采用 SWIFT 信用证,必须遵守 SWIFT 使用手册的规定,使用 SWIFT 手册规定的代号(tag),信用证必须按国际商会制定的《跟单信用证统一惯例》的规定开立。在信用证中可以省去银行的承诺条款,但不能免去银行所应承担的义务。目前开立 SWIFT 信用证的格式代号为 MT700 和 MT701,如对开出的 SWIFT 信用证进行修改,则采用 MT707 标准格式传递信息。

采用 SWIFT 信用证,使信用证具有标准化、固定化和统一格式的特性,具有快捷、安全、准确、简明、可靠的优点。目前,在国际结算中使用的电开信用证,大多数都是 SWIFT 信用证。

### 五、信用证的主要内容

信用证的内容,随不同交易的需要而定。除已广泛使用 SWIFT 格式外,信用

证至今尚无统一格式。虽然如此,信用证的基本内容大致相同。通常主要包括以下内容:

1.信用证本身的说明:如信用证的类型、信用证的编号、开证日期、到期日和到期地点、交单期限以及兑付方式等。

2.信用证的当事人:开证申请人、开证行、受益人、通知行等。此外,有的信用证还有指定的付款行、偿付行、承兑行、议付行等。

3.支付货币和信用证金额:包括币别和总额。币别通常应包括货币的缩写和大写,总额一般分别用阿拉伯数字和大写书写。

4.货物条款:包括货物的名称、品质、规格、数量、包装、价格等。

5.运输与保险条款:如装运港(地)、目的港(地)、装运期限、可否分批装运、可否转运以及如何分批装运、转运的规定。以 CIF 或 CIP 贸易术语达成的交易项下的保险要求,所需投保的金额和险别等。

6.汇票条款:包括汇票的种类、出票人、受票人、付款期限、出票条款及出票日期等,凡不需开立汇票的信用证无此内容。

7.单据条款:信用证通常要求提交商业发票、包装单据、运输单据和保险单据。此外,还有检验证书、产地证等其他可能涉及的单据。各类单据都有填写要求和份数。

8.责任条款:用以表明主要当事人的责任,特别是开证行的责任。

9.适用条款:用以表明该信用证受哪些法律、法规、惯例与规则约束。

10.其他特殊条款:视具体交易的需要而定,如要求通知行保兑的条款;限制某银行议付的条款;限制必须装某船或不许装某船的条款,等等。

## 六、信用证的类型

信用证根据其性质、期限、流通方式等特点,可以从不同角度分为多种类型:

(一)根据付款凭证的不同,信用证可分为光票信用证和跟单信用证

1.光票信用证((Clean Credit)。是指开证行仅凭受益人开具的汇票或简单收

据而无须附带货运单据付款的信用证。

2.跟单信用证(Documentary Credit)。是指凭跟单汇票或仅凭单据付款、承兑或议付的信用证。这里的"单据"是指代表货物所有权或证明货物业已装运的货运单据,即商业发票、包装单据、运输单据、保险单据、检验检疫证书以及原产地证明书等多种单据。

在货款结算中,广泛采用的是跟单信用证,光票信用证通常仅被用于总分公司间货款清偿和佣金、海运费等非贸易的费用结算等。

(二)根据开证银行的保证性质,信用证可分为可撤销信用证和不可撤销信用证

1.可撤销信用证(Revoeable L/C)。是指开证行在信用证被付款、承兑或议付以前,可以不经过受益人或有关当事人同意,也不必事先通知受益人而随时修改或撤销的信用证。但信用证一经使用,即便是可撤销信用证,也不能够再撤销。由于可撤销信用证对受益人缺乏足够保障,因而在国际货款结算中很少采用。可撤销信用证上一般表明"可撤销"字样。

2.不可撤销信用证(Irrevocable L/C)。是指信用证一经开出,在其有效期内未经受益人及有关当事人的同意,既不能修改也不能撤销的信用证。对于不可撤销信用证而言,只要受益人提交的单据符合信用证规定,开证行必须履行付款义务。这种信用证对受益人收款比较有保障,在国际贸易中,凡以信用证方式结算的,基本上都使用这种信用证。

根据国际惯例,信用证都应该是不可撤销的。UCP600 第 3 条"解释"中规定:信用证是不可撤销的,即使未如此表明。

(三)按是否有另一家银行保证兑付,可分为保兑信用证与不保兑信用证

1.保兑信用证(Confirmed L/C)。是指开证行开出的信用证,由另一家银行,即保兑行,根据开证行请求,保证对符合信用证条款的单据履行付款义务的信用证。经保兑行保兑的信用证,保兑行保证凭符合信用证条款规定的单据履行向受益人或其指定人付款的责任,而且付款或议付后对受益人或其指定人无追索权。

这种信用证有开证行与保兑行两家银行对受益人负责,属于双重的银行信用,这对出口商的安全收汇是有利的。在业务中,保兑行通常由通知行担任,但通知行和保兑行不是同一家银行的情形,也很常见。

2.不保兑信用证(Unconfirmed I/C)。是指未经除开证行以外的其他银行保兑的信用证,即一般的不可撤销信用证。

【**案例** 10-3】我国某公司收到国外开来的不可撤销 L/C,由设在我国的某外资银行通知并加以保兑。我方在货物装运后,正拟将有关单据交银行议付时,忽然接外资银行通知,由于开证银行拟宣布破产,该行不再承担对 L/C 的付款责任,但可以作为托收行,代我方向国外的进口商托收货款。问:我方应如何处理?①

(四)按兑付方式的不同,信用证可分为即期付款信用证、延期付款信用证、承兑信用证和议付信用证

1.即期付款信用证(Sight Payment Credit)。开证行或付款行收到符合信用证条款的单据后,立即履行付款义务的信用证。信用证中注明了"Available by payment at sight"之类的文字。即期付款信用证一般不需要汇票。

2.延期付款信用证(Deferred Payment Credit)。开证行或付款行收到符合信用证条款的单据后,在规定期限内履行付款义务的信用证。

延期付款信用证不使用远期汇票,受益人不能贴现,要想从银行获得融通资金,受益人必须以单据为抵押贷款,贷款利息一般高于银行的贴现率,因此,使用延期付款信用证时,卖方的货价应该订得高一些。

使用延期付款信用证的情况下,确定付款到期日的方法有多种,常见的有:

(1)交单日后若干天;(2)装运日期后若干天;(3)将来的某个固定日期。

3.承兑信用证(Acceptance L/C)。是指信用证指定的付款行在收到符合信用证规定的远期汇票和单据时,先对汇票进行承兑,待汇票到期日再行付款的信用证。UCP600 第 6 条 c 款规定,"信用证不得开成凭以申请人为付款人的汇票兑

---

① 参考答案:仍应坚持要求开证行付款。因为信用证一经开立,开证行就应对信用证承担第一性的付款责任。

用。"因此,信用证方式下,汇票的付款人是银行,承兑人自然也是银行,所以这种信用证又被称为银行承兑信用证(Banker's Acceptance Credit)。

4.议付信用证(Negotiation L/C)。是指开证行在信用证中邀请其他银行对受益人提交的单据审核无误后,买人汇票及/或单据的信用证。议付信用证按是否限定议付行,又可分为两类:

(1)公开议付信用证(Open/Non-restrJcted Negotiation credit)。是指任何银行均可办理议付的信用证,一般此类信用证中有"Available by negotiation with any bank"之类文字;

(2)限制议付信用证(Restricted Negotiation Credit)。是指仅由被指定的一家或几家特定银行进行议付,一般此类信用证中有"Available by negotiation with ×× bank only"之类文字。

UCP600 第 2 条"定义"中对议付的解释是:议付是指指定银行在相符交单下,在其应获偿付的银行工作日当天或之前向受益人预付或者同意预付款项,从而购买汇票及/或单据的行为。因此,关于议付要注意两点:一是银行议付的前提是"相符交单";二是银行只审单,不立即或在应获得偿付之日前支付对价,不构成议付。但在中国,银行通常只审查单据而不支付对价,但仍然称之为"议付"。如果卖方急需资金,可以用"押汇"方式做应急处理。

"押汇"(Bill Purchase)是指银行以全套单据为抵押,向受益人提供一定额度(一般为票款总额的 90% 左右)的本币贷款,待买方支付货款后,押汇银行再以货款抵扣贷款及利息、手续费等费用。

议付与付款的主要区别在于议付行在议付后如因单据与信用证条款不符等原因而不能从开证行收回款项时,可以向受益人追索;而指定的付款行(以及开证行、保兑行)一经付款,即再无权向受款人追索。

(五)按付款时间的不同,信用证可分为即期信用证和远期信用证

1.即期信用证(Sight L/C)。是指开证银行或其指定的付款行在收到符合信

用证条款的汇票及/或单据后即予付款的信用证。在即期信用证中,有时还带列电汇索偿条款(T/T Reimbursement Clause),这是指开证行允许议付行用电传、传真或 SWIFT 方式通知开证行或指定付款行,说明各种单据与信用证规定相符,开证行或指定付款行、偿付行应立即以电汇方式将款项拨交议付行。即期付款信用让和即期议付信用证都是即期信用证。

2. 远期信用证(Time L/C;Usance L/C)。是指开证行或其指定的付款行在收到符合信用证条款的汇票及/或单据后,在规定的期限内保证付款的信用证,其主要作用是便利进口商资金融通。承兑信用证、延期付款信用证和远期议付信用证都是远期信用证。使用远期信用证时,其远期利息或远期汇票的贴现利息和费用一般均由受益人承担。远期信用证又称为"卖方远期信用证"。

在实践中,还有一种"假远期"信用证(Usance Credit Payable at Sight),又称为"买方远期信用证",它规定受益人必须开立远期汇票,但可以按即期汇票的条件从付款行得到货款,所有的贴现和承兑费由开证申请人承担。使用这种信用证,受益人开出的虽然是远期汇票,却可以即期取得足额的款项,但要承担一般承兑信用证汇票到期遭到拒付时被追索的风险。对于开证人来讲,他要到汇票到期日再向开证行支付货款。所以,"假远期信用证"实质上是开证行或贴现银行对进口商融通资金。这种信用证的汇票付款人可以是开证行,也可以是出口地银行或第三国银行,开证人为了利用较便宜的资金,往往选择贴现率比较低的地方的银行开证,或指定其为付款行。

(六)按信用证使用权是否可以转让,信用证可分为可转让信用证和不可转让信用证

1.可转让信用证(Transferable L/C)。是指受益人(第一受益人)有权将信用证的全部或部分金额转让给一个或数个第二受益人使用的信用证。

第二受益人(Second Beneficiary)是指接受转让的可转让信用证的受益人,又称信用证的受让人或被转让人(Transferee),一般为提供货物的生产者或供应商。

按 UCP600 第 38 条的规定,只有明确注明"可转让"(Transferable)字样的信

用证方能转让。可转让信用证只能转让一次，但允许第二受益人将信用证重新转让给第一受益人。如信用证允许分批装运/支款，在累计不超过信用证金额的前提下，可以分成几个部分分别转让，即可同时转让给几个第二受益人，各项转让金额的总和将视为信用证的一次转让。信用证只能按原证规定条款办理转让，但信用证的金额和单价、到期日、交单日、装运期限等几项可以减少、提前或缩短。保险加保比例可以增加到原信用证要求保足的金额。

在要求转让行办理转让手续时，第一受益人有权要求受让人（第二受益人）将单据交给转让银行，以便把自己开立的按原信用证的单价及金额所制作的汇票、发票替换受让人的汇票、发票，从而获取差额。除非转让时另有约定，有关转让的所有费用需由第一受益人支付。

对开证申请人来说，使用可转让信用证有一定的风险。因为买主对受让人的资信和经营能力并不了解，受让人提供的货物能否符合买卖合同要求也无把握。所以，除非有特殊需要以及第一受益人的可靠保证，开证申请人一般不会同意开立可转让信用证。这也就是 UCP600 之所以作出"只有开证行明确注明为'可转让'的信用证才能转让"规定的原因。

2.不可转让信用证（Non-transferable L/C）。是指受益人无权将信用证转让给其他人使用的信用证。凡在信用证上没有注明"可转让"字样的信用证，均为不可转让信用证。不可转让信用证只限于受益人本人使用。

（七）其他类型的信用证

1.对背信用证（Back to Back L/C）又称为转开信用证，是指原证受益人要求原证的通知行或其他银行以原证为基础和担保，另行开立的一张内容相似的新信用证。对背信用证通常是由中间商为转售他人货物，从中渔利.或两国不能直接进行交易需通过第三国商人以此种办法沟通贸易而开立二对背信用证的原证必须是不可撤销信用证。

对背信用证与原证相比，除开证申请人、开证行、通知行、受益人、金额、装运期限、有效期等有所变动外,其他条款与原证一致。

2.对开信用证(Reciprocal L/C)是指两份信用证的开证申请人互以对方为受益人而开立的信用证。它是易货交易或加工贸易中经常采用的一种结算方式,由于双方顾虑对方只使用权利而不履行义务,于是采用相互开立信用证的办法,把进口和出口联结起来。其特点是:第一张信用证的受益人和开证申请人分别是第二张对应信用证的开证申请人和受益人;两张信用证的金额大致相同,同时或先后生效。

3.循环信用证(Revolving L/C)是指信用证在一定时间内按全部或部分金额使用后,能够重新恢复至原金额并再度使用,直至达到该证规定次数或累计总金额用完为止的信用证。

循环信用证循环的方式通常有以下三种:

(1)自动循环(Automatic Revolving)。受益人在规定时期内装运货物议付后,不需要得到开证行的通知即可自动恢复到原金额再次使用。

(2)半自动循环(Semi—Automatic Revolving)。受益人每次装货议付后在若干天内,开证行未提出不能恢复原金额使用的通知,即自动恢复到原金额使用。

(3)非自动循环(Non—Automatic Revolving)。受益人每次装货议付后,需经开证行通知,才能恢复原金额的使用。

【条款示例】

● 自动循环:This credit shall automatically revolve once a month.USD5000.00 at each time until totally amount to USDl50 000.00.(本信用证将自动恢复使用,每月一次,每次 5000 美元,直至总额为 150,000 美元。)

●半自动循环:Should the negotiating bank not be advised of stopping renewal within ten days after each negotiation,the unused balance of this credit shall reach the original amount.(每次议付后 10 天之内,议付银行未接到停止循环的通知时,本信用证项下尚未用完的余额,可恢复至原金额。)

●非自动循环:After drawing each time, this credit shall not restore until the beneficiary receives the restoring notice from us.（本金额须在每次支取后,收到开证行恢复本证的通知后方可恢复。）

循环信用证一般适用于货物比较单一、批量较大、可定期分批相对均衡装运、分批支取款项的长期合同。对进口商而言,可节省逐笔开证的手续和费用,减少保证金,有利于资金周转;对出口商来说,可减少逐批催证和审证的手续,又可获得收回全部货款的保障。

4.预支信用证(Anticipatory L/C)。是指允许受益人在货物装运交单前预支货款的信用证,有全部预支和部分预支两种。在预支信用证项下,受益人预支的方式有两种:一种是向开证行预支,出口商在货物装运前开具以开证行为付款人的光票汇票,由议付行买下向开证行索偿;另一种是向议付行预支,由议付行先垫付全部或部分货款,待货物装运后交单议付时,扣除垫款本息,将余额支付给出口商。在此情况下,出口商取得货款后不履行交货义务和信用证义务的风险责任由开证行负担,而开证行是在开证申请人的授权下这样做的,所以最终的风险责任由开证申请人(进口商)负担。

由于预支条款比较敏感,为引人注目,这种预支条款在过去常常用红色字体表明,因此俗称"红条款信用证"(Red Clause L/C)。但现在由于信用证多数以电开本的形式开立,不再以红色注明预支条款,但效力与原来的红条款是等同的。另外,为使银行的利益得到一定程度的保障,产生一种比"红条款信用证"条件更加严格的"绿条款信用证",在这种信用证项下,卖方有义务将预支款项对应的货物,以开证行的名义存仓,日后补办装运手续。"绿条款信用证"与"红条款信用证"相对应,现在也不一定再用绿色注明,但其效力不变。

5. 备用信用证(Standby L/C)。又称担保信用证或保证信用证(Guarantee L/C),是指开证行根据开证申请人的请求,对受益人开立的承诺承担某项义务的凭证。即开证行保证在开证申请人未能履行其应履行的义务时,受益人只要凭备用信用证的规定向开证行开具汇票(或不开汇票),并提交开证申请人未履行义务的声明或证明文件,即可取得开证行的偿付。

备用信用证也属于银行信用,只是备用信用证对于受益人来说是备用于开证申请人发生毁约时,取得补偿的一种方式。如果开证申请人按期履行合同的义务,受益人就无须要求开证行在备用信用证项下支付货款或赔款。

备用信用证可用于货款的结算,还经常使用在投标、技术贸易、补偿贸易的履约保证、预付货款和赊销等业务中,有时也用于带有融资性质的还款保证,UCP600 适用于备用信用证,但国际商会对备用信用证有针对性地制定了新的国际惯例——《国际备用信用证惯例》(International Standby Practices),即国际商会第 590 号出版物,简称 ISP98。

备用信用证与跟单信用证有共同之处,主要表现在:(1)开证行所承担的付款义务都是第一性的;(2)均凭符合信用证规定的凭证或单据付款;(3)都是在买卖合同或其他合同的基础上开立的,但是一旦开立就与这些合同无关,成为开证行对受益人的一项独立的义务。

备用信用证与跟单信用证的不同之处:(1)在跟单信用证下,受益人只要提交与信用证要求相符的单据,即可向开证银行要求付款,而在备用信用证下,受益人只有在开证申请人未履行义务时,才能要求银行付款;(2)跟单信用证一般只适用于货物的买卖,而备用信用证可适用于货物以外的多方面的交易;(3)跟单信用证一般以符合信用证规定的货运单据为付款依据,而备用信用证一般只凭受益人提供的开证申请人未履约的证明文件,开证银行即保证付款。

**七、信用证支付的利弊分析**

(一)信用证的积极作用

信用证支付方式给国际贸易中的有关当事人都带来了一定的好处。

1.对进口商的作用。

(1)进口商可以通过控制信用证条款来约束出口商交货的时间、品种、数量、装运条件等,保证进口商按时、按质、按量地收到合同约定的货物。

(2)议付行、保兑行(如果有)、付款行、开证行等层层把关,保证进口商按时收到表面符合信用证要求的单据,特别是代表货物所有权的单据。

(3)进口商只要交纳一定量的押金,就可以得到开证行的付款信用承诺,对外履行开证义务。在远期信用证的方式下,进口商可以凭信托收据(Trust Receipt)向银行借单、先行提货、出售或转卖,到期付款,从而获得了开证行的资金融通。

2.对出口商的作用。

(1)保证出口商凭与信用证规定相符的单据取得货款。只要卖方提交的单据做到了"单单一致""单内一致"和"单证一致",也就是 UCP600 规定的"相符交单",银行就保证付款,从而为出口商收取货款提供了较为安全的保障。

(2)出口商可以得到资金融通的便利。出口商可以在交货前,以国外进口商开来的信用证为抵押,从出口地银行借取打包贷款(Packing Credit),用以收购、加工、生产出口商品和打包装运;出口商还可以在货物出运后,向出口地银行提交信用证规定的各种单据,开出汇票,通过票据贴现或出口押汇取得货款。

(3)对于出口管制和外汇管制比较严格的国家而言,信用证可以保证出口商的收汇安全。

3.对银行的作用。

开证行接受进口商的申请,开出信用证,用自己的信用为进口商提供贸易和支付的便利,开征申请人需要向银行交付一定的抵押或担保。这些抵押或担保为银行利用资金提供了便利。而且,在信用证业务中,银行每提供一项服务都要收取相关费用,获得相应的收入以及资金在银行中流动期间的利息。信用证业务通常是商业银行重要的中间业务产品和非利息收入来源。

(二)信用证的弊端

虽然信用证在使用过程中给有关各方都带来了便利与利益,我们也不能忽略信用证支付方式中客观存在的某些弊端,归纳如下:

1.对进口商而言。

(1)进口商的资金负担过重。进口商在申请开证时要向开证行预交押金或抵押品作为担保。押金的数量往往很高,这对一些进口商尤其实力较弱的中小进口商来说必然资金负担较重。

(2)信用证的特殊性容易给进口商造成风险。由于信用证支付是一种纯粹的单据买卖,银行只关心单据的完整和表面的真伪,并不关心买卖合同和货物的好坏,只要出口商提供了完整、准确的单据,且做到"单单一致、单内一致和单证相符",银行就会对出口商付款。如果出口商信誉较差,伪造一套符合信用证规定的单据提交银行骗取货款,进口商将蒙受巨大的经济损失。

2.对出口商而言。

(1)信用证支付方式缺乏灵活性。信用证及修改的信息传递途径和方向是严格单向而固定的,即:开证申请人—开证行—通知行—受益人。如果卖方要求修改信用证时,要首先征得买方同意,再经过开证行同意,然后再按照上述途径传递修改通知书,这样至少要花费 10~15 天时间,如果买方拖延修改,时间就更长,这会给卖方的生产、备货、仓储等都带来很多麻烦以及费用的增加。

(2)出口商的收汇风险依然存在。在信用证方式下,出口商仍有可能遭到进口商不开证或不按时开证的风险,以及开证行倒闭或无理拒付的风险。

3.对进出口双方而言。

(1)信用证交易中除了必需的发货、交单、收款、付款等手续外,还增加了申请开证、通知、议付、审单等中间环节,手续复杂;

(2)在信用证业务中,与其他支付方式相比,买方增加了开证保证金和开证费用、保兑费(如果有的话),卖方增加了信用证的通知费、银行手续费、邮寄费等;而且信用证修改有修改费和修改的通知费,单证不符时要收取单证不符费等等。这些都在一定程度上增加了买卖双方的交易费用和成本。

4.对开证行而言。

(1)开证行可能审单不严造成损失。在信用证业务中,开证行承担第一付款人的责任,要在审单无误后代进口商先行向出口商付款,如果审单不严,进口商拒绝付款赎单,开证行就要承担因此而造成的损失。

（2）来自开证申请人的风险。当议付行对出口商提交的单据审核无误，要求开证行付款后，进口商已失去付款能力，或已破产倒闭，开证行只能依靠其已收取的开证保证金加上它所掌握的物权凭证提单，将货物出售来补偿开证保证金的差额部分。

（3）进出口商联合欺诈的风险。如果进出口商联合起来，虚构买卖合同，并伪造全套货运单据从开证行骗取货款，会给开证行造成惨重的损失。根据 UCP600 第 5 条规定，"银行处理的是单据，而不是单据可能涉及的货物、服务或履约行为"。开证行付款后，进口商已无影无踪，开证行仍然必须承担付款责任。

### 八、关于信用证支付的国际惯例

#### （一）UCP600

信用证是一种主要的国际货款结算方式，但由于对跟单信用证有关当事人的权利、责任、付款的定义和术语在国际上缺乏统一的解释和公认的准则，各国银行根据各自的习惯和利益办事，信用证各有关当事人之间的争议和纠纷经常发生。国际商会为了减少因解释不同而引起的争端，调和各有关当事人之间的矛盾，于1930 年拟定了《商业跟单信用证统一惯例》（Uniform Custcoms and Practice for Commercial Documentary Credits），并于 1933 年作为国际商会第 82 号出版物正式公布，建议各国银行采用。随着国际贸易的发展变化，国际商会曾先后多次对该惯例进行了修订。最新修订于 2007 年 7 月 1 日生效，全称"The Uniform Customs and Practice for Documentary Credits，2007 Revision，ICC Publication No. 600"（跟单信用证统一惯例，2007 年修订本，国际商会第 600 号出版物），简称 UCP600。

由于《跟单信用证统一惯例》是国际惯例，它不具有法律强制性，只有当事人同意适用时，才对当事人有法律约束力，因此，一般应在信用证中注明："本证根据《跟单信用证统一惯例》2007 年修订本，国际商会第 600 号出版物开立。"（This credit is subject to Uniform Customs and Practice for Dcumentary Credits，2007

Revision，ICC Publication No.600.）。SWIFT 网络传递和开立的每个信用证都自动适用 UCP，除非当事人在 SWIFT 信息中明确宣称"该信用证不适用 UCP"。而当信用证条款与 UCP 规定发生冲突时，一般采用信用证条款规定。

（二）Eucp

与 UCP600 同时生效的关于信用证业务的国际惯例还有"eUCP"1.1 版本。

其全称为"The Supplement to the Uniform Customs and Practice for Documentary

Credits for Electronic presentation，Version 1.1"（跟单信用证统一惯例关于电子交单的附则，1.1 版本），简称"eUCP"。eUCP 作为 UCP 的补充，适用于单独提交或与纸单据混合提交电子记录的情况。只有在信用证中明确表明受其约束时（This Credit is subject to eUCP），eUCP 才能作为 UCP 的附则适用。eUCP 第二条明确规定了 eUCP 与 UCP 的关系。

**【相关链接】**

eUCP 与 UCP 的关系。

a.受 eUCP 约束的信用证（eUCP 信用证）也适用 UCP，而无须将 UCP 明确纳入信用证。

b.当 eUCP 适用时，如其与适用 UCP 产生不同结果，应以 eUCP 规定为准。

c.如果 eUCP 信用证允许受益人在提交纸单据或电子记录二者之间选择，而其选择了只提交纸单据，则该笔交单仅适用 UCP。如果 eUCP 信用证只允许提交纸单据，则仅适用 UCP。

（三）《国际标准银行实务》（ISBP）

UCP600 第 2 条关于"相符交单"的定义："相符交单指与信用证条款、本惯例的相关适用条款以及国际标准银行实务一致的交单。"这是国际商会首次在其 UCP 中明确规定交单必须符合《国际标准银行实务》。

《国际标准银行实务》的全称为"International Standard Banking Practice for

the Examination of Documents under Documentary Credits，ISBP"（《审核跟单信用证项下单据的国际标准银行实务》，简称 ISBP）。

ISBP 是国际商会继 UCP500 之后在信用证领域编纂的最新的国际惯例。ISBP 是一个供单据审核员在审核跟单信用证项下提交的单据时使用的审查项目（细节）清单，它通过详细规定跟单信用证操作中的细节，填补了概括性的 UCP 规则与信用证使用者日常操作之间的差距，于 2002 年首次通过，作为对 UCP500 的补充。UCP600 于 2007 年 7 月 1 13 生效，为了与新版的 UCP600 配套，国际商会对 02 版的 ISBP 进行了有针对性地修改，并规定新版 ISBP（ISBP 2007 version，ICC Publication 681，ISBP681）与 UCP600 同时生效。

ISBP 不仅是各国银行、进出口公司信用证业务单据处理人员在工作中的必备工具，也是法院、仲裁机构、律师在处理信用证纠纷案件时的重要依据。

### 九、合同中的信用证支付条款

在国际货物买卖中，如采用信用证支付方式，一般应在买卖合同的支付条款中，就开证时间、开证银行、信用证的受益人、种类、金额、装运期、到期口等作出明确规定。

**【条款示例】**

付款方式：以卖方为受益人的、保兑的不可撤销信用证，凭即期汇票付款。该信用证应于装运期前 1 个月开抵我方，有效期延续至上述装船日期后 21 天在中国到期。允许分批装运和转船。

Payment：by confirmed，irrevocable letter of credit in favour of the seller，available by draft at sight，reaching the seller one month ahead of shipment，remaining valid for negotiation in China for another 2 1 days after the prescribed time of shipment，and allowing transhipment and partial shipment.

# 第五节　银行保函

## 一、银行保函概述

银行保函是一门业务性、专业性和实践性都非常强的银行信用工具,随着经济全球化的不断深入发展,国际经济贸易得到迅猛发展,贸易金额与投资金额越来越大,同时,其风险程度也随之增加。为了避免和减轻不履约或履约不当等带来的风险,保障贸易与投资等交易的安全,保证各项义务的顺利履行,有关交易合同当事人往往要求合同对方提供一种特定的担保方式,于是在国际经贸往来中出现了担保制度。保函也在这种大的环境中应运而生,保函因为可以满足贸易方式多样化、复杂化、金额大、履约期长等现代国际经济发展的需要,逐渐在当今的国际经济贸易等领域发挥越来越重要的作用。

近年来,随着我国开放型经济的发展和"走出去"战略的实施,各类保函业务增长迅猛,其广泛的适用性与条款设计的灵活性优势正在日益显现出来,已成为企业开展对外经贸合作的重要工具和银行贸易金融产品组合中的核心产品之一。2009 年 11 月 24 日,国际商会(ICC)银行委员会全体成员一致通过了备受各界广泛关注的《见索即付保函统一规则》(URDG758),并决定新的规则于 2010 年 7 月 1 日正式实施。这是继《跟单信用证统一惯例》(UCP600)后,国际商会通过的又一个重要国际规则,必将对全球各国保函业务产生重大而深远的影响。

## 二、银行保函的概念、作用和属性

### (一)银行保函的概念

保函(Letter of Guarantee)又称保证书,是指银行、担保公司、保险公司、非银行金融机构及其他团体或个人应交易中一方当事人(即申请人)的请求,为担保该交易项下某种义务的履行或者责任的承担,而以其自身的信誉向交易的另一方(即受益人)开立的一种书面信用担保凭证,保证在申请人未能按双方协议履行其责任或义务时,由担保人代其履行一定金额、一定期限范围内的某种支付责任或经济赔偿责任。

原则上,担保可以由任何机构、个人、法律实体签发。但从债权人的角度来看,除实力雄厚、信誉良好的实体外,由银行或保险公司以外的实体签发的担保安全性要低一些,不仅因为它们的资信情况不确定,而且因为它们往往与主债务人有商业上或金融上的联系。这些可能导致担保人拒绝受益人的索款要求,或使之无效。由于商业银行其在金融业中所具有的资金优势是其他金融机构所无法比拟的,由它出具的担保在信誉、种类和承担风险等方面的能力远高于其他金融机构,因而银行很自然地成为各国市场经济中的最主要的担保提供者。目前国际贸易和结算中大都由银行为其客户向债权人或其他受益人开立银行保证书,即银行保函。

银行保函(Banker's Letter of Guarantee)是保函的一种,它是指银行应某项基础交易合同一方当事人(即开函申请人)的申请,以其自身的信用向基础交易合同的另一方当事人(即受益人)为担保该项合同项下的某种责任和义务的履行而做出的一种具有一定金额、一定期限、承担某种支付责任或经济损失赔偿责任的书面付款保证的承诺。

银行保函是一种银行的融信行为,银行将自己的良好信用出借给客户,帮助客户完成商务交易。"融"即出借的意思,融资是出借资金,融信是出借信用。不管银行融资还是融信都是有偿的行为,银行要么直接向客户索偿手续费,要么要求客户缴存保证金。

近几十年来,尽管银行保函在国际经贸领域得到了广泛的普及和应用,然而令人遗憾的是,国际银行保函一直没有像信用证那样,形成一个统一惯例,甚至没有一个统一的定义。这种尴尬的情况终于随着 URDG758 的颁布实施而有了根本性的改观。URDG758 第二条第一次为保函下了一个明确的定义:"见索即付保函或者保函,系指任何已签署的承诺,无论其名称或者描述如何,该承诺保证根据相符索赔要求的交单提供付款。"原文如下:

"Demand guarantee or guarantee means any signed undertaking，however named or described，providing for payment on presentation of a complying demand."

相对于 1992 年版的 URDG458 而言，URDG758 对于保函的定义简洁而清晰。此外，我们还可以从中依稀看到 UCP600 中关于信用证定义的影子。这也正体现了国际商会修订 URDG 的初衷——尽量向广为人知的 UCP600 靠拢，让 URDG758 更加易于被掌握和应用，并使之逐渐如同信用证那样成为在国际间被广为接受的银行担保工具。

具体而言，URDG758 对于保函的定义，包含了以下三层含义：

(1)保函是担保人做出的一项确定付款承诺，且该承诺必须经过签署以保证其有效性。在银行实务中，保函可以通过信开方式开立，也可以通过电开方式开立。信开方式必须经过有权签字人在纸质保函文件上面签署后方能生效；电开方式则必须通过对电文加押发送后方能生效；

(2)内容重于形式，保函的效力取决于其包含的条款规定，而不必拘泥于其名称或描述。在保函实务中，尽管 URDG 等正式的国际惯例采用"Guarantee"作为"保函"一词的标准用词，但人们还是习惯上将履约保函称为"Performance Bond"；有的国家将保函称为担保信用证(Guaranty L/C)，仅凭保函中规定的单据付款，不受任何其他契约的影响，成为名副其实的独立性担保。

(3)担保人付款的前提条件是索赔人必须满足保函所规定的索赔要求，而满足保函所规定的索赔要求的具体体现是索赔人必须做到相符交单(Complying presentation)。

(二)银行保函的作用

银行保函作为一种金融信用工具，不仅是一种结算形式，也可以用来作为一种国际结算手段，同时也被更多的用在买卖合同、借贷合同、劳务承包合同中充当合同义务履行的保证。即保证货款与货物的正常交换，使合同价款的清偿得到保障正是银行保函的基本功能之一。此外,保函还通常被用来保证合约的正常履行,预付款的归还,贷款及利息的偿还,合同标的物的质量完好,关税、佣金、费用等的及时支付,被扣财物的保释等等。因此,保函从其本质而言,具有以下重要作用:

1.提供支付保证以及违约补偿的保证作用

首先,银行保函可以起到支付保证的作用,用来保证合同项下的付款责任方按期向另一方支付一定的合同价款,保证贷款资金及利息的偿还及清偿。这是银行保函的一种重要功能,也是银行保函之所以能够成为国际信用工具之一的基本原因。

其次,在主债务人违约时给予债权人以资金上的补偿,或对违约责任人进行惩罚。这是银行保函的另一种重要职能,是保函区别于普通的跟单信用证的一个重要方面,也是保函之所以能够产生并迅速得到广泛应用的重要原因。在银行担保下,受益人获得支付的权利仅依赖于保函中规定的条款和条件。银行一旦同意开立保函,它就为主债务人承担了对受益人的担保义务,如果银行支付了保函的款项,它就取得了对主债务人的立即追索权。因此,银行处于一种信贷风险中,它通常要求补偿来降低这种风险,而不是作为一个保险人行事。这种补偿通常由委托人或另一家银行提供反担保来实现。

2.在当事人之间分配风险

从广义上来说,特别是从主债务人和债权人的观点看,银行保函代表了当事人之间风险的分配。风险分配的程度或者范围取决于付款条件的类型。在见索即付保函(Demand Guarantee)下,受益人只须提供表面与保函要求一致的单据就可以得到付款,而银行作为值得信赖的金融机构,一方面为其声誉,另一方面由于它有对主债务人的立即追索权,通常都会毫不迟延地付款。如果主债务人认为他自己已经正确履行合同义务,那么他想重新取回已经支付的款项就会有相当的困难。比如,一个主债务人已经正确履行合同,但受益人凭见索即付保函,通过提交与保函表面一致的单据,向担保人索偿并得到支付。主债务人因此向法院提起诉讼或向仲裁机构申请仲裁并胜诉.但面临着以下风险:判决或裁决因受益人破产或受益人是一个政府机构而得不到执行。相反,如果没有这种保函,若主债务人没有正确履行合同,受益人因此向法院提起诉讼或向仲裁机构提请仲裁并胜诉,受益人要承受判决或裁决因主债务人破产或是一个政府机构而得不到执行的风险。

3.见索即付保函的清偿功能

受益人认为主债务人违约时,通过提交与保函要求表面一致的单据,就可以得到支付,而无须首先证实主债务人的违约。见索即付保由还有另外一个非常重要的作用,即它能使受益人通过实现担保对债务人施加压力,使主债务人按照他的要求完成合同。这种持续的压力对主债务人来说是促使他迅速、充分地履行义务的强制性压力。

4.避免诉讼麻烦,节约费用

贸易商既可以利用保函来充当各种业务支付的保证手段,以解决各种交易中的合同价款及费用的支付问题,又可以利用它来作为对履约责任人必须按期履行其责任义务的制约手段和对违约受害方的补偿保证工具,可以从一定程度上避免或减少合同项下违约情况的频繁发生,省却了为解决争端而进行诉讼或仲裁的麻烦,及由此而引起的费用开支。

5.作为一种融资工具

在主债务人需要向受益人支付预付款或进行中间付款时,银行保函可以作为替代品,起到暂缓付款的作用,从而等于向主债务人提供了融资便利。

6.见证作用

银行保函可以证明委托人的履约能力,从一开始就把不具备资格的人排除在外。因为提供保函就意味着不可撤销的付款承诺,所以,在对债务人(委托人)的资金实力和履约能力进行全面审查并得到满意的结果前,银行是不会轻易作出付款承诺的,而银行不愿意为其开立保函的交易商也不会是个值得信赖的贸易伙伴。

另外,世界银行、亚洲开发银行以及各国政府的贷款都以提供担保为前提条件。这些贷款项下的项目,凡超过一定的金额,必须采用国际竞争性招标,无论国内或国外企业投标都要按标书要求,提交投标保函,中标签约时提供履约保函等。可见,银行保函已经成为国际贸易结算与融资的一个重要组成部分,在国际经贸往来中发挥着重要作用。

**(三)银行保函的属性**

银行保函就其性质而言,它是一种具有一定法律效力的付款保证承诺。但从其产生的原因来看,它是凭借于特定的基础交易合同而产生的。没有原始的基础交易合同,就不会产生银行保函。然而,对于银行保函与其所依凭而产生的基础交易合同(如商务合同)的关系,即所谓的保函的属性,各国的法律与实践认识并非一致。大致分为两类:一类人为银行保函从属于基础交易合同;另一类则认为银行保函独立于基础交易合同。因此,在理论上就产生了所谓的从属性担保和独立性担保之说;在业务上则形成了从属性保函于独立性保函之分。对于一项具体保函而言,其属性往往由其本身的条款决定,而这其中起决定作用的条款是保函的付款条件条款,即依据保函项下受益人在什么条件下才能取得担保人的偿付条款,保函可分为从属性保函和独立性保函两种,这两类保函的法律属性不同,效力也不同。

**1.从属性保函(Accessary Guarantee)**

所谓从属性保函,是指那些其效力依附于基础商务合同的保函,这类保函是基础商务合同的附属性契约或附属性合同,担保人依据保函所承担的付款责任的成立与否,将只能以基础合同的条款及合同的实际执行情况来加以确定。保函项下发生索赔事项时,只能以基础合同规定的条款为凭来裁定其是否合理、担保人是否应予受理、支付是否应该发生,担保人可以以被担保人(也即申请人)在基础交易合同项下对受益人一方的抗辩理由来对抗受益人。所以,这类保函的法律效力依附于基础商务合同,随商务合同的存在而存在,随商务合同的变化、灭失而变化、灭失。合同与保函的关系是一种主从关系,保函以基础交易合同,即主合同的权责为前提并随之变更和灭失,传统的保函大都是属于这一类型的保函。

因此,从属性保函是商务合同的一个附属性契约,其法律效力随着商务合同的存在而存在,随着商务合同的变化、灭失而变化、灭失。在从属保函项下,担保银行承担第二性的、间接的付款责任,即当受益人索赔时,担保人要对基础合同履行的事实进行调查,确实存在申请人违约时,且拒绝赔偿时,担保银行才负责赔偿。目前,各国国内保函基本上都是属于从属性质的保函。

2. 独立性保函(Independent Guarantee)

独立性保函是一种脱离基础交易合同而独立存在的保函。它是依据一定的基础交易合同的需要而出具的,但一旦被开出之后,保函本身效力独立于其所依据的合同,二者均为独立的合同,各自具有法律效力,表现为平行的法律关系,基础交易合同的消亡并不意味着该保函也随之自动失效。担保人在保函项下处理的仅为保函所规定的单据,同时对单据的真伪及对索赔的合理性等概不负责。独立保函项下银行承担第一性的、直接的付款责任,担保人的付款责任仅以其自身的条款为准,即当受益人在独立保函项下提交了书面索赔要求及保函规定的单据时,担保行就必须付款,而不管申请人是否同意付款,银行也无须调查合同履行的事实。因此,独立保函是根据商务合同开出,但又不依附于商务合同而存在,是具有独立法律效力的法律文件。独立性保函的担保银行承担第一性的付款责任,即当受益人在保函项下合理索赔时,担保银行就必须付款,无论申请人是否同意付款,也无须调查合同履行的事实。

从目前世界各国的涉外担保业务的实际情况,以及国际银行界对涉外担保业务几乎一致的看法可知,当今国际间所通行的保函绝大多数为独立性保函而不是传统的从属性保函。独立性保函之所以产生并得到大量使用而迅速发展,其原因就在于其独立于基础交易合同的特点能够适应许多银行与客户的需要,具体有以下几点原因:

(1)保函的受益人为了消除担保人所在国的法律对保函业务的影响和限制,

以保障其自身正当权益不致因合同纠纷难以调解而受到损害,纷纷要求申请人通过其银行所出具的担保能够具有独立于基础交易本身、独立于基础交易合同条款的特点。

(2)出具保函的银行为了避免发生在从属性保函项下被迫卷入基础合同当事人之间的纠纷以致影响自己的声誉的情况,也希望开具那种在其受理索赔时可不必考察基础交易合同实际履行情况的独立性保函,以维护自身的对外信誉。

正是由于这两方面的原因导致当代银行保函业务逐步发展为以独立性担保为主,这也是 URDG 得以产生和发展的现实业务基础。目前,独立性保函已成为国际银行保函的主流业务品种。

在国际业务中,相对于信用证、托收和汇款业务而言,由于保函的业务风险较难把握,银行很容易被卷入到贸易纠纷当中,为了规避风险,越来越多的银行逐步地将保函的付款条件转变为使担保银行自己能够独立判断付款条款是否成立的做法,即仅凭单据付款。保函索赔条件单据化的做法大大增强了银行在保函业务运作中的主动性、便利性和可操作性,对促进银行保函业务的健康发展起到了重要的推动作用,而国际商会最新颁布的 URDG758 也更加明确了银行保函业务单据化的发展方向。

### 三、银行保函的当事人

银行保函除了申请人、受益人与担保人等主要当事人外,还可能有通知行、保兑行、转开行和反担保人。在银行业务中,对这些当事人及他们之间的相互关系需要了解得非常清楚。

(一)银行保函有哪几个当事人

1. 银行保函主要的当事人

一般来说,一份银行保函项下至少应具有以下三个主要当事人。

(1)申请人(Applicant)

又称委托人(Principal),向银行申请出具保函的一方合同当事人即为保函的申请人。其主要责任是：严格按照合同规定履行自己承担的相关义务，避免保函项下发生索偿和赔偿；一旦发生索赔，在担保银行按照保函规定向受益人作出赔付后应立即偿还担保银行所做的全部支付；保函开出后，申请人有义务按期向担保银行支付各种手续费、担保费，以及函电往来所发生的其他一切费用；在担保银行认为必要时，向担保银行预支担保保证金，或提供由其他第三方出具的反担保，或者以其自身的其他资产或财物作为质押品向担保银行申请一定数额的授信额度。

（2）受益人（Beneficiary）

是指保函项下担保权益的受益者，即收到保函并有权按保函规定的条款凭以向银行提出索赔的一方。受益人的责任和权利是：受益人的责任是履行其有关的合同义务，如按期交货，或提供贷款，或提供合同规定的机器设备或技术等；在申请人未能履行合同规定的义务时，有权按照保函规定的条款向担保银行提出索偿要求，并得到赔付；在向担保银行索偿时，应按保函规定，提交符合要求的索偿证明或有关单据，并且需要做到"相符交单"（Complying presentation）[①]。

（3）担保行（（Guarantor）即接受委托向受益人出具保函的银行。担保行的责任和权利是：在收到索赔书和保函中规定的其他文件后，经审核后确定这些文件表面上与保函条件一致时，支付保函中规定数额的经济赔偿；在向受益人作出赔付后有权向申请人或反担保人索偿，如果申请人不能立即偿还担保人已经支付的款项，担保行有权处置保证金或抵押品；如果处置后仍不足抵偿，担保行有权向申请人追索不足部分；在开立保函之前，对担保内容和申请人的资信、履约能力及经营作风等作综合审查以决定是否出具保函、有权拒绝开立他认为不能或不愿承担义务的保函；如同意开立保函，应根据申请人提交的申请书出具保函；对保函条款的修改必须在申请人和受益人双方同意的前提下进行；有权根据保函条件要求申

---

① 　URDG758 第二条对相符交单的定义：保函项下的相符交单，指所提交单据及其内容首先与该保函条款和条件相符，其次与该保函条款和条件一致的本规则有关内容相符，最后在保函及本规则均无相关规定的情况下，与见索即付保函国际标准实务相符；

请人提供保证金、抵押或反担保;有权根据付款金额大小和风险责任大小向申请人收取手续费。

2. 银行保函项下的其他当事人

银行保函除了上述三个主要当事人外,根据具体情况还可能涉及及以下几个当事人。

(1)通知行(Advising Bank)

又称转递行(Transmitting Bank),即根据开立保函的银行(担保行)的要求和委托,将保函通知或转递给受益人的银行。通知行通常为受益人所在地银行。通知行只负责保函表面的真实性,如代受益人核对担保人的印鉴、密押是否真实、正确等。转递保函后,可按规定向担保行或申请人或受益人收取转递费用。若因种种原因不能通知受益人时,通知行应及时告知担保人,以便担保人及时采取其他的措施。通知行对保函内容正确与否不负责任,对保函在邮递过程中可能出现的延误、遗失等均不负责任。通知行在将保函转递给受益人后,可按规定向担保人或受益人收取通知费用。通知行除须负责核实保函的真伪,并严格按照担保人的要求和指示及时将保函通知受益人之外,其在保函项下并不承担任何的支付保证责任。因此,在发生索赔情况时,通知行除可代受益人向担保银行转交索赔文件或其他书面单据外,它本身并不受理任何的索赔。所以严格地说,通知行并非保函的实际当事人,而只是保函业务处理过程中的辅助方而已。

(2)保兑行((Confirming Bank)

又称第二担保人,即根据担保人的要求在保函上加具保兑的银行。保兑行通常为受益人所在地信誉良好的银行,对这样的银行,受益人比较熟悉和信任。对保函加具担保通常是基于受益人的要求,一般只有在担保行的信誉、资力较差或属外汇紧缺国家的银行时,受益人才要求在担保人的保函上由一家国际公认的资信好的大银行加具保兑。这样,一旦担保人未能按保函规定赔付时,保兑行就必须代其履行付款义务,从而使受益人得到双重保障。当保兑行履行保函义务代担保人付款后,有权凭担保函及担保人要求加具保兑的书面指示向担保行进行索赔,所以保兑行在通常情况下并不承担实际风险,因而在收到国外担保行要求对保函加具保兑的书面指示时,如担保行资信可靠或互为代理行,并具备同业授信额度,一般均可接受其保兑要求。保兑行加具保兑后,有权向担保人收取保兑手续费。

关于保兑行的赔付顺序,与 ISP98 及 UCP600 不同,URDG758 并未作出规定。虽然一些文献认为,"一旦担保人到期时未能按保函规定履行付款义务,保兑行必须代共履行付款义务。"但是,鉴于 URDG758 未作出规定,保兑行最好在保兑时在保函里明确规定自己的义务范围。不论保兑行负独立付款责任还是代担保行履行付款义务,保兑行在付款后都有权凭担保函及担保人要求其加具保兑的书面指示向担保行索赔。

（3）转开行（Reissuing Bank）

即根据担保人的要求,向受益人开出保函的银行。转开行通常是受益人所在地的银行。转开保函通常在受益人要求下而进行的,其目的是将境外担保变为国内担保,一旦产生争议和纠纷,受益人可在国内要求索赔,不仅使索赔迅速.而且还可利用本国法律来进行仲裁。担保行请求转开行转开保函时,必须提供反担保,转开行通过审查担保行的资信状况和反担保内容等以决定是否转开保函,并有权拒绝担保人要求其转开保函的要求,但在这种情况下,它必须及时通知担保人,以便担保人选择其他的转开行。转开行一旦接受转开请求.就必须按照担保人的要求及时开出保函,并自有权向担保行收取转开手续费。保函一经开出,转开行就变成了担保人,承担担保人的责任义务,而原担保人就变成了反担保人（Counter Guarantor）或指示方（Instructing Bank）。此时若发生索偿,受益人凭保函只能向转开行索偿,转开行必须承担担保人的责任义务,转开行赔付后,有权凭反担保函向原担保行索偿。鉴于各国银行对于反担保函的条款要求往往不同,国际商会银行委员会在新版的 URDG758 在附件中规定了反担保函的参考格式。

（4）反担保人（Counter Guarantor）　即为申请人向担保银行开出书面反担保函（Counter Guarantee）的人。反担保人通常为申请人的上级主管单位、出口信贷保险公司或其他银行、金融机构等。反担保人的责任是：保证申请人履行合同义务，同时，向担保人承诺，即当担保人在保函项下作出付款后，担保人可以从反担保人处得到及时、足额的补偿。反担保人并非直接向受益人承担或有责任，他通常不与受益人发生直接关系，也不受理受益人提出的任何索赔，而只是向担保人承担责任，对担保人负责，凭担保人提出的要求予以偿付，并同时享有对其申请人进行追偿的权利。根据有关担保统一规则规定，反担保人向担保人支付的时间是当接到担保人有关其已遭受受益人索赔的通知后即须向担保人支付，而不是等到担保人先行向受益人付款后才予以偿付。

（二）银行保函当事人之间的关系

银行保函业务中涉及的主要当事人之间的法律关系如下：

1.申请人和受益人之间基于经济贸易合同而产生债权债务关系或其他权利义务关系，交易合同是他们之间权利和义务的依据，相对于保函协议书和保函而言是主合同.它是其他两个合同产生和存在的前提。如果交易合同内容存在瑕疵，会给银行担保义务带来风险，因而银行在接受担保申请时，应严格审查申请人与受益人之间签订的交易合同。

2.担保人是一个不属于上述交易合同当事人的第三者，申请人与银行之间的法律关系是基于双方签订的《保函委托书》而产生的委托担保关系。《保函委托书》中应对担保债务的内容、数额、担保种类、保证金的交存、手续费的收取、银行开立保函的条件、时间、担保期间、双方违约责任合同的变更、解除等内容予以详细约定。以明确委托人与银行的权利义务。《保函委托书》是银行向委托人收取手续费及履行保证责任后向其追偿的凭证。因此，银行在接到委托人的担保申请后.要对委托人的资信、债务及担保的内容和经营风险进行认真的评估审查.以最大限度降低自身风险。银行保函中各当事人之间的关系可用图 10-6 表示：

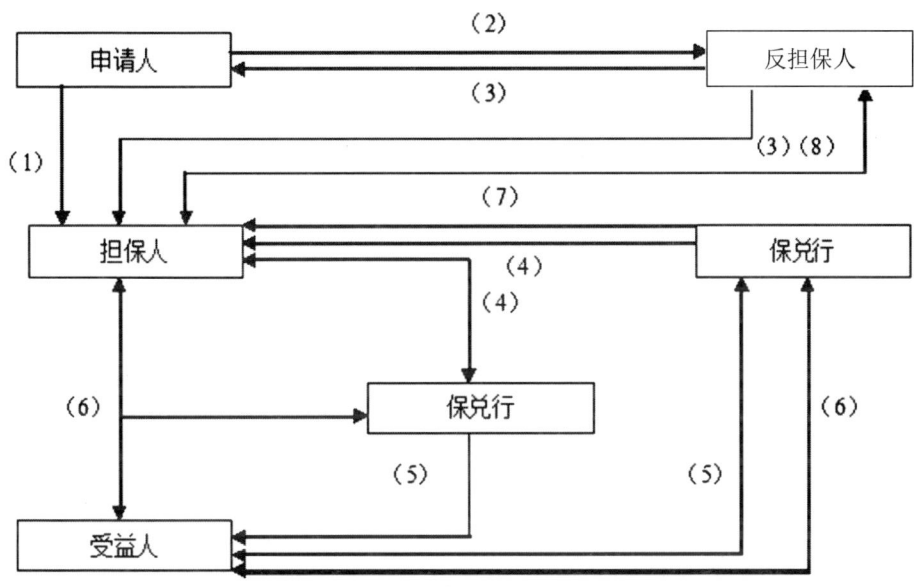

图 10-6　银行保函中各当事人之间的关系

说明：

（1）申请人向担保人提出开立保函的申请；

（2）申请人寻找反担保人，提供银行可以接受的反担保；

（3）反担保人向担保人出具不可撤销的反担保函；

（4）担保人将其保函寄给通知行，请其通知受益人；有时，担保人根据受益人的要求，须找一家国际公认的大银行对其出具的保函加具保兑；或担保人将其保函寄给转开行，请其重新开立以受益人为抬头的保函；

（5）通知行/保兑行/转开行将保函通知/转开给受益人；

（6）受益人在发现保函申请人违约时，向担保人/保兑行或转开行（担保人）索偿，担保人/保兑行赔付；

（7）保兑行赔付后向担保人索赔，担保人赔付；

（8）担保人赔付后向反担保人索赔，反担保人赔付；

（9）反担保人赔付后向申请人索赔，申请人赔付。

这一图解包括了担保业务中各种可能的当事人，但除了主要当事人，其他当事人一般不会同时存在。因为，有些当事人的作用一定程度上是重复的，比如，对受益人来说,转开行是其信任的本国银行,因而没有必要再要求保兑,也不需本国其他银行通知,因而就不会有"保兑行",也不会有"通知行";而且,银行转开、保兑、通知都要收取手续费,有些国家还要征收印花税等。

### 四、银行保函的基本内容

URDG758 的要式性规定如下。

正如《票据法》强调票据的要式性一样,一份银行保函也需要具有完整的格式。URDG758 第八条(指示和保函的内容)第一次明确规定所有开立保函的指示和保函自身的指示应该是清楚和简洁的,应该避免过多的细节。推荐所有的保函应规定包括以下 11 项内容:

a.申请人。(完整名称和详细地址)[①]

b.受益人。(完整名称和详细地址)

c.担保人。(完整名称和详细地址)

d.识别基础关系的参考编号或者其他信息。保函开立的依据是基础交易合同。保函通常在开头或序言中,与基础合同的标题结合在一起,如投标保函、履约保函、付款保函等。在保函中提出开立保函依据的基础合同,目的主要是为了说明提供保函的目的及防范的风险,同时也意味着根据何种基础关系对担保提出要求。

所以,保函中必须说明交易合同的内容、合同编号、开立日期、签约双方、有无修改等,但关于基础合同的文字一般都要求简明扼要。

e.识别开立的保函或反担保函(如有)的参考编号或者其他信息。保函编号的作用是为了便于银行内部管理工作。而保函的开立日期则一般情况下即为保函的生效日期。

---

① 保函中应详细列明主要当事人,即受益人、申请人、担保行的完整名称和详细地址。若保函涉及通知行、保兑行或转开行,还应列明通知行、保兑行或转外行的名称称和地址。值得注意的是,担保行的地址会涉及到保函的法律适用性问题,以及受益人的交单地点和保函本身的到期地点,一定要填写详细。另外,受益人的名称和地址不得有误,否则,通知行或转开行无法及时通知或转开。

f.可支付的金额或者最高金额和支付的货币。银行作为担保人的责任仅限于当申请人不履行基础合同时负责支付一定金额的款项,因此,担保合同中都必须明确规定一个确定的金额和币种(担保的金额可以用与基础合同不同的币种表示)。

对于担保人来说,明确保函项下的特定债务是十分重要的,否则将遭受难以承担的风险。一般情形下,担保金额只是担保债务的少量百分比,受益人的要求不能超过担保的最大数额,即使他能证明其所遭受的损害或应得的利息远远超过这个数额。也就是说,担保人仅依据保函所规定的金额向受益人负责,具责任不超过保函所规定的金额。因此,保函金额是银行的担保限额,必须明确,大小写应保持一致。

g.保函的到期。保函的有效期限是受益人索偿要求送达担保行的最后期限。保函的终止到期日是担保行解除其担保责任的最后期限。

h.要求付款的条件。也就是付款承诺条款,特别需要注意付款条件的单据化。

i.索赔要求或其他单据应该用纸制形式还是电子形式提交。

j.保函所规定的单据使用的语言。

k.负责支付费用的人。

对照银行内部目前所使用的操作规程,可以看出 URDG758 对保函所应当包括的主要内容做出了更为明确、细致的规定,并体现出与时俱进的特点,主要体现在:

(1)新规则允许通过电子方式提交文件或单据。在通信技术如此发达的今天,单据的无纸化传递已成为可能,电子交单不但使单据的传递更加快捷、环保,而且避免了单据在邮递途中损坏或遗失的风险;

(2)新规则明确了保函应规定保函项下单据所使用的语言。这是一个在实务中很容易被忽视的问题,一些非英语国家有时会习惯于使用自己国家的官方语言来出具单据,如俄文、法文或西班牙文,担保银行往往直到收到保函项下的索赔单据才发现自己面对单据如读天书,临时寻找解决办法。因此,在开立保函之时就明确规定单据所应使用的语言,的确不失为一个未雨绸缪的明智之举。

(3)新规则规定保函需要明确负责支付费用的人。这也是一个在实务中容易被忽略的问题。例如,由于国内的银行在收取保函通知费时一般是比照信用证通知的标准来收取,即 200 元人民币。因而有的银行就会想当然地认为国外的银行也应该会照此行事,通知保函只会收取金额有限的固定费用。殊不知当今世界按照保函金额一定比例收取通知费的银行不在少数。国内曾经有一家银行向南亚某国开出一份履约保函,对方通知行按照本行规定向受益人收取 1200 美元的通知费,由于费用不菲,受益人拒绝付费;通知行根据"谁指示,谁付费"的国际惯例向担保银行(指示方)追讨通知费,而国内的申请人又拒绝付费,导致担保银行陷入被动局面。

**五、银行保函的种类**

银行保函使用范围很广,既适用于货物买卖,也适用于其他经济合作领域。根据不同的用途,银行保函可分为融资类保函和非融资类保函。以下简要介绍几种保函。

1.履约保函(Performance Guarantee)。是担保银行承诺,如果保函申请人不履行他与受益人之间订立的合同时,担保人将在约定的金额限度内向受益人付款。用于国际货物买卖中的履约保函,又可分为进口保函和出口保函。

(1)进口保函(Import Letter of Guarantee)。是指担保银行应进口商(委托人)的申请,开给出口商(受益人)的信用文件。这种保函规定,如果出口商按期交货后进口商没有按合同规定支付货款,那么就由担保人负责偿还出口商的货款。

(2)出口保函(Export Letter of Guarantee)。是指担保银行应出口商(委托人)的申请开给进口商(受益人)的保证文件。保函中规定,如果出口商未能按期交货,银行负责赔偿进口商的损失。

2. 还款保函(Repayment Guarantee)。是指担保人应合同一方当事人的申请,向合同另一方当事人开立的保函。保函规定,如果申请人不履行他与受益人订立的合同义务,不将受益人预付、支付的款项退还或还款给受益人,担保人向受益人退还或支付款项。

3.投标保函(Tender Guarantee)。是银行或其他金融机构应投标人的申请向招标人开立的保函,保证投标人在开标前不中途撤销投标或片面修改投标条件;中标后不拒绝交付履约保证金。否则,保证人负责赔偿招标人一定金额的损失。

此外,在保函实务中,还可以根据功能和应用的不同,分为其他种类的保函,如补偿贸易保函、融资租赁保函、借款保函、贸易项下的延期付款保函等。

### 六、银行保函和信用证的比较

银行保函和信用证同属银行信用,但二者有很大区别,主要表现在以下几个方面:

1.银行的付款责任不同。信用证的开证行承担第一性的付款责任,信用证一旦生效,开证行负首要付款责任,受益人或其指定人要求付款时应该向开证行或其指定银行交单,而不是向开证申请人交单;而在使用保函时,委托人首先向受益人付款或履行合同义务,只有在委托人不付款或不履行合同义务时,受益人才可凭保函向担保银行要求付款。

2.使用的条件不同。信用证是在正常履行国际货物买卖合同的情况下使用的,受益人只要履行信用证规定的条件,即可向开证银行要求付款。采用信用证方式结算时,只要交易正常进行,这种付款是必然要发生的。但是在银行保函情况下,只有在委托人违反合同或不履行合同义务又未按合同规定向债权人赔偿时,受益人才会凭保函向保证行索偿,因此,凭保函付款,不是每笔交易必然会发生的。

3.使用范围有所差异。信用证只适用于货物买卖;而银行保函可适用于多方面交易。

4.兑付地点可能不同。信用证的到期地点可以在受益人所在地、开证行所在地或付款行/承兑行/限制议付行所在地,而保函的到期地点一般是担保行所在地。

5.付款依据不同。信用证只凭符合信用证条款规定的货运单据就可要求开证银行付款,与买卖合同无关。而在银行保函项下,当受益人凭保函向保证行索偿时,担保人一般都要先调查证实一下委托人违约的情况及原因,然后才进行偿付。担保人有时要被牵涉到合同纠纷中。这也是为什么国际银行界一直倡导"First Pay,then Sue"实务操作模式的原因。

# 第六节　国际保理(International Factoring)

## 一、定义

国际保理业务是一项流行于欧美等国的金融服务,是继汇付、托收、信用证之后发展起来的一项综合性金融服务。在保理业务中,卖方将其现在或将来的基于其与买方订立的货物销售/服务合同所产生的应收账款转让给保理商(提供保理服务的金融机构),由保理商为其提供下列服务中的至少两项:

● 贸易融资(Trade Financing)。保理商可以根据卖方的资金需求,收到转让的应收账款后,立刻对卖方提供融资,协助卖方解决流动资金短缺问题。

● 销售分户账管理(Ledger Account Management)。保理商可以根据卖方的要求,定期向卖方提供应收账款的回收情况、逾期账款情况、账龄分析等,发送各类对账单,协助卖方进行销售管理。

● 应收账款的催收(Account Receivable Tracing)。保理商有专业人士从事追收,他们会根据应收账款逾期的时间采取有理、有利、有节的手段,协助卖方安全回收账款。

● 信用风险控制与坏账担保(Credit Risk Management and Bad Debt Guarantee)。保理商可以根据卖方的需求为买方核定信用额度,对于卖方在信用额度内发货所产生的应收账款,保理商提供100%的坏账担保。

## 二、保理业务的优势

保理业务能为出口商和进口商带来增加营业额、风险保障、节约成本、简化手续、扩大利润等益处，如下表所示：

表 10-2　保理业务益处表

| 益　处 | 对出口商 | 对进口商 |
|---|---|---|
| 增加营业额 | 对于新的或现有的客户提供更有竞争力的 O/A、D/A 付款条件，以拓展海外市场，增加营业额 | 利用 O/A、D/A 优惠付款条件，以有限的资本，购进更多货物，加快资金流动，扩大营业额 |
| 风险保障 | 进口商的信用风险转由保理商承担，出口商可以得到 100% 的收汇保障 | 纯因公司的信誉和良好的财务表现而获得进口商的信贷，无须抵押 |
| 节约成本 | 资信调查、账务管理和账款追收都由保理商负责，减轻业务负担，节约管理成本 | 省却了开立信用证和处理繁杂文件的费用 |
| 简化手续 | 免除了一般信用证交易的繁琐手续 | 在批准信用额度后，购买手续简化，进货快捷 |
| 扩大利润 | 由于出口额扩大、降低了管理成本、排除了信用风险和坏账损失，利润随之增加 | 由于加快了资金和货物的流动，生意更发达，从而增加了利润 |

与出口信用保险相比较，保理也具有一定的优势：出口保险公司一般要求出口商将其全部销售交易都要投保（无论哪种付款方式都要投保），而保理服务无此要求；出口信用保险项下，进口商信用风险一般由保险公司和出口商共同承担，在出现坏账时，保险公司一般赔偿 70%～90%，而且索赔手续繁琐、耗时。而保理服务中，保理公司承担全部信用风险。具体比较见下表：

表 10-3　保理服务项目比较表

| 项目比较 | 出口保理 | 出口信用保险 |
|---|---|---|
| 最高信用保障(在所批准信用额度内) | 100％ | 70％～90％ |
| 赔偿期限(从货款到期日起) | 90 天 | 120～150 天 |
| 索赔程序 | 简单 | 繁琐 |
| 坏账担保 | 有 | 有 |
| 进口商资信调查和评估 | 有 | 有 |
| 财务账目管理 | 有 | 无 |
| 账款催收追缴 | 有 | 无 |
| 以预支方式提供融资 | 有 | 无 |

### 三、保理业务流程

保理业务具体运作步骤如图 10-7 所示：

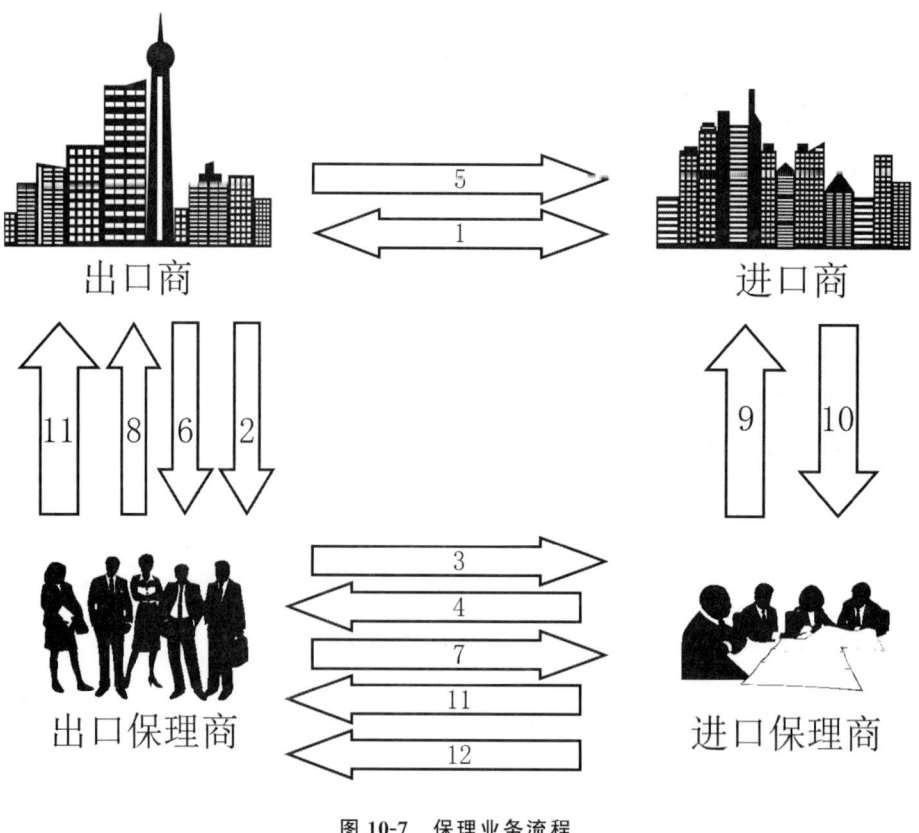

图 10-7　保理业务流程

1. 出口商寻找有合作前途的进口商;

2. 出口商向出口保理商提出叙做保理的需求并要求为进口商核准信用额度;

3. 出口保理商要求进口保理商对进口商进行信用评估;

4. 如进口商信用良好,进口保理商将为其核准信用额度;

5. 如果进口商同意购买出口商的商品或服务,出口商开始供货,并将附有转让条款的发票寄送进口商;

6. 出口商将发票副本交出口保理商;

7. 出口保理商通知进口保理商有关发票详情;

8. 如出口商有融资需求,出口保理商付给出口商不超过发票金额的 80％的融资款;

9. 进口保理商于发票到期日前若干天开始向进口商催收;

10. 进口商于发票到期日向进口保理商付款;

11. 进口保理商将款项付出口保理商;

12. 如果进口商在发票到期日 90 天后仍未付款,进口保理商做担保付款;

13. 出口保理商扣除融资本息(如有)及费用,将余额付出口商。

### 四、国际保理商组织

目前,世界上共有三个国际性保理组织,分别是国际保理商联合会(Factor Chain International,简称 FCI)、国际保理协会(International Factors)兴莱海外公司(Heller Overseas Corporation),其中规模最大且最具影响的是国际保理商联合会。

图 10-8　FCI 官方网站首页

　　国际保理商联合会(FCI)于 1968 年在荷兰成立,是由世界各国保理公司组成的一个国际性民间商务组织,总部设在阿姆斯特丹。FCI 是一个开放式组织,其成立的宗旨是为会员提供国际保理服务的统一标准、程序、法律依据和技术咨询,并负责会员间的组织协调和技术培训工作。FCI 致力于在全球范围内促进国际保理业务的增长,构建适应各国会员间更紧密合作的国际保理业务合作模式和框架。FCI 会员多数是世界著名金融公司、著名大银行或其附属保理公司,每年都有来自各国或地区的保理公司加入到该组织中来。其颁布的《国际保理一般规则》(General Rules for International Factoring,简称"GRIF")已经成为世界保理业务运作的标准规则,其意义相当于国际商会针对信用证所制订的《跟单信用证统一惯例》。

　　截至 2009 年底,国际保理商联合会(FCI)的保理商会员总数为 252 家,分布在全球 66 个国家和地区,其中有 22 家会员银行来自中国。1993 年 2 月,中国银行作为首家中资银行正式加入该联合会。共随着经济全球化进程的加快和贸易格局、结算方式的转变,保理业务的优势得以显现,其发展非常迅速。以下来自 FCI 官方网站的一则新闻足以令中国的贸易界和银行界感到振奋:2010 年全球国际保理业务量增长了 46％,其中中国大陆、台湾和香港地区的增幅分别为 66％、57％和 46％。[①]

FCI 的主要职责主要包括以下三项内容:

(一)向各国保理商提供开展国际保理业务的法规和标准。这些法规和标准主要包括:

1.《国际保理一般规则》(General Rules for International Factoring,简称"GRIF")

该规则是当前国际保理业普遍遵循的业务规则,尤其是在国际保理商联合会的会员之间,必须严格遵循这一规则。该规则共包括八章三十二个条款(2004 年 7 月 1 日修订版)。

2.《仲裁规则》(Rules of Arbitration)

该规则是国际保理商联合会为解决其会员在保理业务运作中出现的矛盾和争端而制定的操作规范。该仲裁规则全文共十八条(2003 年 6 月修订版),主要对仲裁申请、仲裁程序、仲裁地的选择、审查事项、仲裁裁决、仲裁费用的收取、仲裁时限及仲裁通知等内容做出明确规定。这对于维护正常的国际保理业务秩序具有十分重要的意义。

3. FCI 通信系统(FCI communication system,"edifactoring.com")

该系统依托互联网技术,为世界各地的保理商提供快捷、方便、高效的信息传递服务。也有人将 edifactoring.com 称为国际保理商专用的 SWIFT 系统。

(二)统一为 FCI 会员提供业务资信服务。

(三)扩大国际保理商的业务代理网络。

【参考资料】保理商协议(Interfactor Agreement)

为了保证各国保理商能够按照 FCI 制定的法规和标准规范、有序地开展国际保理业务,FCI 要求各其会员之间在正式开办业务之前必须签订如下内容的《保

---

① 信息来源:http://www.factors-chain.com/ppu/232

理商协议》。

# FCI INTERFACTOR AGREEMENT

AGREEMENT made this _____2nd_____ day of _____July_____ , 20 ___02___ ,

by and between _World Factors N.V. ("World")_ 。

_Amsterdam_ , _The Netherlands_

and _Cosmopolitan Factors SDN BHD ("Cosmopolitan")_ 。

_Kuala Lumpur_ , _Malaysia_

## W I T N E S S E T H:

WHEREAS, _____World_____ and _____Cosmopolitan_____

will from time to time engage the services of the other to act as Import Factor with respect to sale of goods or rendering of services to debtors located in the country(ies) where the Import Factor's services are to be performed;

NOW, THEREFORE, in consideration of the mutual agreements herein contained, it is hereby agreed between the parties as follows:

1.Each of the parties hereby subscribes to and agrees to be bound by all of the terms and provisions of the General Rules for International Factoring ("GRIF"), the edifactoring.com Rules and the Rules of Arbitration, all promulgated by the Factors Chain International as formally revised from time to time, subject to the following modifications:

_____

_____

_____

2.The services to be performed by _____*World*_____ or _____*Cosmopolitan*_____ as Import Factor shall be rendered with respect to sellers designated by the parties from time to time and at such commission rates or other compensation as may be mutually agreed upon with respect to each seller.

(Printed June 2002)

3.Neither of the parties shall be obliged to engage the services of the other exclusively but each party shall be free to engage the services of any other factoring organisations located in the country(ies) where the parties perform factoring services.

4.This Agreement shall take effect as of the date set out above and shall continue indefinitely, subject to termination by either party on 60 days' prior written notice to the other but such termination shall not apply to, modify or otherwise affect the obligations of the parties hereunder or under the GRIF, the edifactoring.com Rules and the Rules of Arbitration with respect to transactions occurring, accounts receivable transferred or indebtedness incurred prior to the effective date of such termination.

Except in relation to assignments of receivables made before 1 July 2002, this Agreement contains all the matters agreed between the parties in relation to the receivables included by Article 3 of the GRIF and all agreements, warranties, representations and other statements made by the Import Factor or the Export Factor to the other before the making of this Agreement and the reliance on any usages or practices are excluded.

IN WITNESS WHEREOF, the parties hereto have caused this instrument to be executed by their respective corporate officers thereunto duly authorised as of the day and year first above written.

*WORLD FACTORS N.V.*

By _____ *P. Jansen*

Title：*Managing Director*

*COSMOPOLITAN FACTORS Sdn Bhd*

By _____ *J. Petersen*

Title：*Managing Director*

# 第七节　不同结算方式的选用

在国际贸易中,通常一笔交易只使用一种支付方式。但在交易双方很难就某一支付方式达成一致的情况下,或由于具体业务的需要,实际业务中有时可选择两种或两种以上的结算方式结合起来使用。常见的有以下几种:

## 一、信用证与汇付相结合

信用证与汇付相结合,是指部分货款用信用证结算,余数用汇付方式结算。例如:对于矿砂、煤炭、粮食等初级产品的交易,买卖双方约定按信用证规定凭装运单据先付发票金额的若干成,余数待货到目的地后,根据检验的实际结果,按实际品质或数量确定余额用汇付方式支付。又如:对于特定的交易需要进口人预付定金的,可用汇付方式支付定金,而余款用信用证方式结算。合同中付款条款可作如下规定:

"买方同意在本合同签字之日起,1 个月内将本合同总金额××％的预付款,以电汇方式汇交卖方,其余××％金额用信用证方式结算。"(…％of the total contract value as advance payment shall be remitted by the Buyer to the seller through telegraphic transfer within one month after signing this contract, while the remaining ××％ of the invoice value against the draft on L/C basis。)

## 二、信用证与托收相结合

信用证与托收相结合,是指在国际结算实务操作中,部分货款用信用证结算,余数用托收方式结算。其具体操作应为:开两套汇票,其中信用证部分的货款凭光票付款,而全套单据附在托收部分汇票项下,按即期付款交单方式托收,在信用证中应明确规定:"买方在全数付清发票金额后方可交单"的条款。合同中付款条款可作如下规定:

"货款50％应开立不可撤销信用证,余款50％见票后即期付款交单。全套货运单据随于托收项下,于申请人付清发票全部金额后交单。如进口人不付清全部金额,则货运单据由开证银行掌握,听凭卖方处理。"(50％ of the invoice value is available against payment by irrevocable L/C,while the remaining 50 ％ of documents be held against payment at sight on collection basis. The full set of the shipping documents of 100％ invoice value shall accompany the collection item and shall only be released after full payment of the invoice value. If the importer fails to pay full invoice value,the shipping documents shall be held by the issuing Bank at the exporter's disposal.)

## 三、跟单托收与备用信用证或银行保函相结合

有时跟单托收项下的货款会遭进口商拒付,则可采用备用信用证或银行保函追回货款,即在采用备用信用证或银行保函和跟单托收方式时,如果遭买方拒付,可由卖方开立汇票与签发买方拒付的声明书要求开证银行进行偿付,但其有效期必须晚于托收付款期限后一段适当的时间,以便被拒付后能有足够的时间办理追偿手续。合同中的付款可作如下规定:"即期或远期付款交单托收,并以卖方为受益人的总金额为××的备用信用证或银行保函。备用信用证或保函应规定如下条款:如××号合同跟单托收项下的付款人到期拒付,受益人有权凭该备用信用

证或保函开立汇票连同一份××号合同被拒付的声明文件索取货款。"(Payment available by D/P at sight or××days after sight with a standby L/C or L/G in favour of seller for the amount of ×× as undertaking. The standby L/C or L/G should bear the clause:In case the drawee of the Documentary collection under S/C No.××fails to honor the payment upon due date,the Beneficiary has the right to draw under this stand by L/C or L/G by their draft with a statement stating the payment on S/C NO.××dishonored.)

在国际贸易实务具体业务过程中,由于受不同国家或地区、不同客户、不同交易等多方面因素的影响,还有其他一些不同结算方式的使用,例如:跟单托收与预付押金相结合、托收与汇付相结合,汇付、银行保函和信用证相结合等。另外,在成套设备和大宗交易的情况下,一般采用分期付款(Pay by Installments)和延期付款(Deferred Payment)的方式。总之,不同结算方式的选择,要根据具体业务的需要而定。

由于国际贸易的发展,逐渐形成了多种多样的国际贸易货款的结算方式,各种结算方式各有利弊。贸易商应该根据具体业务的要求,灵活运用不同结算方式,真正做到在出口业务中,安全收汇;在进口业务中及时进口,安全收货。

值得注意的是,由于国际货款的结算直接关系到买卖双方的切身利益。因此,在实际业务过程中,贸易商和银行从事押汇业务的人员一方面要熟悉与国际贸易有关的法律规则、惯例和常识;另一方面要结合实际业务的具体情况,在国际贸易结算过程中,做好单证工作,为顺利结算奠定基础。

# 第十一章 Incoterms 2020 与外贸单证实务

## 第一节 外贸单证的概念、作用及分类

### 一、外贸单证的概念

随着国际贸易的迅猛发展,传统的"钱货两讫"(Physical Delivery)的贸易方式已逐渐被"象征性交货"(Symbolic Delivery)的贸易方式所替代。所谓"象征性交货"的贸易方式,是指卖方只要如期在约定地点完成装运,并向买方提交合同所规定的有关单证,就算是完成了交货义务,而无需保证到货。《国际贸易术语解释通则》(Incoterms 2020)中的 FOB、CFR、CIF 贸易术语都是典型的象征性交货贸易术语。在"象征性交货"方式下,卖方是凭单交货,买方是凭单付款。只要卖方如期向买方提交了合同规定的全套合格单据,即使货物在运输途中损坏或灭失,买方也必须履行付款义务。由此可见,外贸单证是当前国际贸易交易的核心,是买卖双方在国际贸易中必不可少的凭证。

所谓"外贸单证"(Foreign Trade Documents),又称为外贸单据,就是在国际贸易中所使用的各种单据、文件与证书,主要包括了许可证、信用证、汇票、发票、运输单据、保险单据等,买卖双方凭借这些单据、文件与证书来处理货物的交付、运输、保险、商检、结汇等业务,他们贯穿于企业的外销、购货、运输、保险、收汇的全过程,工作量大、时间性强、要求严格,除了涉及外贸企业内部各部门之间的协调配合之外,还必须与银行、海关、货代运输公司、保险公司、商检机构及其他贸易相关方发生业务联系,因此涉及面非常广。

Incoterms 2020 在各贸易术语项下卖方的一般义务中规定:"卖方必须提供符合买卖合同约定的货物和商业发票,以及合同可能要求的其他与合同相符的证

据。"可见,尽管国际贸易涉及众多的环节和部门,但外贸单证是其共同的载体和凭证。

### 二、外贸单证的作用

**1. 外贸单证是国际贸易中履行合同的核心凭证**

国际贸易中涉及的单证种类很多,每个外贸业务环节涉及不同种类的单证,每一种单证有其特定的作用和不同的缮制要求。它们的签发、组合、流转、交换等操作反映了买卖合同履行的业务过程,体现了买卖双方各自完成合同权责的进度与具体情况。例如,卖方开立的商业发票体现了卖方出售货物的详细情况;运输单据反映了托运人与承运人运输契约关系的成立,同时也列明了托运的具体细节;保险单据的取得反映了投保人与保险公司之间保险契约关系的成立。同时,随着航海运输业、保险业等行业的发展以及"象征性交货"贸易方式的产生,货物抽象成为单据,单据代表了货物,掌握了单据就等于掌握了货物,使得商品买卖可以通过单据买卖来实现。卖方交付单据,即代表其交付了货物;买方付款赎单,即代表接受了货物,经过单据转移即可达到货物转移的目的。

**2. 外贸单证是国际结算的基本工具**

国际贸易中结算方式虽然很多,但从付款依据上来讲,除少数"货到付款"外,绝大多数付款方式都是"凭单付款",特别是在信用证结算方式下。

根据国际商会《跟单信用证统一惯例》(UCP600)第五条规定:"银行处理的是单据,而不是单据可能涉及的货物、服务或履约行为。"同时,UCP600 第十四条 A款也规定:"按指定行事的指定银行、保兑行(如果有的话)及开证行须审核交单,并仅基于单据本身确定其是否在表面上构成相符交单。"因此,在信用证支付方式下,银行是否付款完全取决于出口商所提交的单据是否符合信用证规定。若单据与信用证规定相符,即做到了"相符交单"(Complying presentation),银行就必须承担第一性的付款责任,至于货物的实际情况如何,银行无须过问;反之,若单据与信用证规定不符,即使货物没有任何问题,银行也有权拒付货款。

托收业务也是一种"凭单付款"的结算方式。根据国际商会《托收统一规则》(URC522)规定,托收的定义是:

托收是指银行依据所收到的指示处理下述(2)款所限定的单据,以便于:

A. 取得付款和/或承兑;或

B. 凭以付款或承兑交单;或

C. 按照其他条款和条件交单。

(2)单据是指金融单据和/或商业单据。

Ⅰ金融单据是指汇票、本票、支票或其他类似的可用于取得款项支付的凭证;

Ⅱ商业单据是指发票、运输单据、所有权文件或其他类似的文件,或者不属于金融单据的任何其他单据。

因此,在托收方式下,虽然卖方在发货后能否取得货款主要取决于买方的商业信用,但买方付款的前提条件也是卖方通过银行所提示的单据必须符合合同规定,如果单据不符合要求,买方有权拒付货款和拒绝接收货物。

由此可见,外贸单证在国际贸易结算中处于非常重要的地位,是国际结算的基础和依据,外贸单证的质量是能否顺利结汇的前提,从这一方面来讲,"单证就是外汇"。

**3. 外贸单证是反映一国外贸政策和方针的重要标志**

外贸单证工作是一项政策性很强的涉外工作,体现了一国的对外贸易政策与方针。因为外贸单证是由参与国际贸易的进出口商、银行、货代运输公司、保险公司、有关国家政府机构以及其他参与外贸业务的当事人所签发的有效凭证,在一定程度上代表着国家的某些对外贸易方面的法规和制度,必须严格按照相关法律法规办理。例如,许可证的要求关系到有关国家对进出口商品的计划管理,也牵涉到贸易伙伴国之间双边或多边的贸易协定;海关发票及领事发票为进口国海关提供采取不同国别政策的依据;原产地证书供进口国家作为采取不同国别政策、执行关税优惠的依据等。

**4. 外贸单证是融资的重要手段**

由于外贸单证在一定程度上代表持有人在不同业务中的权利,因此,可以通过转让单证的方式转让其代表的各种权利。如果单证持有人资金紧张,就可以通过一定的方式出让手中的单证,以取得资金上的融通。例如提单是凭以提货的物权凭证,谁持有提单,谁就拥有了货物的所有权,持有人可以通过背书转让的方式,将持有的提单进行转让,取得资金,解决资金周转的困难。银行贸易融资业务中通常所说的"押汇"(Bill Purchase),指的就是单据的买卖。

### 三、外贸单证的分类

由于单证签发人不同、单证的制作和使用要求不同,加上国家不同、语言不同、法律规定不同以及各国之间的贸易关系不同,国际贸易中涉及的单证种类很多,根据不同的分类方法,主要有以下几种类型:

1. 根据相关国际惯例的规定分类

国际商会在其 1995 年 1 月 1 日起施行的第 522 号出版物《托收统一规则》中对外贸单证作了如下分类:

(1)金融单据(Financial Documents):指汇票、本票、支票或其他类似的可用于取得款项支付的凭证;

(2)商业单据(Commercial Documents):指发票、运输单据、所有权文件或其他类似的文件,或者不属于金融单据的任何其他单据。

2. 根据外贸单证在业务中的作用分类

(1)货运单据(Transportation Documents),及货运业务中使用的或证明托运人与承运人运输关系成立的单证,包括托运单、海运提单、不可转让海运单、租船提单、多式联运单据、航空运单、公路/铁路/内河运单以及快递收据和邮政收据等。

(2)商业单据(Commercial Documents),及出口商所签发的单证,包括商业发票、形式发票、证实发票、装箱单、重量单以及规格单等。

(3)公务单据(Official Documents),即由有关的政府职能部门所签发的单证,包括领事发票、法定发票、海关发票、政府部门或商会等团体签发的产地证明书、健康、兽医和卫生证书、动植物检疫证书以及许可证、报关单、外汇核销单等。

（4）保险单据（Insurance Documents），即保险业务中使用的或证明投保人与保险人保险关系成立的单证,包括投保单、预约保单、保险凭证、保险单等。

（5）金融单据（Financial Documents），即凭以取得款项的凭证,包括汇票、本票、支票等。

（6）附属单据（Supplementary Documents），除以上五类外的其他外贸业务中使用的单证,包括装运通知、受益人证明、船公司证明、寄单寄样证明等。

3.根据单证在结汇和报关环节的需要分类

（1）结汇单证。结汇单证是指在国际贸易结算中,为解决收付款问题所使用的各种单据和证明,大致可以分为以下两类：

基本单证：商业发票、运输单据、保险单据。

附属单证：海关发票、领事发票、产地证、许可证、船公司证明、装箱单、重量单、装船通知、寄单寄样证明、商检证书等。

（2）报关单证。报关单证是指在国际贸易中,为了使货物能够顺利进出口通关,在办理报关手续时需要使用的各种单据、证书和文件,包括进出口许可证、配额证明、出口收汇核销单、进出口报关单、通关单、装货单、商业发票等。

# 第二节　外贸单证工作的基本要求

外贸单证作为一种涉外商务文件,是维系参与国际贸易的各方当事人权利和义务的重要凭证,外贸单证质量的高低,直接关系到出口商能否安全、及时收汇和进口商能否安全地收取货物,同时也从侧面反映了企业的管理水平和一国的对外贸易政策。所以,单证操作必须规范,既要体现外贸交易的真实情况,符合商业习惯及国际商业惯例,又要符合国际标准和有关法律法规的要求。因此,外贸单证工作的基本要求,一方面既有对外贸制单和审单的操作要求;另一方面又有对从事外贸单证操作人员的职业要求。

## 一、单证制作的要求

在单证制作和审核过程中,"正确、完整、及时、简明、整洁"是对单证工作的基本要求。

### 1. 正确

在单证工作中,正确是最重要的一条要求,也是前提要求。单证是否准确正确,至少要符合两个要求:一是与国际贸易合同或信用证相符合;二是要符合有关的国际商业惯例和相关国家法律法规规定。

单证与合同或信用证相符,要求单证能够真实、准确地反映买卖双方所成交货物的具体情况。在信用证支付方式下,由于信用证强调"严格一致",因此正确性要求做到"三相符",即要做到"单证相符、单单相符、单货相符",甚至要求精确到不能有一字之差。即使在跟单托收业务中,虽然对单证的要求没有信用证业务中要求的那样严格,但由于单证代表了卖方交货的具体情况,买方在付款前会对卖方所提供的单证进行严格审核,若单证不符合合同规定,也可能遭到买方拒绝付款或延迟付款,因此也要做到"单单相符、单同相符、单货相符"。

单证必须符合有关的国际商业惯例和相关国家法律法规的规定。目前,关于国际贸易操作的商业惯例很多,如《跟单信用证统一惯例》(UCP600)、《审核跟单信用证项下单据的国际标准银行实务》(ISBP681)、《托收统一规则》(URC522)、《国际贸易术语解释通则》(INCOTERMS 2010)等,很多国家也对进出口操作尤其是单证的制作制定了相应的法律法规。因此在单证工作上,应符合有关的国际惯例和法律规定,注意随时了解国际惯例的修订和业务动态,尽量按照其规定来制单或审单。

### 2. 完整

单证的完整性是构成单证合法性的重要条件之一,是单证成为有价证券的基础。一套完整的单证需要符合三个要求,分别是单证种类要齐全、单证内容要完整、单证份数不能短缺。

（1）单证种类要齐全

出口商在向银行或进口商提交单证时，必须是全套的、齐全的，如果遗漏了一种单证，就不是完整的单证。在信用证方式下，信用证中对于出口商需要提交的单证有很详细的规定，出口商只有按照信用证规定备齐全套所需单证，并做到"相符交单"，银行才能履行付款、议付或者承兑的责任。在跟单托收方式下，虽然对出口商要提交的单证没有明确的规定，但出口商也必须按照合同交易条件的规定，提交证明自己已完成合同规定责任的单证，才可能得到进口商的付款。同样，如果进出口通关的单证种类不全，就无法顺利地办理通关手续。目前，国际贸易中所要求的单证种类较多，除了商业发票、装箱单、提单、保险单、汇票、报关单等主要单证外，还会因业务的需要使用到装运通知、检验证书、产地证及各式各样的证明书等。因此，各当事人应严密注意各环节的衔接以及单证的申领时间。注意催办，防止误期或遗漏，保证在规定的时间内提交全套的、完成的单证。

（2）单证内容要完整

每一种单证本身都有固定或相对固定的格式、项目、文字、手续、签章要求等，所以要求制单或审单时，单证的内容描述、应列项目、文字拼写、语句表达、签单及背书等流转手续等都要按要求列齐，否则不能构成有效文件，不能被银行或进口商接受。

（3）单证份数不能短缺

合同或信用证一般都对单证的份数有特定的要求，因此，出口商提供的单证即使做到了种类、内容的完整，但若其中的一种或多种单证的份数不符合规定的要求，也同样会遭到开证行或进口商的拒付。尤其是在信用证支付方式下，信用证对大多数的单证都有份数要求，并与相关部门协商好出单份数，以确保单证份数的完整。

3. 及时

外贸单证的时间性很强，每份单据都有其适当的出单日期和交单日期，因此，外贸单证工作的及时就包含了出单及时和交单及时两层含义。在一定意义上，"时间就是金钱"。

外贸单证的出单及时是指必须在信用证、合同或商业习惯的规定期限内出单。由于单证制作多于其他外贸业务操作紧密联系，是一项多环节的综合性工作，每一种单证的及时出单能保证其他单证的出单符合实务操作顺序。例如发票、装箱单、保单、提单、报关单、汇票之间就存在着相应的联系，如果其中一份单证出单不及时，必将影响到其他单证的出单日期，同时也关系到与单证有关的外贸操作业务能否顺利进行或是否有效的问题。

交单及时也外贸业务手续能否顺利办理以及能否及时收到货物或货款。例如，托运单的及时提交关系到租船订舱业务能否按时完成；进出口报关单的及时提交关系到进出口海关能否如期办理验关放行手续；此外，信用证业务下的全套符合规定的单据能否在信用证规定的交单期限内提交，关系到出口商能否顺利地收到货款。

4. 简明

单证的内容、格式设计和缮制应按照合同、信用证或国际惯例填写，力求简单明了，尽量做到标准化和规范化，避免复杂繁琐，切勿画蛇添足，加列不必要的内容，以免弄巧成拙，这样可以提高效率，减少工作量，有利于提高单证的质量。

5. 整洁

单证是否整洁、美观是单证外观质量的反映，也反映出制单人员制单的熟练程度和工作态度，并在一定程度上反映了一个国家、一个企业的业务和技术水平。

单证的整洁要求单证的表面字迹清楚，内容排列整齐，层次分明，重点项目突出醒目，语法通畅，单证的格式设计和文字使用也应务求标准化、规范化。同时，尽量减少差错和涂改。即使内容上正确无误，在更改时必须在改正处加盖"校正"章或简签，不能遗漏。即使这样，按国际上的业内习惯作法，一般一份单证最多也只允许有三处更改。有一些特别要求的单证不能有一字之差，或不能有一处涂改，例如普惠制产地证格式 A(GSP FORM A)和汇票等。

## 二、单证工作人员的素质要求

单证质量如何,往往取决于制单人员的政治素质、专业素质以及个人的工作作风和工作能力。由于单证工作在外贸业务中的重要性,单证工作人员应具备如下条件:

### 1. 良好的政治思想和职业道德

单证工作质量在一定程度上代表着一个国家、企业对外贸易的管理水平和技术水平,因此,单证工作人员要熟悉和掌握国家的外贸政策和方针,熟悉国家及有关政府部门的外贸法律法规,严格遵守外贸法律法规和本企业的规章制度;能自觉维护国家和企业利益,坚决不做有损国家和企业利益的行为。

### 2. 丰富扎实的国际贸易专业知识

单证工作涉及面广,既涉及本企业内部的各个部门,也涉及企业外部的许多相关单位和部门,因此单证工作人员应熟悉外贸操作中各有关当事人的业务内容;由于大多数的外贸单证均使用英语,单证工作人员应具有较强的外语基础,尤其是国际贸易专业知识,能审核信用证、合同,更能起草英文函电及各类证明文件等;掌握进出口业务知识,熟悉支付方式、价格条件、各种运输方式以及国际货运保险的基本知识,熟悉运输、保险、商检、海关、银行等部门的工作要求和业务流程;熟练掌握国际贸易惯例、贸易往来国家的贸易惯例、有关法令和对单证的要求等。

### 3. 端正的工作作风和较强的工作能力

单证工作人员应当认识到自己工作的重要性,具有端正的工作态度,热爱本职工作,责任心强,具有一丝不苟、踏实肯干、认真细致的工作作风;具有良好的合作意识和全局意识,能协调处理好企业内部和企业外部各个贸易参与者的关系、相互配合,相互支持;具有较强的学习能力,在国际贸易新的发展形势和变化下,不断更新知识,充实自己。

# 第三节　Incoterms 2020 与外贸单证
# 工作的基本流程

## 一、Incoterms 2020 对外贸单证的基本规定

根据各贸易术语买卖双方义务的不同,有关单证方面的要求,Incoterms 2020 均做出了相应的规定,现以 CIF 贸易术语说明如下:

● 关于商业发票的提供,Incoterms 2020 在 A1 项目(卖方的一般义务)中规定:"卖方必须提供符合销售合同约定的货物和商业发票,以及合同可能要求的其他与合同相符的证据。"

● 关于出口许可证的申领,Incoterms 2020 在 A7 项目(出口/进口/清关)中规定:"如适用,卖方必须办理出口国要求的所有出口清关手续并支付费用,例如:

▶出口许可证;

▶出口安检清关;

▶装运前检验;及

▶任何其他官方授权。"

● 关于运输合同的订立,Incoterms 2020 在 A4/B4(运输)项目中规定:"卖方必须签订或取得运输合同,将货物自交货地内的约定交货点(如有),运送至指定目的港,或位于该港内的任何交货点(如已约定)。运输合同必须按照惯常条款订立,由卖方承担费用,经由通常航线,用通常用于运输该类所售货物的船舶运送货物。卖方必须遵守运送至目的地过程中任何与运输有关的安全要求。"

● 关于保险合同的订立,Incoterms 2020 在 A5/B5(保险)项目中规定:"除非另有约定或特定贸易中的习惯做法,卖家须自付费用取得货物保险。该保险需符合《协会货物保险条款》(Institute Cargo Clauses,LMA/IUA)条款(C)或任何适于货物运输方式的类似条款。保险应与信誉良好的承保人或保险公司订立,并应使买方或任何其他对货物具有可保利益的人有权直接向保险人索赔。当买方要求

且能够提供给卖方任何所需的信息时，卖方必须提供任何附加险，由买方承担费用，如果能够办理，诸如符合《协会战争险条款》(Institute War Clauses)，及/或《协会罢工险条款》(Institute Strikes Clauses，LMA/IUA)或任何其他类似条款相符合的险别（除非该险别已经包括在前款所述的货物保险中）。最低保险金额应是合同规定价格另加 10％（即 110％），并应采用合同货币。保险范围应从货物自 A2 规定的交货点起，至少至指定的目的港止。卖方必须提供给买方保险单或保险证明或其他投保证据。此外，在应买方要求并由其承担风险和费用的情况下，卖方必须向买方提供买方取得任何额外保险所需信息。"

● 关于转运通知的提供，Incoterms 2020 在 A10 项目（通知）中规定："卖方必须向买方发出已按照 A2 完成交货的通知。卖方必须向买方发出买方收取货物任何所需的通知以便使买方收取货物。"

关于运输单据的提供，Incoterms 2020 在 A6 项目（交货/运输单据）中规定："卖方必须承担费用，向买方提供运至约定目的港的惯常运输单据。该运输单据必须载明合同货物，且其签发日期必须在约定的运输期限内，还必须能使买方在目的港凭此向承运人索取货物，并且除非另有约定，须能使买方通过向其下家买方转让该单据或通知承运人来转卖在途货物。当此运输单据以可转让形式签发并有数份正本，全套正本必须向买方提交。"

● 关于商检单据的提供，Incoterms 2020 在 A8 项目（查验/包装/标记）中规定："卖方必须支付为了按照 A2 交货所需要进行的查验费用（如查验品质、丈量、计重、点数的费用）。

● 卖方必须自付费用包装货物，除非该特定贸易运输的所售货物通常无需包装。除非双方已经约定好具体的包装或标记要求，否则，卖方必须以适合该货物运输的方式对货物进行包装和标记。"

● 关于协助向对方提供信息及由此产生的相关费用，Incoterms 2020 在 A10 项目（通知）中规定："如适用时，应买方要求并由其承担风险和费用，卖方必须及时向买方提供或协助其取得相关货物进口和/或将货物运输到最终目的地所需要的任何单证和信息,包括安全相关信息。卖方必须偿付买方按照 B10 提供或协助取得单证和信息时所发生的所有花销和费用。"

● 关于提供单据的形式,Incoterms 2020 在 A1 项目(一般义务)中规定:"卖方提供的任何单据,根据双方约定可以是纸质或电子形式,如果没有约定,则按照惯常做法提供。"因此,提交单据的形式既可以是纸质形式,也可以是电子记录或程序。所谓电子记录或程序,是"由一条或多条电子信息组成的整套信息,同时如适用时与对应的纸质凭证具有同等效力。"

### 二、外贸单证工作的基本流程

以下我们试以一笔进口业务为例,说明外贸单证工作的基本流程。在我国进口业务中,多数使用 FOB 价格条件成交,因此,这里以 FOB 价格条件、L/ C 方式结算的海运进口合同为例,对其主要的程序及每个环节涉及的单证进行介绍,主要业务流程如图 11-1 所示:

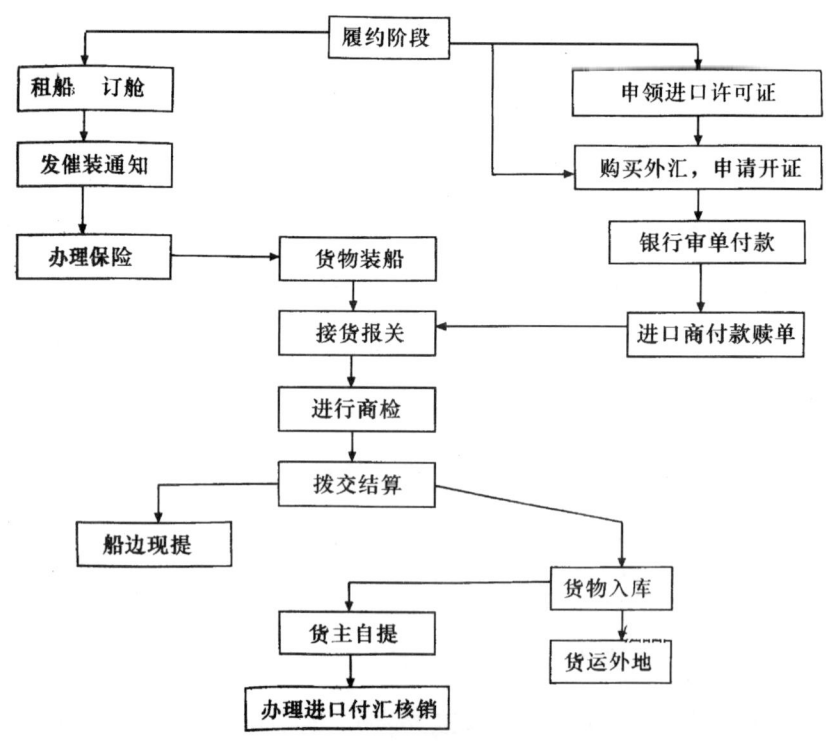

**图 11-1　外贸单证主要业务流程**

插图说明：

1.申领进口许可证

属于国家实行进口许可证管理范围内的进口货物,进口商需要在货物的进口前申领进口许可证才能允许进口。进口许可证申领时,要按照我国进口许可的有关规定添置进口许可证申请表,并按规定提交其他的单证和资料,根据分级管理原则,向商务部配额许可证事务局和商务部授权的地方商务主管部门提出申请。

2.申请开立信用证

进口商应在合同规定的时间内备齐规定的文件,填写开证申请书,向开证行提出申请,要求开立信用证。开证行根据进口商的要求开立信用证。

同时,目前根据我国外汇管理部门规定,信用证方式下办理购付汇业务,进口商申请开立信用证时,需从开证行领取"贸易进口付汇核销单(代申报单)",待银行付汇后,凭此举到外汇管理部门予以核销。

若受益人收到信用证后,认为有不符合合同要求的地方,会提出修改信用证的要求。进口商应仔细审核其要求是否合理,若对方要求改正的理由合理且充分,进口商方可考虑接受对方改正的要求。修改信用证应当通过原开证行进行,并通过原通知行转交信用证修改书。

3.租船订舱,办理保险

在 FOB 成交条件下,有进口商办理租船订舱,并向保险公司投保。

租船订舱工作应按合同及信用证规定及时办理,一般在装船期前 30 天至前 45 天相运输公司申请。一般来说,为了防止出现船货衔接的问题,进口商应在托运后及时将其指定货运代理在出口国的代理、船名、船期等运输事项通知进口商,并应随时了解和掌握出口商备货和装运的实际情况。

4.审单付汇

货物出运后,进口商讲信用证规定的单证提交开证行,银行在收到单证后会同进口商对单证进行审核。进口商应严格按照"单证相符、单单相符"的标准进行审核,若单证相符,单单相符,在开证行付款后,进口商应向开证行付款赎单。如果在单证不符,开证行会与进口商联系、协商,从而决定是否付款,并作适当的处理。

5.进口货物通关与报检

进口商在付款赎单后,应按时在货物到达进口口岸时凭指定单证办理进口报关商检报检与提货。

根据《中华人民共和国海关法》,进口货物的报关期限为运输工具申报进境之日起 14 日内。进口货物在报关时一般需要提交的单证包括:进口货物报关单、发票、装箱单、提货单或提(运)单等;属于国家限制或控制进口的,应提交进口许可证或其他批准文件;对应实施商品检验,动植物检疫、食品卫生检验或其他受管制的进口货物,还应校验有关主管部门签发的证明;海关认为必要时,可以调阅贸易合同、原产地证明,和其他有关单证、账册等。

对一般进口货物,收货人或其代理人完成报关手续后,海关在货物的进口货运单如进口提货单或运单、特质的发行条上盖印"海关放行章",进口货物的收货人凭此到指定地点提取货物。

凡是我国明确规定要进行法定检验的进口商品,以及在合同中规定货到后买方有复验权的商品,买房应在规定期限内向法检机构办理进口商品的报检。在入境报检时,应填写入境货物报检单,并提供外贸合同、发票、装箱单、提(运)单等有关单证,入境特殊商品的,需根据规定提供有关的证明,文件或批件。进口商申报检验后,经商检机构检验合格的签发入境货物通关单或商品检验证书;经检验不合格的,也由商检机构签发入境货物不合格通知单或不适合商检证书,以便进口商凭此想有关的责任方办理索赔等相关事宜。

此外,信用证方式下,进口商需要在货物进口后到外汇管理部门办理进口付汇核销,核销时需要提供以下单据:贸易付汇到货核销表(一式两联)对外承诺/付款通知书、进口货物通报单(付汇证明联)以及外汇管理部门要求的其他重要单据。

在外汇单证工作中,单证需要由出口商提供,进口商对外的单证工作很少,大多数的单证是在国内流转,进口商主要对进口单证进行必要的审核,已确认所收到的货物是否符合和容要求,并作为自己履行合同付款义务的依据。因此,进口单证工作主要是接到单据后审核无误,办理付款以及凭单证办理进口商品报检和报关等手续。

## 第四节　信用证和合同条款不一致应该怎么办

在正常的国际贸易操作中,国际货物买卖合同条款与信用证条款应该是一致的。但是,在实际业务当中也出现过信用证条款与合同条款不一致的情况,这样一来往往会导致卖方履约困难,甚至得不到货款。本节通过一则案例提醒出口商,当遇到信用条款与合同条款不一致时,一定要求进口商修改信用证。

### 一、案　情

某年底,我国内地某出口公司 A 与我国香港某客户成交一批价值 318816 美元的商品,该商品再由香港该客户转卖给非洲裔商人。合同中的包装条款订明:"均以三夹板箱盛放,每箱净重 10 千克,两箱一捆,外套麻包。"香港客户如期通过中国银行香港分行于翌年 2 月 6 日开出 A-01-E01006 号不可撤销跟单信用证。A 公司发现信用证的包装条款与合同约定有出入,信用证的包装条款为:"均以三夹板箱盛放,每箱净重 10 千克,两箱一捆。"在这个条款中没在要求外套麻包。有关人员经过推敲,认为由于是按信用证方式收汇,所以应遵循与信用证严格相符的原则,当信用证与合同有出入时,应以信用证为准,以保证安全收汇。因此,该批货物的包装就根据信用证的条款办理,装箱打捆,不加套麻包。一切有关单据都按信用证的条款及实际情况缮制,即"均以三夹板箱盛放,每箱净重 10 千克,两箱一捆。"该批货物共 500 捆,于翌年 3 月 15 日装"锦江"轮 H 航次运往香港。A 公司持全套单据交中国银行上海分行办理收汇。中国银行上海分行审核后未提出任何不符点,因信用证不做押汇,全套单据由中国银行径直寄往开证行,整个过程并无异常。

但翌年 3 月 23 日,即货物出运后的第八天,香港客户致电 A 公司声称:"兹告发现所有货物未套麻包,现通知你,我们的客户不会接受此种包装的货物。请告知你们所愿意采取的措施。"A 公司在次日就电复指出:"有关货物,根据你信用证规定的包装条款办理,鉴于此,我方不能承担任何责任。"

香港客户当天立刻再来电拒绝 A 公司的答复,并提出索赔。次日,香港客户又来电,除重申信用证包装条款外,还指出信用证订有"其他均按销售确认书 SG 623 号",并声称:"因此,你们应按照合同及信用证详细规定办。我们在任何时候都不能接受错误是由我们造成的这样的说法,因合同和信用证都详细规定了包装条款。我们坚持货物风险由你们承担,要求你们确认承担所有重新打包的费用。"在该电的结尾中,要求"A 公司把货转交香港德信行",另于"4 月 15 日前重新发货。"在该电中,除重申打包费用损失外,还进而表示了退货的主张。显然,香港客户是利用其提单若干天后远期付款的有利地位迫使 A 公司接受其赔偿要求。按香港客户开列的费用条件估算,约折合 20860 美元。A 公司认为客户的要求不仅费用损失较大,而且于理不合,因此于第二天再电告香港客户,指出:"经查核,A-01-E01006 号信用证中未注明外套麻包,且你方信用证内具体列明了包装条款。我们理解为你对该包装有特殊要求,并完全按你信用证规定办理。至于你上述信用证内载明:'其他详情均按销售确认书 SG 623 号办。'因你信用证已详细列明包装条款,据此我方完全按你来证要求办理,对你上述电传提出的要求歉难考虑。"该复电抓住"其他"一字不放,令对方也感到自己有欠妥之处。沉默一段时间后才来电称:"A-01-E01006 信用证,我已通知我方银行,单据与信用证不符"。对此 A 公司迅即复电,说明单证完全相符,要其如期履行付款。4 月 8 日香港客户来电称:"重新包装的材料人工费 110000 港元,仓租和搬运费 60500 港元,诚如你们所知,我们所获的薄利极有限,因此我们没道理再全部承担此项额外开支,请确认你方将承担该费用。"显然香港客户在电文中采取了协商的口气,态度已软化。据此,考虑到卖价中也包含了麻包的因素,A 公司因势利导,与香港客户进行了友好的协商。在香港客户最终实际支付材料等费用计 35000 美元的基础上,由 A 公司贴补费用 4000 美元,较为顺利友好地结案。

## 二、评析

本案所涉及的相关问题分析如下。

### 1.信用证与国际货物买卖合同的关系

国际货物买卖合同与信用证是两个完全独立的法律文件。国际货物买卖合同是买方与卖方之间商订的买卖货物的契约,是约束和规范买卖双方的权利和义务的法律文件;而信用证则是约束受益人和开证行的法律文件,规范开证行与受益人的权利与义务,开证行只对信用证负责,与贸易合同无关,也不受贸易合同约束。《UCP600》第4条a款规定:"就性质而言,信用证与可能作为其依据的销售合同或其他合同是相互独立的交易。即使信用证中提及该合同,银行亦与该合同完全无关,且不受其约束。因此,一家银行做出兑付、议付或履行信用证项下其他义务的承诺,并不受申请人与开证行之间或与受益人之间在已有关系下产生的索偿或抗辩的制约。"可见,信用证是独立于贸易合同以外的另一契约,是一种自足文件。银行只对信用证负责,对贸易合同没有审查和监督执行的义务。贸易合同的修改、变更、甚至失效都丝毫不影响信用证的效力,对银行不产生作用。

然而,作为信用证的受益人——出口方,既要受国际货物买卖合同的约束,又要受信用证这一独立法律文件的约束,且信用证一经开立,各方当事人的权利义务就要以信用证为准,只有受益人在信用证规定的有效期内提交了与信用证相符的单据,才能从开证行获得货款。如果信用证条款与合同条款不一致,出口方要么违反合同,遭到索赔,要么违反信用证规定,得不到货款。

### 2.进口方(申请人)开立信用证

签约后,买方履约首先是按合同规定向经营外汇业务的银行开立信用证。开证申请书是开证银行对外开立信用证的依据,其内容应与合同内容一致。但买方也可根据具体情况增加或更改某些合同内容,一般增加与更改仍以合同为依据,只是对某些合同条款的具体化、单据化,如对包装、检验、交货等提交单据的具体要求。开证行收到买方开证申请后,立即对申请书内容及其与合同的关系、申请人资信、经营规模、外汇使用条件等进行审核。在确信可以接受开证申请的情况下,由开证申请人提供担保或银行规定的开证押金,银行即对外开出信用证。

### 3.出口商审证

开证行的资信、信用证所载事项出口商能否做到决定出口商能否安全收汇，因此出口商应仔细审证，审证时要注意以下几点：

(1)核对信用证与买卖合同是否相符。信用证依据合同开具，其内容应与合同相符。但实际业务中，信用证条款经常与合同条款不一致。因此卖方收到信用证首先要审查信用证条款是否与合同条款相符，如发现疑异应要求对方解释或修改。

(2)审核信用证细节应注意：

①一般不接受"可撤销"信用证。

②核对信用证上有无签字人的签名。信用证若是由开证行或进口商直接寄给出口商的，应请本地外汇银行核对。

③合同要求信用证由其他银行保兑时，应检查是否已经进行保兑。

④受益人、开证申请人名称是否与实际情况完全相符。

⑤信用证有效期和最后装运日是否合理。要保证受益人有充足的时间交货和备单；若装运期延展，则信用证有效期也要相应延展。

⑥信用证金额是否足以支付货款。

⑦要求提供的各种票据是否明确、是否能取得。

⑧若信用证不准转运，且无直达货轮；或不准分批装运，但出口货物的生产、采购无法一次装运时，应请求改证。

⑨信用证的到期地点应在我国境内。

审证的另一责任人——通知行负责审核开证行的资信及信用证的真伪等。

4.改证

信用证的修改通称为"Amendment"或"Modification"，形式上都是由买方向开证银行提出，但实际上可能是买方也可能是卖方。

出口商提出修改通常因信用证与合同不符或某些条款受益人无法办到，如信用证规定不准转运，船公司却无直接到达目的地的船只等。进口商提出修改通常缘于本国或国际形势变化，如进口国要求进口商品必须提交新的单据等。银行开证有时也会出现偏差，如字母打错、地名打错等，或遗漏某个项目，发现后也需要修改。

修改信用证要遵循以下原则：

(1)提出的修改不可与其他条款相抵触,要遵守相关国家外汇管理的有关规定。

(2)不可撤销信用证,非经当事人一致同意不得修改。

(3)当同一信用证修改书上涉及两个或两个以上条款的修改时,必须全部接受,不得同意一部分、拒绝另一部分。

(4)如果开证行选择某家银行将信用证通知受益人,其修改的通知也要通过这家银行。

(5)开证行自发生修改之日起,就受这个修改的约束。保兑行可以对修改加以保兑,并在通知这个修改时就受其约束;也可不对修改保兑,但要及时通知开证行及受益人。

(6)受益人接受还是拒绝修改,可以发出通知,也可以不表态,通过其提交的单据来判断是否接受了修改。

5.开证行对单证不符的处理

开证行收到议付行寄来的单据后进行审核,若有不符点,可以拒付。拒付时应注意以下几点：

(1)在信用证有效期内做出拒付决定,且要在自收到单据的第二天起的 5 个银行工作日内进行。

(2)拒付要以电信方式通知,如不能用电信方式,应以其他快捷的方式通知议付行。

(3)拒付通知要注明凭以拒付的不符点的具体内容,并说明是退回单据还是暂为代管听候处理。

开证行若忽略了上述几点而未及时处理,很可能会丧失拒付的权利,或使拒付失效。开证行审单发现同信用证条款不符时,习惯的做法不是马上退单拒付,而是列举各项不符点,在给进口商的通知书中注明,问其是否接受。若进口商接受,且其资信没问题,开证行则不必退回单据,按正常情况结算即可;若进口商拒绝接受,开证行再根据固定手续,通知议付行。开证行同议付行的关系,理论上讲开证行是信用证的主债务人,是否接受有不符点的单据应由开证行来判断。

6.本案的分析在本案中,作为卖方的 A 公司犯了两个大错:一是在收到买方开具的信用证与合同不一致时,自认为信用证收汇方式应遵循与信用证严格相符的原则,当信用证与合同有出入时,应遵循信用证条款,而不用考虑合同以保证安全收汇。因此,就将出口货物的包装根据信用证的条款办理,装箱打捆,不加套麻包。二是没有及时要求进口商修改信用证,使自己陷入违反合同条款的境地。

# 第五节　信用证项下出现单证不符应该如何处理

信用证是最基本的国际结算方式之一,在信用证结算方式下,开证行付款的前提是受益人需要"相符交单"。然而,单证不符是信用证支付方式下一种极为普遍的现象,多份全球市场调查报告显示,大约有 70％的信用证项下单据在首次提交时被拒付。因此,重视并正确处理不符点单据,对于信用证结算方式而言显得十分必要。

## 一、押汇行对不符点单据的处理

根据单据不符点的性质及严重程度,押汇行的处理方法如下:

1.单据退给受益人进行修改。在信用证规定的期限内,若一些个别细小的不符点或因打字拼写方面的失误所引起的不符点,一般可以更正或重新制作的,可立即退回受益人更改。这类情况比较常见,例如受益人漏在有关单据上签字,单据的份数不足,漏打日期等等。单据的更正修改必须在信用证有效期间及单据提示期间内进行。

2.担保议付。担保议付可分两种方式:

1)受益人向押汇银行提交担保书,保证如果开证行拒绝偿付时,受益人将退款并负担利息和其他费用。押汇银行应综合考虑出口商的偿债能力、单据不符点程度、押汇金额、产品销路情形、开证银行与押汇银行的业务往来关系等,并考虑是否要出口商提供等值的抵押物;

2)由押汇银行向开证银行提出担保,保留议付(Negotiated under Reserve),并在议付通知书中加以注明。在大多数情况下,运用保证书能够起到一种很有用的"润滑"作用,以弥补单证、单单不符所造成的不良后果。在涉及过期提单的情况下,则几乎是唯一可行的办法。买方通常毕竟还是想要提取货物的。保证书可以有效地保护进口商的权益,特别是如果由于拖延而产生的仓储费用昂贵且须由进口商负担的情况下。然而,应该注意的是,在实务中保证书的功用必然会在某种程度上削弱"无追索权"这个概念;而这个概念,在信用证交易中对于出口商是极为重要的。

3.电提或电报押汇(Cable Negotiation)。金额较大的单据不符点,或较为严重的不符点,如启运港或卸货港不符、提单上有些不良批注、唛头不符、过期装船、过期押汇等,这些不符合点会影响受货人的实质性利益,同时又无法或很难修改的,可采取电询或电报押汇的办法,即先行以电报或电传方式,将单据的不符点提出,征求开证银行意见,由开证银行再洽开证申请人接受后,再按正常的押汇处理。但电报押汇的电报费等应由出口商负担。

电提的内容应简明扼要,例如 Early Shipment(提前装运),则电提报文内容如下:

Your L/C No.(信用证号码)

Favoring(受益人)

May we negotiate bill(押汇金额)

With board date(装船日期)

In reply Quoting our BP No.×××

电提或电报押汇应注意的事项:

其一,通常电提或电报押汇的前提条件,就是押汇银行与开证银行之间有密押关系(Test),否则,回电的真伪难以辨别。

其二,若单据的不符点较多处或较复杂时,电提往往难以叙述清楚,或容易引起对方曲解。

其三,押汇银行系按开证银行的回电指示办事,而不能凭进口商的意见办事,故收到回电时,应注意辨明是否为开证银行的明确指示。例如回电为 Our customer agreed discrepancies mentioned(我们的客户同意所提及的不符点)或类似文句,说明的只是进口商的观点,因此还不能凭此进行押汇或付款。只有收到下列回电或类似下列文句的回电时，才可办理出口押汇：You may negotiate despite discrepancies mentioned（尽管有不符点，你们可以办理议付）。因为如果没有开证行明确的表示同意的文句，押汇银行的索偿便没有保障。另外，电报押汇须收到正式的进账通知单（Credit Advice）后，押汇银行才能确定其最后付款。

其四，若开证行的回电语句不明确，或易产生歧义时，则应改以托收方式办理为宜。

4.改为证下托收方式办理。若单据不符点比较严重，或以上的措施无法采用或不能奏效，则可要求出口商改为跟单托收方式办理结算。

## 二、受益人对不符点单据的处理

1.洽请进口商撤除不符点。在非严重不符点的情况下，可以采取洽请进口商撤除不符点的办法。通常单据的一些不符点如无令进口商受损的可能，进口商为顺利获得货物，会同意接受该等单据。而开证行只是按开证申请人（进口商）的指示行事，开证申请人同意接受单据，开证行一般不会有异议。

有时受益人也可通过议付行与开证行联系，请求开证行与开证申请人洽商撤除不符点。因为根据 UCP600 第十六条 B 款，".当开证行确定交单不符时，可以自行决定联系申请人放弃不符点。"可见，开证行有自行决定联系开证申请人，请其放弃不符点的权利。

2.请求保留付款或议付（Payment or Negotiate Under Reserve）

除议付行以外，付款行、承兑行或保兑行对受益人付款是没有追索权的，它们只能从开证行处获得偿付。即使是议付行，也不愿因议付了不符点单据而冒风险。此时，受益人可洽请这些中间银行采取保留付款或议付的方式，亦即假若这些中间银行遭到开证行的拒绝偿付，对受益人仍享有追索权。保留付款或议付只是受益人与中间行之间的安排，与开证行没有关系。

3.征求意见方式寄单（Document Sent for Approval，亦称"表提"）如果一套单据存在好几处的不符点，出口地银行将不支付出口商的汇票，只把全套单据寄给海外的开证行，由开证行转交进口商，由进口商选择是接受或拒受单据。若开证行通知寄单行单据已被接受，则视同普通信用证业务来办理；如决定拒收单据，必须尽快通知寄单行。

4.改为信用证项下的托收（Handling of Documents on a Collection Basis）

若单据存在着严重不符点，或信用证已经过期，已无继续使用信用证结算的可能，受益人可改托收方式结算。由于该项托收不是以托收为其支付手段的买卖合同为依据，而是在买卖合同中规定以信用证为支付方式时，运用托收方式结算，故称的为信用证项下托收。在这里，出口地银行所作的寄单成了托收寄单，而原开证行成了代收行。信用证结算改为托收结算后，意味着银行信用改成商业信用，因此对出口商而言，收汇的风险相对增大。

**【参考阅读】银行出口审单简介**

**一、出口审单概述**

出口审单是指押汇单证人员根据信用证条款审核客户交来的出口单据。审单是银行办理出口押汇工作中极为重要的一个环节，尤其是对货运单据的审查。因为银行付款、议付是只凭单据不凭货物，单据的审核质量直接关系到银行资金的安全性。若因审单失误而导致开证行拒付款项，银行须承担责任，甚至蒙受损失。

银行审核单据包含两方面的概念：一是押汇银行的议付审查，称为初审。即押汇银行对出口商提交的单据，对照信用证条款，逐项加以审核，以确定单据是否合格，是否与信用证的要求完全相符，然后才能对出口商叙做出口押汇。二是开证银行对押汇银行寄来的单据进行的审核，以确定是否接受单据并付款，称为终审。初审与终审的方法及审核内容基本一样，这里介绍的是出口地银行的审单。

**二、审核单据的基本原则**

**（一）单证相符的原则**

出口押汇单据是根据信用证的要求而出具和递交的，因而所递交单据首先必须在表面上与信用证的条款完全相符，这就是单证相符的原则。凡信用证上所规定的要求，都应在有关的单据上得到反映，即单据说明的情况和事实不能和信用证规定有抵触。

（二）单单相符及单据自身内部相符的原则

单单相符（Interdocumentary Consistency）是指单据与单据之间应该一致。例如，提单上标明货物为 40 箱，而重量单上标明的却为 35 箱，即不同的单据之间互相矛盾即视为单单不符；单据自身内部相符（Intradocumentary Consistency）是指同一单据的前后表述必须一致。例如，在一份提单里，价格条款里表明运费由出口商支付，在费用条款里，却表明运费由进口商支付，前后互相矛盾。

### 三、审单依据及审单方法

1. 依据国际商会《跟单信用证统一惯例》（UCP600）和《审核跟单信用证项下单据的国际标准银行实务》（ISBP681）条款审单。UCP600 是一项具有国际性、权威性的信用证单证处理惯例，但需要注意的是，它不具有强制性的法律效力。因此各方当事人在协议的基础上，可以在信用证内，约定与该惯例完全相反的条文，以排除或限制该惯例的有关规定。

2. 审单的基本方法是"纵横审单法"。纵审就是以信用证为中心，逐条对照单据进行审核，以证实信用证及修改书中的要求都在单据中表现出来，达到表面上严格的单证相符；横审就是以发票为中心，与其他的单据进行对照，各种单据之间互相核对，相关的内容不应有矛盾，达到单单相符。

3. 可用的参考依据：国际商会经常编印不少有关信用证统一惯例疑难及解答等资料刊物，虽然此等资料刊物并不能视为等同 UCP600，但有关的意见，参考价值相当高。因此在许可的情况下，应尽量参考国际商会此等意见。很多银行对不符点的争辩，也引用国际商会的意见作为本身的论据，所以在审单时不能忽视此类资料刊物中的意见，但必须留意其可应用度、可行性及是否与 UCP600 存在矛盾或争议。

4. 对不符点的处理要小心，不可轻率大意，也不可过于挑剔，否则可能导致银行蒙受经济或信誉上的损失。而对有争议性之不符点的决定及单据的处理办法最终由押汇中心管理人员决定,对于具争议性或较轻微的不符点,审单人员可在审单表格中以问号在旁加注,让管理人员留意审批。

5. 转让信用证项下,转让行收到议付行 / 交单银行 / 指定银行 / 受益人,(以下统称为交单行)寄来的单据,经审单员审单后,如有单证不符者,必须在合理时间内根据UCP600 ART.16 条款的规定通知交单行及第一受益人。在一般情况下,应以电报通知交单行有关之不符点,并以信函通知第一受益人,并跟进其尽快接受不符点。

### 四、出口审单基本程序

出口审单基本程序分为接单、审单、收费、寄单四个环节。

### (一) 接单

签收出口商递交的信用证和全套单据,应点收单据的种类份数是否齐全,并注明收到日期,然后区别轻重缓急及时处理。一般是按到期日的先后以及金额大小进行排队,严防错漏遗失。出口商在交单时一般要填写一式两份的单据签收清单。银行核点后签收,退回一份给出口商,以分清责任。单据签收清单亦称公司结汇备查表。如果是时间要求较紧迫的出口商,可治请银行先行审核能够提交的部分单据预审,待装船后,再把提单送银行审核。

### (二) 审单

首先,把单据进行整理排列,排列的顺序大致如下:

1. 汇票(有些信用证不要求汇票)

2. 商业发票

3. 其他单据

4. 提单(全套正本)

5. 保险单

6. 信用证正本及修改书(如有修改书的话)

按上述顺序排列,可以防止错乱或漏审。

其次,用"纵横审单法"对单据进行全面逐条审核,并在审单记录 Worksheet(见附件)中记录审单过程中发现的问题,存在的不符点,以及对这些问题的处理意见。审核单据的记录必要时应通知出口商(在单据有不符点时),以便及时修改。

再次,对信用证背面进行批注。注明押汇日期、金额、余额、押汇银行名称。如果信用证之金额已用罄,应加盖"Exhausted"戳记,收回归档。信用证如果是部分议付,则应将议付日期、金额与出口数量以及余额注明。例如,信用证金额为 USD50,000,货物 100M/T,6 月 10 日押汇金额为 USD25,000,货物 50M/T,余额为 USD25,000,未出口货物 50M/T 时,则记录如下:

| 日　　期 | 押汇金额 | 出口数量 | 余　　额 | 待出口数量 |
| --- | --- | --- | --- | --- |
| 6 月 10 日 | USD25,000 | 50M/T | USD25,000 | 50M/T |

以后每次议付时,均应再逐笔批注。

### (三) 计算费用

即按银行规定的收费种类和费率表,计算出应收的费用。这些费用通常包括:通知费、预先通知费、修改费、转递费、保兑费、议付费、邮费等(Advising Comm./pre-advising Comm./Amendment Comm./Transmitting Comm./Confirming Comm./Negotiation Comm./Postage and so on)。不同银行的收费标准不一定一致。

通知费的收取时间,一般在议付时计收,也可在信用证的通知/修改时计收。通知行如为保兑行,则只收保兑费,不再收通知费。议付费在押汇银行受理押汇时,如未办理押汇,可酌情收验单费(Handling Comm.)。如信用证规定在当地银行办理付款,则可收取付款费(Payment Comm.),付款费通常略高于议付费。如信用证项下有转让费、承兑费等,其转让费应由第一受益人承担,承兑费则只限于承兑后以出口地银行为付款人的远期汇票,这些费用可由押汇银行在议付时向开证银行收取。如信用证中规定"All charges and Commission are for Beneficiary's account"(所有费用及佣金由受益人负担),则上述所有费用可直接向受益人收取。

(四) 缮制议付通知书及寄单。押汇银行审单完毕,若认为单据合格,即可缮制议付通知书。议付通知书一式多联,其中第一、二联随单据寄送开证行。如信用证规定向偿付行索汇时,则第三联作为索汇函寄往该行,其余各联作为议付行的传票或归档备查。

附:审单记录表(Checker's Worksheet)

**Trade Services Centre**
**Checker's worksheet for outward bills**

| L/C No. | Our ref. |
|---|---|

Customer :

| Opening _____ . | Doc. send to : _____ |
|---|---|
| Bank : _____ | _____ |
| | □ Address refer L/C [mail] |
| World rank : | By □ DHL □ China Courier □ _____ |
| Reim. _____ | Tenor :□ At sight □ Avail. by Neg./Def.Payment/Accept. |
| Bank : _____ | □ At _____ days |
| □ Address as per L/C | □ Payable at sight basis |

| Claim by : | |
|---|---|
| □ T/T □ Bene.draft □ Our draft | **Bill amount:** _____ |
| □ Claim at maturity □ TT not allowed | **Set off : ref.** |
| □ Not claim (due to discrepancies) | **(Settled amount:** _____ **)** |
| □ Subject to URR525 | |

| Expiry date: in HK/ | Latest shipment date : |
|---|---|

Latest presentation date : ( days after/from )

| Docs | Transport Docu. | Neg. | Non-Neg | Invoice Comm. | Cust. | Cert.Qly/ Qty | C/O | Ins. Pol /Cert. | P/L | W/L | Bene. Cert. | Fax Copy | Draft | Insp Cert. |
|---|---|---|---|---|---|---|---|---|---|---|---|---|---|---|
| 1ST Lot | | | | Other documents: | | | | | | | | | | |
| 2nd Lot | | | | Other documents: | | | | | | | | | | |

1st checker : _____ Time: _____ 2nd checker : _____ Time: _____ Also checked by : _____ Time: _____

Contact customer : Mr/Miss/Mrs _____ Date: _____ Time: _____

---

**Instruction to O/B Section:**

| □ Doc. in order | □ Doc.with discrep. (P.T.O.) |
|---|---|
| □ Negotiation/Advance (□ L/I □ Internal L/I) | □ Collection |
| □ Doc. presented : With/Without Resource | □ For approval and Payment/Acceptance |
| □ Chgs/Interest A/C applicant □ Discount chgs A/C applicant | □ Full set L/C submitted |
| □ Certify docu. presented on _____ | □ Telex/Swift advice L/C Issuing Bank |
| □ Refer L/C# | □ Deduct agent's comm. for _____ |
| □ Cable Nego. Accepted On _____ | □ Deduct cable chgs _____ |
| □ | |

---

Docu. ready to O/B Section:

Date : By : Time :

**(PTO)**

**【参考资料】熟悉国际贸易惯例是成功开展国际贸易的前提条件**

**【提要】**

由于国际贸易中当事人的语言不同、所在国的法律体系不同、商业习惯各异，会导致交易磋商、合同订立与履行有很多障碍和争议。为此需要制订国际贸易规则，以利于成功开展国际贸易活动。本案例中，两个案件的当事人都约定采用国际贸易结算的规则——《跟单信用证统一惯例》，但一方当事人开证行不按照国际规则行事，擅自将物权单据交与收货人；另一方当事人，运用自己熟悉掌握的国际规则的内容，指出违约方的要害，维护了自己的权益和形象。本案例提醒从事国际贸易的企业和人士，在进行国际贸易之前，应熟悉掌握国际贸易惯例，全面分析面临的风险；在国际贸易活动中，灵活运用国际贸易惯例，在对方违约或无理的情况下据理力争、锲而不舍，维护自己的权益和国际形象。

案 情（一）

某年 4 月 11 日，国内某公司（以下称为 JS 公司）与香港 GT 公司达成一份贸易合同："合同号 No.04JS-GT102，4950dz of 45×45/110×70 T/C yarn-dyed shin with long sleeve（涤棉长袖衬衫），5％more or less ale allowed"单价为"usD28.20/dz CFR Hong Kong，总金额为 USD139590.00，当年 8 月底之前装运，付款方式 by 100％ irrevocable L/C to be available by 30 days after date of B/L（不可撤销的提单日后 30 天远期信用证付款）"。

经 JS 公司催促，JS 公司于 5 月底收到由意大利商业银行那不勒斯分行（Bank of Commercial Italy，Naples Branch）开来的编号为 6753/80210 的远期信用证，信用证的开证申请人为意大利的 CIBMSRL，并将目的港改为意大利的那不勒斯港，最迟装运期为当年 8 月 30 日，同时指定承运人为 Marvelous International Container Lines（以下简称 MICL 公司），信用证有效期为 9 月 15 日，在中国议付有效。

JS 公司收到信用证后，没有对信用证提出异议，并立即组织生产。由于生产衬衫的针织面料约定由香港 GT 公司指定的北京 GH 针织厂提供，而此后北京

GH 针织厂未能按照 JS 公司的要求及时供应生产所需面料,并且数量短缺,导致 JS 公司没有赶上信用证规定的 8 月 30 日的最迟装运期限。为此,香港 GT 公司出具了一份保函给 JS 公司,保证买方在收到单据后会及时付款赎单。JS 公司凭此保函于 9 月 12 日通过信用证指定的 MICL 公司装运了 4700 打衬衫(总货款为 USD132540.00),并取得了编号为 GM/NAP-11773 的海运提单,提单日期为当年 9 月 12 日。

9 月 14 日,JS 公司备齐信用证所要求的全套单据递交议付行。不久便收到意大利商业银行那不勒斯分行的拒付通知,理由是单证不符:一是数量短缺;二是提单日超过了信用证的最迟装运期。此后 JS 公司多次与香港 GT 公司和意大利的 CIBM SRL 联系,但二者都毫无音讯。

10 月 19 日,开证行来函要求撤销信用证,JS 公司立即表示不同意撤证。

11 月 1 日,JS 公司收到 CIBM SRL 的传真,声称货物质量有问题,要求降价 20%。JS 公司据此推断 CIBM SRL 已经提货,接着便从 MICL 海运公司处得到证实。而且据 MICL 称 CIBM SRL 是凭正本提单提取的货物。因此 JS 公司立即通过议付行要求意大利商业银行那不勒斯分行退单。此后还多次去电催促退单事宜。

11 月 15 日,意大利商业银行那不勒斯分行声称其早已将信用证号 6753/80210 项下的全套正本和副本单据寄给了 JS 公司的议付行,但议付行仅收到了一套副本单据。

JS 公司了解到意大利商业银行在上海开设了办事处,并立即与该办事处的负责人交涉,严正指出:作为在国际银行、且有一定地位的意大利商业银行,擅自放单给买方是一种严重违反 UCP 600 及国际惯例的行为,希望意大利商业银行尽快妥善处理这一事件,否则 JS 公司将会采取进一步的法律行动,以维护自身的合法权益。

12 月 2 日,意大利 CIBM SRL 公司的总经理 L Calabrese 主动要求来华与 JS 公司协商解决这一贸易纠纷。12 月 5 日,JS 公司组成 3 人谈判小组赴上海与 L

Calabrese 谈判。在确认了 CIBM SRL 是从银行取得正本提单提货的事实后,谈判过程显得比较简单。谈判中对方以短量和货物质量有问题为由要求降价,JS 公司未予理睬。

12 月 10 日,JS 公司收到 CIBM SRL 公司汇来的全部货款。

案 情(二)

香港 A 银行(以下简称开证行)开立以海南 G 公司为受益人的 01—153109 号信用证计 227500 美元,价格术语 CIFBANGKOK,货物为硅锰合金。2005 年 9 月 21 日海南省 B 银行(以下简称议付行)议付了单据。

9 月 27 日开证行来电拒付:"产地证收货人为 TO ORDER OF BANGKOK BANK PUBLIC CO.LTD.BANGKOK,申请人正与最终买主联系,结果待告。我行代为保留单据,请指示。"经查阅留底,议付行认为此系开证行无理拒付。9 月 29 日,议付行去电反驳并敦促其立即付款。电文说:"产地证之收货人与提单严格一致并与其他单据亦无矛盾,根据 UCP 500(本案例发生时的适用版本,现适用版本为 CUP 600)第 21 条,你行有责任接受单据。请收阅我行电后立即付款或做出详细解释。我行保留索息权利。"10 月 4 日,开证行来电,称受益人已同意减额至 209400 美元,要求议付行确认。而实际上受益人并未同意申请人的减额要求。议付行推测此时货应已抵港,硅锰合金行情亦呈涨势,买主不会不赎单。于是一方面敦促受益人尽快查实货物下落,一方面去电加急催收。基于开证行避而不谈单据问题,议付行亦避而不谈减额问题,两次致电开证行进口部经理。由于此时离起运日已有一个月,而受益人仍未能提供货物下落情况,议付行 10 月 15 日直接致电开证行总经理,以求速战速决。议付行致电说:"很抱歉来电要求您亲自过问贵行进口部拒付我行单据一事。单据现已不在香港,贵行却仍拒不付款,不但有悖国际惯例,也有损贵行形象,请赔付我行 25 天利息损失共 USD1137.50(按年息 9%计)。"

议付行凭经验推测开证行已转寄单据,但由于受益人未能提供有力证据证明货已被提,供货人与受益人亦在退单问题上意见不一,议付行只能试探性地指出单据已被转寄,并不敢贸然提出退单。

10 月 16 日开证行来电,再次称受益人已同意减额至 196681.75 美元,要求议付行确认。此时受益人已从船代处得知货已于 10 月初发往收货人仓库,议付行认为开证行虽多次提出减额,但从不敢要挟退单,对议付行的指责亦不置可否,估计收货人已凭银行担保提货,也许是由于货物品质问题导致原始开证申请人拒付。10 月 23 日,受益人交来一份开证申请人提供的由泰国 SAYBOLT 机构出具的复验报告,并称开证申请人以短量为由提出索赔。由此看来议付行的推测是正确的,但报告中显示短量 50 吨之多(占总货量的 10%),实在令人难以置信。议付行认真分析了该检验报告并多次与受益人详谈,受益人承认发货时 1～3 袋有破损现象,但到岸后不可能出现如此严重的短量。受益人称开证申请人真正的拒付原因是船吊不能正常工作,从而引起额外装卸费约 5000 美金,开证申请人借单据拒付并乘机提出减额,企图一箭双雕。议付行认为受益人之词可信度较高。因为据了解,该证申请人与原始申请人系母子公司,而且是"洋买办",对国内国有公司的管理漏洞、国家政策等了若指掌,其提出的减额数正好与税后利润相抵,如果减额成功,受益人不赔不赚,一般不会付诸法律解决。鉴于此,议付行认为提出退单的时机已经成熟,一方面敦促受益人联系承运人了解收货人是否已凭银行担保提货,同时于 10 月 26 日去电正式提出退单,电文如下:"参你行 10 月 3 日及 16 日电,减额要求不能接受,原因如下:

①我行重申单据严格一致,并于 9 月 29 日、10 月 16 日电中明确表明我行观点,我行要求你行做出解释而你方却回避单证问题。很明显,你行所持之拒付理由是毫无道理的,而且难以自圆其说。很遗憾我行认为你行的拒付行为已违背了 UCP 500 第 9 条(A)款。

②我行认为你行置我行催收电于不顾,是不礼貌亦是不明智的。你行似乎宁愿卷入贸易纠纷也不愿按惯例履行开证行职责。你行的所作所为不符合 UCP 500 第 3 条(A)款。

③你行在 9 月 27 日电中声称代为保管单据并候我方指示,但受益人通知我

行其已确定货物已于 9 月底发往收货人仓库,我行对你行擅自放单表示震惊。此作法违背了 UCP 500 第 14 条(D)款,请立即对此事做出解释。"

鉴于以上原因,我行要求你行于 10 月 27 日前付款,外加 25 天利息 1421.88 美元及电报费 90.00 美元,共计 229011.88 美元,否则请退单。希望你行勿再置身于贸易争端之中,否则将卷入法律纠纷。"

10 月 27 日,受益人交来承运人传真,落实了收货人确已凭原始开证行担保提货。于是议付行当日分别给其进口部经理及总经理发出急电,指出对方所作所为已使双方友好关系严重受损,催促其立即付款并赔息。10 月 31 日,开证行通知议付行已于 10 月 27 日将头寸 227500 美元划付议付行账户并于当日起息,但开证行仍坚持不符点,且未提利息赔付问题。

11 月 1 日,议付行去电再次索息。

"货款收妥而利息未付。

①参你行 10 月 27 日电,信用证并未特别要求产地证收货人应做成申请人,而且产地证做成 TO ORDER OF BANGKOK BANK PUBLIC CO.LTD BANGKOK 与提单一致,与其他单据并无抵触。根据 UCP 500 第 21 条,你行应接受此类单据。根据 UCP 500 第 14 条(A)款,你行应履行付款。我行自始至终都以单证及国际惯例为出发点,希望贵行重视这一做法。

②你行擅自放单且至今未做出解释的行为实令人遗憾。根据 UCP 500 第 14 条(C)款,你行一俟放单便失去了拒付的权利,应立即无条件付款。而你行不但拒付,甚至还提出减额,佯装不知收货人已提货一事。尽管如此,我行亦乐意听取你行解释。

③你行应于 9 月底而不是 10 月 27 日才付款。我行别无他法只能索赔我方严重利息损失。我行保留进一步索赔权利。"

11 月 6 日,议付行收妥款项,至此该案圆满解决。[①]

① 资料来源:http://news.wenzhouglasses.com/html/news/464560.html

**【评析】**

本案例所涉及的问题分析如下。

这是两起利用信用证诈骗出口商或出口商银行的案件。如果出口商不懂信用证的游戏规则，不能用国际贸易惯例维护自己的利益，可能就会出现货、款两空的结局。因此，出口商在开展国际贸易之前，要全面分析面临的风险，熟悉掌握国际贸易惯例，为保护自己的利益做好准备。

1.出口商面临的风险

(1)信用风险。信用风险是出口商首先要面对的一个最大问题。卖方发了货但买方出现了问题或市场出现了不利于买方的变化，买方拒绝受领货物或不能及时结款。这可能是买方的主观原因——有意欺诈，也可能是因为对方所在国家的一些政策变动所致。

(2)汇率风险。在人民币处于升值态势时，往往会造成我国出口商收到的外币货款换回人民币金额减少的结果。

(3)信用证欺诈风险。外国进口商利用信用证对出口商进行欺诈，具体风险有：

①进口商不开证。由于市场价格变化等原因，为规避市场风险，进口商从自身利益出发，故意不开证；当运输单据是航空运单或多式联运单等时，由于此时这些单据不会像海运提单那样作为物权凭证，货物被装上运输工具后，出口商就失去了对货物的控制，所以即使进口商不开信用证来换取这些单据，他们也能很容易地将货物提走。

②进口商伪造信用证。进口商窃取银行已印好的空白格式的信用证，或与已倒闭或濒临倒闭破产银行的职员恶意串通开出信用证，或将已过期失效的信用证恶意涂改。

③进口商伙同资信不良的小银行开立信用证，而后以银行倒闭为由不付款。

④进口商指示开证行开立"软条款"信用证。所谓软条款信用证指的是进口商利用出口商缺乏国际贸易知识和经验及急于出口的心态，在信用证中设有一些

对进口商有利而出口商却难以控制且不易发现的条款,该条款可能导致出口商难以履行合同或给开证行和开证申请人解除付款合同埋下伏笔。信用证的软条款具有隐蔽性和欺骗性,我国出口企业在审证时必须谨慎从事。以下是目前信用证惯用的"软条款":信用证暂不生效,待进口许可证签发后或待货样经开证人确认后通知生效;货物备妥待运时须经开证人检验;规定目的港、装船日期等以开证申请人的书面通知或开证行的修改通知为准;货到目的港后须经开证人检验才履行付款责任;所交单据中的发票或商检单证须由进口商或其指定的商检机构签字生效;受益人凭买方签发的货物收据或买卖双方共同签订的交接单据议付。

⑤进口商不按合同规定开立信用证,并拒绝或拖延修改,或改用其他付款方式支付。

⑥进口商千方百计寻找单据中的不符点以拒付。在具体业务操作过程中,常常发生出口方未按信用证条款规定交货的情况,如品质不符,数量与信用证规定有异,逾期交货等,任何一个不符点都可能导致出口商收不到货款;即使出口方完全按信用证规定出货,但由于疏忽而造成单证不符,也同样会遭到开证行拒付。

(4)贸易壁垒风险。进口国一些贸易政策的变化、新技术标准的出台都可能阻止已发运的货物在进口国顺利报关和销售。

因此,在开展国际贸易之前出口商应做好的准备工作是市场调研和预测、制订和选择经营方案,组织落实货源,慎重选择销售市场和客户,搞好知识产权保护工作和广告宣传等活动,并对国际贸易惯例和国际贸易规则做到熟练掌握。

2.国际贸易惯例

由于国际贸易中当事人的语言不同、所在国的法律体系不同、商业习惯各异,会导致交易磋商、合同订立与履行产生很多障碍和争议。为避免这些障碍和争议,人们需要探索和制订一些各个国家商人都愿遵守的贸易规则和习惯做法,以利于国际贸易的顺利进行。为此,经过长期的贸易实践,就形成了国际贸易惯例。

国际贸易惯例是在长期的国际贸易业务中反复实践并经国际组织或权威机构加以编纂和解释的习惯做法。国际贸易惯例本身不是法律,不具有当然的法律效力。但国际贸易惯例是国际贸易法的渊源之一,当法律将某项惯例的全部内容吸收为法律条款或国际条约时,就制定法律或参加该国际条约的国家而言,该项惯例则已转化为法律或国际条约的规定,并具有了法律效力。另外,法律规定再周密也难以做到天衣无缝,在有关经济贸易法律未有规定或者规定过于粗疏甚至不合情理时,国际贸易惯例不仅可以填补法律遗留的空缺,而且还可以使当事人之间的利益达到平衡。也就是说,国际贸易惯例对法律有补充作用,即法律未作规定的,也可以适用国际惯例。例如我国《民法通则》规定:国际条约、国际惯例与我国国内法的关系有三个层次:第一,凡我国参加的国际条约和我国接受的国际惯例,均可在我国适用;第二,国际条约与我国国内法不一致时,优先适用国际条约,但我国保留的条款除外;第三,在国内立法和国际条约都无规定时,适用国际惯例。

目前在国际贸易中常用的国际贸易惯例有:

(1)有关贸易术语的国际贸易惯例。包括:《1932 年华沙—牛津规则》(Warsaw-Oxford Rules 1932)、《1941 年美国对外贸易定义修订本》和《2000 年国际贸易术语解释通则》。全球适用的是《国际贸易术语解释通则》。

(2)有关国际贸易结算的惯例。包括《跟单信用证统一惯例》(目前使用的版本是 UCP 600)和《托收统一规则》(URC 522)。

上述两案例即是我国出口商与出口商所在地的银行在熟悉掌握和灵活运用《跟单信用证统一惯例》这一国际贸易规则的基础上密切配合,使得贸易纠纷得以解决,保护了自己的权益,树立了自己的形象。他们利用信用证的游戏规则成功地追回全部货款,其成功进行国际贸易活动的经验是值得我国广大出口商和出口商所在地的议付银行借鉴的。

3.本案例的经验

案情(一)中,JS 公司在遭拒付后与有关方面联系以协商解决此事时有关当事人却避而不理。正当 JS 公司一筹莫展之时,收货人 CIBM SRL 公司一封提出货物质量有问题并要求降价 20% 的传真使之露出了马脚,因此,JS 公司由此推断收货人很可能已经提取了货物。接着 JS 公司便与承运人核实货物下落,证实了 JS 公司的推断,而且也证实了收货人是从开证行取得正本提单后去提货的。

根据 UCP600 第 16 条的相关规定,开证行如果决定拒收单据,应在自收到单据次日起的 5 个银行工作日内通知议付行,该通知还必须说明银行凭以拒收单据的所有不符点,并还必须说明银行是否留存单据听候处理。言下之意,开证行无权自行处理单据。照此规定,本案中的意大利商业银行那不勒斯分行(以下称开证行)通知 JS 公司拒付的事由后就应妥善保存好全套单据,听从受益人的指示,而不应将物权凭证的提单交与收货人。

既然 JS 公司已确定了是开证行擅自将单据放给收货人,就应立即通过议付行要求开证行退单。事实上开证行根本就无单可退,也就迫使开证行将收货人推出来解决这一纠纷。银行的生命在于信誉,此时的开证行再也不会冒风险与收货人串通一气。正是抓住了开证行这一擅自放单的把柄,使得本来在履约过程中也有一定失误的 JS 公司寸步不让,将货款如数追回。

案情(二)中,海南省 B 银行的做法十分成功。概括起来,主要有以下几个方面:

(1)在信用证支付方式中,银行应坚持以单证和国际惯例为出发点,对开证行在一定贸易背景下提出的无理拒付应据理力争、锲而不舍,绝不能迁就,否则不但会授人以柄,而且有损银行形象及受益人利益。

(2)银行经办人员应熟练掌握《跟单信用证统一惯例》等惯例的内容和有关贸易知识,只有这样,才能指导受益人配合银行工作,从而在处理纠纷中做到有理有据有节,使议付银行处于主动地位,并对开证行晓之以理,使案件得到圆满解决。

(3)背对背信用证贸易背景下,开证行以单据为由无理拒付、拖延付款的现象日益增多,信用证被当作拒付的工具,而不是银行信用的保障。此时,仅凭国际惯例与单证相符的事实与开证行交涉是不够的,掌握物权下落极为关键。本案中议付行之所以迟迟不提出退单是因为受益人未能及时提供有力证据证明货已被提,物权下落不知何处。议付行掌握物权下落情况后,得知开证行擅自将物权凭证交与收货人,其行为违反了《UCP 600》中第 16 条的规定,通过交涉,开证行自知理亏,不得不全额付款并赔付利息。

总之,国际贸易中,当事人不能随心所欲、信马由缰,应该按照国际贸易规则开展国际贸易活动。因此,从事国际贸易的人士,应熟悉掌握国际贸易惯例,灵活运用国际贸易惯例,在对方违约或无理的情况下据理力争、锲而不舍,维护自己的权益和国际形象,成功进行国际贸易活动。

# 第六节 外贸单证制作电子化与无纸化传输

随着国际贸易额的增加和贸易操作的多样化,新的做法、新的业务不断涌现,使外贸单证制作的工作量不断增加,也对外贸单证制作提出了更高的要求。由于外贸业务中使用的单证种类繁多,关于单证格式和内容的法律法规和国际惯例各异,使得单证的缮制、流转经常出错,给国家和企业均造成不小的损失。因此,各种国际贸易组织和各国政府一直在不断探索,对传统的单证进行改革,简化手续,统一单据格式和内容,改进制单方法。

## 一、单据格式和内容的电子化

传统的外贸单证都是手工操作,工作量大且差错率高,已经成为国际贸易工作中的一大障碍。为了提高效率,减少差错,1957 年,瑞典最早开始进行简化单据工作,创造了一种"套合式"的单据格式。这种"套合式"的单据格式,将各种单据中相同的项目进行了集中,放在各张单据的同一位置,同时还统一了单据的规格大小,制单时只要用打字机将各项内容打在一张总单据上,英文称"Master Dodument",然后根据各种单据的需要,利用复印和影印技术,把不需要的内容用事先设计好的遮盖板遮盖住,便可复制出各种所需的单据,大大降低了差错率;在校对时,只要对总单据进行校对,即可审核出错误并进行修改,从而节省了人力和时间,提高了工作质量和效率。

瑞典的"套合式"的单据格式引起了欧洲乃至联合国有关组织的重视。1973

年,联合国欧洲经济委员会将其拟制成《欧洲经济委员会单据设计格式》,作为国际贸易单据的标准格式正式向全世界各国推荐。1978 年又将其更名为《联合国贸易单证设计样式》向全世界发行、推广。另外,联合国还推出了《套合式国际贸易发票设计样式》《简化运输标志》等多项措施外贸单证进行标准化推广。

为了消除由于文字使用和贸易做法的不统一给国际贸易的交流和沟通带来的障碍,同时也为电子制单创造条件,国际商会和联合国等国际组织在进出口单证内容的国际化和规范化方面做了大量的工作,其中包括推广使用国家和地区代码、货币代码、地名代码、日期代码等统一的国际标准代号或代码,以减少国际间在单证工作方面的争执和误解,提高工作效率。

## 二、单证制作的电子化

随着计算机技术和互联网业务的不断发展以及其对国民经济各方面的持续渗透,电报、电传、影印、传真、计算机软件和互联网技术不断地运用到外贸单证工作中来,引起了外贸领域的很大变革。

各国越来越多地使用计算机技术来制作外贸单证,如开发各类外贸制单软件产品,单证工作人员只需在制单软件的录入界面内将单证内容的各项资料纳入计算机系统,该软件即可自动生成所需要的各种外贸单证。这种方法使单证内容一次性输入,即可以多次、反复地输出、打印,使得单证的审核、修改工作一次性完成,避免在单证上出现错误和涂改,提高了单证的制作水平和质量,加快了制单的效率。此外,计算机技术也可以用于信用证分析、信用证管理、交单日期的审核、保险和运输单据的存储等方面。由北京汇通方略企业管理咨询有限公司设计研发的汇通单证网(www.bolero.net.cn)即是利用互联网技术,采用 SaaS 商业模式研发的一款外贸自动制单软件,客户只需根据合同、信用证以及实际出运情况一次性录入所需信息,即可批量生成汇票、发票、运输单据、保险单据、产地证书等出口结汇单据,大大提高了单证工作效率和质量,使得出口收汇"更快、更省、更安全",如图 11-2 所示。

**图 11-2　汇通单证网首页界面**

随着 20 世纪 80 年代 EDI 技术(电子数据交换)的出现与发展,EDI 技术也逐步被引入到国际贸易中来。这种方法利用通信网络和计算机技术,将商业文化标准化,用"电子数据"借助网络通信技术将市场需求、原料采购、生产制造、合同签订、商检、报检、货物托运、报关与银行结算等贸易过程中的各个环节联合起来,对业务中的数据和信息进行自动交换和自动处理,是国际贸易往来过程中不再依赖纸面单证,而逐渐被电子单证所取代,使贸易过程的时间缩短并减少了人为错误,提高了工作效率,便于单证的归档和管理,是全球之间的"无纸贸易"有了实现的可能。

# 第十二章 Incoterms 典型案例分析

## 案例一 应当合理准确地使用海关 H.S.编码

**【提要】**

以下两案情中报关员在报关时没能正确选择海关商品编码,造成出口商多花商检费或少收出口退税。所幸没有造成海关认为出口商不如实申报。通过本案例,说明报关时应合理准确地使用好海关 H.S.编码和商品名称,不如实申报的结果如何以及出口报关程序。

案 情(一)

美国一外商在订购了我国某出口公司一批农用拖拉机的合同里,同时又订购了一批配套用简单装载设备。我公司业务员在进行报检、报关前选择这些装载设备 H.S.编码时,没有正确选为 8432.8090(农业、园艺及林业用整地或耕作机械;草坪及运动场地滚压机……其他),而是选为 8429.5100(机动推土机、侧产推土机、筑路机、平地机、铲运机、机械铲、挖掘机、机铲装载机)。前者为非法定检验产品,后者为法定检验产品。最后在合同中外商没有要求商检的情况下,该出口公司白白花费一笔商检费用。

案 情(二)

马来西亚一客商订购了我国某出口公司两个 20 英尺集装箱豆奶粉,该出口公司业务员在进行报检、报关选择海关 H.S.编码时,将该货物的商品编码选为 1208.1000(大豆粉。注:须办理商检和动植物检疫,增值税为 13%),而没有选为 2106.1000(其他,税号未列名食品……浓缩蛋白质及人造蛋白物质。注:增值税为 17%,只需办理商检产品)。同样,在对方按样订货、未要求办理动植物检疫的情况下,去办理了动植物检疫。另外,当时 H.S.编码为 1208.1000 下的产品退税税率为 3%,而 H.S.编码为 2106.1000 下的产品退税税率为 13%。同样因没有填写正确的 H.S.编码,在出口退税的环节上也遭受了很大损失。①

**【评析】**

本案例所涉及的问题分析如下。

1.如何进行出口报关

出口货物的发货人在根据出口合同的规定按时、按质、按量备齐出口货物后,即应当向运输公司办理租船订舱手续,准备向海关办理报关手续,或委托专业(代理)报关公司办理报关手续。需要委托专业或代理报关企业向海关办理申报手续的企业,在货物出口之前,应在出口口岸就近向专业报关企业或代理报关企业办理委托报关手续。接受委托的专业报关企业或代理报关企业要向委托单位收取正式的报关委托书,报关委托书以海关要求的格式为准。同时,出口货物的发货人要准备好报关用的单证。一般情况下,报关应备单证(除出口货物报关单外)主要包括:托运单(即下货纸)、发票一份、贸易合同一份、出口收汇核销单及海关监管条件所涉及的各类证件。

出口报关程序包括:

(1)申报。申报是指货物的所有人或其代理人在货物出境时,在海关规定的期限内,按海关规定的格式填写出口货物报关单,随附海关规定应交验的有关货运、商业单据,同时提供经批准的货物出口证件,向海关申报。申报与否(包括是否如实申报)是区别走私和非走私的重要界限之一。因此,海关法律对货物、运输工具的申报,包括申报时间、申报单证、申报内容都做了明确的规定,把申报制度以法律的形式固定下来。

申报应注意的问题主要是报关时限,报关时限是指货物运到口岸后,法律规定发货人或其代理人向海关报关的时间限制。出口货物的报关时限为装货的 24

---

① 资料来源:外贸精英网 http://bbs.jying.cn

小时以前。不需要征税费、查验的货物，自接受申报起 1 日内办结通关手续。

办理出口报关时，须向海关交验的单证主要有："出口货物报关单"；"出口货物许可证"；国家商品检验、动植物检疫、药物检验等机构签发的证件；"出口收汇核销单"；货运单据；减税、免税或免验的证明文件；合同、产地证和其他海关认为必须提供的单证、账册等；"登记手册"及"报关员证"。

(2)查验。查验是指海关在接受报关单位的申报并以经审核的申报单位为依据，通过对出口货物进行实际的核查，以确定其报关单证申报的内容是否与实际进出口的货物相符的一种监管方式。海关通过核对实际货物与报关单证来验证申报环节所申报的内容与查证的单、货是否一致，通过实际的查验发现申报审单环节所不能发现的有无瞒报、伪报和申报不实等问题。海关通过查验可以验证申报审单环节提出的疑点，为征税、统计和后续管理提供可靠的监管依据。海关查验货物后，均要填写一份验货记录。验货记录一般包括查验时间、地点、进出口货物的收发货人或其代理人名称、申报的货物情况，查验货物的运输包装情况（如运输工具名称、集装箱号、尺码和封号）、货物的名称、规格型号等。需要查验的货物自接受申报起 1 日内开出查验通知单，自具备海关查验条件起 1 日内完成查验，除需缴税外，自查验完毕 4 小时内办结通关手续。

(3)征税。根据《海关法》的有关规定，进出口的货物除国家另有规定外，均应征收关税。关税由海关依照海关进出口税则征收。需要征税费的货物，自接受申报 1 日内开出税单，并于缴核税单 2 小时内办结通关手续。

(4)放行。对于一般出口货物，在发货人或其代理人如实向海关申报，并如数缴纳应缴税款和有关税费后，海关在出口装货单上盖"海关放行章"，出口货物的发货人凭此装船启运出境；对于退关的货物，申请退关货物发货人应当在退关之日起 3 天内向海关申报退关，经海关核准后方能将货物运出海关监管场所；对于出口退税的货物签发出口退税报关单，即海关放行后，在浅黄色的出口退税专用报关单上加盖"验讫章"和已向税务机关备案的海关审核出口退税负责人的签章，退还报关单位。

在我国,每天大约出口价值1.5亿美元的货物,出口核销退税每延迟一天,就要给广大客户造成很大损失。如何加快出口核销退税速度呢?在单证操作方面最重要的一点就是正确填写出口报关单。报关单的有关内容必须与船公司传送给海关的舱单内容一致,才能顺利地核销退税。对海关接受申报并放行后,由于运输工具配载等原因,部分货物未能装载上原申报的运输工具的,出口货物发货人应及时向海关递交"出口货物报关单更改申请单"及更正后的箱单发票、提单副本进行更正,这样报关单上内容才能与舱单上内容一致。

2.关于"商品品名和海关商品编码不实申报"

出口报关时要填写出口报关单,报关单上填写商品编码(即海关 H.S.编码)时,一定要准确,不能填错,填错了可能会出现上述两则案情中的损失,也可能会造成海关认为不如实申报,故意逃避商检和偷逃关税,这时会受到严惩。

(1)品名与税则号列是进出口收发货人向海关申报的重要申报内容,是其法定义务。我国《海关法》第二十四条规定:"进口货物的收货人、出口货物的发货人应当向海关如实申报,交验进出口许可证件和有关单证。"《中华人民共和国进出口关税条例》第三十条规定:"纳税义务人应当依法如实向海关申报,并按照海关的规定提供有关确定完税价格、进行商品归类、确定原产地以及采取反倾销、反补贴或者保障措施等所需的资料;必要时,海关可以要求纳税义务人补充申报。"《中华人民共和国进出口关税条例》第三十一条规定:"纳税义务人应当按照《中华人民共和国海关进出口税则》规定的目录条文和归类总规则、类注、章注、子目注释以及其他归类注释,对其申报的进出口货物进行商品归类,并归入相应的税则号列;海关应当依法审核确定该货物的商品归类。"可见,按海关规定,依法对货物进行归类,并申报税则号列是进出口收发货人的法定义务。

(2)关于对品名和税则号列申报不实行为的处罚依据。根据《中华人民共和国海关行政处罚实施条例》(以下简称《实施条例》)第十五条的规定,对进出口货物的品名、税则号列、数量、规格、价格、贸易方式、原产地、起运地、运抵地、最终目的地或者其他应当申报的项目未申报或者申报不实的,不仅没收违法所得,还依照规定予以处罚。影响国家税款征收的申报不实行为,按《实施条例》第十五条第(四)项的规定处罚:除责令补缴税款外,还处以漏缴税款的 30% 以上 2 倍以下罚款。

(3)关于海关对申报不实行为的处罚幅度,这是一个较复杂的问题。从行政执法机关的行政裁量权来看,在法定的处罚幅度范围内,海关做出任何行政处罚都属裁量权的范围。海关处罚时的依据是其掌握的情节。这些情节主要包括:当事人行为能力,违法金额,违法行为发生及被发现的时间,当事人过错程度,当事人有无主动报明、立功情节,当事人有无主动去消除违法行为的后果、配合海关调查的情节、守法与违法记录,有无受到外在势力的胁迫,等等。因此,揣摩海关处罚轻重、纠缠于海关量罚幅度,不如从自身入手,遵纪守法;在了解海关处罚应考虑情节的基础上,积极配合海关调查,并找出各种有利于自身的证据材料,争取相对有利的结果。

3.报关单据和改单时的主要注意事项

(1)报关时应注意报关单上资料的准确性。报关时可能会由于一个资料的问题,造成不能正常报关、正常出运、正常的退单、正常的退税等。

(2)报关的品名、数量及计量单位要和工厂开具的增值税发票一致。

(3)报关过程中,可能会遇到海关提供的 H.S. 的编号与货物中文品名有所出入,海关提出更改品名的问题,这时要以海关要求的中文品名为准。

# 案例二　进口报关涉嫌走私案

**【提要】**

众所周知,进出境货物的收发货人或代理人、进出境物品的所有人以及进出境运输工具的负责人在货物、物品、运输工具通过海关监管口岸时,应按照海关规定进行申报并办理有关进出境手续,包括:如实填写进出口货物报关单,并随附有关单证向海关申报;接受海关审核、查验;缴纳税费等。若不如实申报或不交纳税费,就涉嫌走私,被海关证实后将受到刑事或行政处罚。以下两则案情就是进口报关涉嫌走私案,案情(一)是申报新锦纶胶粒却实际进口锦纶切片;案情(二)是进口货物时隐瞒佣金,低报价格。通过这两则案情,说明进口报关手续及如何判断进口报关人是否走私,提醒进口报关人遵纪守法,规范报关。

案　情(一)

某电器厂某年 11 月 20 日以来料加工贸易方式向某口岸海关申报进口新锦纶胶粒/6.6 共 18000 千克,经该海关查验发现实际进口的货物为锦纶 6.6 切片,重量相符。同年 12 月该海关向电器厂发出《行政处罚告知单》,告知了违法事实及证据,根据《中华人民共和国海关行政处罚实施条例》第七条(二)项、第九条(三)项,拟对电器厂做出没收锦纶 6.6 切片 18000 千克的处罚决定;同时告知电器厂如对上述告知的事实、理由和依据有异议,可提起申辩、陈述,或要求举行听证。

电器厂在规定的时间向海关提交了听证申请,并同时提交了一份陈述书,称其申报进口新锦纶胶粒/6.6 而实进锦纶 6.6 切片是一种申报错误。导致申报错误的原因是公司当时在主管海关备案时备的实际就是锦纶 6.6 切片,但是申请备案的商品名称写成了新锦纶胶粒/6.6,当时也曾向海关出示过锦纶 6.6 切片的样品,最终海关准予以新锦纶胶粒/6.6 备案。因而是由于备案有误的缘故才造成了申报与实际进口货物不相符,公司并无故意走私的动机,不应构成走私,只是轻微的违规,希望海关从轻处理。

海关决定举行听证。在听证前,海关对本案做了相关的调查、核实。

首先,电器厂向海关反映其向主管海关备案的料件就是锦纶 6.6 切片,主管海关认可以新锦纶胶粒/6.6 进行备案事宜,没有证据可以证明,但公司的说法也不能予以否定。

其次,电器厂确实一直进口的都是锦纶 6.6 切片,并无进口新锦纶胶粒/6.6 的证据。

再次,电器厂一直以新锦纶胶粒/6.6 进行备案,并执行了多本手册,其进口的料件也都加工制成成品出口。没有证据表明该厂有串换、擅自销售料件的行为。

最后,电器厂的相关加工设备也只适合于加工锦纶 6.6 切片。

以上事实表明,电器厂确实将锦纶 6.6 切片误以为是新锦纶胶粒/6.6。基于上述事实,口岸海关认为电器厂申报进口料件名称与备案名称一致,料件进口后没有发生擅自销售行为。因此,口岸海关确认电器厂的行为属情节轻微的违反海关监管规定的行为,并处以 5000 元的罚款,货物予以退运处理。<sup>①</sup>

案 情(二)

某年 11 月 3 日,广东 A 公司以一般贸易方式向海关申报进口某品牌彩印机 1台。口岸海关认为有低报价格嫌疑,遂扣留了该台彩印机,并由海关缉私分局作为行政案件进行调查。经查,广东 A 公司在进口时申报的彩印机成交价格是 25万元港币,但该公司还另外支付了 12 万元港币给香港 B 公司作为佣金,即广东 A公司为购买该台彩印机共支付了 37 万元港币。而由于该公司没有将 12 万元港币申报在成交价格内,因此产生了偷逃税款的嫌疑。原来,这台彩印机是由广东A 公司总经理王某联系购买,并直接以广东 A 公司名义进口的。王某通过深圳 D公司的张某联系了香港 B 公司。王某与香港 B 公司谈妥,以香港 B 公司作为中介,由广东 A 公司以每台 25 万元港币的优惠价格向卖方香港 C 公司定购 25 台某品牌彩印机,广东 A 公司需向作为中介的香港 B 公司支付每台 12 万元港币的佣金。

同年 10 月,买卖双方(即广东 A 公司与香港 C 公司)签订了购买 25 台、每台单价为 25 万元港币的彩印机买卖合同。

10 月 31 日广东 A 公司向香港 C 公司购买了第一台彩印机,广东 A 公司为此分两笔向香港 B 公司汇出港币 25 万元和 12 万元,合计港币 37 万元。2003 年 11月 3 日,广东 A 公司向海关申报进口彩印机一台,申报价格为港币 25 万元,申报时没有向海关说明另外还支付了 12 万元佣金这一情况。案发后,广东 A 公司王

---

① 资料来源:中国海关律师网

某承认了实际付款的情况,并称知道海关估价是以实际成交价格为准而审定的。

另外,中介人香港 B 公司向海关提交的报告以及深圳 D 公司张某的陈述,也证实广东 A 公司向香港 C 公司购买这台彩印机时,香港 B 公司收到了 12 万元佣金的情况。

最后,海关根据《中华人民共和国海关法》(以下简称《海关法》)第八十二条第一款(三项)、第二款的规定,决定:没收低报价偷逃税款所对应的货物价值,并处以罚款。[①]

【评析】

本案例所涉及的有关问题分析如下。

1.如何进行进口报关

(1)申报。进口货物的收货人或者代理人,应在自运输工具申请报进境之日起 14 日内向海关申报,并按海关规定的格式填写进口货物报关单。进口货物报关时随附的单证主要有:进口货物报关单、货运单据、发票及其副本、许可证及审批文件、商检证书、包装清单、进口合同、产地证等。

(2)查验。海关人员根据进口货物报关单据赴规定场所查验货物。查验的目的是核对报关单证所报内容与实际到货是否相符,有无错报、漏报、瞒报、伪报等情况,审查货物的进口是否合法。海关查验货物时,要求货物的收货人或其代理人必须到场,并按海关的要求负责办理货物的搬移、拆箱和查验货物的包装等工作。

(3)纳税。报关人在收到海关发布的“现场交单”信息后,打印纸质“进口货物报关单”“进口货物价格申报表”,按规定对其随附单据签章后,到隶属海关接单审核/征收税费环节办理交单手续。海关关员对所报单证查验无误后计征进口税,打印签发各类税费专用缴款书,进口人到指定银行缴纳各项税费。

(4)提货。海关经审核报关单据、查验货物、并依法办理了征税手续或减免税

---

① 　资料来源:中国海关律师网

手续后,放行环节关员操作放行子系统(REL)放行货物,在货运单据上加盖放行章、签名并批注日期;系统核销"进口许可证"、舱单等各项备案电子数据,赋予该票货物在中国境内的唯一放行编号,并将此编号通过网络传输至海关监管场所及卡扣。此时,进口货物的所有人或其代理人才能凭提单和其他货运单据提货。

2.当事人的行为是否构成走私行为

《中华人民共和国海关行政处罚实施条例》第七条对走私行为的构成作了明确的规定:违反海关法及其他有关法律、行政法规,逃避海关监管,偷逃应纳税款、逃避国家有关进出境的禁止性或者限制性管理,有下列情形之一的,是走私行为:

(1)未经国务院或者国务院授权的机关批准,从未设立海关的地点运输、携带国家禁止或者限制进出境的货物、物品或者依法应当缴纳税款的货物、物品进出境的。

(2)经过设立海关的地点,以藏匿、伪装、瞒报、伪报或者其他方式逃避海关监管,运输、携带、邮寄国家禁止或者限制进出境的货物、物品或者依法应当缴纳税款的货物、物品进出境的。

(3)使用伪造、变造的手册、单证、印章、账册、电子数据或者以其他方式逃避海关监管,擅自将海关监管货物、物品、进境的境外运输工具,在境内销售的。

(4)使用伪造、变造的手册、单证、印章、账册、电子数据或者以伪报加工贸易制成品单位耗料量等方式,致使海关监管货物、物品脱离监管的。

(5)以藏匿、伪装、瞒报、伪报或者其他方式逃避海关监管,擅自将保税区、出口加工区等海关特殊监管区域内的海关监管货物、物品运出区外的。

(6)有逃避海关监管,构成走私的其他行为的。

从以上规定可以看出,构成走私行为须有四个构成要件:其一,违法性;其二,有逃避海关监管,偷逃应纳税款,逃避国家有关进出境的禁止性或者限制性管理之主观故意;其三,有藏匿、伪装、瞒报、伪报或者其他方式之行为;其四,运输、携带、邮寄国家禁止或者限制进出境的货物、物品或者依法应当缴纳税款的货物、物品进出境。

案情(一)中当事人的行为是否构成走私行为的关键是要看当事人是否确将锦纶 6.6 切片误以为是新锦纶胶粒/6.6 而进行备案、报关。案情(一)从形式上看,当事人行为符合要件一和要件四。当事人行为不符合要件二、要件三。当事人行为不符合要件二是因为:据当事人给海关的陈述书称,该厂进口上述料件导致申报有错是由于工厂对上述两种料件的区分不是很清楚,误将锦纶 6.6 切片当成新锦纶胶粒/6.6 予以备案并进口加工,而且一直以来都是这样进口的,没有出现过问题。从当事人的陈述来看,当事人没有逃避海关监管、进行走私之意图,没有逃避海关监管之主观故意。

陈述书是当事人对申报进口客观实际情况的陈述,反映了申请人从事加工贸易活动的真实情况。在陈述书中当事人提到,该厂自 2000 年开办以来,一直在从事与现在相同的来料加工业务;当初在主管海关办理合同备案时就是将现在称为"锦纶 6.6 切片"的料件进行备案的,当时还向主管海关提供了这一料件的样品,海关备案将此料件确认为"新锦纶胶粒/6.6"。工厂并不知道具体应如何归类,如何确定品名、规格。工厂是按海关备案的情况来进行申报进口的,且加工后的全部制成品都出口,料件的进口和制成品的出口在口岸通关都没有出现过问题。在执行各项合同过程中,主管海关对此也没有提过异议。涉案货物被扣留后才知道料件备案商品归类有误。

当事人在海关备案时备的就是现在所称"锦纶 6.6 切片"(备案品名为"新锦纶胶粒/6.6")的商品,海关备案是对当事人合同料件的确认,当事人是按海关备案的品名、规格、税则号来进行申报的,因此没有逃避海关监管进行走私的主观故意,也不存在进行伪报的客观行为。

案情(一)中当事人行为不符合要件三的原因是:当事人没有采取藏匿、伪装、瞒报、伪报或者其他方式进行走私的行为。伪报是指当事人为逃避海关监管、达到偷逃税款的目的,故意地将货物的品名、税则号列、数量、价格、规格等项目进行虚假申报的行为。根据上述对当事人没有逃避海关监管之主观故意的分析,当事人本无意逃避海关监管,因而不存在故意进行伪报的可能。据海关告知单的描述,内地海关载货清单和香港海关载货清单均记载为"新锦纶胶粒/6.6",当事人在向香港海关申报的品名规格与向大陆海关申报的品名规格是完全一致的,这也说明,当事人确以为申报进口的是"新锦纶胶粒/6.6",并不知是"锦纶6.6切片",因而并没有进行伪报之行为。

总之,案情(一)中当事人行为从形式上看有违海关规定、属不实申报,但由于当事人不实申报的行为是由于海关备案引起的,所以责任不在当事人,或说其责任轻微。也就是说,当事人确实是按主管海关备案料件的品名、规格、税则号进行申报的,而且一直以为申报进口并进行加工的是经备案的料件"新锦纶胶粒/6.6";或者说当事人在向口岸海关申报时按备案进行申报,而经口岸海关核实,进口的不是备案确认的品名"新锦纶胶粒/6.6",因而构成了申报错误;造成当事人申报不实的原因主要在于主管海关与口岸海关对料件的认识不同,主管海关将当事人申请备案的料件称为"新锦纶胶粒/6.6",而口岸海关却认为进口的是"锦纶6.6切片"。对同一种料件品名的确认,主管海关与口岸海关尚不能协调统一,当事人是按主管海关备案进行申报进口的,因此,他不如实向海关申报的责任不大,情节轻微,最终海关给予较轻的行政处罚是正确恰当的。

案情(二)的焦点是报关人是否虚报价格以逃税漏税,也就是该案中涉及的12万元港币佣金是否应纳入向海关申报的成交价格。

《中华人民共和国海关审定进出口货物完税价格办法》(简称《完税价格办法》)第五条规定:"进口货物的完税价格,由海关以该货物的成交价格为基础审查确定,并应当包括货物运抵中华人民共和国境内输入地点起卸前的运输及其相关费用、保险费。"而进口货物的成交价格是指:"卖方向中华人民共和国境内销售该货物时买方为进口该货物向卖方实付、应付的,并且按照本章第三节的规定调整后的价款总额,包括直接支付的价款和间接支付的价款。"

关于"调整的价格"《完税价格办法》第二章第三节第十一条规定:以成交价格为基础审查确定进口货物的完税价格时,未包括在该货物实付、应付价格中的下列费用或者价值应当计入完税价格。由买方负担的下列费用有:除购货佣金以外的佣金和经纪费；与该货物视为一体的容器费用；包装材料费用和包装劳务费用。《完税价格办法》第五十六条对购货佣金的解释是："购货佣金"指买方为购买进口货物向自己的采购代理人支付的劳务费用。

关于"实付、应付价格"，根据《完税价格办法》第五十六条解释是：实付、应付价格指买方为购买进口货物而直接或者间接支付的价款总额，即作为卖方销售进口货物的条件，由买方向卖方或者为履行卖方义务向第三方已经支付或者将要支付的全部款项。而"间接支付"指买方根据卖方的要求，将货款全部或者部分支付给第三方，或者冲抵买卖双方之间的其他资金往来的付款方式。

案情（二）中的 12 万元港币是否为购货佣金？根据上述引用的规定，购货佣金是买方为购买进口货物向自己的采购代理人支付的劳务费用。在本案中，买方广东 A 公司并没有委托香港 B 公司作为其采购代理人，也就是说香港 B 公司不是广东 A 公司的采购代理人，因此这 12 万元的佣金不能被认为是购货佣金，也就不能排除其计入成交价格的可能性。不是购货佣金，这 12 万元的佣金是什么？这 12 万佣金就是"除购货佣金以外的佣金"，这种佣金按规定理应成为成交价格的一部分，并由收货人向海关申报。这是因为：首先，香港 B 公司是作为中介参与广东 A 公司与香港 C 公司的交易的，它获得佣金是正常的商业行为；其次，这佣金是由买方广东 A 公司支付的，已实际支付（实付），而且支付时就称为佣金；最后，这佣金是买方广东 A 公司为购买进口货物而支付的总价款的一部分，它和先行支付的 25 万元港币货款共同构成其支付的价款总额。

既然这 12 万元港币是"除购货佣金以外的佣金"，那么这 12 万元港币就应计入成交价格，而报关人申报时没有申报，有瞒报或漏报嫌疑，在此基础上海关作出处罚决定是应该的。

3.进口报关时的注意事项

（1）注意进口货物抵港的时间，保证在自运输工具申报进境之日起 14 日内向海关进行申报，且申报时要严肃认真、实事求是，规范填制各种单据。

（2）在货物抵港前备齐报关用的单据和文件，并对其进行预审，做到单证相符后再交报关员或报关行办理报关手续。同时，按照海关税则的税率和征税方法准备好税款。

（3）委托报关时应对代理报关员及报关行进行资信调查，并对其报关行动进行必要的监督。

（4）当货物清关时，业务员应与报关员或报关行保持联系，及时提供海关或其他部门需要的文件，并派技术人员或其他相关人员随时解答海关提出的疑问，配合海关做好货物的查验和审单及定税工作。

（5）当货物的税单打印出来后，应在海关规定的缴税期间内及时缴纳税款和其他相关费用，避免因超期（自出具税单后第七天起）产生滞纳金。（6）货物经海关查验放行后要及时提走或转运，以减少口岸的仓储费和转运费用。

# 案例三　未按时、按量交货导致索赔案

## 【本案提要】

某年我方某出口公司与非洲一客户签订销售合同一笔，交货条件为当年十二月至次年六月，每月等量装运××万米，凭不可撤销远期信用证付款。

客户按时开出信用证，证上总金额和总数量均与合同相符，但装运条款仅规定："最迟装运期六月三十日，分数批装出"。我公司除在十二月按原定数量装货外，次年一月底将一季度应交数量一并装出，二月底又将二季度应交数量装清，客户发现后，向我方提出异议，经过双方协商，最后我公司同意推迟四个月收款了结。

案　情

某年秋，我方某出口公司与往来多年的非洲客户签订某大商品销售合同一笔，交货条件为当年十二月起至次年六月，每月按等量装运××万米，凭不可撤销信用证自提单日后六十天付款。

客户按时开来信用证，证上有关品名、规格、单价、总金额和总数量均与合同相符,但装运条件仅规定:"最迟装运期六月三十日,分数批装出(To be shipped in several shipments)"。

我公司经办人员除于十二月按合同原定的等量装出第一批外,因见来证并未规定"每月等量装运××万米",为了"早出口、早收汇",便不顾合同的原订装运条款,于次年一月底将一季度应交数量一批装船,我银行凭单议付;二月底又将二季度应交数量一批装清,我银行也凭单议付,并先后向开证行索汇,开证行审核单据认可无误。

客户接到装船通知后,发现第二批和第三批货物装船时间和每批数量与合同上的交货条件相违背。即向我驻该地商务机构提出异议,以货物拥到造成仓租和利息等费用增加为理由,要求我公司赔偿损失,经过双方反复协商,最后我公司接受对方意见,同意将第二批和第三批的货款分别推迟四个月后付款了结。如按当时国际市场利率计算,我公司遭受相当于货值百分之十的损失。

【分　析】

根据上述案情,有两个问题值得研究:第一,信用证和贸易合同二者是什么关系? 第二,买卖双方履约的主要依据是以何者为准? 现分析如下:

1.按照一般业务程序,买卖双方签订贸易合同后,买方根据合同中支付条件的规定。按时向银行申请开出信用证,其中所列的条款要求,理应按照合同内有关条款填列,所以贸易合同的条款一般反映在信用证上,可以说信用证足以贸易合同为基础构。从法律的观点来看,贸易合同和信用证是两个不同的各自独立的文件,贸易合同是约束买卖双方的法律文件,而信用证是约束开证行和受益人及其他当事人(如议付行,保兑行等)的法律文件。国际商会制定的《跟单信用证统一惯例》指出:"信用证按其性质是独立于销售或其他合同之外的交易,虽然信用证可能以该项合同为根据,但银行与该项合同则完全无关,也不受其约束。"以上说明了信用证的基本职能是银行遵照开证人的申请,承担在规定条件下的履行付款责任,从而为买卖双方提供信用和资金周转的方便,以利进出口业务的进行。

它并没有、也不可能约束或代替买卖双方对合同全部条款的履行,贸易合同才是买卖双方的权利和义务的主要依据。

2.当卖方凭信用证交单时,只要做到准确、完整、及时,就有权向开证行收取货款。这是基于信用证给予受益人的权利。但从贸易合同来说,卖方对来证未包括的某些合同内容作出任意解释,在处理上与贸易合同有矛盾时,仍可能被视为违反合同的行为,并须承担相应的责任。本例的来证上虽然没有明确地规定“每月等量装运××万米”,但实际上对原合同的交货条件并没有改变,我公司如按原交货条件执行,完全可以达到“证、同一致”“单、证一致”的目的。而我们却把合同规定一至六月各月等量交货提前于一月和二月分两批全部装出,即使通过了银行这一关,但当买方以合同为依据提出异议时,我们是无法推卸责任的。

3.在业务实践中,国外来证内容与合同规定不相一致的情况是可能发生的。除了在文字上表述的不同,不影响我们按照原合同规定履约在外(如本案例),如果遇有来证上列出一些事先没有约定的条款,我们不拟接受或不易办到的,当然有权要求对方删除或修改。即使我们认为可以接受的,也应根据不同性质、权衡轻重,区别对待。一般来说,如与合同中主要交易条件有重大出入,最好双方经过确认,作为原合同的修改,以避免引起误解,这个问题我们有过教训的。某年,我另一公司曾于中东商人签订出口合同一份,总值二千二百美元。国外开来不可撤销信用证时将金额误为两万二千美元。我公司经办人员见证上未列出货物数量,为争取多出口,在未征得外商确认的情况下,擅自按两万二千美元的额度增加数量交货。我银行议付后向开证行索偿时,该行才发现差错,随即来电说明工作疏忽致歉外,要求修改信用证金额为两千二百美元。当时我银行虽可根据来证的“不可撤销”的保证责任,拒绝修改,并可坚持开证行履行付款,但从我出口公司的地位来考虑,即使一时收到货款,如外商以买卖合同为依据,提出异议,我们是难以自圆其说,反而可能招致不良的影响。因为按照国际上有关法律,合同的一方已明知另一方弄错,而有意识利用了这个错误,当视为“非善意”行为,也须承担责任。故我公司终于同意开证行修改金额的要求,重新更换单据,支取两千二百美元货款,并将溢装货物运回。

总之,在履行出口合同中,既要注意做到"单、证一致",保证收汇安全;又要注意符合"证、同一致",维护国家声誉,这样才能真正体现"重合同,守信用"的对外贸易原则。不能只顾来证条款对我"有利",便将原合同置之不理,这样做法,就可能带来不应有的纠纷。

# 案例四　逾期出运遭退货,费用损失数万港元

## 【提要】

某年六月十日我方某进出口分公司与香港 KD 贸易公司签订合同出口黑铁丝一批,香港 KD 贸易公司按时开来信用证,但由于第一批货物(46 公吨)过期装运,开证银行拒付,后虽经香港 KD 贸易公司负责人之一余某书面同意改为 D/P 方式托收货款。但货到香港后,由于市场变化,对方拒绝赎单提货,致使该货存仓达十五个月之久,一直无法解决,由于存仓过久,不仅商品品质受到严重影响,而且仓租达两万多港元。最后我方某进出口分公司决定委托香港华润公司代垫费用将原货运回内地,造成较大的经济损失。

案　情

1.某年六月十日我方某进出口公司与香港 KD 贸易公司签订一份出口合同,黑铁丝 300 公吨,单价为 CIFC1％香港每公吨 424 美元;总值为 127,200 美元;装运期为收到信用证后 60 天内分批装运;付款条件为不可撤销的即期信用证。

2.香港 KD 贸易公司通过香港广东省银行开来第一批交货的信用证,总金额为19,308.96美元;装运期为九月十八日前,有效期至九月三十日。

3.我方某进出口公司于九月二十八日通过铁路将第一批货物计 46 公吨装车运出。

4.由于装运时间超过信用证规定的装运期,银行拒付。我方某进出口公司与正在北京的香港 KD 贸易公司经理余某协商,余某同意推迟十天装运,继续执行

有效，并出具了书面文件。

5.该批货物运到香港后存仓，但客户一直拒绝赎单付款，货物存仓达七个月，不仅使货物品质受锈蚀影响，而且仓租达两万多港元。

6.次年四月二十四日我方某进出口公司致函香港华润公司，要求协助解决此事，并将全部资料寄给香港华润公司。

7.香港华润公司接受委托后，做了大量工作，首先与客户联系。据了解香港KD贸易公司负责人之间闹矛盾，另一合伙人钟某退出该公司，他对余某出具的"同意推迟十天装运，继续执行有效"的书面文件不予承认，并办了拒收货物的手续。而余某又称因生意亏蚀过大，他也无能力单独承担履约责任。

8.我方某进出口分公司得悉上述情况后，决定授权香港华润公司就地处理，愿将原价每吨420美元降至300美元，并承担全部仓租、保险等费用。香港华润公司接受委托后，虽经多方推销，由于香港存货较多，销路有限，即使降价，一时也不能销出。但考虑到货物存仓过久，不仅商品品质受影响，而且费用支出过大，经与我方公司联系后，决定将该批货物退回内地处理，费用由华润公司代垫。

9.此后由香港华润公司办妥有关提货、托运等手续，并经文锦渡运回内地，此案就此结案。

**【分析】**

从本案的材料来看，有三个问题值得我们注意的：

1.过期交货是违约行为

"重合同，守信用"是我国对外贸易的重要原则，我方作为出口方，按时、按质、按量交货是我方对外执行"重合同，守信用"的重要标准。在外国的商法中，多数把过期交货也视作重大违约行为，例如在《联合国国际货物销售合同公约》中，可把它视作"根本违约"行为，买方有权撤销合同并要求赔偿损失。当前在我国执行对外开放政策的过程中，为了维护我国的对外信誉，应该重视交货期，以符合国际商业习惯，否则将引起贸易纠纷和经济损失。

其次,在信用证项下出运的货物,我们更要注意按时出运。如果我们过期出运,除开证人通知开证行接受者外,开证银行有权按照信用证的惯例,拒受单据和拒付货款。因此,我们的货物虽然装运出口,但货款却不能收回。本案就是因为过期装运而被银行拒绝付款,从而造成十分被动的局面。为此,注意贯彻"重合同,守信用"的原则,按期装运货物对于我们从事外贸的人员,特别是对于新参加外贸的工作人员是十分重要的。近几年来,由于出现这类事件而给国家遭受损失的事例不少,对此应引以为戒。

2.关于对方余某出具的文书是否有效的问题

在本案中,我方过期出运是违约行为。在信用证交易中,银行拒付也是理所当然的,完全符合银行信用证惯例的规定。但事后经与对方的经理余某协商,对方同意延期十天交货并且余某也出具了书面文件,这种行为应继续执行有效,视作对原合同的修改。余某作为对方公司的经理出具上述的书面文件,在法律上是完全有效的。事后对方公司不予承认,这是没有法律依据的。据了解对方公司属于合伙公司,根据香港的法律,合伙人应承担连带责任。合伙人钟某事后退出该公司,亦不能解除他在退出前承担连带的责任。因此,从法律的观点来看,钟某对该案的清理也负有不可逃避的责任。如果就此案在香港进行诉讼,我们有权依法追究钟某的连带责任。当然,这一案件值不值得打官司,还要考虑其他因素。但从法理来讲,我们完全有权追究余某和钟某的连带法律责任。

经事后了解,余某和钟某都是资信不佳的小商人,如果打官司,即使我方得到胜诉,其损失也不能从他们身上得到补偿。但我们对这个问题的法律性质应有所了解。如果我们遇到资金较大的其他商人,我们完全可以通过法律程序追究他们的连带责任的。

3.对香港华润公司的作用的认识问题

从这个案例中可以看出,香港华润公司在协助处理这一悬案做了大量工作,发挥了积极作用。香港华润公司作为国内各外贸进出口公司在香港的总代理已有数十年的历史。对香港情况熟悉,又有一批业务水平较高的干部和业务人员,无论在香港扩大我进出口贸易业务以及为国内各单位提供各种服务方面,都有丰富的经验并起过积极作用。当前在实行对外开放政策之际,我们更应充分运用香港华润公司的有利条件,为加速我国对外经济贸易关系的发展服务。在我国实行对外开放政策以后,港澳地区大批商人涌入内地,特别是到新开放的口岸和地区寻找贸易机会。在这些商人中有正当的商人,但也有相当数量的投机商和资信极差的商人。他们身穿西服,手提公事包,印有各种街头的名片,到处拉关系,自吹自擂,花言巧语,甚至挑拨我方各口岸之间或各公司之间的关系,制造矛盾,以图从中渔利。国内一些人面对上述情况,由于缺乏冷静头脑,做出错误决策或者上当受骗,使国家遭受不应的损失。因此,在实行对外开放政策的过程中,各贸易单位之间应加强协作、互相协调、统一对外是十分必要。从本案来看,在这方面也是一个教训。我方某进出口公司与香港 KD 贸易公司签订了 300 公吨黑铁丝的合同,但对客户的资信及市场情况均不大了解,事前也未通过香港华润公司调查,取得咨询资料和必要的支持。但在发生严重问题后才要求华润公司提供协助,这已经是马后炮了。

近些年来,发生这种类似的案件不少。例如××省某公司曾与香港 HT 公司签订一份一百多万港元医疗器械的出口合同,但商人一直未能开证。事后该公司去函并寄去合同请华润公司协助了解并督促对方公司履行合同。经华润公司派人了解,得知签合同的人汤某是买方的雇佣经理,并同时在几家公司兼职,她曾代表不同的香港公司与内地不同的单位签订几份一百万港元以上合同,均未执行,最后都不了了之。像这类案件,情况不尽相同,但它们之间有一个共同点是,即我方一些公司在与香港商人签订合同前,对客方的资信和商品的市场很不了解,成交前又未运用华润公司的有利条件,取得华润的咨询意见和必要的支持,甚至对华润"保密",封锁消息。但发生严重问题后又不得不要求华润公司协助解决,似乎华润公司对他们只起"擦屁股"的作用,这是极不正常的。我们建议,在对香港地区的贸易中,既要发挥各地方的积极性,又要尊重并发挥华润公司的作用,力争做到统而不死,活而不乱,更好地发展对港澳地区的贸易。

# 案例五　关于 FOB 价格条件下迟装费的争议案

## 【提要】

我方某进口公司与国外 P 公司以船上交货并理舱条件(FOB STOWED)签订了购买一批原料的合同。在执行合同过程中,最初是 P 公司未能按合同规定的交货期交货,提出要求修改交货时间。而后,我方某进口公司由于租船困难,产生延迟装运,致使全部合同执行完毕时间较原合同规定交货装运期延迟达一年半之久,P 公司借此按照合同规定,要我方某进口公司承担全部责任并提出迟装费和利息损失的索赔金额高达×××美元。对此,我方某进口公司进行了有理、有利、有节的斗争,迫使 P 公司不得不承认对延迟装运也负有相当责任,最后争取到以 P 公司自负 46％,我方某进口公司负担 54％的损失分摊比例而结案。

案　情

1.某年十一月,我方某进口公司与 P 公司就购买一批大宗原料达成交易并签订了150 000包原料的购销合同,价格条件为船上交货并理舱价平均每磅××美元,总值为×××多万美元;装货港为×××港;装运期为某年二三月,由买方选择;买方应在船舶到装货港前十天,通知卖方有关船名并在船舶到港 24 小时前,船长应通知卖方(或代理)有关船舶预计到港日期;另合同第 9 条规定;除不可抗力的原因外,买方如未能在合同规定装运期接装货物,则从装运期满后第十一天起,按每月货价的 5％～8％(不足一月,按比例计算)由买方赔偿卖方因迟装而造成的损失;如卖方未能按合同规定装运期内交货,则由此而产生的滞期费和空舱运费,应由卖方负责补偿买方。如卖方超过合同规定装运期四十五天而仍未能交货,则买方有权决定取消或继续保留合同。

2.一月十八日,我方某进口公司致电 P 公司,要求告知二三月交货的具体数量。P 公司于当日复电称"因打包拥挤,内地运输紧张,二月份无货可交。但准备在三月十五日前交 10 000 包、三月底前交 20 000 包并将尽可能在四月份交货"。

我方某进口公司于接到上述电报后没有表态,也未对 P 公司未能按合同规定交货期交货提出保留索赔权利。

3.至同年二月二十一日,P 公司突又致电我方某进口公司,提出新的交货时间表,即三四月可供各一船,五六月各两船和七月两船半,每船装载量为 25 000 包左右。(其中除本合同应交的 150 000 包外,尚包括另一合同 80 000 包在内)。很明显,上述来电修改交货时间表已远远超过合同规定的交货期,卖方已构成违约行为。但我方某进口公司对此未置可否,既未表示同意,也未表示反对。而实际上是按对方修改的交货时间陆续安排船位。当时双方对合同的继续有效互相都心照不宣。事实上,从三月份以后,P 公司还是供货不足,一直到五月七日才来电表示已有货待装。

4.四月份以后,国际航运市场剧烈变动,船位奇缺,我方某进口公司遭遇到租船困难,以致派船迟缓。五月份实装货物仅 17 000 余包,(其中包括另一合同的 10 000 多包)、六月份未派船,七月份装运两船共 28 000 余包(其中包括另一合同 8 331 包),八月份装运一船,计 13 000 包(其中包括另一合同 5 700 余包),自九月份起至十二月底均未曾派船。翌年一、三、四和六月各装了一部分,最后所余几千包,于十月份才装完。总之,这批货物从当年五月首次装运至次年十月份前后分 11 批才全部装完,较合同规定装运期拖延了一年半之久。

5.P 公司于次年十月二十八日根据合第 9 条规定,以每月按货价的 0.625% 计算,向我方某进口公司正式提出要求赔偿迟装和利息损失金额高达×××万美元。

6.案件发生以后,双方经过多次交换意见,对造成迟装损失的责任问题各持己见,存在严重分歧,未能达成协议。后由双方调解人和双方当事人共同组成协商会议,对本案进行调解协商。在协商过程中,双方本着友好协商、公平合理解决争议的精神,充分申诉自己的理由,各抒己见,终于使分歧距离逐步缩小,最后达成协议。

7.究竟谁应对造成迟装费损失负责是双方争执的焦点。

（1）P 公司开始一直坚持认为我方某进口公司未能按时派船装运，使大量货物积压港口待装，造成额外仓储、保险和资金积压等损失。按合同第 9 条规定我方某进口公司应负全部赔偿责任。P 公司二月二十一日电传中所提出的修改交货时间表，这可以从我方某进口公司于同日复电为证，事实也是如此。我方某进口公司从来没有在口头上或书面上对修改交货时间提出任何意见和异议。相反，在 P 公司提出修改交货期后，我方某进口公司多次发电询问四五月份交货具体数量，而且还按照修改的交货时间表，修改延长了信用证的有效装运期。

（2）P 公司当时因打包和内陆运输紧张，无力交货，于二月二十一日电我方某进口公司要求修改交货时间，对此，按照合同第 9 条规定，我方某进口公司完全有权撤销合同，而对修改交货时间也未提出反对意见。对此，只能有一个理解，即我方某进口公司要求保留合同并默认同意修改的交货时间。

（3）我方某进口公司不论在开始或修改交货时间后，都违反合同，没有及时派船装运。由于当时没有足够舱位，到四月初，只装走 724 包。在修改交货时间后，更没有按时派船装运，一拖再拖。造成货物长期存仓待装和其它损失。

基于上述理由，P 公司认为我方某进口公司必须按照合同规定，承担全部损失责任。

8.我方某进口公司根据合同条款规定和实际执行情况阐明自己的观点并针对 P 公司所称理由，进行了有理、有利、有节的辩驳。

（1）造成延迟装运，主要由于 P 公司首先违约，未能按合同规定于二三月内交货而引起的。当时，我方某进口公司已经按合同规定作好接货的一切安排和准备，曾主动于一月十八日电 P 公司催询交货足以说明，如果当初 P 公司按合同规定的交货期如期交货，该批货运将可如约完满结束，迟装事件也就不致发生。

（2）正是由于 P 公司当初未能按合同规定：二三月期限内交货，四月份以后遇到众所周知的，世界租船市场剧烈变化，舱位十分紧张，以致造成我公司租船困难。关于这一点，P 公司曾来电承认并表示谅解。此外，在八月以前，P 公司从未提出过迟装费问题，而且还主动提出建议，可将 5 万包货物推迟到十二月至次年一月交货,说明造成迟装与 P 公司多次推迟交货直接有关。

(3)鉴于 P 公司未能按期交货并多次推迟交货时间,使我方某进口公司和用货部门蒙受巨大损失。众所周知,二三月份世界该商品市场价格高于合同价,仅就这一项差价而言,我方某进口公司损失将达×××万美元。以后实际交货过程中,市价又不断下跌,则蒙受更大损失,如加上用货部门停工待料的损失,总数将远远超过迟装损失。

(4)我方某进口公司对 P 公司二月二十一日电中所提出的修改交货期从未表示过同意。除合同规定的交货装运期外,双方并没有就修改交货期达成一致协议。从 P 公司三月六日和四月九日分别电告的交货量都少于 P 公司二月二十一日所提出的可交货量,这就充分说明修改的交货期并不是对双方都有约束力的交货条款,否则 P 公司怎么能单方面进行改变呢?再从我方某进口公司开出信用证和修改信用证的情况来看,更可说明我方某进口公司不接受二月二十一日 P 公司所提出的修改交货期,因为我方某进口公司通过中国银行于三月四日开出了全部合同货款的信用证,该证规定装运期不得晚于一九七四年三月三十一日,有效期截止四月十五日。嗣后,根据 P 公司的请求,在三月二十三日才修改信用证,规定最后装运期为四月三十日,有效期截止五月十五日。从此以后直到十二月,我方某进口公司再没有修改信用证。自五月十五日以后信用证已失效。这恰恰说明开证人没有接受 P 公司的修改交货期,也没有按 P 公司的修改交货期而修改信用证。否则绝不会不再修改信用证,从五月下半月到八月通过双方临时商定曾装过四条船,这是在信用证有效期逾期的情况装运的,说明当时并没有协定的装船期,否则不能不事先延长信用证,同时也表明我方某进口公司是重合同、守信用的,在没有信用证而国际市场价格下跌的情况下,仍按原合同价格付款,说明我方某进口公司是讲信用的。原合同规定的二三月份交货的装运期,由于 P 公司违约而无法实现,以后 P 公司提出的修改交货期双方又达成协议。这样,合同已经没有一个具体的交货期。但双方都表示愿意继续履行合同。事实上,以后的交货期只能通过双方随时协商、随时确定的方法处理。

(5)总之,由于 P 公司不能如期交货,导致了我方某进口公司遇到租船困难的情况。这是 P 公司也承认的。P 公司曾在六月来电中说"我们完全谅解在今后三到六个月中,你们安排海运舱位的困难"。可见我方某进口公司晚派船确是由于 P 公司未能按合同装运期交货的原因所造成的,否则,整个合同早就可顺利执行完毕,也就不至于发生以后迟装的损失。

从我方某进口公司来说,虽然为了双方的贸易关系和照顾 P 公司未能如期交货的困难,把合同维持下来,但是从五月七日 P 公司来电表示已经有货可装时起,我方某进口公司未能及时派船装运,从五月开始陆陆续续到次年十月,共分 11 批才装完,拖延的时间长了一些,给 P 公司也造成了损失,我方某进口公司也应当分担一部分责任和损失。

9.结案

本案在协商过程中,P 公司原先坚持认为造成迟装费损失的责任全在我方某进口公司,要求承担全部迟装费和其它一切损失,但经过摆事实,讲道理,深入细致分析说明法律责任后,P 公司最后承认自己也有责任,同意承担迟装费损失的46％,其余 54％由我方某进口公司承担,双方达成和解协议而结案。

**分　析**

本案就其整个案情而言,情节并不复杂。但从本案争议的发生和处理过程加以分析,有以下几点值得提出来,以引起注意。

1.从本案合同执行过程来看,有一条主要经验教训应当引起我们重视,也就是不论在签订合同和执行合同过程中,对每一条款的细节和法律效果都必须深入研究,细致分析,慎重考虑,以免被对方所利用。如当本案合同开始执行时,P 公司无力交货,来电要求修改合同交货时间,这已构成违约行为,对此,我方既未表示同意,也未表示反对,更没有抓住对方首先违约的责任,提出由此而引起的一切后果应由对方负责,向对方保留索赔权利,这在法律手续上是欠缺和不够完备的。这样,不仅失去了向对方提赔法律权利,而且给予了对方翻身反击的借口,使自己陷入被动的地位。英国著名律师任泰所著《租船租约和提单》一书中,关于权利和义务曾作了如此解释"放弃权利,不等于相应免除应尽的义务"。在 P 公司未能如期交货时,按照合同第 9 条,我方完全有权撤销合同或保留合同和保留索赔权利。但我方没有表示,严格说是放弃了权利,结果,P 公司反过来根据合同第 9 条,要求我方承担拖延派船装运的责任和由此引起的迟装费损失,原来处于"原告"地位的我方,由此一变反而成为"被告",这个教训是深刻的。

在我国对外贸易中,我方该提出保留索赔权利时而没有提出,从而使我方失去索赔权利的类似案件并不少见,分析造成这种情况的原因是多方面的,但对国际贸易法律观点是较为普遍的存在问题。当对方不能履行或违约的情况下,照理我方可以而且应该提出索赔或保留索赔权,但往往不是考虑这,就是考虑那,几乎把"索赔"这两字视为"禁句",只在万不得已的情况下,才加以使用。殊不知西方商人有一句格言"生意就是生意"(Business is Business),也就是说。不论任何人,在生意上丝毫不讲客气和情面,一切按照合同和法律,该怎么办,就怎么办。在国际贸易交往中,实际经验告诉我们,一旦发生任何争执。很多国外商人毫无例外地首先是保留索赔权。提出索赔或保留索赔权,这在他们来说是家常便饭,习以为常的事。即使当时实际上并无产生实际损失,为在法律上站住脚,他们从不轻易放弃索赔这个权利。

一笔交易,从洽谈、签约到执行完毕,中间要经过很长时间和很多环节,有争议和索赔是难免的,提出索赔和保留索赔也是正常的,假如对方是一个正当的具有商业道德的商人,通过索赔,经过协商调解或仲裁弄清争执原因分清双方责任,绝不会影响关系。相反,能增进相互了解,使关系更加密切,假如对方是一个不正派的商人,则更应提出索赔保留索赔权,以完备法律手续,保障权益。

所以,在国际贸易交往中,我们头脑中必须有一根法律观点的弦,要熟悉研究合同条款和法律效果,该提赔的,一定要向对方明确提出,保障我方权益,不能有丝毫犹豫,更不能模棱两可,含糊不清,以避免不应有的损失。

当然,向外提出索赔绝不是毫无根据随意乱提,必须以合同规定和法律为依据,做到有根有据。

2.在业务电报处理上我方把对方两个内容不同的电报,在复电中并列引用对方电报日期并混合作复,在处理技术上是欠考虑的。

P公司于一月十八日来电:"由于打包拥挤、内陆运输紧张,我们遗憾地通知你方,不可能在二月份交货。现在看来,可在三月十五日前装一万包,三月底前装两万包,并将尽可能在四月份交货"。该公司在二月二十一日又来电:"三月无货,四月可装一船,五六月各装两船,七月份装两船半,每船平均约两万五千包"。

上述两电内容明显不同,而且后一电中对方提出了与合同规定不符的修改交货期,因此,在处理上就需要不同对待,分别答复。而我方于二月二十一日复电如下:"你一月十八日、二月二十一日电,船只正在安排中"。这样的复电,无论在技术上和策略上是不够妥当而且是错误的。

首先是复电中不该并立引用对方的两份来电日期。因为对方两份来电内容完全不同。从业务要求来说,我方对对方前一电报是可以接受的,对后一电报是不能接受而要加以拒绝的,但是由于并立引用对方两份电报日期又未加文字分别说明,因此这份复电意思与原意迥然不同,成为我方对对方两电报所提修改交货期表示同意接受。在本案协商过程中,对方抓住我方二月二十一日复电,声称我方已接受对方所提的修改交货期,是不无理由的。

其次,从复电内容"船位正在安排中"而言,意思也含糊不清。是指按对方二月十八日电交货期安排船位,还是按对方二月二十一日修改交货期安排船位,如从法律后果上分析,二月二十一日电在二月十八日电之后,复电所谓"船位正在安排中",可以理解为按对方二月二十一日电安排船位中。

由此可见,在处理业务来往电报中,对引用对方来电时,必须慎重细致,一旦引用不当带来的后果是严重的。

3.本案通过协商获得比较圆满的解决是与我方采取摆事实、讲道理的正确策略是分不开的。原先P公司一直坚持认为×公司对造成迟装损失全部赔偿责任。但在我方有理、有利、有节的斗争下,最后对方不得不承认自己也负有相当责任。

在多次协商过程中,我方抓住对方首先未按合同交货这一点为突破口,这是对方无法否认的事实,然后加以延伸,由于对方推迟交货,造成我方租船困难,把对方延迟交货与以后发生的迟装挂上钩,说明所以造成延迟装运,是由于对方不能如约交货所致。这一点,我方在策略上是成功的。

合同在开始执行时,P 公司未能如约交货,但在五月以后,P 公司已有货待装时,确由于我方多次未能及时派船,造成巨额迟装费损失,我方是有一定责任的。当对方在我方据理力争的情况下,开始表示让步时,为了合情合理解决问题,我方也作出了一定的让步表示,这也说明我方某进口公司在有理、有利、有节的斗争中,掌握得比较有分寸,做到了以理服人,既使我方减少损失,又使有关各方部比较满意。

# 案例六　各国海关规定差异的启示

## 【引子】

"我的一批货物发到印度,买家银行对即期信用证提出不符点。不符点是拼写错误和文字格式方面的问题,实质内容并无差别。结果,我们这边还在和银行交涉,海关已经把我们的货给拍卖了。价值十多万美元的原材料只拍了几千美金,连仓储费和滞期费都没还清,我们最后货款两失,全年的利润都泡汤了⋯⋯"

"上次在交易会上遇到的土耳其买家跟我订了九万多美元的货,结算方式是 D/P 即期。结果货到港口后,船公司通知我说没人来提货。我和买家一联系,对方说最近市场行情不好,流动资金紧张,希望我们宽限几天或降降价。当时觉得对方还算老实,我又不太愿意降价,就给了他们时间去筹钱。可等过了一段时间就和他失去联系了。原来我的货已经被海关拍卖,据说还是那个买家拍走的,只出了几千美元。我现在连工人的工资都发不出来了⋯⋯"

上面两段话都是国内出口企业向笔者倒的苦水。在海关没收和拍卖滞港货物的问题上,上述两段表述是很有代表性的,而且类似的抱怨笔者在工作中经常会听到。

2004 年外贸经营权放开后,法人参与进出口贸易不再需要审批。很多企业陆续结束了和外贸代理人之间的合作,转而自行联系新老客户,自营进出口业务,而其中大部分雄心勃勃的企业负责人却并没有意识到外贸实务经验的重要性。在不具备老牌外贸公司经验丰富的业务团队的情况下,大规模拓展海外业务,而出口企业碰到的国外买家不可能都信誉卓著,等着他们的很有可能是一个或一群训练有素和深谙国际贸易规则的诈骗高手。

更不幸的是,出于地方保护主义等原因,各国的行政机构和司法部门往往难以保持中立。例如,各国的海关本应是保持公平、中立的机构,但是在一些发展中国家,过度的地方保护主义思维使很多海关官员成为骗子的"帮凶"。一些买家利用其他国家出口企业对该国海关条例缺乏了解的弱势,钻法规的空子,达到侵吞出口货物的目的。为了帮助国内出口企业规避类似风险,笔者对中国和印度海关在滞港货物没收拍卖方面的一个条款进行对比,以便大家找到问题的根源。

一、中国海关关于没收拍卖的规定

《中华人民共和国海关法》第三十条规定:"进口货物的收货人自运输工具申报进境之日起超过三个月未向海关申报的,其进口货物由海关提取依法变卖处理,所得价款在扣除运输、装卸、储存等费用和税款后,尚有余款的,自货物依法变卖之日起一年内,经收货人申请,予以发还;……必要时,经海关批准,可以延期三个月。逾期未办手续的,由海关按前款规定处理。……"

根据上述规定,如遇到中国买家拒收货物,出口商有三个月(最长可达六个月)的时间来处置滞港货物。处置方式除联系买家付款收货外,还可以直接申请办理退运。

二、印度海关关于没收拍卖的规定

印度 1962 年《海关法》(The Customs Act,1962)第四十八条规定:"Procedure in case of goods not cleared, warehoused, or transhipped within thirty days after unloading: If any goods brought into India from a place outside India are not cleared for home consumption or warehoused or transhipped within thirty days from the date of the unloading thereof at a customs station or within such further time as the proper officer may allow or if the title of any imported goods is relinquished, such goods may, after notice to the importer and with the permission of the proper officer be sold by the person having the custody thereof: …"

根据印度海关规定,如遇到印度买家拒收货物,出口商只有三十天的时间来处置滞港货物。当然根据其他条款规定,出口商可以向海关申请延长期限,但是很多中国的出口企业却因为不了解印度海关的"急性子",还没想到要去申请延期,货物就已经被没收和拍卖了。

相比之下,印度海关留给各国出口企业解决拒收问题的时间很少。如果遇到印度买家在货到港后失踪、联系不上或以种种借口要求出口商减少货款时,千万要留意,很可能印度买家"醉翁之意不在酒"。他们是在中国出口企业不了解印度海关规定的情况下,通过拖延收货清关来达到货物被海关没收和拍卖的目的。如果出口商缺乏风险意识,没有预见到可能发生的损失,往往最终的结果就是被海关通知货物已经被没收,而和出口商签订合约的印度买家就是拍卖过程中的幕后买家。

三、海关规定差异带来的启示

在国际贸易实务中,各国买家由于种种原因拒收货物的情况很常见。出口商除追究买家违约责任外,还可以通过退运、转卖等措施尽量减少损失。各国海关对于到港货物退运手续的要求大同小异,但对出口商申请退运须提交文件的规定却有一定差异。买家的不收货证明或买卖双方达成的退运协议被各国海关所接受,但是例如印度买家那样的恶意拒收,出口商根本不可能得到买家的不收货证明,更不可能和买家达成退运协议。当然,印度和中国都明确了,有效的法院判决或仲裁裁决都可以成为申请退运的充分条件。只不过货物滞留在中国海关的出口商,可以有 3 个月到 6 个月的时间取得上述文件,而货物滞留在印度海关的出口商,可能连到法院立案的时间都不够。

令人担忧的是,不止印度一个国家在清关方面有一些特殊规定,还有一些国家,如土耳其、尼日利亚等也有相关规定。这些规定,如土耳其规定清关期限是 45 天,都给中国出口商带来了难以挽回的损失。但究其根本原因,还是因为出口商缺乏风险意识,没有主动了解各国海关的特殊规定,在处理滞港货物时不够积极主动。因此,出口企业只有提高国际贸易风险意识,学会规避和转嫁风险,最大限度降低信息不对称带来的损失,才有可能在全球化大潮中乘风破浪前进。

# 案例七 关于信用证"装快船"条款的争议案

## 【提要】

我 MS 公司与伊朗中间商 S 公司按 CFR 条件签订了供应一批民用电表的合同。在执行合同过程中,由于双方对信用证内有关"装快船"条款的不同解释而引起争议。经过双方友好协商,由 MS 公司在新的交易中给予 10% 的特别折扣,以示优惠、双方和解结案。

案 情

我 MS 公司与伊朗中间商 S 公司函电成交了一批民用电表。按照七月二十四日我 MS 公司的确认电,于八月二十三日双方签约。根据合同条款的规定,该批货物数量为 4 000 只,单价为£1.10CFR 霍姆拉沙赫尔港,装运期订为卖方收到信用证后 45/60 天内装运。

1.签约不久,卖方于八月二十八日收到买方 S 公司开出 No.Co60/×××号信用证。证内列有下列条款:

(1)信用证第 4 条规定,应由船公司签发证明,声明载货船舶是属于正规航线上定期航行的一级船。(A declaration signed by the shipping company stating that the carrying vessel is a classified one Plying in regular service);

(2)在发票内应载明,从中国港口到霍拉姆沙赫尔港,用快船一批或几批装运。(Should be indicated in the invoice,from China ports to Khorramshahr by express steamer in one or several shipments）；

（3）信用证的有效期为九月十六日。

2.我 MS 公司审证后表示,对该证第 4 条关于装等级船条款不能接受,并于九月九日通知该商,要求撤销该条款,并延长信用证装运期至十一月三十一日。

3.直到九月二十五日,我 MS 公司才收到中国银行分行的信用证修改书,内称装效期延长到十一月三十日。不要求船方出具声明书,发票也不需经伊朗领事签证,其它条件不变。（validity and shipping date extended till 30 November。Shipping declaration not required. Invoice legalization by Iranian consulate not required,other condition unchanged.）

4.我 MS 公司见信用证修改书后,当即办理订舱手续,洽订日本班轮"MI-ZUKAKAMARU"号轮,并于十月十一日函告该商:"关于信用证 No.Co60/×××项下的 4 000 只民用电表,我方在收到你方信用证修改书后,已于九月下旬装出,估计在短期内可运抵你处,有关单据待寄。希望今后你方信用证不要列入类似条款,以便我们顺利开展订舱工作,请在这方面予以合作,以促进我们之间未来的业务关系"。

（With regard to 4 000 Pcs.of KWH.Meter Covered by L/C No.Co 60/×××,we wish to inform you that after receipt of your amendment of L/C we shipped same in the last ten days of September and presume that they have rcached you for the time being.The relative shipping documents will be sent to you.）（It is our hope that the similar clause should not be mentioned in your L/C in future so that we may book shipping space smoothly.Please extend us your co-operation in this respect to promote business between us in future.）

5.该批货物实际上是在十月十八日装的船。同日取得清洁提单,并及时向买方发出了装船电报。中国银行凭我 MS 公司提交的装运单据,经审核单证相符后,即予议付货款。

6.十月二十日该轮装货完毕后,即离港起航,但直至翌年一月四日才到伊朗霍拉姆沙赫尔港,全程共行驶 79 天之久。

7.货物到达伊朗后,该商拒绝提货,并向我 MS 公司提出索赔。索赔所持的主要理由是:

(1)指责我 MS 公司违反信用证装快船条款的规定,并认为按装快船的解释,从中国港口到伊朗霍拉姆沙赫尔港,一般只需 24 天至 30 天。现在该轮在一月四日才抵达目的港。全程挂靠 12 个港口,行驶两个半月之久,这显然是不符合信用证装快船的要求;

(2)指责我 MS 公司十月十一日信中通知的船期是错误的。根据这一通知,已将全部货物按期货出售,并约定在 45 天内交货。实际上该船是在十月二十日从中国港口开航,于翌年一月四日抵达霍拉姆沙赫尔。以致买方不能按期交货,并受到其客户的罚款。按双方约定,如不能按期交货,则每只电表将罚款 150 里亚尔,全部罚款共计 60 万里亚尔,折合外汇为 3,314 英镑,根据国际贸易准则,如果一个合同未能全部履行,遭受损失的一方,应该得到未能履约一方的补偿。

8.我 MS 公司在复信中拒绝了买方的提赔要求。其主要理由是:

(1)按合同条款的规定,该笔交易的装运期为卖方收到信用证后 45～60 天内装运。如果按信用证修改通知书的规定,装运期应为十一月三十日。现我 MS 公司于收到信用证修改通知书后,仅以 21 天的时间,于十月十八日就完成了装货工作,这是完全符合合同和信用证有关装运期条款规定的;

(2)我 MS 公司十月十一日信中所称"货物已于九月下旬装出,估计短期内可运抵你处"。从该信的内容来看,含意是不够清楚的,并且在译文的时态上也有不够确切的地方,以致引起误解。但卖方在发出该信后第 7 天,即于十月十八日就向买方发出了装船电报,并于十月二十三日将提单、发票等装运单据,通过银行转交买方。应该说,买方对货物的确切装运日期是完全了解的,而你公司在收到卖方有关单据后,也未提出任何异议,并于十一月十八日还来信说。据猜测该船估计将于十二月四日才能到达伊朗港口,从以上情况看,你方 S 公司以我公司十月十一日函中预告的装运消息,作为索赔的理由是不现实的,也是不符合实际情况的。

（3）根据信用证中有关装快船条款的要求，我 MS 公司将该批货物配装"MI-ZUR AWAMARU"号班轮。根据日本船舶说明书手册记载，该轮每小时最高航速是 17 海里，满载航速每小时为 14.2 海里。根据当时国际间海运船舶的航速，每小时为 10 海里至 22 海里。因此，我公司配载的船舶，不属于慢速船范围内，而是符合信用证装快船条款要求的。至于该班轮是否在航程途中耽搁。或由于其它原因而延期到达伊朗港口，应与卖方无关。对此，卖方不承担任何责任。

9.争议发生后，我国际贸易促进委员会先后收到伊朗 S 公司多次来信，希望对本争议给予关注和解。鉴于我 MS 公司与该商以往的长期业务往来，双方关系较为友好，来信又一再表示愿意通过友好协商解决此案。因此，在我 MS 公司贸易小组出访伊朗期间，在我驻伊朗商务处的支持下，经过双方代表商谈，最后达成协议，由我 MS 公司在新的交易中，按市场现行价格给予 10％的特别折扣，再供应一批民用电表或其它产品以示补偿而结案。

分析意见

在总结本案经验教训以前。首先有必要就以下几个问题进行探讨：

1.这笔交易是按 CFR 条件成交的。按照国际贸易的一般解释，在 CFR 条件下，卖方是以在装运港装货完成其交货义务的。因此，作为 CFR 合同的卖方，只承担将货物按期装运的责任，而对装运以后货物到达日期并不负责；但是，由于信用证中规定货物必须装快船（By express vessel）。在这一点上，卖方在事先并没有提出异议，并且在订舱配载时，也应注意到船舶的航速，但应该承认，卖方对于该船沿途挂港之多，航行时间之长，是有所了解的。即使根据该班轮船期表所公布的航行日程，也需要 50 天才能到达霍拉姆沙赫尔港，更何况实际上是跑了 79天。因此，卖方对其所装的船舶，能不能算是快船，是有商讨余地的。如果本着实事求是的精神考虑这一问题，从我国港口到伊朗霍拉姆沙赫尔港，全程只有 6 093海里，如果以一般每小时最高航速 17 海里，满载航速每小时 14.2 海里的船舶运送货物,实际航行了两个半月之久。在这种情况下,卖方想证明他是按照信用证"装快船"条款要求装运这批货物,看来是有一定困难的。

2.卖方在十月十一日致买方的信中称:"关于信用证 No.Co60/×××项下的 4 000 只民用电表,我方在收到你方信用证修改书后,已于 9 月下旬装出,估计短期内可抵你处,有关单据待寄"。这封信的内容,显然是有问题的,并与实际情况不符。因为,卖方在九月二十五日收到信用证修改书后,当即办理的是订舱托运手续。而货物实际装船的日期是在十月十八日。因此,信中所指货物已于九月下旬装出,"估计在短期内可运抵你处",显然是不可能的事。卖方在货物尚未装船,根本不可能在短期内运抵伊朗港的情况下,为什么要发出这样一封内容的信,确实是令人费解的。但其客观效果是使卖方在装快船问题上的辩解,更加不利,完全陷于被动的地位。

3.伊朗中间商强调卖方十月十一日信中通知的船期是错误的,并据此已将全部货物按期货出售,约定于 45 天内交货。由于船舶延迟到达伊朗港口以致买方不能按期变货,并受到其客户的罚款。如果我们根据双方提供的材料和事实分析一下,该中间商根据卖方信中预告的船期而卖了期货,并蒙受其客户罚款的说法,很可能也不是事实。因为,我 MS 公司在十月十一日发信后的第七天,即在十月十八日货物装船后,就及时向买方发出了装船电报。因此,当伊朗中间商收到装船电报时,我 MS 公司十月十一日的信估计尚在邮途中,在这种情况下,伊朗中间商在尚未获得货物装船确切消息之前,是不会将货物转售出去的,更不可能同意承担到期不交货的责任和风险的。所以,该中间商凭十月十一日信中预告的船期。将电表全部按期货出售,并约定在 45 天内交货的说法,也是经不住推敲的。

综上所述,本案争议的焦点是买卖双方对于信用证中有关"装快船"条款存在分歧的解释。由于该条款在国际贸易和国际航运界中没有统一的解释,伊朗中间商就利用条款解释上的分歧,以及我 MS 公司审证中的疏忽和工作中的缺点,企图借以从中获取更多的好处,因此,在采用信用证方式付款时,对于信用证所列条款,都应进行认真审核。如国外来证条款含糊不清或附有不合理运输条件而卖方无法办到的，就必须及时要求开证行澄清或修改后再安排发运，以免在履约时发生分歧解释和纠纷。

# 案例八　国外不法商人以假提单冒领提货的索赔案

## 【提要】

一九八〇年我方某出口公司同加拿大 C 公司达成交易八笔，共计 885,807 加元，按 D/P 即期付款。当年四月至七月全部订货陆续装出，其中六笔由外国 S 轮船公司承运，余两笔由中国远洋运输公司和广州远洋运输公司承运，货物于六月至八月先后抵达目的港。

货到后，收货人 C 公司已宣告倒闭，未能付款，而货物竟被 M 公司冒领。我方某公司知情后，即与 S 船公司交涉，该公司对承运的六笔按货值赔偿了结。由我国船公司承运的两笔，船公司均以货物系经转船联运，承运人只承担第一航程运输责任为由，拒不受理。我方某公司向法院提出申诉，但拖延二年，仍无结果，后在某地民建、工商联两会外贸咨询服务部协助下，经过有关方面的重视和支持，我国二船公司终于承担了责任，本案获得基本解决。

案　情

一九八〇年春，我方某出口公司同加拿大 C 公司达成出口交易八笔，共计 885,807 加元。各合同均订明即期 D/P 托收付款，准许转船。

在装运期间，因无直达船，其中六笔计值 592,966 加元交由外国 S 轮船公司承运，出具联运提单，在日本转船至加拿大，余两笔则由我国轮船公司承运，出具联运提单。中国远洋运输公司（简称中运）承运的一笔计值 46,944 加元，其第一航程系装国轮"新红宝石"号，在香港改装外轮"泰勒总统"号；广州远洋运输公司（简称广远）承运的一笔计值 245,897 加元，其第一航程系装国轮"图门江"号，在香港改装外轮"约翰伯克 V614E"号上述八笔货物在当年四月至七月陆续装出，并于六月至八月抵达目的港。

货到后,原收货人(买方)C公司已经宣告倒闭,当地M公司闻知有货到埠,竟伪造假提单向前六笔的承运人S公司的代理人提走货物,用假提单加银行背书向中远委托的第二航程船行在加拿大的代理人提走46,944加元的一笔,用银行保函向广远委托的第二航程船行在加拿大的代理人提走245,897加元的一笔。以上八笔货物全部被M公司采用欺骗手法冒领提去。

我方某出口公司装货后,曾委托银行按跟单托收方式收款。但因收货人(买方)已倒闭货款无着,后又闻知货物已被冒领,虽持有正式提单,货物却告落空。事发后,我方某公司即分别与S公司、中远和广远交涉,凭正式提单要求该三家船公司交出承运货物。S船公司经过调查事实过程后,承认这是船方责任,便于一九八一年二月赔付六笔货款共513 000加元。据了解该公司亦转向承运第二航程的船行提出索赔,也获得一定的补偿。

至于向中远和广远提赔的两笔,却进行得很不顺利。该二公司都不同意承担责任,数次交涉,毫无结果。我方某出口公司根据它们出具的提单所载条款第二条"有关承运货物发生的纠纷,其审理权在中国,并适用中国法律"的规定,遂于四月分别向广州和北京的中级法院诉讼,请法院在提单有效时限内,依法督促该二公司承担责任,并尽快转向国外有关部门索取赔款,以挽回国家损失。然而,上述两法院接受审理后,虽然做了一些调查工作,但迟迟不作正式处理,直至八月,广州法院才开庭,广远答辩称,依照提单第十三条款规定,以"承运人只对第一程负责,对第二程不负运输责任"为由,拒不赔偿,法院未作裁决。而北京法院在九月只是开庭调查,却不审理。

十月,某出口公司为尽快解决此争端,改向当地民建、工商联两会外贸咨询服务部就本案提出征询意见。该部当即深入有关单位查阅资料,并由两会成员中的法律、保险专家以及具有国际贸易和运输业务知识有经验的人员,举行多次座谈,经过研究分析后提出以下看法和建议:

1.中远和广远承运的两笔货物与S船公司的六笔的基本情况是相同的,特别是前两笔只凭银行背书或保函提货,这种做法,纯属承运人在目的港的代理人对提货人的通融，与托运人完全无关，显然是船方的责任；

2.联运提单项下的有关货物，均已在指定地点转运，并安全抵达目的港，因此，承运人在广州法院开庭时所引用提单上第十三条的免责条款是不能成立的；

3.提单载明审理权在中国。根据我国现行经济合同法的有关规定，承运人的免责条款有四条，而本案的情况与该四条均无直接关系，相反，按该合同法第四十一条规定，承运人应在承担赔偿责任后，再转向第二程船公司追偿；

4.外国 S 船公司及时承担责任，赔付了货款，而我们自己的船公司反而推卸责任，拖延时间，这种缺乏紧迫感的工作作风与时代精神背道而驰，是不可取的。为此，具体建设三点如下：

(1)从整体来说，本案实质上是国家外汇遭受损失。各部门应密切配合，共同对外，在自己的职责范围内，尽快采取措施，而不应在内部相互扯皮，拖延时机，致使国家外汇迟迟不能收回。

(2)根据提单条款关于"审理管辖权在中国"的规定，望有关法院作出判决，以便督促中远和广远对外交涉索取赔款，挽回国家外汇损失。至于国内的赔付手续，属于内部问题，可以早付、晚付或从国外收回后再付，由原告和被告协商解决。

(3)为实现党和国家提出的宏伟目标，各个部门都要鼓起改革创新精神，转变作风，打开新局面、外贸业务部门和运输部门之间历来在工作上存在一些需要解决的问题，建议两主管联合召开有基层工作人员参加的会议，通过总结经验教训，统一认识以利今后相互配合，为完成共同的宏伟目标作出各自的贡献。

两会外贸咨询服务部将上述看法和建议写成："呼吁有关部门抓紧对外交涉，追回国家外汇损失的案例"一文，上报两会中央，经转报中共中央政策研究室和国务院领导同志审阅后，批示："我看这是件好事，工商联这种当家做主，敢于负责的精神十分可取。"本案从此便有转机。

一九八二年十一月，两地法院做出判决，责成中远和广远承担赔偿责任。中远即抓紧对外交涉，当年底收回了 46,944 加元的赔偿；广远也在次年一月向加拿大方面交涉，一九八三年四月，M 公司向加拿大蒙特利尔市法院交出 40 万加元作为赔偿押金,待双方办妥法律手续后,使可追回货值的赔款连同利息等有关损失费用,本案基本上获得解决。

分析意见

这个案件本是国际间出现的一起诈骗案。诈骗人是以假提单为手段,向货物运输承运人的代理人领走货物。查本案货物运输的承运人有三个。事发后,其中的一个承运人承担了自己的责任,向托运人赔付了货款。而其它两个承运人却以出具的是联运提单,提出,"出具联运提单的承运人承担的责任有限"为由,而拒绝赔偿。因而在我们内部发生了争议,白白拖延了两年的时间,放过了国外的诈骗犯。为了分清是非,增长运输知识,并从中吸取教训,我们认为有必要明确以下几个问题:

1.联运货物运输承运人的责任问题

联运货物运输是第一航程承运人在装运港向托运人出具联运提单,收取全程运费,而在转运港委托第二航程船公司接运货物运至最终目的港的一种运输方式。按照国际惯例,承运人只承担第一航程的运输责任,对第二航程中发生的运输事故可以免责。此点一般在海运提单中列为条款之一,作为承运人与托运人双方同意的运输条件。我方某出口公司作为托运人对广远的诉讼案中,在广州开庭时,广远提出提单条款第十三条规定:"如有需要,承运人得任意将货物交由属于承运人自己船舶或属于他人的船舶,或经铁路或以其它运输工具直接或间接地驶往目的港,转船、驳运、卸岸,在岸上或水面上储存以及重新装船起运,以上各项费用曲承运人负担,但风险则由货方承担。承运人的责任仅限于其本身经营的船舶所完成的那部分运输"。

广远公司依据这一条款而拒绝赔偿这笔货物的损失,但是,本案中的事实是:货物已安全抵达目的港,在转运过程中,并未发生如提单条款所指的各种风险。因此,不存在承运人不承担该项风险责任的问题。正如两会外贸咨询服务部的分析意见指出:"所承运的货物,出具的是联运提单,均已在指定地点转口,并已安全抵达口的地,承运人在开庭答辩时所引用的免责条款是不能成立的"。因此,这一结论是正确的。

2.出口公司的责任问题

上述交易采用即期跟单托收支付方式,一般做法是:当货物装上运输工具后,出口公司即将全套货运单据送交当地银行,由该行寄交国外代收银行代收货款。拿这笔业务来说,从装运港海运至加拿大目的港,一般需要 50 天左右,二单据空邮寄到加拿大代收银行,一般只需十天左右,二者时间相差约 30 天,国外代收行收到单据后,理所当然地立即通知进口人备款赎单,如果发现拒付等情况,应及时办理拒偿证明书并通知托收银行,以便转告出口人。因此,按时间推算,在货物尚未到达加拿大之前,我出口公司应能知道货款不能收到的消息。在这段时间里,也理应采取措施,比如委托老关系户代为照料或代售,或委托我驻外机构代管等等办法,货物到港后被冒领的情事就可避免发生了。事实上,有关经办人员对上述情况未能及时作出妥善处理。因此该货连续被人冒领,对于这一点出口公司是有一定的责任的。

3.货物丢失应由谁来赔偿

本案是由托运人出口公司对承运人中远和广远两船公司提出诉讼。赔偿责任究竟应由谁负责呢?很明显,理应由第二航程运输公司在加拿大的代理人向诈骗人追索。事实上也是这样办理的。虽然诈骗人所提出的假提单是经过银行背书或担保的,但联运提单却是中远和广远出具的,因此,中远和广远对其出具的真提单应有承担赔偿的第一手责任。何况第二航程的运输也是由中远和广远安排的,那么,中远和广远在向托运人承担赔偿责任后,也是有权向第二航程运输人及其代理人进行追索。

4.依法办事,切勿拖拉

事发后,中远和广远拒不承担责任,出口公司依据提单条款第二条的规定向北京、广州两地法院提出申诉,要求依法解决争端。这是有法律依据的。例如,提单的第二条明确规定:"凡根据本提单或与其有关的一切争议,均应按照中国法律在中华人民共和国的法院解决或在中华人民共和国仲裁"。

但是该两地法院在受理案件后,虽也做了调查工作,却未能按照我国经济合同法及时地判定中远和广远应承担的责任。以至未能督促上述被告转向第二航程运输人进行追索。使本案竟拖延一年半之久。直到两会外贸咨询服务部提出建议,并经中央领导同志批示后才作出判决。这种拖拉作风也应改进。从这一过程看,虽然出口公司、中运和广远都是国有公司,但无论哪一方的损失都是国家的损失,都应该依法办事。只有这样,才能分清是非,明确责任,维护法纪。

5.我国各企业之间,在对外业务上应相互配合,加强协作,统一对外,应以国家整体利益为重,克服本位主义。从本案来看,中远、广远在案情发生后,不是着眼于挽回国家外汇,积极向外追偿,而是从本位主义出发,千方百计推卸自己的责任,拖延时间,使国外的诈骗犯逍遥法外达一年半之久。事实上,当中远、广远对外积极采取措施后,货款也如数追回来了。这难道不是一个沉痛的教训! 在我们队伍中,有些同志是打"内战"专家,专爱"扯皮""踢皮球",遇事先为自己设防,把责任一脚踢给别人,然后无休止地辩论,无理也讲成有理。似乎拿了工资,是专门干这行当的。可是对外国的诈骗犯碰也不碰一下。这难道是对人民负责吗? 此风不可长,要坚决刹住才好!

# 案例九　承运人无正本提单放货应承担赔偿责任

**【提要】**

提单是承运人保证据以交付货物的凭证,在目的港将货物交给提单的合法持有人是承运人的一项基本义务。承运人在目的港是凭正本提单交付货物,副本提单、保函以及其他单证均不具有物权凭证的效力,不能作为交货凭证。如果承运人不是凭正本提单放货,而是凭收货人的保函将货物交给收货人,就会侵犯正本提单持有人的权利,由此给正本提单持有人造成的损失,承运人应该承担责任。本案就是由于承运人无正本提单放货给收货人,从而给开证银行造成了损失,引致赔偿责任。

案 情

中国 A 公司与韩国 B 公司签订了一份买卖合同,约定由 A 公司向 B 公司销售 300 吨铝箔,价格条件为 CIF,总价为 115.5 万美元,B 公司以信用证方式付款。合同订立后,B 公司申请开立了以 A 公司为受益人的不可撤销信用证,A 公司收到信用证后便按照合同规定备货,并将货物交给 C 公司承运。C 公司向 A 公司签发提单,提单上记载的发货人为 A 公司,收货人为凭指示。A 公司在取得信用证要求的全套单据后,将包括正本提单在内的全套单据寄给开证行 D 请求付款。开证行 D 审单后认为单证相符,便向 A 公司支付了信用证项的货款。此时,货物已抵达目的港,B 公司以正本提单未到为由向承运人 C 公司提出先提货后补交提单的请求,承运人 C 公司在 B 公司出具保函承诺若出现索赔由 B 公司负责的情况下,将该批货物交给了 B 公司。B 公司接受货物后,未向开证行 D 付款赎单。后来开证行 D 持正本提单向承运人 C 公司提货未果,开证行 D 遂以 C 公司无单放货为由向法院提起诉讼,要求 C 公司赔偿因无单放货而造成的损失。

法院经审理后认为开证行 D 在向 A 公司支付信用证项下的货款后,已成为 C 公司所签发的正本提单的合法持有人,是唯一有权提取提单下货物的人。根据有关法律及国际惯例的规定,承运人应凭提单交货。而本案中,C 承运公司在 B 公司未持有正本提单的情况下仅凭保函便将货物交予 B 公司,C 公司的行为违反了法律及国际惯例,侵害了提单持有人开证行 D 的合法权益。因此,C 公司应承担赔偿责任。[①]

【评析】

本案涉及的相关问题分析如下。

1.承运人的责任

---

① 资料来源:在线国际商报

承运人是指本人或者委托他人以本人名义与托运人订立货物运输合同、将货物从一个地方运到另一个地方的铁路、公路、海洋、内河运输或多式联运的任何人。承运人的权利有：运费请求权、按时启程权、维持运输工具内部秩序和安全的权利及享有免责权和责任限制权。承运人的主要责任是对在其责任期间内发生的货物的灭失或者损坏负赔偿责任。

海上运输承运人的基本义务和责任就是谨慎处理使船舶适航、恪尽职守照管货物、不要绕航。

(1)关于船舶适航。我国《海商法》及《海牙规则》对此都做了规定，承运人在船舶开航前和开航当时应当谨慎处理，使船舶处于适航状态，妥善配备船员，装备船舶和配备供应品，并使货舱、冷藏舱、冷气舱和其他载货处所适于并能安全收受、载运和保管货物。

(2)关于恪职尽责照管货物。我国《海商法》及《海牙规则》规定，承运人应当妥善地装载、搬移、积载、运输、照料和卸载所运货物。承运人恪尽职守照管货物的义务是从接受货物开始直到交付货物为止，在这期间承运人必须做好一切必要的工作，确保将货物能以接收时的良好状况交付给收货人。在运输途中，船长对货物的照管负有完全的责任，对装卸作业也负有完全的责任。所以在装卸作业中，必须对作业中的非正常情况做好记录，尽量得到有关当事人的签认，并且应当拍照或摄制录像带，所有这些记录都将是极有证据价值的说明和特性参数，如果船长对实际装船货物的状况和特性有怀疑，可以要求委托公证检验师或专家进行验定，并出具检验报告。为了避免在货物出现灭失或损坏时承担责任，承运人就必须通过准确而详细的记录和现场证据，证明自己已履行了充分恰当、谨慎地照管货物的义务。

(3)关于绕航。我国《海商法》及《海牙规则》都做了规定，承运人应当按照约定的或习惯的或地理上的航线将货物运往卸货港，船舶在海上为救助或企图救助人的生命或者财产而发生的绕航或其他合理的绕航，不属于违反前款规定的行为。由此可见，不合理的绕航将构成违反合同的行为。在实际工作中，要解释什么是合理的绕航是相当不容易的,在确定绕航是否合理时,考虑的因素不仅要包括承运人的观点,而且还要包括货主的意见。为救助海上人的生命或财产可以绕航,但是船舶不能在事故地点毫无必要地延误时间。其他合理的绕航,一般认为存在以下两种情况:第一,如果存在危险或即将发生危险,承运人为了保护或保存货物可以绕航;第二,如果运输合同中包含了自由绕航的条款,可以绕航,但仅仅依靠这样的条款而绕航是不安全的,因为对这类条款的解释是非常狭窄的,并做了限制条件。实际工作中,如果船舶偏离了协议的、直达的或习惯的航线,或者在航程中发生了延误,船长必须立即通知承运人,同时还必须对发生绕航或延误的确切而详细的原因做出详细记录,这些记录包括航海日志、船岸通信、航向记录、海图及气象航海警告等。

2.无单放货的法律责任

提单是物权凭证,它代表着提单项下货物的物权。提单的这一性质决定了提单具有可转让的特点,从而也使收货人处于不确定状态,只有提单持有人凭其合法取得的提单方能证明其对提单下货物享有物权。根据我国《海商法》第七十一条的规定,提单是用以证明海上运输合同和货物已经由承运人接收或装船,以及承运人保证据以交付货物的单证。提单是承运人保证据以交付货物的单证,所以凭提单交付货物,在目的港将货物交给提单的合法持有人是承运人的一项基本义务。承运人一旦签发提单,就必须在目的港凭正本提单交付货物,副本提单、保函以及其他单证均不具有物权凭证的效力,不能作为交货凭证。

无单放货兼具违约和侵权的性质,在追究承运人的法律责任时就构成了责任的竞合。承运人将货物交给无正本提单的收货人,不仅侵害了提单持有人的合法权利,而且违反了运输合同中应尽的交货义务。凭提单放货是非常严格的义务,承运人应遵守,否则会因无单放货而承担赔偿责任。

然而也有些特殊的事由使无单放货不产生相应的责任:

(1)提单丧失物权凭证的功能,提单持有人把提单项下的货物的所有权转移给了别人,而且有相应的约定,例如转让合同。提单持有人虽然持有提单,但是它已经失去了提单项下货物的物权,因此也就丧失了向承运人索赔的权利。

（2）假如提单持有人认可承运人无单放货的行为,并且提货人的提货是合法的,也就是说提单持有人放弃了其具有的货物的所有权,承运人无单放货的责任也就不存在了。

（3）假如某些地方的法规或习惯做法允许货物在无正本提单的情况下交付,但是这做法必须是合法的,并被广泛使用的,这种情况下承运人无需负责。

（4）假如提单遗失、灭失和因资金上的原因未能得到提单,提货人如能证明他的身份的合法性,对提单的去向做出合理的解释,这种情况下可视为提单丧失了物权凭证的功能,因此承运人不承担相应的无单放货责任。

3.本案分析

本案中,承运人 C 公司在国际货物买卖合同的买方 B 公司未提交正本提单的情况下,仅凭 B 公司出具的保函就交付货物,损害了提单持有人开证行 D 的权利。开证行 D 有权要求承运人赔偿。B 公司虽是买卖合同的买方,被视为“本来有权提取货物的人”,然而在签发了提单的运输合同下,承运人的义务是对提单放货而不是将货物交给买方或任何其他人。承运人 C 公司未凭正本提单交货,对于因此而给开证行 D 造成的损失,C 公司当然应承担赔偿责任。

承运人 C 公司在向开证行 D 进行赔偿后,可依不当得利要求 B 公司返还货物。因为,正本提单是向承运人提取货物的凭证,B 公司取得正本提单之前不能提货,其对货物的占有是没有法律依据的。我国《民法通则》第九十二条规定:“没有合法依据,得取不当利益,造成他人损失的,应当将取得的不当利益返还受损的人”。据此,B 公司应将其无合法依据取得的货物返还给受到损失的 C 公司。

# 案例十　承运人无单放货的启示

【案情】

国内 A 公司向尼日利亚 B 公司出口一批货物,付款方式为 D/P 即期,价格条款及金额为 FOB5 万美元。此票订单于 2004 年 11 月成交,A 公司于 2005 年 2 月 29 日出运,货物 4 月中旬运到尼日利亚拉各斯港。所有正本提单于 2005 年 4 月 15 日由中国银行通过 DHL 寄出,并在 4 月 17 日到达客户指定的银行。在货到目的港而提单未寄至 B 公司指定银行时,B 公司指示承运人放货给买家。买家收货后,由于货物价格一落千丈,无力偿付货款,致使 A 公司陷入"货款两空"的境地。

无单放货原因分析

通常情况下,在海上货物运输过程中,提单是承运人据以交付货物的凭证。凭正本提单交货是承运人正确履行交货义务的基本原则,也是防止海运欺诈和保证出口商或托运人收款的重要保证。所谓无单放货,通常是指承运人、实际承运人或其代理人,或者其他负有凭正本提单交付货物义务的人,应提货申请人的请求,凭其提供的副本提单和/或保函而未收回正本提单,将货物实际交付给提货申请人,从而不能向正本提单持有人交付货物的行为。无单放货包括以下几种情形:一是记名提单的收货人凭副本提单或提单复印件加具担保提货,或不提供任何担保提取货物;二是指示提单的被通知人凭副本提单或提单复印件加担保提货,或仅凭副本提单提货;三是其他人凭副本提单或提单复印件加担保提货等;四是提货人伪造或变造提单提货。

无单放货现象由来已久,在国际航运实践中,班轮运输中存在 15% 的无单放货现象,租船运输达到 50%,某些重要商品如矿物和油交易中高达 100%。在 1984 年英国的一起案件中,一位船长曾作证他在 14 年的油轮运输生涯中,从未在卸货港收到过正本提单。在实践中,无单放货产生的原因主要有如下几种:运人或船东普遍有着丰富的外贸知识及航运经验,他们清楚地知道不能轻易不凭正本提单放货,而缺乏国际贸易及航运经验的从业人员,由于对有关国家的法律和国际惯例了解不深,风险防范意识较为薄弱,常常卷入无单放货导致的纠纷之中。

无单放货案带给出口商的启示

针对 FOB 条款下涉嫌欺诈的无单放货问题,出口商应加强风险防范意识。出口商在贸易合同中签订 FOB 条款,货物的控制权将完全掌握在进口商手中。

此时更应谨慎对待契约承运人签发的 HOUSE 提单。如果签发 HOUSE 提单的承运人本身不具备相应的民事行为能力，那么表面上具有物权凭证效力的 HOUSE 提单则只是一纸空文。

此外，出口商还应谨慎对待国际结算环节，如认真审查信用证，如果信用证不符合条件，出口商可暂不发货。大量国际贸易案例证明，大部分被骗的出口商，在贸易制单环节上都存在一定程度的过失。对于涉嫌欺诈的无单放货，由于其存在着复杂性、国际性等特点，目前尚没有一个国际组织能对欺诈性提货、放货行为进行有效的监管。且由于各国经济利益各异，由各国政府及有关国际组织呼吁通过缔结多边条约来防止和处罚包括欺诈性提货、放货在内的国际海运欺诈行为的合作也未取得突破性的实质进展。

对于记名提单的无单放货，大多数情况下是不受法律保护的，但是一些国家对此却有特殊规定。英国法规定记名提单不得转让，又规定在向不可转让提单上记载的收货人交付货物时无须提供提单，只需提供身份证明即可。《美国统一商法典》规定，承运人交付货物前，只要发货人未有相反要求，在货物已运抵提单所注明的目的港后，可以将货物交付给提单注明的收货人。在此种情况下，出口商应审慎了解目的港法律。由于美国关于记名提单的规定与我国《海商法》关于提单的定义存在明显的差异，建议出口商在记名提单上加注"此提单适用中国海商法"字样，保证记名提单物权凭证的属性不受侵犯，以约束承运人须凭正本提单放货。

出口商还应该谨慎了解卸货港惯例。有的国家和地区卸货港的惯常做法是将货物卸到岸上仓库，这种情况并不少见。有的卸货港甚至要求船舶把货物卸下寄存在当地政府管理的港口或仓库，由政府部门交付给收货人，例如苏丹及俄罗斯 Vyborg 港。在此种情况下，如果收货人在当地有一定势力，则更易于发生无单放货，应引起出口商的高度注意。

# 案例十一　"电放"提单的风险与防范

## 【提要】

某年5月吉林某公司与实信行签订一份 FOB 术语的贸易合同。该吉林公司发运货物时托运单表明托运人为该吉林公司、收货人和通知方为实信行等。而后,货代依实信行指示,将托运单中的原托运人、收货人分别变更为实信行和台湾地区某公司,且船东据此签发提单。最后托运人实信行要求"电放"货物,从而造成吉林公司货、款两空。通过本案例说明何谓"电放"及防范"电放"诈货的措施。

案　情

某年5月4日,吉林某公司与实信行签订500吨乌豆贸易合同,单价为 FOB 大连318美元/吨,结算方式为 D/P 托收,目的港为台湾地区高雄。合同签订后,依照实信行(买方——租船订舱)通知,该吉林公司向天津某公司订舱,要求出运货物。该托运单清楚地表明托运人为吉林某公司,收货人和通知方为实信行,目的港为中国台湾高雄以及船名、航次等内容。5月12日,天津公司依实信行指示,在向船东提供本票货物清样时未经该吉林公司同意,将托运单中的原托运人、收货人分别变更为实信行和台湾公司,船东据此签发出正本海运提单。5月16日,天津公司向原托运人吉林公司签发了关于本票货物的第二套提单,用于结汇,在此套提单内容中,托运人与收货人仍为该吉林公司和实信行。5月17日,天津公司遂转告船东,托运人实信行要求"电放"货物。由于天津公司依据实信行的要求,擅自违背原托运人吉林公司的意思表示,篡改了船东提单中的托运人、收货人、通知人的名称等,此时托运人变成了实信行,为实信行欲通过保函要求"电放"并达到诈货目的提供了可能。但是,当时因为没有托运人实信行的"电放"保函,船东拒绝了"电放"。6月1日,天津公司将实信行"电放"保函传给船东,船东依照惯例在收回正本提单后以传真形式通知其在高雄的代理,将本票货物"电放"给提单中的收货人。

由于货已到手,收货人实信行当然不会去银行付款赎单,最后货主吉林公司遭受了巨大的损失。

**【评析】**

本案例所涉及的问题分析如下。

这是一起利用"电放"行为欺诈卖方的案件。

1.关于"电放"

为了使收货人可以在某些无法及时取得提单情况下能及时提取货物,实践中就产生了"电放"的做法。人们通常所说的"电放"是狭义上的概念,即托运人(发货人)将货物装船后将承运人(或其代理人)所签发的全套正本提单交回给承运人(或其代理人),同时指定收货人(非记名提单的情况下);承运人授权(通常是以电传、电报等通信方式通知)其在卸货港的代理人,在收货人不出具正本提单(已收回)的情况下交付货物。也就是指船东在得到托运人指示后,在收回其已签发的提单情况下,用电话或传真形式指令其在目的港代理人将货物放给提单中所标的收货人的行为。

托运人申请"电放",通常要其出具保函。保函的内容通常有:托运人的名称、船名及航次、提单号码、开航日及货代无条件免责条款。当承运人同意"电放"后,有的出具电放信,有的给出一个电放号(如密码一样,为阿拉伯数字或英文字母)。"电放"行为产生的基础则是缘于买卖双方良好的信誉和合作关系,致使托运人相信货款肯定能够收回。而对于承运人而言,只要能证明给其发出"电放"指示的主体是本票货物的托运人即可。然而,在实际操作中,由于"电放"行为本身具有一定的风险性,倘若贸易合同中的买方利用其中的某个环节图谋诈货,很容易以"合法"的手段达到其非法之目的。当然,此中必然有一个角色或是共谋或是被利用而替买方最终完成诈货任务。对此,一方面船东仍然以谨慎的心态对待电放,往往能够免除责任;而另一方面,真正的货主(即贸易合同中的卖方)在不知情的情况下发现货款未收到而货却被放掉,那么,货主将成为唯一的受害者,这就是"电放"行为有时又能为诈货提供可能的情形。

2."电放"行为下防欺诈的措施

由于施诈者找到了"电放"行为过程中的漏洞,并利用这一机会使诈货成为可能。那么,是否应当明令禁止船东使用"电放"手段呢? 其实,"电放"行为之所以能运用到现在,是有其存在的道理的,例如它可以加快货物的流转,减少不必要的开支等,但其中暴露出的问题也应予以避免。首先,卖方在签订合同之前,必须翔实地了解买方的资信情况及财务状况,这是防止货物被诈取的最根本措施。其次,货主最好寻求声誉好、实力强且操作规范的大公司作为货运代理,有的大船东往往有自己的一套货运代理机构,这样会使货物更加安全保险。另外,船东在被要求"电放"货物的情况下,应对货主负责、对自己的声誉负责,做到谨慎处置,认真审核和识别托运人。只有货主严把买方信誉关、船公司谨慎"电放",才能防止买方诈货。

3.本案的启示

本案例中的卖方吉林公司以 FOB 贸易术语与国外买方签订出口合同,为买方"电放"诈货"打下了基础"。因为,在 FOB 贸易术语条条件下,买方租船订舱,买方即可找自己靠得住的船公司并与该船公司勾结对卖方进行欺诈。所以,我国的出口商,在对买方的信誉没有把握的情况下,最好选择自己承担责任大一些的贸易术语(如 CIF 术语),自己找承运人,确保货物的所有权。

# 案例十二　国际贸易风险转移的界定及其法律意义

## 【案情】

我国 A 公司向美国买家 B 公司以 CIF 条件出口一批大型机械设备,合同金额 300 余万美元,支付条件为买方收货后 120 天付款。2004 年 11 月,A 公司与国内 S 航运公司签订了海上集装箱运输合同,由 A 公司将货物交 S 航运公司装箱运输,合同注明货物为成套设备,严禁水浸。A 公司交货后与 S 公司共同装箱并加铅封。2005 年 1 月，货物到达美国目的港后，收货人告知 A 公司，集装箱中的成套设备已遭水浸，全部报废。由于买卖双方签订的是 CIF 合同，收货人要求卖方 A 公司协助其向 S 公司索赔。A 公司经初步调查，发现集装箱下有漏洞，加之船舶在运输途中进水，致使设备受潮报废。但 S 公司认为 A 公司在参与封箱时并未提出异议，故承运人对此事不应负责，拒绝赔偿；而 B 公司则认为，货物事实上已无法使用，故拒绝对 A 公司付款。

案情分析及启示

本案涉及外经贸实务中一个最具魅力的永恒话题——风险转移，类似问题在国际货物贸易往来中经常发生，颇具代表性，实有澄清的必要。那么，什么是风险？什么又是风险转移？风险何时发生转移？风险转移对买卖双方而言具有何种法律意义？

（一）国际贸易中的"风险转移"

众所周知，国际贸易由于涉及买卖、运输、保险、海关、商检等多方关系，风险往往无处不在、无时不在。特别是货物涉及长途海上运输时，遭遇到暴风、海啸、偷窃等风险的概率大大提高。这类风险是人类无法抗拒、不能避免、难以克服的，是不可归责于买卖双方的。风险转移制度的功能就是要将类似风险在买卖双方之间进行事先的分配，给出一个明确的"说法"。这种风险，在表面上体现为货物的毁损、灭失，即货物的物理损失风险，而在本质上则体现为货物的"价金风险"。如果风险已经从卖方转移到买方，那么即使货物在运输途中发生毁损或灭失，卖方可对其交货义务免责，而买方仍然需要支付货款；如果风险尚未从卖方转移到买方，货物即发生毁损或灭失，买方无须支付货款。对此，《1980 年维也纳联合国国际货物销售合同公约》第 66 条有明文规定："货物在风险转移到买方承担后遗失或损坏，买方支付价款的义务并不因此解除，除非这种遗失或损坏是由于卖方的行为或不行为所造成。"

风险何时发生转移？

关于风险转移的时间点,则应借助于国际贸易惯例进行判断。国际商会通过的《2000 年国际贸易术语解释通则》中对 13 种贸易术语的风险转移时间均作出了明确的界定:如 CIF、FOB、CFR 术语,自货物越过船舷时风险即从卖方转移到买方承担;再如 FCA、CPT、CIP 术语,风险自货交承运人时发生转移。牢记不同贸易术语风险转移的具体时间点,准确界定各方责任,有助于中国出口企业与外商灵活洽谈贸易条件,选择有利于己方的条件扩大出口,在发生争议时也能理直气壮地与买方或其他相关方进行积极交涉,最大限度保护自身权益。

对本案的分析处理

具体到本案中,由于双方商定的贸易术语为 CIF,机械设备的毁损或灭失风险自越过船舷时即从 A 公司转移到 B 公司承担,只要 B 公司无法证明货物在越过船舷之前发生水浸(A 公司参与封箱时未提出异议的事实不能证明货物在装船前已经进水),就必须按照合同约定按期履行付款义务。至于 S 船公司,由于自身的疏忽大意,致使船舶和集装箱进水,违反了承运人对船舶"适航性"的保证义务,因此必须承担对 B 公司的损害赔偿责仟。

# 案例十三 关于 FOB 出口合同项下大米品质问题的纠纷案

## 【提要】

我某地粮油进出口公司以 FOB 条件向国外出售大米一批,国外买方延误数月才派船来华接货。当货运抵该国港口后对方声称:大米发生虫害,系我方公司过失,而不是运输途中发生的,为此提赔占货款的 20%,作为其损失的补偿。我方公司不同意,因在 FOB 条件下,卖方只负责交货时的品质,不负责到岸品质,且保存检验货样仍完好无虫害。对此双方各执一词,长期争论不休。最后通过仲裁调解解决。

案　情

某年某月我某地粮油食品进出口公司与欧洲某国一商业机构签订出口大米若干吨的合同。该合同规定:规格为水分最高 15%,破碎粒最高 20%,杂质最高 1%,以中国商品检验局的检验证明为最后依据;单价为每公吨×× 马克 FOB 中国某港口;麻袋装,每袋净重 ×× 公斤;买方须于 × 年 × 月和 × 年 × 月两次指派船只接运货物。

对第一批货,买方按期派船前来按运,我方公司如数交货。但对第二批货物,对方却未按合同规定期限派来船只,一直延误了数月才派船只来华接货。对此,我方公司未提出异议,仍装船交货。但当大米运到目的地后,买方发现大米生虫。于是委托当地检验机构进行了检验,并签发了虫害证明。买方据此向我方公司提出索赔 20% 货款的损失补偿。其理由是:1.该批大米的品质规格在装船前就有缺陷。虽然合同规定了中国商检局所出具的检验证明为最后依据,但根据道义和传统习惯,卖方交付与合同规定相差如此远的货物,应当负责。2.虫害已证明不是在运输途中发生的。

我方接到对方的索赔后拒赔,理由为:1.根据合同规定的 FOB 条件,我方只能保证大米在交货时的品质规格,对运输途中所引起的大米品质变化不属卖方责任。2.保存在中国商品检验局的检验货样,至今仍然完好,未发现虫害。但买方仍坚持虫害不是在运输途中产生的,而是货物在装船前已经存在,属于卖方责任。对此,双方长时期争论不休,案子得不到适当解决。最后才提交仲裁调解解决。

分析意见

本案的案情虽较简单,但涉及到履约中往往会遇到的几个主要问题,值得分析研究。

1.究竟如何理解 FOB 条件下卖方交付货物的品质责任问题?

2.商品检验证的效力与离岸品质?

3.FOB 条件下买方由于延期派船和延期派船致使货物品质发生变化是否要

承担责任？

关于第一个问题。本案双方在合同中规定的价格条件是 FOB。所以，该合同是一个 FOB 合同。从整个合同条款来看也是如此。在 FOB 交易中，根据国际商会《国际贸易条件解释通则》(INCOTERMS)规定，卖方的责任是供应符合合同规定的货物，当货物在装运港装船越过舷后产生的一切风险损失不负任何责任。对这一规定的理解，根据一些国家的判例和国家贸易习惯做法应该是指一切运输风险损失属于买方，而不属于卖方。但是，如果交货后产生的货损，是由于卖方的过失或由于货物本身的"内在缺陷"造成的，卖方仍应负责。不过，买方须负举证之责。故本案大米生虫造成损失的直接原因，究竟是在装船前由于卖方的过失造成的，还是在装船后运输途中由于其他原因造成的，这是本案的关键所在。此点也正是双方所争执的焦点。国外买方在索赔函中强调指出了虫害损失的原因发生于装船前，而不是在运输过程中，并提出了检验证明。而卖方则强调本笔交易是按 FOB 条件成交，卖方不负运输风险和到岸品质，但却未提出足够的证据，证明虫害不是由于卖方的任何过失和疏忽，只说明商检局保存检验货样至今完好，未发生虫害。此点说明并不能完全证明虫害产生于运输过程。事实上，据了解该批大米是用旧麻袋装的，旧的袋内很可能附有虫卵。如果旧麻袋无虫卵，或者已采取清除虫卵的处理，卖方就应该提出证明。因此，保留的检验样无异状是一个证据，但只靠这一证据尚不能完全排除卖方装船前的过失或疏忽责任。

关于第二个问题。买卖双方为了证明卖方所交货物符合合同规定的品质，通常要由卖方提供一份商品品质证明书。该品质证明书是由一般公认的检验机构或检验人通过对商品检验后签发的。对此，双方可以在合同中作出明确规定，或根据行业惯例办理。但一般来说，不能认为，有了卖方提供的品质证明书，实际货物就肯定与合同规定完全相符。因此，国际上通常的解释是：卖方提供的品质检验证明书只是证明装船货物符合合同的"表面证据"，它不妨碍买方提出反证，指出卖方提交的品质证明有错误和装船货物事实上并不符合合同规定。对此，有些西方国家的法律还作出明文规定，如英国在其《一八九三年货物买卖法案》第三十四节中规定；"1.当货物交付买方时,如他以前未曾对该货进行过检验,则除非等到他有一个合理的机会加以检验,以便确定其是否与合同规定者相符,不能认为他已经接受了货物。2.除另有约定者外,当卖方向买方提出交货时,根据买方的请求,卖方应向其提供一个检验货物的合理机会,以便能确定其是否符合合同的规定。"即交易中所说的买方的"复验权"问题。对买方是否可以享有复验权,国际贸易惯例和一些国家的法律都允许双方当事人可以在合同中作出明确的规定。本案正是如此,双方在合同中规定:"双方同意以装船口岸中国商品检验局所签发的品质/重量检验证书作为最后依据。"这种以装船口岸商检机构出具的品质证明书作为决定商品品质的最后依据,通常叫做"离岸品质"(Shipping Quality)。在离岸品质条件下,当货物运抵进口国目的地(港)时,虽然发现品质有缺点(Defect),买方也不能向卖方提出索赔要求。在这种情况下,品质证明书的证据效力对双方来说都是有约束力的,即买方再无权对卖方提交的品质证明书提出异议。在本案中,外商不是正面对检验问题提出异议,而强调了"根据道义和传统习惯",要卖方承担责任,正是基于这点。实际情况是,当时商检局只检验了大米本身,检验结果和商检证都无错误,无虫害而完好的检验货样就是证明;但当时未检验包装一旧麻袋是否有虫卵,旧麻袋又未作熏蒸处理。如果旧麻袋内有虫卵,就会发生虫害,这就是一个事实问题,也是一个责任问题。

至于对品质检验条款应当如何规定,双方可自由协议,从法律上来说,通常是允许这样做的。不过,从我国现在的大多数出口合同来看,一般不规定以中国商检局所签发的品质证明书为最后依据,多采用以装船前中国出口口岸商品检验局签发的检验证明作为向银行议付货款的依据,同时以目的港检验证明作为索赔的依据。这种规定,对买卖双方来说较为公平合理。

关于第三个问题,买方指定船只的义务。根据《国际贸易条件解释通则》规定:在 FOB 条件下,"如买方指定的船只,不能在规定日期或规定期限内到达,或未能装载上述货物,或在规定日期或规定期限终了前截止装货,买方应负担一切由此而发生的额外费用,并自规定期限终了时起,负担货物的一切风险,……"。

可见,在 FOB 合同项下,买方指定船只是一项非常重要的义务,它是卖方履行交货义务的前提。所以,在英国的判例中,把买方提供船只的时间解释为合同的一个要件。在正常情况下,如不按时提供船只,将免除卖方交货的责任,同时卖方有权收取延误时期内发生的费用。在本案中,卖方对国外买方延迟派船达数月之久,却未提出任何异议,特别是由于延迟装运,大米长期存放待运仓库可能对品质产生的影响,应当向买方指明。在国际贸易中,由于买方延迟派船,货物过久存放于待运仓库引起品质变化,也是常有的。对此,买方应负责任。

# 案例十四　关于 FOB 出口合同项下国外未能<br>按期派船导致的索赔案

## 【提要】

某年我某出口公司与西欧 ABC 公司经磋商,按 FOB 条件达成六万吨大米交易,签订了销售合同,其中规定买方最晚派船接货的期限。在执行合同的过程中,买方以租不到船为由延迟装运期,我方坚持按合同规定和国际惯例,要求其按时派船接货,否则,由此而产生的一切损失由其负担。经反复交涉,在我有理、有利、有节的斗争下,外商不得不承认未按合同规定及时派船的责任,赔偿我利息、仓租、保险费等损失八万美元,并继续履行合同了案。

案　情

西欧 ABC 公司是我某出口公司的多年老客户。该公司每年都向我订购大量整船装运的大米转销非洲。某年底,该公司又来电传,询购中国稻米。我方某出口公司经研究国际市场大米供求情况与我货源可能,与之洽谈这笔交易。自该年十二月三十日到次年一月十日,双方经多次交换电传,达成六万公吨大米交易(包括两种规格:一种为碎粒不超过 35％,数量 35 000 公吨,二、三、四月每月各装约 12 000 公吨;另一种为碎粒不超过 25％,数量 25 000 公吨,三/四月每月各装约 12 000 公吨),并签订了销售合同。由于采用 FOB 条件,另附为 ABC 公司所熟知并

早经其确认的 FOB 装船条款,作为销售合同不可分割的组成部分。该条款规定:
买方所租载货船舶必须不迟于本合同规定的每一装运月份的第二十天抵达装运
港,否则,由此而使卖方遭受的任何损失和费用需由买方负担。

合同签订后,二月份应装运的大米,经我方催促,买方于二月下旬派来租轮接
运,三月四日装船完毕。为了保证能继续按时装运收汇,我方随即一再催请对方
迅速办理三月份应装货物的派船事宜。三月十日接对方电传称:由于租船市场船
源紧缺,租不到船只,要求延晚一个月装运。我方即复电指出:按合同规定,必须
如期派船接运;如租船确有困难,我可例外同意延期装运,但须按每公吨七美元计
算赔偿我方利息、仓租、保险费损失(共计 168 000 美元)对方则强调:因日本等国
为紧急装运谷物和卡车而大量抢租船只,造成租船困难,并以运价上涨已增加负
担为由,表示仅能支付象征性补偿,不能承担我方提出的索赔金额,并望给予照
顾。按合同规定,我方是完全有权要求赔偿全部损失的,但考虑到该商系我大米
出口的主要客户之一,以往关系较好,我本着既要严肃履约,又要有利于今后业务
开展的精神,将索赔金额减为 120 000 美元,以示照顾。对方又声称,经过最大努
力,船只无法找到,并称此系不可抗力事故性质,只能赔付 30 000 美元,我方拒绝
后,对方又增至 50 000 美元。在我有理、有利、有节的斗争下,最后 ABC 公司不得
不承认延迟派船的责任,同意赔偿我方 80 000 美元,并继续全部履行合同了结
此案。

分析意见

本案例向我们提出两个问题,值得加以探讨一为我方对外索赔是否有充分有
力的依据;二为本案的出口 FOB 合同是否可作进一步的改进和提高?

1.对外提出索赔,必须具有充分的依据,才有可能达到预期的目的。在处理
本案件中,正由于符合上述要求,所以取得较好效果。现分析如下:

(1)在国际贸易中,销售合同是一种以货物买卖为目的的双务合同。买卖双
方都需承担一定的合同义务,即卖方必须按照合同规定的时间、地点、质量和数量

交货,买方则必须按合同规定的时间、方式支付货款和受领货物。按各国法律规定,合同当事人如果违反合同义务,包括明示的和默示的,就须根据不同情况,承担相应的法律责任。

(2)对于采用 FOB 贸易条件订立的合同(又称 FOB 合同),按照国际上一般解释,卖方的主要责任是:在指定日期或期限内,在约定的装运港,将合同所规定的货物装上买方指定的船只,并负担自货物装上船为止的一切费用和风险;买方的主要责任是:自费租赁船只或预订所需舱位,并将有关船只的名称及装货日期通知卖方,并承担装上船之后的一切费用和风险。因此,在 FOB 合同中,买方负责租船订舱的义务是卖方按照合同装货义务的前提条件,在买方提供必要的船只并给卖方装船通知书之前,卖方将不能履行合同中的交货义务。而且,一般认为,交货时间是合同的一个重要条件,如买方不按时提供船只,卖方将被免除其交货责任。国际商会所制订的《国际贸易条件解释通则》(INCOTERMS)还规定:"如买方指定的船只,不能在规定日期或期限内到达,或未能装载上述货物,或在规定日期或规定期限终了前截止装货,买方应负担一切由此而发生的额外费用,并自规定期限终了时起,负担货物的一切风险。"又据《联合国国际贸易货物销售合同公约》第 60 条规定:"买方收取货物的义务如下:①采取一切理应采取的行动,以期卖方能交付货物;和②接收货物。"在 FOB 合同中,上述买方收取货物的义务,就应解释为:买方应安排货物的运载,必须订立必要的运载契约(即租船订舱)并及时将船名、船舶到达及可供装载日期,通知卖方,以使卖方能将货物交给第一承运人送交买方。该公约第 61 条第(1)款还规定:"如果买方不履行他在合同和本公约中的任何义务,卖方可以……要求损害赔偿。"

上述惯例和公约的规定说明,买方按时派船接运货物是国际上公认的合同义务。当然,国际惯例与法律不同,除非在合同中具体援引,一般对当事人并无强制性的约束力。不过在实践上,当合同对某些义务未作具体规定时,那些广为通行的国际惯例,即使在合同中未被引用,在处理争议时,仍可作为衡量是非、曲直的尺度。例如,我出口公司与外商签订买卖合同,一般都不规定关于适用的惯例和法律,但是,我们在考虑买卖合同的权利义务以及处理争议事件时,一向是根据平等互利原则,并参照国际惯例的。我国《经济合同法》第五十五条也规定:"涉外经济贸易合同条例参照本法的原则和国际惯例另行制定。"

(3)为了减少和避免可能发生的误会和争执,我外贸合同应力求订得明确、具体、周详和严密,以保障我方的经济利益。就本案而言,我出口公司在这笔大米交易中所拟订的出口销售合同中,除订明品质、数量、包装、价格、交货支付等主要条款外,并以"一般条款"的形式订明"单据、商检、不可抗力、仲裁"等条款。由于这是一份 FOB 整船装运的合同,需由买方负责派船前来装货,所以又加附 FOB 装运条款(Loading Terms)。在按 FOB 条件对外销售时,载货船舶舱位需由国外买方租订,涉及许多在 CIF 和 C&F 合同中所不存在的问题。例如,买方所租订船舶的到港时限、滞期、速遣费、装船时间的计算,以及其他装船有关费用的负担等。这些问题都需在 FOB 装运条款中作出规定,并应在交易达成前洽得买方同意,以便作为整个销售合同不可分割的组成部分,由双方遵守执行。本案合同的 FOB 装运条款,虽有缺陷,但总的说来订得还是比较适当的。

以上说明,我方对外提出的这一索赔,不论按照合同规定还是参照法律规则,都是完全正当的,有充分依据的,在法律上是站得住脚的。因此,在整个交涉过程中,由于我方的理由充分,态度坚决,使我方始终处于主动地位,最后取得补偿。至于外商在交涉过程中,曾提及的所谓因日本等国在国际租船市场上抢租船只造成船源短缺,致使他们租不到船,作为"不可抗力事故"的说法,因其没有充分的法律依据(按一般法律观念,除非当事人事先有约定,"缺乏运输工具或无法获得舱位"不能视为"不可抗力"),故未经我方反驳,对方自知理亏而未坚持其"不可抗力"的说法。

这笔索赔,尽管与交易总值相比金额不算很大,但从对外严格遵守履约,维护合同的严肃性,敦促国外买方认真对待所签合同,履行其应尽的合同义务方面,其意义绝不仅限于收取八万美元。

2.在国际贸易中,FOB 合同的卖方,为了保障自身的利益,一般都要求在合同中明确规定买方指定船只到达装运港的日期或期限,以及如果提前、延迟或不能指定船只因而引起的额外费用和风险责任,概由买方承担的条款;同样,买方也往往要求在合同中规定船舶按时到达后,如卖方未能按合同规定将货物装船以致造成空船和滞期损失,概由卖方承担的条款。为此,卖方为便于事先做好装船准备,又常在合同中规定,买方必须在船舶到达装运港前若干天通知卖方有关船名和估计到达时间(我国出口公司为便于贯彻有关的国别政策,还应要求国外买方通知载货船舶的船旗和船长的姓名、国籍)。此外,为了便于与租船合同和与港口当局的规定相适应,在 FOB 合同中,还需规定船舶到港作业的装货率(装货时间)、滞期费、速遣费及其计算办法。这些条款,有的还应在支付条款中作相应的规定。以上这些都是 FOB 合同不可缺少的内容,也是 FOB 合同区别于其他合同的主要特征。只有由买方委托卖方代为租船或订舱运输者除外。

本案的合同是一个整船运输并由买方自费租赁船舶的出口 FOB 合同,自也应按上述办法处理。我出口公司在该合同的装船条款中,对船舶的到达期限、装货率、滞期或速遣费及其计算办法,都作了比较明确的规定,就保障我方权益言,是比较好的。但是,如果对照国际上一般 FOB 合同通常应该规定的条款,本合同对买方船舶未能或延迟到达虽作了"使卖方遭受任何损失的额外费用需由买方负担"的规定,但对存仓待运期间可能遭受的风险,未作具体规定,一旦发生意外事故,能否援引国际惯例应由买方承担风险,仍易发生争执。对待买方拒绝或不能及时派船接货的问题,国际上有卖方可凭备运提单或存仓栈单代替提单议付货款的办法,在我对外订立 FOB 出口合同时,仍可作为借鉴,以防止和减少在大额 FOB 出口交易中,遭受意外的风险和损失。

此外,在本案我方对外提出索赔金额的做法上,也存在一些不足之处,在国际贸易中,买卖合同成立后,由于一方当事人违反合同而使另一方遭受损失时,遭受损害的一方向违约方提出损害赔偿是常见的一种补救办法。但是,按照国际上大多数国家的法律,受损方提出损害赔偿的金额,原则上应以实际遭受损失的程度为准。在本案的索赔过程中,我方最初提出损害赔偿每公吨七美元时,只笼统地说:"赔偿我利息仓租保险费损失",事后也没有向外商补充说明各项费用的具体金额及其计算依据。这种做法,与国际上一般的法律要求不符,并在客观上显得依据不足,可能授人以柄,造成被动。实际上,这批货物价值约七百万美元,仅外汇利息损失一项,按当时美元市场利率计算,一个月就要超过十万美元。因此,如我方经仔细核算,在对外提出索赔时,将各项损失分别予以列明,并说明计算依据,这样不仅可使我方索赔交涉过程中处于更有力的地位,从而有利于争取到更合理的损害赔偿。

# 案例十五　关于卖方未能按期装运引起的仲裁案

## 【提要】

本案涉及我国 C.T.出口公司同英国 V 公司之间,关于 1 000 公吨农产品未按时装运而发生的争议。该合同项下的货物共计 3 000 公吨,规定分三批装运,其中第一批 1 000 公吨,由于卖方未能按期装运,从而买方要求卖方赔偿由此而引起的损失。对此,双方经过多次协商,始终未能达成协议。××年二月二十日买方向中国对外贸易仲裁委员会正式提出仲裁申请,要求卖方赔偿由于未能按期装运 1 000 公吨货物而引起的损失。同年十月二十一日中国对外贸易仲裁委员会对该案进行了审理,并于同年十一月四日作出了买方胜诉的裁决。

案　情

1.我国 C.T.出口公司(以下简称卖方)同英国 V 公司(以下简称买方)于××年十一月八日在秋交会上签订了一项 CIF 合同。该合同条款规定:实方按 CIF 汉堡每公吨人民币 187 元的价格卖给对方某种农产品共计 3 000 公吨,总值为外汇人民币 561 000 元;货物分三批装运,第一批 1 000 公吨货物的装运期为十一月至十二月,目的港为汉堡,以不可撤销的、可转让的即期信用证付款;仲裁地点在中国,由中国国际贸易促进委员会对外贸易仲裁委员会根据该会仲裁程序暂行规则进行仲裁。

2.合同签订后,买方按合同规定,于签约后的第四天开出了信用征,但卖方却未能在信用证规定的装运期限内装船,事前也没有将不能按期装运的情况通告买方,直到次年一月五日卖方电告买方,要求延长装运期至一月底,以便继续履约。

3.一月八日买方复电,表示同意延长装运期至一月底,但是要求卖方补偿每公吨人民币 5 元,继而又加价到每公吨 10 元的损失,否则将提出仲裁申请,并提出比上述金额更大的损害赔偿。

4.卖方拒绝了买方的建议,认为在国际贸易中,卖方因故不能按时装船而要求延长信用证,这是常有的事,何况货物迟装并未造成买方实际损失。如果买方不附带任何条件展延信用证装效期,卖方将继续履行其交货义务。当时适遇行市上涨,买方藉口从市场高价补进这些货物,要求给予损害赔偿,而且要价越来越高,时而提出以人民币 4 万元作为未交货的损害赔偿,时而又要求每公吨补偿人民币 20 元作为和解的条件。尽管双方经过多次协商,但由于分歧较大,互相又不肯让步,因而无法达成协议。最后,买方于二月二十日向中国对外贸易仲裁委员会提出仲裁申请,对该合同规定应装而未装的 1 000 公吨货物所造成的损失,要求赔偿 40 000 西德马克(按当时外汇牌价折合人民币约 3 万元)。

5.仲裁委员会收到买方的仲裁申请后,本着"仲裁与调解相结合"的方针,首先推动当事人双方继续协商,以利于争议的友好解决和双方贸易关系的得以继续发展。但在协商过程中,买方的条件越来越苛刻,竟提出将该批货物按每公吨人民币 220 元作价给卖方,由卖方汇付其差额人民币 33 000 元作为赔偿数额,否则只能以仲裁解决,对此,卖方为求得争议的友好解决,曾作出了重大的让步,表示在货价上涨的情况下,除按原合同价格继续履行交货外,另外再补偿买方损失每公吨人民币 5 元,这样连同货价上涨的因素在内,卖方将损失人民币 25 000 元,但买方仍然不肯和解,反而步步紧逼,声称市场价格急骤恶化,即使每公吨补偿人民币 5 元也难弥补其损失,并一再催促仲裁委员会进行仲裁。在这种情况下,仲裁委员会认为调解无效,决定按仲裁程序审理。

6.仲裁庭详细审阅了双方当事人提供的材料和证件,并进行了必要的调查,认为卖方未按合同规定的期限装运,又没有在合同规定的装运期内将不能装运的情况通知买方,而是到装运期满后才电告买方,要求延长信用证的有效期。因此,卖方应对未能如期装运承担责任,并应赔偿买方由此而引起的损失,在损失金额的计算上,仲裁委员会参照国际上的习惯做法,按合同价格与应该交货时的国际市场价格之间的差价计算,经仲裁庭调查确定每公吨的差价为人民币 11.53 元,并据此作出裁决,应由卖方向买方赔偿人民币 11,530 元结案。

案情分析

从本案的争议来看,案情并不复杂,但我们从中可吸取的经验教训,主要有两点:

1.关于卖方不按期装运的责任问题

在国际贸易中,卖方不能按期装运,虽然是常有的事,但由此而引起的法律后果是严重的。尤其在 CIF、C&F 或 FOB 条件下,卖方是以在装运港装货完成其交货义务的,合同的装运期实际上就是交货日期,因此,对于卖方来说,按合同装运期交货就更具有其重要的意义。

根据英国法的解释,在一般商业买卖合同中,交货的时期应当推定为合同的要件。如果卖方没有在合同规定的时间内交货,就是违反要件(Condition),买方就有权解除合同,并有权请求损害赔偿。在大陆法系的国家中,虽然对卖方迟延交货的处理不像英国法那样严厉,因为大陆法有一项所谓"催告"制度,即在合同没有明确规定的履行日期时,债权人必须向债务人发出催告,才能使债务人承担迟延履约的责任。如根据日本民法第 54 条规定,装船迟延时,除非约定不需催告而得解除契约外,应催告于一定期间内装船,如未在该期限内装船,才可解除契约,请求损害赔偿。德国民法典也规定有"催告"制度,当卖方没有及时交货时,只有经过买方的催告而仍不交货者才于收到催告之时起承担延迟的责任。但如果合同是按日历日订定交货时间,而卖方未于约定日期交货,则无须催告即应负延期交货的责任。如果按照 1980 年通过的《联合国国际货物销售合同公约》的解释,该公约时延迟交货的规定,在很大程度上是采纳了德国民法典的做法,即在卖方延迟交货时,除非延迟交货构成根本违反合同,买方才可以立即撤销合同,如延迟交货并未构成根本违反合同,买方可以规定一段合理的额外时间,让卖方履行其交货义务。只有当卖方不在买方规定的一段合理的额外时间内交付货物,或卖方声明他将不在可规定的时间内交付货物时,买方才有权撤销合同,但是必须注意,这里指的是买方撤销合同的权利,而不是指买方请求损害赔偿的权利。按照公约的规定,只要卖力延迟交货,买方均可要求损害赔偿,而不必先给卖方一段额外的履行合同期间后再行请求赔偿。

综上所述,各国法律在卖方延迟交货的处理上,虽然存在着差异,但是交货期一经约定,卖方即有约定时间或期限内履行交货义务,否则即须承担法律责任,这已成为国际贸易中普遍公认的原则。当然在确定卖方延迟交货责任时,还应该对其原因加以具体分析,因为,在国际贸易中,卖方未能按期装运的原因可能是多方面的,原因不同,卖方的责任就有可能截然不同,如果由于卖方的责任或过失造成交货迟延时,卖方应当负延迟履行合约的全部责任。但如果由于买方的责任或过失,或可归因于不可抗力事故而致交货迟延时,那就不能归咎于卖方的责任。例如,由于买方没有按合同要求开信用证,以致卖方未能及时备货,因而无法按期交货,这就不应归咎于卖方,其责任理应由买方自负。又如,在签约后,如遇天灾等不可抗力事故,以致卖方交货延迟甚至完全不能交货时,一般地说,卖方可以免除责任。

现就本案的情况分析,该批农产品所以未能赶上装运期,主要是国内运输上的原因。由于运输和装卸迟缓的影响,以致卖方未能在合同规定的时间内装船,尽管该合同交货迟延是国内承运人的责任,而非卖方本身的过失所致,但作为CIF 的卖方,仍应承担不能按期装运的责任。因此。按照国际贸易中的一般解释,在 CIF 条件下,卖方应负责租船或订舱,在合同规定的装运港和规定的期限内,将货物装上船,并支付至目的港的运费。既然按期装船是卖方的义务,这就意味着卖方在签约时,就应周密考虑货物在装运港装上船之前,在生产和运输过程中可能会遇到的各种意外情况。如果卖方对按时装运无确实把握的话,就绝不能贸然同意签约。否则,应当承担不能履约的后果。此外,从法律上说,买卖合同与运输合同是两个独立的合同。在 CIF 条件下,买卖合同是买卖双方之间的契约关系,而运输合同则是卖方与承运人之间的契约关系,因此,卖方不能以货物在运输途中延误来推卸其在规定的装运港按期装运的责任。换言之,买方在买卖合同中的权利,并不能因货物在运输途中延误,以致不能在规定的装运港按期装船而受到丝毫影响。总之,在 CIF 条件下,如果卖方未能在合同约定的时间内履行其交货义务,除非由于买方本身的责任或过失,或者由于不可抗力的事故,否则,卖方就难以推卸其延迟履约的责任。

我们再从卖方对这件事的处理上来看,也有值得总结经验教训的地方。特别是当卖方预计按期交货有困难时,就应该在装运期满之前,通过适当的方式和方法与对方洽商,要求买方提前修改信用证或采取其他变通办法,让卖方履行其交货义务。但卖方并没有这样做,而是在违约既成事实之后,才找买方商量。这就给对方抓住了卖方违约的把柄,致使其处境更加被动。这无疑给协商解决争议增加了困难。在这一点上,不仅仅是卖方手续上不够完备的问题,而且在做法上也是很不策略的。因此,应该作为一个经验教训加以总结。

总之,装运期是买卖合同中的一项主要条件,而且在装运时间问题上,又很容易引起买卖双方之间的争议和纠纷。因此,无论是卖方或是买方,都应该重视合同中有关装运期条款的约定,对于卖方来说,装运期的约定,应充分考虑商品的生产和库存情况、运输条件以及商品的特点及其价格趋势的影响;而对买方来说,则应根据市场供求关系和季节性需求,以及申请进口许可证的时间及其有效期限等因素加以综合考虑,以便把装运期订得具体明确,切实可行,使之既适合双方的实际需要,又可以减少以至避免争议的产生,从而有利于合同的执行和双方贸易关系的发展。

2.关于通过仲裁解决争议的问题

在对外贸易中,买卖双方在执行合同的过程中,发生争议是常有的事。当争议发生之后,买卖双方一般都愿意先进行协商,并在彼此都认为可以接受的基础上,使争议求得友好的解决。这种友好协商,一般气氛都比较友好,有利于消弭纷争和双方贸易关系的进一步发展。如果当争议双方通过协商而不能自行解决问题时,就必须采取其它途径来解决,或者是进行仲裁。或者是进行司法诉讼。在这种场合下,双方当事人又往往愿意采取仲裁的方法来解决他们的争议,而不愿意向法院起诉。

近几年来,随着我国对外经济贸易关系的发展,在我国的公司、企业对外签订的合同或协议中,一般都订有仲裁条款或订有鼓励以仲裁方式解决争议的条款,提交仲裁的案件也越来越多。我国对外经济贸易仲裁委员会受理贸易合同和交易中所发生的争议案件和调解案件,也在成倍地增加。这说明,仲裁已是我国解决对外经济贸易争议的重要方法之一,并越来越受到贸易界和各有关方面的注意和重视。但是,在实际工作中还可能遇到另一种情况,在一些从业人士中间,由于对仲裁工作的性质和作用等问题不够了解,因而对于通过仲裁方式解决争议还存在着一些疑虑。他们总觉得仲裁不如友好协商有较大的灵活性,甚至认为通过仲裁解决争议有伤感情和体面,并担心会因此而影响双方贸易关系的发展。因此,当他们遇到争议时,就往往把希望寄托在私下和解上,而不愿意进行仲裁,即使遇到对方根本没有协商诚意的情况下,还是想方设法找个和解的办法,甚至宁愿作出较大的让步或在交易中给予更多的优惠,也不愿意进行仲裁,本案的情况就很能说明这个问题。该案的争议虽然起因于卖方的违约,卖方是应该承担责任的。如果双方根据平等互利原则,本着公平合理、实事求是的精神,并参照国际贸易的习惯做法,应该说争议是不难解决的。但是,对方抓住了卖方违约的事实和不愿通过仲裁解决争议的心理,对我施加压力。因此,从争议一开始就以仲裁相威胁,企图迫使我方接受其苛刻的和解条件。在以后的整个协商过程中,买方一方面指责我国公司不理睬他们的建议甚至也不作合理的让步,以致无法找到和解的办法,另一方面,又采取逐步升级的手法,提出越来越苛刻的条件,并故作姿态地暗示,"我们尽管已经提出仲裁但仍然希望找个和解办法,如能取得和解,准备撤销仲裁申请"。继续以仲裁为要挟手段,迫使我国公司全盘接受其条件。当我国公司为求得争议的友好解决而作出重大让步后,对方并不满足,继续在仲裁问题上施加压力,声称即使每公吨补偿人民币 5 元也不可能达成和解,再次要求付诸仲裁,并催促告知审理日期。鉴于对方坚持其不合理要求,毫无和解诚意,我国公司被迫中止协商,并同意按仲裁程序审理,当仲裁委员会鉴于调解无效,决定进行仲裁审理时,该商随即意识到,尽管卖方应负违约的责任,但他在损害赔偿的要求上是不合理的,因此,表示愿意按卖方提出的条件和解。卖方对此则认为,既然双方已同意仲裁,并已组成仲裁庭,因此,应等仲裁庭的裁决。最后,由仲裁庭作出了卖方败诉的裁决,并由中方公司赔偿对方人民币115 30,00元结案。应该认为,这项裁决是公平合理的。它既实事求是地分清了责任,又参考了国际上有关计算损害赔偿的习惯做法。按照合同价格与应交货时国际市场价格之间的差价来确定损害赔偿的金额,因此,尽管裁决的赔偿金额低于我国公司在协商过程中一度同意的赔偿数额,但它是站得住脚的,买方则无法提出异议。

综合以上案情分析,我们从中可吸取的经验教训是,在买卖双方发生争议后,争议双方首先应当进行友好协商,必要时也可以作出一些让步,以利于问题的解决和双方贸易关系的发展。但是让步是有原则的,应该在分清是非责任的前提下做出让步,而且让步是有限度的,不能无原则地迁就对方的无理要求,如果双方经过协商不能达成协议,就不能一味迁就让步,而应及时提交仲裁,即使是对方主动提出仲裁。我们由可以在仲裁的过程中摆事实,讲道理,甚至进行有理、有利、有节的斗争,以便使争议得到公平合理的解决,以维护我方在政治上、经济上的正当权益。本案所以能公平合理地得到圆满解决,主要是我国对外贸易仲裁委员会在审理案件时,遵循独立自主的方针,平等互利的政策,参照国际习惯的做法,这就是说,处理案件既要遵守中国法律,又要尊重双方签订的合同条款,同时还要参考国际上长期来在业务实践中所形成的一些合理的做法,并把上述三条原则有机地、辩证地结合起来处理争议,使案件的处理做到公平合理和实事求是,从这一判案中,我们也可体会到,在商订仲裁条款时,如何确定合适的仲裁地点,选择熟悉国际贸易业务,具有国际声誉的仲裁机构进行仲裁,对于公平合理和实事求是地解决争议,是起着十分重要作用的。

# 案例十六  因商务合同保险条款
# 不明确导致的纠纷案

## 【提要】

国际货物在运输途中可能会遇到自然灾害、意外事故等风险,从而造成损失及产生费用。为避免这些损失及费用,可以向保险公司投保,是卖方还是买方向保险公司投保,可经由买卖双方约定。本案例中,买卖双方签订 CIF 贸易合同并规定"保险由卖方负责"。最后货物发生损失后,保险公司不负责赔偿,买方只好自己承担此损失。通过此案例提醒进口商,一定要在贸易合同中明确订立保险条款。

案 情

我国 G 公司以 CIF 价格条件引进一套英国产检测仪器,因合同金额不大,合同采用简式标准格式,保险条款一项只简单规定"保险由卖方负责"。到货后,G公司发现一部件变形,影响其正常使用。G 公司向外商反映要求索赔,外商答复仪器出厂经严格检验,有质量合格证书,非他们责任。后经商检局检验认为是运输途中部件受到振动、挤压造成的。G 公司于是向保险代理索赔,保险公司认为此情况属"碰损、破碎险"承保范围,但 G 公司提供的保单上只投保了"协会货物条款(C)",没投保"碰损、破碎险",所以无法索取赔付。G 公司无奈只好重新购买此部件,既浪费了金钱,又耽误了时间。

## 【评析】

本案例所涉及的问题分析如下。

1.贸易合同中的保险条款

保险条款是国际货物买卖合同的重要组成部分,必须订立得明确、合理。保险条款的内容依选用不同的贸易术语而有所区别。以 FOB、CFR 或 FCA、CPT条件成交的合同,应订明由买方负责办理保险;采用 CIF 或 CIP 成交的合同,应订明由卖方负责办理保险,并明确规定投保险别、保险金额的确定方法以及按什么保险条款保险,同时还应注明该条款的生效日期。例如:"保险由卖方按发票金额的××%投保××险、××险(险别),以中国人民保险公司××年×月×日的海洋运输货物保险条款为准。"贸易合同中应注意避免使用"通常险""惯常险"或"海运保险"等笼统的规定方法。

本案例中,保险条款只简单规定为"保险由卖方负责",G 公司业务人员就想当然地以为合同规定卖方投保,卖方一定会投保"一切险"或伦敦"协会货物条款(A)"。按照《INCONTERMS 2000》的解释,在 CIF 条件下,如果合同没有具体规定,卖方只需要投保最低责任范围险别,即平安险和伦敦"协会货物条款(C)"即可。

2.CIF 价格术语下的保险问题

(1)保险的性质。按 CIF 术语成交,卖方负责订立海洋货物运输保险合同,按约定的险别和保险金额投保海洋货物运输险,支付保险费,提交保险单。但货物在运输途中的灭失和/或损失的风险由买方负担,所以卖方办理保险属代办性质。在 CIF 合同中,虽然由卖方向保险公司投保,负责支付保险费并领取保险单,但在卖方提供符合合同规定的单据(包括提单、保险单、发单等)向银行议付并取得货款时,这些单据已经合法、有效地转让给了买方。买方作为保险单的合法受让人和持有人,也就享有根据保险单所产生的全部利益,包括超出发票总值的保险价值的各项权益都应由买方享有。如果发生意外,买方凭保险单直接向保险公司索赔,能否得到赔偿卖方概不负责。

(2)保险险别和金额。一般在签订买卖合同时,保险险别和金额由双方协商并明确列在合同的保险条款中,卖方按照合同规定办理即可。如果合同中未能就保险险别和金额等问题做出具体规定,按照《INCONTERMS 2000》对 CIF 术语的解释,卖方只需以 CIF 价的 110% 投保最低的险别。在买方要求并由买方承担费用的情况下,可加保战争险和罢工险。其中,110% 中的 10% 是投保加成。在国际货物运输保险中,投保加成是一种习惯作法。保险公司允许投保人按发票总值加成投保,习惯上是加成 10%,当然,加成多少应由投保人与保险公司协商约定,不限于 10%。

3.应吸取的教训

(1)当进口合同使用 CIF、CIP 价格术语时,一定要在合同上注明按发票金额的 110% 投保的具体险别以及附加险。

(2)进口合同尽量采用 CFR,CPT 等价格术语,由买方在国内办理保险。

(3)根据货物的特点选择相应险别和附加险。

# 案例十七　CFR 出口运输途中遭受的火灾及延迟损失应由谁来承担

## 【提要】

本案例涉及一份 CFR 合同。承运船只在驶向装运港途中遭遇飓风,造成延迟装货;船只在驶向目的港途中起火,将船上的部分货物烧毁,救火时又将部分货物浸湿;买方在目的港提货时损失严重,买方应如何处理呢? 通过本案例的学习可以了解海上损失的性质及不同性质的损失应由不同的当事人承担。

案情

我国诺华公司与新加坡金鼎公司于某年 10 月 20 日签订购买 52500 吨饲料的 CFR 合同,诺华公司开出信用证,装船期限为次年 1 月 1～10 日。由于金鼎公司租来运货的"亨利号"在开往某港口装运货途中遇到飓风,结果装货至次年 1 月 20 日才完成。承运人在取得金鼎公司出具的保函的情况下,签发了与信用证条款一致的提单。后"亨利号"在驶向我国港口途经某海峡时起火,造成部分饲料烧毁;在救火过程中又造成部分饲料湿毁。由于船在装货港口的迟延,使该船到达目的地时赶上了饲料价格下跌,诺华公司在出售余下的饲料时价格不得不大幅度下降,给诺华公司造成很大的损失。为此,诺华公司拟就途中烧毁的饲料损失、途中湿毁的饲料损失、饲料价格下跌造成的损失向有关当事人索赔。

**【评析】**

本案例所涉及的问题分析如下。

1.途中烧毁的饲料损失谁承担

途中烧毁的饲料损失属单独海损。单独海损是指保险标的在海上遭受承保范围内的风险所造成的部分灭失或损害,即指除共同海损以外的部分损失。该损失仅由受损者单独负担,因此途中烧毁的饲料损失应由诺华公司承担。因为途中烧毁的饲料不属共同海损,且依 CFR 术语,此时的在途货物应由诺华公司(买方)承担风险。

2.途中湿毁的饲料损失谁承担

途中湿毁的饲料损失属共同海损。共同海损是指在同一海上航程中,船舶、货物和其他财产遭受共同危险,为了共同安全,船长有意而合理地采取措施所造成的特殊牺牲及支付的特殊费用。该案例中,船舶驶向我国港口途经某海峡时起火,船舶和货物遭到了共同危险,船长为了船货的共同安全,采取用水救火的合理措施,造成了饲料被湿毁。此项损失因是共同海损,应由诺华公司与船舶公司共同承担。

与单独海损相比,共同海损具有如下特征:第一,发生的原因不同,共同海损是有意采取措施造成的,而单独海损则是由偶然的意外事件造成的;第二,涉及的利益方不一样,共同海损是为船货各方的共同利益所受的损失,而单独海损则只涉及损失方的利益;第三,后果不同,共同海损应由受益各方分摊,而单独海损则由损失方自己承担。共同海损的成立条件是:船舶、货物和其他财产必须遭遇共同危险;措施必须是有意的和合理的;牺牲和费用必须是特殊的;采取的措施取得了效果,达到了全部或者部分保全船货或其他财产的目的。一般而言,共同海损的损失范围包括：抛弃货物的损失；为扑灭船上火灾而造成的损失；割弃残损部分的损失；自愿搁浅所致的损失；机器和锅炉损害的损失；作为燃料烧掉的船用材料和物料；卸货等过程中造成的损失；运费损失，即由于货物的灭失或者损害所造成的运费损失。

本案中，船长为了全船的共同安全，有意而又合理地造成了饲料湿毁，该项损失应属于共同海损，由受益人诺华公司与船公司共同承担。至于途中烧毁的饲料，则不符合共同海损的构成条件，应属于单独海损。

3.饲料价格下跌造成的损失谁承担

饲料价格下跌造成的损失可以向承运人追偿。因为承运人迟延装船，又倒签提单。倒签提单属于卖方与承运人（船方）合谋欲骗买方的欺诈行为，按照国际贸易惯例，这种违法行为引起的法律后果无论对卖方还是对船方都是十分严重的。买方一旦有证据证明提单的装船日期是伪造的，就有权拒绝接受单据和拒收货物、拒付货款，即使货款已支付，买方亦有权要求卖方退还，买方也有权要求赔偿因倒签提单而造成的损失。另外，根据国际班轮运输的法律关系，提单是承运人和托运人订立运输合同的证据。当该托运人同时是货物的卖方时，卖方根据国际货物销售合同将提单背书转让给收货人。这样，提单就成为承运人和收货人（买方）之间的运输合同了。无论实际上收货人是在货物到港之前还是到港之后收到提单，都不影响收货人基于提单而与承运人之间业已确立的运输合同关系，一旦承运人违反提单的义务，收货人就有权依其与承运人之间的运输合同关系提起违约之诉。所以承运人应对买方的由于价格下跌所造成的损失负责。

# 案例十八　海上货运保险责任的起讫及诉讼时效

**【提要】**

本案例中，被保险人以 CFR 价格进口一大宗货物，货物起运前向保险公司投保了海运一切险。货到目的港后发现货损，经检验，受损货物占货物总量的一半，货损系船舱高温所致。被保险人发现货物出险后积极对货物进行抢救,但因卸货港仓库已满,只好将货物运往外地;同时,被保险人向法院申请扣押运货船只,向保险人提出索赔。但保险公司一直未对保险标的损失及相关费用进行赔付。保险公司认为,货物出险系发生在保险责任结束之后,且被保险人对保险公司的起诉超过了保险赔偿时效期,不具备胜诉权。本案涉及的问题是诉讼时效的起算时间及保险责任范围。

案　情

某年 10 月 28 日,我国上海农工商对外贸易公司与瑞士 MINERMETS.A.(米里米特)公司签订 2907 号销售合同,由上海农工商对外贸易公司向对方购买散装印度产片状纯黄豆粕 1.1 万吨(±10％),价格条款为 CFRFO 防城每吨 281.85 美元,支付条件为不可撤销远期跟单信用证,即提单日期后 90 天内 100％付款,由买方投保,装船期为 11 月 15 日～12 月 15 日。据此,上海农工商对外贸易公司向中国银行上海市分行申请开立信用证,开证行于 11 月 10 日向对方银行开出了申请人为上海农工商对外贸易公司、受益人为 WHALEY INTERNATIONAL,INC.(韦利国际有限公司)、金额为 3108100 美元、提单日期后 90 天内见票支付 100％发票金额的不可撤销可转让跟单信用证。11 月 14 日,货物开始在印度孟买港口装船,承运船舶为马耳他多米诺海运有限公司所属"Monte"(孟特)轮。同时,SGS印度有限公司对装船货物质量作了检验,结果是货物质量符合合同约定标准。12月 2 日装船毕,次日,"孟特"轮船长签发了编号为 MTE/BOM001 的清洁提单。提单记载:托运人为瑞士米里米特公司,收货人凭指示,通知方为上海农工商对外贸易公司,由"孟特"轮散装印度产片状纯黄豆粕净重 11758.04 吨自印度孟买至中国防城。

上海农工商对外贸易公司于 12 月 1 日将上述货物向中国平安保险股份有限公司上海分公司(以下简称"平安保险")投保,平安保险于当日向上海农工商对外贸易公司签发了货物运输保险单。保单载明:被保险人为上海农工商对外贸易公司,保险标的为"孟特"轮散装印度产片状纯黄豆粕 11758.04 吨,启运地印度孟买,目的地中国防城港,启运日期 12 月 3 日,保险金额 3551763 美元,承保条件为一切险,免赔额(Deductible)0.5％。12 月 12 日,上海农工商对外贸易公司向平安保险支付保险费 88419.72 元人民币。同日,韦利国际有限公司向上海农工商对外贸易公司开出了信用证项下金额为 3228875.36 美元和 65163.15 美元的两份商业发票。

12 月 18 日,"孟特"轮装运上述豆粕抵达防城港。次日,上海农工商对外贸易公司通知平安保险发现该批货物有严重残损现象,请速派员到卸货港查验情况。同日,广西进出口商品检验局(下称商检局)派员登轮检验。12 月 24 日,鉴定人员会同被保险人、保险人代表,发货人和船东保赔协会代表等多方代表一起对整船货物进行勘查。经整体和抽样检验,商检局分别于次年 1 月 2 日、1 月 9 日和 2 月 8 日出具了该批豆粕的重量、品质和验残检验证书。评定结论为"蛋白质""水分"不符合 2907 号合同之规定;"孟特"轮 5 个舱均有不同程度的残损,其异色货物吨数为 6262.3 吨,占该批货物的 53.3％。结论:该批货物受损系卸货前业已存在。豆粕的检验费用为 58452.00 元人民币。受平安保险的委托,中国船级社于案发当年 12 月 31 日及其后诸日,对"孟特"轮进行了货舱状况检验。其结论是:"孟特"轮货舱的自然通风设备损坏严重,五个货舱大部分通风筒被封堵,不起通风作用;且未配备水密关闭装置,不能保持水密状态。因此,认为此次货损可归因于该轮货舱通风不良及货舱不能保持水密。

此后,上海农工商对外贸易公司委托上海农工商三豪实业有限公司(下称三豪公司)代为处理该批货物的装卸、验收、内贸收付款等一切商务活动。案发年 12 月 20 日,三豪公司就上述货物与防城港务局签订港口作业合同,约定该批豆粕装卸、保管和港口作业费用等事项。"孟特"轮货至次年 1 月 2 日卸毕。因豆粕的自身属性会致货损进一步发展,三豪公司与防城港务局于案发年 12 月 26 日签订抢险协议书,由港务局组织实施抢险。由于防城港仓库爆满,附近又无适当粮库,为减少损失,上海农工商对外贸易公司将部分豆粕经铁路运至原有业务联系的成都、贵阳等地粮库存放。从次年 1 月 4 日～1 月 23 日止,共运出豆粕 5307.54 吨,尚有 6352.02 吨存留防城港。对此情况,上海农工商对外贸易公司及时通知了保险人。为此,上海农工商对外贸易公司通过三豪公司向防城港务局支付了港口装卸包干费 225691.07 元人民币,保管费 152742.83 元人民币,抢险劳务费 8320 元人民币,铁路疏运费 764264.90 元人民币。

货物出险后,被保险人与保险人多次协商处理残货事宜,但都因平安保险所提价格(1600 元/吨)无人问津而未果。案发后的次年 3 月 3 日,上海农工商对外贸易公司正式向平安保险索赔。为避免损失扩大,上海农工商对外贸易公司于 3 月 5 日再次致函平安保险要求尽快处理残货,平安保险于 3 月 13 日回函称"对这批豆粕只能采取依法公开拍卖的方式来确定损失。"据此意见,上海农工商对外贸易公司于 3 月 17 日与广西公物拍卖行签订委托拍卖协议书,约定由其公开拍卖该豆粕。通过拍卖,汕头市康盛发展公司于 4 月 3 日以每吨 1050 元人民币价格竞得该批 11758.04 吨残损豆粕,共计拍卖所得价为 12345942 元人民币;为此,上海农工商对外贸易公司向拍卖行支付了 5％的拍卖手续费 617297.10 元人民币。此外,上海农工商对外贸易公司为处理该批货物,向海关缴纳关税 1343891.90 元人民币,支付货物包装袋费 300724.50 元人民币。

另外,为追究承运人责任,上海农工商对外贸易公司在货物出险后向广州海事法院申请扣押了"孟特"轮并提起诉讼,由此产生了扣船费 5000 元人民币、案件受理费 127750 元人民币和支付给广州合和律师事务所律师费 45 万元人民币。

因此,上海农工商对外贸易公司要求平安保险赔偿上述一切损失和费用。而平安保险认为赔偿金额算得不合理,拒绝赔偿。于是,案发的第三年 12 月 31 日,上海农工商对外贸易公司以平安保险拒赔为由向广西北海海事法院提起诉讼,要求保险公司赔偿因海上货物运输造成的货损及港务局实施抢险发生的费用、扣船费、律师费、索赔差旅费、利息损失等费用。对于上海农工商对外贸易公司的起诉,平安保险认为:被保险人于案发年 12 月 18 日发现货物发生风险,但于案发的第三年 12 月 31 日起诉,超过了诉讼时效期间,丧失胜诉权;保险公司的保险责任于次年 1 月 1 日零时终止于广西防城港,此后的货物损失不属于保险责任范围。此外,平安保险还认为,即使在诉讼时效期间内,就算保险标的物的损失属于保险责任范围,被保险人的赔偿范围及损失和费用的计算也不合理。

后来,广西北海海事法院依照我国《合同法》第八条、《海商法》第二百二十一条、第二百一十九条第二款第(二)项、第二百三十四条、第二百三十六条第一款、第二百三十七条、第二百四十条、第二百六十四条和我国《保险法》第二十三条第一款、第二款的规定,做出如下判决:

(1)被告中国平安保险股份有限公司上海分公司向原告上海农工商对外贸易公司赔偿。

①被保险标的损失 17491010.01 元人民币[3294038.51×8.27(美元与人民币的比价)-(12345942-61,7297.10-1343891.85-300724.50)-133513.54(免赔额)+88419.72+378433.90]及其从案发次年 4 月 13 日起至被告赔付之日止的利息。

②抢险劳务费损失 8320 元及其从案发次年 3 月 3 日起至被告赔付之日止的利息。

③抢险疏运费损失 764264.90 元人民币及其从案发次年 1 月 23 日起至被告赔付之日止的利息。

④货物检验费损失 58452 元人民币及其从案发次年 2 月 26 日起至被告赔付之日止的利息。

⑤向广州海事法院申请扣船费和案件受理费损失 132750 元人民币及其从案发次年 3 月 6 日起至被告赔付之日止的利息。

⑥向广州合和律师事务所支付律师费损失 45 万元人民币及其从案发次年 1 月 19 日起至被告赔付之日止的利息。

上述款项合计 18904796.91 元人民币及其利息(按央行同期贷款利率计算),在判决生效之日起 10 日内清偿。

(2)驳回原告(上海农工商对外贸易公司)的其他诉讼请求。案件受理费

151185 元人民币,由原告上海农工商对外贸易公司负担 15119 元,被告中国平安保险股份有限公司上海分公司负担 136066 元。

北海海事法院判决后保险人(平安保险)不服,上诉至广西壮族自治区高级人民法院。广西壮族自治区高级人民法院经过调查审理认为,上诉双方当事人所签订的海上运输货物保险合同为有效合同。被上诉人依约交纳保险费,并将货物出险情况及时通知上诉人,证明被上诉人履行了合同约定的义务;上诉人亦应根据保险合同的约定在出险后及时向被上诉人履行支付保险赔偿金的义务。对于诉讼时效,案发次年 3 月 3 日和 5 日被上诉人正式向上诉人提出索赔,上诉人 3 月 13 日回函称对该批豆粕只能采取拍卖方式确定损失;拍卖后因双方对损失赔偿协商未果,被上诉人于案发第三年 12 月 31 日向一审法院起诉,根据我国《海商法》第二百六十七条第一款的规定,被上诉人向一审法院提起诉讼,期间并未超过 2 年的诉讼时效,故上诉人主张本案已超过 2 年的诉讼时效、请求法院驳回被上诉人的诉讼请求的理由没有事实根据,本院不予采纳。拍卖本案豆粕是经双方协商一致委托拍卖的,双方有关拍卖的意思表示真实,程序合法,买受人也已付款,上诉人主张拍卖虚假、被上诉人无损失的上诉理由,因其未举证证明,不予支持。保险事故发生后,被上诉人为了减少保险标的豆粕损失的扩大,对其采取了一系列抢险措施,为此支出了抢险劳务费、抢险疏运费、扣船费、案件受理费,根据我国《海商法》第二百四十条第一款"被保险人为防止或者减少根据合同可以得到赔偿的损失而支出的必要的合理费用,为确定保险事故的性质、程度而支出的检验、估价的合理费用,以及为执行保险人的特别通知而支出的费用,应当由保险人在保险标的损失赔偿之外另行支付"之规定,上诉人应对上述费用进行赔偿。保险费是货物保险价值的组成部分,应属保险损失赔偿范围。但对装卸包干费、保管费、关税、包装袋费等费用,因其不是为防止或减少保险标的豆粕损失的扩大而采取抢险措施所支付的合理的、必要的费用,属被上诉人经营该批豆粕中必然发生的费用,应计入成本;而律师费不是进行诉讼的必然开支,故该部分费用不属保险赔偿的范围,上诉人提出不应予以赔偿的理由成立,予以支持。一审判决确认本案保险合同有效,判决上诉人向被上诉人进行赔偿及支付利息正确,但计算损失赔偿范围有误,应予纠正。

广西壮族自治区高级人民法院依照《中华人民共和国民事诉讼法》第一百五十三条第一款第(一)、(二)项的规定,做出如下判决:

①维持北海海事法院(2000)海商初字第 011 号民事判决的第二项。

②撤销北海海事法院(2000)海商初字第 011 号民事判决的第一项及诉讼费负担。

③上诉人向被上诉人赔偿保险标的损失 15379540.04 元人民币[计算方法为:$3294038.51 \times 8.27 - (12345942 - 617297.10) - 133513.54$(免赔额)]及该款利息(利息计算,从案发次年 4 月 13 日起)。

④上诉人赔偿被上诉人保险费 88419.72 元人民币及该款利息(利息计算,从案发当年 12 月 13 日起)。

⑤上诉人赔偿被上诉人抢险劳务费损失人民币 8320 元及该款利息(利息计算,从案发次年 3 月 3 日起)。

⑥上诉人赔偿被上诉人抢险疏运费损失 764264.90 元人民币(利息计算,从案发次年 1 月 23 日起)。

⑦上诉人赔偿被上诉人货物检验费损失 58452 元人民币及该款利息(利息计算,从案发次年 2 月 26 日起)。

⑧上诉人赔偿被上诉人向广州海事法院申请扣船费和案件受理费损失 132750 元人民币及该款利息(利息计算,从案发次年 3 月 6 日起)。

⑨驳回被上诉人对上诉人的装卸包干费、保管费、关税、包装袋费、律师费的诉讼请求。

以上各项的利息计算,均按中国人民银行规定的同期流动资金贷款利率计至本判决规定的履行期限的最后一日止。

一审诉讼费 151185 元人民币(被上诉人已预交),二审诉讼费 151185 元人民币(上诉人已预交),合计 302370 元人民币,由上诉人负担 241896 元人民币,被上诉人负担 60474 元人民币。上诉人应将其少交的 90711 元付给被上诉人。[①]

【评析】

本案例所涉及的有关问题分析如下。

1.关于诉讼时效的起算

按照我国《海商法》第二百六十四条"根据海上保险合同向保险人要求保险赔偿的请求权,时效期间为两年,自保险事故发生之日起计算。"的规定,这里有两点需要注意。

(1)何为保险事故发生?本案中平安保险辩称,保险事故发生应是案发当年 12 月 18 日"孟特"轮抵达防城港之日。然而,"孟特"轮是于案发当年 12 月 18 日抵防城港并开始卸货的,但卸货是一个连续的过程,卸货开始时被保险人发现舱内货物呈红褐色并伴有结块霉变现象,这仅是被保险人对个别或部分货物表面状态的一种初始表象感觉,只有当货物全部卸离船舶,对该批货物整体状态有一个整体认识并经过客观、科学的检验后才能最终确认货损,只有在这时,才能算是保险事故发生。对此,保险人自己所签发的保单背面条款及中国人民保险公司亦持此观点,这是符合客观实际并已成为保险商业习惯的。这一认定也是符合民事基本法即《民法通则》时效起算时间的法律精神的。也就是说,直至货物卸毕,方能称之保险事故发生。

(2)诉讼时效期间何以计算?我国《民法通则》第一百三十七条规定:"诉讼时效期间从知道或者应当知道权利被侵害时起计算。"本案中保险人抗辩时效应从船舶抵港时(即案发当年 12 月 18 日)起算,这就背弃了自身保单背面条款的明确规定,为商业保险信用所不允,亦是法律不能接受的。法律不可能要求被保险人去提前预借权利被侵害的时间。即便是根据卸货的进度被保险人知道了每一天所发生的货损情况,法律也不可能要求被保险人就每一天知道的权利被侵害情况

---

① 资料来源:伍载阳、倪学伟,"上海农工商对外贸易公司诉中国平安保险股份有限公司上海分公司海上运输货物保险合同案",中国涉外商事海事审判网

逐一、分别向保险人索赔,否则就有违公平和效率原则,违背民事诉讼时效制度的初衷。对此,就海上运输货物保险事故发生的客观情况及规律,在保险业界早就形成了成文的商业习惯(即共识),由中国人民保险公司制订的海洋运输货物保险条款第五条明确规定的"从被保险货物在最后卸载港全部卸离海轮后起算"即是指"自保险事故发生之日起计算"。据此,从完整意义上来说,货物未卸完,保险人尚不知其权利被侵害。基此缘由,本案被保险货物于案发次年1月2日卸毕,保险人于案发第三年12月31日起诉,其时间并未超过法定2年的时效期限。

退一步说,即便本案诉讼时效起算时间为保险人所称的案发当年12月18日开始,被保险人起诉也未超过时效期间。这是因为,本案保险事故发生后,被保险人已于次年3月3日正式书面向保险人索赔,保险人并未对此拒赔,而是对保险赔偿金额的大小、多少有不同意见,并指示保险人就保险标的物进行拍卖来解决。其间,保险人同意保险赔偿的意思表示十分明确,只是赔偿多少未定。因而,无论是根据我国《民法通则》第一百四十条,还是根据我国《海商法》第二百六十七条的规定(撤回起诉、撤回仲裁或者起诉被裁定驳回的时效不中断),保险人诉讼时效都未发生中断,其起诉均未超过时效期间。

2.基本险承保责任的起讫

本案中被保险人将其海上运输货物向保险人投保,保险人承保并签发保单,表明双方保险合同已经成立;且合同是在被保险人和保险人双方平等、自愿基础上的真实意思表示,其内容不违背国家法律,因而该保险合同合法有效,对双方当事人具有约束力。被保险人依约交付保费,并将货物出险情况及时通知保险人,表明被保险人已经履行了合同义务;而保险人对其保险事故所致之保险标的损失,则应承担赔付义务。被保险人将"孟特"轮运载之豆粕向保险人投保,其险别为一切险;按照保单背面条款第一条的规定,一切险是指除包括平安险和水渍险的各项责任外,还负责被保险货物在运输途中由于外来原因(包括受潮、受热等)所致之全部或部分损失。本案豆粕在印度孟买装船前/时经SGS检验,其质量符合销售合同约定,而船到防城港后出现货损,表明其货损是在货物装船后、卸货前

（即在海上运输过程中）发生的，因而商检结论"该批货物受损系卸货前业已存在"。且测得各舱温度分别在 50% 左右，对此，中国船级社的检验结果是：其货损是因该轮货舱通风不良及货舱不能保持水密所致。不通风、不水密，导致船舱货物高温高热，豆粕无法散热和自然蒸发水分而"受潮、受热"损坏。可见，该批豆粕货损系属保险人承保的一切险责任范围。

另外，本案例保单背面条款中规定："保险责任起讫为'仓至仓'责任。"我国货物基本险的保险期限一般采取国际业务中惯用的"仓至仓"条款（Warehouse to Warehouse，简称 W/W）。其含义是保险责任自被保险货物运离保险单所载明的启运地发货人仓库或储存处所开始运输时生效，包括正常运输过程中的海上、陆上、内河和驳船运输在内，直至该项货物到达保险单所载明的目的地收货人的最后仓库或储存处所，或被保险人用作分配、分派或非正常运输的其他储存所为止。如未抵上述仓库或储存处所，则以被保险货物在最后卸货港口全部卸离海轮后满 60 天为止。如在上述 60 天内被保险货物需转运至非保险单所载明的目的地时，则以该项货物开始转运时终止。由于被保险人无法控制的运输延迟、绕道、被迫卸货、重新装载、转载或承运人运用运输契约赋予的权限所做的任何航海上的变更或终止运输契约，致使被保险货物运到非保险单所载明目的地时，在被保险人及时将所获知的情况通知保险人、并在必要时加缴保险费的情况下，本保险继续有效，保险责任按下列规定终止：

①被保险货物如在非保险单所载明的目的地出售，保险责任在至交货时为止，但不论任何情况，均以被保险货物在卸载港全部卸离海轮后满 60 天为止。

②被保险货物如在上述 60 天期限内继续运往保险单所载明的原目的地或其他目的地时，保险责任仍按上述第一款的规定终止。

本案例中"孟特"轮所载豆粕尚未到达被保险人仓库或储存处所时，在运输过程中就已经发生损失，因而其货物出险（即货损）在保险人保险责任期限内，故保险人辩称其保险责任于案发次年 1 月 1 日零时终止于防城港的理由不符合保单背面条款所定之"仓至仓"责任原则，其辩解理由不能成立。

3.关于保险标的损失计算及保险赔偿范围

本案保险事故发生导致保险标的损失是巨大的,如何计算其损失,直接涉及司法公正及当事人的利益。能否以商检所确定的 6262.3 吨异色货物乘以 1600 元人民币/吨残损价为基础来计算其损失呢？回答是否定的。

(1)在散装、数量巨大、变质比例为 50％以上呈层状分布的植物货损状况下,港口用抓斗机械作业分卸、装以求"好""坏"分开几乎是不可能的。

(2)以 1600 元人民币/吨的价格处理残损豆粕仅为主观臆想。因而,以当事人双方一致同意用拍卖豆粕方法来计算损失具有科学性和公正性。一方面它是现实的,而不是可能的;另一方面它是真实的,而非主观臆想的,因而更能符合"实际损失"这一法律要旨。

对于保险标的损失的计算,二审在维持一审主要判决事项的基础上进行了改判,认为装卸包干费、保管费、关税、包装袋费属被保险人经营该批豆粕中必然发生的费用,应计入成本,故不予保护。对此似可商榷。通观一审判决不难看出,一审法院对保险标的损失是根据我国《海商法》第二百一十九条的规定来计算的,也就是说,是根据货物起运地的发票价格以及运费和保险费之和来计算的,而非进口货物到达地的正常商业卖出价来计算的,因而卸货港的装卸费、保管费以及关税和包装袋费并未计入被保险人保险标的成本价的范畴。而二审判决既未按进口货物到达地的正常商业卖出价作为损失计算的依据,也未在一审判决就货物起运地的发票价格＋运费＋保险费的基础上列入装卸包干费、保管费、关税和包装袋费等损失计算,若按此计算,被保险人上述费用损失即成了拒之法律保护之外的部分,不能获得主张和支持。事实上,根据一审判决就货物起运地价格与到达港之前的运费、保费之和再加上到达港的装卸包干费、保管费(二者可视为保险标的运费的组成部分)以及关税、包装袋费等费用之和才构成了被拍卖货物的真正成本价,即成本费用,故应在保护之列。对此,笔者认为一审判决更符合客观事实,因而更具说服力。对于一审予以保护而二审改判为不予保护的被保险人为追究第三人(即承运人)责任而支付的律师费用,也似乎更符合"被保险人为防止或者减少根据合同可以得到赔偿的损失而支出的必要的合理费用"(我国《海商法》第二百四十条)的规定,况且该支出不是为本案诉讼而是另案为保险人利益进行扣船保全和诉讼支出的费用,因此予以赔付似乎更具有合理性。另外,一审法院将保费作为货物保险价值的组成部分判令保险人赔偿较之二审判决将其作为单独一项损失计算亦似乎更符合我国《海商法》第二百一十九条的立法本意。

# 案例十九　买方投保后出险的情况下,保险公司为何拒绝赔偿

**【提要】**

在国际贸易中,货方为规避货运风险通常向保险公司投保,那么,货物发生风险和损失后该如何获得保险公司的赔偿,保险公司为了承担保险责任而又不做"冤大头"又该如何进行理赔呢? 本案例中买方以 CFR 贸易术语、信用证结算方式从印度进口货物,并为该批货物向中国人民保险公司海南省分公司投了保。但卖方租用的装货船只开航后不到 48 个小时,船长就发现船壳板与骨架脱开,不得不将船就近挂靠印度另一港口避难,同时船方宣布共同海损。保险公司得到报案后,及时了解买卖合同执行过程的情况并收集有关资料,发现卖方有欺诈行为,便说服买方以贸易合同起诉卖方欺诈,避免了买方的货款损失及保险公司赔偿之损失。本案例说明在以 CFR 贸易术语、期租船、信用证结算条件成交的合同的履行过程中,买方、保险公司如何识破卖方与船方勾结进行的欺诈及其如何防范的问题。

案情

某年 7 月 2 日,"ARTI"轮装载着共约 2.4 万吨生铁和钢材自印度某港口起航前往我国。该船货物是我国汕头建筑材料企业集团公司与印度某商人以 CFR 贸易术语、期租船条件成交的,买方向中国人民保险公司海南省分公司(以下简称"保方")投了保,保险金额为 1509753.00 美元,保险范围为平安险附加短量险、偷

窃提货不着险和战争险。但该轮开航后不到 48 个小时,船长就发现船壳板与骨架脱开,而不得不将船就近挂靠印度另一港口避难,同时船方宣布共同海损。

案发后一个月,保方从有关方面获得事故信息。鉴于案情重大,保方及时通过伦敦联络处委请律师处理此案,同时向买方了解买卖合同执行过程的情况,并收集有关资料。由于买方在本合同下开出的是远期信用证,在卖方提交了全套装船单据并经审核无误之后,开证行已在汇票上签字承兑了。鉴于此,就开证行本身而言,若不支付此笔货款是不可能的。而与此同时,印度洋洋面上气候渐转恶劣,失去航行能力的"ARTI"轮漂泊于港外锚地的海面上,随时都有倾覆、沉船、造成货物全损的危险。因此,保方紧急指示律师积极与船方接触,争取以较有利的条件使船方放货,并及时组织货物转运,以便尽早将货物运至目的港。但是,由于船方一再坚持以货方赔偿其数额巨大的共同海损损失、费用并放弃对其索赔的权利作为放货的先决条件,并且事事采取不合作的态度,所以保方经过几个月的努力仍毫无结果。在此情况下,保方不得不设法另寻解决问题的途径。通过调查,保方发现了本案的几处疑点。

(1)"ARTI"轮当年 5 月 27 日靠港,5 月 28 日开始装货,同时租船人检验师登轮进行承租检验,检验结果以及事故后的检验结果均证明该轮开航前已处于不适航状态。

(2)该批货物 5 月 28 日开始装船,5 月 31 日装完。船方出具的大副收据上批注"装船前所有货物均有锈蚀并曾被水浸泡,捆带和卡箍有不同程度断裂,船方对货物状况和质量概不负责"。这一批注也经由租船人保协检验师验货确认,船长也曾多次传真通知租船人及其代理。

(3)该批货物于 5 月 31 日装船完毕后,由租船人代理签发了第一份清结提单。该提单有租船人代理和托运人正式签章和背书,并贴有印度官方契税。提单通知方为中国外运,卸货港为上海。

(4)"ARTI"轮 7 月 2 日起航,当日卖方将买卖合同传给买方签署,合同中含有"表明'部分捆上有表面锈和风化锈'的提单是可接受的"这一条款。

（5）"ARTI"轮 7 月 4 日发生事故，7 月 6 日进入避难港并宣布共同海损。7 月 7 日租船人代理对该单货签发了第二份清洁提单提交议付，该提单与第一份清洁提单明显不同之处是没有加贴印度官方契税，提单通知方则为我国汕头建筑材料企业集团公司，卸货港为汕头。

（6）卖方事前未向买方提供租船合约，但从有关往来函件中可以确定，卖方同时也是"ARTI"轮的期租人。

从以上归纳的情况来看，本案有很突出的几个特点：第一，承运船起航前就已处于不适航状态；第二，提交议付的清洁提单不实；第三，买卖合同的签约过程有欺诈行为。之后，保方对本案提出了三种可能的处理方案。

第一个方案是以船舶不适航为由拒赔，但保方考虑到这一理由很难胜诉。尽管按照订立保险合同的诚信原则，承运船舶的适航性是海上保险最重要的默示保证内容之一，但从保方承保的这批货物的具体情况来考虑，被保险人在投保时并未获知该承运船舶不适航的情况，而且船舶不适航也是他们所无法控制的，因而在投保时他们并未违反告知和保证的诚信原则，保方也就无法以此为由拒绝受理此案。故此，简单拒赔的理由是不充分的，以此拒赔将使保方陷入与被保险人之间保险合同纠纷的官司中，而结果完全可能以保方败诉终局。

第二个方案是以运输合同起诉承运方，保方胜诉的可能性较大。从收集到的"ARTI"轮承租检验报告和该船出险后的船检报告中可以证实，该轮于开航前就已处于不适航状态，可以以提供不适航船舶起诉承运方。根据《海牙规则》，作为船舶期租人的卖方应同船东一样负连带责任。但是，"ARTI"轮船东是一利比里亚籍单船公司，除了这一条船外别无其他资产，而卖方实际上只是一空头的贸易公司。暂且抛开船舶本身债务和抵押权不说，无论是船东还是卖方都没有太多可供扣押的有价值的资产，货方利益事实上得不到保全。如果在别处申请扣押其保赔协会的其他船只，风险也是很大的。因为"ARTI"轮本身不适航，其保赔协会一直未肯确认其保赔保险是否仍然有效，故其保协是否会提供我们所要求的担保就难以确定。而且，如果采取这一类做法，开证行都必须按事先承兑按时支付货款。

由于装货港在印度,提单签发地也在印度,"ARTI"轮目前也还挂靠在印度港口避难;如果对承运方采取法律行动,在该提单无管辖权条款的这种情形下必然适用印度法律。对于保方来说,如果付出大笔货款后再在印度打一场马拉松式的官司,其结果只能是给保方造成很大的经济损失而不会有好结果,这对保方仍是极为不利的,因此,这一方案实无可取之处。

第三个方案是以贸易合同起诉卖方欺诈。从前面归纳的本案案情来看,大副收据表明的货物状况是极差的,而作为卖货人兼租船人的卖方,事前对船舶不适航的状况和货物本身很差的状况应是了如指掌的。首先,且不说其前后签发了两套提单是何意,就其 7 月 2 日提供给买方签署的合同实际上是隐瞒了货物的真实情况,是带有欺骗性的;其次,尽管船方一再要求在提单上加上经保协检验师同意确认的大副收据上的批注,但兼为租船人的卖方仍利用其由期租合约取得的提单签发权,指令租船代理前后签发了两套清洁提单,而且第二套提单是于船舶发生事故后的 7 月 7 日签发的,提单上又没加贴印度官方契税,实有伪造提单之嫌疑。且不说其是否会骗取两笔货款,但其行为已严重违反了关于"统一提单的国际公约"有关物权凭证的规定,损害了买方利益,同时也在货物品质上欺骗了买方。由此看来,卖方实有合同欺诈和单证欺诈之嫌疑。鉴于开证行尚未履行付款,还有可能以诉合同无效来解除合同,终止付款并索赔保方经济损失。保方认为,以这些事实来起诉卖方合同欺诈,其理由可以说是比较充分的。

在管辖权方面,由于买卖合同中无管辖权条款,合同的最终签约地又是海口,故此合同纠纷可适用我国法律,保方可选择在国内起诉,这对保方也是有利的。同时,由于适用我国法律,根据《中华人民共和国民法通则》(以下简称《民法通则》)第五十八条第三项的规定,一方以欺诈、胁迫手段或者乘人之危,使对方在违背真实意思的情况下所做的行为,包括受欺诈一方开具信用证和支付货款的行为,都属于无效的民事行为;根据《中华人民共和国合同法》(以下简称《合同法》)第五十二条规定,一方以欺诈、胁迫的手段订立合同,恶意串通、损害国家、集体或者第三人利益、损害社会公共利益的合同,均属于无效合同。从上述事实出发,加上这些法律依据,保方对卖方提出侵权诉讼是有充分的理由和根据的,胜诉的可能性也较大。

在综合考虑了三个可能处理方案的利弊之后,保方认为,第三个方案是可行的。通过与被保险人沟通,最终使其接受了保方的建议,首先采取断然的诉前保全措施,向法院申请止付令,保住了货款。随后,保方向被保险人提供了所收集的资料、证据,配合被保险人在法院止付令的 1 个月有效期内在海口海事法院向卖方提起侵权诉讼,起诉卖方隐瞒货物的真实情况,诱使买方签订了一个欺骗性合同之后又提供了与合同不符的货物,并且以内容不真实的提单提交议付,以致损害了买方的利益,造成买方的经济损失;要求法院确认该欺诈性贸易合同无效,所提交议付的提单无效,退回货款(信用证),并赔偿买方所遭受的经济损失。海口海事法院在经过一段时间的庭审、调查之后,在保方所提交的证据、材料的基础上,于当年 10 月 14 日对本案做出了判决,判决原告(买方)、被告(卖方)所签贸易合同无效,被告所提交的海运提单无效;被告(卖方)返还原告信用证项下货款 1366627.75 美元(退回信用证);赔偿原告利息损失、营业损失合计人民币 993985.76 元。原告(买方或被保险人)最后胜诉。[①]

## 【评析】

本案例所涉及的问题分析如下。

1.关于保险公司的责任

(1)保险公司的赔偿责任。根据《中华人民共和国保险法》(以下简称《保险法》)的规定,当投保人根据合同约定向保险人支付了保险费,保险人对于合同约定的可能发生的事故而造成的财产损失承担赔偿保险金的责任。本案例中投保人向中国人民保险公司海南省分公司投保了平安险附加短量险、偷窃提货不着险和战争险。

平安险承保责任范围包括:

---

① 资料来源:http://www.ynceo.cn/Article/ddwz/200408/2535.html

①在运输过程中,由于恶劣气候、雷电、海啸、地震、洪水等自然灾害造成被保险货物的实际全损或推定全损。

②由于运输工具遭遇搁浅、触礁、沉没、互撞、与流冰或其他物体碰撞以及失火、爆炸等意外事故造成被保险货物的全部或部分损失。

③只要运输工具曾经发生搁浅、触礁、沉没、焚毁等意外事故,不论这意外事故发生之前或者以后曾在海上遭遇恶劣气候、雷电、海啸等自然灾害造成的被保险货物的部分损失。

④在装卸转船过程中,被保险货物一件或数件落海所造成的全部或部分损失。

⑤被保险人对遭受承保责任内危险的货物采取抢救、防止或减少货损的措施支付的合理费用,但以不超过该批被救货物的保险金额为限。

⑥运输工具遭遇自然灾害或者意外事故,需要在中途的港口或避难港口停靠,因而引起的卸货、装货、存仓以及运送货物所产生的特别费用。

⑦发生共同海损所引起的牺牲、分摊费和救助费。

⑧运输契约订有"船舶互撞条款",按该条款规定应由货方偿还船方的损失。

短量险指保险人承担承保货物数量和重量发生短少的损失。通常,包装货物的短少,保险公司必须要查清外包装是否发生异常现象,如破口、破袋、扯缝等,若属散装货物,往往以装船重量和卸船重量之间的差额作为计算短量的依据,但不包括正常运输途中的自然损耗。

偷窃提货不着险是指在保险有效期内,被保货物被偷走或窃走以及货物运抵目的地以后,货物的全部或整件未交的损失由保险公司负责赔偿。

战争险是承保战争或类似战争行为等引起保险货物的直接损失。保险公司对此种险别的承保责任范围包括:由于战争或类似战争行为和敌对行为、武装冲突或海盗行为以及由此而引起的捕获、拘留、禁制、扣押所造成的损失,或者由于各种常规武器(包括水雷、鱼雷、炸弹)所造成的损失。由于上述原因所引起的共同海损的牺牲、分摊和救助费用属于战争险的赔付范围,但对原子弹、氢弹、核武器所造成的损失,保险公司不予赔偿。

也就是说,只要本案例中保险标的物发生上述风险并造成损失,保险公司就有赔偿责任。

(2)保险公司的免责。本案例中装运被保货物的船只开航后不到 48 个小时,船长就发现船壳板与骨架脱开,而不得不将船就近挂靠印度另一港口避难。看似发生了平安险承保的事故及费用,但保险人是否赔偿还要看是否属于保险公司的免责范围。中国人民保险公司海运保险平安险等三种基本险别的除外责任包括:

①被保险人的故意行为或过失所造成的损失。

②属于发货人责任所引起的损失。

③在保险责任开始前,被保险货物已存在品质不良或数量短差所造成的损失。

④被保险货物的自然损耗、本质缺陷、特性以及市价跌落、运办理延迟所引起的损失或费用。

⑤保险公司海洋运输货物战争险条款和货物运输罢工险条款规定的责任范围和除外责任。

本案例中,所有货物装船前均有锈蚀并曾被水浸泡,捆带和卡箍有不同程度断裂,这说明被保险货物在保险责任开始前已存在品质不良的现象;并且承运人签发清洁提单,有欺诈嫌疑;另外,承运船只在开航前就已处于不适航状态等。这在一定程度上为保险公司免责提供了口实。

2.保险的索赔与理赔

保险索赔是指在保险责任有效期内发生属于保险责任范围内的损失,被保险人按照保险单的有关规定向保险人提出赔偿要求。在索赔工作中,被保险人应做好下列工作。一是损失通知。二是向承运人等有关责任方提出索赔。三是采取合理的施救、整理措施。根据保险条款的规定,施救整理工作是被保险人的义务。被保险货物受损后,被保险人应尽可能采取各种施救整理的措施来减少损失和避免损失的扩大。被保险人收到保险公司发出的有关采取防止或者减少损失的合理措施的特别通知的,应当按照保险公司通知的要求处理。因抢救、阻止或减少货损的措施而支付的合理费用,可由保险公司负责,但以不超过该批被救货物的保险金额为限。四是备妥索赔单证。提出索赔时,除提供检验报告外,通常还须提供如下单证:保险单或保险凭证正本;运输单据;发票;装箱单或磅码单;到货通知单;涉及承运人等第三方责任,需提供向责任方请求赔偿的函电及其他必要的单证或文件;货损货差证明;海事报告摘录;索赔金额及计算依据;有关费用的项目和用途的索赔清单。

保险理赔是指保险人受理投保人提出的索赔要求并对保险索赔进行处理的整个过程。保险人在收到被保险人的索赔通知后,不是立即按被保险人提供的索赔清单给予赔偿,而是对以下几方面予以审定:

(1)保险人与索赔人之间有无合法有效的合同关系,即索赔人必须是保险单的合法持有人。

(2)索赔人是否具有可保利益。

(3)损失是否是由于保险人承保责任范围内的风险引起的直接损失。

(4)货损的确定是否准确、赔款的计算是否准确。

(5)是否有代位追偿权。

在保险业务中,为了防止被保险人双重获益,保险公司在履行全损赔偿或部分损失赔偿后,在其赔付金额内,要求被保险人转让其对造成损失的第三责任方要求赔偿的权利。这种权利称为代位追偿权(Right of subrogation),或称代位权。在实际业务中,保险人首先向被保险人进行赔付,才能取得代位追偿权。其具体做法是,被保险人在获得赔偿的同时签署一份权益转让书,作为保险人取得代位权的证明。保险人便可凭此向第三责任方进行追偿。

3.本案的启示

本来保方作为货物保险人,对保额为 150 万美元的货物负有完全的责任,故而在发案之初立即委请律师介入调查、取证,并与船方交涉,要求放货并转运。如果当时与船方谈判成功,货物能顺利换船转运至目的地,保方也得为此付出一大笔费用;如果船舶在锚地海面上漂泊时因恶劣的气候而不幸倾覆、沉没,保方也将不得不对货物的全损负赔偿责任。随之而来的又将是一场又一场耗费时日、耗资费力的官司。但保方紧紧抓住了开证行尚未到期付款这一有利条件,通过对收集的材料、证据的综合分析,作出判断,说服被保险人向法院申请止付令、冻结货款,争得了主动权;随之以贸易合同向卖方提起侵权诉讼,并取得胜诉。保方也解脱了巨额赔偿责任和诉讼缠身的烦恼。本案取得成功的关键在于说服被保险人用法律手段止付了货款,从而把一个可能成为保险人与被保险人、承运人之间多角纠纷的矛盾顺利转化为买卖双方的贸易合同纠纷,既帮助被保险人保护了他们的利益,同时也维护了保险人自身的利益,双方对此结局都感到满意。而从本案例中,我们也得到不少启示。

(1)按 CFR 术语、信用证结算条件成交的合同履行时,卖方租船订舱,货物风险转移界限是装运港船舷,卖方只保证按时装运并不保证货物按时安全抵达目的港,也不承担把货物送到目的港的义务;而且卖方只支付承运人从装运港到目的港的正常运费,途中发生意外事故而产生的费用由买方承担。所以,这就为卖方买通船方、获得运输单据诈骗买方货款提供了机会。因此,在做进口业务时,买方应谨慎行事。具体做到:

①对卖方的资信作深入的调查了解,以防止卖方欺诈。

②及时办理保险手续,以规避一定的风险。

③尽可能向卖方争取指定装运船只的船名及所属的船公司,或向卖方了解装运货物的船名及船公司。

④如果是大宗类货物,尽量争取采用买方自己运输的术语。

⑤认真审核付款的单据,如果发现卖方有欺诈迹象,应立即采取补救措施,尽快终止付款。

⑥如果发现货物有风险及损失,要及时与保险公司联系,双方通力合作,将风险和损失控制在最小范围内。

(2)保险人除了按照承保范围赔偿损失外,还应对以下问题引起注意:

①海上货运险是风险较大而且较集中的险种,保险人对海上货运险的承保绝不能简单、草率从事。在本案货物承保之前,如果保险人调查一下船东、船舶本身及货物装船等方面的简单情况,就可能会从中发现一些疑点,承保中就会变得慎重一些;同时也可告诫被保险人(CFR 术语下的买方)慎重签约,以避免陷入卖方与船方勾结进行欺诈的圈套,避免索赔、打官司的麻烦。

②贸易公司所签贸易合同的付款条件对保险人所负责任及利益至关重要,保险人在承保大宗业务时完全有必要了解被保险人贸易合同中的相关条件,同时也有为企业当好顾问的义务。在本案中,如果贸易合同的付款条件是即期信用证付款,那么货款付出之后,即使这时发现卖方或船方有欺诈,保险人也无能为力。

③租船合约是确定承运人和各方面责任的重要依据,因此,保险人在承保大宗货运险业务时,必须要求被保险人提供租船合约作为以后理赔追偿的依据。在本案中,如果不是事后拿到租船合约并得到租船人和船方的往来函电,保方也就无法确认卖方同为租船人的身份,对本案的处理也就无法做出正确的决断。

④在国际贸易过程中,随时都有发生欺诈的可能,因此,防止欺诈、化解贸易风险,不仅仅是外贸公司本身的职责,而且也与作为货物保险人的保险公司的利益密切相关。在这方面,保险人应利用其具有世界范围的业务网络这一有利条件,更为有效地进行风险防范。在保险业务的内部管理方面,要建立健全一套完整的核保制度,做好大笔业务承保前的各项调查工作,这是保险人控制承保风险、业务质量和经济效益的一项必要措施。

# 案例二十　被保险人是否违反
# 保证条款,是否要举证

**【提要】**

本案例中买方为货物向保险公司投保了海运一切险和战争险,货物装船前经检验确认符合合同要求,承运人签发了清洁提单。经过半个月航程,货物到达与保单所载字面上不一致的卸货港。经检验,重量比提单记载短少,不符合合同的约定,且部分变质。而对承运船只的检验显示该轮船未见异常。后买方与保险公司取得联系,双方就残损货物的处理和赔偿问题进行了协商,但双方未能达成一致意见。投保人(买方)认为,其所投保货物在保险公司承保期限和承保范围内发生损失,保险公司理应予以赔偿。保险公司认为,买方(投保人)有义务证明保险标的所遭受的损害系由某列明的风险所造成,否则保险人有权拒绝赔偿;并且买方单方面变更保单载明的卸货地,违反了保证条款,无权索赔。本案例所涉及的问题是何为保证条款以及违反保证条款的法律后果和"一切险"的举证问题。

案 情

某年 10 月 27 日,深圳华联粮油贸易公司(以下简称粮油公司)与瑞士迪高谷物有限公司(DECOMS.A)签订买卖合同,向后者购买 12000 吨(可增减 10%,由卖方选择)散装黄豆粕,约定货物价格为中国蛇口或赤湾港 CFRFO(成本加运费,不负责卸货)每吨280.6美元,加开立信用证期间的利息后每吨 286.6 美元;装运期限为该年 11 月 6 日~12 月 6 日。豆粕的蛋白质含量为 45% 基准;含水量最多12%。之后,粮油公司按发票单价每吨 286.6 美元计付了货款。

11 月 25 日,粮油公司为上述进口豆粕与华安财产保险股份有限公司(以下简称保险公司)签订了一份货物运输保险单。该保险单正面记载:运输工具为"仁达思"轮;起运日期为 11 月 26 日,自印度至中国蛇口;保险货物为散装印度产黄豆粕12000 吨(10%增减);根据中国人民保险公司海洋运输货物保险条款(1/1/1981)承保一切险和战争险,包括短量险;货物计重以中国蛇口码头地磅电子秤重为准,以与提单数量差额计短重。如出现短重,则免赔数量(包括正常途耗)为 0.5%。该保险单背面印备的海洋运输货物保险条款规定的"一切险"保险责任范围为:"除包括上列平安险和水渍险的各项责任外,本保险还负责被保险货物在运输途中由于外来原因所致的全部或者部分损失"。该条款与中国人民保险公司海洋运输货物保险条款(1/1/1981)相同。背面条款还规定,"本保险负仓至仓责任,自被保险货物离开保险单所载明的启运地仓库或储存处所开始运输时生效,包括正常运输过程中的海上、陆地、内河和驳船运输在内,直至该项货物到达保险单所载明目的地收货人的最后仓库或储存处所或被保险人用作分配、分派或非正常运输的其他储存处所为止。如未抵达上述仓库或储存处所,则以被保险货物在最后卸载港全部卸离海轮后满 60 天为止。如在上述 60 天内被保险货物需转运到非保险单所载明的目的地,则以该项货物开始转运时终止。"

同年 12 月 2 日,该保险单项下豆粕在印度孟买港开始装上"仁达思"轮,12 月 15 日装船完毕。承运人印度船务有限公司签发了清洁提单,提单记载的卸货港均为"蛇口",货物总重量为 11917.04 吨。装船前印度的检验公司对该批豆粕进行了检验,认为货物装船时状况良好,有销售价值,无寄生虫类,没有发霉和异味,适合动物食用,蛋白质含量为45.15%,含水量为 11.94%。

12 月 30 日,"仁达思"轮抵赤湾,次日开始卸货。卸货当天,粮油公司以传真函通知保险公司:"货物已于昨天下午运抵赤湾港卸货,请速派人员到港口勘查"。次年 1 月 1 日,装卸工人发现第四舱内豆粕发红变质。粮油公司及时通知了保险公司,次日保险公司派人到现场查看。粮油公司申请深圳进出口商品检验局对货物进行检验,检验结果单记载:发现部分豆粕呈红色,分布不均匀,并伴有发热、霉味现象。随着卸货越往舱底处,豆粕的颜色越深,呈红褐色。经向船方了解及查阅有关资料,装货期间没有异常情况发生;航行途中也没有遇到恶劣天气。

最后的统计是:卸下的豆粕总净重为 11708.099 吨,比提单记载的重量短少 208.941 吨;发红变质的货物为 4927.389 吨。经检查,该轮舱底及舱壁没有发现异常情况,鉴定认为上述货物发红变质系货物装船后运输过程中发生的。该批货物的蛋白质含量为43.97%,含水量为 12.6%,不符合本案买卖合同的约定。

次年 1 月 6 日,粮油公司向广州海事法院提出诉前财产保全申请,请求扣押"仁达思"轮,责令承运人印度船务有限公司提供 1776920 美元的担保。同日,广州海事法院裁定准许了粮油公司的申请,扣押了"仁达思"轮,随后承运人提供了担保,1 月 9 日广州海事法院解除了船舶扣押。

发现货物出险后,粮油公司与保险公司双方对残损货物的处理和赔偿问题进行了协商。1 月 13 日,保险公司通知粮油公司,初步同意将有问题的豆粕以每吨 2000 美元的价格出卖。1 月 21 日,保险公司又通知粮油公司,对受损的货物,无论卖出与否、价格高低,其都将以每吨 1600 美元的价格结算。1 月 23 日,双方就该批豆粕保险赔偿事宜签订了一份协议书,约定:"甲方(指保险公司)确认已收到乙方(指粮油公司)按照保险单规定提交的包括商检证书在内的索赔文件,在判定有关单证无异议的情况下,根据保险单有关规定做出理赔,具体理赔金额按双方达成的协议约定;甲方应在 3 月 10 日之前实现对乙方的保险赔偿,如果不在上述时间内实现对乙方的保险赔偿,乙方有权终止对承运人的诉讼,并直接诉请甲方予以赔偿,由此所引起的一切后果及费用应由甲方承担";"因甲方在乙方诉前保全必须提起诉讼的期间难以完成理赔的手续,无法取得对承运人的代位求偿权,甲方要求乙方以乙方的名义起诉承运人,乙方因起诉承运人所产生的所有风险、费用和收益由甲方承担。本条所指费用包括诉前财产保全费用、诉讼费、律师费等"。

粮油公司于 1 月 24 日向广州海事法院对印度船务有限公司提起诉讼。其后保险公司和粮油公司双方又对赔付额和赔付条件进行了协商,但协商未果。于是,粮油公司于 5 月 20 日向法院提出撤回对印度船务公司的起诉的申请。6 月 1 日,保险公司拟就了一份赔付协议文本,并加盖了公章,写明:"甲方(保险公司)按双方已确定的赔付额在 6 月 10 日前按本协议的规定全部赔付给乙方(粮油公司),并取得代位求偿权。具体赔付额为:短量 390824 美元、货损 4289469.40 美元、商检费 70000 美元、转仓与翻堆费用 64132.18 美元、诉讼费 75115 美元、诉前保全费 5000 美元,共计 4894540.58 美元。"但因双方对该协议文本的其他条款未能协商一致,没有签订。7 月 3 日,广州海事法院裁定准许粮油公司撤回对印度船务有限公司的起诉,并发还了担保。

之后,粮油公司将残损的货物出售,其中 1800 吨以每吨 2000 美元的价格售出,3127.389 吨以每吨 1600 美元的价格售出,共得价款 8603822.4 美元。经核实,粮油公司因货物短重损失 390824 美元(已扣除 0.5％的免赔数量);因货物残损损失 4289469.4 美元;支出商检费 71214 美元、转仓与翻堆费用 64132.18 美元;支出诉前财产保全申请费 5000 美元、起诉承运人的诉讼费用 37557.5 美元。

7 月 28 日粮油公司向广州海事法院起诉,称:粮油公司所投保的货物在保险公司承保期间和承保责任范围内发生货损,保险公司应予保险赔偿。请求法院判令保险公司向粮油公司支付:货物短少赔偿金 418907.5 美元;货物残损赔偿金 4289469.40 美元;因处理出险货物而产生的费用 134132.18 美元;因保险公司未履行双方于 1 月 23 日达成的协议,而导致粮油公司的损失(包括律师费和诉讼费用)392557.50 美元及违约金 339003.14 美元。同时,粮油公司提供了深圳市港务管理局出具的一份《证明》,内容为:"赤湾港航股份有限公司(属赤湾港区)为深圳市港务管理局行业管理的港口企业。深圳港目前共有八个港区,其中招商港务股份有限公司、赤湾港航股份有限公司、海星港口发展有限公司、圳华港湾企业有限公司四家企业分属四个不同港区,各港区的有关港口业务同属蛇口海关、蛇口边检、蛇口商检、蛇口动卫检等同一口岸部门办理。""蛇口一般泛指地域名,以上四个港区在地理位置上均属蛇口区域,不具体指某一确定企业。"

被告保险公司答辩称:保险公司签发的保单记载的卸货港为"中国蛇口",但货物没有在保单约定的卸货港卸下,而是在赤湾港卸下。粮油公司单方面变更保单载明的卸货地,违反了保证条款,无权依保单向保险公司提出任何索赔。而且,粮油公司未按保单约定的"以中国蛇口码头地磅电子秤重"计重方式计重并提供有关的证明文件,因此无权要求保险公司就其所称的短重履行任何赔付义务。中国人民银行在答复中国人民保险公司关于《海洋货物运输保险"一切险"条款的请示》的复函中对"外来原因"作了限制性解释。保单中"一切险"属列明风险,因此粮油公司有义务证明保险标的所遭受的损害系由某列明风险所造成,否则,保险人无需引用除外责任就有权拒赔。保险公司未按 1 月 23 日达成的协议做出赔付是因为粮油公司没有提交能够证明保险公司依法确实有义务向粮油公司赔付的证明文件,保险公司并非违约。粮油公司撤销对承运人的起诉,构成放弃向第三人要求赔偿的权利。而且在向承运人主张权利的诉讼时效届满前，其仍未对承运人提起诉讼，而使针对承运人的请求超过诉讼时效，因此产生的法律后果应由粮油公司承担。请求法院驳回粮油公司的诉讼请求。

最后，法院根据我国《保险法》第三十条、《中华人民共和国海商法》（以下简称《海商法》）第三十条、第二百三十七条规定，做出如下判决：

保险公司赔偿粮油公司：货物短量损失 390824 美元，货物损失 4289469.40 美元，商检费 71214 美元，转仓与翻堆费用 64132.18 美元，起诉承运人的诉讼费 375577.5 美元，诉前财产保全申请费 5000 美元及上述款项自当年 7 月 28 日起至本判决生效之日止按同期中国人民银行贷款利率计算的利息。[①]

## 【评析】

本案例所涉及的有关问题分析如下。

1.如何理解保证条款，被保险人是否违反保证条款

本案中，保险公司拒绝赔付时称：粮油公司单方面变更保单载明的卸货地，违反了保证条款，无权依保单向保险公司提出任何索赔。"保证条款"是我国现有法律中与海上保险有关的一个特有概念，源于英国海上保险法。它是保险人和被保险人双方约定，被保险人对某一事项作为或者不作为，或者担保某一事项真实性的条款。例如，保证最大诚信地提出索赔，保证货物不用 15 年以上船龄的旧船运输，等等。我国《海商法》第二百三十五条规定："被保险人违反合同约定的保证条款时，应当立即书面通知保险人。保险人收到通知后，可以解除合同，也可以要求修改承保条件、增加保险费。"该规定仅对被保险人违反保证条款的后果作了原则性规定，显得比较简单。由上述法条的文义可以看出，保险合同中某条款是否为保证条款，要看合同约定，要看是否明确约定对某事的作为或不作为，或/和看是否约定当被保险人违反该条款时，保险人享有解除合同或要求修改承保条件、增

---

① （资料来源：覃伟国、余晓汉，"华联粮油诉华安财产保险海上货运保险合同纠纷案"，中国涉外商事海事审判网

加保险费的选择权。对于不具备这些特征的条款，就不能识别为保证条款。如果某保险条款虽然没有明示为"保证条款"，但其规定的内容及违反该条款的后果与我国《海商法》第二百三十五条的规定一致，该条款具备保证条款的基本特征，也构成保证条款。本案所涉保险单实际上是我国保险市场较多选用的中国人民保险公司海洋运输货物保险条款（1/1/1981）。中国人民保险公司海洋运输货物保险条款第三条第（二）款规定："由于被保险人无法控制的运输延迟、绕道、被迫卸货、重行装载、转载或承运人运用运输契约赋予的权限所作的任何航海上的变更或终止运输契约，致使被保险货物运到非保险单位所载明的目的地时，在被保险人及时将获知的情况通知保险人，并在必要时加缴保险费的情况下，本保险仍继续有效，保险责任按下列规定终止。

（1）被保险货物如在非保险单所载明的目的地出售，保险责任至交货时为止，但不论任何情况，均以被保险货物在卸载港全部卸离海轮后满六十天为止。

（2）被保险货物如在上述六十天期限内继续运往保险单所载原目的地或其他目的地时，保险责任仍按上述第（一）款的规定终止。"该条规定并不完全具备我国《海商法》第二百三十五条规定的保证条款的特征。按照我国《海商法》第二百三十五条规定，被保险人违反保证条款后，解约或修改承保条件、增加保险费的选择权在保险人。而按照中国人民保险公司海洋运输货物保险条款的规定，被保险货物目的地因特定原因变更，只要被保险人及时获知的情况下通知保险人，并在必要时加缴保险费，保险继续有效，保险人无权解约，该条款没有赋予保险人在货物目的地变更情况下有解约或要求修改承保条件、增加保险费的选择权。该条款不具有保证条款的效力。所以，本案所涉保险单中约定的卸货港的条款，不宜认定为保证条款。

尽管本案保单约定的卸货港条款不属于保证条款，但如果被保险人违反了该条款，其仍须按照保险合同的约定和法律的规定承担违约责任，要及时通知保险人，必要时增加保险费或主动终止保险合同。本案保险单约定的卸货港为"中国蛇口"，而货物实际在赤湾港卸下。"蛇口"与"赤湾"从字面或纯地理观念上看会使人认为二者为互不包容的不同地域。但本案所涉运输和保险均是双方当事人从事的商业活动,对其约定就应更多地从商业观念上去理解和解释。"蛇口"作为商业区域包括赤湾,且本案中被保险人拿出了作为深圳港口行业主管机关的深圳市港务局出具的证明:蛇口一般泛指地域名,招商港区、赤湾港区、海星港区、圳华港区四个港区在地理位置上均属蛇口区域。因此,法院认为货物在赤湾卸下没有超出保险合同约定的运输范围,符合深圳当地的一般商业观念,是适当的。而且,货物在赤湾卸下并未增加保险标的物的风险,也未增加保险人的费用和不便。更重要的是,被保险人在卸货当天就通知了保险人,保险人并未要求修改承保条件、增加保险费,也没有要求解除合同。保险人在得知出险后一段时间内没有拒赔,而是与被保险人协商赔偿与处理残损货物问题。按照我国《海商法》第二百三十五条的规定,被保险人违反保证条款,保险合同并不自动解除,而是要保险人行使法定解除权而解除。民事权利也可因当事人的行为明示和默示放弃及因时间的经过而消灭。也就是说,即使保险人认为货物在赤湾卸下被保险人违反了保证条款,而从保险人当时与被保险人协商处理货物、没有提出解约主张的行为看,保险人没有行使解约权,表明愿意继续受保险合同约束。保险人的这些行为只能理解为:保险人当时对货物在赤湾卸下是没有异议的,并不认为被保险人违反了保证条款,或者其虽然认为被保险人违反了保证条款,但却以着手理赔的行动表明放弃解除合同的权利,愿意继续受保险合同的约束。事后,保险人为拒赔再从"蛇口"和"赤湾"的字面差异出发提出被保险人违反保证的抗辩,就显得不足为据了。再者,粮油公司委托深圳进出口商品检验局对卸下的豆粕进行衡重以确定其重量,货物计重的公正性和公平性不值得怀疑,货物重量的准确性也不值得怀疑。因此,保险公司以粮油公司未按保单约定的"以中国蛇口码头地磅电子秤重"计重方式计重为理由,来拒赔货物短量造成的损失,其理由不能成立。

2.本案海运货物保险单中"一切险"是否属列明风险

列明风险条款就是保险条款对承保的风险采取逐项列举的方式详细明示,而不是采用一般性、包容性的术语进行概括。列明风险条款的保险人承保的风险就限定在所列举的风险项目中,被保险人索赔必须举证证明损失是列明风险中的某项或某几项原因所致,否则,保险人可以以被保险人不能证明损失属承保范围为由而拒赔。非列明风险条款主要采用一般性、包容性的术语对承保风险进行概括,或者对部分承保风险列明,对部分承保风险进行一般概括。非列明风险条款一般对除外责任进行详细列明,就是指非列明风险主要通过列举除外风险来限定承保风险。在非列明风险条款下,只要被保险人初步证明了保险事故的原因属保险条款规定的一般性、包容性的术语范畴,保险人欲从保险事故原因上抗辩进行拒赔,就须证明损失是保单除外责任条款中列明的某项除外风险所致;如果保险人不能举证除外风险,法院将认定损失属保单的承保范围。既然非列明风险保险单没有从正面具体列明承保项目,被保险人就没有必要超出保单的约定举证。

本案中保险人所采用的保险条款即中国人保 1981 年 1 月 1 日的《海洋运输货物保险条款》的“一切险”,其保险责任范围为:“除包括上列平安险和水渍险的各项责任外,本保险还负责被保险货物在运输途中由于外来原因所致的全部或者部分损失”。其中,平安险和水渍险条款属列明风险条款,而本案一切险条款中对“外来原因”这一概括性术语没有进一步列明其范围,外来原因,即属非列明风险。所以在整体上看,本案“一切险”条款也应属非列明风险条款。虽然中国人民银行《关于《海洋运输货物保险“一切险”条款解释的请示》的复函》(银函〔1997〕210 号)将“外来原因”限定为“仅指盗窃、提货不着、淡水雨淋、短量、混杂、玷污、渗漏、碰损、破碎、串味、受潮受热、钩损、包装破碎和锈损”的解释似乎应将“外来原因”及本案“一切险”理解为列明风险。但是,从法理上看,中国人民银行的上述复函只是我国保险业的主管机关做出的部门规章,只对其所属的保险公司从事保险业务起指导作用,而不是对具体的保险合同条款进行解释,因而不能作为判定依据。另外,保险合同条款必须是当事人的自由合意,本案保险合同当事人并没有将中国人民银行的上述指导意见纳入到保险单中转化为合同条款。因此,中国人民银行的上述复函作为部门规章不能对保险人和被保险人平等民事主体之间的民事合同产生约束力,不能强制性地自动成为保险单中的一项保险条款,不能改变本案"一切险"非列明风险的特征。

既然"一切险"为非列明风险,被保险人只要能证明货物是在保险人的责任期间因外来原因遭受灭失、损坏的,而不必证明具体是由那一种风险造成的,保险人就应承担赔偿责任,除非保险人能证明货物的灭失损坏是由于除外风险造成的。在本案中,被保险人举证证明豆粕货物在装船前状况良好、在运输途中发霉变色,船舶航行途中没有遇到恶劣天气,船舶舱底及舱壁没有异常情况,这就排除了平安险和水渍险所列明的自然灾害和意外事故引起本案货损的可能。按照豆粕霉变成因的一般规律,豆粕霉变货损可能属于外来原因(如航行中通风不够,受潮受热)或货物本质缺陷所造成的。但本案货物装运前的商检证明货物装运前含水量并不高,没有发现瑕疵,这就进一步表明货损并非由于货物本身缺陷所致。如前所述,非列明风险条款下,如果保险人不能举证除外风险,法院将认定损失属保单的承保范围。本案中保险人没有举证货损是由除外风险造成的,法院只能认定货损由外来原因所致。所以,本案判决认定货损属保单一切险的承保范围、由保险公司承担该损失是正确的。

3.海运货物保险合同下被保险人协助保险人追偿的义务

海运货物发生保险事故后,被保险人既可以基于提单等运输法律关系向承运人索赔,也可以依据保险合同径直向保险人索赔。按照我国《海商法》第二百五十二条的规定,当保险标的发生保险责任范围内的损失是由第三人造成的,被保险人请求保险人赔偿,被保险人应当向保险人提供必要的文件和其所需要知道的情况,并尽力协助保险人向第三人追偿。被保险人的协助义务包括使保险人能在时效期内向第三人追偿,具体体现为:第一,被保险人及时向保险人索赔,给保险人保留必要的调查、理赔时间,使得保险人在取得代位求偿权后能在向第三人追偿的诉讼时效内进行追偿;第二,被保险人不能及时向保险人索赔,必须在向第三人索赔的时效届满前,先向有责任的第三人起诉或采取依法可中断时效的其他措施,使得日后保险人能在时效期内代位求偿。

本案的被保险人及时向保险人索赔并尽到必要的协助义务,而保险人应当赔偿却拖延不理赔,以致其代位求偿逾过诉讼时效,由此产生的法律后果应由过错方(保险人)承担。本案货物于案发年 1 月 1 日~6 日卸货交付,按照我国《海商法》第二百五十七条规定,向承运人索赔的时效于次年 1 月 7 日届满。本案被保险人粮油公司在案发年 1 月 23 日~5 月 20 日期间已向保险公司索赔,给保险公司留有充分的理赔和追偿时间。同时,应保险人的要求,于案发当年 1 月 24 日对承运人提起了诉讼,可以说被保险人已经完成了其保证保险人能在实效期内向承运人追偿的义务。至于粮油公司向承运人起诉后又撤诉,依照我国法律规定,粮油公司撤诉后仍可就同一争议再次提起诉讼。因此,粮油公司撤回对承运人的起诉,不构成放弃向第三人要求赔偿的权利,并不表明其放弃了向承运人索赔的实体权利,不影响保险公司在时效期内向承运人追偿。保险公司在与粮油公司达成赔偿协议后,又拖延拒赔,以致其向承运人追偿逾过时效,这是由保险公司当赔而不赔的过错所造成的,而非被保险人未履行其协助义务。按照过错责任原则,应由保险公司承担其在时效外代位求偿的不利后果。同时,被保险人粮油公司撤回对承运人的起诉并不构成放弃向第三方要求赔偿的权利;而向承运人索赔也个是被保险人向保险人索赔的前提条件,所以,本案中粮油公司有权终止对承运人诉讼而诉请保险公司予以赔偿。保险公司以其代位求偿逾过时效为由拒赔是不合理的。

# 案例二十一　信用证结算方式对保险单据的要求

**【提要】**

我国某出口公司接到的信用证中要求"投保海洋运输货物平安险,包括破碎险和转船险",但我国该出口公司认为:货物是由起运港直达目的港,中途不转船,不用投保转船险。于是开证行以"保险单的险别中漏保转船险而拒付,结果经过再三交涉,按 80% 付款赔偿对方 20%。通过本案例说明信用证结算对保险单据的要求,提醒出口企业严格按信用证要求制单。

案　情

我国 C 轻工业品进出口公司对日本 Y 株式会社出口一批玻璃器皿。3 月 11 日国外开来信用证,信用证有关保险条款规定:"Insurance polocy in duplicate covering ocean marine cargo clauses F.P.A.Including Risk of Breakage and Trans-shipmen Rrisk…"(保险单一式两份,投保海洋运输货物平安险,包括破碎险和转船险……)。在特别条款中又规定:"Shipping advice must be sent to accountee by cable after shipment."(装船后须向开证申请人发装运通知电报。)C 轻工业品进出口公司根据信用证要求,在装运后备齐单据向国外寄单办理收汇手续。3 月 26 日开证行提出异议:

"你第×××号单据已收到,经审核发现如下不符点:"保险单的险别中漏保转船险(Transhipment Risk)。上述不符点我行无法接受,单据仍在我行代保管,速告你处理意见。"

C 轻工业品进出口公司接到开证行的上述拒付意见后,经研究认为开证行意见毫无道理。所谓漏保转船险事,该货系直达运输,根本不需转船。C 轻工业品进出口公司即于 3 月 28 日向开证行做如下答复:

"关于第×××号信用证项下的单据,我们认为:该批货物是由启运港直达目的港,中途不转船,所以就不投保转船险,并非漏保。"

4 月 1 日开证行又提出仍然不同意接受单据,其电文如下:"你 3 月 28 日电悉。经研究,我们认为:银行不管实际运输是否转船或直达,只管单据表面上是否相符。信用证要求投保转船险,而保险单缺转船险,就是单证不符。上述不符点是明显存在的,速告单据处理意见。"

C 轻工业品进出口公司又再三与买方交涉,最后按 80% 付款,赔偿对方 20% 而结案。

【评析】

本案例所涉及的问题分析如下。

1.信用证结算时对保险单据的要求

UCP600 第 28 条对保险单据及保险范围做出了全面规定,具体规定如下:

(1)保险单据,例如保险单或预约保险项下的保险证明书或者声明书,必须看似由保险公司或承保人或其代理人或代表出具并签署。代理人或代表的签字必须标明其系代表保险公司或承保人签字。

(2)如果保险单据表明其以多份正本出具,所有正本均须提交。

(3)暂保单将不被接受。

(4)可以接受保险单代替预约保险项下的保险证明书或声明书。

(5)保险单据日期不得晚于发运日期,除非保险单据表明保险责任不迟于发运日生效。

(6)保险单据必须表明投保金额并以与信用证相同的货币表示。

(7)信用证对于投保金额为货物价值、发票金额或类似金额的某一比例的要求,将被视为对最低保额的要求。如果信用证对投保金额未做规定,投保金额须至少为货物的 CIF 或 CIP 价格的 110%。如果从单据中不能确定 CIF 或者 CIP 价格,投保金额必须基于要求承付或议付的金额,或者基于发票上显示的货物总值来计算,二者之中取金额较高者。

(8)保险单据须标明承包的风险区间至少涵盖从信用证规定的货物监管地或发运地开始到卸货地或最终目的地为止。

(9)信用证应规定所需投保的险别及附加险(如果有附加险)。如果信用证使用诸如"通常风险"或"惯常风险"等含义不确切的用语,则无论是否有漏保之风险,保险单据将被接受。

(10)当信用证规定投保"一切险"时,如保险单据载有任何"一切险"批注或条款,无论是否有"一切险"标题,均将被接受,即使其声明任何风险除外。

(11)保险单据可以援引任何除外责任条款。

(12)保险单据可以注明受免赔率或免赔额(减除额)约束。

2.本案例中的保险单有无不符点

UCP600 中第 14 条规定了银行审核单据的标准:银行审单仅以单据为基础,审核单据在表面上是否构成相符交单;银行审单自其收到提交的单据的翌日起算,应各自拥有最多不超过五个银行工作日的时间以决定交单是否相符,且该期限不因单据提交日适逢信用证有效期或最迟交单期或在其之后而被缩减或受到其他影响;单据中内容的描述不必与信用证、信用证对该项单据的描述以及国际标准银行实务完全一致,但不得与该项单据中的内容、其他规定的单据或信用证相矛盾。

本案例中,信用证要求投保转船险,不管实际是否转船都应该办理投保转船险,即使是直达。运输在某些特殊情况下承运人有权改变计划进行转船。在海运提单条款中一般都规定:承运人在需要时可以将货物交由承运人或其他人的船舶,直接或间接运往目的港。所以预先确定直达的运输,在信用证要求投保转船险的情况下,也应该按要求投保转船险,以使所交的保险单表面上与信用证相符。

3.本案例的启示

本案例中 C 轻工业品进出口公司最主要的缺点就是缺乏信用证结算有关业务知识和对单证工作没有严格把关。这则案例给我们的启示主要有以下两点:一是国际结算的单证工作人员不但要熟悉各种国际惯例,而且要掌握世界各国不同的习惯、要求以及有关规定。只有这样才能满足单证工作的需要。二是信用证方式的结算,银行只管所提交的单据表面上是否与信用证规定相符,不管实际运输业务或有关的货物情况如何,只要所提交的单据与信用证表面不一致,对方就有权利拒受单据和拒付货款。所以,出口企业的制单人员,一定要按信用证要求制单。

# 案例二十二　商务合同中有关检验
# 期限的规定与理解

【提要】

国际贸易中双方在交接货物过程中,通常要经过交付、检验、接受或拒收三个环节。买方收到(Receive)货物后并不等于其已经接受(Accept)货物,即使买方已经接受了代表货物所有权的单据或已经支付货款。通常买方会通过检验货物来决定其是否接受货物,即买方在收到货物后有检验权。但是,买方的检验权并不是无限制的,而是按照双方约定行使检验权。因此,在贸易合同中要订明商品检验条款。本案例中,双方在合同中都签订了检验条款,但在案情(一)中买方没有在约定的检验时间内行使检验权,且将货物进行了组装,组装后交付检验的产品不合格;案情(二)中买方在提取货物半年后发现货物有问题,在收到货物一年后提交商检机构进行检验,检验报告表明货物不合格。这两种情境下,买方能否以商检报告为依据拒收货物、向卖方索赔?通过本案说明了贸易合同中如何签订检验条款以及检验期限的规定和理解。

案 情(一)

2005 年 3 月 6 日,我国 A 公司(买方)与美国 B 公司(卖方)签订购买计算机零部件 20 万套的合同,总价款 37 万美元,CIF 中国香港。合同规定:买方应于 2005 年 3 月 9 日前开出 5 万套货款的不可撤销信用证,其余 15 万套的货款分批分期开出信用证;卖方须于 2005 年 5 月底前分期分批交付货物,货物运抵目的口岸 60 天内如发现有品质、规格和数量与合同不符,除属于保险公司和船方责任外,买方凭广州商检局出具的有效检验证书向卖方索赔换货或赔款。

合同签订以后,A 公司(买方)如期开出了第一批 5 万套货款的信用证,B 公司(卖方)随即发货并收取了货款。在 4 月 17 日收到第一批货物后,A 公司(买方)称:来不及开信用证,请求 B 公司(卖方)尽快先行发货,货到广州后即把货款电汇给 B 公司(卖方)。因此,B 公司(卖方)在没有收到信用证的情况下,于 2005 年 4 月 24 日又发运了第二批(5 月 2 日收到)货物 5 万套,货款为 9.25 万美元。A 公司(买方)收货后 60 天内未对货物的数量、规格、质量提出异议,且对货物进行了组装。2005 年 8 月 24 日和 9 月 16 日,A 公司(买方)将两批已组装好的计算机交给广东进出口商品检验检疫局商检。经抽样检验,商检的结论为:不合格计算机分别占两批样机的 77.25％和 84.75％,缺陷是由零件品质不良所致。在这种情况下,A 公司(买方)决定拒绝付款,并要求 B 公司(卖方)退货。B 公司(卖方)接到通知后,认为送检物有问题,要求重新商检。双方于 2006 年 4 月 20 日达成协议:将已交付的 10 万套货物重新商检,如商检合格,买方 A 公司即按合同有关规定接受货物、支付货款;如商检不合格,买方将货物退回给卖方,卖方同时将原收的 5 万套货物的款项退给买方。

协议达成后,B 公司(卖方)多次催促 A 公司(买方)进行检验,但 A 公司(买方)一直没有将货物送交商检,也没有付款给 B 公司(卖方),并自 2006 年 12 月起将该批货物作分批复出口处理。B 公司(卖方)认为,A 公司(买方)不对货物进行重新商检,拖延支付其第二批货物的货款,违反了合同规定,请求仲裁庭仲裁。[①]

案　情(二)

某年的 9 月 6 日,A 公司(买方)与 B 公司(卖方)签订一份购买合同,合同规定:B 公司(卖方)向 A 公司(买方)提供 190000 个"220V,100W"磨砂电灯泡,单价为 0.12 美元/个 FOB 中国香港,总价款为 22800 美元;装运期为当年的 11 月 20 日之前;付款条件为装运后两天内以 T/T 付款;货物的品质、数量、重量以中国国家出入境检验检疫局或买方所出证明书为最后依据。

合同签订后,B 公司(卖方)于 11 月 17 日通知 A 公司(买方),货已备妥,可随时装运。A 公司(买方)于 11 月 20 日提货时由于远洋班轮船期已过,于是暂找一个仓库存下货物等候下一船期。11 月 30 日 A 公司(买方)电汇全部货款 22800 美元给 B 公司(卖方)。

第二年的 6 月上旬,A 公司(买方)验货时发现抽样货物有灯头发白生锈现象。对此,买卖双方进行了多次函电交涉,但没有结果。第三年的 2 月份,A 公司(买方)申请广东商品进出口检验检疫局进行检验并出具检验证书,出具的检验证书称:该批货物的外观质量不符合国家标准——《普通照明灯泡》的要求。A 公司

———————————

① 资料来源:郭燕、杨楠楠《国际贸易案例精选》

(买方)遂以广东商品进出口检验检疫局的检验报告为依据向 B 公司(卖方)提出索赔。①

## 【评析】

该案例所涉及的问题分析如下。

1.贸易合同中的检验条款

商品检验涉及贸易双方的利益,是进出口货物交接中不可缺少的一个重要环节,是保障进口方获得符合合同约定的货物、保障卖方声誉、保障国家安全、保护动植物和环境而采取的措施,因此在贸易合同中要订明商品检验条款。其内容一般包括以下几点。

(1)检验的时间与地点。具体做法有:

①在出口国检验。其具体做法可分为:

a.产地检验,即在货物离开生产地点(如工厂、农场或矿山)之前,由卖方或其委托的检验机构、买方或其委托的检验机构对货物进行检验验收。产地检验,卖方只承担货物离开产地前的责任,运输途中发生品质、数量风险由买方承担。

b.装运港(地)检验,指货物在装运港(地)交货前,由合同规定的检验机构对货物品质、数量等进行检验鉴定,并以其出具的检验证书作为最后依据。只要检验证书上说明卖方已按质按量交货,买方原则上不得以到货品质、数量不符提出异议,除非买方能证明这种不符是由于卖方违约或货物固有瑕疵所造成的。

②在进口国检验。其具体做法可分为:

a.卸货地检验,指货物到达目的港(地)卸货后在约定时间内由合同规定的检验机构就地检验,并以其检验结果作为交货质量和数量的最后依据。采用这种做法,卖方要承担货物在运输途中品质、重量变化的风险。买方有权根据货物到达目的港(地)的检验结果,在分清卖方、船方和保险人责任的基础上,属于卖方责任的向卖方索赔。

---

① 资料来源:郭燕、杨楠楠《国际贸易案例精选》

b.用户所在地检验,即将检验延伸和推迟到货物运抵买方营业所或最终用户所在地后的规定时间内进行,并以双方约定的该地检验机构出具的检验证书作为交货质量和数量的依据。这种做法主要适用于需要安装调试的成套设备、机电仪器产品,以及在口岸开箱检验后难以恢复原包装的商品。

③出口国检验、进口国复验。即以装运港(地)商检机构验货出具的检验证明作为卖方向银行议付货款单据之一,但不作为最后依据;货到目的港(地)后由双方约定的检验机构在规定时间内复验,如发现货物品质、数量与合同不符且责任属于卖方,买方可根据检验机构出具的复验证明,向卖方提出异议并进行索赔。

(2)检验机构。国际上商品检验机构名目繁多,可分为官方、半官方和非官方三种类型。官方检验机构由国家或地方政府投资,根据国家有关法令,对进出口商品执行法定检验、委托检验和监督管理;半官方检验机构是由国家授权代表政府进行某类商品检验并承担某方面检验管理工作的民间机构;非官方检验机构主要是一些私人创办的公证行或检验公司。双方可以在合同中约定是由官方机构还是由非官方机构检验;也可以约定由国外的检验机构或本国的检验机构或第三国的检验机构检验,只要双方协商一致即可。

(3)检验证书。检验证书是商检机构对进出口商品检验、鉴定后出具的各种书面证明文件和鉴定证书等,统称为检验证书。检验证书在国际贸易中的作用主要是:

①作为卖方所交货物的品质、数量(重量)、包装及卫生条件等符合合同规定的依据。

②作为买方对所收货物品质、数量等提出异议、拒收货物或要求理赔的凭证。

③在使用信用证方式结算货款的情况下,检验证书是卖方向银行议付货款的依据。

④检验证书是海关验关放行的凭证。

(4)检验的依据与方法。

①检验依据,是检验进出口商品的根据,是衡量进出口货物是否合格的标准。

在进出口业务中,商品的检验依据主要有约定样品、合同、信用证、标准等。凡合同或信用证规定以某项标准作为商品检验依据的,以该项标准为依据对商品实施检验;合同未规定或规定不明确的,首先以生产国现行标准(国家标准、专业标准)作为检验依据。无该项标准的,以国际通用标准作为检验依据;这两项标准都没有时,以进口国标准为依据实施检验;凡合同规定以成交样品或标样表示商品品质的,以该样品作为商品的检验依据。此外,卖方提供的品质证明书、使用说明书、图纸等技术资料亦可作为商品品质的检验依据。海运提单、运单、发票、装货清单、重量单(磅码单)等均是检验商品数量、重量的依据。凡我国法律、法规所规定的强制性检验标准,或对外贸易合同约定的检验标准,均构成进出口商品的检验依据。

②检验方法,指对进出口商品质量、数量、包装等进行检验的做法,如抽样的数量和方法等。

(5)复验的规定。复验是指买方对到货有复验权。买方对到货的复验不是强制性的,也不是接受货物的前提条件,复验与否由买方自定。如果复验,应在合同中对复验期限、复验机构、复验地点和复验费用等规定清楚。

2.订立检验条款应注意的事项

(1)检验条款的内容应与合同中其他条款内容一致,互相衔接,不能自相矛盾、顾此失彼。例如,品质条款、数量条款、包装条款都是商品检验的依据,因此,在订立检验条款时,要与这些条款的内容完全一致,不能丝毫违背。并且要明确、具体,不能含糊其辞、模棱两可。

(2)商品的抽样、检验方法,一般均按国家有关标准和商检部门规定的方法办理。若双方要求使用其他抽样、检验方法,应在合同中具体订明。必要时,应先征得商检部门的同意再对外签约。

(3)对于一些规格复杂的特殊商品和机器设备等进口合同,应根据商品特点,在条款中加列一些特殊规定,如详细、具体的检验标准,考核及测试方法,产品使用的材料及其质量标准等,以便货到后对照检验与验收。

3.本案例的焦点

本案例的焦点是买方能否以检验报告为依据拒付货款或向卖方索赔。国际贸易中双方在交接货物过程中,通常经过交付、检验、接受或拒收三个环节。买方收到(Receive)货物后并不等于其已经接受(Accept)货物,即使买方已经接受了代表货物所有权的单据或已经支付货款。通常买方会通过检验货物来决定其是否接受货物,即买方在收到货物后有检验权。如果买方收到货物后经检验认为与合同规定不符,买方可以拒收货物、向卖方索赔,买方的检验权直接关系到其拒收货物的权利。但是,买方的检验权并不是无限制的,其拒收货物的权利也不是无条件的。买方在约定的检验期限或合理的时间内未对货物实施检验,或买方收到货物后尚未进行检验就对货物采取转售或用于生产等与卖方所有权相抵触的行为都应被视为买方已经放弃了对货物的检验权而接受了货物。即使接受货物后又发现货物有问题,也不能再行使拒收的权利。也就是说,买方对货物的检验权并不是表示其对货物接受的前提条件,在决定是否接受货物之前,买方可以行使检验权对收到的货物进行检验,也可以放弃这一检验权而直接接受货物;如果买方未检验就接受了货物,就是放弃了检验权,因而也就丧失了对货物的拒收权和向卖方索赔的权利。

案情(一)中合同规定:"货物运抵目的口岸 60 天内如发现有品质、规格和数量与合同不符,除属于保险公司和船方责任外,买方凭广州商检局出具的有效检验证书向卖方索赔换货或赔款。"该规定对买方的检验权及行使检验权的时间、地点、检验机构、检验证书做出了明确要求。而在合同履行过程中,买方于 4 月 17 日和 5 月 2 日先后收到两批货物后,在 60 天内未对货物的数量、规格、质量提出异议,且对货物进行了组装,并在收到货物 4 个月后的 2005 年 8 月 24 日和 9 月 16 日将两批已组装的计算机交给广东进出口商品检验检疫局商检,商检局出具了货物不符合合同规定的检验证书。在这种情况下,买方就丧失了拒收货物和要求退款的权利。首先,买方在 4 月和 5 月先后收到两批货物,有足够的时间对货物实施检验,但买方却未在合同规定的 60 天内进行商检也并未提出异议,因此,其事实上已经放弃行使合同约定的检验权,因而也丧失了拒收货物的权利。特别是,当双方达成重新商检货物的协议后,买方仍没有实施检验,再次放弃了重新商检的机会。其次,买方在收到货物后没有实施检验就对货物进行了组装,这种将货物由散件装配成成品的行为与卖方对货物的所有权相抵触,因而应视为买方已经接受货物。最后,买方实施检验的时间已经超出了合同约定的检验时间(同时也是本案的索赔期限),商检局的商检证书不能反映货物到货时的实际情况,因此买方已不具备凭该商检证书进行索赔的权利。

案情(二)中合同有关检验条款的规定是:"货物的品质、数量、重量以中国国家出入境检验检疫局或买方所出证明书为最后依据。"规定了检验机构但没有规定检验期限,那么买方在提货一年后能否凭商检局出具的商检证书向卖方索赔呢?答案是不能的,原因是虽然合同中没有规定检验时间,但买方应在"合理时间"内实施检验。案情(二)中的买方在收到货物六个月后才提出品质异议,又隔八个月才请求商检机构检验,并在收到货一年零两个月以后才提出货物不符的商检证书,没有在"合理时间"内实施检验和索赔,丧失了索赔的权利和机会。关于"合理时间",《公约》[①]第 38 条规定:买方必须在按情况实际可行的最短时间内检验货物或由他人检验货物;如果合同涉及货物的运输,检验可推迟到货物到达目的地后进行;如果货物在运输途中改运或买方须再发运货物,没有合理机会加以检验,而卖方在订立合同时已经知道或理应知道这种改运或再发运的可能性,检验可推迟到货物到达新目的地后进行。《公约》第 39 条还规定:"买方对货物不符合同,必须在发现或理应发现不符情况后一段合理时间内通知卖方,说明不符合同情形的性质,否则就丧失声称货物不符合同的权利。"我国《合同法》第一百五十七条规定:"买方收到标的物时应在约定的检验期间内检验,没有约定检验期间的,应当及时检验。"第一百五十八条还规定:"当事人约定检验期间的,买方应当在检验期间内将标的物数量或者质量不符合约定的情形通知卖方。买方怠于通

---

① 即《联合国国际货物销售公约》

知的,视为标的物的数量或者质量符合约定。当事人没有约定检验期间的,买方应当在发现或者应当发现标的物的数量或者质量不符合约定的合理时间内通知卖方。"法律如此规定,目的是让买方收货后及时检验。对买方应当及时检验的理解包含两点:一是强调买方不能拖延,应在收货后尽快完成检验;二是强调根据实际情况的可行性尽快完成检验。

因此可以说,在国际货物买卖交接过程中、在货物运到检验地点时在合理时间内对货物进行检验并做出拒付或接受的决定对买方来说是不可忽视的。由于货物一经买方接受,卖方就不再对货物负有任何责任而有权利索取货款,所以买方在做出接受的决定之前,在合同约定的或合理时间内行使检验权是保证进口商品质量、维护自身利益的必要环节。同时,又由于卖方只有在接到买方拒收通知后方有可能对交付做出矫正或采取其他必要的方式减少因交付不符约定而造成的损失,所以,买方还必须将交付不符合同的情形及时通知到卖方。如果买方不在合理时间内检验货物并不将货物不符合同情况及时通知卖方,卖方有理由相信交付是符合约定的,也有理由相信货物不符合同是非由卖方原因引起的,买方将丧失向卖方要求损害赔偿的权利。

本案例给我们的启示是:由于不同种类的货物对检验时间会有不同的要求,采用不同的交货方式也会造成检验时间的差异,所以,为了避免争议,买卖双方应在合同中对检验时间和地点、检验机构和检验证书等内容做明确具体的约定。如果没有约定检验时间,买方在收到货后一定要在实际可行的最短时间内进行检验,以维护自身的利益。

# 案例二十三　商检局为何拒签原产地证书

## 【提要】

某日南京某服装公司向南京检验检疫局电子申报更改一份东盟原产地证书,但因"更改申请书"填写不符合要求而被退单。而后该企业又多次申请原产地证,但提交的单证上总有不符合要求的地方,最后在签证人员的认真审核中发现,不符合东盟的原产地标准,无法签发"FORM E"。通过本案例说明出境货物报检、检验检疫及签证流程;说明如何办理证书的更改和如何补办产地证。

案 情

某日,南京某服装公司向南京检验检疫局电子申报更改一份东盟原产地证书,要求更改数量。由于"更改申请书"填写不符合要求而被退单,但是企业在没有收到"正确回执"情况下依然来领取该份证书。考虑到该份证书为更改证书,签证人员首先要求企业退回原发证书,并根据退回信息重新发送该份证书,以便及时审证。企业申请人员没有做任何回复便回去了,于是这份证书一直处于"退单状态"。当日下午 16 点 55 分,该企业申报另一份原产地证书,其发票号码为上述更改证书的发票号码之后加了一个"B",签证人员敏感地发觉这份证书和申请更改的证书内容完全一致,于是以"发票号码有误"为由退回。然而次日该企业再次在没有收到"正确回执"的情况下来领取该份证书,签证人员询问该份证书是否和上述更改证书属于一份证书,领证人员否认是一批货物,而强调是两批货物。在此情况下,签证人员要求企业提供属于两批货物的单证——提单等单据。

之后,该企业并没有按照要求提供提单,而是接着又申请一份证书,该份证书内容与上述两份证书除了发票号码不同之外均完全一致。由于签证的依据是出口发票,不同的发票号码所承载的货物信息完全一致也有其存在的合理性,即使可能是同一批货物,检验检疫局也不能据此拒绝签发该份证书。于是签证人员签发了该份证书。

然而事情并未到此为止,企业申领人员在领证时又发现该份证书有货物 783 箱,三种产品,但是所提供的提单只有两种产品,与提单不一致,无法领取证书。于是该企业一小时之后又来领证,提单上赫然增加了手写的第三种商品品名。这使签证人员非常怀疑其真实性,于是签证人员再次要求企业提供原始单据。由于无法提供签证人员要求的单据,申领人员无理取闹,要求领取证书并指责签证人员故意刁难。后来在检务处的坚持下,企业才同意第二天带经海关确认的报关单来领取证书。

次日上午,企业带来了经海关确认的出口报关单,但不是一份,而是两份,其中一份为 783 箱,是一般贸易的"出口退税联",另一份为 45 箱,是"加工贸易"。经企业确认,该"来料加工"的产品使用的是客户提供的面料,进口国可能是日本、韩国等。根据东盟的原产地标准,不符合原产地证书签发标准,无法签发"FORM E"。至此该事情结束。①

**【评析】**

本案例所涉及的问题分析如下。

1.出境货物报检、检验检疫及签证流程

出境货物报检、检验检疫及签证流程如图 12-1 所示。

2.如何办理证书的更改

报检人在检验检疫有效期内,由于货物短装等正当理由可以持原签发的证书向检验检疫机构办理证书更改申请。办理更改时需填写"更改申请单"并加盖单位公章,"更改申请单"上需写明更改原因,更改内容、要求等并经原施检部门工作人员签字同意后,向报检窗口申办。品名、数(重)量、检验检疫结果、包装、发货人、收货人等重要项目更改后与合同、信用证不符的,或者更改后与输出、输入国家或地区法律法规规定不符的,均不能更改。

3.如何办理补证

补证有两种情况,一是在办理报检时没有申请证书,后来由于需要而申请补证;二是原已申领了检验检疫证书,由于不慎遗失而要求补证。

对于第一种情况要求申请补证的,报检人可以填写"更改申请单"加盖单位公章,写明补证理由和需补证书种类,检验检疫机构根据原报检货物的检验检疫情况及检验检疫时效决定是否同意补证。补证申请仍在原报检窗口办理。

---

① 资料来源:丁长影,"一个案例引发四点思考",《国际商报》2006 年 4 月 18 日

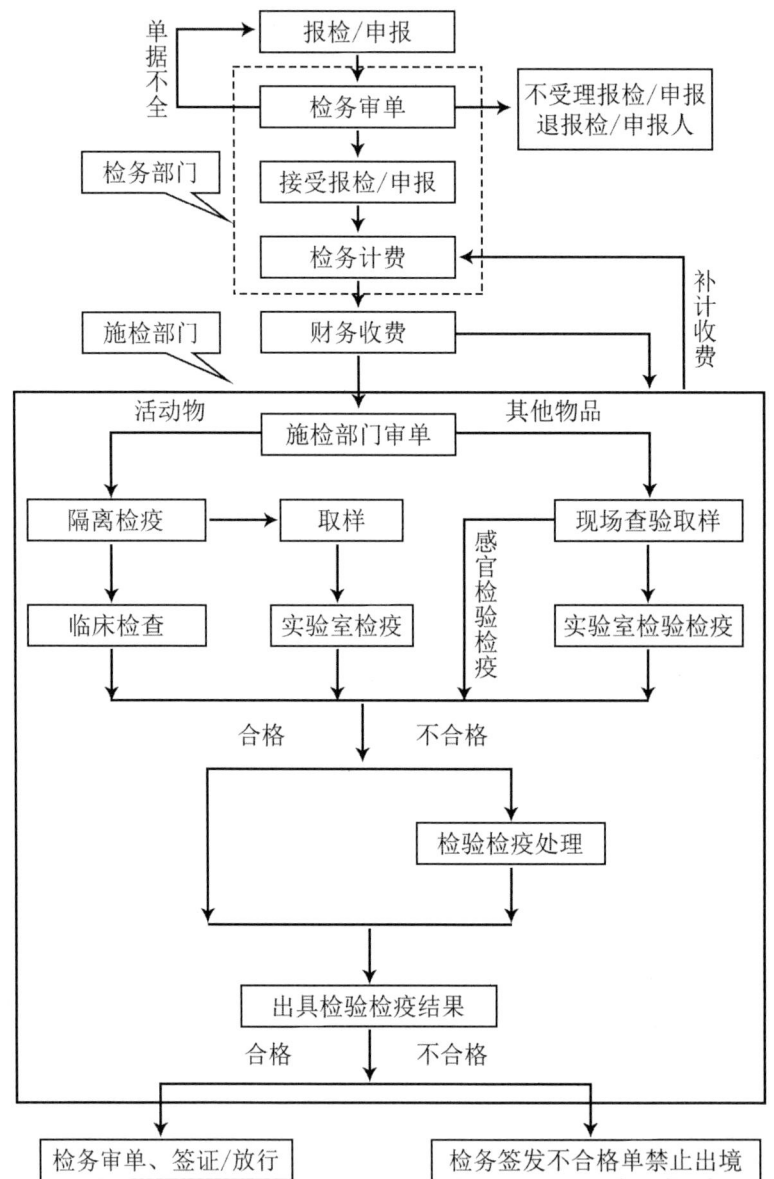

**图 12-1　出境货物报检、检验检疫及签证流程图**

对于第二种情况,报检人需提交书面遗失报告,写明遗失原因及提供有关证明材料,经单位盖章并经法人代表签名,经检验检疫机构检务部门领导审批同意并到当地主要报刊登报申明作废后,再填写"更改申请单"到原报检窗口办理。

4.本案例中申领产地证企业存在的问题

第一,根据南京商检局签证流程,检验检疫机构签证人员应在收到企业申报证书四个工作小时内审核证书,并发送审核回执;企业应当根据回执信息修改证书直至正确。签证人员退回的证书重新发送至审签端之后,重新进入流程,即再在四个小时内审核。只有当收到"正确"回执后,申领产地证人员才可到检验检疫局领取证书。而该企业三番五次均在没有按照"退单回执"要求更改的情况下即前来领取证书,且不足四个小时,不符合领证的制度。

第二,根据签证规定,凡申请更改证书的,企业应先退回原发证书,而该企业无法退回原发证书。

第三,如果已签发的证书正本遗失或损毁,申请单位可在产品出运后一年内,持原证书第三副本向原签证机构申请重发,经检验检疫机构审查同意重发时,应由检验机构在第 12 栏加注:"CERTIFIED TRUE COPY"。在原证书无法退回时,无法办理更改证书的情况下,企业应说明情况并办理更改重发证书。而该企业是在原发票号码后加"B"以企图重新办理一份新证书。

第四,在领取证书被审核发现提单不符时,随意改动单据以骗取证书。

第五,在对原产地证标准有所了解的情况下,并知道其服装为"来料加工"的情况下,不如实申报产品为"含进口成分",而是申报"完全国产"。

基于申领产地证企业的这些行为及问题,检验检疫机构拒向其签发原产地证。

# 案例二十四　清洁提单项下货物出现质量问题应向谁索赔

## 【提要】

国际贸易中,货物经过长途运输到达收货人手中时可能已有损坏,那货物的损失应由谁来承担? 一般的原则是"谁违约谁承担"。本案例中,在 CIF 贸易术语条件下,卖方明知货物外包装已损坏,但还在其出具保函后请求船舶公司签发了清洁提单,之后以"CIF 术语下货物的风险自装运港货物越过船舷就转移给了买方"为借口,让买方承担货物的损失。

案 情

我国荣塔公司向日本富士株式会社订购彩电 800 台,合同规定:"彩电价格为每台 600 美元 CIF 宁波,××××年 6 月 30 日之前长崎港装货,即期信用证结算。"货物于××××年 6 月 30 日装船,装船时外包装有严重破损,富士株式会社向船舶公司出具了货物品质的保函,船长应富士株式会社的请求出具了清洁提单;另外,富士株式会社在装船前按合同规定给该批彩电投保了"一切险"。之后,富士株式会社凭船舶公司签发的清洁提单向银行取得了货款。货物到达宁波后,荣塔公司发现电视机外包装箱有严重破损。于是立即向船舶公司提出索赔,船舶公司出示了富士株式会社提供的保函,认为该事应向富士株式会社索赔。而富士株式会社认为,CIF 术语下货物的风险自装运港货物越过船舷就转移给了买方,买方应自己承担货物的损失。

那么,该批货物的损失到底由谁来承担,荣塔公司应向谁索赔呢?

## 【评析】

本案例所涉及的问题分析如下。

1.CIF 术语下货物风险的承担

按照《2000 通则》的解释,CIF 术语下货物的风险转移界限在装运港船舷,即自装运港货物越过船舷后风险就转移给了买方。虽然这样规定,但在本案例中,装船时货物外包装就有严重破损,卖方富士株式会社非常清楚这一点;并且,船舶公司之所以出具清洁提单,是因为富士株式会社出具了保函,因而富士株式会社依保函应对船舶公司承担责任。

保函是指由托运人出具的用以担保承运人签发清洁提单而产生的一切法律后果的一种担保文件。该保函能担保承运人因签发提单后而产生的法律后果,但该保函并无对抗第三人的效力,因为保函的当事人是托运人和承运人。根据《汉堡规则》的规定:保函对受让提单的包括收货人在内的任何第三人不发生效力,该规则还规定,保函对托运人是有效的,但承运人若接受保函而签发提单属于恶意的欺诈,则保函对托运人无效;承运人不仅无权从托运人处取得赔偿,而且要对包括收益人在内的任何第三方的损失承担无限赔偿责任,即只有善意保函才对托运人和承运人有效,但不能对抗任何第三人。因而,本案中船舶公司应向荣塔公司承担责任,而后由富士株式会社向船舶公司承担责任。

2.清洁提单的"法律效力"

所谓清洁提单,是指提单上没有任何有关货物外表状态不良的批注。所谓外表状态,是指承运人收到货物时,凭目力所能观看到货物表面的状态,它表示货物已如数装船而且货物的表面状况良好。由于提单的转让是根据提单所载的情况进行的,不清洁提单是难以转让的,因此跟单信用证制度要求提供的提单必须是清洁提单,除非信用证另有规定,否则银行结汇时一般不接受不清洁提单。提单是物权凭证,它代表着提单内记载货物的所有权,是承运人保证向收货人交付货物的物权凭证。本案中承运人既然向买方签发了清洁提单,就负有向买方交付良好货物的义务。

3.荣塔公司应向谁索赔

本案例中的买方荣塔公司应向船舶公司索赔。这是因为:

(1)虽然保险公司对该批货物承保了一切险,但是根据《海商法》的有关规定:"除合同另有约定外,因下列原因之一造成货物损失的,保险人不负赔偿责任:

一是航行迟延,交货迟延或者行市变化;二是货物的自然损耗、本身的缺陷和自然特性;三是包装不当。由于本案中货物损失的原因是托运人包装不当造成的,因而保险人并不承担保险责任。

(2)船舶公司没有如实签发提单,而是向买方签发了清洁提单,就负有向买方交付良好货物的义务。

总之,本案例在荣塔公司、富士株式会社、船舶公司三者的关系中,船舶公司作为承运人向买方荣塔公司出具了清洁提单,富士株式会社作为卖方向船舶公司出具了货物品质的保函,且富士株式会社的保函没有对抗第三人的效力。所以,船舶公司应向荣塔公司承担责任,而后由富士株式会社向船舶公司承担责任。

# 案例二十五　因贸易术语选择不当引发的纠纷案

**【提要】**

在国际货物买卖中,买卖双方往往会使用国际贸易术语来说明风险、费用、责任的划分,贸易术语是确定合同性质、决定交货条件的重要因素。因此,合理选择和使用贸易术语,对促进合同的订立和履行,提高企业的经济效益具有重要的意义。本案中由于卖方未能选择适当的贸易术语导致了损失的发生及合同履行的困难。通过本案例可以提醒我国的出口商,在进行国际贸易之前应熟悉掌握国际贸易惯例的内容,并在贸易磋商及订立合同时灵活运用国际贸易惯例的相关内容。

案　情

我国某内陆出口公司于某年 2 月向日本出口 30 吨甘草膏,双方约定采用FOB 术语,且在合同中规定:"即期信用证结算,装运期为 2 月 25 日之前,货物必须装集装箱。"由于该出口公司在天津设有办事处,于是在 2 月上旬便将货物从内陆总部运到了天津,由天津办事处负责订箱装船。不料货物在天津存仓后的第二天,仓库午夜着火,由于抢救不及,导致 30 吨甘草膏全部被焚。办事处立即通知内地公司总部并要求尽快补发 30 吨,否则无法按期装船。结果该出口公司因货源不济,无法补发。最后只好请求日商将信用证的有效期和装运期各延长 15 天,使得日本进口商较为不满,使该内陆公司的信誉下降。[①]

**【评析】**

本案所涉及的相关问题分析如下。

---

① （资料来源:幸理,《国际贸易实务案例与分析》,华中科技大学出版社,2006 年

1.国际贸易术语及有关国际贸易术语的国际贸易惯例

国际贸易术语是用一简短的概念或英文缩写字母来表示商品价格的构成,说明交货地点,明确买卖双方各自承担的义务、责任和风险的专门用语。有关国际贸易术语的国际贸易惯例主要有三种:

(1)《1932 年华沙—牛津规则》(Warsaw-Oxford Rules 1932)。该协议 1928年由国际法协会在华沙制定,1930 年、1931 年、1932 年在牛津作了修订后使用至今,故称《1932 年华沙—牛津规则》。该协议是国际法协会专门对 CIF 制定的。协议以英国的贸易惯例和案例为基础,对 CIF 买卖合同的性质、买卖双方承担的费用、责任、风险作了说明。

(2)《1941 年美国对外贸易定义修订本》(Revised American Foreign Trade Definitions 1941)。是 1919 年在美国举行泛美贸易会议时所制定的出口报价定义,原称为《美国出口报价及其缩写条例》,1941 年经美国商会、进口商协会、外贸协会三个民间团体所组成的联合委员会修订后,改称为现名。该条例在美洲国家有较大影响,合同双方可以自愿采用。它包括六种贸易术语,其中 FOB、FAS 术语的解释与国际商会制定的《国际贸易术语解释通则》有明显的差异,因此,在同美洲国家进行交易时应加以注意。

(3)《2000 年国际贸易术语解释通则》(International Rules for the Interpretation of Trade Terms 2000——INCOTERMS 2000)这是国际商会为了统一对各种贸易术语的解释而制定的。最早产生于 1936 年,经过多次修改与补充沿用至今,合同双方可自愿采用。与 1990 年的《通则》相比,《2000 通则》只在下面两个方面做出了实质性改变:一是在 FAS 和 DEQ 术语下,办理海关手续和交纳关税的义务;二是在 FCA 术语下装货和卸货的义务。该惯例现共解释了 13 种术语,划分为 E、F、C、D 四组。

2.选择贸易术语应考虑的因素

当事人在选择贸易术语时应考虑多种因素,进行综合分析研究后确定最适当的贸易术语。在选择时主要考虑以下因素:

(1)考虑运输条件。对每种贸易术语适用于何种运输方式都有明确具体的规定,因此,买卖双方采用何种贸易术语,首先应考虑采用何种运输方式,此外,买卖双方还应考虑本身的运输力量以及安排运输有无困难。

(2)考虑货源情况。国际贸易中的货物品种很多,不同类别的货物具有不同的特点,它们在运输方面各有不同的要求,故安排运输的难易不同,运费开支大小也有差异。因此这是选用贸易术语应考虑的因素。此外,成交量的大小,也直接涉及安排运输是否有困难和经济上是否合算。当成交量太小,又无班轮通航的情况下,负责安排运输的一方,往往会增加运输成本,故选用贸易术语时,也应予以考虑。

(3)考虑运费因素。运费是货价构成因素之一,在选用贸易术语时,应考虑货物经由路线的运费收取情况和运价变动趋势。一般来说,当运价看涨时,为了避免承担运价上涨的风险,可以选用由对方安排运输的贸易术语成交。如按 C 组中的某种术语进口,按 F 组中的某种术语出口。在运价看涨的情况下,如因某种原因不得不采用由自身安排运输条件成交,则应将运价上涨的风险考虑到货价中去,以免承担运价变动的风险损失。

(4)考虑运输途中的风险。在国际贸易中,交易的商品一般需要通过长途运输,货物在运输过程中可能遇到各种自然灾害,意外事故等风险,特别是当遇到战争或正常的国际贸易遭到人为障碍与破坏的时期和地区,则运输途中的风险更大。因此,买卖双方洽商交易时,必须根据不同时期、不同地区、不同运输路线和运输方式的风险情况,结合购销意图来选用适当的贸易术语。

(5)考虑办理进出口货物结关手续有无困难。在国际贸易中,关于进出口货物的结关手续,有些国家规定只能由结关所在国的当事人安排或代为办理,有些国家则无此项限制。因此,买卖双方为了避免承担办理进出口结关手续有困难的风险,在洽商交易前,必须了解有关政府当局关于办理进出口货物结关手续的具体规定,以便选用适当的贸易术语。

(6)其他因素。在选择贸易术语时还应考虑买卖双方的市场优势、地理条件、交易习惯等因素。

3.本案分析

本案中,造成卖方损失及履约困难的原因是卖方不熟悉有关国际贸易术语的国际贸易惯例,没能正确恰当地选择贸易术语。因此,出口商在进行国际贸易之前应熟悉掌握国际贸易惯例的内容,并在贸易磋商及订立合同时灵活运用相关国际贸易惯例内容。目前在我国,一些进出口企业不管采用何种运输方式,对外洽谈业务或报盘都习惯用 FOB、CFR 和 CIF 三种贸易术语。但在滚装、滚卸、集装箱运输的情况下,船舷无实际意义时,FCA、CPT 及 CIP 三种贸易术语对卖方有利(交货地点靠近自己、提早转移货物风险),因此应尽量选用 FCA、CPT 及 CIP 三种贸易术语。假如当初该公司采用 FCA(该公司所在地城市名)对外成交,该公司就可以在当地将 30 吨货物交中转站或自装集装箱后将整箱(集装箱)交中转站,不仅风险自此时转移给买方,而且当承运人(即中转站)签发货运单据后即可在当地银行办理议付结汇。而该公司自担风险将货物运往天津,再集装箱出口,不仅加大了自身风险,而且推迟了结汇。导致这种结果的原因就在于出口方在选择贸易术语时没有认真考虑各种因素。

# 案例二十六　卖方对所售货物的权利负有担保义务

【提要】

国际贸易中的出口方最基本的责任义务是按照合同的规定,交付货物,移交一切与货物有关的单据并转移货物所有权,且对货物的所有权承担担保义务、对买方的权利有担保责任。本案例中,中国甲公司和荷兰乙公司签订的 045 号合同中约定荷兰乙公司在货到后将转口到美国和加拿大。货物在美国使用过程中,遭到美国丙公司提起侵犯其工业产权的诉讼。荷兰乙公司为此要求中国甲公司承担全部经济赔偿并补偿荷兰乙公司由此而发生的全部费用。通过本案例可以提醒出口商出口前一定要弄清自己的责任义务,并认真履行责任义务;同时也说明卖方对买方权利的担保义务的具体内容。

案 情

中国甲公司与荷兰乙公司于某年 9 月 20 日签订了 045 号合同及其附件。合同规定,中国甲公司向荷兰乙公司提供半自动车床 35 台,用于精密仪器的加工。双方就该批车床的规格、型号和性能指标等进行了约定。合同明确规定,荷兰乙公司在货到后将转口到美国和加拿大。

次年 1 月 10 日,货到阿姆斯特丹。乙公司验收合格后于次年 2 月 5 日向甲公司支付了合同项下的全部货款。荷兰乙公司在付款后,依照其与美国和加拿大客户签订的供货合同于次年 2 月 25 日向美国和加拿大运送此批车床。在车床的使用过程中丙公司发现,该批车床系仿冒丙公司在美国登记注册的专利制造的,属于侵犯专利权的行为。丙公司于次年 5 月 28 日依据美国有关专利法律的规定,向美国法院提出请求,要求法院发布停止这种车床在美使用和销售的禁令,同时起诉荷兰乙公司要求赔偿其经济损失 16.5 万美元。

次年 9 月 30 日,美国法院判定荷兰乙公司的销售行为侵害了美国丙公司的知识产权并造成损害,要求荷兰乙公司赔偿美国丙公司的经济损失 11.5 万美元,并发布销售和使用禁令。荷兰乙公司在接到该判决后,依据与中国甲公司签订的合同,于次年 10 月 15 日提起仲裁,要求依据《公约》的有关规定,转由中国甲公司承担全部经济赔偿并补偿荷兰乙公司由此而发生的全部费用。[①]

**【评析】**

本案例所涉及的问题分析如下。

这是一起因出口方没有认清自己的责任而陷入损坏自己声誉、遭到索赔困境的案件。因此,出口商在出口前一定弄清自己的责任义务,并认真履行责任义务,

---

① 资料来源:http://www.dtlawyers.com.cn/detail.asp? Unid=487&article=article_4

以便成功地进行国际贸易活动。

1. 出口方最基本的责任义务

根据国际惯例的规定,国际贸易中的出口方必须按照合同交付货物,移交一切与货物有关的单据并转移货物所有权。具体来说即是:卖方必须按合同规定的日期或订立合同后的合理时间内交付货物;必须按照合同所规定的时间、地点和方式移交一切与货物有关的单据;卖方交付的货物必须与合同所规定的数量、质量和规格相符,并须按照合同所定的方式装箱或包装;卖方所交付的货物必须是第三方不能提出任何权利或要求的货物,除非买方同意在这种权利或要求的条件下收取货物;最后一条也就是出口方(卖方)对货物的所有权承担担保义务,对买方的权利有担保责任。

2. 出口方(卖方)对买方权利的担保义务

(1)卖方对买方的权利担保的范围。卖方对买方的权利担保的内容是指卖方应保证对其所售货物享有合法的权利。这里的权利除了对货物所有权的担保外,还包括卖方对所交付的货物不得侵犯任何第三方的工业产权或其他知识产权的担保。

《联合国国际货物销售公约》(以下简称"公约")[①]第 41 条规定,卖方所交付的货物必须是第三方不能提出任何权利或要求的货物,除非买方同意在这种权利或要求的条件下收取货物。而《公约》第 42 条第 1 款同时规定,卖方所交付的货物,必须是第三方不能根据工业产权或其他知识产权主张任何权利或要求的货物。这是卖方对其出售的货物承担权利保证的法律依据。

本案例中,甲公司违反了卖方的权利保证义务。根据上述规定,甲公司应对其出售的车床承担不侵害他人知识产权的权利保证责任。

---

① 联合国国际货物销售公约于 1980 年 4 月 11 日订于维也纳,于 1988 年 1 月 1 日生效。1981 年 9 月 30 日中华人民共和国政府代表签署本公约,1986 年 12 月 11 日交存核准书。核准书中载明,中国不受公约第 1 条第 1 款(b)、第 11 条及与第 11 条内容有关的规定的约束。本公约适用于营业地在不同国家的当事人之间所订立的货物销售合同;凡本公约未明确解决的属于本公约范围的问题,应按照本公约所依据的一般原则来解决,在没有一般原则的情况下,则应按照国际私法规定适用的法律来解决。

知识产权的保护具有地域性,各国授予的工业产权或知识产权是相互独立的。各国对受其本国法律保护的工业产权和知识产权都是不允许侵犯的。由于国际货物买卖合同涉及的情况复杂,《公约》并不是绝对地要求卖方必须保证其所交付的货物不得侵犯世界上任何国家所保护的工业产权或其他知识产权,而是具有一定条件限制的。《公约》第43条所规定的限制条件有:

①卖方只有当其在订立合同时已经知道或不可能不知道第三方对其货物会提出工业产权方面的权利要求或请求时,才对买方承担责任。

②卖方并不是对第三方依据任何异国法律所提出的工业产权方面的权利要求或请求向买方承担责任,而只在下列情况下承担责任:第一,时间的限制,如果买卖双方在订立合同时已经知道买方打算把该项货物转售到某一个国家,则卖方对于第三方依据该国的法律所提出的有关工业产权或知识产权的请求,应对买方承担责任;第二,国境的限制,在任何其他情况下,卖方对第三方根据买方营业地所在国法律提出的有关侵犯工业产权或知识产权的请求,应对买方承担责任。

在本案中,甲公司和乙公司签订的045号合同中约定乙公司在货到后将转口到美国和加拿大。这就表明,合同双方在订立合同时,卖方已经明知买方将转售货物到第三国,因此,在没有免责条件的情况下,如发生第三方关于工业产权的请求时,卖方应对买方承担责任。

《公约》第42条第2款确定的免责条件包括:如果买方在订立合同时,已经知道或不可能不知道第三方对货物会提出侵犯工业产权或知识产权的权利或请求时,卖方对由此而引起的后果不承担责任;第三方对货物会提出侵犯工业产权或知识产权的权利或请求是由于卖方依照买方提供的技术图纸、图案、程式或其他规格为其制造产品引起的,则由买方对此负责,卖方不承担责任。

本案中,美国丙公司向乙公司提起侵权诉讼时,没有证据表明乙公司在向甲公司订购车床时已经知道会侵犯他人工业产权或向甲公司提供了图纸等免责条件,因此甲公司作为货物买卖合同的卖方没有享受免责条件的因素,应当根据公约向乙公司承担侵权责任。

（2）买方享有的请求损害赔偿的条件限制。在发生侵犯第三方工业产权的情况下，作为货物买卖合同的买方向卖方提出损害赔偿请求时，法律也给予其限制，其目的在于防止权利的滥用。

《公约》第 43 条规定，买方如果不在已知道或理应知道第三方的权利或要求后一段合理时间内将此权利或要求的性质通知卖方，就丧失援引第 41 条或第 42 条规定的权利。这一规定适用于在发生没有第 42 条免责条件情况下，卖方对买方向第三人承担的损害赔偿责任的转承担。这一款还要求买方在发现或理应发现货物不符后的合理时间内（最迟在收到货物后的两年内）将不符情况通知卖方，否则会丧失要求损害赔偿的权利。可见本款对买方享有请求损害赔偿给出了时间的限定。

本案中，乙公司得到美国法院的判决后，在 15 日内即提起仲裁，符合在"一段合理时间内"的要求，因此，其要求甲公司赔偿的请求应当得到支持。而在确定实际的经济损失和费用时，应当就乙公司的费用损失和其他经济损失一并进行计算，从而保护作为国际货物买卖合同中买方的权利，以体现卖方对权利保证责任的完全承担。

# 案例二十七　FOB 价格条件下因船货
# 不能衔接引发的纠纷案

## 【提要】

在国际贸易中买卖双方合同义务的完成往往需要对方的配合。按照 FOB 价格术语成交的合同，卖方要在规定的时间内将货物装上买方指定的船上才算完成交货义务。由于 FOB 价格条件下由买方负责租船订舱，所以这就存在买方的船与卖方的货的衔接问题。船货衔接处理不当，必然影响合同的顺利执行。本案就是由于外国买方未能及时派船接货所引起的纠纷。

案 情

某年 11 月,我国 F 省粮油进出口公司与巴西某公司签订一份出口油籽的合同。合同中订明:"价格条款:FOB(厦门)××元人民币/千克,支付方式:……"。合同还规定:"买方需于翌年 2 月份派船到厦门港接货,如果在此期间内不能派船接货,卖方同意保留 28 天,但仓储、利息、保险等费用皆由买方承担。"

3 月 1 日,卖方在货物备妥后电告国外买方应尽快派船接货。但是,一直到 3 月 28 日,买方仍未派船接货。于是卖方向买方提出警告,声称将撤销合同并保留索赔权。买方在没有与卖方进行任何联系的情况下,直到翌年 5 月 5 日才将船只派到厦门港。这时卖方拒绝交货并提出损失赔偿,买方则以未订到船只为由拒绝赔偿损失,双方争议不能和解,卖方起诉到法院。

法院经取证调查,确认买方确实未按合同规定的时间派船接货,因此法院判决:卖方有权拒绝交货,并提出赔偿请求。后经双方协商,卖方交货,但由买方赔偿仓储、利息、保险等费用。[①]

**【评析】**

本案所涉及的问题主要有以下几点。

1.国际货物买卖合同中的价格条款

价格条款是国际货物买卖合同的核心条款,与贸易术语和其他交易条件有着密切的关系。在国际货物买卖合同中,价格条款一般包括商品单价和总值两部分。而单价由贸易术语、单位价格金额、计价货币、计价单位四部分组成;总值即是单价与成交数量的乘积。单价的构成要素表明其涵盖的内容和涉及的问题相当广泛,单价中不能缺少贸易术语。贸易术语具有两种作用:一方面表示价格的构成;另一方面表示买卖双方在货物交接过程中的责任义务、费用和风险的划分。

2.FOB 价格条件下买卖双方的基本义务

---

① 资料来源:幸理,《国际贸易实务案例与分析》,华中科技大学出版社,2006 年

FOB 价格术语适合于水上运输,按这一贸易术语成交,卖方要在约定的日期或期限内承担下述义务:在合同规定的装运港,把货物装上买方指定的船只,并及时通知买方;向买方提供商业发票和货物已交至船上的装运单据或具有同等效力的电子信息;自担费用和风险,取得货物通关过境所需的出口许可证及其他官方证件,并办理货物出口所需的一切海关手续;承担货物在装运港越过船舷为止的一切费用与风险。

FOB 价格术语下,买方要在卖方按照合同规定交货时受领货物;受领卖方提供的各项单证,并按合同规定支付货款;负责租船订舱,按时派船到合同约定的装运港接运货物,支付运费,并将船期、船名及装船地点及时通知卖方;负责获取进口许可证或其他官方文件,并办理货物进口过境手续;承担货物在装运港越过船舷时起的各种费用和一切风险。

3.使用 FOB 价格术语时应注意的问题

(1)"船舷为界"的确切含义。"船舷为界"表明货物风险转移的界限:在装船时货物跌落码头或海中所造成的损失均由卖方承担;货物上船之后,包括在运输过程中所发生的损坏或灭失,则由买方承担。"船舷为界"是一种历史遗留的贸易规则,由于其界限分明,易于理解和接受,故沿用至今。严格地讲,以船舷为界只是说明风险划分的界限,如果把它作为划分买卖双方承担的责任和费用的界限就不十分合适了。因为装船作业是一个连续过程,包括货物从岸上起吊、越过船舷、装入船舱。如果卖方承担装船责任,那他必须完成上述作业,而不可能在船舷办理交接。关于费用负担问题,按照 2000 年《通则》FOB 术语的 A6 条款规定,卖方必须支付与货物有关的一切费用,"直至货物在指定的装运港越过船舷时为止"。这实际上是指一般情况下卖方要承担装船的主要费用,而不包括货物上船后的整理费用,即理舱费和平舱费。但是,如果双方有相反的规定除外。因此,在实际业务中,有关装船费用负担问题并不是按船舷为止划分的,而是有不同的规定方法(后述)。所以,关于责任费用的规定,交易双方可根据实际需要协商确定。

(2)装船费用问题。FOB 价格术语要求卖方负责支付货物装上船之前的一切费用。由于各个国家和地区在使用时对于"装船"的概念没有统一明确的解释,在装船作业的过程中涉及的各项具体费用,如将货物运至船边的费用、吊装上船的费用、理舱费、平舱费等,这些费用究竟由谁负担,各国的惯例或习惯做法不完全一致。如果采用班轮运输,船方负责装卸,装卸费打入班轮运费之中,此时的装船费自然由负责租船订舱的买方承担。而如果采用租船运输,船方一般不负责装卸,装卸费用的负担问题应由买卖双方在合同中加以明确。通常的做法是在 FOB 价格术语后加列附加条件,即 FOB 的变形。

①FOB Liner Terms(班轮条件)。这一变形是指装船费按照班轮的做法来办,即卖方不负担装船的有关费用。

②FOB Under Tackle(吊钩下交货)。指卖方将货物交到买方指定船只的吊钩所及之处,即吊装入舱以及其他各项费用一概由买方负担。

③FOB Stowed(理舱费在内)。指卖方负责将货物装入船舱并承担包括理舱费在内的装船费用。理舱费是指货物入舱货后进行安置和整理的费用。

④FOB Trimmed(平舱费在内)。指卖方负责将货物装入船舱并承担包括平舱费在内的装船费用。平舱费是指对装入船舱的散装货物进行平整所需要的费用。

在许多标准合同中,为表明卖方承担包括理舱费和平舱费在内的各项装船费用,常采用 FOBST,它代表 FOB Stowed and Trimmed。

FOB 的上述变形只是为了表明装船费由谁负担问题而产生的,并不改变。FOB 的交货地点以及风险划分的界限。

(3)船货衔接问题。按照 FOB 价格术语成交的合同,卖方的一项基本义务是在规定的时间和地点完成装货。然而,由于 FOB 条件下由买方负责安排运输工具,即租船订舱,所以,这就存在一个船货衔接问题。船货衔接处理不当,必然影响合同的顺利执行。根据有关法律和惯例,如果买方未能按时派船,包括未经卖方同意提前将船派到和延迟派到装运港,卖方有权拒绝交货。而且由此产生的各种损失,如空舱费、滞期费及卖方增加的仓储费等均由买方负担。如果买方未能及时派船,只要货物已被清楚划归合同项下,货物若发生损失或风险也由买方承担。但是,如果买方指派的船只按时到达装运港,而卖方却未能备妥货物,那么,由此产生的上述费用则由卖方承担。有时双方按 FOB 价格成交,但买方委托卖方办理租船订舱,卖方也可酌情接受,但这属于代办性质,其风险和费用仍由买方承担;如果卖方租不到船,买方无权撤销合同或索赔。总之,按 FOB 价格术语成交,对于装运期和装运港双方要慎重规定;订约之后,有关备货和派船事宜,双方也要加强联系,密切配合,保证船货衔接。

4.本案分析

本案例买卖双方争议产生的原因就是 FOB 价格术语下船货不衔接。在此案例中,买方未在规定的时间内将船派到装运港接货,导致卖方无法按合同规定完成交货义务,同时产生了仓储、利息、保险等相关费用损失。作为卖方尽到了自己的责任:在装运期临近时,电告催促买方派船接货,但买方仍没有及时派船接货。根据《公约》的规定,卖方有解除合同、并要求买方赔偿损失的权利。

本案中我方公司据理力争,维护自身合法权益的做法是值得提倡的。后来,从有利于交易的角度出发,考虑长期的合作关系,我方公司未行使解除合同权而继续履行合同义务也是值得提倡的。如果行情发生了变化或其他原因使合同给我方带来损失时,我方当然可以行使解除合同之权。

# 案例二十八　CIF 价格术语可能存在的隐忧

## 【提要】

贸易术语在国际贸易中运用较多,我国出口贸易经常采用的是 CIF 贸易术语。每种贸易术语都有其特定的适用情况及应注意的事项,如果在运用贸易术语时不能较好地把握每种贸易术语的内容,在使用中就会导致风险的出现。本案例就说明了内陆地区出口企业使用 CIF 这一常用贸易术语时存在的风险隐患。

案 情

某年5月,美国某贸易公司(以下简称进口方)与我国江西某进出口公司(以下简称出口方)签订合同购买一批日用瓷具。合同中规定,价格条件为 CIF Los Angeles,支付条件为不可撤销的跟单信用证,出口方提供已装船提单等有效单证。贸易合同签订后,出口方随后与宁波某运输公司(以下简称承运人)签订运输合同。8月初,出口方将货物备妥并装上承运人派来的货车。途中由于驾驶员的过失发生了车祸,耽误了时间,错过了信用证规定的装船日期。得到发生车祸的通知后,出口方即刻与进口方洽商要求将信用证的有效期和装船期延展半个月,并本着诚信原则告知进口方两箱瓷具可能受损。进口方回电称同意延期,但要求货价应降5%。出口方回电据理力争,同意受震荡的两箱瓷具降价1%,但认为其余货物并未损坏,不能降价。但进口方坚持要求全部降价。最终出口方还是做出让步,将受震荡的两箱降价2.5%,其余降价1.5%。为此受到货价、利息等有关损失共计达15万美元。

事后,出口方作为托运人又向承运人就有关损失提出索赔。对此,承运人同意承担有关仓储费用和两箱震荡货物的损失;但利息损失只赔50%,理由是自己只承担一部分责任,主要是由于出口方修改单证耽误时间;但对于货价损失不予理赔,认为这是由于出口方单方面与进口方的协定所致,与己无关。出口方却认为货物降价及利息损失的根本原因都在于承运人的过失,坚持要求其全部赔偿。3个月后经多方协商,承运人最终赔偿各方面损失共计5.5万美元。出口方实际损失9.5万美元。[①]

【评析】

本案交易双方采用的价格术语是 CIF,涉及的相关问题如下。

1.买卖双方的基本义务

---

① 资料来源:郭燕燕、杨楠,《国际贸易案例精选》,中国纺织出版社,2004年

CIF 价格术语下卖方的基本义务是：在合同规定的期限内，按通常条件订立运输合同，并在规定的装运港将货物装上船，支付运至目的港的运费；负责办理从装运港至目的港的海运货物保险，支付保险费；按合同规定提供正式有效的运输单据、保险单据、发票或具有同等效力的电子信息；负责办理货物出口所需的一切海关手续；承担货物在装运港越过船舷为止的一切费用和风险；在货物装上船之后，卖方只承担自装运港到目的港的通常运费和保险费。

CIF 价格术语下买方的基本义务是：在合同规定的目的港受领货物；受领卖方提供的各种约定单证，并按合同规定支付货款；负责办理货物进口的一切海关手续；承担货物在装运港越过船舷后的一切风险和除自装运港到目的港的通常运费、保险费以外的费用。

2.使用 CIF 术语应注意的问题

（1）保险问题。按 CIF 术语成交，卖方负责订立海洋货物运输保险合同，按约定的险别和保险金额投保海洋货物运输险，支付保险费，提交保险单。但卖方办理保险属代办性质，货物在运输途中的灭失和/或损失的风险由买方负担。如果发生意外，买方凭保险单直接向保险公司索赔，能否得到赔偿卖方概不负责。

至于保险险别和金额，一般在签订买卖合同时，由双方协商并明确列在合同的保险条款中，卖方按照合同规定办理即可。如果合同中未能就保险险别和金额等问题做出具体规定，按照《2000 通则》对 CIF 术语的解释，卖方只需以 CIF 货价的 110％投保最低的险别。在买方要求并由买方承担费用的情况下，可加保战争、罢工险。

（2）风险划分界限问题。CIF 术语尽管由卖方负责运费及全程的保险费，但风险转移仍然在装运港货物越过船舷时。货物越过船舷后，卖方不再承担任何责任及除运输费和保险费之外的任何额外费用，运输中即使货物受损或完全灭失，卖方仍可凭单证收取货款，买方不得拒付。过去我国业务人员常称 CIF 为"到岸价"，这其实是一种误解，因为卖方并不保证把货物必然送到目的港，它只承担货物在装运港越过船舷之前的风险。

（3）象征性交货问题。从交货方式上来看，CIF 是一种典型的象征性交货术语。所谓象征性交货是针对实际交货而言的，指卖方只要按期在约定地点完成装运，并向买方提交合同规定的（包括物权凭证在内的）有关单据，就算完成了交货义务，而无须保证到货，即以交单代替交货。实际交货是指卖方在规定的时间和地点必须将符合合同规定的实际货物提交给买方或其指定人，不能以交单代替交货。在象征性交货方式下，卖方凭单交货，买方凭单付款。只要卖方向买方提交了合同规定的全套合格单据，即使货物在运输途中损坏或灭失，买方也必须履行付款义务。反之，如果卖方提交的单据不符合要求，即使货物完好无损地运达目的地，买方仍有权拒付货款。所以 CIF 实际上是一种单据买卖。但是如果卖方提交的货物不符合要求，即使买方已经付款，仍然可以根据合同的规定向卖方提出索赔。

（4）租船订舱问题。按 CIF 术语，卖方应在合同规定的时间内，自费订立运输合同，并按通常条件及惯驶的航线，用通常类型可供装载运输合同货物的船只，将货物运至指定目的港。除非双方另有约定，否则对于买方提出的关于限制载运船舶的国籍、船龄、船型、船级以及指定装载某班轮公会的船只等项要求，卖方均有权拒绝接受。但卖方也可以放弃这一权利，可以根据具体情况给予通融。就是说，对于买方提出的上述要求，如果能办到又不会增加额外开支，也可以接受。对此，在合同中一旦做出明确规定，就必须严格照办。

（5）卸货费用负担问题。按 CIF 术语成交，卖方负责将合同规定的货物运往合同规定的目的港，并支付正常的运费。至于货到目的港后的卸货费用由谁负担是一个需要买卖双方事先认真考虑并在合同中加以明确的问题。如果是班轮运输，由于装卸费用已打入班轮运费之中，故卸货费必然由卖方负担且不会引起争议。而对大宗商品采用租船运输时，世界各港口的惯例不同，对卸货费用由谁负担也有不同的规定。为了防止误解和争议，实际业务中存在 CIF 贸易术语的各种变形。

①CIF Liner Terms（CIF 班轮条件）是指卸货费用按照班轮的做法来办，即卸

货费由订立运输合同的卖方承担。

②CIF Landed(CIF 卸到岸上)是指卖方承担货物卸到码头上的各项费用,包括驳船费和码头捐税。

③CIF EX Tackle(CIF 吊钩下交货)是指卖方负责将货物从船舱卸到轮船吊钩可及之处。在轮船不能靠岸的情况下,驳船费及货物从驳船卸到岸上的费用,由买方负担。

④CIF EX Ship's Hold(CIF 舱底交货)指货物运达目的港后,自船舱底起一切费用由买方负担。

CIF 的上述变形只是为了表明卸船费由谁负担的问题而产生的,并不改变 CIF 的交货地点以及风险划分的界限。

3.内陆地区出口企业使用 CIF 术语的隐忧

(1)出口合同与运输合同项下交货义务的分离使风险转移严重滞后于货物实际控制权的转移。在采用 CIF 术语订立贸易合同时,出口方同时以托运人的身份与运输公司(即承运人)签订运输合同。在出口方向承运人交付货物、完成运输合同项下的交货义务后,并不意味着其已经完成了贸易合同项下的交货义务。出口方仍要因货物越过船舷前的一切风险和损失向进口方承担责任。而在货物交由承运人掌管后,托运人(出口方)已经丧失了对货物的实际控制权。承运人对货物的保管、配载、装运等都由其自行操作,托运人只是对此进行监督,即出口方在其已经丧失了对货物的实际控制权的情况下继续承担责任和风险。尤其是从内陆地区装车到港口越过船舷,中间要经过一段较长的时间,会发生什么事情,谁都无法预料,出口方的风险确实很大。也许有人认为,在此期间如果发生货损,出口方向进口方承担责任后可依据运输合同再向承运人索赔,转移其经济损失。但是实际上,由于涉及有关诉讼的费用、损失责任的承担无法达成协议,再加上时间耗费,出口方很难得到补偿。正如本案例的结果。

(2)运输单据规定有限制致使内陆出口方无法在当地交单。根据《2000 通则》的规定,CIF 价格条件下出口方可转让提单、不可转让海运单或内河运输单据,这与其仅适用于水上运输方式相对应。在沿海地区这种要求易于得到满足,不会耽误结汇。货物在内陆地区交付承运人后,如果采取的是内河航运,也没有太大问题,但事实上一般是采取陆路运输,这时承运人会签发陆运单或陆海联运提单,而不是 CIF 条件要求的海运提单。这样一来,只有当货物运至装运港装船后出口方才能拿到提单或得到在联运提单上"已装船"的批注,然后再结汇。可见,这种对单据的限制会直接影响到出口方向银行交单结汇的时间,从而影响出口方的资金周转,增加了利息负担。

(3)运输成本增加。内陆地区使用 CIF 价格术语还有一笔额外的运输成本。在 CIF 价格中包括的运费应该是从装运港到目的港的运费。但从内陆地区到装运港装船之前还有一部分运输成本,如从甘肃、青海、新疆等地区到装运港装船之前的费用一般要占到出口货价的一定比例,有些会到达 20% 左右。

从以上分析可以看出,CIF 价格术语在内陆地区出口中并不适用。因此,内陆地区出口商选择 CIP 价格术语更妥当,原因在于以下三点:

第一,从适用的运输方式看,CIP 比 CIF 更灵活,更适合内陆地区出口。CIF 只适用于水上运输方式(海运、内河航运),而 CIP 却适合任何运输方式。而对于内陆地区而言,出口时运输方式也是多种的,如出口到美国、东南亚地区,一般是陆海联运;出口到欧洲,一般是陆运。

第二,从出口方责任看,使用 CIP 术语时出口方风险与货物的实际控制权同步转移,责任可以及早减轻。CIF 价格术语下,出口方是在装运港交货,买卖双方是以船舷为界划分风险,在货物越过船舷之前,不管货物处于何方的实际处置之下,卖方都要向买方承担货损等责任。CIP 价格术语下交货地点有多种选择,可以是港口,也可以是在内陆地区城镇,但无论在哪里,出口方责任以货交承运人处置时止,出口方只负责将货物安全移交承运人即完成自己的销售合同和运输合同项下的交货任务,此后货物发生的一切损失均与出口方无关。

第三,从使用的运输单据看,使用 CIP 术语有利于内陆出口业务在当地交单结汇。CIP 涉及的通常运输单据范围要大于 CIF,因具体运输方式不同可以是上面提到的 CIF 使用的单据,又可以是陆运运单、空运单、多式联运单据。承运人签发后出口方即可据以结汇。这样,缩短了结汇和退税时间,提高了出口方的资金周转速度。

现在,迅速发展的集装箱运输方式也为内陆地区出口使用 CIP 术语提供了便利条件。目前我国许多沿海港口如青岛、连云港都在争取把口岸搬到内地,发展内陆地区对沿海陆运口岸的集装箱直通式运输,这会减少货物装卸、倒运、仓储的时间,降低运输损耗和贸易成本,缩短报关、结汇时间,有利于 CIP 术语在内陆地区出口中的推广。

4.本案例的启示

CIF 价格术语下买卖双方的风险划分是以货物在装运港越过船舷为界,在越过船舷以前的风险由卖方承担,越过船舷以后的风险由买方承担。在本案例中,货物的损失发生在由内陆运往港口的途中,货物的风险应由卖方承担。而货物在承运人掌管之下发生了车祸,承运人就应该对此导致的货物损失、延迟装船、仓储费用负责。但由于导致的货价损失、利息损失的承担双方却无法达成协议,使得出口方受到重大损失。本案采用信用证结算方式,要求出口方提交的是提单,而货物走的又是陆路,因此出口方不能在将货物交给承运人后立即办理结汇,只能到港口换单后再结汇。如果可凭承运人内地接货后签发的单据当地交单结汇,则出口方虽然需要就货损对进口方负责,但他可以避免货价损失和利息损失。因此,对于内陆地区的出口商而言,采用 CIF 贸易术语会带来许多风险隐患,为了避免风险损失,应该使用 CIP 价格术语。

# 案例二十九　"航空运单"的性质和作用

【提要】

本案例中,卖方以空运方式和信用证结算方式向外出售裘皮大衣,货物发运后,开证行以单据不符拒付货款,但买方已提走货物并销声匿迹。此案例说明航空运输的特点及航空运单的性质给卖方造成货、款两空带来了可能,同时提醒出口商在采用空运时应注意的事项。

案 情

某年我国某公司向德国某商人出口裘皮服装,双方在合同中约定:"裘皮大衣2万件,单价 CIF 法兰克福 1 万美元/件,总值 2 亿美元;采用航空运输方式,起运地北京,目的地法兰克福;支付方式为 100％不可撤销即期信用证结算。"

合同签订后,德商通过一德国银行开来信用证。而后出口方将货物运至北京国际机场并装上飞往法兰克福的飞机,缮制完单据后凭有关单据向国内银行议付,顺利得到议付款项。

不料,国内议付银行再将有关单据寄往德国开证行进行索汇时,交单后的第四个银行工作日,开证行以"单据不符"为由拒绝付款。于是出口商立即与承运这批货物的某航空公司联系,被告知货物早被航空运单上写明的收货人(即买方)提走。再与买方联系,毫无音信。多次与开证行联系,开证行均以同样的理由推托。后来多方打听,方知德国开证行是一个实力很小、信誉不佳、濒临破产的金融公司,货款根本无法要回。三个月后,国内议付银行以单据不符、遭开证行拒付为由,收回议付款并加收利息。

**【评析】**

本案例所涉及的问题分析如下。

这是一起利用航空运单和信用证向出口商诈货案。

1.出现这样的结局的原因

航空运输的特点及航空运单的性质给造成这样的后果带来了可能。航空运输速度很快,通常在托运人把空运单据交收货人之前货物就已经到达目的地。空运单据是发货人与承运人之间的运输合同,是货物收据,但它不是物权凭证,不能凭此提货。收货人提货时,要凭航空公司的"提货通知书"提货。因此,航空运单不具有可转让的性质。航空运单收货人一栏内容应填写收货人的全称和地址,不能填"To order of ×××Co."等指示性抬头。空运单据是报关单据,可以凭此办理议付。空运单据是承运人核收运费的凭据。空运单据上如加载保险条款,则又成为保险证书。

2.本案例给我们的经验教训

(1)出口方一定要注意客户的信誉。

(2)要选择恰当的结算方式。空运成交适用于量小价值高的货物,因此,在订立合同时卖方最好选择预付款结算方式,即要求买方汇付全部或大部分货款后再发货;如果还采用信用证结算,卖方应在空运单据的收货人或通知人一栏中填写开证行(必须事先征得开证行同意),以让开证行掌握物权;或在空运单据的收货人或通知人一栏中填写卖方在买方所在地的自己的代理人,让自己的代理人掌握物权,等买方付款后再将货物交与买方。

(3)慎重、合理制单,以防买方以单据不符为由拒绝付款。

# 案例三十　卢森堡财务公司放单案的启示

## 【案情】

国内 A 公司自 2004 年下半年开始同阿尔及利亚买家 B 公司建立业务关系,B 公司的董事长同时在卢森堡拥有一家 C 公司。同年年底,A 公司与 B 公司签订了价值 7 万美元的茶叶出口合同,付款方式为提单签发后 60 天 T/T 汇付,B 公司随即支付了的定金,A 公司开始安排出运。

为减少收汇风险,A 公司在发出 6 个集装箱的货物后,即以银行押汇为由提出更改付款方式,B 公司同意于 2005 年 1 月起将付款方式改为 D/A,付款时间是提单日后 60 天。但由于付款方式改变,买家要求提单上的收货人也要相应更改,于是双方重新签订销售确认书并更改提单收货人,此时合同上的买家和提单收货人均更改为 C 公司。

A 公司在积极组织货源安排出运的同时向 D 银行办理 D/A 项下托收,但代收行是买家提供的卢森堡的一家金融机构。D 银行作为托收行按照 A 公司要求发出托收指示,并将单据以 DHL 快递寄给卢森堡的这家金融机构。

单据寄出后,D 银行一直没能同代收行取得联系,由于国际银行年鉴上查不到任何有关这家金融机构的资料,并且没有通常银行使用的通信工具电传和 SWIFT 号码,D 银行只能多次发函向卢森堡的这家机构询问承兑情况,但一直未得到任何答复。

不久,A 公司获悉买家凭正本单据顺利提走货物,到期未付款。由于投保了出口信用保险,A 公司向中国出口信用保险公司(以下简称"中国信保")通报了可能损失,并委托其代为追讨欠款。

**【案情分析】**

综合分析上述情况,在单据流转过程中很可能存在一定的失误,买家骗走单据的可能性较大。通过对买家提供的代收行进行调查,我们发现其实际为一家只有一名雇员,由三名股东共同持股的财务公司。通过详细查阅买家与 A 公司的往来函电,我们发现买家提供给 A 公司的该财务公司居然与 C 公司为同一地址,使用的电话和传真号码也都完全一样。我公司委托律师到其注册的地址调查发现,该公司并无实际的办公地点,只有一个贴有该公司注册名的信箱,是一家名副其实的皮包公司。由于卢森堡是众所周知的避税天堂,很多海外公司通过类似的财务公司作为其托管公司进行交易,以实现避税的目的,但其中更大一部分是带有欺骗性质的虚假交易。

A 公司获知此情况后,向 D 银行提出托收方面的异议,以银行应审慎操作为由要求追究银行责任,A 公司的请求被银行断然拒绝,其理由是《托收统一规则》(URC522)中规定:"为了执行委托人的指示,寄单行将以委托人所指定的银行作为代收行。如未指定代收行,寄单行将使用它自己的任何银行或另一家银行选择的在付款或承兑地点所在国家的或在须执行其他条款和条件的国家的任何银行详见〈ICC Uniform Rules for Collections〉ICC.Publication No.522 C.Form of presentation-Article 5-d. ……单据和托收指示可由寄单行直接或通过其他中介银行寄送代收行详见〈ICC Uniform Rules for Collections〉ICC.Publieation No.522 C.Form of presentation-Article 5-e. ……为执行委托人的指示,银行使用另一家银行或其他银行的服务,是代委托人办理的,其风险由委托人承担。即使银行主动选择其他银行办理业务,如发出的指示未被执行,银行对此亦不负责"详见〈ICC U-niform Rules for Collections〉ICC Publication No.522 D.Liabilities and Responsi-bilities-Article 11-a.b.。此案中,办理 D/A 项下托收的代收行是出口商按照买家要求提供的,D 银行按照委托人的指示寄出单据不属违规操作,事后在承兑放单环节上出现的问题,D 银行不应承担任何责任。

此时,证明该买家有欺诈行为的焦点集中在卢森堡的代收行身上,出口商希望能够得到中国信保的支持,协助其提供由卢森堡公证机构出具的有关该财务公司性质的证明,并在中国驻当地大使馆进行认证。为此,中国信保帮助出口商在卢森堡搜集了所需的大量证据,确认了该买家公司的性质,并出具了经公证认证的证明文件,为出口商起诉买家的欺诈行为提供了有力的证据。

**【案件启示】**

通过此案的介绍和分析,我们不难总结出以下两点启示:

1.出口商在 D/A 托收操作的过程中一定要重视代收行的选择,通过预先查询国际银行名录,尽量选择排名靠前、资信较好的银行。在买家指定代收行时更要慎重,对于本案中出现的买家与代收行为同一地址的情况更应引起注意,慎防这种皮包公司骗取单据的情况发生。同时加强与承运人的联系,以便能够更好地对货物进行跟踪和控制,避免出现钱货两空的局面。

2.在海外调查的过程中,如果条件允许,可以充分考虑自身的实际情况和贸易实际,委托中国信保等专业商账追收机构,为维护其自身合法权益提供强有力的支持。

# 案例三十一　关于检验机构与检验报告
# 是否有效的争议案

**【提要】**

国际贸易中,双方在交接货物时货物的检验权归谁所有? 若买方认为卖方所交货物有质量问题应该怎么办? 案情(一)中,买方认为货物有质量问题就擅自聘检测机构进行检验,并凭该检验机构的证书拒绝付款;案情(二)中,买方的客户依据国际贸易合同中的检验条款请检验条款中规定的检验机构对货物进行复验,发现货物存在质量问题,卖方又依据合同中的检验条款请第三方检验机构检验,两次检验结果略有差异,但表明货物质量不完全符合合同约定,故买方向卖方索赔。本案例说明最终检验权的归属、检验机构、检验证书的法律效力等问题。

案　情(一)

某年我国某出口公司对外出口六角螺栓,合同规定:"品质异议须于货到目的港之日起 30 天内提出,但均需提供已经卖方同意的公证行的检验证明。"买方收到货物后认为:卖方交货品质存在严重缺陷,并通告卖方拟聘请国际商检机构进行商检,且建议选择劳埃德社在希腊的代理机构对货物进行检测。卖方接到买方的通知后提出由中国商检机构检验,并表示若中国商检机构认为货物有质量问题就全部退货。在双方就商检机构未达成一致意见的情况下,买方于当年的 9 月 26 日擅自聘请劳埃德社在雷埃夫斯港的检测机构进行检测,该机构于次年的 1 月 8 日出证指明了该批货物全部为不可议付之货物,于是买方拒付货款。卖方则认为,该项检测报告是无效的。不能作为认定货物品质的依据,买方应支付货款。因此,双方产生争议,买方遂向中国国际经济贸易仲裁委员会提请仲裁。仲裁委员会在查阅双方提供的资料并经开庭审理后,认为申请人单方面对货物进行检测,不符合双方的合同约定,其检测报告不能作为认定货物品质的合法依据。[①]

案　情(二)

中国甲公司和印度乙公司于 2003 年 1 月 24 日签订了销售纺织品布料 5000 米的买卖合同,该布料是乙公司受 A 服装加工厂委托进口的,用于加工服装出口欧盟,因此,合同规定按 OKO-TEX100 标准,其中甲醛最高含量不超过 100PPM, 单价为每米 3 美元,以即期信用证的方式结汇。贸易术语采用 CIF,合同规定的检验条款为:货物在目的港卸后 30 天内经印度商检机关的复检,如发现品质或规格与本合同规定不符的,除属于保险公司或船公司负责外,买方可以拒绝收货或凭商检机关的检验证书向卖方索赔。在此情况下,如卖方要求,买方可将样品寄交卖方再交第三方检验。

2003 年 3 月 9 日,甲公司向中国商检机构申请检验,商检机构出具了检验分析证书,表明甲醛含量为 100PPM。之后,货物装箱后运至印度孟买。3 月 29 日, 货物卸毕。同时,甲公司通过银行议付全部货款。

乙公司与 A 服装加工厂签订合同的货物品质与国际贸易合同相同。4 月 12 日,A 服装加工厂在收到货物后,向印度孟买商检局提出货物检验的申请。4 月 20 日商检局出具了货物品质检验证书,表明货物的甲醛含量为 102PPM,与合同规定的不符。A 服装加工厂速报乙公司并要求甲公司赔偿损失。乙公司在收到报告后于 4 月 25 日通知甲公司,并寄出商检证书,正式提出索赔,要求全部退货并赔偿损失。5 月 5 日,甲公司回函要求抽样再次检验货物。5 月 21 日甲公司亲自抽取货物样品,6 月 5 日送到瑞士纺织品检定有限公司中国代表处进行检验。该代表处于 7 月 3 日出具证书,表明货物甲醛含量为 101PPM,略高于合同规定。

之后,双方为两份质检证书的法律效力产生纠纷,协商未果,乙公司提起仲裁。乙公司认为本合同属于到岸 30 天内品质交货,印度商检机构的复检证书具有效力系双方事先约定;检验程序合法,检验结果具有法律效力。甲公司辩称,货

---

　①　资料来源:黎孝先,《进出口合同条款与案例分析》,对外经济贸易大学出版社,2003 年 9 月。

物在发运地装货时质量符合合同规定,甲公司履行了交付符合合同规定的货物的义务。

仲裁庭认为,由于使用不同的检验标准和检验手段,尽管后两次检验的结果之间存在差距,但均表明货物甲醛含量的指标超过了合同规定的标准,据此认定货物的品质不完全符合合同的规定,甲公司没有完全履行合同义务。经仲裁庭调解,各方同意货物降价 10％处理,A 服装加工厂将用该布料生产的服装转销其他国家。

**【评析】**

该案例所涉及的问题分析如下。

1.最终检验权

在国际货物买卖中,货物交付后的检验权直接关系到买卖双方在货物交接过程中的权利和义务。因此,为了明确责任,买卖双方通常在买卖合同中就买方是否行使和如何行使检验权、最终检验权的归属等做出明确规定。因此,通过合同明确约定有关检验的标准、检验地点、检验机构和最终检验权的归属直接与保护各方当事人的权益相关。

案情(一)中没有明确约定检验条款,只是在合同中规定:"品质异议须于货到目的港之日起 30 天内提出,但均需提供已经卖方同意的公证行的检验证明。"这种规定对检验机构的约定有缺陷,易使双方日后因选择检验机构产生争执;这种规定对最终检验权的归属也不明确。

案情(二)中,合同规定了检验、复验和再验,明确了最终检验权的归属,检验条款是比较完整的。由于合同规定,"如卖方要求,买方可将样品寄交卖方再交第三方检验",实际上最终检验权归卖方。

2.检验机构

国际货物买卖双方在确定检验机构时,应考虑有关国家和地区的法律制度、商品性质、交易条件和业务习惯。还应与检验时间、地点相联系。一般来讲,规定在出口国检验,应由出口国检验机构检验;在进口国检验,则由进口国机构负责。但是,在某些情况下,双方也可以约定由买方派出检验人员到产地或出口地点验货,或约定由双方派人进行联合检验。对于检验机构的约定,无论如何都必须协商一致,且由约定的机构实施检验。

案情(一)中,劳埃德社在雷埃夫斯港的检测机构不是双方一致同意的检验机构,买方擅自聘请劳埃德社在雷埃夫斯港的检测机构进行检测,是违反合同约定的。

案情(二)中的检验条款为:"货物在目的港卸后 30 天内经印度商检机关的复检,如发现品质或规格与本合同规定不符的,除属于保险公司或船公司负责外,买方可以拒绝收货或凭商检机关的检验证书向卖方索赔。在此情况下,如卖方要求,买方可将样品寄交卖方再交第三方检验。"这样约定即明确了复验时的检验机构,又约定了再验的检验机构。

3.检验证书的法律效力

检验证书是商检机构对进出口商品检验、鉴定后出具的各种书面证明文件和鉴定证书。检验证书在国际贸易中的作用主要是:作为卖方所交货物的品质、数量(重量)、包装及卫生条件等符合合同规定的依据;作为买方对所收货物品质、数量等提出异议、拒收货物或要求理赔的凭证;在使用信用证方式结算货款的情况下,检验证书是卖方向银行议付货款的依据;作为货物在流转过程中发生残损短量等情况并明确其责任归属的依据;是海关验关放行的凭证。所以,检验证书是具有法律效力的文件。

案情(一)中,买方单方面委托的劳埃德社在雷埃夫斯港的检测机构对合同项下货物进行检测所做的结论是"100%不可议付",这种结论的含义不明确,不能表示品质的概念。所以仲裁庭不认为其具有法律效力。

案情(二)中的货物经过三次检验。第一次检验在装运港由中国检验部门使用中国标准实施检验并提供法律文件。由于合同规定中又规定复验权为买方,具体规定是:"货物在目的港卸后 30 天内经印度商检机关的复检,如发现品质或规格与本合同规定不符的,除属于保险公司或船公司负责外,买方可以拒绝收货或凭商检机关的检验证书向卖方索赔。"因此,在双方发生品质纠纷时,该份检验证书在法律上不具有足够的效力。第二次检验系买方依据合同在用货地进行的,使用的印度标准,证明货物的甲醛含量不符合合同的要求。由于该次检验系依据合同进行的,并由印度法定检验机构进行,因此其出具的检验证书具有法律效力。第三次检验系卖方抽取样品后经第三方再检验。根据合同规定,"如卖方要求,买方可将样品寄交卖方再交第三方检验",实际上最终检验权归卖方。因此,买方的检验不能认为是确定货物品质的最终检验。在买方检验机构发现品质问题的情况下,卖方有权依照合同对货物品质重新进行检验确认。卖方委托第三方再检验,由于该次检验也系合同允许的,这次检验结果也说明货物质量有问题,合同允许的两次检验结果均能表明货物品质不符合同约定。因此,仲裁庭认定货物的品质不完全符合合同的规定,卖方甲公司没有完全履行合同义务,并采取调解手段,将货物按降价处理;而不是认定品质根本不符合合同的规定,裁决全部退货并赔偿损失。这样做是合理的。

4.履行检验条款时注意的问题

在贸易合同的实际履行中,除了执行合同条款规定、使检验及索赔有效外,当事人还需特别注意如下几方面的问题:

(1)检验必须由双方在合同中约定的商检机构进行,商检证书由该机构出具。

(2)买方必须凭约定的商检机构出具的有效的商检证书向卖方提出索赔。若货到目的港后,买方发现货物的质量、数量、重量或包装与合同规定不符,买方即使在合同规定的期限内向卖方提出了索赔要求,但如果没有出具约定的有效的商检证书,则这种索赔从法律上讲也不是有效索赔。

(3)买方必须凭约定的有效的商检证书在合同规定的索赔期限内向卖方提出索赔,任何超过索赔期限的索赔从法律上来讲都不是有效索赔。案情(二)中,买方的第三次检验虽然超过了30天,但却是在合同规定的索赔期限内向卖方提出索赔的,因此是有效的。

# 案例三十二　从一起意外事故看出口价格条款的选择

**【案情】**

2004 年 8 月,国内 A 公司同美国 B 公司签订了绿豆出口合同,合同金额 32 万美元,价格条款为 CIF 天津,支付方式为 L/C 即期。2004 年 9 月,在接到 B 公司开出的信用证后,A 公司通过国内 C 运输公司安排货物运往天津口岸。在运输途中,由于发生泥石流引起道路阻塞,直接导致货到天津港时已经错过了信用证规定的装船期。接到延误通知后,A 公司即与 B 公司协商,要求 B 公司将信用证有效期和装船期同时向后顺延 15 天。B 公司回电同意 A 公司的修改请求,但由于此时国际市场上绿豆的价格已大幅下跌,B 公司同时要求 A 公司将货价降低 15%。经过一番争取后,A 公司考虑到国际市场的现实变化,最终同意降价 12%,为此损失近 4 万美元。

事后,A 公司作为托运人向承运人 C 公司提出索赔。对此,C 公司援引《合同法》,认为己方并未引起货物毁损或灭失,而且造成延期到达的原因属不可抗力,非 C 公司可以抗拒或避免,故不接受索赔。

**【案情分析】**

在本案的交易过程中,A 公司没有任何过失,却承担了全部损失。表面上看,是天灾和国际市场跌价的结合造成了 A 公司的损失。但从本质上看,A 公司承担损失的原因是运输合同和贸易合同项下交货义务的分离,造成风险转移严重滞后于货物实际控制权的转移。也就是说,在本案中 A 公司通过选择 CIF 的价格条款,主动承担了其无法控制的风险和责任。根据 2000 年《国际贸易术语解释通则》的规定,在采用 CIF 术语进行交易时,卖方必须在装运港于约定的日期或期限内将货物交至船上,同时必须承担货物灭失或损坏的一切风险,直至货物在装运港越过船舷为止。所以 A 公司向 C 公司交付货物,完成运输合同项下的交货义务,并不意味着他完成了贸易合同项下的交货义务,A 公司仍要承担货物越过船舷前的一切风险。但在货物交由 C 公司掌管后,A 公司实际上已经丧失了货物的控制权。出口方在其已经丧失了对货物的实际控制权的情况下继续承担责任和风险,这显然是不合理的。尤其是从内陆地区通过公路运输到装运港口,中间要经过较长时间,谁都无法预料会发生何种风险。

**【案件启示】**

目前在我国外贸出口实务中,出口商大量使用的是 FOB、CFR 和 CIF 这三种价格条款。许多外贸业务人员选择价格术语时仅仅简单地依据其价格的构成因素——如果买方自己租船订舱就选用 FOB;如果需要卖方来租船,就选用 CFR;如果买方还需要保险,就用 CIF,而在很大程度上忽视了价格条款使用中买卖双方在风险责任上的划分对自身利益的影响。以上三种国际贸易实务中被广泛采用的价格条款的共同特点是:都是只适用于水上运输方式(海运、内河航运),其风险的划分均以货物越过船舷为界,所以一般并不适用于内陆地区的出口贸易。而根据内陆出口多采用陆海联运和陆路运输方式的特点,应该更多地选择 FCA、CPT 和 CIP 这组新的价格条款。

现以 CIP 和 CIF 为例进行比较:

首先,二者有相似之处。主要表现在其价格构成因素中都包括了通常的运费和保险费,即运输合同、保险合同都由卖方负责订立;这两种术语的交货地点均在出口国的约定地点;都是出口方负责出口通关,进口方负责进口通关;风险都在交货地点随交货完成而转移给买方,但运费、保险费却延展到目的地(港)。

但二者也有明显的不同,正是这些不同使 CIP 比 CIF 更适合内陆的出口业务。

1.适用的运输方式不同。如前所述,CIF 只适用水上运输方式;而 CIP 却适用于任何运输方式。针对内陆出口需要多种运输方式的特点,CIP 明显更具灵活性。

2.交货地点不同。CIF 只能在装运港交货;CIP 可以是港口,也可以是国内承运人所在地(内陆)。伴随而来的是,风险责任划分界限的不同。CIF 是以船舷为界,在货物越过船舷之前,出口方都要承担货物毁损、灭失的风险。而在 CIP 术语下,出口方风险承担以货交承运人处置为止。这样,运输合同和贸易合同项下的交货义务和风险的转移同时完成,出口方不必再为非自身原因造成的货损或延迟装船承担责任。

3.使用的运输单据不同。CIF 使用可转让提单、不可转让海运单或内河运输单据;CIP 使用的运输单据很广,因具体运输方式不同,可以是上述单据,又可以是陆运运单、空运单、多式联运单据。内陆出口时承运人一般会签发陆运运单或陆海联运提单。这时若使用 CIF 条款,出口商无法马上结汇,只有在货物运至港口装船后出口商才能拿到提单或在联运提单上加盖"已装船"的批注,然后再结汇。而使用 CIP 术语,承运人签发单据后,出口方即可结汇。可以有效地缩短结汇时间和提高资金使用效率。

从上述比较中可以看出,CIP 实际上是 CIF 的扩展,它比 CIF 具有更为广阔的适用范围。FCA 同 FOB、CPT 同 CFR 比较也具有类似的特点和优势。这一组条款(FCA、CPT、CIP)的特点可以更好地满足内陆出口贸易的需要,因此,随着西部大开发的进行和内陆地区出口贸易的增长,我国的外贸企业不能拘泥于 FOB 或 CIF 的定式,而应根据自身的实际特点来选择合适的价格条款,以保障合同的履行,保护自身的利益。

# 案例三十三　熟悉国际贸易惯例是成功开展国际贸易的前提条件

## 【提要】

由于国际贸易中当事人的语言不同、所在国的法律体系不同、商业习惯各异,会导致交易磋商、合同订立与履行有很多障碍和争议。为此需要制订国际贸易规则，以利于成功开展国际贸易活动。本案例中，两个案件的当事人都约定采用国际贸易结算的规则——《跟单信用证统一惯例》，但一方当事人开证行不按照国际规则行事，擅自将物权单据交与收货人；另一方当事人，运用自己熟悉掌握的国际规则的内容，指出违约方的要害，维护了自己的权益和形象。本案例提醒从事国际贸易的企业和人士，在进行国际贸易之前，应熟悉掌握国际贸易惯例，全面分析面临的风险；在国际贸易活动中，灵活运用国际贸易惯例，在对方违约或无理的情况下据理力争、锲而不舍，维护自己的权益和国际形象。

案 情（一）

某年 4 月 11 日，国内某公司（以下称为 JS 公司）与香港 GT 公司达成一份贸易合同："合同号 No.04JS-GT102，4950dz of 45×45/110×70 T/C yarn-dyed shin with long sleeve（涤棉长袖衬衫），5％more or less ale allowed"单价为"usD28.20/dz CFR Hong Kong，总金额为 USD139590.00，当年 8 月底之前装运，付款方式 by 100％ irrevocable L/C to be available by 30 days after date of B/L（不可撤销的提单日后 30 天远期信用证付款）"。

经 JS 公司催促，JS 公司于 5 月底收到由意大利商业银行那不勒斯分行（Bank of Commercial Italy，Naples Branch）开来的编号为 6753/80210 的远期信用证，信用证的开证申请人为意大利的 CIBMSRL，并将目的港改为意大利的那不勒斯港，最迟装运期为当年 8 月 30 日，同时指定承运人为 Marvelous International Container Lines（以下简称 MICL 公司），信用证有效期为 9 月 15 日，在中国议付有效。

JS 公司收到信用证后，没有对信用证提出异议，并立即组织生产。由于生产衬衫的针织面料约定由香港 GT 公司指定的北京 GH 针织厂提供，而此后北京 GH 针织厂未能按照 JS 公司的要求及时供应生产所需面料，并且数量短缺，导致 JS 公司没有赶上信用证规定的 8 月 30 日的最迟装运期限。为此，香港 GT 公司出具了一份保函给 JS 公司,保证买方在收到单据后会及时付款赎单。JS 公司凭此保函于 9 月 12 日通过信用证指定的 MICL 公司装运了 4700 打衬衫(总货款为 USD132540.00),并取得了编号为 GM/NAP-11773 的海运提单,提单日期为当年 9 月 12 日。

9 月 14 日,JS 公司备齐信用证所要求的全套单据递交议付行。不久便收到意大利商业银行那不勒斯分行的拒付通知,理由是单证不符:一是数量短缺;二是提单日超过了信用证的最迟装运期。此后 JS 公司多次与香港 GT 公司和意大利的 CIBM SRL 联系,但二者都毫无音信。

10 月 19 日,开证行来函要求撤销信用证,JS 公司立即表示不同意撤证。

11 月 1 日,JS 公司收到 CIBM SRL 的传真,声称货物质量有问题,要求降价 20%。JS 公司据此推断 CIBM SRL 已经提货,接着便从 MICL 海运公司处得到证实。而且据 MICL 称 CIBM SRL 是凭正本提单提取的货物。因此 JS 公司立即通过议付行要求意大利商业银行那不勒斯分行退单。此后还多次去电催促退单事宜。

11 月 15 日,意大利商业银行那不勒斯分行声称其早已将信用证号 6753/80210 项下的全套正本和副本单据寄给了 JS 公司的议付行,但议付行仅收到了一套副本单据。

JS 公司了解到意大利商业银行在上海开设了办事处,并立即与该办事处的负责人交涉,严正指出:作为在国际银行、且有一定地位的意大利商业银行,擅自放单给买方是一种严重违反 UCP 600 及国际惯例的行为,希望意大利商业银行尽快妥善处理这一事件,否则 JS 公司将会采取进一步的法律行动,以维护自身的合法权益。

12 月 2 日,意大利 CIBM SRL 公司的总经理 L Calabrese 主动要求来华与 JS 公司协商解决这一贸易纠纷。12 月 5 日,JS 公司组成 3 人谈判小组赴上海与 L Calabrese 谈判。在确认了 CIBM SRL 是从银行取得正本提单提货的事实后,谈判过程显得比较简单。谈判中对方以短量和货物质量有问题为由要求降价,JS 公司未予理睬。

12 月 10 日,JS 公司收到 CIBM SRL 公司汇来的全部货款。

案情(二)

香港 A 银行(以下简称开证行)开立以海南 G 公司为受益人的 01—153109 号信用证计 227500 美元,价格术语 CIFBANGKOK,货物为硅锰合金。2005 年 9 月 21 日海南省 B 银行(以下简称议付行)议付了单据。

9 月 27 日开证行来电拒付:"产地证收货人为 TO ORDER OF BANGKOK BANK PUBLIC CO.LTD.BANGKOK,申请人正与最终买主联系,结果待告。我行代为保留单据,请指示。"经查阅留底,议付行认为此系开证行无理拒付。9 月 29 日,议付行去电反驳并敦促其立即付款。电文说:"产地证之收货人与提单严格一致并与其他单据也无矛盾,根据 UCP 500(本案例发生时的适用版本,现适用版本为 CUP 600)第 21 条,你行有责任接受单据。请收阅我行电后立即付款或做出详细解释。我行保留索息权利。"10 月 4 日,开证行来电,称受益人已同意减额至 209400 美元,要求议付行确认。而实际上受益人并未同意申请人的减额要求。议付行推测此时货应已抵港,硅锰合金行情亦呈涨势,买主不会不赎单。于是一方面敦促受益人尽快查实货物下落,一方面去电加急催收。基于开证行避而不谈单据问题,议付行亦避而不谈减额问题,两次致电开证行进口部经理。由于此时离起运日已有一个月,而受益人仍未能提供货物下落情况,议付行 10 月 15 日直接致电开证行总经理,以求速战速决。议付行致电说:"很抱歉来电要求您亲自过问贵行进口部拒付我行单据一事。单据现已不在香港,贵行却仍拒不付款,不但有悖国际惯例,也有损贵行形象,请赔付我行 25 天利息损失共 USD1137.50(按年息 9% 计)。"

议付行凭经验推测开证行已转寄单据,但由于受益人未能提供有力证据证明货已被提,供货人与受益人亦在退单问题上意见不一,议付行只能试探性地指出单据已被转寄,并不敢贸然提出退单。

10 月 16 日开证行来电,再次称受益人已同意减额至 196681.75 美元,要求议付行确认。此时受益人已从船代处得知货已于 10 月初发往收货人仓库,议付行认为开证行虽多次提出减额,但从不敢要挟退单,对议付行的指责亦不置可否,估计收货人已凭银行担保提货,也许是由于货物品质问题导致原始开证申请人拒付。10 月 23 日,受益人交来一份开证申请人提供的由泰国 SAYBOLT 机构出具的复验报告,并称开证申请人以短量为由提出索赔。由此看来议付行的推测是正确的,但报告中显示短量 50 吨之多(占总货量的 10%),实在令人难以置信。议付行认真分析了该检验报告并多次与受益人详谈,受益人承认发货时 1~3 袋有破损现象,但到岸后不可能出现如此严重的短量。受益人称开证申请人真正的拒付原因是船吊不能正常工作,从而引起额外装卸费约 5000 美金,开证申请人借单据拒付并乘机提出减额,企图一箭双雕。议付行认为受益人之词可信度较高。因为据了解,该证申请人与原始申请人系母子公司,而且是"洋买办",对国内国有公司的管理漏洞、国家政策等了若指掌,其提出的减额数正好与税后利润相抵,如果减额成功,受益人不赔不赚,一般不会付诸法律解决。鉴于此,议付行认为提出退单的时机已经成熟,一方面敦促受益人联系承运人了解收货人是否已凭银行担保提货,同时于 10 月 26 日去电正式提出退单,电文如下:"参你行 10 月 3 日及 16 日电,减额要求不能接受,原因如下:

①我行重申单据严格一致,并于 9 月 29 日、10 月 16 日电中明确表明我行观点,我行要求你行做出解释而你方却回避单证问题。很明显,你行所持之拒付理由是毫无道理的,而且难以自圆其说。很遗憾我行认为你行的拒付行为已违背了 UCP 500 第 9 条(A)款。

②我行认为你行置我行催收电于不顾,是不礼貌也是不明智的。你行似乎宁愿卷入贸易纠纷也不愿按惯例履行开证行职责。你行的所作所为不符合 UCP 500 第 3 条(A)款。

③你行在 9 月 27 日电中声称代为保管单据并候我方指示,但受益人通知我行其已确定货物已于 9 月底发往收货人仓库,我行对你行擅自放单表示震惊。此

作法违背了 UCP 500 第 14 条(D)款,请立即对此事做出解释。

鉴于以上原因,我行要求你行于 10 月 27 日前付款,外加 25 天利息 1421.88 美元及电报费 90.00 美元,共计 229011.88 美元,否则请退单。希望你行勿再置身于贸易争端之中,否则将卷入法律纠纷。"

10 月 27 日,受益人交来承运人传真,落实了收货人确已凭原始开证行担保提货。于是议付行当日分别给其进口部经理及总经理发出急电,指出对方所作所为已使双方友好关系严重受损,催促其立即付款并赔息。10 月 31 日,开证行通知议付行已于 10 月 27 日将头寸 227500 美元划付议付行账户并于当日起息,但开证行仍坚持不符点,且未提利息赔付问题。

11 月 1 日,议付行去电再次索息。

"货款收妥而利息未付。

①参你行 10 月 27 日电,信用证并未特别要求产地证收货人应做成申请人,而且产地证做成 TO ORDER OF BANGKOK BANK PUBLIC CO.LTD BANG-KOK 与提单一致,与其他单据并无抵触。根据 UCP 500 第 21 条,你行应接受此类单据。根据 UCP 500 第 14 条(A)款,你行应履行付款。我行自始至终都以单证及国际惯例为出发点,希望贵行重视这一做法。

②你行擅自放单且至今未做出解释的行为实令人遗憾。根据 UCP 500 第 14 条(C)款,你行一俟放单便失去了拒付的权利,应立即无条件付款。而你行不但拒付,甚至还提出减额,佯装不知收货人已提货一事。尽管如此,我行也乐意听取你行解释。

③你行应于 9 月底而不是 10 月 27 日才付款。我行别无他法只能索赔我方严重利息损失。我行保留进一步索赔权利。"

11 月 6 日,议付行收妥款项,至此该案圆满解决。[①]

---

① 资料来源:http://news.wenzhouglasses.com/html/news/464560.html

**【评析】**

本案例所涉及的问题分析如下。

这是两起利用信用证诈骗出口商或出口商银行的案件。如果出口商不懂信用证的游戏规则,不能用国际贸易惯例维护自己的利益,可能就会出现货、款两空的结局。因此,出口商在开展国际贸易之前,要全面分析面临的风险,熟悉掌握国际贸易惯例,为保护自己的利益做好准备。

1.出口商面临的风险

(1)信用风险。信用风险是出口商首先要面对的一个最大问题。卖方发了货但买方出现了问题或市场出现了不利于买方的变化,买方拒绝受领货物或不能及时结款。这可能是买方的主观原因——有意欺诈,也可能是因为对方所在国家的一些政策变动所致。

(2)汇率风险。在人民币处于升值态势时,往往会造成我国出口商收到的外币货款换回人民币金额减少的结果。

(3)信用证欺诈风险。外国进口商利用信用证对出口商进行欺诈,具体风险有:

①进口商不开证。由于市场价格变化等原因,为规避市场风险,进口商从自身利益出发,故意不开证;当运输单据是航空运单或多式联运单等时,由于此时这些单据不会像海运提单那样作为物权凭证,货物被装上运输工具后,出口商就失去了对货物的控制,所以即使进口商不开信用证来换取这些单据,他们也能很容易地将货物提走。

②进口商伪造信用证。进口商窃取银行已印好的空白格式的信用证,或与已倒闭或濒临倒闭破产银行的职员恶意串通开出信用证,或将已过期失效的信用证恶意涂改。

③进口商伙同资信不良的小银行开立信用证,而后以银行倒闭为由不付款。

④进口商指示开证行开立"软条款"信用证。所谓软条款信用证指的是进口

商利用出口商缺乏国际贸易知识和经验及急于出口的心态,在信用证中设有一些对进口商有利而出口商却难以控制且不易发现的条款,该条款可能导致出口商难以履行合同或给开证行和开证申请人解除付款合同埋下伏笔。信用证的软条款具有隐蔽性和欺骗性,我国出口企业在审证时必须谨慎从事。以下是目前信用证惯用的"软条款":信用证暂不生效,待进口许可证签发后或待货样经开证人确认后通知生效;货物备妥待运时须经开证人检验;规定目的港、装船日期等以开证申请人的书面通知或开证行的修改通知为准;货到目的港后须经开证人检验才履行付款责任;所交单据中的发票或商检单证须由进口商或其指定的商检机构签字生效;受益人凭买方签发的货物收据或买卖双方共同签订的交接单据议付。

⑤进口商不按合同规定开立信用证,并拒绝或拖延修改,或改用其他付款方式支付。

⑥进口商千方百计寻找单据中的不符点以拒付。在具体业务操作过程中,常常发生出口方未按信用证条款规定交货的情况,如品质不符,数量与信用证规定有异,逾期交货等,任何一个不符点都可能导致出口商收不到货款;即使出口方完全按信用证规定出货,但由于疏忽而造成单证不符,也同样会遭到开证行拒付。

(4)贸易壁垒风险。进口国一些贸易政策的变化、新技术标准的出台都可能阻止已发运的货物在进口国顺利报关和销售。

因此,在开展国际贸易之前出口商应做好的准备工作是市场调研和预测、制订和选择经营方案,组织落实货源,慎重选择销售市场和客户,搞好知识产权保护工作和广告宣传等活动,并对国际贸易惯例和国际贸易规则做到熟练掌握。

2.国际贸易惯例

由于国际贸易中当事人的语言不同、所在国的法律体系不同、商业习惯各异,会导致交易磋商、合同订立与履行产生很多障碍和争议。为避免这些障碍和争议,人们需要探索和制订一些各个国家商人都愿遵守的贸易规则和习惯做法,以利于国际贸易的顺利进行。为此,经过长期的贸易实践,就形成了国际贸易惯例。

国际贸易惯例是在长期的国际贸易业务中反复实践并经国际组织或权威机

构加以编纂和解释的习惯做法。国际贸易惯例本身不是法律,不具有当然的法律效力。但国际贸易惯例是国际贸易法的渊源之一,当法律将某项惯例的全部内容吸收为法律条款或国际条约时,就制定法律或参加该国际条约的国家而言,该项惯例则已转化为法律或国际条约的规定,并具有了法律效力。另外,法律规定再周密也难以做到天衣无缝,在有关经济贸易法律未有规定或者规定过于粗疏甚至不合情理时,国际贸易惯例不仅可以填补法律遗留的空缺,而且还可以使当事人之间的利益达到平衡。也就是说,国际贸易惯例对法律有补充作用,即法律未作规定的,也可以适用国际惯例。例如我国《民法通则》规定:国际条约、国际惯例与我国国内法的关系有三个层次:第一,凡我国参加的国际条约和我国接受的国际惯例,均可在我国适用;第二,国际条约与我国国内法不一致时,优先适用国际条约,但我国保留的条款除外;第三,在国内立法和国际条约都无规定时,适用国际惯例。

目前在国际贸易中常用的国际贸易惯例有:

(1)有关贸易术语的国际贸易惯例。包括:《1932 年华沙—牛津规则》(Warsaw-Oxford Rules 1932)《1941 年美国对外贸易定义修订本》和《2000 年国际贸易术语解释通则》。全球适用的是《国际贸易术语解释通则》。

(2)有关国际贸易结算的惯例。包括《跟单信用证统一惯例》(目前使用的版本是 UCP 600)和《托收统一规则》(URC 522)。

上述两案例即是我国出口商与出口商所在地的银行在熟悉掌握和灵活运用《跟单信用证统一惯例》这一国际贸易规则的基础上密切配合,使得贸易纠纷得以解决,保护了自己的权益,树立了自己的形象。他们利用信用证的游戏规则成功地追回全部货款,其成功进行国际贸易活动的经验是值得我国广大出口商和出口商所在地的议付银行借鉴的。

3.本案例的经验

案情(一)中,JS 公司在遭拒付后与有关方面联系以协商解决此事时有关当事人却避而不理。正当 JS 公司一筹莫展之时,收货人 CIBM SRL 公司一封提出货物质量有问题并要求降价 20％的传真使之露出了马脚,因此,JS 公司由此推断收货人很可能已经提取了货物。接着 JS 公司便与承运人核实货物下落,证实了 JS 公司的推断,而且也证实了收货人是从开证行取得正本提单后去提货的。

根据 UCP 500 的相关规定,开证行如果决定拒收单据,应在自收到单据次日起的 5 个银行工作日内通知议付行,该通知还必须说明银行凭以拒收单据的所有不符点,并还必须说明银行是否留存单据听候处理 UCP 600 中第 16 条有此规定。言下之意,开证行无权自行处理单据。照此规定,本案中的意大利商业银行那不勒斯分行(以下称开证行)通知 JS 公司拒付的事由后就应妥善保存好全套单据,听从受益人的指示,而不应将物权凭证的提单交与收货人。

既然 JS 公司已确定了是开证行擅自将单据放给收货人,就应立即通过议付行要求开证行退单。事实上开证行根本就无单可退,也就迫使开证行将收货人推出来解决这一纠纷。银行的生命在于信誉,此时的开证行再也不会冒风险与收货人串通一气。正是抓住了开证行这一擅自放单的把柄,使得本来在履约过程中也有一定失误的 JS 公司寸步不让,将货款如数追回。

案情(二)中,海南省 B 银行的做法十分成功。概括起来,主要有以下几个方面:

(1)在信用证支付方式中,银行应坚持以单证和国际惯例为出发点,对开证行在一定贸易背景下提出的无理拒付应据理力争、锲而不舍,绝不能迁就,否则不但会授人以柄,而且有损银行形象及受益人利益。

(2)银行经办人员应熟练掌握《跟单信用证统一惯例》等惯例的内容和有关贸易知识,只有这样,才能指导受益人配合银行工作,从而在处理纠纷中做到有理有据有节,使议付银行处于主动地位,并对开证行晓之以理,使案件得到圆满解决。

(3)背对背信用证贸易背景下,开证行以单据为由无理拒付、拖延付款的现象日益增多,信用证被当作拒付的工具,而不是银行信用的保障。此时,仅凭国际惯例与单证相符的事实与开证行交涉是不够的,掌握物权下落极为关键。本案中议付行之所以迟迟不提出退单是因为受益人未能及时提供有力证据证明货已被提,物权下落不知何处。议付行掌握物权下落情况后,得知开证行擅自将物权凭证交与收货人,其行为违反了《UCP 600》中第 16 条的规定,通过交涉,开证行自知理亏,不得不全额付款并赔付利息。

总之,国际贸易中,当事人不能随心所欲、信马由缰,应该按照国际贸易规则开展国际贸易活动。因此,从事国际贸易的人士,应熟悉掌握国际贸易惯例,灵活运用国际贸易惯例,在对方违约或无理的情况下据理力争、锲而不舍,维护自己的权益和国际形象,成功进行国际贸易活动。

# 案例三十四　灵活运用非诉讼方式解决争议及追讨债务

**【提要】**

本案例中我国 A 出口公司向德国 B 公司出口计算机显示器,约定货款支付方式为 D/P 90 天。买家承兑汇票提货后仅支付了 40 万美元,余款 140 万美元拖欠,拖欠原因是德国 B 公司认为 A 出口公司的产品不符合欧洲 CE 认证标准,无法在欧洲市场销售,并要求将全部产品退回。因 A 出口公司已就此笔交易在中国出口信用保险公司投保了出口信用险,遂将上述 140 万美元的应收账款委托给中国出口信用保险公司进行海外追偿。本案例旨在说明国际贸易中双方发生争议及应收账款如何解决,出口信用保险为"何物",CE 认证是什么。

案　情

2004 年 9～11 月,国内 A 出口公司根据销售合同约定向德国 B 公司出口计算机显示器,货款总值 180 万美元,支付方式为 D/P 90 天。买家承兑汇票提货后仅支付了 40 万美元,余款 140 万美元全部拖欠。因 A 出口公司已就此笔交易在中国出口信用保险公司投保了出口信用险,遂将上述 140 万美元的应收账款委托给中国出口信用保险公司进行海外追偿。

接受 A 出口公司委托后,中国出口信用保险公司经海外追偿渠道调查发现,本案买卖双方争议的焦点为出口商品的技术标准。德国 B 公司提出 A 出口公司的产品不符合欧洲 CE 认证标准,无法在欧洲市场销售,故买家要求将全部产品退回;而 A 出口公司则表示,产品包装上的 CE 和 FCO95 标签只是按照买家要求的外包装图样制作的,买家并未要求产品通过上述技术检验,且双方合作多年,以现有合同约定价格根本无法达到上述标准。

CE 是法语"CONFORMITE EUROPENDE"(欧洲合格认证)的简称,它既是他国产品进入欧盟国家及欧盟自由贸易协会国家市场的通行证,同时又是各国产品在欧洲市场销售的统一最低技术标准。CE 的检测认证一般由欧盟成员国批准的认证机构(例如德国莱茵技术监督协会驻中国实验室)进行,在普遍采用 CE 认证标准的欧洲市场,法律上均要求生产商在产品包装上及文字说明上显示 CE 标记。CE 标记表明厂商对外宣传产品符合认证标准。就国际贸易而言,一旦发生产品质量纠纷,缺乏 CE 认证必将使生产商或供货商处于非常被动地位,甚至还要面临买家高额的索赔。

在对案件进行综合分析的基础上,A 出口公司与中国出口信用保险公司商量,提出了解决本案纠纷的三种可能的途径。

第一种方案:将货物运回转卖。这是 A 出口公司最不愿意采取的方式,也是对各方面而言最不经济的办法,因此,必须尽一切可能阻止买家强行退货。

第二种方案:凭借买家已承兑的汇票向德国法院申请简易诉讼程序,强制德国 B 公司履行承兑汇票项下的付款义务。此方法虽在理论上可行,但根据德国法律规定,若德国 B 公司以质量问题或其他理由对此程序提出异议,此程序将被终止;只有在票据基础关系上争议解决后,法院才对付款责任做出最终判决。且 A 出口公司对该产品并没有进行 CE 认证,而德国 B 公司可以以 CE 认证问题在法庭上获得有利判决。另外,在判例中,所有涉及 CE 认证的案件中,欧洲买家所承担的最高付款责任也仅为原货款总价值的 60%。因此,若将此案提交法院,A 出口公司明显处于劣势,并有可能面临损失全部货款,甚至承担高额反索赔的风险。

第三种方案:通过国外律师斡旋,买卖双方进行友好协商解决纠纷。

在权衡本案上述解决途径的利弊后,中国出口信用保险公司决定采取第三种方案。在谈判过程中德国 B 公司提出其接受货物的前提条件是:A 出口公司必须就全部欠款(140 万美元)给予 15% 的折扣;德国 B 公司将在 1 年内分 12 期偿还 85% 欠款。在 A 出口公司的积极配合下,中国出口信用保险公司充分发挥自身的海外账务追讨优势,经过数轮艰苦谈判,最终迫使德国 B 公司接受 8% 的折扣,在 10 个月内分期偿还 92% 欠款的本金,并按 7.34% 偿还延期付款利息。[①]

**【评析】**

该案例所涉及的问题分析如下。

1.解决争议的方法

所谓争议(Disputes)是指交易的一方认为另一方没有履行合同规定的责任或义务而引起的纠纷。正确处理和妥善解决争议直接关系到双方的切身的利益。在国际贸易中,解决争议的方式有四种:友好协商解决、第三者调解、提交仲裁机构仲裁和进行司法诉讼。

(1)友好协商解决。协商是争议各方当事人在自愿的基础上,按照有关法律、政策及合同条款的规定,直接进行磋商或谈判,互谅互让达成解决争议的协议法。协商这一争议解决方法的最大特点就是没有第三者介入,完全是依靠双方当事人自己解决,争议能否解决取决于当事人的意愿。通过协商解决国际贸易争议具有很多优点。

①自愿。协商自始至终都是在双方自愿的基础上进行的,因此双方达成的协议一般也靠双方自愿遵守。

②程序简便、形式灵活。由于协商是双方意思自治的表示,因此形式非常灵活,既可以面对面地谈判,也可以通过电报、电传、电话、邮件等手段磋商,程序也由双方自己决定,没有固定的格式。

③省时、省力、省钱。因为协商完全靠双方当事人的自愿,不需要任何第三方

---

① 资料来源:毕晓勇,"灵活运用非诉讼方式解决质量争议",《国际商报》2006 年 2 月 27 日

的介入,因此相对于其他需要第三方介入的方式来说,所花费的时间、金钱都是最低的。

④法律适用灵活。在协商时,无须援引某个国家的冲突规则来确定适用哪个国家的实体法,这使得当事人对解决争议的后果有所预测,也可以在不违背有关国家法律基本原则的情况下,根据自己的实际需要和交易的具体情况灵活地解决争议。

⑤友好协商的方式解决,以利于保护商业秘密和企业声誉。

当然,协商也有其无法克服的缺点:如果双方利益冲突较大、分歧严重的时候,往往不能通过协商达成妥协;而且在双方协商达成协议之后,若有一方不愿意履行,另一方也没有请求强制执行的效力,还得通过其他方式保护自己的权益。

(2)第三方调解。调解由双方当事人自愿将争议提交选定的调解机构(法院、仲裁机构或专门的调解机构),由该机构按调解程序进行调解。调解机构通过劝说诱导,促使国际贸易争议的当事人在自愿的基础上互谅互让,达成协议以解决争议。调解与协商的最大不同在于调解有第三方介入,但在调解中,调解人不能独立自主地做出具有约束力的决定,争议能否解决最终还是取决于双方当事人能否互相妥协达成协议。我国在诉讼和仲裁中,均采用先行调解的程序。

(3)仲裁机构仲裁。仲裁即双方当事人达成书面协议,自愿把争议提交给双方同意的仲裁机构,仲裁机构做出的裁决是终局的,对双方都有约束力。仲裁方式具有解决争议时间短、费用低、能为当事人保密、裁决有权威性、异国执行方便等优点。

(4)诉讼。一方当事人向法院起诉,控告合同的另一方,一般要求法院判令另一方当事人以赔偿经济损失或支付违约金的方式承担违约责任,也有要求对方实际履行合同义务的。诉讼是当事人单方面的行为,只要法院受理,另一方就必须应诉。但诉讼方式的缺点在于立案时间长,诉讼费用高,异国法院的判决未必是公正的,各国司法程序不同,当事人在异国诉讼比较复杂。

2.出口信用保险

出口信用保险是国家为了推动本国的出口贸易、保障出口企业的收汇安全而制定的一项由国家财政提供保险准备金的非赢利性的政策性保险业务。

中国出口信用保险公司(简称中国信保),是我国唯一的政策性出口信用保险公司。中国信保可向出口商提供如下保险产品和服务:

(1)短期出口信用保险。即保障一年期以内,出口商以信用证(L/C)、付款交单(D/P)、承兑交单(D/A)、赊销(O/A)方式从中国出口或转口的收汇风险。中国出口信用保险公司承保商业风险和政治风险。目前,短期出口信用保险业务主要有:

①综合保险。综合保险承保出口企业所有以信用证和非信用证为支付方式出口的收汇风险。它补偿出口企业按合同规定出口货物后,或作为信用证受益人按照信用证条款规定提交单据后,因政治风险或商业风险发生而直接导致的出口收汇损失。

②统保保险。统保保险承保出口企业所有以非信用证为支付方式出口的收汇风险。它补偿出口企业按合同规定出口货物后,因政治风险或商业风险发生而导致的出口收汇应收账款经济损失。

③信用证保险。信用证保险承保出口企业以信用证支付方式出口时面临的收汇风险。付款期限在 360 天以内。在此保险项下,出口企业作为信用证受益人,按照信用证条款要求,在规定时间内提交了单证相符、单单相符的单据后,由于商业风险、政治风险的发生,不能如期收到付款的损失由中国信保补偿。

④特定买方保险。特定买方保险专为中国出口企业而设。它承保企业对某个或某几个特定买方以各种非信用证支付方式出口时面临的收汇风险,其中,付款期限 180 天以内(可扩展至 360 天)。

⑤买方违约保险。买方违约保险专为中国出口企业而设。它承保出口企业以分期付款方式出口因发生买方违约而遭受损失的风险,其中,最长分期付款间隔不超过 360 天。它不仅适用于机电产品、成套设备出口,而且适用于对外工程承包和劳务合作。

⑥特定合同保险。特定合同保险专为支持中国出口企业而设。它承保企业某一特定出口合同的收汇风险,适用于较大金额(200 万美元以上)的机电产品和成套设备出口。其中,以各种非信用证为支付方式,付款期限在 180 天以内(可扩展至 360 天)。

(2)中长期出口信用保险。中长期出口信用保险旨在鼓励我国出口企业积极参与国际竞争,特别是高科技、高附加值的机电产品和成套设备等资本性货物的出口以及承包海外工程项目;支持银行等金融机构为出口贸易提供信贷融资。中长期出口信用保险通过承担保单列明的商业风险和政治风险。中国出口信用保险公司目前所开办的中长期出口信用保险业务主要有:

①出口买方信贷保险。出口买方信贷保险是指在买方信贷融资方式下,中国信保向贷款银行提供还款风险保障的一种政策性保险产品。在本保险中,贷款银行是被保险人。投保人可以是出口商、贷款银行或借款人,但一般要求贷款银行直接投保。

②出口卖方信贷保险。出口卖方信贷保险是以扩大我国出口、保障企业收汇为目的,对因政治风险或商业风险引起的出口方在商务合同项下应收的延付款损失承担赔偿责任。

(3)投资保险。本保险是为了支持中国企业到境外投资,鼓励外国及港、澳、台地区的投资者来中国内地投资而开办的。

(4)担保业务。为了提升企业信用等级,帮助企业解决出口融资困难,担保业务服务于国内出口企业和提供出口融资的银行,中国出口信用保险公司目前所开办的担保业务主要有:

①非融资类担保。非融资担保业务用于向进口方(受益人)担保出口商按进出口双方签订的合同约定履约。由于担保范畴不包括出口商的融资需求及还款风险,因此称作非融资担保。目前,非融资类担保业务提供的主要产品有:投标保函、履约保函、预付款保函、质量维修保函、海关免税保函、保释金保函、租赁保函。

②融资类担保。融资担保是直接向为出口商发放出口贷款的银行提供担保,

保证在贷款发生损失时予以赔偿。其担保范畴限于出口商的融资还款风险,因此称作融资担保。这种方式对银行来说比信用保险的保障更为全面,因为出口商转让保单权益是有条件的。在出口商按合同履约的情况下,由于进口方发生的商业风险或政治风险,而给融资银行贷款带来的损失,可以通过信用保险得到部分赔偿。但如果作为被保险人的出口商违反了保单条款的规定,保险人可以依据保单的除外责任条款拒赔,因此银行的贷款损失就不能得到补偿。而融资担保是无条件的,不管出口商在出口信用险保单项下是否存在违约行为,融资银行都可以获得及时赔偿。

(5)资信评估。即可以为国内外企业提供中国企业和海外企业资信调查与评估服务,以帮助从事商业贸易的企业规避和防范各种商业风险,提高企业的营销能力,扩大销售范围,全面提升企业的竞争力和赢利能力。

另外,还有商账追收、保单融资和国内贸易信用保险等业务。

出口商投保出口信用保险的好处有以下几点:

第一,出口贸易收汇有安全保障。出口信用保险使企业出口贸易损失发生时给予经济补偿,维护出口企业和银行权益,避免呆坏账发生,保证出口企业和银行业务稳健运行。

第二,有出口信用保险保障,出口商可以放心地采用更灵活的结算方式,开拓新市场,扩大业务量,从而使企业市场竞争能力更强,开拓国际贸易市场更大胆。

第三,出口信用保险可以为企业获得出口信贷融资提供便利。资金短缺、融资困难是企业共同的难题,在投保出口信用保险后,收汇风险显著降低,融资银行才愿意提供资金融通。

第四,得到更多的买家信息,获得买方资信调查和其他相关服务,加强信用风险管理,事先避免和防范损失发生。

第五,有助于企业自身信用评级和信用管理水平的提高。

3.商品检验标准——CE认证

在国际贸易实务中,通常要对进出口商品进行检验。检验标准是断定进出口商品合格与否的依据。商品的检验标准主要有：国家法律、国家行政法规规定的技术标准；国际货物买卖合同中约定的样品、标准。

在过去，欧盟国家对进口和销售的产品要求各异，根据一国标准制造的商品到别国极可能不能上市销售，作为消除贸易壁垒努力的一部分，CE 认证应运而生，即 CE 是欧盟各国对产品的统一"要求"或"标准"。目前在欧洲经济区（欧洲联盟、欧洲自由贸易协会成员国，瑞士除外）市场上销售的商品中，CE 标志的使用越来越多。CE 标志的意义在于：用 CE 缩略词为符号表示加贴 CE 标志的产品符合有关欧洲指令规定的主要要求（Essential Requirements），并用以证实该产品已通过了相应的合格评定程序和/或制造商的合格声明，真正成为产品被允许进入欧盟市场销售的通行证。有关指令要求加贴 CE 标志的工业产品，没有 CE 标志的，不得上市销售，已加贴 CE 标志进入市场的产品，发现不符合安全要求的，要责令从市场收回，持续违反指令有关 CE 标志规定的，将被限制或禁止进入欧盟市场或被迫退出市场。

CE 认证符合的程序是：

（1）制造商间相关实验室（以下简称实验室）提出口头或书面的初步申请。

（2）申请人填写 CE-marking 申请表，将申请表、产品使用说明书和技术文件一并寄给实验室（必要时还要求申请公司提供一台样机）。

（3）实验室确定检验标准及检验项目并报价。

（4）申请人确认报价，并将样品和有关技术文件送至实验室。

（5）申请人提供技术文件。

（6）实验室向申请人发出收费通知，申请人根据收费通知要求支付认证费用。

（7）实验室进行产品测试及对技术文件进行审阅。

（8）技术文件审阅包括：文件是否完善；文件是否按欧盟官方语言（英语、德语或法语）书写。

（9）如果技术文件不完善或未使用规定语言，实验室将通知申请人改进。

（10）如果试验不合格，实验室将及时通知申请人，允许申请人对产品进行改进,直到试验合格。申请人应对原申请中的技术资料进行更改,以便反映更改后的实际情况。

(11)第(9)、(10)条所涉及的整改费用,实验室将向申请人发出补充收费通知。

(12)申请人根据补充收费通知要求支付整改费用。

(13)实验室向申请人提供测试报告或技术文件(TCF),以及 CE 符合证明(COC)及 CE 标志。

(14)申请人签署 CE 保证自我声明,并在产品上贴附 CE 标示。

4.本案例的启示

(1)出口商应密切关注国际贸易法律和技术法规的发展动态,在合理规避技术壁垒的同时,严格遵守有关技术法规和通行的贸易惯例。随着"贸易自由化"理念的深入人心,关税壁垒和配额限制等有形贸易障碍逐年减少,但无形贸易壁垒(如绿色壁垒、技术壁垒和反倾销)在国际贸易中的发生频率却与日俱增,应引起出口企业的高度重视。就技术性贸易壁垒而言,由于世界各国各种类别产品的技术规格不同、贸易习惯各异,为方便商检机构执行市场监督,许多国家、地区甚至贸易共同体均制订了强制性的技术标准,如欧洲的 CE 认证标准。熟悉并严格遵守国际技术认证规则和标准,既是我国出口企业争取准入、开拓市场的推进器,也是参与国际竞争、抵抗风险的有力保障。

(2)应充分重视和发挥金融票据在保障债权及追讨欠款中的作用。尽管本案最终通过友好协商方式解决了债务纠纷,但 A 出口公司所获得的德国 B 公司已承兑汇票从法律上确定了 A 出口公司的债权地位和 B 公司所承担的票据项下的第一付款责任,买方承兑汇票使 A 出口公司在买方所在地法院申请快速强制执行程序成为可能。在个别欧洲国家,针对 D/A 结算方式,也有一些买家以担保函方式代替承兑证明,这种类似的操作方式,实际上不但大大增加了出口商的收汇风险,而且也为纠纷发生后的追讨和必要的诉讼增加了难度和不确定性。因此我国出口商在国际贸易中应尽量采用金融票据进行结算,以便在主张债权时获得更加有利的地位。

（3）结合实际情况，采取灵活多样的追讨方式，最大限度地维护自身权益。此案若按照常规由出口商通过诉讼方式或仲裁方式解决质量纠纷，结果可能会历时数年，且仅能收回小部分货款，而出口商可能还要付出沉重的代价。此案中，出口商利用出口信用保险公司，在出口信用保险公司经过专业律师的法律分析、实地谈判和提供进口商全面信息后，接受出口信用保险公司的建议，在合理折扣的基础上与进口商达成还款协议，从而顺利解决债务纠纷和质量争议。从实际效果看，这种灵活的追讨方式不但节约了追讨成本，而且最大限度地减少了损失，维护了自身利益。

# 参考文献

〔1〕Incoterms 2020，International Chamber of Commerce，ICC Publication No.723E.

〔2〕Uniform Customs and Practice for Documentary Credits，(2007 Revision)，ICC Publication No.600.

〔3〕The Supplement to the Uniform Customs and Practice for Documentary Credits for Electronic presentation，(Version 1.1 eUCP)，ICC 2007 Revision.

〔4〕International Standard Banking Practice for the Examination of Documents under Documentary Credits，(ISBP2007 Revision)，ICC Publication No.681.

〔5〕Raymond Jack，Documentary Credits (2nd Edition)，Butterworths 1993.

〔6〕中国国际商会.国际贸易术语解释通则 2020〔M〕.对外经济贸易大学出版社,2020.1.

〔7〕国际商会中华台北总会.国贸条规 2010〔J〕.2010.10.

〔8〕袁其刚国际贸易实务(第二版)〔M〕.经济科学出版社,2009.

〔9〕于强香港银行押汇实务〔M〕.浙江大学出版社,2006.

〔10〕程怀月,王昌栋国际金融〔M〕.浙江大学出版社,1990.

〔11〕刘亚玲外贸单证实务〔M〕.北京师范大学出版社,2009.

〔12〕中国出口信用保险公司国际贸易与出口信用保险案例集〔M〕.中国商务出版社,2008.

〔13〕魏彩慧编国际贸易案例精选〔M〕.中国纺织出版社,2009.

〔14〕于强 UCP600 与信用证操作实务指南〔M〕.经济日报出版社,2007.